# ŒUVRES
## COMPLÈTES
# DE BOSSUET

PUBLIÉES

D'APRÈS LES IMPRIMÉS ET LES MANUSCRITS ORIGINAUX

PURGÉES DES INTERPOLATIONS ET RENDUES A LEUR INTÉGRITÉ

PAR F. LACHAT

ÉDITION

RENFERMANT TOUS LES OUVRAGES ÉDITÉS ET PLUSIEURS INÉDITS

VOLUME II

PARIS
LIBRAIRIE DE LOUIS VIVÈS, ÉDITEUR
RUE DELAMBRE, 5
1863

ŒUVRES COMPLÈTES
DE BOSSUET.

Besançon,— imprimerie d'Outhenin Chalandre fils.

# ŒUVRES
## COMPLÈTES
# DE BOSSUET

PUBLIÉES

D'APRÈS LES IMPRIMÉS ET LES MANUSCRITS ORIGINAUX

PURGÉES DES INTERPOLATIONS ET RENDUES A LEUR INTÉGRITÉ

PAR F. LACHAT

### ÉDITION
RENFERMANT TOUS LES OUVRAGES ÉDITÉS ET PLUSIEURS INÉDITS

#### VOLUME II

## PARIS
LIBRAIRIE DE LOUIS VIVÈS, ÉDITEUR

RUE DELAMBRE, 5

1863

# LIBER SAPIENTIÆ,

## LIBER ECCLESIASTICI,

## EXPLICATION DE LA PROPHÉTIE D'ISAIE

PRÉCÉDÉE

DES LETTRES DE M. DE VALINCOUR,

EXPLICATION DU PSAUME XXI,

L'APOCALYPSE AVEC UNE EXPLICATION.

## REMARQUES HISTORIQUES.

Du Père de la Rue jusqu'au cardinal Maury, Saurin comme M. Patin, Maffei comme M. Villemain, tous les apologistes de Bossuet le proclament grand orateur, grand philosophe, grand historien, grand théologien; aucun ne lui donne le titre d'habile interprète, de savant commentateur des Livres saints. Cependant les saints Livres ont fait Bossuet tout ce qu'il est; là se trouve le principe de sa science, là l'inspiration de son style, là le feu sacré qui enflamme son génie; comme il le dit lui-même de saint Augustin, « son fond est d'être nourri de l'Ecriture, d'en tirer l'esprit, d'en prendre les plus hauts principes, de les manier en maître et avec la diversité convenable [1]. » Ses travaux d'exégèse l'auroient seuls conduit à l'immortalité. Comment donc ces vastes recherches, ces profondes dissertations, ces admirables commentaires sur les oracles divins passent-ils comme inaperçus? Seroit-il donc vrai ce qu'on a dit souvent, que tous connoissent Bossuet par la renommée, plusieurs par les *Oraisons funèbres* et l'*Histoire universelle*, cent peut-être par tous ses ouvrages? Mais ne nous écartons pas de notre but; venons tout de suite aux écrits renfermés dans ce volume.

### I.

La *Sagesse*. — Quel est l'auteur de ce Livre? Voilà tout d'abord une question qu'on ne peut résoudre d'une manière certaine et précise : les uns disent Salomon, les autres Zorobabel, d'autres Philon l'Ancien, d'autres encore un des Septante Interprètes. Ce sont les Grecs, surtout, qui défendent la première opinion, d'après ce titre aussi ancien que

[1] *Défense de la tradition et des saints Pères*, liv. IV, ch. 18.

l'ouvrage : *La Sagesse de Salomon* ; ils citent aussi ce texte qui semble caractéristique : « Vous m'avez choisi pour être le roi de votre peuple,... et vous m'avez commandé de bâtir un temple sur votre montagne sainte[1]. » Les Grecs, toutefois, n'attribuent pas sans réserve l'origine de la *Sagesse* au plus sage des hommes : Le fils de David, disent-ils, n'a pas écrit, mais seulement inspiré le saint Livre ; il est l'auteur, non pas des phrases et des mots, mais des sentences et des pensées. Reste donc la question : Qui a tenu la plume, si l'on peut parler de la sorte ? qui a rédigé les maximes de la *Sagesse*? Ici se présentent les trois dernières opinions ; car les Latins nomment contradictoirement Zorobabel, Philon et un des Septante. On ne peut trancher nettement cette controverse.

Quoi qu'il en soit, le grec passe pour le texte original. Bien que le grec n'ait pas la simplicité de l'hébreu, Dieu a voulu cette fois, dit saint Jérôme, accommoder les célestes oracles au goût du plus grand nombre. Le concile de Trente a rangé la *Sagesse* parmi les Livres divinement inspirés ; et Bossuet nous donne cet écrit d'après la version italique qui se trouve dans nos Bibles.

L'*Ecclésiastique*. — Ce livre fut composé en hébreu par Jésus, fils de Syrach, sous Onias III, vers l'an 171 selon Bossuet, d'après d'autres 180 avant Jésus-Christ ; et le petit-fils de l'auteur le traduisit en grec, dans un voyage en Egypte, sous Ptolémée Physcon, l'an 132 aussi avant Jésus-Christ. Les Grecs l'intitulent la *Sagesse de Jésus fils de Sirach* ; les Latins l'ont nommé l'*Ecclésiastique*, parce qu'on le lisoit dans les églises. Le texte hébreu s'est perdu ; nous n'avons plus que la version grecque. Les Juifs ont toujours lu l'*Ecclésiastique* comme un Livre saint ; mais c'est l'Eglise qui l'a revêtu, dans plusieurs conciles, de l'autorité souveraine, en l'inscrivant dans le canon des Ecritures divines.

La première version latine, fort ancienne, remonte au delà de saint Jérôme, mais elle n'en est pas plus exacte, tant s'en faut qu'elle s'écarte de l'original par le sens tout ensemble et par des additions fréquentes. D'où viennent ces nombreuses déviations? L'auteur, dit l'un, dans l'espoir d'obtenir plus de clarté, a fait une paraphrase plutôt qu'une traduction. — Non, reprend l'autre ; il a traduit littéralement, mais il avoit sous les yeux le texte hébreu, ou peut-être un texte grec qui n'existe plus. — Enfin, si nous en croyons un troisième, la traduction primitive étoit irréprochable de tout point, mais les copistes l'ont altérée profondément en faisant passer dans le texte et les gloses des interprètes et leurs propres inadvertances.

Une version plus fidèle s'offroit à Bossuet : il en a profité. Remplissant un vœu du concile de Trente, Sixte-Quint fit examiner par une commission les exemplaires de l'Ecriture sainte. Un théologien de Lucques, qui avoit été chargé de revoir les Septante, Flaminius Nobilius publia le

---

[1] *Sap.*, IX, 7, 8.

texte grec en 1587, et la traduction latine l'année suivante. Cette traduction, appelée *Sixtine* du nom de Sixte-Quint, est fort estimée des savants. C'est celle que Bossuet donne, avec la *Vulgate*, dans le commentaire de l'*Ecclésiastique*.

Bossuet publia la *Sagesse* et l'*Ecclésiastique* en 1693, avec les autres ouvrages attribués à Salomon.

## II.

*Explication de la prophétie d'Isaïe, précédée des lettres de M. de Valincour.* — Bossuet composa cet écrit dans la dernière période de la maladie qui le ravit à l'éloquence, à la théologie, à l'Eglise. Ce fut vers la fin de 1701 qu'il remarqua les premiers symptômes du mal, et bientôt il souffrit les horribles tortures de la pierre. Lorsqu'un léger adoucissement lui donnoit quelque relâche, il corrigeoit ses ouvrages ou produisoit encore des chefs-d'œuvre; lorsqu'un nouvel accès redoubloit son supplice, il puisoit des forces et des consolations dans la lecture et dans la méditation des Livres saints. « Au commencement de sa maladie, nous lui lûmes, dit le prêtre qui l'assistoit, tout le Nouveau Testament et plus de soixante fois l'Evangile de saint Jean [1]. » Son secrétaire écrivoit plus tard : « Il lit et relit l'Evangile, saint Jean surtout, et dans saint Jean les endroits les plus touchants; il a lu aussi deux fois les *Actes des Apôtres*, et présentement il passe aux *Epîtres* de saint Paul [2]. » Au milieu de ces lectures il s'écrioit souvent : « Remercions Dieu de ce qu'il nous a préparé dans sa Parole de si grandes consolations [3] : » — « Mon Dieu, je ne saurois croire que vous m'avez donné inutilement cette confiance en votre bonté [4]. »

C'est au milieu de ces souffrances et de ce bonheur, c'est dans ces circonstances qu'une lettre de M. de Valincour lui fit entreprendre l'ouvrage indiqué plus haut. Comblé d'estime et d'honneurs, membre de plusieurs sociétés savantes, occupant le siége de Racine à l'Académie françoise, M. de Valincour étoit secrétaire de la marine et conseiller du roi. En même temps qu'il cultivoit les lettres et les sciences, il se livroit à de profondes études sur l'Ecriture sainte et la religion. Une difficulté qu'il rencontra dans Isaïe préoccupa vivement son esprit. Au milieu de ses recherches et de ses perplexités, il reçut un ouvrage que Bossuet lui adressoit : les *Instructions sur la version de Trévoux*; il saisit avec bonheur l'occasion qui s'offroit d'elle-même de lui soumettre la difficulté dont il cherchoit vainement la solution. Dans une première lettre datée du 17 septembre 1703, après lui avoir exprimé sa profonde reconnoissance, il loue justement l'ouvrage du grand écrivain; puis il

---

[1] *Relat. de la mort de Bossuet*, écrite par *l'abbé Saint-André*. — [2] *Journal* de l'abbé Ledieu, 6 février 1704. Voir aussi 6 mars, même année; et 3 et 9 décembre 1703. — [3] *Journal*, 7 octobre 1703. — [4] *Relat. sur la mort*, etc.

continue : « Je souhaite de tout mon cœur que vous puissiez continuer encore un grand nombre d'années à apprendre aux chrétiens ce qui leur est le plus important de savoir, et ce que la plupart savent le moins, c'est-à-dire la manière dont il faut lire et entendre le Nouveau Testament. Car je vous avouerai que l'ayant lu jusqu'à présent avec assez de soin, et cherché les commentateurs les plus propres à m'en faire pénétrer le sens, je n'en avois encore trouvé aucun qui parût avoir compris que ce qu'il y a de plus important, par rapport à la foi, c'est d'entendre les prophéties qui y sont rapportées et de bien connoître leur véritable sens par rapport au Messie. Bien loin d'expliquer les difficultés qui s'y rencontrent, il ne paroît pas seulement qu'ils y aient fait la moindre attention, témoin celle d'Isaïe : *Ecce Virgo concipiet,* etc. J'ai proposé une difficulté là-dessus à une infinité de personnes, et qui que ce soit ne me l'a pu résoudre ; souffrez que je vous la propose en termes d'école... Cette difficulté, la voici en deux mots : le prophète Isaïe prédit que le Messie naîtra d'une vierge ; or les Juifs croyoient Jésus-Christ né d'une femme mariée : donc la prophétie d'Isaïe ne pouvoit faire connoître aux Juifs Jésus-Christ pour le Messie. » Voilà tout ce que la première lettre de M. de Valincour renferme d'important. On n'a pas trouvé nécessaire de la publier, comme les autres, intégralement.

Dans sa réponse, Bossuet loue « la sainte coutume qui faisoit consulter aux laïques et aux femmes même les docteurs sur l'intelligence des Ecritures : » coutume vraiment sainte, qui nous épargneroit tant de libelles dictés par l'ignorance ; ensuite il explique l'un des caractères les plus merveilleux du Messie, le seul que les hommes n'ont jamais osé revendiquer, la prérogative d'être né d'une vierge : dès le commencement, il est vrai, ce signe prophétique ne marquoit point aux regards prévenus Jésus-Christ du sceau divin ; mais il est allé toujours s'entourant d'un plus vif éclat ; et quand la virginité de Marie fut proclamée par tout l'univers, il montra visiblement aux Juifs le céleste Emmanuel.

Ces réflexions ne satisfirent pas pleinement M. de Valincour. Dans deux nouvelles lettres qu'on pourra lire plus loin tout entières, il dit à peu près ceci : L'*Ecce virgo concipiet* peut révéler le Messie, je l'accorde, aux chrétiens qui connoissent ses caractères et sa doctrine, et ses miracles ; mais dans l'objection il s'agit des Juifs, principalement, uniquement des Juifs ; eh bien, je dis que cette prophétie, bien loin de les éclairer, leur mettoit un bandeau sur les yeux, parce qu'ils croyoient Jésus-Christ, je le répète, né d'un légitime mariage. Bossuet reprit la plume pour dissiper entièrement ces nuages. Dans deux lettres adressées au secrétaire de la marine, il développe l'économie de la Providence dans les preuves de la religion ; il montre les prophéties lumineuses projetant leur éclat sur les prophéties plus obscures, et les œuvres du

Rédempteur éclairant comme un soleil radieux les ombres de l'Ecriture.

Voilà les faits et les circonstances qui ont provoqué les trois lettres de Bossuet; voilà les pensées et les réflexions qui forment les trois parties de son ouvrage; voilà l'idée première et comme l'origine de son explication de l'oracle prophétique sur l'enfantement virginal.

*Explication du psaume* XXI. — Bossuet n'avoit pas encore achevé l'exposition d'Isaïe, qu'il entreprit un autre travail d'exégèse sacrée. Pendant sa carrière apostolique il avoit commenté, dans plusieurs conférences, le psaume XXI; pendant son long martyre il contemploit, avec plus de compassion et plus d'amour encore, la peinture prophétique des ineffables douleurs du Délaissé sur la croix. Il s'écrioit souvent avec David : « Mon Dieu, mon Dieu, tournez vos regards vers moi; pourquoi m'avez-vous abandonné[1]? » — « C'étoit là sa dévotion favorite, » dit son secrétaire; « c'étoit là sa préparation continuelle à la mort[2]. » Il voulut communiquer aux autres les vérités touchantes et les tendres sentimens qu'il avoit puisés dans la prophétie de la croix. L'abbé Ledieu nous le montre travaillant au milieu des souffrances. « Depuis sept ou huit jours, dit-il sous la date du 16 novembre 1703, il dicte des réflexions sur le psaume XXI. Il fit la préface le 15 janvier 1704, et corrigea l'ouvrage du 23 au 28 du même mois[3]. »

Les consolations qu'il trouvoit dans les prophéties, les prières de ses amis qui lui demandoient le fruit de ses méditations, le décidèrent à publier son commentaire. Déjà l'imprimeur avoit le manuscrit depuis huit jours; mais Bossuet le retira le 11 février 1704, pour y faire de nouvelles corrections et le soumettre au D$^r$ Pirot. Il commença à revoir les épreuves le 18; les dernières lui tomboient des mains! L'impression fut terminée le 11 mars, et Bossuet mourut le 12 avril 1704, à l'âge de 77 ans.

Le plan de l'ouvrage est des plus simples. Après la préface, l'auteur donne le psaume XXI dans deux versions françoises, faites l'une sur saint Jérôme, l'autre sur les Septante et la *Vulgate*. Après cela, pour répandre plus de clarté dans le texte, il le divise en deux parties : la première annonçant le délaissement et les souffrances du Crucifié, la seconde prédisant sa résurrection et sa gloire. Ensuite il montre que les caractères tracés dans le Chant divin conviennent à Jésus-Christ; puis il termine par des réflexions touchantes sur son délaissement.

Le commentaire du psaume XXI parut avec celui d'Isaïe, dans un petit in-18. Il étoit impossible, ce semble, de se tromper dans la repro-

---

[1] *Psal.* XXI, 2. — [2] *Journal*, 1 et 16 novembre 1703. — [3] *Journal*, aux dates indiquées. Bossuet ne retiroit de ses ouvrages qu'un certain nombre d'exemplaires. Cette fois l'éditeur, Anisson, directeur de l'imprimerie royale, n'en voulut donner aucun. Bossuet en prit 400 à ses frais.

duction typographique de ces deux ouvrages ; car on avoit là sous les yeux, non pas un manuscrit chargé de ratures, mais un livre admirablement imprimé, d'une correction parfaite, élaboré sous les yeux de l'auteur. Cependant les éditions postérieures à 1704 s'éloignent souvent de l'édition *princeps*; elles disent par exemple : « Et ce que j'ai écrit [1], » pour : « Et en particulier ce que j'ai écrit. » — « C'est-à-dire [2], » pour : « C'étoit-à-dire. » — « ..... Dont on a dit *qu'il a été conçu du Saint-Esprit, et qu'il est né d'une vierge* [3], » pour : « .....Qu'il a été conçu du Saint-Esprit et né d'une vierge. » — « Permettroit [4], » pour : « Permettoit. » — « Squelette [5], » pour : « Squelet. » — « Fait parler [6], » pour : « Fit parler. » — « Qu'ils sembloient [7], » pour : « Ils sembloient. » — Voici une phrase entière :

| *Editions commerciales.* | *Edition originale.* |
|---|---|
| « Nous allons voir Jésus-Christ abandonné au dedans et au dehors, à la cruauté de ses ennemis : au dedans à ses propres passions,... c'est-à-dire, à une tristesse mortelle, à ses frayeurs, à son épouvante incroyable :... telles sont les plaies de Jésus-Christ, bien plus rudes, et, pour ainsi dire, plus nsupportables que celles de ses mains (8). » | Nous allons voir Jésus-Christ abandonné au dedans et au dehors : au dehors, à la cruauté de ses ennemis ; au dedans, à ses propres passions,... c'est-à-dire à une tristesse mortelle, à ses frayeurs, à son épouvante incroyable :... telles sont les plaies intérieures de Jésus-Christ, bien plus rudes et pour ainsi dire plus insupportables que celles de ses mains et de ses pieds. |

### III.

*L'Apocalypse avec une explication.* — Lorsque le père de la Réforme eut arboré publiquement le drapeau de la révolte, il annonça que le Pape étoit l'Antechrist, l'Eglise romaine la prostituée de Babylone, et le culte catholique l'idolâtrie païenne; Jésus-Christ alloit renverser cet échafaudage d'erreurs, de crimes et d'abominations par le souffle de sa bouche, c'est-à-dire par l'éloquence et par les prières de Luther même. Car « ma prière, disoit-il, est un rempart invincible, plus puissant que le diable; » et encore : « Tous les monastères sont ravagés par ma plume et par ma parole, et on publie que j'ai moi seul plus fait de mal au Pape que n'auroit pu lui en faire aucun roi avec toutes les forces de son royaume [9]. »

De ce côté du Rhin, le synode de Gap, en 1603, ramassa les niaises rêveries de Luther pour en faire autant d'articles de foi. Le bon sens et la pudeur protestoient vainement jusqu'au sein de la Réforme : en

---

[1] Edition de Vers., vol. III, p. 4, lig. 6. L'édition de Versailles a été copiée servilement par toutes celles qui lui sont postérieures, on la cite ici parce qu'elle est la plus connue. — [2] *Ibid.*, p. 7, lig. 22. — [3] *Ibid.*, p. 17. — [4] *Ibid.*, p. 34. — [5] *Ibid.*, 54 et 57. — [6] *Ibid.*, 56. — [7] *Ibid.*, 69. — [8] *Ibid.*, 46. — [9] *Epist. ad Georg. Duc. Sax.*, tom. II, p. 491; tom. VIII, p. 507.

1624, dans un écrit qui parut à Sedan sous le titre d'*Accomplissement des prophéties*, le ministre Dumoulin prétendit montrer la prostituée romaine et le Pape antechrist dans l'*Apocalypse*. Plus tard, en 1686, un rêveur de la même souche parut qui renchérit sur ces folies, tout en conservant à son ouvrage le titre qu'on vient de lire; homme d'un esprit vif et d'une imagination plus ardente encore, Jurieu, petit-fils de Dumoulin d'après Bossuet, son neveu selon d'autres, ne se contenta pas de blasphémer; il voulut prophétiser, annonçant la ruine prochaine du papisme : « Voici le temps, disoit-il; .....les rois et les peuples de la terre vont dévorer la chair de la bête et la brûler à petit feu, dépouiller la paillarde et lui arracher ses ornemens, renverser de fond en comble Babylone et la réduire en cendres. » Et comment ne pas croire à ces révélations? Daniel les autorisoit, saint Paul les confirmoit, l'*Apocalypse* les traçoit en toutes lettres; que dis-je? les faits certifioient l'inspiration de l'homme de Dieu : il avoit annoncé, disoit-on, l'heureux événement qui devoit exalter la Réforme en Angleterre; et la révolution de 1688 vint élever le prince d'Orange sur le trône des Stuarts. Alors les protestans dans toute l'Europe, mais surtout en Hollande, crièrent au miracle; et le fanatisme gagnant de proche en proche comme une épidémie funeste, enfanta dans le peuple et surtout parmi les femmes une foule de prophètes pareils à Jurieu.

Tant de désordres et tant d'emportemens, un outrage si sanglant fait à l'Eglise, un attentat si criminel commis contre un Livre sacré, tout cela excita le zèle du prélat, qui veilloit constamment sur la brèche pour la défense de la religion. Il avoit déjà profondément ébranlé, dans l'*Histoire des variations*, le système impie qui fait de la sainteté l'abomination, du Vicaire de Jésus-Christ le ministre de Satan; mais il voulut le saper d'un seul coup par la base : il suspendit les *Avertissemens aux protestans*, pour écrire un commentaire suivi de l'*Apocalypse*. Dans cet ouvrage il établit le point suivant : L'*Apocalypse* est accomplie déjà dans une de ses parties les plus importantes. En effet la ville idolâtre, enivrée du sang des martyrs, est remplacée par la ville sainte; un empire de justice et de charité s'est établi sur les ruines de l'empire qui s'étoit engraissé de la substance des peuples; or la ville idolâtre et persécutrice, voilà la prostituée; le démembrement de l'Empire romain sous Alaric, voilà la chute de Babylone. Dans cette interprétation si simple, si naturelle, si clairement fondée sur le texte sacré, que deviennent les rêves des fanatiques protestans?

Si l'on veut connoître le principe suivi par l'auteur, le voici : « Une prophétie, dit-il, n'est parfaitement comprise que quand ce qu'elle prédit est arrivé; c'est donc la suite des événemens consignés dans l'histoire, qui peut seule dévoiler le sens de ces mystérieux oracles. Il n'est pas dans les desseins de Dieu qu'ils soient parfaitement entendus pendant qu'ils s'accomplissent; au contraire, il est quelquefois de son dessein qu'ils ne le soient pas alors. » En conséquence Bossuet ne porte ses investigations que sur le passé. Il est vrai qu'un sens n'est pas toujours assez vaste pour comprendre l'étendue des révélations prophétiques; des faits déjà accomplis peuvent figurer des faits qui doivent s'accomplir encore. Ainsi l'*Apocalypse* renferme les secrets de l'avenir, qui en doute? mais le savant exégète, avec cette modestie qui sied si bien au génie, les déclare « inaccessibles à ses foibles lumières. L'avenir se tourne presque toujours, continue-t-il, bien autrement que nous ne pensons, et les choses mêmes que Dieu en a révélées arrivent en des manières que nous n'aurions jamais prévues. Qu'on ne me demande donc rien sur l'avenir. » Pourquoi tous les auteurs n'ont-ils pas eu la même réserve? On pourroit citer par centaines les prophètes protestans qui ont fixé la chute de Rome à des époques déjà loin de nous dans le passé.

Après avoir montré l'excellence de l'*Apocalypse* dans la préface, Bossuet divise le divin Livre en trois parties: la première contient les avertissemens; la deuxième, les prédictions; la troisième, les consolations et les promesses.

Jurieu publia l'*Accomplissement des prophéties* en 1686; sa vogue prophétique atteignit son apogée en 1688: Bossuet mit au jour le commentaire de l'*Apocalypse* en 1689.

La même année, dans la révision qu'il fit de quelques-uns de ses ouvrages, Bossuet indiqua, à la fin des *Avertissemens aux protestans*, un grand nombre de corrections et plusieurs additions qui devoient être faites dans son *Apocalypse*. Nous avons rapporté tout cela dans le texte, en signalant les passages ajoutés.

# PRÆFATIO
## IN LIBRUM SAPIENTIÆ.

I. — Quatenùs liber iste Salomonis habeatur.

Librum hunc, regis Salomonis nomine, scriptum esse constat ex his verbis : *Tu elegisti me regem populo tuo..... et dixisti me ædificare templum in monte sancto tuo,* (cap. IX, 7, 8) quem etiam multi Patres græci, latinique Salomoni tribuunt, atque apud Græcos *Sapientia Salomonis* inscribitur : qui titulus diutissimè etiam apud Latinos valuit. Nam in Carthaginensi concilio III, cap. XLVII, et posteà in decreto sancti Innocentii I inter Scripturas canonicas quinque Salomonis libri recensentur. Primus Gelasius in concilio Romano I, decreto *de Apocryphis* sic inscripsit : *Salomonis libri tres, Sapientiæ unus, Ecclesiastici unus :* quam inscriptionem latini posteà secuti sunt codices. Eatenùs autem Salomonis esse creditur, quòd ejus sensus, non tamen compositionem aut verba contineat : neque enim tantùm, ut ait Hieronymus (Præfat. *ad Heliod.*) græcam eloquentiam redolet, verùm etiam sapit sophisticen illam sanam et eruditam, quæ sub Macedonum regum imperio, toto Oriente, ac præsertim Alexandriæ viguit. Deo enim visum est, hunc etiam stylum, ab hebraicâ licet simplicitate abhorrentem, divinis oraculis conscribendis dicari, consecrari; ut sapientia illa cœlestis, omnium hominum ac temporum sensibus et gustui sese accommodaret, quod etiam secundus Machabaicæ historiæ liber luculenter ostendit.

II. — De auctore et ætate libri incompertum.

De auctore libri nihil est memoriæ proditum, præter illud beati Hieronymi, loco mox laudato. Nonnulli scriptorum veterum, illum esse Judæi Philonis affirmant, illius scilicet, quem Josephus (lib. I *Cont. Appion.*) Demetrio Phalereo supparem memorat : neque quidquam comperimus, quo ea conjectura firmetur. De Philone vero Alexandrino, scriptis post æram christianam e ditis notissimo, quod nonnulli memorant confutatione non eget; adeò et ætas, et auctoritas; et ipse stylus discrepant.

De scriptionis tempore æquè incompertum. Sanè *Ecclesiastici* liber ad ea pertinet tempora, quæ Machabaicis propiora videantur, ut suo ostendemus loco. *Sapientiæ* liber nullam præfert temporum notam, neque quidquam aliud, quàm quòd ante *Ecclesiasticum* in Scripturarum canone collocetur : quanquam Hieronymus in suâ Præfatione testatur se vidisse codices, in quibus *Sapientia* sub *Ecclesiastæ* nomine secundum obtineret locum, *Ecclesiastico Siracidæ Parabolarum* titulum præferente, addito et altero *Cantico canticorum*, ad Salomonis exemplum.

III. — Libri divisio in duas partes; primæ partis documenta.

*Sapientiæ* liber duas habet partes. Prima est commendatio sapientiæ usque ad caput ix, quo capite incipit prolixissima, atque ad finem usque libri deducta precatio ; quâ prisca historia recolitur, atque in tuendâ piâ gente, ejusque hostibus ulciscendis, divinæ justitiæ ac sapientiæ arcana, ab ipsâ rerum origine reserantur.

Prima illa pars duo habet imprimis, quibus hujus libri divina ac prophetica commendetur auctoritas; alterum est de Christo patiente manifestissimum vaticinium, consonum Evangelistis, nec semel à veteribus memoratum (cap. ii); alterum, de increatæ Sapientiæ nativitate ac dotibus præclara documenta quæ Salomonica illustrent, ipsi Paulo facem præferant, ut suo notatur loco (i, vii, viii).

Hùc accedunt egregia illa; mortem non à Deo, sed à peccato esse, et diaboli invidiâ introductam, (i, ii), et tamen usque adeò beneficentiæ vertere, ut citâ morte eripi ab hujus vitæ malis ac periculis, pars sit vel maxima divini muneris, (iv).

Quem ad locum pertinet illa perspicua, ac Veteris Testamenti conditionem propemodùm supergressa, de futuræ vitæ bonis atque suppliciis revelatio, quæ evangelicæ veritati viam parare videatur, Deo ita providente, ut quo propior erat Christus, eò copiosiùs atque illustriùs arcana cœlestia panderentur (cap. iii, v).

Insigne etiam illud de casti connubii, imò etiam de sanctæ continentiæ fructibus, deque imminente adulterorum soboli ultione (III, IV). Neque prætermittendum id, quod est vel maximum, et ad hujus libri assequendum institutum, imprimis memorabile, nempè hunc directum esse, ac veluti inscriptum, dedicatumque regibus, optimatibus, judicibus. Undè illud initium : *Diligite justitiam, qui judicatis terram* (1, 1), patefacto etiam arcano, potentes potenter tormenta passuros, et judicium durissimum his qui præsunt fieri (VI).

### IV. — Documenta secundæ partis.

In illâ precatione, quâ divinissimi libri postrema pars continetur, primùm illud : veram sapientiam quæ continentiæ quoque nomine appelletur, Dei esse donum (VIII, 21; IX, 4, 9, 10). Hinc ad finem usque libri, decursâ *Pentateuchi* historiâ edocemur, quâ mente, quo fructu sacra legatur historia; consideratâ scilicet divinâ sapientiâ, quæ suis semper consulat, ulciscatur malos; quo loco hanc habemus divinæ justitiæ, æternæque legis regulam; per quæ quis peccat, per hæc et torqueri (XI, 17); impiosque sibi esse supplicio, et convenientissimis affici pœnis : tùm illud præclarissimum; Deum parcentem omnibus, non uno semel ictu, totâque effusâ irâ conficere adversarios, sed lentè et paulatim, ut ad pœnitentiam provocet; nec nisi contumaces suæque misericordiæ contemptores adigat ad interitum; quò enim potentior, eò indulgentior, nihilque præproperè aut inordinatè, sed omnia mensurâ, pondere, numero apta disposuit (XI, XIII).

### V. — Divina libri auctoritas.

His igitur, aliisque divinissimis atque altissimi spiritûs documentis *Sapientiæ* liber meritò à Patribus ad summum auctoritatis culmen evectus est, divinorumque voluminum canone recensitus. Jam concilii Carthaginensis III, sancti Innocentii, sancti Gelasii, Romanorum Pontificum, edita eam in rem decreta retulimus, quæ sequitur et firmat Tridentina synodus, notissimo decreto de Scripturis canonicis, *Sess.* IV.

Præluxerunt antiquissimi, ac primæ etiam ætatis Patres, apud quos et *Sapientiam* et *Ecclesiasticum*, sacræ Scripturæ titulo prænotatos passim invenias, nec leviter ac velut perfunctoriè;

sed asseveratione eâ, quæ et firmissima sit, et ad posteriora sæcula permanarit.

De canonicæ Scripturæ titulo, nonnihil à Latinis Græci discrepare visi; interim quosdam libros à Græcis divinos ac propheticos fuisse habitos, quos tamen in canonem non referrent, vel una illa Origenis ad Julium Africanum *de Susannâ* et aliis confirmat epistola : favet ipsum Salomonis nomen, quo nonnisi divinitùs inspirata volumina dignarentur.

Quod autem sanctus Hieronymus memorat (eâd. Præf.) legi quidem ab Ecclesiâ hos libros « ad ædificationem plebis, non ad auctoritatem ecclesiasticorum dogmatum confirmandam : » pace summi viri dixerim, non ita Augustinus : qui ad confutandam Pelagianam hæresim, passim hunc adhibet *Sapientiæ* locum : *Raptus est ne malitia mutaret intellectum ejus* (Sap. iv, 11), et illum de continentiâ ab uno Deo impetrandâ celeberrimum (viii, 24), aliosque non paucos; atque ut pariter de *Ecclesiastico* conficiamus, deductum ex eo libro profert egregium locum, *de Libero arbitrio,* pari auctoritatis commendatione cum cæteris, qui vel divinissimi et maximè canonici habeantur (S. Aug. lib. *de Grat. et lib. arbitr.,* cap. ii, n. 3; *Eccli.,* xv, 11).

Nec mirum, cùm hinc egregios locos ipse etiam Cyprianus attulerit, et adversùs Judæos, opere imprimis dogmatico, quo nonnisi receptissima, et à divino Spiritu dictata protulit; propheticum illud de Christo patiente testimonium adhibendum censuerit, ad confirmandam fidei veritatem.

His ergo permotus S. Augustinus eos, qui libri *Sapientiæ* detrectabant auctoritatem, sic castigabat (lib. *de Prædest. sanctor.,* xiv, n. 27) : « Non debuit repudiari sententia libri *Sapientiæ,* qui meruit in Ecclesiâ Christi de gradu lectorum, tam longâ annositate recitari, atque ab omnibus christianis, ab episcopis usque ad extremos laicos, fideles, pœnitentes, catechumenos, cum veneratione divinæ auctoritatis audiri. Ac posteà, eum librum sibi anteposuerunt, etiam temporibus proximis apostolorum egregii tractatores, qui eum testem adhibentes, nihil se adhibere, nisi divinum testimonium, crediderunt. »

# LIBER
# SAPIENTIÆ

## CAPUT PRIMUM.

Judices diligant justitiam : Dominus adsciscit simplices: peccatores et simulatores repellit, 4, 5; arcana cordis penetrat: ergo à detractione et mendacio abstinendum : mors non à Deo, sed à peccato, 13, 14, 15.

1. Diligite justitiam, qui judicatis terram. Sentite de Domino in bonitate, et in simplicitate cordis quærite illum :

2. Quoniam invenitur ab his qui non tentant illum : apparet autem eis, qui fidem habent in illum :

3. Perversæ enim cogitationes separant à Deo : probata autem virtus corripit insipientes.

4. Quoniam in malevolam animam non introibit sapientia, nec habitabit in corpore subdito peccatis.

5. Spiritus enim sanctus disciplinæ effugiet fictum, et auferet se à cogitationibus quæ sunt sine intellectu, et corripietur à superveniente iniquitate.

6. Benignus est enim spiritus sapientiæ, et non liberabit maledicum à labiis suis : quoniam renum

1. *In bonitate :* ut et de Deo bona omnia cogitetis, et ipsi de Deo cogitantes bona omnia sapiatis, quòd magis sequenti congruit.

2. *Qui non tentant illum :* tentare Deum (quòd sæpè vetitum in Scripturis) nihil aliud est quàm diffidere Deo, nec verbis ejus, aut benignitati satis credere, nisi signa et prodigia, non suâ voluntate, sed nostro arbitrio faciat; quod est contrarium ei quod subditur : *Apparet autem eis, qui fidem habent in illum.*

3. *Corripit insipientes :* Græc. *arguit, convincit.*

4. *Subdito peccatis :* Græc. *peccato.*

5. *Spiritus sanctus disciplinæ :* supple : magister, disciplinam inspirans ; quo sensu dicitur Spiritus sapientiæ et intellectûs, etc. *Effugiet fictum :* Græc. *dolum.* Amat enim simplices, veraces, justos, probos; non simulatores. *Corripietur,* arguetur, convincetur. *A superveniente iniquitate.* Ubi supervenerit iniquitas, convincetur falsi is, qui spiritu disciplinæ se jactabat præditum : aut enim illum spiritum omninò non habuit, aut non habuit eâ quâ oportebat animi constantiâ.

6. *Benignus est :* humanus, humanitatis amans, φιλάνθρωπος. *Spiritus sapientiæ :* ut legit S. Aug. lib. *De Mend.,* cap. XVI, n. 31, sive, ut habet Græc. *sapientia ;* id est sapientia Dei, spiritus est hominum amans, quippe quos ad se tantâ benignitate invitet, ut patet *Prov.,* VIII : *Non liberabit maledicum à labiis suis :* cùm verbis suis ipse capiatur, audiatque illud à Paulo : *Inexcusabilis es, ô homo omnis qui judicas : in quo enim judicas alterum, te ipsum condemnas,* Rom., II, 1; atque

illius testis est Deus, et cordis illius scrutator est verus, et linguæ ejus auditor.

7. Quoniam Spiritus Domini replevit orbem terrarum : et hoc quod continet omnia, scientiam habet vocis.

8. Propter hoc qui loquitur iniqua, non potest latere; nec præteriet illum corripiens judicium.

9. In cogitationibus enim impii interrogatio erit : sermonum autem illius auditio ad Deum veniet, ad correptionem iniquitatum illius.

10. Quoniam auris zeli audit omnia, et tumultus murmurationum non abscondetur.

11. Custodite ergo vos à murmuratione, quæ nihil prodest; et à detractione parcite linguæ, quoniam sermo obscurus in vacuum non ibit; os autem, quod mentitur, occidit animam.

12. Nolite zelare mortem in errore vitæ vestræ, neque acquiratis perditionem in operibus manuum vestrarum.

13. Quoniam Deus mortem non fecit, nec lætatur in perditione vivorum.

14. Creavit enim, ut essent omnia : et sanabiles fecit nationes orbis terrarum : et non est in illis medicamentum exterminii, nec inferorum regnum in terrâ.

15. Justitia enim perpetua est, et immortalis.

16. Impii autem manibus et ver-

etiam à Domino : *Ex ore tuo te judico, serve nequam.* Sic Psal. CXXXIX, 10. *Labor labiorum ipsorum* (eorum elaborata ac fraudulenta consilia) *operient eos*, capient, comprehendent ut fossa, ut laqueus. *Renum :* interiorum, cogitationum, cupiditatum : hebraismus frequens. *Linguæ ejus auditor :* verborum arcanorum licet..

7. *Quoniam Spiritus Domini :* ex eo quòd Dei Spiritus ubique sit, et omnia suâ virtute contineat, rectè infert exaudiri ab eo quantùmvis occultas hominum voces. Undè infert seq. vers. 8 : *Propter quod qui loquitur iniqua, non potest latere.*

9. *In cogitationibus impii interrogatio,* sive inquisitio, *erit :* cùm latentes etiam cogitationes tam Deo notæ sint, quàm si, inquisitione factâ, responsa nostra audierit.

10. *Auris zeli,* sive Dei zelantis cogitationes hominum, eisque animum attentum adhibentis, *audit omnia : et tumultus murmurationum :* strepitus, susurrus quamvis occultissimus : quod sequentia produnt.

12. *Nolite zelare mortem :* atque ita vos gerere, quasi eam summo studio accersere cupiatis.

13. *Deus mortem non fecit.* Creavit enim *Deus hominem inexterminabilem :..... invidiâ autem diaboli mors introivit in orbem terrarum,* infrà, II, 23, 24; et : *Quare moriemini, domus Israel? quia nolo mortem morientis,* Ezech., XVIII, 31, 32. Undè subdit :

14. *Creavit enim* ille existens et existendi fons, *ut essent omnia,* non ut interirent : et ut salutares essent, hoc est salutiferæ generationes mundi, elementa, plantæ, fruges : neque *est in illis medicamentum exterminii,* virus mortiferum, aut quidquam generi nostro insalubre aut noxium. Si enim ab initio tellus bonarum tantùm herbarum ferax, nec nisi peccantibus spinas et tribulos germinavit; quantò magis venena aberant, sive ab universâ terrâ, degenerantibus posteà seminibus, seu quod magis crediderim, à voluptatis horto quem homines incolebant; eò quòd

15. *Justitia,* in quâ homo factus est, per sese *immortalis,* atque immortalitatem affert.

bis accersierunt illam : et æstimantes illam amicam, defluxerunt, et sponsiones posuerunt ad illam : quoniam digni sunt qui sint ex parte illius.

16. *Æstimantes illam amicam. Qui* enim *me oderunt*, ait Sapientia, *diligunt mortem.* Prov., VIII, 36. *Defluxerunt :* tabuerunt, defecti sunt viribus. *Sponsiones posuerunt ad illam;* cum eâ pactum inierunt. Undè apud Isa., XXVIII, 15 : *Percussimus fœdus cum morte,* quasi pacto fœdere nos ei habendos, possidendos spontè tradidimus; ac posteà, 18 : *Delebitur fœdus vestrum cum morte, et pactum vestrum cum inferno non stabit. Quoniam digni sunt,* ut morti dedantur *qui sunt ex parte ipsius,* qui peccato commisso mortis se partibus addixerunt. *Peccatum enim cùm consummatum fuerit, generat mortem,* Jac., I, 15; et, *à quo quis superatus est, hujus et servus est.* II Petr., II, 19.

## CAPUT II.

Impiorum ratiocinia : post hanc vitam nihil : utendum præsentibus bonis : odiosum virum bonum : etiam Christum : de ipso prophetia, 18; quid his respondendum : ac primùm mortem non à Deo, 22, 23, 24.

1. Dixerunt enim cogitantes apud se non rectè : Exiguum, et cum tædio est tempus vitæ nostræ, et non est refrigerium in fine hominis, et non est qui agnitus sit reversus ab inferis :

2. Quia ex nihilo nati sumus, et post hoc erimus tanquàm non fuerimus : quoniam fumus flatus est in naribus nostris : et sermo scintilla ad commovendum cor nostrum.

3. Quâ extinctâ, cinis erit corpus nostrum, et spiritus diffundetur tanquàm mollis aer, et transibit vita nostra tanquàm vestigium nubis, et sicut nebula dissolvetur, quæ fugata est à radiis solis, et à calore illius aggravata :

4. Et nomen nostrum oblivionem accipiet per tempus, et nemo memoriam habebit operum nostrorum.

5. Umbræ enim transitus est tem-

1. *Cum tædio* vita nostra. Cavendum à tædio, undè ad sensuum oblectamenta propellimur, verisque ac suis gaudiis præoccupandus animus, juxta illud toties inculcatum : *Gaudete. Non est refrigerium,* Græc. *remedium,* curatio *in fine, et non est qui agnitus.* Oratio familiaris impiis : quare ille dives apud inferos : *Mitte Lazarum ;* et : *Si quis ex mortuis ierit..., pœnitentiam agent :* at Abraham : *Si Moysen et prophetas non audiunt, neque si quis ex mortuis resurrexerit, credent.* Luc., XVI, 27, 30, 31. Nunc autem ad votorum cumulum habemus Christum à cœlo, ab inferis, ex mortuis reversum, cujus resurrectio sole clarior.

2. *Ex nihilo nati sumus :* Græc. temerè, casu, nullâ causâ, nullo certo vitæ fine : quod eòdem recidit. *Fumus flatus est :* Græc. fumus aut flatus est *in naribus nostris :* res facilè evanescens, sive sit vapor spissior, sive aer tenuis. *Sermo scintilla :* Græc. *sermo scintilla, ad commovendum :* sermo seu verbum, phrasi hebraicâ, pro re ; sensus est : Res illa quæ commovet cor nostrum, vitalemque calorem per artus diffundit, nonnisi scintilla est quæ statim extinguitur, duabusque omninò rebus vanissimis vita nostra constat, flatu et igne tenui.

4. *Et nomen nostrum :* adeò nihil sumus, ut nec fama nostri supersit.

pus nostrum, et non est reversio finis nostri : quoniam consignata est, et nemo revertitur.

6. Venite ergo, et fruamur bonis quæ sunt, et utamur creaturâ tanquàm in juventute celeriter.

7. Vino pretioso et unguentis nos impleamus : et non prætereat nos flos temporis.

8. Coronemus nos rosis, antequàm marcescant : nullum pratum sit, quod non pertranseat luxuria nostra.

9. Nemo nostrûm exsors sit luxuriæ nostræ : ubique relinquamus signa lætitiæ : quoniam hæc est pars nostra, et hæc est sors.

10. Opprimamus pauperem justum, et non parcamus viduæ, nec veterani revereamur canos multi temporis.

11. Sit autem fortitudo nostra lex justitiæ : quod enim infirmum est, inutile invenitur.

12. Circumveniamus ergo justum, quoniam inutilis est nobis, et contrarius est operibus nostris, et improperat nobis peccata legis, et diffamat in nos peccata disciplinæ nostræ.

13. Promittit se scientiam Dei habere, et filium Dei se nominat.

14. Factus est nobis in traductionem cogitationum nostrarum.

15. Gravis est nobis etiam ad videndum, quoniam dissimilis est aliis vita illius, et immutatæ sunt viæ ejus.

---

5. *Non est reversio finis nostri :* à fine ac post mortem. *Consignata est enim :* res est sigillo clausa, quod resignare non licet, atque ineluctabili decreto firmata, quòd jam nihil simus.

6. *Bonis quæ sunt :* veris bonis. Crassi homines ac sensibus dediti, præter ea palpant, cuncta habent pro manibus ac nullis, cùm è contra, *quæ videntur temporalia* sint, *quæ autem non videntur æterna*, II Cor., IV, 18; *quæ* etiam verè *sunt,* ut habes infrà, VIII, 6. *Utamur creaturâ tanquàm in juventute : in,* deest in edit. Rom., habet Complut., ipsa res sequentibus exponitur.

7. *Flos temporis :* Græc. *aeris :* odoratus vapor ex vino et unguentis veluti efflorescens.

8. *Nullum pratum :* et hoc ad licentiam pertinet, ut incerti ac vagi hàc illàcque discurrant : prata memorantur herbis virentibus læta, choreis ac saltationibus frequentanda : Græc. tamen deest.

9. *Nemo nostrûm :* nemo se temperantem modestumque faciat : quod in illo voluptatum contubernio impatientissimè ferunt.

10. *Opprimamus pauperem.* Rectè Aug. *in Psal.* LVII, 10. Cùm voluptas nonnisi læta et benefica mitisque esse videatur, tamen facilè prorumpere in vim ac rapinas, supplendis per scelerata compendia opibus per luxuriem exhaustis.

11. *Sit fortitudo nostra lex justitiæ.* Sic illi apud Platonem passim, justum, inane nomen ; nec justitiam esse aliud quàm validioris voluntatem. *Quod infirmum est :* virtus ac justitia, eò debilis, quòd æquo bonoque conclusa, facilè pateat injuriæ nihil non moventium, ac per fas et nefas grassantium.

13. *Promittit...: et filium Dei se nominat :* 16. *gloriatur patrem.... Deum.* 17. *Videamus..... si sermones illius veri sint.* 18. *Si enim est verus filius Dei :* 20. *Morte turpissimâ.* Hic ille est locus apertè propheticus, toties à Patribus celebratus, et cum *Matth.,* XXVII, 40, 42, 43, conferendus.

14. *In traductionem :* ἐλεγχὶν, reprehensionem, confutationem, convictionem.

15. *Dissimilis est aliis... immutatæ viæ ejus :* à vulgari hominum consuetudine abhorret. Viderint qui se satis excusatos putant, quòd sequantur multitudinem.

## CAPUT III.

16. Tanquàm nugaces æstimati sumus ab illo, et abstinet se à viis nostris tanquàm ab immunditiis, et præfert novissima justorum, et gloriatur patrem se habere Deum.

17. Videamus ergo si sermones illius veri sint, et tentemus quæ ventura sunt illi, et sciemus quæ erunt novissima illius.

18. Si enim est verus filius Dei, suscipiet illum, et liberabit eum de manibus contrariorum.

19. Contumeliâ et tormento interrogemus eum, ut sciamus reverentiam ejus, et probemus patientiam illius.

20. Morte turpissimâ condemnemus eum : erit enim ei respectus ex sermonibus illius.

21. Hæc cogitaverunt, et erraverunt : excæcavit enim illos malitia eorum.

22. Et nescierunt sacramenta Dei, neque mercedem speraverunt justitiæ, nec judicaverunt honorem animarum sanctarum.

23. Quoniam Deus creavit hominem inexterminabilem, et ad imaginem similitudinis suæ fecit illum :

24. Invidiâ autem diaboli, mors introivit in orbem terrarum :

25. Imitantur autem illum, qui sunt ex parte illius.

16. *Præfert novissima justorum :* hoc est, quo vel maximè justi ludibrio habeantur, quòd futura expectent spretis præsentibus. *Patrem se habere Deum :* Græc. breviùs, *gloriatur patrem Deum.*

18. *Si est verus filius Dei :* Græc. *Si est ille justus filius Dei.* Si est ille Christus sub justi nomine tamdiù expectatus. *Isa.*, XLI, XLV, LI; *Dan.*, IX.

19. *Contumeliâ et tormento :* addamus plagis contumeliam : quod Christo factum est. *Interrogemus eum :* probemus, ut explicant sequentia. *Reverentiam :* obedientiam, tolerantiam : Græc. *æquitatem,* benignitatem.

20. *Morte turpissimâ :* cruce scilicet, servili ac teterrimo atque ignominiosissimo supplicio. *Erit enim respectus ex sermonibus illius.* Viderimus inter cruciamenta quid dicat, et an sibi constet.

22. *Sacramenta Dei :* mysteria sive arcana consilia. *Animarum sanctarum :* Græc. *irreprehensibilium.*

23. *Deus creavit hominem inexterminabilem,* immortalem, ut recordatione pristinæ dignitatis erigat justorum animos, ne impiorum insectationibus victi jaceant. *Ad imaginem similitudinis suæ :* Græc. *proprietatis.* Deo enim proprium, ut sit per se immortalis; cætera omnia per se deficiant, nisi continuò divinæ virtutis influxu sustententur. Alii codices habent, *æternitatis suæ,* αἰδιότητος, pro ἰδιότητος.

24. *Invidiâ diaboli mors.* Undè Christus : *Ille homicida ab initio.* Joan., VIII, 44.

25. *Imitantur autem illum. Vos ex patre diabolo estis, et desideria patris vestri vultis facere.* Joan., ibid.

## CAPUT III.

Prosequitur adversùs impios : justorum spes : gloria sempiterna : impii maledicti : eorum maledicta conjugia : maledicta soboles, eunuchi spirituales, 14.

1. Justorum autem animæ in manu Dei sunt, et non tanget illos tormentum mortis.

2. Visi sunt oculis insipientium

1. *Tormentum mortis.* Vox ultima deest Græc.

mori : et æstimata est afflictio exitus illorum :

3. Et quod à nobis est iter, exterminium : illi autem sunt in pace.

4. Et si coràm hominibus tormenta passi sunt, spes illorum immortalitate plena est.

5. In paucis vexati, in multis benè disponentur: quoniam Deus tentavit eos, et invenit illos dignos se.

6. Tanquàm aurum in fornace probavit illos, et quasi holocausti hostiam accepit illos : et in tempore erit respectus illorum.

7. Fulgebunt justi, et tanquàm scintillæ in arundineto discurrent.

8. Judicabunt nationes, et dominabuntur populis, et regnabit Dominus illorum in perpetuum.

9. Qui confidunt in illo, intelligent veritatem : et fideles in dilectione acquiescent illi : quoniam donum et pax est electis ejus.

10. Impii autem secundùm quæ cogitaverunt, correptionem habebunt : qui neglexerunt justum, et à Domino recesserunt.

11. Sapientiam enim et disciplinam qui abjicit, infelix est : et vacua est spes illorum, et labores sine fructu, et inutilia opera eorum.

12. Mulieres eorum insensatæ sunt, et nequissimi filii eorum.

13. Maledicta creatura eorum, quoniam felix est sterilis, et incoinquinata, quæ nescivit thorum in

2. *Æstimata est afflictio ;* 3. *et quod à nobis est iter*. Insipientes arbitrantur exitum justorum sive mortem, nihil aliud esse quàm cruciatum, et profectionem à nobis, interitum, excidium : Græc. *contritionem.*

5. *In paucis :* in corpore, in paucorum dierum vitâ, *vexati :* in multis : in æternâ et interminabili vitâ : *benè disponentur :* Græc. *per paucd docti* ( sub patientiæ disciplinâ habiti ), *maximis afficientur beneficiis. Non enim sunt condignæ passiones hujus temporis ad futuram gloriam ;* et : *Momentaneum illud et leve tribulationis nostræ, supra modum in sublimitate æternum gloriæ pondus operatur.* Rom., VIII, 18; II Cor., IV, 17.

6. *Quasi holocausti hostiam accepit illos :* Græc. *holocaustum hostiæ,* sive immolationis; eodem sensu, ut perfectam oblationem, qualis est holocausti, quæ tota Domino consecratur. *In tempore erit respectus illorum :* suo et idoneo tempore respiciet Deus eorum studia et labores. At Græc. *in tempore respectûs illorum* ( quo illos respiciet Deus ).

7. *Fulgebunt, et tanquàm scintillæ in arundineto :* clarâ luce, in materiâ quæ flammam facilè comprehendat : *discurrent :* immortalem lucem circumferentes.

8. *Judicabunt nationes :* teste ipso Christo, *Apoc.,* II, 26.

9. *Donum :* seu donativum. *Electis ejus. Stipendia enim peccati, mors : gratia autem Dei* ( donum seu donativum, et gratuita largitio quâ suos impertit milites) *vita æterna.* Rom. VI, 23.

11. *Vacua spes illorum.* Isa., LIX, 5, 6, 7 : *Ova aspidum ruperunt, et telas araneæ texuerunt... Telæ eorum non erunt in vestimentum, neque operientur operibus suis : opera eorum opera inutilia ;... cogitationes eorum cogitationes inutiles : vastitas et contritio in viis eorum.*

12. *Mulieres eorum insensatæ.* Impiorum familia pravis exemplis corrupta.

13. *Maledicta :* execrabilis, *creatura* ( seu progenies) *eorum :* pessimorum hominum pessima soboles. *Felix sterilis, et incoinquinata,* seu virgo, præ illis tam impiè conjugatis. Tot probra, tot corruptelæ sunt in conjugiis et familiis, tanta etiam in connubiali thoro flagitia, ac dehonestamenta sunt, ut sterilitas et virginitas longo spatio antecellant. *Habebit fructum :* præclaram sobolem, bona opera, eorumque mercedem. *In respectione,* in visitatione et retributione : *animarum sanctarum :* deest Græc.

## CAPUT IV.

delicto, habebit fructum in respectione animarum sanctarum,

14. Et spado, qui non operatus est per manus suas iniquitatem, nec cogitavit adversùs Deum nequissima : dabitur enim illi fidei donum electum, et sors in templo Dei acceptissima.

15. Bonorum enim laborum gloriosus est fructus, et quæ non concidat radix sapientiæ.

16. Filii autem adulterorum in inconsummatione erunt, et ab iniquo thoro semen exterminabitur.

17. Et si quidem longæ vitæ erunt, in nihilum computabuntur, et sine honore erit novissima senectus illorum.

18. Et si celeriùs defuncti fuerint, non habebunt spem, nec in die agnitionis allocutionem.

19. Nationis enim iniquæ diræ sunt consummationes.

14. *Et spado :* supple, *beatior.* Alludit ad spadones illos, de quibus *Isa.*, LVI, 3, 4, 5, *qui non operatus est per manus : nec cogitavit :* qui nec opere, nec cogitatione peccavit. *Dabitur illi fidei donum electum :* excellens, singulare, scilicet, *nomen melius à filiis et filiabus; nomen sempiternum..... quod non peribit :* Isa., ibid., ut jam non in sobole, ut cæteri homines, sed in bonis operibus immortalitatem consequantur. *Sors in templo Dei acceptissima :* Isa., ibid.: *Dabo eis in domo meâ et in muris meis locum ;* ut et illud animo providisse videantur, cælibes honoratiore loco in templo Dei sessuros, sacrorumque administros futuros.

16. *Filii adulterorum in inconsummatione erunt :* Græc. *inconsummati,* impuri, non initiati, imperfecti abortivi instar; ut infrà, IV, 4, 5. *Ab iniquo thoro semen,* seu soboles, *exterminabitur,* aberit : contrà ac Salomon pollicetur thoro intaminato et casto, Prov., V, 15, 16.

18. *Nec in die agnitionis :* in die quo benefacta et scelera recognoscentur. *Allocutionem :* Græc. *solatium.*

19. *Nationis :* generationis, seu sobolis *iniquæ,* inter adulteria sordesque natæ : *diræ sunt consummationes;* diri et infausti exitus.

## CAPUT IV.

Pii, clari, notique : malorum soboles instabilis : justorum beata mors, 7 ; beata etiam vita, etiamsi brevis, 1 ; senectute melior, 8, 9 ; citò rapi ex gratiâ est, 11, 14 ; vitæ pericula, tentationes, fascinum, 12; irrisi impii et infelices, 19, 20.

1. O quàm pulchra est casta generatio cum claritate! immortalis est enim memoria illius : quoniam et apud Deum nota est, et apud homines.

2. Cùm præsens est, imitantur illam : et desiderant eam, cùm se eduxerit : et in perpetuum coronata triumphat, incoinquinatorum certaminum præmium vincens.

1. *O quàm pulchra est casta generatio :* sive generatio illa bonorum operum, de quâ suprà, III, 13, 14, sive post exhibitas oculis impiorum et adulterorum execratas atque incestatas domos, piorum sobolem benedictum prædicat. Prima illa interpretatio magis Græco congruit, qui sic habet : *Melior est orbitas, sive sterilitas cum virtute :* supple, quàm illa impiorum ampla soboles. *Immortalis est enim memoria illius :* sterilitatis scilicet cum virtute conjunctæ : ut habes *Isa.*, LVI.

2. *Incoinquinatorum certaminum præmium vincens :* pro quo Græc. *prælium.*

3. Multigena autem impiorum multitudo non erit utilis, et spuria vitulamina non dabunt radices altas, nec stabile firmamentum collocabunt.

4. Et si in ramis in tempore germinaverint, infirmiter posita, à vento commovebuntur, et à nimietate ventorum eradicabuntur.

5. Confringentur enim rami inconsummati, et fructus illorum inutiles, et acerbi ad manducandum, et ad nihilum apti.

6. Ex iniquis enim somniis filii qui nascuntur, testes sunt nequitiæ adversùs parentes in interrogatione suâ.

7. Justus autem si morte præoccupatus fuerit, in refrigerio erit.

8. Senectus enim venerabilis est non diuturna, neque annorum numero computata : cani autem sunt sensus hominis,

9. Et ætas senectutis, vita immaculata.

10. Placens Deo actus est dilectus, et vivens inter peccatores translatus est.

11. Raptus est ne malitia mutaret intellectum ejus, aut ne fictio deciperet animam illius.

12. Fascinatio enim nugacitatis obscurat bona, et inconstantia concupiscentiæ transvertit sensum sine malitiâ.

13. Consummatus in brevi, explevit tempora multa :

14. Placita enim erat Deo anima illius, propter hoc properavit educere illum de medio iniquitatum.

---

Sunt autem incoinquinata certamina, incruenta illa, neque ulla cæde polluta, quibus voluptatem virtute et castitate dejicimus. Posset etiam pro *certaminum*, reponi, præliorum : eodem ubique sensu quo illa prælia celebrentur, quæ puram, ac nullâ cæde fœdam reportent lauream.

3. *Spuria vitulamina* : mendum : ex voce μοσχευμάτων; vertendum autem *spuriæ, sive adulterinæ propagines, plantationes* : ut habet Aug. lib. II *de Doct. Christ.*, cap. XII, hoc est, adulterorum soboles, *non habent radices altas* : ut sup. III, 16, etc. Ambrosius tamen ex hâc versione Theclam, Agnetem, Pelagiam vocat *nobilia vitulamina*, lib. II, *Epist.* VII (nunc *Epist.* XXXVII, n. 36).

6. *Ex iniquis somniis* : illicitis amplexibus, sive delectamento somni, ut infrà, VII, 2, quem poeta dulcem soporem vocat. *In interrogatione*, sive probatione *suâ* : datâ occasione parentum se similes comprobabunt.

8. *Cani autem sunt sensus hominis* : sive, ut habet Græc. *canities ipsa, prudentia est hominibus ;* ne eam colore aut annis æstimes.

11. *Raptus est.* Quem in locum Aug. lib. *de Prædest. Sanct.*, XIV, n. 26 : « Dictum est secundùm pericula vitæ hujus, non secundùm præscientiam Dei qui hoc præscivit quod futurum erat, non quod futurum non erat, id est, quod ei mortem immaturam fuerat largiturus, ut tentationum subtraheretur incerto, non quòd peccaturus esset, qui mansurus in tentatione non esset. » Quem Sapientiæ locum laudat etiam Cypr. lib. *de Mortal.* ab Augustino citatus.

12. *Fascinatio nugacitatis.* En vitam humanam : fascinatio, sive fallacia, atque deceptio, stoliditas, nugacitas, pravitas, inconstantia, sive vacillatio, ῥεμβασμός : hæc enim omnia græcæ voces sonant. *Inconstantia concupiscentiæ :* sensuum vagi ac mutabiles motus, unde Moses : *Nec sequantur cogitationes suas, et oculos per res varias fornicantes*, Num., XV, 39; et Paulus : *Facientes voluntates carnis et cogitationum*, Ephes., II, 3.

14, 15. *Populi autem... non intelligentes... quoniam gratia et misericordia.* Supple, deplorabunt eorum præproperam mortem, quos jam æternitati maturos Deus ad se evocabat.

Populi autem videntes, et non intelligentes, nec ponentes in præcordiis talia :

15. Quoniam gratia Dei, et misericordia est in sanctos ejus, et respectus in electos illius.

16. Condemnat autem justus mortuus vivos impios, et juventus celeriùs consummata, longam vitam injusti.

17. Videbunt enim finem sapientis, et non intelligent quid cogitaverit de illo Deus, et quare munierit illum Dominus.

18. Videbunt et contemnent eum : illos autem Dominus irridebit.

19. Et erunt post hæc decidentes sine honore, et in contumeliâ inter mortuos in perpetuum : quoniam disrumpet illos inflatos sine voce, et commovebit illos à fundamentis, et usque ad supremum desolabuntur : et erunt gementes, et memoria illorum peribit.

20. Venient in cogitatione peccatorum suorum timidi, et traducent illos ex adverso iniquitates ipsorum.

16. *Longam vitam :* Græc. *longævam senectutem.*
17. *Quare :* Græc. *in quid;* cujus rei gratiâ, *munierit,* firmaverit, *illum Dominus,* tot præsidiis instruxerit, tutumque servaverit, nempè ut æternùm viveret.
19. *Inflatos :* Græc. *præcipites ; sine voce,* mutos, frustrà hiscentes, verbis non secuturis, atque, ut in somniis, delusos vanis conatibus. *Commovebit illos à fundamentis ;* dejectos omni spe, et in æternum alienatos *à vitâ Dei.* Ephes., IV, 18.

## CAPUT V.

Piorum ab impiis discrimina post mortem : horum sera in inferno pœnitentia, 2, 6 ; in hâc vitâ inanes labores , 7 ; inanis jactantia, 8 ; transitoriæ nullo relicto vestigio voluptates, 9, 10 *et seqq.*; vanæ spes, 15 ; justorum æterna stabliitas : Deus pro illis et contra impios armatus, 16 *et seqq.*; ictu certo et indeclinabili, 22.

1. Tunc stabunt justi in magnâ constantiâ adversùs eos qui se angustiaverunt, et qui abstulerunt labores eorum.

2. Videntes turbabuntur timore horribili, et mirabuntur in subitatione insperatæ salutis,

3. Dicentes intra se, pœnitentiam agentes, et præ angustiâ spiritûs gementes : Hi sunt quos habuimus aliquandò in derisum, et in similitudinem improperii.

4. Nos insensati vitam illorum æstimabamus insaniam, et finem illorum sine honore.

5. Ecce quomodò computati sunt inter filios Dei, et inter sanctos sors illorum est.

6. Ergo erravimus à viâ veritatis, et justitiæ lumen non luxit nobis,

1. *Stabunt justi :* Græc. *stabit justus. Qui abstulerunt labores eorum :* alimenta, victum quantovis labore partum.
3. *In similitudinem :* Græc. *in parabolam ;* sic Jer., XXIV, 9, civitas *in opprobrium et in parabolam,* hoc est, assumenda in exemplum magnæ calamitatis, ut Sodoma et Gomorrha, Deut., XXIX, 23 ; Jer., XLIX, L, etc.
6. *Justitiæ lumen :* sol intelligentiæ ; Græc. *sol* simpliciter. Aliis, *sol justitiæ,* de quo Malach., IV, 2. Hoc est quod ait Paulus : *Tenebris obscuratum habentes intellectum alienati à vitâ Dei, per ignorantiam quæ est in illis, propter cæcitatem cordis ipsorum.* Ephes., IV, 18.

et sol intelligentiæ non est ortus nobis.

7. Lassati sumus in viâ iniquitatis et perditionis, et ambulavimus vias difficiles, viam autem Domini ignoravimus.

8. Quid nobis profuit superbia? aut divitiarum jactantia quid contulit nobis?

9. Transierunt omnia illa tanquàm umbra, et tanquàm nuntius percurrens,

10. Et tanquàm navis, quæ pertransiit fluctuantem aquam; cujus, cùm præterierit, non est vestigium invenire, neque semitam carinæ illius in fluctibus :

11. Aut tanquàm avis, quæ transvolat in aere, cujus nullum invenitur argumentum itineris, sed tantùm sonitus alarum verberans levem ventum, et scindens per vim itineris aerem : commotis alis transvolavit, et post hoc nullum signum invenitur itineris illius :

12. Aut tanquàm sagitta emissa in locum destinatum; divisus aer continuò in se reclusus est, ut ignoretur transitus illius :

13. Sic et nos nati continuò desivimus esse : et virtutis quidem nullum signum valuimus ostendere : in malignitate autem nostrâ consumpti sumus.

14. Talia dixerunt in inferno hi qui peccaverunt :

15. Quoniam spes impii tanquàm lanugo est, quæ à vento tollitur : et tanquàm spuma gracilis, quæ à procellâ dispergitur : et tanquàm fumus qui à vento diffusus est : et tanquàm memoria hospitis unius diei prætereuntis.

16. Justi autem in perpetuum vivent, et apud Dominum est merces eorum, et cogitatio illorum apud Altissimum.

17. Ideò accipient regnum decoris, et diadema speciei de manu Domini : quoniam dexterâ suâ teget eos, et brachio sancto suo defendet illos.

18. Accipiet armaturam zelus illius, et armabit creaturam ad ultionem inimicorum.

19. Induet pro thorace justitiam, et accipiet pro galeâ judicium certum.

20. Sumet scutum inexpugnabile, æquitatem :

21. Acuet autem duram iram in lanceam : et pugnabit cum illo orbis terrarum contra insensatos.

22. Ibunt directè emissiones fulgurum, et tanquàm à benè curvato arcu nubium exterminabuntur, et ad certum locum insilient.

23. Et à petrosâ irâ plenæ mit-

---

7. *Lassati sumus in viâ iniquitatis* : Græc. *lassati iniquitatis viis*, sive ad satietatem pleni. *Vias difficiles:* Græc. *deserta avia*, inaccessa, atque hæc est cæcitas, ut licèt defatigati, tamen ad flagitia pertrahantur, nec possint referre pedem.

15. *Tanquàm lanugo* : χνοῦς, florum lanugines à ventis circumlatæ, quod nunc legitur : χοῦς, *pulvis :* eodem sensu.

18. *Accipiet armaturam zelus illius :* Græc. *armaturam zelum suum*, æmulationem in contemptores.

22. *Ibunt directè* : Græc. *directæ*, εὔστοχοι, benè collimatæ, neque aberraturæ ab ictu, à sagittis comparatione ductâ, ut sequentia demonstrant. *Exterminabuntur*, emittentur, quod tamen Græc. deest. *Ad certum locum :* ad scopum.

23. *Et à petrosâ irâ :* Dei scilicet, *petrosâ* autem, lapidante, instar machinæ saxa jacientis : πετροβόλου. Alludit ad eos locos, in quibus Deus in hostes saxis

tentur grandines : excandescet in illos aqua maris, et flumina concurrent duriter.

24. Contra illos stabit spiritus virtutis, et tanquàm turbo venti dividet illos : et ad eremum perducet omnem terram iniquitas illorum, et malignitas evertet sedes potentium.

et grandinibus pluit. *Exod.*, IX, 18; *Jos.*, X, 11. *Aqua maris, et flumina* : venturi judicii signa. *Pressura gentium præ confusione sonitus maris et fluctuum*, Luc., XXI, 25.

24. *Spiritus virtutis* : ventus vehemens. *Ad eremum* : ad solitudinem, ad vastitatem.

## CAPUT VI.

Omnis potestas à Deo : gravi rationi reddendæ obnoxia, 4, 5; potentes potenter cruciandi, 6, 7, 9; nulla acceptio personarum : justa justè : sapientia quàm expetenda, tam obvia est omnibus, 13, 14; verè regnare quid sit? 22, 23.

1. Melior est sapientia quàm vires : et vir prudens quàm fortis.

2. Audite ergo, reges, et intelligite : discite, judices finium terræ.

3. Præbete aures, vos qui continetis multitudines, et placetis vobis in turbis nationum :

4. Quoniam data est à Domino potestas vobis, et virtus ab Altissimo, qui interrogabit opera vestra et cogitationes scrutabitur :

5. Quoniam cùm essetis ministri regni illius, non rectè judicastis, nec custodistis legem justitiæ, neque secundùm voluntatem Dei ambulastis.

6. Horrendè et citò apparebit vobis : quoniam judicium durissimum, his qui præsunt, fiet.

7. Exiguo enim conceditur misericordia : potentes autem potenter tormenta patientur.

8. Non enim subtrahet personam cujusquam Deus, nec verebitur magnitudinem cujusquam : quoniam pusillum et magnum ipse fecit, et æqualiter cura est illi de omnibus.

9. Fortioribus autem fortior instat cruciatio.

10. Ad vos ergo, reges, sunt hi sermones mei, ut discatis sapientiam, et non excidatis.

11. Qui enim custodierint justa justè, justificabuntur : et qui didicerint ista, invenient quid respondeant.

12. Concupiscite ergo sermones meos, diligite illos, et habebitis disciplinam.

13. Clara est, et quæ nunquàm marcescit, sapientia, et facilè videtur ab his qui diligunt eam, et invenitur ab his qui quærunt illam.

14. Præoccupat qui se concupis-

1. *Melior est* : deest Græc. Similis sententia *Eccl.*, IX, 18.

4. *Interrogabit opera vestra* : non adulatores vestros : interrogabit autem, probabit, ad normam exiget, non ad hominum opiniones.

8. *Non subtrahet* judicio *personam* : *non enim est acceptio personarum apud Deum*. Rom. II, 11.

11. *Justa justè* : ex Deut., XVI, 20, *justè quod justum est persequeris* : Græc. *sanctè sancta*.

13. *Facilè videtur* : de his et seqq. vide *Prov.*, II, VIII, etc.

cunt, ut illis se prior ostendat.

15. Qui de luce vigilaverit ad illam, non laborabit : assidentem enim illam foribus suis inveniet.

16. Cogitare ergo de illâ, sensus est consummatus; et qui vigilaverit propter illam, citò securus erit.

17. Quoniam dignos seipsâ circuit quærens, et in viis ostendit se illis hilariter, et in omni providentiâ occurrit illis.

18. Initium enim illius verissima est disciplinæ concupiscentia.

19. Cura ergo disciplinæ, dilectio est; et dilectio, custodia legum illius est : custoditio autem legum, consummatio incorruptionis est :

20. Incorruptio autem facit esse proximum Deo.

21. Concupiscentia itaque sapientiæ deducit ad regnum perpetuum.

22. Si ergo delectamini sedibus et sceptris, ô reges populi, diligite sapientiam, ut in perpetuum regnetis.

23. Diligite lumen sapientiæ, omnes qui præestis populis.

24. Quid est autem sapientia, et quemadmodùm facta sit, referam : et non abscondam à vobis sacramenta Dei, sed ab initio nativitatis investigabo, et ponam in lucem scientiam illius, et non præteribo veritatem :

25. Neque cum invidiâ tabescente iter habebo : quoniam talis homo non erit particeps sapientiæ.

26. Multitudo autem sapientium sanitas est orbis terrarum : et rex sapiens stabilimentum populi est.

27. Ergo accipite disciplinam per sermones meos, et proderit vobis.

19. *Dilectio, custodia legum.* Rom., XIII, 8 : *Qui enim diligit proximum, legem implevit :* quod egregiè exequitur Augustinus tract. 87. *in Joan.; De mor. Eccl. cath.,* cap. XV, n. 25, et alibi passim.
24. *Facta sit.* Vide VII, 25, 26.

## CAPUT VII.

Regum et vulgi æqua nativitas : tam infirma, tam misera, 1 *et seqq.*; in unâ sapientiâ opes, 14, ac vera scientia : *ibid et seqq.*; æternæ sapientiæ dotes, 22, 23, 24; nativitas, 25, 26; vis, 27; lux et pulchritudo, 29, 30.

1. Sum quidem et ego mortalis homo, similis omnibus, et ex genere terreni illius, qui prior factus est, et in ventre matris figuratus sum caro.

2. Decem mensium tempore coagulatus sum in sanguine, ex semine hominis, et delectamento somni conveniente.

3. Et ego natus accepi communem aerem, et in similiter factam decidi terram, et primam vocem similem omnibus emisi plorans.

4. In involumentis nutritus sum, et curis magnis.

5. Nemo enim ex regibus aliud habuit nativitatis initium.

6. Unus ergo introitus est omnibus ad vitam, et similis exitus.

7. Propter hoc optavi, et datus

1. *Qui prior factus,* seu fictus *est :* πρωτοπλάστου.
3. *Plorans :* Græc. *æquè plorans.*

## CAPUT VII.

est mihi sensus : et invocavi, et venit in me spiritus sapientiæ :

8. Et præposui illam regnis et sedibus, et divitias nihil esse duxi in comparatione illius.

9. Nec comparavi illi lapidem pretiosum : quoniam omne aurum in comparatione illius, arena est exigua, et tanquàm lutum æstimabitur argentum in conspectu illius.

10. Super salutem et speciem dilexi illam, et proposui pro luce habere illam : quoniam inextinguibile est lumen illius.

11. Venerunt autem mihi omnia bona pariter cum illâ, et innumerabilis honestas per manus illius.

12. Et lætatus sum in omnibus : quoniam antecedebat me ista sapientia, et ignorabam, quoniam horum omnium mater est.

13. Quam sine fictione didici, et sine invidiâ communico, et honestatem illius non abscondo.

14. Infinitus enim thesaurus est hominibus : quo qui usi sunt, participes facti sunt amicitiæ Dei, propter disciplinæ dona commendati.

15. Mihi autem dedit Deus dicere ex sententiâ, et præsumere digna horum, quæ mihi dantur : quoniam ipse sapientiæ dux est, et sapientium emendator.

16. In manu enim illius et nos, et sermones nostri, et omnis sapientia, et operum scientia et disciplina.

17. Ipse enim dedit mihi horum, quæ sunt, scientiam veram : ut sciam dispositionem orbis terrarum et virtutes elementorum.

18. Initium et consummationem, et medietatem temporum, vicissitudinum permutationes et commutationes temporum,

19. Anni cursus, et stellarum dispositiones,

20. Naturas animalium, et iras bestiarum, vim ventorum, et cogitationes hominum, differentias virgultorum, et virtutes radicum :

21. Et quæcumque sunt absconsa et improvisa, didici : omnium enim artifex docuit me sapientia :

22. Est enim in illâ spiritus intelligentiæ, sanctus, unicus, multiplex, subtilis, disertus, mobilis, in-

10. *Super salutem :* valetudinem : *et speciem :* egregiam formam quæ duo hominibus jucundissima.

11. *Honestas :* decor, gloria.

12. *Antecedebat :* viæ ac vitæ dux. *Ignorabam :* anteaquàm me studio addicerem sapientiæ. Sic sapientissimi quique ab ignorantiâ ordiuntur.

15. *Mihi autem dedit Deus :* Græc. *det Deus, ex sententiâ :* secundùm optata. *Et præsumere :* animo, cogitatione : Græc. *cogitare.*

17. *Ut sciam :* quantùm homini fas est. Alioquin hæc omnia humano ingenio inaccessa Ecclesiastes passim docet.

18. *Initium, consummationem, medietatem temporum :* eorum nexum.

20. *Cogitationes hominum :* sive ratiocinationes, opiniones : nisi mavis ipsam ratiocinandi artem. Nota autem bestiis iras, vim ventis, hominibus cogitationes rationesque attributas.

21. *Omnium enim artifex docuit me sapientia.* Jam exemplo Salomonis erigit oculos ad illam sapientiam creatricem, de quâ *Prov.*, VIII, 22.

22. *Est enim in illâ spiritus.* Jam indè ab initio sapientiam vocat spiritum. *Unicus, multiplex :* quòd uno consilio, viâque simplice omnia deindè in numeros evolvantur. *Mobilis,* εὐκίνητος, impiger , efficax , in agendo promptus. *Disertus :* pro quo in Græc. τρανός, *splendidus*, luculentus. Græc. *certus :* perspicuus , ma-

TOM. II.

coinquinatus, certus, suavis, amans bonum, acutus, quem nihil vetat, benefaciens,

23. Humanus, benignus, stabilis, certus, securus, omnem habens virtutem, omnia prospiciens, et qui capiat omnes spiritus; intelligibilis, mundus, subtilis.

24. Omnibus enim mobilibus mobilior est sapientia : attingit autem ubique propter suam munditiam.

25. Vapor est enim virtutis Dei, et emanatio quædam est claritatis omnipotentis Dei sincera : et ideò nihil inquinatum in eam incurrit.

26. Candor est enim lucis æternæ, et speculum sine maculâ Dei majestatis, et imago bonitatis illius.

27. Et cùm sit una, omnia potest : et in se permanens omnia innovat : et per nationes in animas sanctas se transfert, amicos Dei et prophetas constituit.

28. Neminem enim diligit Deus, nisi eum, qui cum sapientiâ inhabitat.

29. Est enim hæc speciosior sole, et super omnem dispositionem stellarum, luci comparata invenitur prior :

30. Illi enim succedit nox ; sapientiam autem non vincit malitia.

nifestus. *Suavis :* Græc. *innoxius. Bonum amans :* æqui bonique studiosus. *Acutus :* penetrantissimus, cui nihil impervium, undè *quem nihil vetat :* nihil arcet : ad omnia expeditus. *Benefaciens :* Græc. *beneficus.*

23. *Humanus :* humanitatis amans. *Certus :* additum ad stabilitatem vel securitatem. *Omnem habens virtutem, omnia prospiciens :* Græc. *omnipotens, omniscius,* sive omnium inspector. *Qui capiat omnes spiritus : intelligibilis;* Græc. *permeans omnes spiritus intelligentes,* mundos seu castos, subtilissimos : omnium *spirituum ponderator,* scrutator, Prov., XVI, 2.

24. *Mobilior :* expeditior, actuosior. *Propter munditiam :* simplicitatem, immixtam puritatem, quam etiam philosophi, duce Aristotele, actum vocant purissimum.

25, 26. *Vapor est... emanatio... candor* seu splendor, *speculum, imago.* En Verbi incorrupta generatio, atque indeminutus, æternus, et omnis mutationis expers ex paternâ substantiâ ac luce processus; quæ secutus Paulus, Christum imaginem Dei invisibilem prædicat, in quo omnia condita et creata sint, visibilia æquè ac invisibilia, nec minùs Angeli cujuscumque ordinis sint, quàm homines. II *Cor.*, IV, 4; *Col.*, I, 15, 16, 17. Item *Hebr.*, I, 3, eumdem Christum splendorem gloriæ Dei, ejusque substantiæ characterem vocat; atque hæc omnia, infectam, increatam, et tamen procedentem demonstrant Sapientiam; cæterùm in nobis quodammodò factam, cùm ejus illustratione sapientes facti sumus. Suprà, VI, 24.

## CAPUT VIII.

Prosequitur sapientiæ dotes : fortis, suavis, 1; amanda, ducenda seu sponsanda, 2, 3; homines facit providos, 8; dulcis convictrix, 9, 16; gubernatrix, 14, 15. Bona indoles, 19, 20. Continentia ab uno Deo expectanda et petenda.

1. Attingit ergo à fine usque ad finem fortiter, et disponit omnia suaviter.

2. Hanc amavi, et exquisivi à juventute meâ, et quæsivi sponsam mihi eam assumere, et ama-

tor factus sum formæ illius.

3. Generositatem illius glorificat, contubernium habens Dei : sed et omnium Dominus dilexit illam.

4. Doctrix enim est disciplinæ Dei, et electrix operum illius.

5. Et si divitiæ appetuntur in vitâ, quid sapientiâ locupletius, quæ operatur omnia?

6. Si autem sensus operatur, quis horum, quæ sunt, magis quàm illa est artifex?

7. Et si justitiam quis diligit : labores hujus magnas habent virtutes; sobrietatem enim et prudentiam docet, et justitiam, et virtutem, quibus utilius nihil est in vitâ hominibus.

8. Et si multitudinem scientiæ desiderat quis : scit præterita et de futuris æstimat : scit versutias sermonum, et dissolutiones argumentorum : signa et monstra scit antequàm fiant, et eventus temporum et sæculorum.

9. Proposui ergo hanc adducere mihi ad convivendum : sciens quoniam mecum communicabit de bonis, et erit allocutio cogitationis et tædii mei.

10. Habebo propter hanc, claritatem ad turbas, et honorem apud seniores, juvenis.

11. Et auctus inveniar in judicio, et in conspectu potentium admirabilis ero, et facies principum mirabuntur me :

12. Tacentem me sustinebunt, et loquentem me respicient, et sermocinante me plura, manus ori suo imponent.

13. Prætereà habebo per hanc, immortalitatem : et memoriam æternam his, qui post me futuri sunt, relinquam.

14. Disponam populos : et nationes mihi erunt subditæ.

15. Timebunt me audientes reges horrendi : in multitudine videbor bonus, et in bello fortis.

16. Intrans in domum meam, conquiescam cum illâ : non enim habet amaritudinem conversatio illius, nec tædium convictus illius, sed lætitiam et gaudium.

17. Hæc cogitans apud me, et

---

3. *Generositatem* (splendorem generis) *illius*, suam, *glorificat* : commendat ipsa sapientia. *Contubernium*; ex eo quòd consociet Deo. *Dilexit illam*, et in sinu suo genitam, et ad homines posteà propagatam.

4. *Doctrix... est :* Græc. *initiatrix*, seu quæ homines initiet ad sacræ disciplinæ mysteria. *Electrix :* quod alii legunt; εὑρετις, *inventrix*, quòd et ipsa rerum ordinem invenerit, et invenire nos faciat.

5, 6, 7, 8. *Si divitiæ*. Seu divitias diligas, seu prudentia, virtutesque prævaleant, sapientiâ omnia continentur. 6. *Horum, quæ sunt :* verorum honorum, contra quam arbitrantur impii. Sap., II, 6.

7. *Labores hujus magnas habent virtutes :* Græc. *labores hujus* (opera à sapientiâ elaborata) *sunt virtutes*.

8. *Scit præterita, et de futuris æstimat :* Græc. *novit et præterita et futura conjectari*, hoc est, ut arbitror, futura ex præteritis. *Versutias sermonum :* ratiocinationum strophas. *Dissolutiones argumentorum :* Græc. *ænigmatum*. *Signa et monstra scit antequàm fiant :* quales conjectores volebat Christus cùm diceret : *Faciens ergo cœli dijudicare nostis : signa autem temporum non potestis scire*? Matth., XVI, 4; et illud : *Ab arbore autem fici discite parabolam*, etc. Matth., XXIV, 32, 33.

9. *Allocutio cogitationis :* Græc. *curarum solatium*.

12. *Tacentem me sustinebunt :* ex Job, XXIX, 8, 9.

commemorans in corde meo : quoniam immortalitas est in cognatione sapientiæ.

18. Et in amicitiâ illius delectatio bona, et in operibus manuum illius honestas sine defectione, et in certamine loquelæ illius sapientia, et præclaritas in communicatione sermonum ipsius : circuibam quærens, ut mihi illam assumerem.

19. Puer autem eram ingeniosus, et sortitus sum animam bonam.

20. Et cùm essem magis bonus, veni ad corpus incoinquinatum.

21. Et ut scivi quoniam aliter non possem esse continens, nisi Deus det, et hoc ipsum erat sapientiæ, scire cujus esset hoc donum : adii Dominum, et deprecatus sum illum, et dixi ex totis præcordiis meis :

18. *Honestas sine defectione* ; Græc. *opes inexhaustæ*, in coexercitatione conversationis illius : in frequentandis ejus colloquiis. *Præclaritas :* nominis claritudo.

19. *Puer ingeniosus :* Græc. *bonâ indole*. *Sortitus sum animam bonam :* decreta Dei sorti cuidam etiam Apostolus comparat, *Ephes.*, I, 11, quòd horum nulla causa humana inveniri possit, sortesque Deus temperet. *Prov.*, XVI, 33.

20. *Cùm essem magis bonus :* Græc. *magis autem* ( hoc est, seu potiùs ) *cùm essem bonus, veni ad corpus :* non quòd esset bonus antequàm veniret ad corpus; absurdum enim, cùm de toto, uti se habet, loquatur homine, conjuncto jam corpore, neque quòd corpus illud in iniquitatibus, humano more conceptum, atque immundo concretum semine, prorsùs intaminatum esset tùm cùm infusa est anima; sed quòd puer bonæ indolis, bonamque sortitus animam, eò facilè devenerit, ut corpus etiam incorruptum servaret à pravis libidinibus. Quanquàm nec illud defugerim, quin anima è Dei manibus, seu potiùs ex oris ejus afflatu ad castum corpus suo quodam modo venisse dicatur, ut tamen bonum illud, castumque non absolutè, sed comparatè et vulgari hominum more sumatur : quod firmatur sequentibus.

21. *Et ut scivi*. Ne tamen crederemus bonam indolem, temperatumque corpus ad continentiam assequendam sufficere : docet nos undè vera continentia habeatur : Dei quippe dono : quod urget Augustinus *de Grat. et lib. arb.*, c. IV, n. 8; *de Bon. persev.*, XVII, n. 43, etc. Memoratu autem dignum videtur sequenti prece, quæ ad finem usque libri deducitur, nihil haberi speciale de continentiâ : sed cùm de sapientiâ ubique agatur, quâ homo verè continens, suîque compos efficitur, datur intelligi, sapientiæ nomine, comprehensam etiam continentiam.

## CAPUT IX.

Incipit oratio ad finem usque libri producenda, 1. Hominis creatio : imperium, 2, 3. Petit sapientiam à Deo mittendam, 4; operum Dei rectricem, 9; adjutricem regum, 10 et seqq. sine hâc homines imperiti et imbecilli, 15 et seqq.

1. Deus patrum meorum, et Domine misericordiæ, qui fecisti omnia verbo tuo,

2. Et sapientiâ tuâ constituisti hominem, ut dominaretur creaturæ, quæ à te facta est,

3. Ut disponat orbem terrarum in æquitate et justitiâ, et in directione cordis judicium judicet :

4. Da mihi sedium tuarum assistricem sapientiam, et noli me reprobare à pueris tuis :

4. *Sedium tuarum assistricem :* de quâ *Prov.*, VIII, 27.

5. Quoniam servus tuus sum ego, et filius ancillæ tuæ, homo infirmus, et exigui temporis, et minor ad intellectum judicii et legum.

6. Nam et si quis erit consummatus inter filios hominum, si ab illo abfuerit sapientia tua, in nihilum computabitur.

7. Tu elegisti me regem populo tuo, et judicem filiorum tuorum et filiarum :

8. Et dixisti me ædificare templum in monte sancto tuo, et in civitate habitationis tuæ altare, similitudinem tabernaculi sancti tui, quod præparasti ab initio :

9. Et tecum sapientia tua, quæ novit opera tua, quæ et affuit tunc cùm orbem terrarum faceres, et sciebat quid esset placitum oculis tuis, et quid directum in præceptis tuis.

10. Mitte illam de cœlis sanctis tuis, et à sede magnitudinis tuæ, ut mecum sit et mecum laboret, ut sciam quid acceptum sit apud te :

11. Scit enim illa omnia et intelligit : et deducet me in operibus meis sobriè, et custodiet me in suâ potentiâ.

12. Et erunt accepta opera mea, et disponam populum tuum justè, et ero dignus sedium patris mei.

13. Quis enim hominum poterit scire consilium Dei? aut quis poterit cogitare quid velit Deus?

14. Cogitationes enim mortalium timidæ, et incertæ providentiæ nostræ.

15. Corpus enim quod corrumpitur, aggravat animam, et terrena inhabitatio deprimit sensum multa cogitantem.

16. Et difficilè æstimamus quæ in terrâ sunt, et quæ in prospectu sunt, invenimus cum labore. Quæ autem in cœlis sunt, quis investigabit?

17. Sensum autem tuum quis sciet? nisi tu dederis sapientiam, et miseris Spiritum sanctum tuum de altissimis :

18. Et sic correctæ sint semitæ eorum, qui sunt in terris, et quæ tibi placent didicerint homines.

19. Nam per sapientiam sanati sunt, quicumque placuerunt tibi, Domine, à principio.

5. *Minor ad intellectum judicii et legum.* Ego autem sum puer parvulus, et ignorans egressum et introitum meum, et servus tuus in medio est populi... infiniti, etc., ut ipse Salomon, III *Reg.*, III, 7, 8.

8. *Similitudinem... quod præparasti ab initio :* in deserto scilicet, *Exod.*, XXVI, ad cujus formam templum extructum est.

15. *Sensum multa cogitantem :* mentem multa curantem : πολυφροντίδα.

## CAPUT X.

Sapientia claret ab initio mundi in tuendis hominibus : Adamo, 1, 2; Noe, 5; Abrahamo, 6; Jacobo, 10; Josepho, 13; totâ Hebræorum gente, 15 et seqq.; maris Rubri transitus, 18; Cainus insipiens, 3 ; diluvium, 4.

1. Hæc illum, qui primus formatus est à Deo pater orbis terrarum, cùm solus esset creatus, custodivit,

2. Et eduxit illum à delicto suo, et dedit illi virtutem continendi omnia.

2. *Continendi omnia :* dominandi, regendi.

3. Ab hâc ut recessit injustus in irâ suâ, per iram homicidii fraterni deperiit.

4. Propter quem, cùm aqua deleret terram, sanavit iterùm sapientia, per contemptibile lignum justum gubernans.

5. Hæc, et in consensu nequitiæ cùm se nationes contulissent, scivit justum et conservavit sine querelâ Deo, et in filii misericordiâ fortem custodivit.

6. Hæc justum à pereuntibus impiis liberavit fugientem, descendente igne in Pentapolim :

7. Quibus in testimonium nequitiæ fumigabunda constat deserta terra, et incerto tempore fructus habentes arbores et incredibilis animæ memoria stans figmentum salis.

8. Sapientiam enim prætereuntes non tantùm in hoc lapsi sunt, ut ignorarent bona, sed et insipientiæ suæ reliquerunt hominibus memoriam, ut in his quæ peccaverunt, nec latere potuissent.

9. Sapientia autem hos, qui se observant, à doloribus liberavit.

10. Hæc profugum iræ fratris justum deduxit per vias rectas, et ostendit illi regnum Dei, et dedit illi scientiam sanctorum : honestavit illum in laboribus, et complevit labores illius.

11. In fraude circumvenientium illum affuit illi, et honestum fecit illum.

12. Custodivit illum ab inimicis, et à seductoribus tutavit illum, et certamen forte dedit illi ut vinceret, et sciret quoniam omnium potentior est sapientia.

13. Hæc venditum justum non dereliquit, sed à peccatoribus liberavit eum : descenditque cum illo in foveam,

14. Et in vinculis non dereliquit illum, donec afferret illi sceptrum regni, et potentiam adversùs eos, qui eum deprimebant : et mendaces ostendit, qui maculaverunt illum, et dedit illi claritatem æternam.

3. *Injustus :* Cain.
4. *Propter quem :* Cainum ejusque impiam sobolem ; quæ filios Dei initis connubiis pervertit. Gen., VI, 2.
5. *In consensu nequitiæ :* Chaldæis, vicinisque gentibus in idololatriam consentientibus. *Scivit :* Græc. *agnovit :* ab aliis separavit : *invenit. Justum :* Abrahamum : *in filii* ( Isaaci quem immolaturus erat ) *misericordiâ fortem custodivit.*
6. *Justum :* Lot. Gen., XIX.
7. *Et incredibilis animæ :* incredulæ, uxoris Lot. *Ibid.*
10. *Hæc profugum* ( Græc. *ac velut exulem,*) *iræ* ( ab irâ ) *fratris* ( Esaü ) *justum* (Jacobum ). *Regnum Dei.* Angelos scilicet ascendentes et descendentes, scalæque ad cœlos pertingentis cacumini innitentem Deum. *Gen.,* XXVIII, 12, 13. *Scientiam sanctorum :* dedit ei nosse angelos, et cum eis scire Deum et cœlum, et domum Dei, Bethel sive locum in quo Deus coleretur. *Ibid.,* 17.
11. *In fraude circumvenientium illum :* Labanis, ejusque familiæ, *ibid.,* XXIX, XXX, XXXI.
12. *Certamen forte :* cum angelo, *ibid.,* XXXII. *Potentior est sapientia :* Græc. *pietas.*
13. *Venditum* à fratribus *justum* Josephum : Græc. *à peccato :* ab adulterio cum uxore Putipharis, *ibid.,* XXXIX.
14. *Sceptrum* (sive administrationem) *regni. Qui maculaverunt :* Græc. *reprehenderant.*

15. Hæc populum justum, et semen sine querelâ liberavit à nationibus, quæ illum deprimebant.

16. Intravit in animam servi Dei, et stetit contra reges horrendos in portentis et signis.

17. Et reddidit justis mercedem laborum suorum, et deduxit illos in viâ mirabili : et fuit illis in velamento diei, et in luce stellarum per noctem :

18. Transtulit illos per mare Rubrum, et transvexit illos per aquam nimiam.

19. Inimicos autem illorum demersit in mare, et ab altitudine inferorum eduxit illos. Ideò justi tulerunt spolia impiorum.

20. Et decantaverunt, Domine, nomen sanctum tuum, et victricem manum tuam laudaverunt pariter.

21. Quoniam sapientia aperuit os mutorum, et linguas infantium fecit disertas.

15. *Populum justum :* Hebræum. *Semen sine querelâ :* sive Græc. *irreprehensibile.*
16. *Servi Dei,* Mosis.
17. *In viâ mirabili :* per mare Rubrum. *In velamento diei,* Græc. *die, et in luce :* per columnam nubis nocte rutilantem. *Exod.,* XII, XIII, etc.
19. *Ab altitudine inferorum :* sive Græc. *de profundo abyssi* (maris). *Eduxit illos :* Israelitas.
21. *Os mutorum... infantium :* Maria, et cum eâ omnis sexus, omnis ætas magnificentissimo carmine Dominum celebrabat.

## CAPUT XI.

Moyses, 1 ; via populi in deserto, 2 ; victoriæ, 3 ; præstita de cœlo auxilia, 4 ; quæ pœnæ sunt Ægyptiis, ea piis sunt gratiæ, 5, 6 et seqq.; animadversiones paternæ ad probandum : judicia ad puniendum, 9, 10, 11 ; Ægyptii bestiarum cultores per bestias puniti, 16, 18 et seqq.; per quæ quis peccat, per hæc et torquetur, 17 ; Dei inexhausta nec toleranda vis, 22, 23 ; benignitas parcens omnibus, 24 et seqq.

1. Direxit opera eorum in manibus prophetæ sancti.

2. Iter fecerunt per deserta, quæ non habitabantur, et in locis desertis fixerunt casas.

3. Steterunt contra hostes, et de inimicis se vindicaverunt.

4. Sitierunt, et invocaverunt te, et data est illis aqua de petrâ altissimâ, et requies sitis de lapide duro.

5. Per quæ enim pœnas passi sunt inimici illorum à defectione potùs sui, et in eis, cùm abundarent filii Israel, lætati sunt;

6. Per hæc, cùm illis dees-

1. *Prophetæ sancti :* Mosis.
2. *Casas,* seu Græc. *tabernacula.*
5, 6. *Per quæ... passi sunt : per hæc :* quod supplicio Ægyptiis, id Israelitis gratiæ vertit. Ægyptii enim tetrâ vexati siti, aquis in cruorem versis ; Israelitæ à pessimo sitis cruciatu refecti refotique. Cætera interserta, ab his verbis, *à defectione,* ad finem usque versûs 5. Quanquàm huic loco aptissima, in hodierno græco desunt ab uberiore codice repetita. His autem et seqq. auctor duo agit, primum, ut quæ tentamento piis, ea exitio impiis futura sint ; tùm illud vel

sent, benè cum illis actum est.

7. Nam pro fonte quidem sempiterni fluminis, humanum sanguinem dedisti injustis.

8. Qui cùm minuerentur in traductione infantium occisorum, dedisti illis abundantem aquam insperatè,

9. Ostendens pér sitim quæ tunc fuit, quemadmodùm tuos exaltares, et adversarios illorum necares.

10. Cùm enim tentati sunt, et quidem cum misericordiâ disciplinam accipientes, scierunt quemadmodùm cum irâ judicati impii tormenta paterentur.

11. Hos quidem tanquàm pater monens probasti : illos autem tanquàm durus rex interrogans condemnasti.

12. Absentes enim et præsentes similiter torquebantur.

13. Duplex enim illos acceperat tædium, et gemitus cum memoriâ præteritorum.

14. Cùm enim audirent per sua tormenta benè secum agi, commemorati sunt Dominum, admirantes in finem exitûs.

15. Quem enim in expositione pravâ projectum deriserunt, in finem eventûs mirati sunt, non si-

maximè impios convenientissimis torqueri suppliciis, ut patebit vers. 8, 16, 17 et seqq.

7. *Sempiterni fluminis :* perennis : *humanum sanguinem dedisti* : Græc. *immundo sanguine turbati.*

8. *Qui cùm minuerentur in traductione :* Græc. *Ad convictionem,* confutationem, redargutionem : sed hæc in latinâ interpretatione abrupta et pendentia, sic habent in Græc. à vers. 7 : *Nam cùm (*Ægyptii Israelitarum inimici*) pro jugi flumine, sanguine immundo conturbati essent, in redargutionem præcepti de occidendis parvulis (*Hebræorum, de quo *Exod.,* I, 16*) dedisti ipsis* (Israelitis scilicet*) abundantem aquam insperatè,* hoc est, illi quidem turbati, aquâ repentè versâ in sanguinem; hi autem præter spem, aquarum copiâ recreati. Ait autem id contigisse Ægyptiis, in redargutionem præcepti de occidendis infantibus; ut qui sanguinem innocentem fudissent, sanguine potarentur : quemadmodùm in *Apoc.,* XVI, 6 : *Quia sanguinem sanctorum... effuderunt, et sanguinem eis dedisti bibere ; digni enim sunt.*

9. *Per sitim quæ tunc fuit :* in deserto scilicet.

10. *Cùm tentati sunt..... disciplinam accipientes :* quasi virgâ emendati, didicerunt sitim ipsis probationi, impiis supplicio fuisse, quod fusè declarant sequentia.

11. *Interrogans* (ac velut quæstione habitâ) *condemnasti :* Græc. *interrogasti, convicisti.*

12. *Absentes enim* Ægyptii, et *præsentes* Hebræi *similiter* eâdem siti *torquebantur.*

13 *Duplex enim illos* Ægyptios, *acceperat tædium :* seu Græc. *molestia,* cùm ad eos perlata esset fama ejus sitis, quâ Israelitæ in deserto laborassent, duplici cruciatu affecti sunt. Primùm quidem ex *memoriâ præteritorum,* atque horrendæ illius sitis quam perpessi essent, aquis in sanguinem versis : iterùm autem, quòd viderent Israelitas inimicos ex eodem incommodo tantâ benignitate refectos, invidiâ tabescebant; atque hoc postremum est quod habent seqq.

14. *Cùm enim audirent* Ægyptii *per sua tormenta,* per sitim, *benè secum agi :* Græc. *benè cum illis agi,* id est, cum Hebræis : *commemorati sunt Dominum : ejus* recordati sunt ; sive, ut habet Græc. *senserunt Dominum, alios probantem, alios punientem : admirantes in finem exitûs :* Græc. deest.

15. *Quem enim* (populum Dei) *in expositione* puerorum projiciendorum in flumen, *Exod.,* I, 22, *projectum deriserunt :* repudiaverunt; eumdem Dei populum,

militer justis sitientes.

16. Pro cogitationibus autem insensatis iniquitatis illorum, quod quidam errantes colebant mutos serpentes, et bestias supervacuas, immisisti illis multitudinem mutorum animalium in vindictam :

17. Ut scirent quia per quæ peccat quis, per hæc et torquetur.

18. Non enim impossibilis erat omnipotens manus tua, quæ creavit orbem terrarum ex materiâ invisâ, immittere illis multitudinem ursorum, aut audaces leones.

19. Aut novi generis irâ plenas ignotas bestias, aut vaporem ignium spirantes, aut fumi odorem proferentes, aut horrendas ab oculis scintillas emittentes :

20. Quarum non solùm læsura poterat illos exterminare, sed et aspectus per timorem occidere.

21. Sed et sine his uno spiritu poterant occidi, persecutionem passi ab ipsis factis suis, et dispersi per spiritum virtutis tuæ : sed omnia in mensurâ, et numero, et pondere disposuisti.

22. Multùm enim valere, tibi soli supererat semper : et virtuti brachii tui quis resistet?

23. Quoniam tanquàm momentum stateræ, sic est ante te orbis terrarum, et tanquàm gutta roris antelucani, quæ descendit in terram.

24. Sed misereris omnium, quia omnia potes, et dissimulas peccata hominum, propter pœnitentiam.

25. Diligis enim omnia quæ sunt,

*in finem eventûs, mirati sunt non similiter justis silienties :* διψήσαντες, *siti affecti,* aoristo præteriti vim habente. Viderunt se non eodem eventu sitisse ac justos.

16. *Pro cogitationibus :* demonstrare pergit, quomodò Deus congruis quemque suppliciis puniat, ut habes ad vers. 5; *bestias supervacuas,* non tantùm arietes, boves, sed etiam inutiles, serpentes, insecta alia.

18. *Ex materiâ invisâ :* Græc. *informi.* Alludit ad locum *Gen.*, I, 2. *Terra autem erat inanis et vacua :* cùm tamen priùs creasset illam informem materiam, ut habes vers. 1. *In principio creavit Deus cœlum et terram.*

21. *Uno spiritu :* uno flatu tuo : aut *persecutionem passi ab ipsis factis suis :* urgente scelerum conscientiâ, quæ illos respirare non sineret : sive, ut habet Græc. *ab ipso judicio,* ab ipsâ ultrice scelerum divinâ justitiâ. *Sed omnia in mensurâ.* Ductâ similitudine à venditionibus, in quibus omnia traduntur certâ mensurâ, ut agri jugera, frumentum, vinum, oleum; certo numero, ut tot oves, tot calcei, tot tunicæ; certo pondere, ut metalla et alia. Sic Dei sapientia modum et ordinem rebus imponens, dat omnia numeratò, capillos etiam, ac minutissima quæque mensuratè. *Mensuram* enim *bonam et confertam, et coagitatam... dabunt in sinum vestrum.* Luc., VI, 38. Ad pondus; nòvit enim quàm levi momento tribulationes, quàm gravi et æterno pondere gloriam præstet, II *Cor.*, IV, 17. Quæ et universim valent, et hîc speciatim. *Omnia* enim *hæc in mensurâ disposuisti,* hoc est, non agis cæco impetu, aut vires immoderatas effundis; quæ altera fuit ratio, cur Deus minuta animalia immitteret, ne statim uno ictu conficeret impios, et daretur pœnitentiæ ac misericordiæ locus, ut habes infrà XII, 2, 10.

22. *Multùm enim valere, tibi soli supererat semper : soli,* deest Græc. Quidquid egeris, quantascumque vires effuderis, adhuc tibi superest infinita et inexhausta potentia.

24. *Misereris omnium, quia omnia potes.* En exemplum, ut quò magis viribus, eò magis clementiâ prævaleas : quod repetit XII, 16.

25. *Diligis omnia quæ sunt.* Duabus de causis, et quòd dederis ut essent, et quòd cùm sint, conserves : rectè Aug. *de Verb. Apost.,* XI. « Non enim fecit, et deseruit,

et nihil odisti eorum quæ fecisti : nec enim odiens aliquid constituisti, aut fecisti.

26. Quomodò autem posset aliquid permanere, nisi tu voluisses?

aut quod à te vocatum non esset, conservaretur?

27. Parcis autem omnibus, quoniam tua sunt, Domine, qui amas animas.

non enim curavit facere, et non curat custodire : » et paulò post : « Utique non potest non curare quos fecit; quod pertinet ad sequentem. »

26. *Quod à te vocatum non esset.* Necesse est ut quæ sunt, jugi Dei influxu ab ipso nihilo evocentur.

---

## CAPUT XII.

Deus lentè et paulatim punit, et ad pœnitentiam expectat, 1, 2 et seqq.; Chananæi ab initio maledicti, 11 et seqq.; Dei supremum nullique rationi obnoxium imperium, 13; punit malos: nec tamen toto impetu, nec statim uno ictu, 15, 20; nam mavult parcere, 16; Dei inimici puniti per ea quæ colunt, 23, 24 et seqq.

1. O quàm bonus, et suavis est, Domine, spiritus tuus in omnibus!

2. Ideòque eos, qui exerrant, partibus corripis : et de quibus peccant, admones et alloqueris : ut relictà malitià, credant in te, Domine.

3. Illos enim antiquos inhabitatores terræ sanctæ tuæ, quos exhorruisti,

4. Quoniam odibilia opera tibi faciebant per medicamina, et sacrificia injusta,

5. Et filiorum suorum necatores sine misericordià, et comestores viscerum hominum, et devoratores sanguinis à medio sacramento tuo,

6. Et auctores parentes animarum inauxiliatarum perdere voluisti per manus parentum nostrorum,

7. Ut dignam perciperent peregrinationem puerorum Dei, quæ tibi omnium charior est terra.

8. Sed et his tanquàm hominibus pepercisti, et misisti antecessores exercitûs tui vespas, ut illos paulatim exterminarent.

9. Non quia impotens eras in bello subjicere impios justis, aut bestiis sævis, aut verbo duro simul exterminare :

10. Sed partibus judicans, dabas locum pœnitentiæ, non ignorans

---

1. *O quàm bonus :* Græc. *incorruptus.*

2. *Partibus corripis :* paulatim, ut infrà, 10, *partibus judicans :* singillatim, paulatim; quomodò etiam vertit vers. 8. *Admonens alloqueris :* Græc. *commemorans admones.*

3. *Antiquos inhabitatores :* Philistæos, et alias impias gentes.

4. *Sacrificia injusta :* Græc. *sacra impia,* τελετὰς ἀνοσίους.

5. *A medio sacramento tuo :* quod maximè abhorret à mediis sacris tuis, in quibus à sanguine vel maximè abstinetur.

6. *Et auctores* horum scelerum : *animarum inauxiliatarum :* liberorum, quos immisericorditer immolabant.

7. *Ut dignam puerorum* (pueris seu filiis Dei) *perciperent peregrinationem :* migrationem sive migrandi locum, coloniam.

8. *Vespas :* crabrones. *Exod.,* XXIII, 28; *Deut.,* VII, 20; *Jos.,* XXIV, 12.

## CAPUT XII.

quoniam nequam est natio eorum, et naturalis malitia ipsorum, et quoniam non poterat mutari cogitatio illorum in perpetuum.

11. Semen enim erat maledictum ab initio nec timens aliquem, veniam dabas peccatis illorum.

12. Quis enim dicet tibi : Quid fecisti? aut quis stabit contra judicium tuum? aut quis in conspectu tuo veniet vindex iniquorum hominum? aut quis tibi imputabit, si perierint nationes, quas tu fecisti?

13. Non enim est alius Deus quàm tu, cui cura est de omnibus, ut ostendas quoniam non injustè judicas judicium.

14. Neque rex, neque tyrannus in conspectu tuo inquirent de his quos perdidisti.

15. Cùm ergo sis justus, justè omnia disponis : ipsum quoque, qui non debet puniri, condemnare, exterum æstimas à tuâ virtute.

16. Virtus enim tua justitiæ initium est : et ob hoc quòd omnium Dominus es, omnibus te parcere facis.

17. Virtutem enim ostendis tu, qui non crederis esse in virtute consummatus, et horum, qui te nesciunt, audaciam traducis.

18. Tu autem dominator virtutis, cum tranquillitate judicas, et cum magnâ reverentiâ disponis nos : subest enim tibi, cùm volueris, posse.

19. Docuisti autem populum tuum per talia opera, quoniam oportet justum esse et humanum, et bonæ spei fecisti filios tuos : quoniam judicans das locum in peccatis pœnitentiæ.

20. Si enim inimicos servorum tuorum, et debitos morti, cum tantâ cruciasti attentione, dans tempus et locum, per quæ possent mutari à malitiâ;

21. Cum quantâ diligentiâ judicasti filios tuos, quorum parentibus juramenta et conventiones dedisti bonarum promissionum?

22. Cùm ergo das nobis disciplinam, inimicos nostros multipliciter flagellas, ut bonitatem tuam cogitemus judicantes, et cùm de nobis judicatur, speremus misericordiam tuam.

23. Undè et illis, qui in vitâ suâ insensatè et injustè vixerunt, per hæc quæ coluerunt, dedisti summa tormenta.

24. Etenim in erroris vitâ diutiùs erraverunt, deos æstimantes

10. *Naturalis malitia :* ab ipso genere, pravisque majorum institutis insita. *Quoniam non poterat mutari :* Græc. *quoniam non immutaretur,* eo quòd viderentur inemendabiles.

11. *Semen maledictum :* in Chanaan Philistæorum parente. *Gen.*, IX, 25.

16. *Virtus tua* ( sive Græc. *potentia*) æqua est, ac justitiæ fons.

17. *Virtutem enim ostendis :* cùm vinci te putant, tunc exurgis victor. *Horum qui te nesciunt :* Græc. *in his qui sciunt*, utrumque verum : nempè, et scientibus et nescientibus æquè invictam exhiberi Dei potentiam. *Traducis :* confundis.

18. *Cum tranquillitate;* Græc. *æquitate*, benignitate : ἐπιεικεία : *cum magnâ reverentiâ :* Græc. *moderatione*, indulgentiâ.

20. *Cum tantâ cruciasti attentione :* addit Græc. *parcimoniâ,* indigentiâ ; quasi tibi non suppeteret ulciscendi copia.

23. *Per hæc quæ coluerunt :* Græc. *per proprias abominationes ;* per animalia quæ abominabili cultu prosequebantur, ut suprà, XI, 16.

24. *Deos æstimantes hæc, quæ in animalibus* (inter animantes ) *sunt supervacua :* reptilia, et cætera quæ nulli utilitati sunt : ut ibid., XI, 16.

hæc, quæ in animalibus sunt supervacua, infantium insensatorum more viventes.

25. Propter hoc tanquàm pueris insensatis judicium in derisum dedisti.

26. Qui autem ludibriis et increpationibus non sunt correcti, dignum Dei judicium experti sunt.

27. In quibus enim patientes indignabuntur, per hæc quos putabant deos, in ipsis cùm exterminarentur, videntes illum, quem olim negabant se nosse, verum Deum agnoverunt : propter quod et finis condemnationis eorum venit super illos.

25. *Judicium in irrisum dedisti.* Mures enim, ranas, muscas immittere, nihil aliud esse videbatur, quàm ludibrium.

26. *Qui autem* his pœnarum veluti *ludibriis*, in hâc vitâ emendati non sunt, his post vitam seria et gravia impinges supplicia.

27. *In quibus enim :* sensus : cùm enim exscinderentur per eos quos putabant deos, tandem *agnoverunt* verum, quem anteà negabant, Deum : agnoverunt autem inviti, ac simulatè, aut eorum ritu de quibus sæpè dicitur : *Et scietis quia ego sum Dominus percutiens.* Ezech., VI, 9, et alibi passim. Vi adacti, nec tamen resipiscentes, sed potiùs blasphemantes agnoscetis Deum. Vide *Apoc.*, XVI, 9, 10, 11.

## CAPUT XIII.

Ex creaturis æstimandus Deus, 1 ; undè vani creaturarum, 2 et seqq., ac idolorum cultores, 10 et seqq.

1. Vani autem sunt omnes homines, in quibus non subest scientia Dei, et de his, quæ videntur bona, non potuerunt intelligere eum qui est, neque operibus attendentes agnoverunt quis esset artifex.

2. Sed aut ignem, aut spiritum, aut citatum aerem, aut gyrum stellarum, aut nimiam aquam, aut solem et lunam, rectores orbis terrarum deos putaverunt.

3. Quorum si specie delectati, deos putaverunt : sciant quantò his dominator eorum speciosior est, speciei enim generator hæc omnia constituit.

4. Aut si virtutem, et opera eorum mirati sunt, intelligant ab illis, quoniam qui hæc fecit, fortior est illis :

5. A magnitudine enim speciei et creaturæ, cognoscibiliter poterit creator horum videri :

6. Sed tamen adhuc in his mi-

1. *Vani omnes homines :* Græc. addit : *naturâ*, errore inolito ex patribus, et ab ipsâ velut nativitate indito, ut suprà, XII, 10. *Scientia* seu *cognitio Dei*.

2. *Spiritum.* Notum illud, Spiritus intùs alit, etc. *Aut nimiam aquam.* Non deerant qui omnia ex aquis orta ferrent, quòd indè rebus semina ac succis plantæ, animantes, homines, ipsa etiam tellus aleretur.

3. *Specie*, seu Græc. *pulchritudine. Speciei generator.* Græc. addit *primus*, quòd sit fons pulchritudinis, adeòque omnium pulcherrimus.

5. *Cognoscibiliter :* verti oportebat, per proportionem, ἀναλόγως : comparatis rerum rationibus.

6. *In his minor est querela.* Et tamen tolerabiliùs errant, qui stellas aliasque

## CAPUT XIII.

nor est querela. Et hi enim fortassè erant, Deum quærentes, et volentes invenire.

7. Etenim cùm in operibus illius conversentur, inquirunt, et persuasum habent quoniam bona sunt quæ videntur.

8. Iterùm autem nec his debet ignosci.

9. Si enim tantùm potuerunt scire, ut possent æstimare sæculum : quomodò hujus dominum non faciliùs invenerunt?

10. Infelices autem sunt, et inter mortuos spes illorum est, qui appellaverunt deos opera manuum hominum, aurum et argentum, artis inventionem, et similitudines animalium, aut lapidem inutilem opus manûs antiquæ.

11. Aut si quis artifex faber de silvâ lignum rectum secuerit, et hujus doctè eradat omnem corticem, et arte suâ usus, diligenter fabric et vas utile in conversationem vitæ,

12. Reliquiis autem ejus operis ad præparationem escæ abutatur :

13. Et reliquum horum, quod ad nullos usus facit, lignum curvum, et vorticibus plenum, sculpat diligenter per vacuitatem suam, et per scientiam suæ artis figuret illud, et assimilet illud imagini hominis,

14. Aut alicui ex animalibus illud comparet, perliniens rubricâ, et rubicundum faciens fuco colorem illius, et omnem maculam, quæ in illo est, perliniens :

15. Et faciat ei dignam habitationem, et in pariete ponens illud, et confirmans ferro.

16. Ne fortè cadat, prospiciens illi, sciens quoniam non potest adjuvare se : imago enim est, et opus est illi adjutorium.

17. Et de substantiâ suâ, et de filiis suis, et de nuptiis votum faciens, inquirit. Non erubescit loqui cum illo, qui sine animâ est :

18. Et pro sanitate quidem infirmum deprecatur et pro vitâ rogat mortuum, et in adjutorium inutilem invocat :

19. Et pro itinere petit ab eo qui ambulare non potest; et de acquirendo, et de operando, et de omnium rerum eventu petit ab eo, qui in omnibus est inutilis.

insignes creaturas pro Deo habent ; videntur enim quærendo Deum defecti viribus, ac inquisitionis labore defatigati, hæsisse in rebus pulcherrimis, vers. 5, 6, 7, et quanquàm sunt inexcusabiles, vers. 8, 9, longè errant infeliciùs, nec vivis, sed mortuis accensendi, qui, ea quæ fabricant idola, deos colunt.

10. *Artis inventionem :* quam Paulus vocabat sculpturam artis et cogitationis hominum. *Act.*, XVII., 29. *Opus manûs antiquæ :* et hoc statuis conciliabat cultum, quòd ab antiquo factæ, velut obliteratâ fabricæ memoriâ.

11. *Lignum rectum :* Græc. *benè mobile*, tractabile : sive, ut rectè hîc Nobilius, quòd benè obediat manui artificis. Hæc autem et seqq. desumpta ex *Isa.*, XLIV, 12.

13. *Vorticibus plenum :* nodosum, compactis scilicet ad juncturas ramorum nodis. *Per vacuitatem suam :* Græc. *per otium*, ut habet.

14. *Rubicundum :* ut vivere ac vigere videatur.

## CAPUT XIV.

Idolorum cultus, 1, 8; navigatio comparata ad avaritiam, vitæ tamen utilis, et à Deo instituta; sculpturæ origo, quâ homines abusi in adulationem et idololatriam : idololatriæ mala, 23 et seqq.

1. Iterùm alius navigare cogitans, et per feros fluctus iter facere incipiens, ligno portante se, fragilius lignum invocat.

2. Illud enim cupiditas acquirendi excogitavit, et artifex sapientiâ fabricavit suâ.

3. Tua autem, Pater, providentia gubernat : quoniam dedisti et in mari viam, et inter fluctus semitam firmissimam,

4. Ostendens quoniam potens es ex omnibus salvare, etiamsi sine arte aliquis adeat mare.

5. Sed ut non essent vacua sapientiæ tuæ opera : propter hoc etiam et exiguo ligno credunt homines animas suas, et transeuntes mare per ratem liberati sunt.

6. Sed et ab initio cùm perirent superbi gigantes, spes orbis terrarum ad ratem confugiens, remisit sæculo semen nativitatis, quæ manu tuâ erat gubernata.

7. Benedictum est enim lignum, per quod fit justitia.

8. Per manus autem quod fit idolum, maledictum est et ipsum, et qui fecit illud : quia ille quidem operatus est : illud autem cùm esset fragile, Deus cognominatus est.

9. Similiter autem odio sunt Deo, impius et impietas ejus.

10. Etenim quod factum est, cum illo qui fecit, tormenta patietur.

11. Propter hoc et in idolis nationum non erit respectus: quoniam creaturæ Dei in odium factæ sunt, et in tentationem animabus hominum, et in muscipulam pedibus insipientium.

12. Initium enim fornicationis est exquisitio idolorum; et adinventio illorum, corruptio vitæ est.

13. Neque enim erant ab initio, neque erunt in perpetuum.

5. *Ut non essent vacua sapientiæ tuæ opera :* ne maris tam vasta moles inutilis haberetur, eam quoque hominibus frequentandam tradidisti.

6. *Gigantes :* portentosum genus hominum, de quo *Gen.*, VI, 4. *Spes orbis terrarum.* Noe et ejus familia.

7. *Benedictum... lignum per quod fit justitia :* in figuram ligni quo liberati sumus : Ambros. *in Psal.* CXVIII. Benedictum lignum (arca scilicet) quod fit per justitiam (Deo jubente); maledictum autem lignum quod fit per manus hominum (ad colendum), ut habet vers. seq.

9. *Odio sunt Deo, impius et impietas ejus :* impium opus quod fabricat; idolum.

11. *In idolis nationum non erit respectus :* melius Græc. *erit respectus ;* in idola erit inquisitio et ultio, negatione sublatâ, nam idola contrita sunt. *Creaturæ Dei :* Græc. *in creaturâ Dei* (in ipso opificio inter Dei creaturas) *in odium factæ sunt.* Græc. *facta sunt,* idola scilicet.

12. *Initium fornicationis,* sive idololatriæ ex ipsâ sculpturæ arte repetendum, cujus refert originem.

13. *Neque enim,* ut sidera et tellus, aliaque Dei opera, idola *erant ab initio, neque* durabunt *in perpetuum,* fragili scilicet compactâ materiâ, seu quòd recens

## CAPUT XIV.

14. Supervacuitas enim hominum hæc advenit in orbem terrarum : et ideò brevis illorum finis est inventus.

15. Acerbo enim luctu dolens pater, citò sibi rapti filii fecit imaginem, et illum, qui tunc quasi homo mortuus fuerat, nunc tanquàm Deum colere cœpit, et constituit inter servos suos sacra et sacrificia.

16. Deindè interveniente tempore convalescente iniquâ consuetudine, hic error tanquàm lex custoditus est, et tyrannorum imperio colebantur figmenta.

17. Et hos, quos in palam homines honorare non poterant propter hoc quòd longè essent, è longinquo figurâ eorum allatâ, evidentem imaginem regis, quem honorare volebant, fecerunt : ut illum, qui aberat, tanquàm præsentem colerent suâ sollicitudine.

18. Provexit autem ad horum culturam, et hos qui ignorabant, artificis eximia diligentia.

19. Ille enim volens placere illi qui se assumpsit, elaboravit arte suâ, ut similitudinem in melius figuraret.

20. Multitudo autem hominum abducta per speciem operis, cum qui ante tempus tanquàm homo honoratus fuerat, nunc Deum æstimaverunt.

21. Et hæc fuit vitæ humanæ deceptio : quoniam aut affectui, aut regibus deservientes homines, incommunicabile nomen lapidibus et lignis imposuerunt.

22. Et non suffecerat errasse eos circa Dei scientiam; sed et in magno viventes inscientiæ bello, tot et tam magna mala pacem appellant.

23. Aut enim filios suos sacrificantes, aut obscura sacrificia facientes, aut insaniæ plenas vigilias habentes.

24. Neque vitam, neque nuptias mundas jam custodiunt : sed alius alium per invidiam occidit, aut adulterans contristat :

25. Et omnia commista sunt, sanguis, homicidium, furtum et fictio, corruptio et infidelitas, turbatio et perjurium, tumultus bonorum,

26. Dei immemoratio, animarum

---

inducta per gloriam supervacuam, posteà obsolescant, ac tandem destruenda sint, ut Prophetæ testantur passim, quod congruit seq.

14. *Supervacuitas :* Græc. *vanitate hominum invecta sunt* (idola).

20. *Deum æstimaverunt :* σέβασμα, numen, rem colendam, idolum.

21. *Affectui :* Græc. *calamitati ;* gravibus effectibus ex orbitate ortis : ex vers. 15.

22. *Dei scientiam,* sive cognitionem *in magno viventes inscientiæ bello :* magnis coortis per inscientiam de naturâ atque ortu deorum dissensionibus. *Pacem appellant :* sic enim de Judæis loquebantur, quasi neglectis idolis, ruptoque humani generis fœdere, universarum concordiam nationum suâ dissensione violarent. *Esth.,* XIII, 4 ; 1 *Mach.,* I, 43.

23. *Obscura sacrificia :* Græc. *occulta* (et fœda) *mysteria. Insanas*) sive obscœnas) *vigilias :* Græc. *epulas.*

24. *Neque vitam.* En usque ad vers. 29, fœdi idololatriæ fructus; quâ de re Paulus, *Rom.,* I, 24, 28, 29, etc.

25. *Turbatio :* turbæ, seditiones. *Tumultus bonorum :* exagitatio.

26. *Dei immemoratio :* Græc. *oblivio,* gratiæ oblivio, sive immemor beneficiorum animus. *Nativitatis immutatio :* immutata progenies; suppressi aut suppositi partus. *Nuptiarum inconstantia :* per divortia, sive inordinatio; Græc. *nulla conjugalis thori reverentia.*

inquinatio, nativitatis immutatio, nuptiarum inconstantia, inordinatio mœchiæ et impudicitiæ.

27. Infandorum enim idolorum cultura, omnis mali causa est, et initium et finis.

28. Aut enim dùm lætantur, insaniunt, aut certè vaticinantur falsa, aut vivunt injustè, aut pejerant citò.

29. Dùm enim confidunt in idolis, quæ sine animâ sunt, malè jurantes noceri se non sperant.

30. Utraque ergo illis evenient dignè, quoniam malè senserunt de Deo, attendentes idolis, et juraverunt injustè, in dolo contemnentes justitiam.

31. Non enim juratorum virtus, sed peccantium pœnâ perambulat semper injustorum prævaricationem.

27. *Et finis.* Omnia flagitia per cæcitatem mentis in idololatriam ac Dei oblivionem desinunt.

28. *Dùm lætantur, insaniunt.* Insanâ lætitiâ elati, atque ab arce dejecti, id quo delectantur, pro Deo habent; quod idololatris familiare est.

30. *Contemnentes justitiam :* Græc. *sanctitatem.*

31. *Non enim juratorum* (eorum per quos juratur) *virtus, sed peccantium pœna :* Græc. *judicium : perambulat :* Græc. *insurgit :* super *injustorum prævaricationem.* Haud minùs pejerant qui per idola fallunt : non idolorum virtute, sed suo judicio convicti prævaricationis, in id quod habent instar numinis.

## CAPUT XV.

Piorum gratulatio, quòd ab idolis puri : prosequitur de idololatriâ ac sculpturæ abusu : cultus animalium.

1. Tu autem, Deus noster, suavis et verus es, patiens, et in misericordiâ disponens omnia.

2. Etenim si peccaverimus, tui sumus, scientes magnitudinem tuam : et si non peccaverimus, scimus quoniam apud te sumus computati.

3. Nosse enim te, consummata justitia est : et scire justitiam et virtutem tuam, radix est immortalitatis.

4. Non enim in errorem induxit nos hominum malæ artis excogitatio, nec umbra picturæ labor sine fructu, effigies sculpta per varios colores,

5. Cujus aspectus insensato dat concupiscentiam, et diligit mortuæ imaginis effigiem sine animâ.

6. Malorum amatores, digni sunt qui spem habeant in talibus, et qui faciunt illos, et qui diligunt, et qui colunt.

7. Sed et figulus mollem terram premens, laboriosè fingit ad usus nostros unumquodque vas, et de eodem luto fingit quæ munda sunt

2. *Et si non peccaverimus :* Græc. *non autem peccabimus, ut qui sciamus nos censeri tuos.*

4. *Malæ artis :* sculpturæ scilicet ; per eventum et abusum malæ.

5. *Dat concupiscentiam :* illicit ad nefarios cultus : Græc. aliter. *Effigiem sine animâ :* sine halitu : prorsùs inanimem.

6. *In talibus :* diis.

in usum vasa, et similiter quæ his sunt contraria : horum autem vasorum quis sit usus, judex est figulus.

8. Et cum labore vano deum fingit de eodem luto, ille qui paulò antè de terrâ factus fuerat, et post pusillum reducit se undè acceptus est, repetitus animæ debitum quam habebat.

9. Sed cura est illi, non quia laboraturus est, nec quoniam brevis illi vita est : sed concertatur aurificibus et argentariis; sed et ærarios imitatur, et gloriam præfert, quoniam res supervacuas fingit.

10. Cinis est enim cor ejus, et terra supervacua spes illius, et luto vilior vita ejus :

11. Quoniam ignoravit qui se finxit, et qui inspiravit illi animam quæ operatur, et qui insufflavit ei spiritum vitalem.

12. Sed et æstimaverunt lusum esse vitam nostram, et conversationem vitæ compositam ad lucrum, et oportere undecumquè, etiam ex malo, acquirere.

13. Hic enim scit se super omnes delinquere, qui ex terræ materiâ fragilia vasa, et sculptilia fingit.

14. Omnes enim insipientes, et infelices supra modum animæ, superbi sunt inimici populi tui, et imperantes illi :

15. Quoniam omnia idola nationum deos æstimaverunt, quibus neque oculorum usus est ad videndum, neque nares ad percipiendum spiritum, neque aures ad audiendum, neque digiti manuum ad tractandum, sed et pedes eorum pigri ad ambulandum.

16. Homo enim fecit illos, et qui spiritum mutuatus est, is finxit illos. Nemo enim sibi similem homo poterit Deum fingere.

17. Cùm enim sit mortalis, mortuum fingit manibus iniquis. Melior enim est ipse, his quos colit : quia ipse quidem vixit, cùm esset mortalis, illi autem nunquàm.

18. Sed et animalia miserrima colunt : insensata enim comparata his, illis sunt deteriora.

19. Sed nec aspectu aliquis ex his animalibus bona potest conspicere. Effugerunt autem Dei laudem, et benedictionem ejus.

8. *Ille qui paulò antè.* Ille fecit deum ex eodem luto, ex quo ipse recens compactus, in lutum resolvetur, repetitâ animâ quam habebat.

9. *Sed cura est illi.* Nihil memor figulus, neque molesti operis, neque brevis ævi, æmulatur aurifices, et gloriæ ducit, quòd æquè ac illi *res supervacuas*; Græc. *imagines*, adulterina *fingit* : idola scilicet et deos.

12. *Æstimaverunt* fictores idolorum *lusum esse vitam*, ac per ludibria et jocos transigendam, compositaque omnia ad lucrum : *et oportere etiam ex malo*, ac etiam ex idolorum fabricâ pecuniam corradere, ut ille in *Actis*, XIX, 25 : *Viri, scitis quia de hoc artificio est nobis acquisitio.*

14. *Supra modum animæ* : Græc. *super animam infantis ;* supra quam liceat animæ quantumvis infirmæ, puta infantis. *Superbi* : deest Græc. jungendum seqq.

16. *Homo enim.* En gradus, ut Deus per se vivens et immortalis, viventes quidem sui imagines, sed tamen mortales faciat; homo autem mortalis, mutuato à Deo spiritu, fingat mortuas.

18. *Animalia miserrima colunt* : Græc. *inimicissima*, nocentissima ; reptilia, serpentes. *Insensata enim* : sensu carentia, id est, statuæ, *comparata his* (Græc. *aliis*), scilicet animantibus, quantumvis deterrimis, *illis deteriora sunt.*

## CAPUT XVI.

Bestiarum cultores per bestias puniti : eæ quoque immissæ in Hebræos, sed dispari eventu: serpens æneus, 7 ; animadversio in Ægyptios per ignem grandini mistum, et famem consumptis frugibus, 19 ; manna populo Dei præstitum, ejusque mirabilia, 20 et seqq.; vis illa hominum altrix, non escarum naturâ, sed verbo et voluntate Dei constat, 21, 26.

1. Propter hæc, et per his similia passi sunt dignè tormenta, et per multitudinem bestiarum exterminati sunt.

2. Pro quibus tormentis benè disposuisti populum tuum, quibus dedisti concupiscentiam delectamenti sui novum saporem, escam parans eis ortygometram :

3. Ut illi quidem concupiscentes escam, propterea quæ illis ostensa et missa sunt, etiam à necessariâ concupiscentiâ averterentur. Hi autem in brevi inopes facti, novam gustaverunt escam.

4. Oportebat enim illis sine excusatione quidem supervenire interitum exercentibus tyrannidem : his autem tantùm ostendere quemadmodùm inimici eorum exterminabantur.

5. Etenim cum illis supervenit sæva bestiarum ira, morsibus perversorum colubrorum exterminabantur.

6. Sed non in perpetuum ira tua permansit : sed ad correptionem in brevi turbati sunt, signum habentes salutis ad commemorationem mandati legis tuæ.

7. Qui enim conversus est, non per hoc, quod videbat, sanabatur, sed per te omnium salvatorem.

8. In hoc autem ostendisti inimicis nostris, quia tu es, qui liberas ab omni malo.

9. Illos enim locustarum et muscarum occiderunt morsus, et non est inventa sanitas animæ illorum ; quia digni erant ab hujusmodi exterminari.

10. Filios autem tuos, nec draconum venenatorum vicerunt dentes : misericordia enim tua adveniens sanabat illos.

11. In memoriâ enim sermonum tuorum examinabantur, et velociter salvabantur, ne in altam incidentes oblivionem, non possent tuo uti adjutorio.

1. *Per similia passi sunt :* per bestias bestiarum cultores.
2. *Pro quibus tormentis :* cùm idolorum cultores ulciscereris per bestias, quas colebant ; è contra plebem tuam alebas per bestias. *Datâ ortygometrâ,* coturnice, *dedisti concupiscentiam delectamenti :* rem quam delectabiliter appetebant. *Novum saporem :* peregrinum, insuetum.
3. *Ut illi quidem :* idololatræ, Ægyptii, ranis aliisque animantibus etiam inter cibos ebullientibus. *Exod.,* VIII, 3. *Etiam à necessariâ concupiscentiâ averterentur,* ingenerato fastidio per eorum animalium deformitatem, ut habet Græc. *Hi autem,* Hebræi ad extremam inopiam redacti, *novam gustaverunt escam.* Summa : animantium genere, ut vis, uteris, sive ad ultionem, sive ad beneficium.
5. *Etenim cum illis :* Hebræis : aliud exemplum; immissis serpentibus in Hebræos, statim datum serpentis ænei remedium. *Num.,* XXI, 6, etc.
6. *Signum salutis :* serpentem æneum. *Ad commemorationem mandati legis tuæ,* quo tibi fidere jubebantur.
7. *Qui conversus est :* ad illum æneum serpentem.

## CAPUT XVI.

12. Etenim neque herba, neque malagma sanavit eos, sed tuus, Domine, sermo, qui sanat omnia.

13. Tu es enim, Domine, qui vitæ et mortis habes potestatem, et deducis ad portas mortis, et reducis.

14. Homo autem occidit quidem per malitiam : et cùm exierit spiritus, non revertetur, nec revocabit animam quæ recepta est :

15. Sed tuam manum effugere impossibile est.

16. Negantes enim te nosse impii, per fortitudinem brachii tui flagellati sunt : novis aquis, et grandinibus, et pluviis persecutionem passi, et per ignem consumpti.

17. Quod enim mirabile erat, in aquâ, quæ omnia extinguit, plus ignis valebat : vindex est enim orbis justorum.

18. Quodam enim tempore mansuetabatur ignis, ne comburerentur quæ ad impios missa erant animalia : sed ut ipsi videntes, scirent quoniam Dei judicio patiuntur persecutionem.

19. Et quodam tempore in aquâ supra virtutem ignis exardescebat undiquè, ut iniquæ terræ nationem exterminaret.

20. Pro quibus angelorum escâ nutrivisti populum tuum, et paratum panem de cœlo præstitisti illis sine labore, omne delectamentum in se habentem, et omnis saporis suavitatem.

21. Substantia enim tua dulcedinem tuam, quam in filios habes, ostendebat, et deserviens uniuscujusque voluntati, ad quod quisque volebat, convertebatur.

22. Nix autem et glacies sustine-

12. *Malagma :* unguentum dolorem emolliens ac mitigans.

16. *Novis aquis, grandinibus, pluviis : per ignem :* redit ad plagas Ægyptiacas, et grandinem igne mistam. *Exod.,* IX, 23, 24. *Novis aquis :* sive liquefactâ, ut solet, grandine : sive etiam, ut fit, pluviis grandini mistis : quibus pergit demonstrare creaturas omnes etiam inanimas Deo ultori obsequi.

17. *Quod enim mirabile :* παραδεξότατον : *maxime incredibile.*

18. *Mansuetabatur ignis, ne comburerentur... animalia :* locustæ, quas posteà grassari oportebat. *Exod.,* x, 6. *Quæ missa erant :* jam terræ gremio fota, et suo tempore eruptura : quanquam ex Græc. verti posset, *missa sunt.*

19. *Ut iniquæ terræ nationem exterminaret ;* germina, fruges : γεννήματα, ut vers. 22, χέρπους, *fructus.* Interpres autem *nationem* pro *nativitate* posuit, ut XVIII, 12 ; XIX, 10, hoc est, pro natis frugibus, ut infrà, vers. 26, quanquam et frugum illa consumptio omninò instituta erat ad exscindendam gentem. Summa autem : ignem nunc repressis, nunc exertis viribus, prout jubebatur, in creatoris potestate fuisse.

20. *Pro quibus :* pro consumptis frugibus, filiis tuis manna præbuisti, cujus miram vim docet. *Omnis saporis suavitatem :* atqui, *Num.,* XI, 7, manna erat saporis instar panis oleati. Sed alius est nativus sapor, alius quem fidei multiformis gratia tribuebat ; quod iste vel à Dei spiritu, vel à populi Dei traditione didicit ; undè et Paulus, ea quæ in arcâ erant, *Hebr.,* IX, 4. Quem locum si conferas cum III *Reg.,* VIII, 9, et II *Paral.,* V, 10, huic similem reperies. Vide etiam infrà, XIX, 7.

21. *Substantia enim tua :* Græc. ὑπόστασις. Non manna tot per se effecta præstabat ; sed Dei fœcunda substantia ex quâcumque re quidquid vult elicit.

22. *Nix autem et glacies :* aliud oppositum ; nivem quidem et glaciem, seu grandinem, immissas Ægyptiis, non resolvebat ignis immistus : manna autem concretum, cujusdam instar nivis aut grandinis, ad primos solis radios liquesce-

bant vim ignis, et non tabescebant : ut scirent quoniam fructus inimicorum exterminabat ignis ardens in grandine et pluviâ coruscans.

23. Hic autem iterùm, ut nutrirentur justi, etiam suæ virtutis oblitus est.

24. Creatura enim tibi factori deserviens, exardescit in tormentum adversùs injustos : et lenior fit ad benefaciendum pro his, qui in te confidunt.

25. Propter hoc et tunc in omnia transfigurata omnium nutrici gratiæ tuæ deserviebat, ad volunta-

tem eorum, qui a te desiderabant:

26. Ut scirent filii tui, quos dilexisti, Domine, quoniam non nativitatis fructus pascunt homines, sed sermo tuus hos, qui in te crediderint, conservat.

27. Quod enim ab igne non poterat exterminari, statim ab exiguo radio solis calefactum tabescebat :

28. Ut notum omnibus esset, quoniam oportet prævenire solem ad benedictionem tuam, et ad ortum lucis te adorare.

29. Ingrati enim spes tanquàm hibernalis glacies tabescet, et disperiet tanquàm aqua supervacua.

bat. *Exod.*, xvi, 21. De mannæ autem specie vide *Exod.*, xvi, 14; *Num.*, xi, 7.
23. *Hic autem*, ignis : solis radii prorsùs igneâ vi. Vide infrà, xix, 20.
25. *Gratiæ tuæ :* gratia hic significat beneficam et altricem omnium Dei potentiam.
26. *Sed sermo tuus :* vis tua.
27. *Quod enim :* grando et manna cùm cognatæ naturæ sint, tam dissimilia passæ; ut hæc exiguo radio liquesceret, illa nec immisto quidem igne solveretur, ut suprà, 16, 17.
28. *Prævenire solem :* ad colligendum manna, priusquàm sole oriente liquesceret ; simul ad laudandum largitorem Deum.
29. *Ingrati enim :* tardi ad Dei laudes.

## CAPUT XVII.

Tenebræ Ægyptiacæ occultorum peccatorum vindices, 3; derisæ magorum artes : impii tanquàm cæco carcere conclusi, 4, 15; pavor : horrenda nox, superventuræ æternæ noctis imago : impii sibi graves, dirumque supplicium, 20.

1. Magna sunt enim judicia tua, Domine, et inenarrabilia verba tua : propter hoc indisciplinatæ animæ erraverunt.

2. Dùm enim persuasum habent iniqui posse dominari nationi sanc-

tæ, vinculis tenebrarum et longæ noctis compediti, inclusi sub tectis, fugitivi perpetuæ providentiæ jacuerunt.

3. Et dùm putant se latere in obscuris peccatis, tenebroso obli-

1. *Propter hoc :* quòd non nossent profunda consilia tua, falsâ spe delusi, superbiebant, ut habent seqq.
2. *Dùm enim :* dùm latere se putant Deum, veras in latebras conjecti sunt per Ægyptiacas illas tenebras, de quibus *Exod.*, x, 21. *Tenebroso oblivionis velamento*, tanquàm sole oblito solitam lucem emittere, *dispersi sunt :* quique in suas conclusi domos, nullo hominum cœtu. Spectris conturbati : quòd et tantæ nocti, et territæ conscientiæ congruebat.

## CAPUT XVII.

vionis velamento dispersi sunt, paventes horrendè, et cum admiratione nimiâ perturbati.

4. Neque enim quæ continebat illos spelunca, sine timore custodiebat : quoniam sonitus descendens perturbabat illos, et personæ tristes illis apparentes pavorem illis præstabant.

5. Et ignis quidem nulla vis poterat illis lumen præbere, nec siderum limpidæ flammæ illuminare poterant illam noctem horrendam.

6. Apparebat autem illis subitaneus ignis, timore plenus : et timore perculsi illius, quæ non videbatur, faciei, æstimabant deteriora esse quæ videbantur :

7. Et magicæ artis apppsiti erant derisus, et sapientiæ gloriæ correptio cum contumeliâ.

8. Illi enim qui promittebant timores et perturbationes expellere se ab animâ languente, hi cum derisu pleni timore languebant.

9. Nam etsi nihil illos ex monstris perturbabat, transitu animalium, et serpentium sibilatione commoti, tremebundi peribant, et aerem, quem nullâ ratione quis effugere posset, negantes se videre.

10. Cùm sit enim timida nequitia, dat testimonium condemnationis : semper enim præsumit sæva, perturbata conscientia.

11. Nihil enim est timor, nisi proditio cogitationis auxiliorum.

12. Et dùm ab intùs minor est expectatio, majorem computat inscientiam ejus causæ, de quâ tormentum præstat.

---

4. *Spelunca* : domus propria, quâ pedem efferre propter horrendas tenebras non auderent. Undè domus instar carceris, ipsi sine ferro, tenebris velut vinculis tenebantur, suprà, vers. 2, infrà, vers. 15, 16, 17. Quæ omnia pertinent ad interpretationem hujus textûs quo scribitur : *Nemo vidit fratrem suum, nec movit se de loco in quo erat.* Exod., x, 23.

6. *Subitaneus ignis* : Græc. *pyra, rogus.* Credibile est accensos ingentes rogos discutiendis tenebris subitò apparuisse per Ægyptum totam : sed hæc terrori erant, cùm lucem non darent. *Timore perculsi* : cùm obscuræ pallentesque facies territarent, etiam quæ videbant, habebant pro horribilioribus spectris.

7. *Magicæ artis* : Græc. *magicæ artis jacebant ludibria* : ( in magis nullum præsidium, ut in aliis aliquot plagis Ægyptiacis ). *Et sapientiæ gloriæ correptio* ( erat ) *cum contumeliâ* : qui sapientiâ illâ magicâ gloriabantur, contumeliosè corripiebantur.

9. *Etsi nihil illos* : etsi nihil erat monstri quod territaret. *Etiam aerem negantes se videre* : adeò exanimati metu, ut nec respirare se crederent; videre autem, pro quolibet sensu sumitur. Alii, *negantes videre*, recusantes vertunt, occlusis oculis, ne, quæ undiquè ingruebant territamenta, aspicerent.

10. *Cùm sit timida* : ex Græc. istud exsculpseris : malitia enim proprio judicio condemnata terrificum quid testificatur sibi. Complutensis legit : Formidolosa res est proprio teste ( conscientiâ scilicet ) damnata malitia. *Præsumit sæva, perturbata conscientia* : Græc. ( malitia ) *præsumit sæva perturbata per conscientiam*, sive conscientiâ in ablativo casu.

11. *Proditio cogitationis auxiliorum.* Græc. *proditio*, sive consiliorum defectio quæ à cogitatione. Indè oritur timor, quòd ipsa mens, velut prodita destitutaque, nec de auxilio cogitat.

12. *Dùm ab intùs minor* : quò cuique minùs in se præsidii est, eò magis latere putat præsentem tormentorum causam : quod est calamitosissimum, cùm pars aliqua sit solatii, mali scire originem.

13. Illi autem qui impotentem verè noctem, et ab infimis et ab altissimis inferis supervenientem, eumdem somnum dormientes,

14. Aliquandò monstrorum exagitabantur timore, aliquandò animæ deficiebant traductione : subitaneus enim illis, et insperatus timor supervenerat.

15. Deindè si quisquam ex illis decidisset, custodiebatur in carcere, sine ferro reclusus.

16. Si enim rusticus quis erat, aut pastor, aut agri laborum operarius præoccupatus esset, ineffugibilem sustinebat necessitatem.

17. Unâ enim catenâ tenebrarum omnes erant colligati. Sive spiritus sibilans, aut inter spissos arborum ramos avium sonus suavis, aut vis aquæ decurrentis nimium,

18. Aut sonus validus præcipitatarum petrarum, aut ludentium animalium cursus invisus, aut mugientium valida bestiarum vox, aut resonans de altissimis montibus echo, deficientes faciebant illos præ timore.

19. Omnis enim orbis terrarum limpido illuminabatur lumine, et non impeditis operibus continebatur.

20. Solis autem illis superposita erat gravis nox, imago tenebrarum, quæ superventura illis erat. Ipsi ergo sibi erant graviores tenebris.

13. *Impotentem noctem :* ineluctabilem. Alii, *intolerabilem*, evitatu sive toleratu impossibilem ; *et ab infimis, et ab altissimis :* duplex versio. Tota sententia in Græc.: *Illi autem qui* (per) *inevitabilem* (sive intolerabilem) *noctem, et ab inevitabilis* (sive intolerabilis) *inferni speluncis supervenientem, eumdem somnum* (æquè irrequietum, æquè turbulentum) *dormiebant : aliquandò,* etc., horrenda nox quæ ab altissimis inferi, ab ipso velut tartaro immissa videbatur.

14. *Animæ deficiebant traductione :* Græc. *traditione*, sive deliquio quo laborabant præ metu.

15. *Si quisquam decidisset :* erigere se non audebat, ne periculosiùs offenderet : *custodiebatur.* Vide vers. 4.

16. *Si enim rusticus :* quocumque loco deprehensi, ac tenebris præoccupati erant, eo constricti tenebantur.

17, 18. *Sive spiritus... aut sonus validus :* quocumque sonitu, seu leni, seu gravi, atque etiam suavi territabantur, exaggerato per tenebras metu.

20. *Gravis nox, imago tenebrarum, quæ superventura illis erat :* in inferno scilicet, ut passim in Scripturis. *Ipsi sibi erant graviores tenebris :* cæcitate mentis graviores tenebras intùs circumferentes.

## CAPUT XVIII.

Hebræis clara lux : columna viæ dux, per noctem solis instar, 3 ; digni tenebris Ægyptii lucis ac veritatis hostes, 4 ; primogenitorum quoque cædes meritò illata, 5 ; Phase, 6, 9 ; mortes undiquè et horrendi clamores per alta noctis silentia, 10, 11, 14, 15, 16 ; tantæ ultioni additi visus congrui per somnia, 17 et seqq., ut causam supplicii, sed frustrà recognoscerent, 18, 19 ; mors quoque immissa piis ; sed prompta per Aaronem placatio, 21 et seqq.

1. Sanctis autem tuis maxima erat lux, et horum quidem vocem audiebant, sed figuram non videbant. Et quia non et ipsi eadem

1. *Et horum quidem vocem audiebant :* Ægyptii, vicinis scilicet constituti lo-

## CAPUT XVIII.

passi erant, magnificabant te :

2. Et qui antè læsi erant, quia non lædebantur, gratias agebant, et ut esset differentia, donum petebant.

3. Propter quod ignis ardentem columnam ducem habuerunt ignotæ viæ, et solem sine læsurâ boni hospitii præstitisti.

4. Digni quidem illi carere luce, et pati carcerem tenebrarum, qui inclusos custodiebant filios tuos, per quos incipiebat incorruptum legis lumen sæculo dari.

5. Cùm cogitarent justorum occidere infantes, et uno exposito filio et liberato, in traductionem illorum, multitudinem filiorum abstulisti, et pariter illos perdidisti in aquâ validâ.

6. Illa enim nox antè cognita est à patribus nostris, ut verè scientes quibus juramentis crediderunt, animæquiores essent.

7. Suscepta est autem à populo tuo sanitas quidem justorum, injustorum autem exterminatio.

8. Sicut enim læsisti adversarios : sic et nos provocans magnificasti.

9. Absconsè enim sacrificabant justi pueri bonorum, et justitiæ legem in concordiâ disposuerunt :

cis : sive Israelitas, quocumquè pergerent, lux sua sequebatur; quod innuere videtur, *Exod.*, x, 23. *Magnificabant te; te* deest in Græc., rectè suppletum, ut videtur.

2. *Quia non lædebantur*. Cessatum enim à vexandis Hebræis, quòd inimici nec se commovere possent. *Et ut esset differentia, donum* ( sive gratiam ); Græc. *petebant :* Hebræi tanto præ Ægyptiis discrimine habiti, magni beneficii loco petebant, ut tale discrimen pios inter et impios stabile permaneret. In Græc. hi duo versus ad Ægyptios referri videntur, ut et magnificarent Hebræos tam dira à se passos, nunc autem ab omni malo liberos, et gratias haberent ipsis, quòd læsi vicem non redderent, et ut porrò pergerent benignitate et clementiâ differre ab Ægyptiis, supplicabant. Porrò διενεχθῆναι, alii aliter vertunt; vulgati interpretis sensus verior.

3. *Propter quod :* Græc. *pro quibus*, ἀντὶ ὧν : harum tenebrarum loco Deus in deserto suis præstitit, ut ardentem columnam diu noctuque haberent ducem ignotæ viæ, *Exod.*, xiii, 21; speciatim autem per noctem, solis cujusdam instar, sicut scriptum est : *Et deduxit eos in nube diei, et totâ nocte in illuminatione ignis.* Psal. LXXVII, 14. Item : *Expandit nubem in protectionem eorum, et ignem ut luceret eis per noctem.* CIV, 39. *Solem sine læsurâ*. Solem elegantissimè appellat columnam ipsam quæ tam limpidam lucem ministraret; solem autem *sine læsurâ* ( sive innoxium ) quod non perureret, imò per diem à solis ardore protegeret; solem etiam *boni hospitii.* Græc. *præclaræ peregrinationis :* supple, ducem. Græca sic habent : *Flammatam columnam ducem quidem ignotæ viæ; solem verò innoxium præclaræ peregrinationis* ( ducem seu comitem ) *præstitisti.*

4. *Per quos incipiebat... legis lumen.* Jam fœdere constituto, ac traditâ unius Dei fide, sabbati observantiâ, circumcisionis signaculo, Phase etiam apud Ægyptios instituto : de quo etiam vers. 9.

5. *Uno exposito filio et liberato :* Moyse. *In traductionem*, convictionem illorum, ut suprà, II, 14.

6. *Illa nox antè cognita :* prædicta Israelitis, *Exod.*, xII, xIII.

6. *Absconsè sacrificabant :* celebrato Phase, ibid. *Justitiæ legem :* Græc. *divinitatis legem*, unius Dei colendi ritum : cui legi initiabantur præcipuâ solemnitate institutâ, ibid. *Bona et mala recepturos justos*, supple, canebant; *patrum etiam*, Patriarcharum qui æquè bona et mala experti, sed tandem liberati, *decantantes laudes.*

similiter et bona et mala recepturos justos, patrum jam decantantes laudes.

10. Resonabat autem inconveniens inimicorum vox, et flebilis audiebatur planctus ploratorum infantium.

11. Simili autem pœnâ servus cum domino afflictus est, et popularis homo regi similia passus.

12. Similiter ergo omnes uno nomine mortis mortuos habebant innumerabiles. Nec enim ad sepeliendum vivi sufficiebant : quoniam uno momento, quæ erat præclarior natio illorum, exterminata est.

13. De omnibus enim non credentes propter veneficia, tunc verò primùm cùm fuit exterminium primogenitorum, spoponderunt populum Dei esse.

14. Cùm enim quietum silentium contineret omnia, et nox in suo cursu medium iter haberet,

15. Omnipotens sermo tuus de cœlo à regalibus sedibus, durus debellator in mediam exterminii terram prosilivit,

16. Gladius acutus insimulatum imperium tuum portans, et stans replevit omnia morte, et usque ad cœlum attingebat stans in terrâ.

17. Tunc continuò visus somniorum malorum turbaverunt illos, et timores supervenerunt insperati.

18. Et alius alibi projectus semivivus, propter quam moriebatur, causam demonstrabat mortis.

19. Visiones enim, quæ illos turbaverunt, hæc præmonebant, ne inscii quare mala patiebantur, perirent.

20. Tetigit autem tunc et justos tentatio mortis, et commotio in eremo facta est multitudinis : sed non diu permansit ira tua.

21. Properans enim homo sine querelâ deprecari pro populis, proferens servitutis suæ scutum, orationem, et per incensum deprecationem allegans, restitit iræ, et finem imposuit necessitati, ostendens quoniam tuus est famulus.

22. Vicit autem turbas, non in virtute corporis, nec armaturæ potentiâ, sed verbo illum qui se vexa-

10. *Inconveniens inimicorum vox.* Græc. *dissonans*, quippe *flebilis.*
12. *Uno nomine* sive genere *mortis :* æquâ omnium cæde. *Natio :* Græc. *nativitas*, ut suprà, XVI, 19, primogeniti spes et decus gentis.
13. *De omnibus non credentes :* Ægyptii per omnia increduli Deo, decepti scilicet *propter veneficia*, per incantamenta et magicas artes Dei imitatrices : *tunc primùm cùm fuit exterminium* ac cædes *primogenitorum*, obmutescente omni magorum jactantiâ, *spoponderunt* Hebræos *populum Dei esse :* Græc. *confessi sunt populum Dei esse filium :* ut habetur *Osee*, XI, 1 : *Ex Ægypto vocavi filium meum.*
16. *Insimulatum :* minimè fictum : ἀνυπόκριτον.
20. *Tentatio*, experimentum, *mortis :* à morte quoque tentati Israelitæ, potiusquàm dejecti, ut infrà 25, clariùs explicatur, interveniente placatione per Aaronem, *Num.*, XVI, 47.
21. *Homo sine querelâ :* inculpatus : Aaron : *suæ servitutis scutum*, sive sui ministerii, λειτουργίας, *arma.* Græc. nempè thuribulum, incensum, preces : quæ arma sacerdotum. *Finem necessitati :* Græc. *calamitati.*
22. *Vicit autem turbas :* Græc. *turbam*, seditiosum vulgus in ordinem coegit, sive etiam vicit turbam, seditionem, tumultum : *illum qui se vexabat :* populum in se insurgentem, et sibi sacerdotium invidentem, Core et Abiron sectatores. *Num.*, ibid.

bat subjecit, juramenta parentum et testamentum commemorans.

23. Cùm enim jam acervatim cecidissent super alterutrum mortui, interstitit, et amputavit impetum, et divisit illam, quæ ad vivos ducebat viam.

24. In veste enim poderis quam habebat, totus erat orbis terrarum : et parentum magnalia in quatuor ordinibus lapidum erant sculpta : et magnificentia tua in diademate capitis illius sculpta erat.

25. His autem cessit qui exterminabat, et hæc extimuit : erat enim sola tentatio iræ sufficiens.

23. *Interstitit :* stetit inter mortuos et viventes, *Num.*, XVI, 48.
24. *In veste poderis :* vestis talaris, magnifica ac sacra, quâ etiam Christus induitur, *Apoc.*, I, 13. *Totus erat orbis terrarum*, sanctæ vestis texturâ ac magnificentiâ designatus, ut passim Hebræi docent. *Parentum magnalia :* Græc. *gloria*. *In quatuor ordinibus lapidum :* ut habes *Exod.*, XXVIII, 17. Notum de nomine duodecim patriarcharum totidem lapidibus insculpto. *Ibid.*, 21. Undè pontifex populi habitus mediator, quòd nomina filiorum Israel, duodecim scilicet tribuum, coràm Deo portet super pectus suum. *Ibid.*, 29. *Magnificentia tua in diademate :* in laminâ illâ ex auro purissimo, cui inscriptum erat, Sanctum Domino. *Ibid.*, 36.
25. *His cessit qui exterminabat :* angelus divini mandati executor : *hæc extimuit :* Græc. *reveritus*, extimuerunt : seditiosi cives.

## CAPUT XIX.

Impiorum cæcitas, 1, 2, 3 ; adactorum ad pœnas digna necessitas, 4 ; creaturarum immutata natura et indoles, 6, 7, 18, 19, 20 ; elementa fidium instar disposita, Deo pulsanti subsunt, 17 ; relato obiter Benjaminitarum flagitia et inhospitalitas, 13 et seqq.

1. Impiis autem usque in novissimum sine misericordiâ ira supervenit : præsciebat enim et futura illorum :

2. Quoniam cùm ipsi permisissent ut se educerent, et cum magnâ sollicitudine præmisissent illos, consequebantur illos pœnitentiâ acti.

3. Adhuc enim inter manus habentes luctum, et deplorantes ad monumenta mortuorum, aliam sibi assumpserunt cogitationem inscien- tiæ, et quos rogantes projecerant, hos tanquàm fugitivos persequebantur :

4. Ducebat enim illos ad hunc finem digna necessitas : et horum, quæ acciderant commemorationem amittebant, ut quæ deerant tormentis repleret punitio :

5. Et populus quidem tuus mirabiliter transiret, illi autem novam mortem invenirent.

6. Omnis enim creatura ad suum genus ab initio refigurabatur, de-

4. *Digna necessitas :* Græc. *pœna scelerum inevitabilis :* oblivionem injiciebat (inducebat), gravis illa scilicet instantis pœnæ necessitas excæcabat animos : indurabat, et præteritarum plagarum auferebat memoriam. *Exod.*, VIII, IX, X, XI. *Ut quæ deerant tormentis :* Græc. *ut eam quæ tormentis (adhuc) deerat, adimplerent pœnam;* hoc est enim quod dixerat : *Idcircò autem posui te, ut ostendam in te fortitudinem meam, et narretur nomen meum in omni terrâ.* Exod., IX, 16 ; Rom., IX, 17.
6. *Omnis creatura ad suum genus* (Græc. *in suo genere*) *refigurabatur :* omnes

serviens tuis præceptis, ut pueri tui custodirentur illæsi.

7. Nam nubes castra eorum obumbrabat; et ex aquâ, quæ antè erat, terra arida apparuit, et in mari Rubro via sine impedimento, et campus germinans de profundo nimio :

8. Per quem omnis natio transivit, quæ tegebatur tuâ manu, videntes tua mirabilia et monstra.

9. Tanquàm enim equi depaverunt escam, et tanquàm agni exultaverunt, magnificantes te, Domine, qui liberasti illos.

10. Memores enim erant adhuc eorum, quæ in incolatu illorum facta fuerant, quemadmodùm pro natione animalium eduxit terra muscas, et pro piscibus eructavit fluvius * multitudinem ranarum.

11. Novissimè autem viderunt novam creaturam avium, cùm adducti concupiscentiâ, postulaverunt escas epulationis.

12. In allocutione enim desiderii, ascendit illis de mari ortygometra : et vexationes peccatoribus supervenerunt, non sine illis, quæ antè facta erant, argumentis per vim fulminum : justè enim patiebantur secundùm suas nequitias.

13. Etenim detestabiliorem inhospitalitatem instituerunt : alii quidem ignotos non recipiebant advenas, alii autem bonos hospites in servitutem redigebant.

14. Et non solùm hæc, sed et alius quidam respectus illorum

creaturæ, ignis, aquæ, nubes, maria, veluti refectæ et instauratæ, novas formas naturasque induebant; stabant aquarum moles; per mare iter latum, et alia quæ posteà inculcat, vers. 20.

7. *Nubes castra eorum obumbrabat* : nubes enim illa efformata in columnam, cùm tabernaculum operiret, *Num.*, IX, 15, 16; totis deindè castris se diffundebat, ac protegebat populum, juxta illud : *Expandit nubem in protectionem eorum*, Psal. CIV, 39, undè Paulus ait, *sub nube fuisse*. Quæ sanè ad Davidem et Paulum, vel traditione, vel Spiritu sancto dictante, perlata sunt. *Ex aquâ... terra* : patefactâ terrâ, quæ anteà sub profundo latebat. *Campus germinans*, algosus : Græc. *viridis herbæ ferax*; undè fama apud Æthiopes, diviso mari, fundum viridis coloris apparuisse. Diod., lib. III.

9. *Tanquàm equi* (læti et exultantes in pinguibus pascuis) *depaverunt escam* : Græc. *pascebant*. *Tanquàm agni* : allusum ad Psal. CXIV, 4, 6 : *Colles sicut agni ovium*.

10. *Pro natione* : Græc. *nativitate*, ut suprà, XVI, 19.

11. *Novam creaturam avium* : coturnices.

12. *In allocutione* (Græc. *in solatium*) *desiderii*; Græc. deest. *Et vexationes*, ultiones, *peccatoribus supervenerunt* : quòd fastidito mannâ carnes concupiverint, et seditiosè poposcerint, *Num.*, XI. *Non sine illis, quæ antè facta erant, argumentis* (non sine præviis signis sive portentis) *per vim fulminum*. Docet intervenisse tonitrua, quod indicare videtur furor Domini concitatus in populum. *Num.*, XI, 33.

13. *Etenim detestabiliorem* (fortè, quàm gentes) *inhospitalitatem instituerunt* (supple, *Israelitæ*). Quædam hic deesse videntur ad rerum seriem; memorat autem fœdum Benjaminitarum facinus in Gabaâ adversùs levitam, de quo *Jud.*, XIX. *Ignotos non recipiebant* : Jud., XIX, 15, *Nullus eos recipere voluit hospitio*. Ibid., 18. *In servitutem redigebant* : velut servis abutebantur ad fœdas libidines, ut illi levitæ contigit.

14. *Alius respectus* : alia ulciscendi causa; quia non modò *inviti recipiebant extraneos*, verùm etiam eos,

## CAPUT XIX.

erat : quoniam inviti recipiebant extraneos.

15. Qui autem cum lætitiâ receperunt hos, qui eisdem usi erant justitiis, sævissimis afflixerunt doloribus.

16. Percussi sunt autem cæcitate : sicut illi in foribus justi, cùm subitaneis cooperti essent tenebris, unusquisque transitum ostii sui quærebat.

17. In se enim elementa dum convertuntur, sicut in organo qualitatis sonus immutatur, et omnia suum sonum custodiunt : undè æstimari ex ipso visu certò potest.

18. Agrestia enim in aquatica convertebantur, et quæcumque erant natantia, in terram transibant.

19. Ignis in aquâ valebat supra suam virtutem, et aqua extinguentis naturæ obliviscebatur.

20. Flammæ è contrario, corruptibilium animalium non vexaverunt carnes coambulantium, nec dissolvebant illam, quæ facilè dissolvebatur, sicut glacies, bonam escam. In omnibus enim magnificasti populum tuum, Domine, et honorasti, et non despexisti, in omni tempore et in omni loco assistens eis.

15. *Qui cum lætitiâ receperunt :* puta bonum illum senem, qui leviten *eisdem utentem justitiis,* sub eâdem Moysi lege viventem exceperat, vers. 20; *sævis afflixerunt doloribus,* usque adeò ut filiam opprimendam offerre cogeretur, vers. 24.

16. *Percussi sunt autem cæcitate :* mentis quidem, ad exemplum eorum, quibus Angeli apud Sodomos cæcitatem immisere. *Gen.*, XIX, 11.

17. *In se enim.* Hîc etiam nonnulla sive exciderunt, sive transposita sunt. *In se elementa dùm convertuntur. Dùm* redundat, et in Græc. deest. *Convertuntur.* Græc. ad verbum, *elementa in se harmoniam* (sive concentum consensumque) *mutantia,* hoc est, in alias veluti formas naturasque conversa, ut habes vers. 6. *Sicut in organo qualitatis sonus immutatur :* Græc. *Sicut in psalterio, soni* (nominativo plurali) *modulationis nomen mutant; et omnia suum sonum custodiunt.* Græcus ad elementa refert, semper manentia in sono; quæ neque in Græco, neque apud interpretem satis expedita sunt, et aliquid omninò in ipso textu labis; sensus autem est : Quàm facilè in organo musico, intensis remissivè fidibus, permanente sono, soni tamen modulus inflectitur ac mutatur tam facilè, Deo variè velut digitis elementa pulsante, ab iisdem naturis tanquàm diversos sonos, ita diversos effectus elici : quod et seqq. firmant. *Undè æstimari :* Græc. quod quidem liquido æstimari potest ex ipso rerum gestarum visu, hoc est, quod explorari potest ex ipsis majorum nostrorum commemoratis historiis.

18. *Agrestia enim* (sive Græc. *terrestria*) *in aquatica convertebantur :* quæ videntur spectare ad diluvium quo tempore *natantia,* natatilia, pisces, *transibant in terram.*

19. *Ignis in aquâ,* ut dictum est suprà, XVI, 17, 18, 19.

20. *Flammæ è contrario :* vide XVI, 18, nec *dissolverunt* (seu Græc. *dissolvebant*) *illam :* vide ibid. 22, 27. Græc. *nec dissolvebant facilè dissolubile glaciale genus ambrosiæ escæ,* hoc est, ex ejusdem capitis XVI, 22, 27, flammæ non dissolvebant nivem, sive grandinem et glaciem, cognatæ licet naturæ cum mannâ, quod exiguo solis radio tabescebat. *In omnibus enim :* summa dictorum à cap. XVI ad finem, Deum innumerabilibus ostentis ac miraculis effecisse ut populus Israeliticus supra omnes populos clarus, et à Deo dilectus, neque ullâ injuriâ violandus à gentibus habeatur; quò totus collimabat liber, ut mox etiam videbimus.

# PRÆFATIO
## IN ECCLESIASTICUM.

I. — De inscriptione libri inter Græcos et Latinos.

Liber *Ecclesiasticus* is est, quem sanctus Hieronymus in Prologo sæpè memorato, et huic editioni præfixo ad libros Salomonis, hebraicum se reperisse testatur, non *Ecclesiasticum,* ut apud Latinos, sed *Parabolas* prænotatum. Ab eodem Hieronymo appellatur *Panaretos Jesu filii Sirach liber*. Panaretos autem, quòd de omni virtute præcepta tradat, quo elogio passim à Græcis insignitur. Apud eosdem Græcos inscribitur, *Sapientia Jesu filii Sirach;* ita Clemens Alexandrinus, ita Origenes, lib. VIII *contra Celsum,* n. 50; ita Eusebius Cæsariensis, lib. VIII, *De Demonst. evang. ad Danielis hebdomadas;* ita sanctus Epiphanius, *hæres.* 76, quæ est *Anomæorum,* ad cap. v; Aetii, et alii plerique omnes. Hanc inscriptionem Complutensis editio retinuit; Sixtinus verò codex, pro *Sapientia Jesu filii Sirach,* habet simpliciter, per contractionem, *Sapientia Sirach;* cùm Sirach scriptoris pater, non ipse scriptor fuisse memoretur. Latini verò *Ecclesiasticum Jesu filii Sirach* inscripserunt; et *Ecclesiasticum* quidem, ut à Salomonis *Ecclesiaste* distinguerent, utroque vocabulo à concione deducto.

Nunc textus Hebraicus nusquàm est; sed auctoris nepos profectus in Ægyptum, ibi relictos libros nactus, avi sui Jesu præclara monumenta in Græcum transtulit, Ptolemæi Evergetæ anno trigesimo octavo, ut ipse in Prologo interpretationis suæ tradidit: quod quidem ad quale tempus pertineat, dicemus, ubi de auctoris ipsius nomine atque ætate constiterit.

II. — De auctore libri: Grotii sententia de fine capitis L, et de capite LI, deque aliis locis huic et libro *Sapientiæ* additis.

Et auctoris quidem nomen ipsa prodit inscriptio, Græcorum

Latinorumque omnium consensione firmata. Attestatur Græcus interpres, qui avum suum egregii scripti auctorem, Jesum nominet; quin ipse auctor antiquum in morem, nomen suum scripto indidit his verbis, quibus liber clauditur : *Doctrinam sapientiæ et disciplinæ scripsit in codice isto Jesus filius Sirach Jerosolymita* (cap. L, 29). En nomen, en genus, en patriam ejus qui scripsit librum ; omnia prisco ritu ; ut equidem nesciam, quid Grotio in mentem venerit, qui notis ad eumdem locum, verba memorata à nepote auctoris, hujus libri editore et interprete, avi scripto addita asserit, nullo codicum testimonio, nullâ conjecturâ, ut legenti patebit.

Neque magis audiendus, cùm caput LI, quod sic inscribitur, *Oratio Jesu filii Sirach*, nepoti tribuit, nullo prorsùs allato hujus rei argumento.

Gravius id quod idem tradidit, Præfatione ad notas in librum *Sapientiæ*, ei libro sicut et *Ecclesiastico* à christianis christiana quædam commodis locis addita, ac locutiones quasdam, quæ magis Evangelium sapiant, quàm vetustiora tempora; quâ fiduciâ multa mutat, gustu quidem suo, nullâ codicum aut antiquarum lectionum ope. Quæ si quisque pro libidine audeat, omnis priscorum librorum periclitabitur fides. Sed nos, quoad dabitur, horum omnium nullam haberi oportere rationem, suis locis demonstrabimus; nunc quandò nullâ ratione afferuntur, pro certo dabimus, omnium hujus libri partium unum esse auctorem Jesum filium Sirach, qui cum Hebraico sermone scripserit; nepotem, quocumque sit nomine, neque enim ipse prodidit, nihil sibi quidquam ampliùs tribuisse, quàm ut interpretis officio fungeretur, ut ipso Prologo constat.

III. — De ætate libri : duæ ejus notæ ex ipso libro repetendæ.

Nunc de libri ætate accuratiùs disputandum, quòd ea res maximè ad scripti intelligentiam faciat. Duo autem esse videmus, undè hæc tempora æstimari possint : alterum, quòd hujus scripti tempore gravem Judæis à gentibus ac regibus incubuisse vexationem, multi loci probant : alterum, quòd ipse Siracides virorum illustrium laudes referens, ne antiquos tantùm memorasse videretur, suo ævo propiorem Simonem Oniæ filium pontificem maximum ultimo loco celebraverit, cap. L, ex quo intelligitur circa ejus tempora claruisse.

### IV. — Quis fuerit ille Simon Oniæ filius ab Ecclesiastico celebratus?

Sed de Simone quidem Oniæ filio ambiguum : cùm duo ejusdem appellationis extiterint Josepho memorati, *Originum* lib. XII, alter secundo, alter quarto capite : Simon scilicet primus qui Justus dicitur, Oniæ primi filius, secundi Oniæ pater; ac Simon secundus Oniæ secundi filius, Oniæ tertii viri maximi ac sanctissimi pater, sub quo vexationem regum Syriæ cœpisse, Machabaica testatur historia.

### V. — Simonis primi ac successorum pacatissima tempora.

Ac Simonis quidem illius primi, ut et successorum ejus, tempora tranquillissima fuisse constat. Successere enim Eleazarus frater, sub quo Septuag. senum confecta interpretatio est, Manasses; alii, sub quorum principatu Judaicæ res per totum ferè sæculum floruerunt; quæ omninò ad eam pertinent pacem, quam instaurato templo diutissimam atque inconcussam futuram, Prophetæ quidem omnes, sed imprimis Isaias, magnificentissimè prædixerunt; quâ de re dicendum erit brevi, cùm jam ad Prophetas nostra promissa nos vocent.

### VI. — Gravis persecutio tempore Ecclesiastici.

Per hanc ergo altissimam pacem, cùm gentium reges populum sanctum, sanctam civitatem ac templum omni honore cumularent, nullus erat locus his Ecclesiastici nostri precationibus : *Innova signa et immuta mirabilia : glorifica manum et brachium dextrum : excita furorem et effunde iram, tolle adversarium et afflige inimicum : festina tempus et memento finis : in irâ flammæ devoretur, qui salvatur* (à vulgaribus vitæ humanæ casibus) *et qui pessimant plebem tuam, inveniant perditionem : contere caput principum inimicorum dicentium : Non est alius præter nos* (cap. XXXVI, 6 et seq.) : quæ quàm aptè conveniant Syrorum regum superbiæ, ac diris vexationibus nemo ignoraverit qui Machabaicam historiam legerit.

Atque hæc quidem *Ecclesiasticus* pro universâ plebe postulat, pro se autem speciatim agit gratias, quòd ad necem postulatus, non sit derelictus in tempore superborum; quòd sit ereptus de tempore iniquo, ab iniquo rege atque à linguâ injustâ, cùm impii homines etiam ex Israeliticâ gente, eos qui legem colerent, apud reges per calumniam adorti, majestatis reos agerent, ut sancto pontifici Oniæ III contigisse, mox relaturi sumus; quibus etiam temporibus sæpè se in vitæ discrimen adductum, Deique gratiâ liberatum, idem narrat *Ecclesiasticus* (XXXIV, 13).

VII. — Liber *Ecclesiasticus* circa Simonis II tempora.

Hæc igitur efficiunt, ne Simon primus is putetur fuisse, quem noster Siracides, ut ætati suæ proximum, commendaverit; quin Eusebius Cæsariensis, vir in doctrinâ temporum versatissimus, loco jam citato *Demonstrationis evangelicæ*, Jesum filium Sirach claruisse refert sub eo Simone, qui Oniæ ac Machabæorum tempori proximus fuerit, quod Simoni II, Oniæ tertii patri, congruit; accedunt alii characteres aliàs observandi, queis Simon Ecclesiastici à Simone primo facilè dignoscatur.

VIII. — Nec tamen eo vivo. Primum, quòd Ecclesiasticus mortuos tantùm laudaverit.

Sanè Eusebius docet sub Simone II non tantùm vixisse Siraciden, sed etiam composuisse illam *Sapientiam*, quæ *Panaretos* appelletur. Verùm duo prohibent quominùs assentiamur. Primum, quòd is scriptor eos tantùm collaudaverit, qui vitâ functi essent: *Laudemus, inquit, viros gloriosos et parentes nostros, dùm viverent :... omnes isti in generationibus...* (sive in vitâ suâ) *gloriam adepti sunt, et in diebus ipsorum gloria: corpora ipsorum in pace sepulta sunt, et nomen eorum in sæculum,* cap. XLIV, 1, 7, 14; ac de Simone nostro speciatim, L, 1, 3 : *Simon Oniæ filius... in vitâ suâ suffulsit domum, et in diebus suis corroboravit templum :... in diebus ipsius emanaverunt putei;* et cætera id genus, ut addatur aliis, quorum memoriam commendabat.

IX. — Alterum; quòd ejus quoque tempore pacatissimæ res fu erint.

Hùc accedit alterum, quòd Simonis etiam hujus tempora pacatissima fuerint, neque dent locum piis auctoris nostri lamentis ac precibus, quas mox retulimus. Quod enim subditur : *Qui curavit gentem suam; et liberavit eam à perditione*, vers. 4, manifestè pertinet ad illum aliquot dierum, aut mensium metum; quo Ptolemæus Philopator Ægypti rex, deditâ Jerosolymâ, templi adytum contra vetitum legis aditurus, Simonis pontificis precibus repentè mutatus, non modò à proposito destitisse, verùm etiam Judæis posteà benefecisse memoratur, ut ad hunc locum dicemus : verbaque ipsa indicant, gentem non tam vexatam, quàm statim liberatam fuisse. Quare Ecclesiasticus nullas posteà turbas refert, ac levissimus motus altam in quietem desiit; quo fit, ut Simonis quoque secundi viginti anni (tot enim in pontificatu egisse memoratur) pars sit vel optima illius beatæ pacis, quam Prophetæ cecinerint.

X. — Oniâ III, Simonis II filio, pontifice, pax primùm; deindè vexatio à Seleuco; tùm vel maximè ab Antiocho Epiphane.

Quin etiam vigebat illa pax, sub Oniâ III, Simonis hujus filio, cujus fausta initia memorantur his verbis : *Cùm sancta civitas habitaretur in omni pace : leges etiam adhuc optimè custodirentur, propter Oniæ pontificis pietatem;... fiebat ut et ipsi reges et principes locum summo honore dignum ducerent... ita ut Seleucus* (Philopator, Antiochi Magni filius, Antiochi Epiphanis pater) *de redditibus suis præstaret omnes sumptus ad ministerium sacrificiorum pertinentes* (II Mach., III, 1, 2, 3). Cujus regis tempore sollicitari cœpit Oniæ et Judæorum quies, misso Heliodoro, qui depositas in templo pecunias diriperet, sacri loci majestate spretâ (*ibidem*, 8 et seq.), quo ex initio pessum omnia ire, cædes perpetrari, omnimodis calumniis appeti sanctus pontifex, demùm ab Antiocho Epiphane pelli sacerdotio, ac suffecto impio Jasone, et post triennium magis impio Menelao, pollui sacerdotium, gentiles ritus induci, lex ipsa subverti, optimus pontifex per proditionem cædi (II *Mach.*, IV, 1, 2, 3, 7, 23, 33) : ex quo ea consecuta sunt, quæ Mathathiam, ejusque liberos Judam Machabæum, Jonathan et Simonem ad pia bella moverint.

Omninò in arcanis erat Judaicæ gentis, per antiqua Prophetarum, Danielis verò maximè, oracula reseratis, ut à Seleucidarum gente quæ se diis æquiparaverat, atque ab Antiocho Epiphane, gravis illa persecutio oriretur : cujus initia ante Oniæ III necem, cùm Jesus noster cerneret, atque omnia in pejus ruitura facilè provideret, has effudit preces; eaque memoravit ac scripsit, quæ infandis temporibus congruisse vidimus, suoque loco clariùs ostendemus.

XI. — Sub Antiocho scriptus liber, in ipsis persecutionis initiis, Oniâ adhuc superstite.

Et pronum quidem esset, hujus scripti ætatem ad ipsa Machabaica tempora revocare, quibus vexatio graviùs insurgebat : verùm illud obstitit, quòd si pius scriptor post Oniæ III necem opus edidisset, cùm anteactæ ætatis illustres laudaret viros, neque hujus Oniæ parentem Simon præterisset, nullo modo prætermissurus videretur tantùm pontificem, *provisorem civitatis, defensorem gentis, æmulatorem legis,* quin etiam mortuum, exoratorem plebis, Judæque adjutorem, omni deniquè virtute commendatissimum, qualis iste Onias in Machabaicâ historiâ describitur (II *Mach.,* iv, 2; xv, 14) : cujus quidem silentii cùm nullam idoneam causam à nobis inveniri potuisse fateamur, Ecclesiastici scriptionem, primùm ad Oniæ III tempora conferimus, tùm in eos annos incidisse arbitramur, qui ab ipso persecutionis initio usque ad illius pontificis necem effluxerint; hoc est, secundùm Usserianas rationes, ad annum ante æram christianam circiter centesimum septuagesimum primum; ab Urbe conditâ ferè quingentesimum secundum octuagesimum.

XII. — De Oniâ III, objectio ex Josepho; ex libris Machabaicis atque ipso Josepho soluta.

Nec me fugit à Josepho scriptum (*Originum* xii, 6) Jasonem Oniæ III fratri mortuo successisse : quod cum nostris rationibus non convenit; sed sacræ historiæ Machabaicæ potior auctoritas, in quâ libro II, cap. ιv, vers. 7, 34, Jasonem Oniæ viventi substitutum, sanctumque pontificem aliquantò post tempore Menelai proditione è vivis sublatum esse scribitur; cui narrationi idem Josephus parùm sibi consentiens, libro *de Machabœis* (cap. III et IV) subscripserit.

Stet ergo firma hujus libri ætas sub Oniâ III, postquàm ab altissimâ pace in diram vexationem sub Antiocho Epiphane, res Judaicas deductas esse constat.

### XIII. — De tempore interpretationis græcæ.

Ac de libri quidem compositione hæc comperimus; de nepotis interpretatione, ipse in Prologo prodidit eam esse in Ægypto factam, octavo et trigesimo anno Ptolemæi regis Evergetis; quod multos fefellit : certum autem est duos fuisse Evergetas, horum postremum Ptolemæum Physconem, cujus etiam nomine nummi cusi reperiantur addito Evergetæ titulo; atque hujus duo initia ; alterum proprium, quo regnare solus cœperit ; alterum commune cum fratre Philometore; cujus quidem regni cum fratre initi anno octavo et trigesimo, ante Christum centesimo trigesimo secundo, Jesu Siracidæ nepos suam interpretationem ediderit, Joanne Hyrcano Simonis Machabæi filio pontifice.

Et libri quidem auctor posteaquàm, ut fit persecutionum tempore, varias provincias oberravit, quod ipse testatur XXXIV, 12, in Ægypto consedisse, ubi Judæi mitioribus regibus uterentur, atque ibi obiisse videtur, egregio libro ibidem relicto, quem parùm vulgo notum, ut in eâ regione, ubi inter Judæos quoque græca eloquentia obtineret, hebraica obsolesceret, longo tandem post tempore nepos reperit; quo quidem ex tempore *Ecclesiasticus*, sive *Sapientia Jesu filii Sirach*, eodem nepote interpretante græcè innotuit : hebraicus textus magis magisque obsolevit ac tandem amissus est.

### XIV. — De auctore et interprete S. Epiphanii et S. Joannis Damasceni loci.

De hoc autem libro, deque ejus interpretatione, ac *de Salomonis Sapientiâ*, sanctus Epiphanius *De pond. et mens.*, n. 4, eumque secutus Joannes Damascenus, *De fide orthodoxâ*, cap. iv, 18, perturbatè scripserunt; ex quibus inferas, et avum et nepotem utrosque Jesu nomine appellatos, nepotemque etiam fuisse Sirach filium; quod multi secuti sunt : nos rem non tanti esse ducimus, ut de eâ litigare vacet : probare certè non possumus, id quod nonnullis placuit, librum nepotis interpretis potiùs quàm avi scriptoris nomine prænotatum fuisse.

XV. — De latinâ interpretatione.

Latinæ interpretationis auctorem ignoramus. Cùm enim S. Hieronymus, neque *Sapientiam*, neque *Ecclesiasticum* verterit, horum librorum interpretatio apud Vulgatam nostram obtinuit ea, quæ in vulgus, sanctorum quoque Hieronymi et Augustini tempore ferebatur; cujus rei argumentum est, quòd idem Augustinus speculum ex utrâque compegerit; neque eas, alios magis quam tantæ antiquitatis titulo, commendatas volumus. Cæterùm nec illud tacendum, *Ecclesiastici* aliam tunc quoque extitisse versionem, hodierno græco convenientiorem, quâ et alii latini Patres, et ipse etiam Augustinus utatur.

Certè latina nostra interpretatio multùm ab hodierno græco discrepat, atque omninò necesse est alium interpreti lectum esse græcum codicem, ac eum quem nunc habemus. Hodiernum planiorem, simpliciorem, breviorem, atque ideò sententiis aptiorem esse, nemo negaverit; multi tamen sunt loci, in quibus haud dubiè Vulgatæ nostræ lectio sanior atque ordinatior; quo etiam factum est, ut græca perturbata in ejusdem Vulgatæ ordinem redigenda putaremus : quin etiam græca quæ habemus variant, et inter se collata lucem sibi mutuò afferunt, ut notum est : atque harum rerum exempla suis locis meliùs annotanda nunc prætermittimus.

XVI. — Vulgatæ hîc additur versio ex Græco hodierno Sixti V jussu edita.

Vulgatæ nostræ versioni addimus eam, quam vir doctissimus, ac veterum latinarum græcarumque lectionum solertissimus indagator Flaminius Nobilius ex Græco Sixtino adornavit : eam sanè confitemur aliquot in locis clariorem, et græco textui magis congruam fieri potuisse : quominùs autem aliam ederemus, Sixtini decreti reverentia tenuit, cùm illo et Nobilii versio commendetur, et alia quævis quovis colore prohibeatur. Damus tamen in notis, quæ planiora esse credimus, haud parvo emolumento, nisi nos fallit animus, futura lectoribus.

XVII. — De libri instituto; et ut à Salomonicis Parabolis differat, et à libro Sapientiæ.

Nunc auctoris institutum facilè intelligemus : in eo enim est, ut antecessores qui de sapientiâ scripserant, imitatus, de universæ vitæ ratione promat sententias, intersertis inculcatisque iis, quæ ad temporum conditionem maximè pertinerent.

Et à Salomone quidem distat, quòd ille sententias inordinatè ferè, atque inartificiosè, nulloque nexu congerat; hic autem ad certa velut capita sæpiùs redigat, et ejusdem generis nectat : deniquè ad præcepta morum, majorum etiam exempla adjungat.

A Sapientiæ verò libro eatenùs differt, quòd is quidem fusiùs Græcorum in morem disserat; hujus autem pressiùs, ac Salomonico magis ritu modoque currant sententiæ. Ac *Sapientiæ* sanè liber, in summâ, ut videtur, pace conscriptus Alexandriæ, nullâ turbarum mentione, id agit ut sanctam quidem gentem inter ethnicos versantem ab idololatriâ, Ægyptios autem aliosque gentiles, nec populos tantùm, verùm etiam reges à vexando populo Dei, priscorum Ægyptiorum exemplo, deterreat : *Ecclesiasticus* verò jam gravi persecutione incumbente, ac gentilium ritibus invalescentibus, pollutoque, ut diximus, sacerdotio, calamitatem deprecetur, legitimosque ritus, ac sacerdotii jura commendet (XXXVI, 19; XLV, 30, 31 ; L, 12 et seqq.)

XVIII. — Distributio operis.

Opus tres in partes divisum videtur. Prima et secunda eæ sint cap. 1 et XXIV, in quibus pro more sapientum Hebræorum, de sapientiâ multa præfatus, huic præfationi connectit omnimodas sententias : quibus duabus partibus æquâ propemodùm distributione distinctis, accedit tertia à cap. XLII, vers. 15, in quâ exorsus à Dei laudibus, atque in virorum illustrium commendationem effusus, piam in orationem, sanctamque adhortationem desinit.

XIX. — De canonicâ et antiquâ libri auctoritate ad disceptandas fidei quæstiones.

De libri auctoritate, in præfatione *ad Sapientiam*, quod ad institutum nostrum attinet, satis superque diximus. Et Græci quidem aliqui, puta Epiphanius, quique eum exscripsit Joannes Damascenus, locis suprà citatis, aiunt *Sapientiam Salomonis* et *Jesu filii Sirach libros* quidem esse utiles, non tamen accenseri solere Scripturis, quas in arcâ Testamenti repositas putabant. At idem Epiphanius, *hæresi* 76, quæ est Anomæorum, exprobrat Aetio, si Spiritu sancto esset genitus, id acturum fuisse, ut sacris codicibus Veteris Testamenti usque ad Estheris tempora, ac Novi Testamenti libris, item Sapientiis cùm Salomonis, tùm Jesu filii Sirach pervolutis, se ipsum (ut novæ sectæ conditorem) condemnaret; quo nihil clarius, ut probetur hos etiam libros æquè ac alios, non eodem licet ordine, inter propheticas Scripturas recensitos : quippe qui ad hæreses profligandas pariter cum cæteris advocentur. Hùc accedit Origenes, qui *Sapientiam Jesu Siracidæ* pari cum aliis Scripturis, etiam Salomonicis, auctoritatis commendatione proferat : initio lib. VI *Contra Celsum,* n. 7, cujus generis innumerabilia testimonia extare in confesso est. In occidente verò vidimus Augustini locum ex *Ecclesiastico* æque ac ex *Pentateucho* liberum arbitrium, aliaque fidei dogmata asserentis. (Præf. *in Sap.*) Ac ne Africanam tantùm Ecclesiam laudare videamur, hunc secutus è Gallis nostris Prosper urget Collatorem adhibitis Ecclesiastici testimoniis (*cont. Collat.*,n. 40, et alibi passim, nunc cap. XIII, n. 4) ; quin ipse Collator in Galliis quidem agens, sed tamen Græcorum magis imbutus sententiis, haud minùs quàm cæteras Scripturas, eumdem librum laudat (*Coll.*, XIII, cap. XII). Cùm autem ibidem librum *Pastoris* attulisset, respondet Prosper : « illud nullius auctoritatis testimonium, » paria dicturus de *Ecclesiastico*, nisi hunc et canonicum et ab apocrypho secernendum duceret. Sic autem videmus utrâque ex parte laudatum ad affirmandam fidem, et ab orthodoxis et ab adversariis : quod quidem ab antiquâ traditione manaverat. Cui enim non notus ille

*Ecclesiastici* locus, quem tantoperè S. Cyprianus ejusque synodus septem et octoginta episcoporum in causâ rebaptizationis, et quidem sub nomine Salomonis urgebant : *Qui baptizatur à mortuo, quid proficit lavatio ejus ?* (Eccli., xxxiv, 30; Conc. Carth. sub. Cypr. 27). Neque catholicæ sententiæ defensores detrectabant auctoritatem, cùm huic loco S. Augustinus studiosissimè responderet (lib. VI *De baptism.* 34, n. 66, etc.) ; adeò solemne erat adhibere hunc librum in asserendis fidei dogmatibus.

XX. — Cur Salomonis sit dictus : Isidori Hispalensis locus.

Cur autem Salomonis diceretur, Isidorus Hispalensis exponit his verbis : *Ecclesiasticus* morum penè omnium disciplinam, et sanctæ religionis conversationem affatim copiosèque describit. Dictus est autem *Ecclesiasticus*, pro eo quòd in medio coetu populi, id est, coràm ecclesiâ fuerit habitus : hic enim propter nimiam sensùs similitudinem, et eloquii parilitatem, Salomonis titulo prænotatur. Constat autem hunc librum à Jesu filio Sirach editum fuisse et inter reliquos sanctarum Scripturarum libros pari habitum veneratione (lib. *Proœm.*)

XXI. — Ipse auctor prophetici instinctûs sibi conscius.

Quin ipse Siracides prophetici spiritûs et instinctûs sibi conscius, hæc dicebat : *Ut furore enim repletus sum. In voce dicit : Obaudite me, divini fructus* (sancta fidelium soboles) : xxxix, 16, 17, cujus rei gratiâ addit : *doctrinam sapientiæ et disciplinæ scripsit in codice isto Jesus filius Sirach :... beatus qui in istis versatur bonis* (L, 29, 30). Neque Salomon, aut quivis alius divino Spiritu afflatus, majorem sibi conciliant auctoritatem quàm hic auctor passim ; atque ita omninò sua prædicat, ut solent ii qui se numine actos, nec se ipsos loqui, sed in se Deum sentiunt.

# LIBER
# ECCLESIASTICI

| SAPIENTIA SIRACH. | ECCLESIASTICUS. JESU FILII SIRACH. |

## PROLOGUS.

**SIXTINA VERSIO.**

Cùm multa nobis et magna per legem, et prophetas, et alios qui illos secuti sunt, data sint, pro quibus oportet laudare Israel, doctrinæ et sapientiæ causâ, cùmque eos, qui legunt, non solùm ipsos oporteat fieri scientes, sed etiam extraneis studio disciplinæ ductos posse et dicendo et scribendo prodesse : avus meus Jesus, postquàm ampliùs se dedit ad diligentiam lectionis legis, et prophetarum, et aliorum librorum, qui nobis à parentibus nostris traditi sunt, atque in his eum qui satis esse posset, habitum sibi comparasset, voluit et ipse scribere aliquid eorum quæ ad doctrinam et sapientiam pertinent, ut desiderantes discere, etiam horum participes facti, multò magis

## PROLOGUS.

**VERSIO VULGATA.**

Multorum nobis [1] et magnorum, per legem et prophetas, aliosque qui secuti sunt illos, sapientia demonstrata est, in quibus oportet laudare Israel doctrinæ et sapientiæ causâ; quia non solùm ipsos loquentes [2] necesse est esse peritos, sed etiam extraneos [3] posse et dicentes et scribentes doctissimos fieri. Avus meus Jesus, postquàm se ampliùs dedit ad diligentiam lectionis legis, et prophetarum, et aliorum librorum, qui nobis à parentibus nostris traditi sunt, voluit et ipse scribere aliquid horum, quæ ad doctrinam et sapientiam pertinent, ut desiderantes discere, et illorum periti facti, magis magisque attendant animo, et confirmentur ad legitimam vitam [4].

[1] *Multorum nobis* : vide Græc.
[2] *Non solùm ipsos loquentes* : docentes sive voce, sive scripto.
[3] *Extraneos* : ab Israeliticâ republicâ, sive à sapientiæ studiis, necesse est sapientum dicta recolentes, et ipsos in dicendo et scribendo doctiores fieri.
[4] *Ad legitimam vitam* : ex legis placitis componendam.

proficiant per vitam legitimam. Hortor itaque venire vos cum benevolentiâ, et attentiori studio lectionem facere, et veniam habere in illis, in quibus videbimur in nonnullis ad interpretandi rationem elaboratis dictionibus deficere. Non enim eamdem vim habent hæc in seipsis hebraicè dicta, atque ad alteram translata linguam. Non solùm autem hæc, sed et ipsa lex et prophetiæ, et cæteri libri non parvam habent differentiam, quandò inter se dicuntur. Nam in octavo et trigesimo anno temporibus Ptolemœi Evergetis regis, postquàm perveni in Ægyptum, et cùm multum temporis ibi fuissem, inveni exemplar non parvæ doctrinæ. Maximè necessarium putavi ipse aliquam adhibere diligentiam et laborem interpretandi librum istum : multam enim vigiliam, et doctrinam attuli in spatio temporis ad hoc, ut ad finem ducens istum librum, ederem etiam iis qui in parœciâ volunt discere præparati moribus ad vivendum in lege.

Hortor itaque venire vos cum benevolentiâ, et attentiori studio lectionem facere, et veniam habere[5] in illis, in quibus videmur, sequentes imaginem sapientiæ [6], deficere in verborum compositione. Nam deficiunt verba hebraica [7], quandò fuerint translata ad alteram linguam. Non autem solùm hæc, sed et ipsa lex et prophetæ[8], cæteraque aliorum librorum, non parvam habent differentiam [9], quandò inter se dicuntur. Nam in octavo et trigesimo anno temporibus Ptolemæi Evergetis [10] regis, postquàm perveni in Ægyptum, et cùm multum temporis ibi fuissem, inveni ibi libros relictos, non parvæ neque contemnendæ doctrinæ. Itaque bonum et necessarium putavi et ipse aliquam addere diligentiam et laborem interpretandi librum istum; et multâ vigiliâ attuli doctrinam [11] in spatio temporis, ad illa quæ [12] ad finem ducunt, librum istum dare, et illis qui volunt [13] animum intendere et discere quemadmodùm oporteat instituere mores, qui secundùm legem Domini proposuerint vitam agere.

[5] *Veniam habere :* dare.
[6] *Sequentes imaginem sapientiæ :* Græc. deest. Sensus est, sententiis inhærentem, in verborum compositione nonnunquàm defecisse.
[7] *Deficiunt verba hebraica :* non eamdem vim habent.
[8] *Ipsa lex et prophetæ.* Hæc indicant non modò legem, verùm etiam prophetas, aliosque sacros libros jam in græcum versos : ac de lege quidem constat, cùm Septuag. interpretes longè anteà prodiissent Eleazaro pontifice, Ptolemæo Philadelpho rege.
[9] *Non parvam.. quandò inter se dicuntur :* conferuntur.
[10] *Ptolemœi Evergetis.* Vide præf. num. XIII.
[11] *Multâ vigiliâ attuli doctrinam :* Græc. *multam vigiliam et doctrinam attuli*.
[12] *Ad illa quæ :* Græc. *ad hoc ut ad finem ducens,* etc.
[13] *Et illis qui volunt :* Græc. interserit. *Iis qui in parœciâ,* in vicinis locis : meliùs, in peregrinatione : Judæis in exteras regiones longè latèque dispersis ac sæpè peregrinantibus; quemadmodùm ipse auctor XXXIV, 12; LI, 18. Hunc ergo librum peregrè agentibus comparabat, ne à patriis legitimisque ritibus ad gentium mores deficerent.

## CAPUT PRIMUM.

**Adhortatio ad sapientiam : ejus dignitas : cum Dei timore conjungitur.**

| SIXTINA VERSIO. | VERSIO VULGATA. |
|---|---|
| Omnis sapientia à Domino est, et cum illo est in ævum. | 1. Omnis sapientia à Domino Deo est, et cum illo fuit semper, et est ante ævum. |
| Arenam maris et pluviæ guttas, et dies sæculi quis dinumerabit? Altitudinem cœli et latitudinem terræ, et abyssum, | 2. Arenam maris, et pluviæ guttas, et dies sæculi quis dinumeravit? Altitudinem cœli, et latitudinem terræ, et profundum abyssi quis dimensus est? |
| Et sapientiam quis investigabit? | 3. Sapientiam Dei præcedentem omnia quis investigavit? |
| Prior omnium creata est sapientia, et intellectus prudentiæ ab ævo. | 4. Prior omnium creata est sapientia, et intellectus prudentiæ ab ævo. |
| | 5. Fons sapientiæ verbum Dei in excelsis : et ingressus illius mandata æterna. |
| Radix sapientiæ, cui revelata est? et astutias illius quis agnovit? | 6. Radix sapientiæ cui revelata est, et astutias illius quis agnovit? |
| | 7. Disciplina sapientiæ cui revelata est et manifestata? et multiplicationem ingressûs illius quis intellexit? |
| Unus est sapiens metuendus nimis, sedens super thronum suum. | 8. Unus est altissimus Creator omnipotens, et Rex potens, et metuendus nimis, sedens super thronum illius et dominans Deus. |
| Dominus ipse creavit eam, et | 9. Ipse creavit illam in Spiritu |

1. *Ante ævum :* ante omnia sæcula : Græc. *in ævum,* in æternum.
2, 3. *Altitudinem cœli... sapientiam Dei :* Græc. *Altitudinem cœli, et latitudinem terræ, et abyssum, et sapientiam quis investigabit?* hoc est, sapientia tam est impenetrabilis, quàm ista tria.
4. *Creata est :* ἐϰτίσται, genita est, constituta est, ordinata est, et omnibus Dei operibus præposita est sapientia; hæc enim omnia, græca vox sonat, ut notant Athanasius, Eusebius, et alii passim. Veritas autem hebraica in *Proverbiis,* undè ista deducta sunt, clarè habet generationem, ut notavimus, *Prov.,* VIII, 22, sive, creata est in hominum cordibus, et effusa super omnia opera Dei : infrà, 10.
5. *Verbum Dei :* verbum illud, illa Sapientia apud Deum, origo est sapientiæ in nos derivatæ. *Ingressus illius :* viæ : consilia : opera. Deest in multis codicibus græcis.
6. *Astutias illius :* varia et arcana consilia.
8. *Unus est :* addit Græc. *sapiens. Super thronum illius :* Græc. *suum.*
9. *In Spiritu sancto :* per creatorem illum spiritum, quo mundum cor, veraque

sancto, et vidit, et dinumeravit, et mensus est.

10. Et effudit illam super omnia opera sua, et super omnem carnem secundùm datum suum, et præbuit illam diligentibus se.

11. Timor Domini gloria, et gloriatio, et lætitia, et corona exultationis.

12. Timor Domini delectabit cor, et dabit lætitiam, et gaudium, et longitudinem dierum.

13. Timenti Dominum benè erit in extremis, et in die defunctionis suæ benedicetur.

14. Dilectio Dei honorabilis sapientia.

15. Quibus autem apparuerit in visu, diligunt eam in visione, et in agnitione magnalium suorum.

16. Initium sapientiæ, timor Domini, et cum fidelibus in vulvâ concreatus est, cum electis fœminis graditur, et cum justis et fidelibus agnoscitur.

17. Timor Domini, scientiæ religiositas.

18. Religiositas custodiet et justificabit cor : jucunditatem atque gaudium dabit.

19. Timenti Dominum benè erit, et in diebus consummationis illius benedicetur.

vidit, et dinumeravit eam,

Et effudit illam super omnia opera sua, cum omni carne secundùm datum suum et præbuit illam diligentibus se.

Timor Domini, gloria, et gloriatio, et lætitia, et corona exultationis.

Timor Domini delectabit cor, et dabit lætitiam et gaudium, et longitudinem dierum.

Timenti Dominum bene erit in extremis, et in die defunctionis suæ inveniet gratiam.

Initium sapientiæ, timere Deum, et cum fidelibus in vulvâ concreatum est eis; et cum hominibus fundamentum sæculi nidificavit, et cum semine eorum concredetur.

---

sapientia creatur in nobis. *Et dinumeravit :* novit omnia, quæ Sapientia, numero, mensurâ, pondere disposuit. *Sap.*, XI, 21.

10. *Effudit illam :* quòd in omnibus Dei operibus ars opificis elucescat. *Secundùm datum suum :* secundùm voluntatem ac mensuram suam. I *Cor.*, XII, 11; *Ephes.*, IV, 7. Quisque habet quantùm dederit.

13. *In die defunctionis :* mortis, cujus vocis alteram interpretationem habes 19.

15. *Quibus apparuerit in visu :* ut Salomoni, III *Reg.*, III, 5, *diligunt eam :* idem Salomon per somnum, sapientiam bonis omnibus anteponens, ejus magnifica dona suscepit. *Ibid.*, 11 et seqq.

16. *Cum electis fœminis :* cujus loco Græc. *Cum hominibus fundamentum sæculi* ( vitæ humanæ sustentaculum, virtutem ipsam scilicet ) *nidificavit :* ( quasi exclusis ovis peperit ). Quibus ostendit, ab ipsâ infantiâ insitam cum timore Domini sapientiam.

# CAPUT I.

Plenitudo sapientiæ, timere Dominum : et inebriat eos de fructibus ejus.

Omnem domum illius implebit desideriis, et receptacula de generationibus ejus.

Corona sapientiæ, timor Domini, germinans pacem, et sanitatem incolumitatis : et vidit, et dinumeravit eam.

Scientiam, et cognitionem intellectûs effudit, et gloriam tenentium ipsam exaltavit.

Radix sapientiæ est timere Dominum, et rami ejus longævitas.

Non poterit ira injusta justificari : impetus enim iræ ejus subversio est ejus.

Usque in tempus sustinebit patiens : et posteà reddetur ei jucunditas.

Usque in tempus abscondet verba sua, et labia fidelium enarrabunt sensum ejus.

In thesauris sapientiæ, parabola scientiæ : execratio autem

20. Plenitudo sapientiæ est timere Deum, et plenitudo à fructibus illius.

21. Omnem domum illius implebit à generationibus, et receptacula à thesauris illius.

22. Corona sapientiæ, timor Domini, replens pacem, et salutis fructum :

23. Et vidit, et dinumeravit eam : utraque autem sunt dona Dei.

24. Scientiam, et intellectum prudentiæ sapientia compartietur : et gloriam tenentium se, exaltat.

25. Radix sapientiæ est timere Dominum : et rami illius longævi.

26. In thesauris sapientiæ intellectus, et scientiæ religiositas : execratio autem peccatoribus sapientia.

27. Timor Domini expellit peccatum.

28. Nam qui sine timore est, non poterit justificari : iracundia enim animositatis illius subversio illius est.

29. Usque in tempus sustinebit patiens : et posteà redditio jucunditatis.

30. Bonus sensus usque in tempus abscondet verba illius, et labia multorum enarrabunt sensum illius.

31. In thesauris sapientiæ significatio disciplinæ :

20. *Plenitudo à fructibus :* ex fructibus.
21. *Implebit à generationibus :* implebit fructibus, sive proventibus. Præpositio redundat, ut in hâc interpretatione passim : quod semel notandum : Græc. *implebit desideriis*, hoc est, cupitis bonis : *receptacula :* cellas, horrea.
22. *Replens pacem :* Græc. *germinans. Salutis :* sive incolumitatis : *fructum.*
23. *Et vidit, et dinumeravit eam :* pacem et incolumitatem suo numero ac mensurâ tribuit.
24. *Compartietur :* disperiet : Græc. *effudit,* impluit. *Tenentium se :* Græc. *tenentium ipsam.*
25. *Rami illius longævi :* Græc. *longævitas,* longitudo dierum.
28. *Qui sine timore est.* Vide Græc. *Iracundia animositatis :* Vide Græc.
30. *Verba illius :* Græc. *sua :* de toto versu vide Græc. Sensus est : Hominis taciti atque ipso silentio venerandi, multi ultrò sensa laudabunt; quo fit, ut defensione sive excusatione non egeat.
31. *Significatio disciplinæ :* ex eo thesauro erumpunt sententiæ : sive ut habet Græc. *parabola erudita.* Vide 26, 27.

## ECCLESIASTICUS.

32. Execratio autem peccatori, cultura Dei.

33. Fili, concupiscens sapientiam, conserva justitiam, et Deus præbebit illam tibi.

34. Sapientia enim et disciplina timor Domini, et quod beneplacitum est illi.

35. Fides et mansuetudo, et adimplebit thesauros illius.

36. Ne sis incredibilis timori Domini : et ne accesseris ad illum duplici corde.

37. Ne fueris hypocrita in conspectu hominum, et non scandalizeris in labiis tuis.

38. Attende in illis, ne forte cadas, et adducas animæ tuæ inhonorationem,

39. Et revelet Deus absconsa tua, et in medio synagogæ elidat te :

40. Quoniam accessisti malignè ad Dominum; et cor tuum plenum est dolo et fallaciâ.

---

peccatori, cultura Dei.

Concupisti sapientiam? serva mandata; et Dominus præbebit tibi eam.

Sapientia enim et disciplina, timor Domini, et quod beneplacitum est illi, fides et mansuetudo.

Non sis incredibilis timori Domini; et ne accesseris ad eum duplici corde.

Ne fueris hypocrita in conspectu hominum; et in labia tua intende.

Non exaltes te ipsum, ne cadas, et adducas animæ tuæ inhonorationem.

Et revelabit Dominus absconsa tua, et in medio synagogæ elidet te.

Quoniam non accessisti ad timorem Domini, et cor tuum plenum est dolo.

---

36. *Incredibilis :* incredulus.
37. *Non scandalizeris :* ne verbis tuis capiare. Vide Græc.
39. *Revelet Deus absconsa tua :* occulta flagitia tua. Jer., XIII ; Ezech., XXIII. *In medio synagogæ :* publicè.

---

## CAPUT II.

Patientia : tentatio sive probatio ; timor Dei : fiducia : duplici corde : duabus viis ingredi : incidere in manus Dei.

### VERSIO VULGATA.

1. Fili, accedens ad servitutem Dei, sta in justitiâ et timore, et præpara animam tuam ad tentationem.

2. Deprime cor tuum, et sustine :

### SIXTINA VERSIO.

Fili, accedens ad servitutem Domini Dei, præpara animam tuam ad tentationem.

Dirige cor tuum, et sustine : et

---

1. *Ad tentationem :* eam, quæ versatur in doloribus et cruciatibus perferendis, de quâ Rom., V, 3, 4, 5.
2. *Ne festines :* ne præcipite et impatiente sis animo : *In tempore obductionis.* Græc. insultûs, impetûs, illatæ calamitatis ; oppressionis, ut Vulgat. vertit XL, 9.

## CAPUT II.

ne festines in tempore obductionis.

Conjungere ei, et ne recedas; ut crescas in novissimis tuis.

Omne, quod tibi applicitum fuerit, accipe, et in humilitate tuâ patientiam habe :

Quoniam in igne probatur aurum, homines verò receptibiles in camino humiliationis.

Crede ei, et recuperabit te : dirige vias tuas, et spera in illum.

Metuentes Dominum, sustinete misericordiam ejus, et non deflectatis, ne cadatis.

Qui timetis Dominum, credite illi : et non cadet merces vestra.

Qui timetis Dominum, sperate in bona, et in lætitiam sæculi, et misericordiæ.

Respicite in antiquas nationes, et videte : quis confidit in Domino, et confusus est?

Aut quis permansit in timore ejus, et derelictus est? aut quis invocavit illum et despexit eum?

Quoniam pius et misericors est Dominus, et remittit peccata, et salvat in tempore tribulationis.

Væ cordibus timidis, et mani-

inclina aurem tuam, et suscipe verba intellectûs : et ne festines in tempore obductionis.

3. Sustine sustentationes Dei : conjungere Deo, et sustine, ut crescat in novissimo vita tua.

4. Omne, quod tibi applicitum fuerit, accipe : et in dolore sustine, et in humilitate tuâ patientiam habe :

5. Quoniam in igne probatur aurum et argentum; homines verò receptibiles in camino humiliationis.

6. Crede Deo, et recuperabit te : et dirige viam tuam, et spera in illum. Serva timorem illius, et in illo veterasce.

7. Metuentes Dominum, sustinete misericordiam ejus : et non deflectatis ab illo, ne cadatis.

8. Qui timetis Dominum, credite illi : et non evacuabitur merces vestra.

9. Qui timetis Dominum, sperate in illum : et in oblectationem veniet vobis misericordia.

10. Qui timetis Dominum, diligite illum, et illuminabuntur corda vestra.

11. Respicite, filii, nationes hominum : et scitote quia nullus speravit in Domino, et confusus est.

12. Quis enim permansit in mandatis ejus, et derelictus est? aut quis invocavit eum, et despexit illum?

13. Quoniam pius et misericors est Deus, et remittet in die tribulationis peccata : et protector est omnibus exquirentibus se in veritate.

14. Væ duplici corde, et labiis sce-

---

3. *Sustentationes Dei:* tribulationes ab ipso immissas. *Ut crescat* : ut seni tibi prorogentur dies.
4. *Omne, quod applicitum fuerit* ; casus omnes secundos et adversos. *In humilitate* : dejectione ; cùm in terram fueris deturbatus.
6. *In illo veterasce* : senesce in timore ejus.
11. *Nationes hominum* : Græc. *antiquas generationes.*
14. *Væ duplici corde* : hypocritis, dissimulatoribus, levibus ingeniis, nec sibi satis constantibus.

lestis, et manibus malefacientibus, et peccatori terram ingredienti duabus viis.

15. Væ dissolutis corde qui non credunt Deo : et ideò non protegentur ab eo.

16. Væ his, qui perdiderunt sustinentiam, et qui dereliquerunt vias rectas, et diverterunt in vias pravas.

17. Et quid facient? cùm inspicere cœperit Dominus?

18. Qui timent Dominum, non erunt incredibiles verbo illius : et qui diligunt illum, conservabunt viam illius.

19. Qui timent Dominum, inquirent quæ beneplacita sunt ei : et qui diligunt eum, replebuntur lege ipsius.

20. Qui timent Dominum, præparabunt corda sua, et in conspectu illius sanctificabunt animas suas.

21. Qui timent Dominum, custodiunt mandata illius : et patientiam habebunt usque ad inspectionem illius,

22. Dicentes : Si pœnitentiam non egerimus, incidemus in manus Domini, et non in manus hominum.

23. Secundùm enim magnitudinem ipsius, sic et misericordia illius cum ipso est.

bus dissolutis, et peccatori ingredienti duabus viis.

Væ dissoluto cordi : quia non credit; ideò non protegetur.

Væ vobis, qui perdidistis sustinentiam : et quid facietis, cùm inspicere cœperit Dominus?

Qui timent Dominum, non erunt incredibiles verbis illius : et qui diligunt illum, conservabunt vias ejus.

Qui timent Dominum, inquirent quæ beneplacita sunt ei : et qui diligunt illum, replebuntur lege.

Qui timent Dominum, præparabunt corda sua, et in conspectu illius humiliabunt animas suas.

Incidamus in manus Domini, et non in manus hominum.

Secundùm enim magnitudinem ipsius, et sic misericordia illius.

16. *Sustinentiam* : patientiam.
18. *Incredibiles* : increduli, ut jam dictum.
19. *Replebuntur lege* : cognitione et amore legis.

## CAPUT III.

De parentum reverentia, 2 usque ad 19; mites: magni se humilient: compressa curiositas, 22 ad 27; cor durum et immisericors: qui amat periculum, 27; peccata peccatis addita, 29; superbis Deus implacabilis: vera sapientia abstinere à peccato: eleemosyna ac beneficentia, 33, 34; *et cap. seq.*

| VERSIO SIXTINA. | VERSIO VULGATA. |
|---|---|
|  | 1. Filii sapientiæ, ecclesia justorum; et natio illorum, obedientia, et dilectio. |
| Me patrem audite, filii, et sic facite, ut salvi sitis. | 2. Judicium patris audite, filii : et sic facite, ut salvi sitis. |
| Dominus enim honoravit patrem in filiis, et judicium matris firmavit in filios. | 3. Deus enim honoravit patrem in filiis, et judicium matris exquirens, firmavit in filios. |
| Qui honorat patrem, exorabit pro peccatis : | 4. Qui diligit Deum, exorabit pro peccatis, et continebit se ab illis, et in oratione dierum exaudietur. |
| Et sicut qui thesaurizat, ita qui honorificat matrem suam. | 5. Et sicut qui thesaurizat, ita et qui honorificat matrem suam. |
| Qui honorat patrem, jucundabitur à filiis, et in die orationis suæ exaudietur. | 6. Qui honorat patrem suum, jucundabitur in filiis, et in die orationis suæ exaudietur. |
| Qui honorificat patrem, vitâ vivet longiore, et qui obedit Domino, refrigerabit matrem suam, et quasi dominis serviet his, qui se genuerunt. | 7. Qui honorat patrem suum, vitâ vivet longiore : et qui obedit patri, refrigerabit matrem. |
|  | 8. Qui timet Dominum, honorat parentes, et quasi dominis serviet his, qui se genuerunt. |
| In opere et sermone honora patrem tuum. | 9. In opere et sermone et omni patientiâ honora patrem tuum, |
| Ut superveniat tibi benedictio ab eo. | 10. Ut superveniat tibi benedictio ab eo, et benedictio illius in novissimo maneat. |
| Benedictio enim patris firmat domos filiorum : maledictio autem matris eradicat fundamenta. | 11. Benedictio patris firmat domos filiorum : maledictio autem matris eradicat fundamenta. |
| Ne glorieris in contumeliâ patris tui : non est enim tibi gloria, patris confusio. | 12. Ne glorieris in contumeliâ patris tui : non enim est tibi gloria, ejus confusio. |

1. *Natio illorum :* generatio, fructus.
2. *Judicium patris :* jus patrium : Græc. *me patrem audite, filii ;* velut Dei nomine : ut à vero patre discatis quid debeatis parentibus : quod exequitur usque ad vers. 19. Græc. variat, vers. 3, 4, 13, 16, 18.

13. Gloria enim hominis ex honore patris sui, et dedecus filii pater sine honore.

14. Fili, suscipe senectam patris tui, et non contristes eum in vitâ illius :

15. Et si defecerit sensu, veniam da, et ne spernas eum in virtute tuâ : eleemosyna enim patris non erit in oblivione.

16. Nam pro peccato matris restituetur tibi bonum,

17. Et in justitiâ ædificabitur tibi, et in die tribulationis commemorabitur tui : et sicut in sereno glacies, solventur peccata tua.

18. Quàm malæ famæ est, qui derelinquit patrem! et est maledictus à Deo, qui exasperat matrem.

19. Fili, in mansuetudine opera tua perfice : et super hominum gloriam diligeris.

20. Quantò magnus es, humila te in omnibus : et coràm Deo invenies gratiam :

21. Quoniam magna potentia Dei solius, et ab humilibus honoratur.

22. Altiora te ne quæsieris, et fortiora te ne scrutatus fueris : sed quæ præcepit tibi Deus, illa cogita semper : et in pluribus operibus ejus ne fueris curiosus.

23. Non est enim tibi necessarium ea quæ abscondita sunt, videre oculis tuis.

24. In supervacuis rebus noli scrutari multipliciter : et in pluribus operibus ejus non eris curiosus.

25. Plurima enim super sensum hominum ostensa sunt tibi.

Gloria enim hominis ex honore patris sui, et dedecus filiis mater sine honore.

Fili, suscipe senectam patris tui, et non contristes eum in vitâ illius :

Et si defecerit sensu, veniam da : et non spernas eum in quâlibet virtute tuâ.

Eleemosyna enim patris non erit in oblivione : et pro peccatis, in justitiâ ædificabitur tibi.

In die tribulationis tuæ commemorabitur tui : sicut in sereno glacies, sic solventur tua peccata.

Tanquàm blasphemus est, qui dereliquit patrem, et est maledictus à Domino, qui exasperat matrem suam.

Fili, in mansuetudine opera tua perfice, et ab homine acceptabili diligeris.

Quantò major es, tantò magis te humila, et coràm Deo invenies gratiam.

Quoniam magna est potentia Domini, et ab humilibus honorificatur.

Difficiliora te ne quæsieris ; et fortiora te ne scrutatus fueris.

Quæ præcepta sunt tibi, hæc cogita : non est enim tibi opus absconditis.

In supervacuis operum tuorum ne fueris curiosus : plurima enim super sensum hominis ostensa sunt tibi.

---

16. *Pro peccato matris :* sive pro injuriâ quam à matre patienter tuleris.

17. *Ædificabitur tibi :* domus tua scilicet : res tuæ constabilientur.

20. *Quantò magnus es :* major.

24. *In supervacuis rebus :* Græc. *in supervacuis operum tuorum :* in illis operibus quæ sunt supervacua. Vulgata planior.

## CAPUT IV.

Multos enim implanavit suspicio ipsorum; et cogitatio mala labefecit sensus illorum.

Et qui amat periculum, in illud incidet : cor durum habebit malè in novissimis.

Cor durum gravabitur laboribus : et peccator adjiciet peccatum super peccata.

Obductioni superbi non est sanatio : frutex enim peccati radicavit in illo.

Cor sapientis cogitabit parabolam : et auris auditoris, desiderium sapientis.

Ignem ardentem extinguet aqua : et eleemosyna expiabit peccata.

Qui reddit gratias, commemoratur in posterum ; et in tempore casûs sui, inveniet firmamentum.

26. Multos quoque supplantavit suspicio illorum, et in vanitate detinuit sensus illorum.

27. Cor durum habebit malè in novissimo : et qui amat periculum, in illo peribit.

28. Cor ingrediens duas vias, non habebit successus, et pravus corde in illis scandalizabitur.

29. Cor nequam gravabitur in doloribus, et peccator adjiciet ad peccandum.

30. Synagogæ superborum non erit sanitas : frutex enim peccati radicabitur in illis, et non intelligetur.

31. Cor sapientis intelligitur in sapientiâ, et auris bona audiet cum omni concupiscentiâ sapientiam.

32. Sapiens cor et intelligibile abstinebit se à peccatis, et in operibus justitiæ successus habebit.

33. Ignem ardentem extinguit aqua, et eleemosyna resistit peccatis :

34. Et Deus prospector est ejus qui reddit gratiam : meminit ejus in posterum, et in tempore casûs sui, inveniet firmamentum.

26. *Multos quoque :* Græc. *multos enim* : quæ particulæ ad antecedentia referunt. *Supplantavit :* Græc. *implanavit,* decepit. *Suspicio illorum :* conjecturæ de rebus maximis.

28. *Scandalizabitur :* offendet, cadet.

30. *Synagogæ,* cœtui *superborum :* Græc. ἐπαγωγὴ, immissis superbo calamitatibus, ut supra, II, 2 ; quæ sunt immedicabiles, Deo implacabiliter ulciscente.

31. *Cor sapientis... in sapientiâ :* Græc. *cogitabit parabolam* · similitudines, quibus obvelata veritas, gratiùs et suaviùs posteà elucescat. *Auris bona :* Græc. *auris audientis votum* seu *desiderium sapientis :* sapiens cupit habere dociles auditores. Vide infrà, xxv, 12.

34. *Deus prospector est :* Græc. simpliciter : *qui reddit gratias* (sive beneficiorum memor) *memorabitur in posterum,* etc.

## CAPUT IV.

Sequitur de adjuvandis pauperibus, usque ad 12. Sapientiæ utilitas : homines tentationibus probat, ad 23 ; prava verecundia, ad 32 ; peccata cui confitenda, 31 ; ne contra ictum fluvii, 32 ; pro justitiâ certa, 33 ; lingua præceps : in domo ut leo, 34 ; beneficus, 35.

**SIXTINA VERSIO.**

Fili, vitam pauperis ne defrau-

**VERSIO VULGATA.**

1. Fili, eleemosynam pauperis ne

defraudes, et oculos tuos ne transvertas à paupere.

2. Animam esurientem ne despexeris, et non exasperes pauperem in inopiâ suâ.

3. Cor inopis ne afflixeris, et non protrahas datum angustianti.

4. Rogationem contribulati ne abjicias, et non avertas faciem tuam ab egeno.

5. Ab inope ne avertas oculos tuos propter iram : et non relinquas quærentibus tibi retrò maledicere.

6. Maledicentis enim tibi in amaritudine animæ exaudietur deprecatio illius : exaudiet autem eum qui fecit illum.

7. Congregationi pauperum affabilem te facito : et presbytero humilia animam tuam, et magnato humilia caput tuum.

8. Declina pauperi sine tristitiâ aurem tuam, et redde debitum tuum, et responde illi pacifica in mansuetudine.

9. Libera eum qui injuriam patitur, de manu superbi : et non acidè feras in animâ tuâ.

10. In judicando esto pupillis misericors ut pater, et pro viro matri illorum :

11. Et eris tu velut filius Altissimi obediens, et miserebitur tui magis quàm mater.

12. Sapientia filiis suis vitam inspirat : et suscipit inquirentes se, et præibit in viâ justitiæ.

13. Et qui illam diligit, diligit vi-

des, et ne protrahas oculos egenos.

Animam esurientem ne contristes, et non exasperes virum in inopiâ suâ.

Cor irritatum ne conturbes, et ne protrahas datum angustianti.

Rogationem tribulati ne abjicias, et ne avertas faciem tuam ab egeno.

Ab inope non avertas oculum : et ne relinquas locum homini, ut maledicat te.

Maledicentis enim tibi in amaritudine animæ tuæ, deprecationem ejus exaudiet is qui fecit illum.

Congregationi amabilem te facito : et magnati humilia caput tuum.

Inclina pauperi aurem tuam, et responde illi pacifica in mansuetudine.

Libera eum qui injuriam patitur, de manu injuriam inferentis : et non acedieris in judicando.

Esto pupillis ut pater, et pro viro matri illorum : et eris velut filius Altissimi, et diliget te magis mater tua.

Sapientia filios sibi exaltavit : et suscipit inquirentes se.

Qui diligit illam, diligit vitam :

---

1. *Oculos tuos :* Græc. *ne protrahas* (in longum ducas) *oculos egenos :* ne egentes expectare facias.

3. *Cor inopis :* Græc. *irritatum*, exacerbatum. *Angustionti :* Græc. *indigenti*.

9. *Superbi :* Græc. *injuriam inferentis : non acidè :* acerbè : at Græc. *ne pusillo animo sis in judicando*, quod Vulgat. ad seq. refert.

13. *Complectentur* (assequentur) *placorem :* placiditatem : tranquillitatem *ejus :* fruentur quiete quam dederit.

## CAPUT IV.

et qui manè vigilaverint ad illam, implebuntur lætitiâ.

Qui tenuerit illam, hæreditabit gloriam: et quocumque introibit, benedicet Dominus.

Qui servient ei, servient Sancto: et eos qui diligunt eam, diligit Dominus.

Qui audit illam, judicabit gentes : et qui ad illam accesserit, habitabit confidens.

Si credideris, hæreditabis illam, et in possessione erunt creaturæ ipsius.

Quoniam obliquè ambulat cum eo in primis :

Timorem autem et metum adducet super illum, et cruciabit illum, in disciplinâ suâ; donec credat animæ illius, et tentet eum in justificationibus suis.

Et rursùs redibit rectà ad illum, et lætificabit illum, et denudabit absconsa sua.

tam : et qui vigilaverint ad illam, complectentur placorem ejus.

14. Qui tenuerint illam, vitam hæreditabunt : et quò introibit, benedicet Deus.

15. Qui serviunt ei, obsequentes erunt Sancto : et eos qui diligunt illam, diligit Deus.

16. Qui audit illam, judicabit gentes : et qui intuetur illam, permanebit confidens.

17. Si crediderit ei, hæreditabit illam, et erunt in confirmatione creaturæ illius.

18. Quoniam in tentatione ambulat cum eo, et in primis eligit eum.

19. Timorem et metum, et probationem inducet super illum : et cruciabit illum in tribulatione doctrinæ suæ, donec tentet eum in cogitationibus suis, et credat animæ illius.

20. Et firmabit illum, et iter adducet directum ad illum, et lætificabit illum.

21. Et denudabit absconsa sua illi : et thesaurizabit super illum scientiam, et intellectum justitiæ.

---

15. *Sancto :* ipsi Deo.

17. *Hæreditabit :* possidebit. *Erunt in confirmatione creaturæ illius :* fructus, proventus, ipsa ejus soboles consistet firmiùs.

18, 19. *In tentatione... t morem et metum... donec tentet eum... et credat animæ illius.* His versibus id agit *Ecclesiasticus*, ne victi difficultatibus quæ viam sapientiæ ineuntibus occurrunt, animis concidamus. Comparat autem sapientiam homini periclitanti amici fidem, neque arcana sua facilè committenti, anteaquàm cautè probaverit: sic agit sapientia. *In primis,* ac primùm quidem, initio : *in tentatione ambulat cum illo :* tentat hominem obsequentem sibi. *Et eligit eum.* Summo delectu utitur, neque cuivis obvio se tradit, sive, ut habet Græcus, *obliquè ambulat cum illo :* quam lectionem firmant sequentia, ac maximè vers. 20. Obliquè autem, hoc est, velut incerto pe e ambulat cum amatore suo, nec statim illi fidit, seu mavis, amatorem suum quasi per anfractuosa et confragosa deducit, timoremque incutit, et diligenter probat, neque parcit cruciatibus quibus illum erudiat, donec probato et tentato ad extremum credat, et omnia arcana effundat in sinum : ut patebit vers. 21. Addit Græc. *et tentet eum in justificationibus suis,* hoc est, et probet illum verè justum fuisse : sic Abraham, sic Jacob, sic Moyses, aliique nonnisi probati et difficultatibus exerciti, veræ sapientiæ compotes facti sunt. Pergit :

20. *Et iter adducet directum ad illum :* hoc est, ducet illum per itinera recta, ut *Sap.*, x, 10, atque ut hîc habet Græc. *redibit rectà vid ad illum :* non jam

22. Si autem oberraverit, derelinquet eum, et tradet eum in manus inimici sui.

23. Fili, conserva tempus, et devita à malo.

24. Pro animâ tuâ ne confundaris dicere verum.

25. Est enim confusio adducens peccatum : et est confusio adducens gloriam et gratiam.

26. Ne accipias faciem adversùs faciem tuam, nec adversùs animam tuam mendacium.

27. Ne reverearis proximum tuum in casu suo :

28. Nec retineas verbum in tempore salutis. Non abscondas sapientiam tuam in decore suo.

29. In linguâ enim sapientia dignoscitur : et sensus, et scientia, et doctrina in verbo sensati, et firmamentum in operibus justitiæ.

30. Non contradicas verbo veritatis ullo modo, et de mendacio ineruditionis tuæ confundere.

31. Non confundaris confiteri pec-

Si autem aberraverit, derelinquet eum, et tradet eum in manibus ruinæ suæ.

Conserva tempus, et devita à malo; et pro animâ tuâ ne confundaris.

Est enim confusio adducens peccatum; et est confusio, gloria et gratia.

Ne accipias faciem adversùs animam tuam, et ne reverearis in casum tuum.

Non retineas verbum in tempore salutis.

In sermone enim cognoscetur sapientia, et doctrina in verbo linguæ.

Non contradicas veritati; et de in eruditione tuâ confundere.

Ne confundaris confiteri peccata

---

obliquè, ut vers. 18. *Et lætificabit illum* : renudatis sapientiæ arcanis, ut habent sequentia : quarum rerum summa est *Sap.*, III, 5, ubi ait : *Tentavit eos, et invenit illos dignos se.*

22. *Si autem oberraverit* : clariùs Græc. *aberraverit*. Dixit quæ eventura sint homini per calamitates probato : at eadem sapientia aberrantem deseret. *Et tradet eum in manus inimici sui* : Græc. *ruinæ suæ* : notus hebraismus : omni ope destituet, ac certo dedet exitio.

23. *Conserva tempus.* Vide I, 28.

24. *Pro animâ tuâ :* pro salute animæ tuæ. Aggreditur autem homines malè verecundos, qui veritatem erubescunt.

25. *Est confusio :* est pudor bonus malusque, quorum causas aperit sequentibus.

26. *Ne accipias faciem :* sive personam : utrumque enim Græc. congruit. Ne sis personarum acceptor; vel, noli judicare secundùm externam speciem, quod est *Joan.*, VII, 24 : *Nolite judicare secundùm faciem* (sive speciem), *sed rectum judicium judicate.*

27. *Ne reverearis.* Ne te falsa reverentia prohibeat quominùs proximum tuum errantem et cæcum candidis monitis à certâ pernicie deterreas. Græc. *Ne reverearis in casum tuum,* cùm veritatem tacens, tibi ipsi accersis exitium.

28. *Non abscondas sapientiam tuam in decore suo :* nempe in gravibus periculis, quo tempore decet maximè.

31. *Ne subjicias te.* Ita confitere peccata, ut non cuivis, sed sapientissimo cuique emendanda ac medicanda committas.

## CAPUT V.

tua; nec coneris contra fluxum fluminis; et non subjicias te homini stulto; et ne accipias faciem potentis.

Usque ad mortem agonizare pro veritate : et Dominus Deus pugnabit pro te.

Noli asper esse in linguâ tuâ, et inutilis et remissus in operibus tuis.

Noli esse sicut leo in domo tuâ, et arreptitius in domesticis tuis.

Non sit porrecta manus tua ad accipiendum, et ad dandum collecta.

cata tua : et ne subjicias te omni homini pro peccato.

32. Noli resistere contra faciem potentis, nec coneris contra ictum fluvii.

33. Pro justitiâ agonizare pro animâ tuâ, et usque ad mortem certa pro justitiâ : et Deus expugnabit pro te inimicos tuos.

34. Noli citatus esse in linguâ tuâ, et inutilis et remissus in operibus tuis.

35. Noli esse sicut leo in domo tuâ, evertens domesticos tuos, et opprimens subjectos tibi.

36. Non sit porrecta manus tua ad accipiendum, et ad dandum collecta.

32. *Noli resistere :* pro his Græc. habet : *Non subjicias te homini stulto, nec accipias faciem* (seu personam) *potentis.*

33. *Agonizare :* velut in agone certa, proposito præmio. *Deus expugnabit :* brevius Græc. *et Deus pugnabit pro te.*

34. *Noli citatus esse :* præceps : ταχὺς. Alii legunt, τραχὺς, *violentus,* asper. Alii, θρασὺς, *confidens,* temerarius : eodem sensu. Vulgata lectio planior et antiquior.

35. *Evertens domesticos.* Præclarè Græc. (*noli esse*) *arreptitius* seu potiùs imaginosus, furens : φαντασιοκοπῶν : exagitatus phantasiis : cujusmodi illa fuisse dicitur apud Terent. in *Hecyr.*

## CAPUT V.

Divitiis ne confidas, 1, 2, 3, 10; de peccato statim expiando, 4 ad 10; levi animo et vario, 11; firmo, 12; miti, 13; lingua, 14 ad fin.

### SIXTINA VERSIO.

Noli attendere ad divitias tuas; et ne dixeris : Sufficientes mihi sunt.

Ne sequaris animam tuam, et fortitudinem tuam, ut ambules in concupiscentiis cordis tui.

### VERSIO VULGATA.

1. Noli attendere ad possessiones iniquas, et ne dixeris : Est mihi sufficiens vita : nihil enim proderit in tempore vindictæ et obductionis.

2. Ne sequaris in fortitudine tuâ concupiscentiam cordis tui :

1. *Obductionis.* Vide suprà, II, 2.

2. *In fortitudine tuâ.* Ne viribus confisus *sequaris concupiscentiam.* Ne sequantur cogitationes suas et oculos, per res varias fornicantes. *Num.,* xv, 39.

3. Et ne dixeris: Quomodò potui? aut quis me subjiciet propter facta mea? Deus enim vindicans vindicabit.

4. Ne dixeris : Peccavi, et quid mihi accidit triste? Altissimus enim est patiens redditor.

5. De propitiato peccato noli esse sine metu : neque adjicias peccatum super peccatum.

6. Et ne dicas : Miseratio Domini magna est, multitudinis peccatorum meorum miserebitur.

7. Misericordia enim et ira ab illo citò proximant : et in peccatores respicit ira illius.

8. Non tardes converti ad Dominum, et ne differas de die in diem.

9. Subitò enim veniet ira illius, et in tempore vindictæ disperdet te.

10. Noli anxius esse in divitiis injustis : non enim proderunt tibi in die obductionis et vindictæ.

11. Non ventiles te in omnem ventum, et non eas in omnem viam : sic enim omnis peccator probatur in duplici linguâ.

12. Esto firmus in viâ Domini, et in veritate sensûs tui et scientiâ : et prosequatur te verbum pacis et justitiæ.

13. Esto mansuetus ad audiendum verbum, ut intelligas; et cum sapientiâ proferas responsum verum.

14. Si est tibi intellectus, responde proximo : sin autem, sit manus tua super os tuum, ne capiaris in verbo indisciplinato, et confundaris.

15. Honor et gloria in sermone

Et ne dixeris : Quis me subjiciet? Dominus enim vindicans vindicabit te.

Ne dixeris : Peccavi, et quid mihi accidit? Dominus enim est patiens.

De propitiatu noli esse sine metu, ut adjicias peccatum super peccata.

Et ne dicas : Miseratio ejus magna est ; multitudinis peccatorum meorum miserebitur.

Misericordia enim et ira ab illo ; et super peccatores requiescet ira illius.

Ne tardes converti ad Dominum, et ne differas de die in diem : subitò enim egredietur ira Domini, et in tempore vindictæ disperdet.

Noli attentus esse in divitiis injustis; nihil enim adjuvaberis in die obductionis.

Non ventiles in omni vento, et non eas in omni viâ : sic peccator duplex linguâ.

Esto firmus in intellectu tuo; et unus sit sermo tuus.

Esto velox in auscultatione tuâ; et in longanimitate profer responsum.

Si est tibi intellectus, responde proximo : sin autem, sit manus tua super os tuum.

Gloria et inhonoratio in ser-

---

3. *Quomodo potui?* quanta potui?
10. *Noli anxius esse in divitiis injustis*, comparandis, sive tuendis.
12. *Esto firmus in viâ Domini.* Vide Græc.
14. *Sin autem :* sin minùs.
15. *Lingua imprudentis :* Græc. *hominis*, simpliciter.

mone; et lingua hominis, subversio est illius.

Non appelleris susurro; et linguâ tuâ ne insidieris.

Super furem enim est confusio, et denotatio pessima super bilinguem.

In magno et in parvo non ignores.

sensati : lingua verò imprudentis subversio est ipsius.

16. Non appelleris susurro : et linguâ tuâ ne capiaris, et co ıfundaris.

17. Super furem enim est confusio et pœnitentia, et denotatio pessima super bilinguem : susurratori autem odium, et inimicitia et contumelia.

18. Justifica pusillum et magnum similiter.

18. *Justifica*, absolve, *pusillum et magnum pariter* : æquo utrumque judicio : Græc. *in magno et in parvo non ignores :* ne te in negotiis minutissima quæque fugiant.

## CAPUT VI.

Sit firma amicitia, 1 ; superbi : de amicis comparandis, servandis, observandis, 5 ad 18 ; de sapientiâ, ejusque levi jugo, 18 ad finem : audiendi senes et docti, 35, 36.

### SIXTINA VERSIO.

Et noli fieri pro amico inimicous; nomen enim malum, confusionem et improperium hæreditabit. Sic peccator bilinguis.

Ne te extollas in cogitatione animæ tuæ, ne diripiatur, velut taurus, anima tua.

Folia tua comedes, et fructus tuos perdes, et relinques te velut lignum aridum.

Anima nequam disperdet eum qui se habet, et gaudium inimicorum faciet eum.

Guttur dulce multiplicabit amicos suos, et lingua beneloquens multiplicabit bonas salutationes.

### VERSIO VULGATA.

1. Noli fieri pro amico inimicus proximo : improperium enim et contumeliam malus hæreditabit, et omnis peccator invidus et bilinguis.

2. Non te extollas in cogitatione animæ tuæ velut taurus : ne forte elidatur virtus tua per stultitiam,

3. Et folia tua comedat, et fructus tuos perdat, et relinquaris velut lignum aridum in eremo.

4. Anima enim nequam disperdet qui se habet, et in gaudium inimicis dat illum, et deducet in sortem impiorum.

5. Verbum dulce multiplicat amicos, et mitigat inimicos : et lingua eucharis in bono homine abundat.

1. *Hæreditabit :* possidebit. *Omnis peccator :* Græc. simpliciter : *Sic peccator bilinguis :* supple, possidebit malum.

2. *Virtus tua :* Græc. *anima tua.*

3 *Et folia tua comedat :* stulta superbia, de quâ præcedente : ne decorem simul remque amittas, nec tantùm folia, verùm etiam fructus.

5. *Lingua eucharis :* gratiosa : comiter loquens; *in bono homine abundabit.* Vir bonus abundat verbis mitibus : Græc. *Lingua beneloquens* (dulciloqua) *multiplicabit bonas salutationes* (multos salutatores, ac fausta imprecantes).

6. Multi pacifici sint tibi, et consiliarius sit tibi unus de mille.
7. Si possides amicum, in tentatione posside eum, et ne facilè credas ei.
8. Est enim amicus secundùm tempus suum, et non permanebit in die tribulationis.
9. Et est amicus qui convertitur ad inimicitiam : et est amicus qui odium, et rixam, et convicia denudabit.
10. Est autem amicus socius mensæ, et non permanebit in die necessitatis.
11. Amicus si permanserit fixus, erit tibi quasi coæqualis, et in domesticis tuis fiducialiter aget.
12. Si humiliaverit se contra te, et à facie tuâ absconderit se, unanimem habebis amicitiam bonam.
13. Ab inimicis tuis separare, et ab amicis tuis attende.
14. Amicus fidelis, protectio fortis : qui autem invenit illum, invenit thesaurum.
15. Amico fideli nulla est comparatio, et non est digna ponderatio auri et argenti contra bonitatem fidei illius.
16. Amicus fidelis, medicamentum vitæ et immortalitatis : et qui metuunt Dominum, invenient illum.

Multi pacifici sint tibi : consiliarii autem tui sint unus de mille.
Si possides amicum, in tentatione posside eum, et non facilè credas ei.
Est enim amicus in tempore suo, et non permanebit in die tribulationis tuæ.
Et est amicus qui convertitur ad inimicitiam, et rixam opprobrii tui denudabit.
Et est amicus socius mensarum, et non permanebit in die necessitatis tuæ.
Et in bonis tuis erit, tanquam tu, et in domesticis tuis fiducialiter aget.
Si humiliatus fueris, erit contra te, et à facie tuâ abscondet se.
Ab inimicis tuis separare : et ab amicis tuis attende.
Amicus fidelis, protectio fortis; et qui invenit illum, invenit thesaurum.
Amico fideli nulla est comparatio, et non est pondus bonitati ejus.

Amicus fidelis, medicamentum vitæ : et qui metuunt Dominum, invenient illum.

6. *Multi pacifici :* socii, convictores.
7. *In tentatione posside amicum :* nonnisi tentatum et probatum. *Non facilè :* non citò, non temerè, non statim, *credas ei* teipsum. *Jesus non credebat semetipsum eis.* Joan., II, 24.
8. *Secundùm tempus suum :* secundùm rationes et utilitates suas.
. 9. *Et rixam :* Græc. *rixam opprobrii tui denudabit :* quæ iratus effuderis, nec amicum celandum putaris.
11. *Amicus... quasi coæqualis :* Græc. *in bonis tuis* (rebus tuis florentibus) *erit :* (utetur ut suis) *sicut tu. Et in domesticis tuis :* in famulitio tuo : *fiducialiter,* cum imperio, *aget.*
12. *Si humiliaverit se :* Græc. *si humiliatus* (dejectus) *fueris, erit contra te, et à facie tuâ abscondet se* (à te recedet).
13. *Ab inimicis tuis separare :* non affectu, sed convictu, ne te per calumniam prodant. *Ab amicis attende :* ne amittas eos : neu plus æquo et sine ullâ cautione credas.

## CAPUT VI.

Qui timet Dominum, bonam habet amicitiam suam : quoniam secundùm ipsum, sic et proximus ipsius.

Fili, à juventute tuâ excipe doctrinam; et usque ad canos invenies sapientiam.

Quasi is qui arat et qui seminat, accede ad illam et sustine bonos fructus illius.

In operatione enim illius paululùm laborabis; et citò edes de generationibus illius.

Quoniam aspera est nimiùm indoctis, et non permanebit in illâ excors.

Quasi lapis probationis fortis erit in illo, et non demorabitur projicere illam.

Sapientia enim secundùm nomen suum est : et non est multis manifesta.

Audi, fili, et accipe sententiam meam, et ne abjicias consilium meum.

Et injice pedes tuos in compedes illius, et in torquem illius collum tuum.

Subjice humerum tuum, et porta illam : et ne acedieris vinculis illius.

In omni animo tuo accede ad

17. Qui timet Deum, æquè habebit amicitiam bonam : quoniam secundùm illum erit amicus illius.

18. Fili, à juventute tuâ excipe doctrinam : et usque ad canos invenies sapientiam.

19. Quasi is qui arat et seminat, accede ad eam, et sustine bonos fructus illius.

20. In opere enim ipsius exiguum laborabis, et citò edes de generationibus illius.

21. Quàm aspera est nimiùm sapientia indoctis hominibus! et non permanebit in illâ excors.

22. Quasi lapidis virtus probatio erit in illis, et non demorabuntur projicere illam.

23. Sapientia enim doctrinæ secundùm nomen est ejus, et non est multis manifesta : quibus autem cognita est, permanet usque ad conspectum Dei.

24. Audi, fili, et accipe consilium intellectûs, et ne abjicias consilium meum.

25. Injice pedem tuum in compedes illius, et in torques illius collum tuum :

26. Subjice humerum tuum, et porta illam : et ne acedieris vinculis ejus.

27. In omni animo tuo accede ad

---

21. *Excors :* insanus, insensatus.
22. *Quasi lapidis virtus :* vide Græc. Sensus autem est : Erit in insensato sapientia, quasi lapis gravis ei traditus ad explorandas vires, quem statim quasi pondere victus projiciet. *Zach.*, xii, 3 : *Ponam Jerusalem lapidem oneris cunctis populis.*
23. *Sapientia secundùm nomen est ejus :* Græc. *nomen suum :* secundùm famam suam est : talis est qualis esse memoratur, nempè abscondita, impervestigabilis : *Sapientia* enim *ubi invenitur?* Job, xxviii, toto capite, et suprà, i, 3.
25. *Injice pedem tuum :* 26. *Subjice humerum.* En vincla, en compedes, en jugum sapientiæ : hominemque totum, humeris, collo, pedibus, manibus, ejus vinculis illigatum, comprehensum, tentum : eoque magis liberum, quod justitiæ servum. *Et ne acedieris :* Græc. *graveris, defatigeris.*

illam, et in omni virtute tuâ conserva vias ejus.

28. Investiga illam, et manifestabitur tibi, et continens factus, ne derelinquas eam :

29. In novissimis enim invenies requiem in eâ, et convertetur tibi in oblectationem.

30. Et erunt tibi compedes ejus in protectionem fortitudinis, et bases virtutis : et torques illius in stolam gloriæ.

31. Decor enim vitæ est in illâ, et vincula illius alligatura salutaris.

32. Stolam gloriæ indues eam, et coronam gratulationis superpones tibi.

33. Fili, si attenderis mihi, disces : et si accommodaveris animum tuum, sapiens eris.

34. Si inclinaveris aurem tuam, excipies doctrinam : et si dilexeris audire, sapiens eris.

35. In multitudine presbyterorum prudentium sta, et sapientiæ illorum ex corde conjungere, ut omnem narrationem Dei possis audire : et proverbia laudis non effugiant à te.

36. Et si videris sensatum, evigila ad eum, et gradus ostiorum illius exterat pes tuus.

37. Cogitatum tuum habe in præceptis Dei, et in mandatis illius maximè assiduus esto : et ipse dabit tibi cor, et concupiscentia sapientiæ dabitur tibi.

illam, et in omni virtute tuâ conserva vias ejus.

Investiga, et quære : et manifestabitur tibi; et continens factus, ne derelinquas illam.

In novissimis enim invenies requiem ejus: et convertetur tibi in oblectationem.

Et erunt tibi compedes in protectionem fortitudinis, et torques illius in stolam gloriæ.

Decus enim aureum est in eâ, et vincula illius, fila hyacinthina.

Stolam gloriæ indues eam, et coronam gratulationis impones tibi.

Si volueris, fili, disces : et si accommodaveris animum tuum, callidus eris.

Si dilexeris audire, excipies : et si inclinaveris aurem tuam, sapiens eris.

In multitudine presbyterorum sta ; et qui sapiens, ei conjungere : omnem narrationem divinam velis audire : et proverbia intellectûs non effugiant te.

Si videris sensatum, evigila ad eum; et gradus ostiorum illius exterat pes tuus.

Cogitatum tuum habe in præceptis Domini, et in mandatis illius meditare semper. Ipse firmabit cor tuum : et concupiscentia sapientiæ tuæ dabitur tibi.

28. *Continens factus :* Græc. ejus possessor, compos, ἐγκρατής, quod et continentem et compotem sonat.

30. *Et erunt tibi compedes.* Initia quidem sapientiæ difficilia atque aspera cupiditatibus edomandis; at jam edomitis ac sub jugum missis, omnia libertati et honori vertent.

31. *Decor enim vitæ :* Græc. *decus aureum :* sive mundus aureus in eâ ; ornatus omnimodi. *Alligatura salutaris :* non qualis vinctis, sed qualis infirmis sanandis adhiberi solet : Græc. *nexus hyacinthus,* qualem induere jussi Israelitæ ad decorem. *Num.,* xv, 38.

35. *Presbyterorum :* seniorum, senatorum.

## CAPUT VII.

Malis mala, 1, 2, 3; ne quæras honores, 4, 6; munerum amplitudo non placat Deum, 9, 10; inspector Deus, 12; de calumniis et omni mendacio, 13, 14; agricultura, 16; amicus, 20; bonus paterfamilias servis, mercenariis, liberis, uxori, jumentis etiam, parentibus, sacerdotibus, amicis, egenis consulit, ac novissima cogitat, 21, etc., ad fin.

| SIXTINA VERSIO. | VERSIO VULGATA. |
|---|---|
| Noli facere mala : et non te apprehendet malum. | 1. Noli facere mala, et non te apprehendent. |
| Discede ab iniquo; et declinabit à te. | 2. Discede ab iniquo, et deficient mala abs te. |
| Fili, non semines in sulcis injustitiæ : et non metes eos in septuplum. | 3. Fili, non semines mala in sulcis injustitiæ, et non metes ea in septuplum. |
| Noli quærere à Domino ducatum, neque à rege cathedram honoris. | 4. Noli quærere à Domino ducatum, neque à rege cathedram honoris. |
| Non te justifices ante Dominum : et penes regem noli velle videri sapiens. | 5. Non te justifices ante Deum, quoniam agnitor cordis ipse est : et penes regem noli velle videri sapiens. |
| Noli quærere fieri judex; ne forté non possis auferre iniquitates : ne forté extimescas faciem potentis : et ponas scandalum in rectitudine tuâ. | 6. Noli quærere fieri judex, nisi valeas virtute irrumpere iniquitates : ne forté extimescas faciem potentis, et ponas scandalum in æquitate tuâ. |
| Non pecces in multitudinem civitatis; nec te dimittas in turbam. | 7. Non pecces in multitudinem civitatis, nec te immittas in populum : |
| Non alliges bis peccatum : in uno enim non eris immunis. | 8. Neque alliges duplicia peccata : nec enim in uno eris immunis. |
| Noli esse pusillanimis in oratione tuâ : et eleemosynam facere ne despicias. | 9. Noli esse pusillanimis in animo tuo. |
| | 10. Exorare et facere eleemosynam ne despicias. |
| Ne dicas : In multitudinem munerum meorum respiciet, et offerente me Deo altissimo, suscipiet. | 11. Ne dicas : In multitudine munerum meorum respiciet Deus, et offerente me Deo altissimo, munera mea suscipiet. |

3. *Et non metes :* ut non metas, etc.
8. *Duplicia peccata :* et tua scilicet, et aliena : Græc. *ne alliges bis peccatum*, iterando et assuescendo, quod sequenti congruit.
9. *In animo tuo :* Græc. *in precatione tuâ :* ne vilia et caduca à Domino petas, neque à magno parva, sed magna, ut Salomon sapientiam.

12. Non irrideas hominem in amaritudine animæ : est enim qui humiliat et exaltat circumspector Deus.

13. Noli arare mendacium adversùs fratrem tuum : neque in amicum similiter facias.

14. Noli velle mentiri omne mendacium : assiduitas enim illius non est bona.

15. Noli verbosus esse in multitudine presbyterorum : et non iteres verbum in oratione tuâ.

16. Non oderis laboriosa opera, et rusticationem creatam ab Altissimo.

17. Non te reputes in multitudine indisciplinatorum.

18. Memento iræ, quoniam non tardabit.

19. Humilia valdè spiritum tuum : quoniam vindicta carnis impii, ignis et vermis.

20. Noli prævaricari in amicum pecuniam differentem, neque fratrem charissimum auro spreveris.

21. Noli discedere à muliere sensatâ et bonâ, quam sortitus es in timore Domini : gratia enim verecundiæ illius super aurum.

22. Non lædas servum in veritate operantem, neque mercenarium dantem animam suam.

23. Servus sensatus sit tibi dilec-

Ne irrideas hominem, qui sit in amaritudine animæ suæ : est enim qui humiliat, et qui exaltat.

Noli arare mendacium adversùs fratrem tuum ; neque in amicum similiter facias.

Noli velle mentiri omne mendacium : assiduitas enim illius non in bonum.

Noli verbosus esse in multitudine presbyterorum ; et non iteres verbum in oratione tuâ.

Non oderis laboriosam operationem et rusticationem creatam ab Altissimo.

Non te computes in multitudine peccatorum.

Humilia valdè spiritum tuum : memento quoniam ira non tardabit : quoniam vindicta impii, ignis et vermis.

Ne commutes amicum propter indifferens, neque fratrem germanum in auro Suphir.

Noli discedere à muliere sensatâ et bonâ : gratia enim ejus super aurum.

Non lædas servum in veritate operantem, neque mercenarium dantem animam suam.

Servum sensatum diligat ani-

---

13. *Arare mendacium :* ne mendacia studiosè velut sulcos producas, hic autem prohibet calumniam. At posteà :

14. *Omne mendacium.* Neque modò calumniam vites, verùm etiam quodcumque mendacii genus. *Assiduitas illius non est bona :* quo sensu infrà, IX, 4, *cum saltatrice ne assiduus sis :* indicat autem, ubi semel admiseris, facilè in consuetudinem trahi.

15. *Presbyterorum :* seniorum, qui potiùs audiendi. *Non iteres verbum in oratione* (precatione) *tuâ.* Ne sis multiloquus : qualem arguit Christus, *Matth.*, VI, 7.

19. *Ignis et vermis :* vide *Marc.*, IX, 43.

20. *Amicum pecuniam differentem :* tardantem reddere. *Auro :* propter aurum. At Græc. *ne commutes amicum propter indifferens :* quâ voce etiam Cicero utitur, græcâ phrasi pulcherrimâ : *Propter fortunas ac rem, quâ ad bonum malumve uti possis.*

## CAPUT VII.

ma tua : non defraudes illum libertate.

Pecora tibi sunt? attende illis; et si sunt tibi utilia, perseverent apud te.

Filii tibi sunt? erudi illos, et curva à pueritiâ collum eorum.

Filiæ tibi sunt? serva corpus earum : et ne ostendas hilarem faciem tuam ad illas.

Trade filiam, et grande opus feceris : et homini sensato da illam.

Mulier est tibi secundùm animam? ne projicias eam.

In toto corde honora patrem tuum; et gemitus matris non obliviscaris.

Memento quia per eos natus es : et quid retribues illis, quomodò illi tibi?

In totâ animâ tuâ time Dominum; et sacerdotes illius suspice.

In totâ virtute dilige eum qui te fecit; et ministros ejus non derelinquas.

Time Dominum, et honorifica sacerdotem :

Et da illi partem, sicut mandatum est tibi, primitias, et pro delicto,

Et datum brachiorum, et sacrificium sanctificationis, et primitias sanctorum :

tus quasi anima tua : non defraudes illum libertate, neque inopem derelinquas illum.

24. Pecora tibi sunt? attende illis : et si sunt utilia, perseverent apud te.

25. Filii tibi sunt? erudi illos, et curva illos à pueritiâ illorum.

26. Filiæ tibi sunt? serva corpus illarum, et non ostendas hilarem faciem tuam ad illas.

27. Trade filiam, et grande opus feceris, et homini sensato da illam.

28. Mulier si est tibi secundùm animam tuam, non projicias illam : et odibili non credas te. In toto corde tuo

29. Honora patrem tuum, et gemitus matris tuæ ne obliviscaris :

30. Memento quoniam nisi per illos natus non fuisses : et retribue illis, quomodò et illi tibi.

31. In totâ animâ tuâ time Dominum, et sacerdotes illius sanctifica.

32. In omni virtute tuâ dilige eum qui te fecit : et ministros ejus ne derelinquas.

33. Honora Deum ex totâ animâ tuâ, et honorifica sacerdotes, et propurga te cum brachiis.

34. Da illis partem, sicut mandatum est tibi, primitiarum et purgationis : et de negligentiâ tuâ purga te cum paucis.

35. Datum brachiorum tuorum, et sacrificium sanctificationis offeres Domino, et initia sanctorum :

---

31. *Sacerdotes illius sanctifica :* Græc. *suspice*, admirare.
33. *Propurga te cum brachiis :* oblatis frugibus tuo opere comparatis. Vide 35.
34. *Purgationis :* Græc. *pro delicto :* supple, *hostium :* hebraismus : *de negligentiâ :* alia versio : *purga te cum paucis :* exiguis muneribus magna peccata redime.
35. *Initia*, seu primitias *sanctorum* : sancta vocantur, quæ Domino consecrata.

| VERSIO VULGATA | SIXTINA VERSIO |
|---|---|
| 36. Et pauperi porrige manum tuam, ut perficiatur propitiatio et benedictio tua. | Et pauperi porrige manum tuam; ut perficiatur benedictio tua. |
| 37. Gratia dati in conspectu omnis viventis : et mortuo non prohibeas gratiam. | Gratia datûs in conspectu omnis viventis : et in mortuo ne prohibeas gratiam. |
| 38. Non desis plorantibus in consolatione, et cum lugentibus ambula. | Non desis plorantibus, et cum lugentibus luge. |
| 39. Non te pigeat visitare infirmum : ex his enim in dilectione firmaberis. | Ne pigriteris visitare ægrotum : ex his enim diligeris. |
| 40. In omnibus operibus tuis memorare novissima tua, et in æternum non peccabis. | In omnibus verbis tuis memorare novissima tua; et in æternum non peccabis. |

37. *Et mortuo non prohibeas gratiam :* dona pro ipsis oblata, ut actum est II *Mach.*, XII, 43, aut munera sepulturæ, aliaque ad mortuorum memoriam.
39. *In dilectione firmaberis :* Græc. *diligeris.*

## CAPUT VIII.

Cum quoque ut agendum : cum divitibus : cum indoctis : cum violentis, etc. Ne spernas peccatorem resipiscentem ; ne læteris de morte inimici, 8 ; audi seniores, 9 et seqq.

| VERSIO VULGATA. | SIXTINA VERSIO. |
|---|---|
| 1. Non litiges cum homine potente, ne fortè incidas in manus illius. | Non litiges cum homine potente; ne fortè incidas in manus illius. |
| 2. Non contendas cum viro locuplete, ne fortè contra te constituat litem tibi. | Non contendas cum viro locuplete; ne fortè statuat contra te pondus. |
| 3. Multos enim perdidit aurum et argentum, et usque ad cor regum extendit et convertit. | Multos enim perdidit aurum, et corda regum fecit declinare. |
| 4. Non litiges cum homine linguato : et non strues in ignem illius ligna. | Non litiges cum homine linguoso, et non struas super ignem illius ligna. |
| 5. Non communices homini indocto, ne malè de progenie tuâ loquatur. | Ne colludas cum indocto; ne inhonorentur majores tui. |
| 6. Ne despicias hominem averten- | Non improperes homini aver- |

2. *Ne contra te :* Græc. *ne tibi præponderet.*
3. *Convertit :* Græc. *declinare fecit.*
5. *Non communices :* Græc. *ne colludas. Ne malè de progenie tuâ :* de genere tuo. Imperitus enim de te tuisque quidvis effutiverit.

## CAPUT VIII.

tenti se à peccato : memento quoniam omnes in correptionibus sumus.

Ne spernas hominem in suâ senectute : etenim ex nobis senescunt.

Noli de mortuo gaudere : memento quoniam omnes morimur.

Ne despicias narrationem sapientum; et in proverbiis eorum conversare.

Ab ipsis enim disces doctrinam, et servire magnatis.

Non te prætereat narratio seniorum : et ipsi enim didicerunt à patribus tuis :

Quoniam ab ipsis disces intellectum, et in tempore necessitatis dare responsum.

Non incendas carbones peccatoris, ne incendaris in igne flammæ illius.

Ne contra faciem stes contumeliosi; ne insideat, quasi insidiator, ori tuo.

Noli fœnerari homini fortiori te : quòd si fœneraveris, quasi perditum habe.

Non spondeas super virtutem tuam : quòd si spoponderis, quasi persoluturus, cogita.

Ne litiges cum judice : quoniam secundùm existimationem ejus judicabunt ei.

Cum audace ne eas in viâ, ne gravetur contra te. Ipse enim secundùm voluntatem suam faciet; et simul cum stultitiâ illius peries.

Cum iracundo ne facias rixam,

tem se à peccato, neque improperes ei : memento quoniam omnes in correptione sumus.

7. Ne spernas hominem in suâ senectute : etenim ex nobis senescunt.

8. Noli de mortuo inimico tuo gaudere : sciens quoniam omnes morimur, et in gaudium nolumus venire.

9. Ne despicias narrationem presbyterorum sapientium , et in proverbiis eorum conversare.

10. Ab ipsis enim disces sapientiam, et doctrinam intellectûs, et servire magnatis sine querelâ.

11. Non te prætereat narratio seniorum : ipsi enim didicerunt à patribus suis.

12. Quoniam ab ipsis disces intellectum, et in tempore necessitatis dare responsum.

13. Non incendas carbones peccatorum arguens eos : et ne incendaris flammâ ignis peccatorum illorum.

14. Ne contra faciem stes contumeliosi, ne sedeat quasi insidiator ori tuo.

15. Noli fœnerari homini fortiori te : quod si fœneraveris, quasi perditum habe.

16. Non spondeas super virtutem tuam : quòd si spoponderis, quasi restituens cogita.

17. Non judices contra judicem : quoniam secundùm quod justum est judicat.

18. Cum audace non eas in viâ, ne fortè gravet mala sua in te : ipse enim secundùm voluntatem suam vadit, et simul cum stultitiâ illius peries.

19. Cum iracundo non facies rixam,

---

6. *In correptione sumus :* correptioni obnoxii.
18. *Ne gravet mala sua in te :* Græc. *ne gravis tibi sit. Ipse enim secundùm voluntatem suam vadit :* Græc. *faciet;* neque sana consilia audiet.

et cum audace non eas in desertum : quoniam quasi nihil est ante illum sanguis, et ubi non est adjutorium, elidet te.

20. Cum fatuis consilium non habeas : non enim poterunt diligere, nisi quæ eis placent.

21. Coràm extraneo ne facias consilium; nescis enim quid pariet.

22. Non omni homini cor tuum manifestes : ne fortè inferat tibi gratiam falsam, et convicietur tibi.

et cum illo ne eas per desertum : quoniam quasi nihil est ante illum sanguis; et ubi non est adjutorium, elidet te.

Cum fatuo consilium non habeas : non enim poterit verbum celare.

Coràm extraneo non facias occultum : nescis enim quid pariet.

Non omni homini cor tuum manifestes : et non referat tibi gratiam.

20. *Non enim poterunt diligere.* Vide Græc.
21. *Coràm extraneo* : viro parùm noto. *Consilium.* Vide Græc.

## CAPUT IX.

De uxore et mulieribus, usque ad 14; de amicis, 14, 15; peccatorum gloria, 16, 17; cum principibus parcè : explora proximum, 21 ; qui convivæ adhibendi : qui sermones, 22, 23 ; effutitor, 25.

### VERSIO VULGATA.

1. Non zeles mulierem sinûs tui, ne ostendat super te malitiam doctrinæ nequam.

2. Non des mulieri potestatem animæ tuæ, ne ingrediatur in virtutem tuam, et confundaris.

3. Ne respicias mulierem multivolam : ne fortè incidas in laqueos illius.

4. Cum saltatrice ne assiduus sis, nec audias illam : ne fortè pereas in efficaciâ illius.

5. Virginem ne conspicias, ne fortè

### SIXTINA VERSIO.

Non zeles mulierem sinûs tui : neque doceas super te doctrinam nequam.

Non des mulieri animam tuam, ut ascendat ipsa super virtutem tuam.

Ne respicias mulierem multivolam; ne fortè incidas in laqueos illius.

Cum psaltrice ne assiduus sis; ne fortè capiaris in tentationibus ejus.

Virginem ne aspicias; ne fortè

1. *Ne ostendat super te* : tuis suspicionibus facta astutior, et ad ultionem prompta : Græc. *neque doceas super te doctrinam nequam* : zelando, suspicando, metuendo, ad prava quæque consilia adiges.

3. *Ne respicias mulierem multivolam :* cupidam, libidinosam : ex earum genere quas Paulus ait duci variis desideriis. II *Tim.*, III, 6. Græc. clarè : *ne occurras mulieri meretricii habitûs.*

4. *Cum saltatrice :* seu psaltrice. His enim artibus homines quàm facilè inescari soleant, experientia docet. *In efficacia :* Græc. *conatibus;* sive ut alii legunt, *studiis.*

5. *In decore :* Græc. ἐν ἐπιτιμίοις : quod sonat *pœnas :* sensus autem est : Ne te

## CAPUT IX.

scandalizeris in decoribus ejus.

Ne des fornicariis animam tuam; ne perdas hæreditatem tuam.

Noli circumspicere in vicis civitatis, nec oberraveris in desertis illius.

Averte oculum à muliere formosâ, et ne circumspicias speciem alienam.

Propter speciem mulieris multi aberraverunt; et ex hoc concupiscentia, quasi ignis, exardescit.

Cum alienâ muliere non sedeas omninò, neque agites convivia cum illâ in vino :

Ne fortè declinet cor tuum in illam, et spiritu tuo labaris in perditionem.

Ne derelinquas amicum antiquum : novus enim non est similis illi.

Vinum novum, amicus novus : si inveteraverit, cum suavitate bibes illud.

Non zeles gloriam peccatoris : non enim scis quæ sit illius subversio.

Non benè sentias de benepla-

scandalizeris in decore illius.

6. Ne des fornicariis animam tuam in ullo : ne perdas te, et hæreditatem tuam.

7. Noli circumspicere in vicis civitatis, nec oberraveris in plateis illius.

8. Averte faciem tuam à muliere comptâ, et ne circumspicias speciem alienam :

9. Propter speciem mulieris multi perierunt; et ex hoc concupiscentia quasi ignis exardescit.

10. Omnis mulier, quæ est fornicaria, quasi stercus in viâ conculcabitur.

11. Speciem mulieris alienæ multi admirati, reprobi facti sunt : colloquium enim illius quasi ignis exardescit.

12. Cum alienâ muliere ne sedeas omninò, nec accumbas cum eâ super cubitum :

13. Et non alterceris cum illâ in vino, ne fortè declinet cor tuum in illam, et sanguine tuo labaris in perditionem.

14. Ne derelinquas amicum antiquum : novus enim non erit similis illi.

15. Vinum novum, amicus novus : veterascet, et cum suavitate bibes illud.

16. Non zeles gloriam, et opes peccatoris : non enim scis quæ futura sit illius subversio.

17. Non placeat tibi injuria injus-

---

illa malè mulctet : ne ex amore ejus malum incumbat tibi. Alii legendum suspicantur, ἐν ἐπιθυμίαις, in concupiscentiis ejus : quod planius.

7. *Noli circumspicere*: ut faciunt, qui et capere et capi quærunt : rectè Grot. *venatores formarum. In plateis*: Græc. *in desertis*: in locis minùs habitatis : malè sagacem hominem notat, qui undecumquè quærit quò pereat, sive in notis quadriviis, sive in occultis desertisque angulis.

13. *Non alterceris*. Vide Græc.

16. *Quæ futura sit illius subversio*: Græc. καταστροφὴ, *finis*, exitus : quanquàm ea vox subversionem, ac perversitatem sonat. II *Tim.*, II, 14.

TOM. II. 6

torum, sciens quoniam usque ad inferos non placebit impius.

18. Longè abesto ab homine potestatem habente occidendi; et non suspicaberis timorem mortis.

19. Et si accesseris ad illum, noli aliquid committere; ne fortè auferat vitam tuam.

20. Communionem mortis scito: quoniam in medio laqueorum ingredieris, et super dolentium arma ambulabis.

21. Secundùm virtutem tuam cave te à proximo tuo, et cum sapientibus et prudentibus tracta.

22. Viri justi sint tibi convivæ, et in timore Dei sit tibi gloriatio.

23. Et in sensu sit tibi cogitatus Dei, et omnis enarratio tua in præceptis Altissimi.

24. In manu artificum opera laudabuntur, et princeps populi in sapientiâ sermonis sui; in sensu verò seniorum verbum.

25. Terribilis est in civitate suâ homo linguosus : et temerarius in verbo suo odibilis erit.

cito impiorum : memento quoniam usque ad inferos non justificabuntur.

Longè abesto ab homine potestatem habente occidendi : et non suspicaberis timorem mortis.

Et si accesseris, noli delinquere: ne auferat vitam tuam.

Scito quoniam in medio laqueorum ingrederis, et super pinnacula civitatum ambulas.

Secundùm virtutem tuam conjecta de proximis : et cum sapientibus consulta.

Viri justi sint tibi convivæ : et in timore Domini sit gloriatio tua.

Cum intelligentibus sit collocutio tua, et omnis enarratio tua in lege Altissimi.

In manu artificum, opus laudabitur: et princeps populi sapiens in sermone suo.

Terribilis in civitate suâ homo linguosus: et temerarius in verbo suo odibilis erit.

17. *Usque ad inferos non placebit :* ante mortem dabit pœnas : cui consentit Græc.

18. *Longè abesto.* Hâc parabolâ docet parcè ac modestè utendum potentiorum consuetudine.

20. *Super dolentium* (sive iratorum) *arma* (expedita scilicet exacutaque) *ambulabis :* Græc. *super pinnacula civitatum :* pari ubique periculo.

21. *Cave à proximo :* explora proximum : Græc. *fac conjecturam de proximo.*

## CAPUT X.

De regnis, divitibus ac magistratibus, ad 29; parcendum inimicis, 6, 9, 10; superbia, 14, 15, 21, 22; eversio regnorum et gentium, 26 *et seqq.;* pauperes et divites, 25, 26; operarius, jactator, 29, 30; peccatum, 32; vera gloria, 33.

VERSIO VULGATA.

1. Judex sapiens judicabit popu-

SIXTINA VERSIO.

Judex sapiens erudiet populum

## CAPUT X.

suum : et principatus sensati ordinatus erit.

Secundùm judicem populi sui, sic et ministri ejus : et qualis rector est civitatis, tales omnes inhabitantes in eâ.

Rex insipiens perdet populum suum : et civitas habitabitur per sensum potentium.

In manu Domini potestas terræ : et utilem suscitabit in tempus super illam.

In manu Domini prosperitas hominis; et super personam scribæ imponet gloriam ipsius.

In omni injuriâ ne succenseas proximo; et nihil agas in operibus contumeliæ.

Odibilis coràm Domino est et hominibus superbia : et ex utrisque delinquet injusta.

Regnum à gente in gentem transfertur propter injustitias, et contumelias, et pecunias.

Quid superbit terra et cinis? quoniam in vitâ projecit intima ejus.

In prolixum languorem cavil-

lum suum, et principatus sensati stabilis erit.

2. Secundùm judicem populi, sic et ministri ejus : et qualis rector est civitatis, tales et inhabitantes in eâ.

3. Rex insipiens perdet populum suum : et civitates inhabitabuntur per sensum potentium.

4. In manu Dei potestas terræ : et utilem rectorem suscitabit in tempus super illam.

5. In manu Dei prosperitas hominis, et super faciem scribæ imponet honorem suum.

6. Omnis injuriæ proximi ne memineris, et nihil agas in operibus injuriæ.

7. Odibilis coràm Deo est et hominibus superbia : et execrabilis omnis iniquitas gentium.

8. Regnum à gente in gentem transfertur propter injustitias et injurias, et contumelias, et diversos dolos.

9. Avaro autem nihil est scelestius. Quid superbit terra et cinis?

10. Nihil est iniquius quàm amare pecuniam : hic enim et animam suam venalem habet : quoniam in vitâ suâ projecit intima sua.

11. Omnis potentatûs brevis vita. Languor prolixior gravat medicum.

12. Brevem languorem præcidit

1. *Stabilis erit :* Græc. *ordinatus,* unde stabilitas.
5. *Scribæ :* docti.
7. *Et execrabilis :* Græc. *et ex utrisque delinquet injusta :* sive ut alii codices : *ex utrisque delictum injustitiæ :* utrumque injustum est : odiosum esse Deo; odiosum hominibus.
9, 10. *Avaro nihil scelestius. Quid superbit... nihil est iniquius. . hic enim et animam suam venalem habet; quoniam in vitâ suâ projecit intima sua :* viscera sua ; adeò tenax pecuniæ, ut cùm aliquid elargiri cogitur, quasi extrahi sibi putet viscera : vel, dùm defraudat genium, vivus intestina ipsamque animam projicit. Variant Græci codices : et quidem quæ de avaro habet Vulgata, in Sixtinâ exciderunt, nimis interrupto sensu; eaque ex optimis codicibus supplevimus : qui etiam pro ἔρριψα, *projeci*, quod habet Vulgatus, habent, *projecerunt*, ἔρριψαν ; porrò Vulgata legit ἔρριψε, *projecit.*
12. *Brevem languorem præcidit medicus.* Multa hic perturbatio ex variis lectio-

medicus : sic et rex hodie est, et cras morietur.

13. Cùm enim morietur homo, hæreditabit serpentes, et bestias, et vermes.

14. Initium superbiæ hominis, apostatare à Deo :

15. Quoniam ab eo, qui fecit illum, recessit cor ejus : quoniam initium omnis peccati est superbia : qui tenuerit illam, adimplebitur maledictis, et subvertet eum in finem.

16. Proptereà exhonoravit Dominus conventus malorum, et destruxit eos usque in finem.

17. Sedes ducum superborum destruxit Deus, et sedere fecit mites pro eis.

18. Radices gentium superbarum arefecit Deus, et plantabit humiles ex ipsis gentibus.

19. Terras gentium evertit Dominus, et perdidit eas usque ad fundamentum.

20. Arefecit ex ipsis, et disperdidit eos, et cessare fecit memoriam eorum à terrâ.

21. Memoriam superborum perdidit Deus, et reliquit memoriam humilium sensu.

latur : et rex hodie est, et cras morietur.

Cùm enim morietur homo, hæreditabit serpentes, et bestias, et vermes.

Initium superbiæ hominis, cùm apostatavit à Deo,

Et ab eo, qui fecit eum, recessit cor ejus. Quoniam principium superbiæ, peccatum; et qui tenuerit eam, profundet abominationem.

Propter hoc incredibiles fecit Dominus obductiones, et destruxit eos in finem.

Sedes ducum destruxit Dominus, et sedere fecit mites pro eis.

Radices gentium evulsit Dominus, et plantavit humiles pro eis.

Terras gentium evertit Dominus, perdidit eas usque ad fundamenta terræ.

Arefecit ex ipsis, et disperdidit eos, et cessare fecit memoriam eorum à terrâ.

nibus. Vulgatus enim legit μικρὸν, *parvum* seu brevem, quod Græc. μακρὸν, *longum*. Variant etiam Græci codices. Sixtinus enim habet, σκώπτει, illudit, irridet, *cavillatur*. Alii optimi codices, κόπτει, incidit, *præcidit*, quod legit Vulgatus. Sixtinus etiam codex omittit vocem illam, sine quâ pendet sensus (*medicus*) quam et Vulgata, et optimi illi habent codices. Sensus ergo est : Prolixum morbum præcidit medicus secando et urendo : *sic et rex* : sic qui rex hodie est, cras morietur : sic à Deo optimo medico confestim tollitur rex (malus) curandis citiùs reipublicæ malis. Ex aliis lectionibus vix ac ne vix quidem sensum bonum exsculpseris.

14. *Apostatare :* abscedere cum protervià. Hoc autem et seqq. usque ad vers. 21, videntur alludere ad Chananæas gentes, crudeles, impias; quæ cùm adversùs Deum superbire, ejusque cultum ac memoriam abjicere cœpissent, exindè in abominanda vers. 15, hoc est, in omne facinus proruerunt, cesseruntque Israelitis mitioribus, et Dei cultoribus, 17, 18 et seqq.

16. *Exhonoravit Dominus conventus :* civitates, cœtus : at Græc. *proptereà Dominus incredibiles* ( verti etiam potest ) manifestissimas *calamitates induxit :* παρεδόξασι, *manifestavit :* sive præter opinionem invexit : undè paradoxa, incredibilia, inopina. *Et destruxit eos in finem :* nempè qui sectantur superbiam.

## CAPUT X.

Non est creata hominibus superbia; neque ira furoris generationibus mulierum.

Semen honoratum quale? Semen hominis. Semen honoratum quale? Ii qui timent Dominum. Semen inhonoratum quale? Semen hominis. Semen inhonoratum quale? Qui prætereunt mandata.

In medio fratrum rector illorum in honore : et qui timent Dominum, in oculis illius.

Dives, et honoratus, et pauper, gloriatio eorum, timor Domini.

Non justum est despicere pauperem sensatum; et non decet magnificare hominem peccatorem.

Magnus, et judex, et potens honorificabitur : et non est eorum aliquis major illo qui timet Dominum.

Servo sapienti liberi servient : et vir prudens non murmurabit.

Noli excusando cunctari in faciendo opere tuo : et noli te extollere in tempore angustiæ tuæ.

22. Non est creata hominibus superbia : neque iracundia nationi mulierum.

23. Semen hominum honorabitur hoc, quod timet Deum : semen autem hoc exhonorabitur, quod præterit mandata Domini.

24. In medio fratrum rector illorum in honore : et qui timent Dominum, erunt in oculis illius.

25. Gloria divitum, honoratorum, et pauperum, timor Dei est.

26. Noli despicere hominem justum pauperem : et noli magnificare virum peccatorem divitem.

27. Magnus, et judex, et potens est in honore : et non est major illo qui timet Deum.

28. Servo sensato liberi servient : et vir prudens et disciplinatus non murmurabit correptus, et inscius non honorabitur.

29. Noli extollere te in faciendo opere tuo, et noli cunctari in tempore angustiæ.

22. *Nationi* (filiis, atque, ut habet Græcus, *generationibus*) *mulierum* : docet autem animantes quasdam velut ad superbiam natas, alias ad crudelitatem et iram : filios verò mulierum, homines ad modestiam et mansuetudinem naturâ esse compositos.

24. *In medio fratrum*. Primogenitus quâdam ætatis prærogativâ velut rector fratrum habetur. Judæi quoque cives suos appellabant fratres, ex eodem Abrahami sanguine ortos. Sensus ergo sit : Quali honore est vel inter fratres primogenitus, vel rex inter cives fraternâ charitate conjunctos, tali honore Deus dignatur justos : quod congruit vers. 27. Hic habet Complutensis : *Timor Domini imperia servat :* evertit autem inclementia (sive asperitas, atque acerbitas) et superbia. *In oculis illius :* quippe quos respiciat ac velut in oculis gerat.

27. *Magnus, et judex... et non est major illo :* Græc. planiùs : *Et non est aliquis horum major illo qui timet Deum.*

28. *Correptus, et inscius :* qui etiam emendatus, inscius manet : *non honorabitur :* utpote immedicabili imperitiâ.

29. *Noli extollere te :* Græc. *Noli sapientem agere in faciendo opere :* noli ratiocinari multùm, cùm opus facto est; noli sapientiæ specie comminisci vanas tergiversandi causas.

| VERSIO VULGATA | SIXTINA VERSIO |
|---|---|
| 30. Melior est qui operatur, et abundat in omnibus, quàm qui gloriatur, et eget pane. | Melior est, qui operatur in omnibus, quàm qui ambulat, aut gloriatur, et eget pane. |
| 31. Fili, in mansuetudine serva animam tuam, et da illi honorem secundùm meritum suum. | Fili, in mansuetudine glorifica animam tuam : et da illi honorem secundùm meritum ejus. |
| 32. Peccantem in animam suam quis justificabit? et quis honorificabit exhonorantem animam suam? | Peccantem in animam suam quis justificabit? et quis honorabit exhonorantem vitam suam? |
| 33. Pauper gloriatur per disciplinam et timorem suum : et est homo qui honorificatur propter substantiam suam. | Pauper honorificatur per scientiam suam : et dives honorificatur propter substantiam suam. |
| 34. Qui autem gloriatur in paupertate, quantò magis in substantiâ? et qui gloriatur in substantiâ, paupertatem vereatur. | Qui autem glorificatur in paupertate, quantò magis in substantiâ? et qui est inglorius in substantiâ, quantò magis in paupertate? |

33. *Pauper gloriatur* : Græc. *honoratur : per disciplinam*, doctrinam, *suam, et est homo qui* : Græc. *dives autem honoratur propter substantiam*, alter insito, alter advectitio et emendicato bono.

34. *Qui autem* : qui cùm pauper sit, superbit, quantò superbiret magis, si valeret opibus? vel, quod magis Græco congruit : qui etiam pauper honoratur, quanto honori esset si valeret opibus? et qui inglorius est, etiam dives, quantò magis, si inops esset?

## CAPUT XI.

Non temerè judicandum, neque ex specie, 2 usque ad 9; ardeliones, sive pluribus rebus intenti, ad 12; ditescere cupientes, 18, 19, 20; inflati rebus secundis, 25 *et seqq*.; calamitates : ne ante mortem laudaveris, 30; cave ab extraneo et ignoto, 31, ad finem.

| VERSIO VULGATA. | SIXTINA VERSIO. |
|---|---|
| 1. Sapientia humiliati exaltabit caput illius, et in medio magnatorum consedere illum faciet. | Sapientia humiliati exaltavit caput, et in medio magnatorum consedere illum faciet. |
| 2. Non laudes virum in specie suâ, nequè spernas hominem in visu suo. | Non laudes virum in specie suâ : neque spernas hominem in visu suo. |
| 3. Brevis in volatilibus est apis, et initium dulcoris habet fructus illius. | Brevis in volatilibus apis : et principium dulcorum, fructus ejus. |

1. *Humiliati* : humilis conditionis viri.

3. *Brevis* : exigua : *est apis;* exemplum minimæ rei, quæ virtute præstet. *Initium dulcoris* : principium, seu principatus dulcedinis : summa et præstantissima dulcedinum.

## CAPUT XI.

In circumjectione vestimentorum ne glorieris; nec in die honoris extollaris : quoniam mirabilia opera Domini, et absconsa opera illius in hominibus.

Multi tyranni sederunt in solo; et insuspicabilis portavit diadema.

Multi potentes exhonorati sunt valdè, et gloriosi traditi sunt in manus alterorum.

Priusquàm interroges, ne vituperes; intellige primùm, et tunc corripe.

Priusquàm audias, ne respondeas : et in medio sermonum ne interloquaris.

De re, quâ tibi opus non est, ne certaveris : et in judicio peccantium ne consideas.

Fili, ne circa multa sint actus tui. Si enim multiplicaveris, non eris immunis à delicto. Et si secutus fueris, non apprehendes; et non effugies, si præcucurreris.

Est laborans, et dolens et festinans : et tantò magis ipsi deest.

Est marcidus, et egens recuperatione, deficiens virtute, et abundat paupertate :

4. In vestitu ne glorieris unquàm, nec in die honoris tui extollaris : quoniam mirabilia opera Altissimi solius, et gloriosa, et absconsa, et invisa opera illius.

5. Multi tyranni sederunt in throno, et insuspicabilis portavit diadema.

6. Multi potentes oppressi sunt validè, et gloriosi traditi sunt in manus alterorum.

7. Priusquàm interroges, ne vituperes quemquam : et cùm interrogaveris, corripe justè.

8. Priusquàm audias, ne respondeas verbum : et in medio sermonum ne adjiciàs loqui.

9. De eâ re, quæ te non molestat, ne certeris : et in judicio peccantium ne consistas.

19. Fili, ne in multis sint actus tui : et si dives fueris, non eris immunis à delicto. Si enim secutus fueris, non apprehendes et non effugies, si præcucurreris.

11. Est homo laborans, et festinans, et dolens impius : et tantò magis non abundabit.

12. Est homo marcidus egens recuperatione, plus deficiens virtute, et abundans paupertate :

---

5. *In throno :* Græc. *in solo,* undè factum *solio,* et posteà *throno; c*æterùm, *solo,* verissima lectio est, cùm sit oppositum : Multi reges in solum dejecti; multi ad diadematis honorem evecti. *Insuspicabilis :* de quo nihil magni suspicareris.

9. *Ne certeris :* ne certaveris.

10. *Ne in multis sint actus tui :* Ardeliones notat, qui cuique negotio se immiscent. *Si dives fueris :* qui finis est illorum, qui se nimis implicant negotiis: *si secutus fueris* (multa) non assequere. *Et non effugies :* cùm semel multis fueris negotiis implicitus, frustrà effugere conaberis; ac præcurrentem licèt, difficultates facilè comprehendent. Summa est : Multis implicitus negotiis, multa peccat; multa sectatus, nihil capit; multa conatus, expedire se non potest; cui etiam vers. sequens congruit.

11. *Dolens,* se excrucians; *impius :* additum explanationis causâ : cæterùm sententia per se stat. *Tantò magis non abundabit :* Græc. *tantò magis deficit;* quò mobilior, et quietis impatientior, eò infirmior.

12. *Est homo marcidus.* Aliud extremum : indiligentia atque inertia, et velut

13. Et oculus Dei respexit illum in bono, et erexit eum ab humilitate ipsius, et exaltavit caput ejus : et mirati sunt in illo multi, et honoraverunt Deum.

14. Bona et mala, vita et mors, paupertas et honestas, à Deo sunt.

15. Sapientia, et disciplina, et scientia legis apud Deum. Dilectio, et viæ bonorum apud ipsum.

16. Error et tenebræ peccatoribus concreata sunt : qui autem exultant in malis, consenescunt in malo.

17. Datio Dei permanet justis, et profectus illius successus habebit in æternum.

18. Est qui locupletatur parcè agendo, et hæc est pars mercedis illius

19. In eo quod dicit : Inveni requiem mihi, et nunc manducabo de bonis meis solus :

20. Et nescit quòd tempus præteriet, et mors appropinquet, et relinquat omnia aliis, et morietur.

21. Sta in testamento tuo, et in illo colloquere, et in opere mandatorum tuorum veterasce.

22. Ne manseris in operibus peccatorum. Confide autem in Deo, et mane in loco tuo.

23. Facile est enim in oculis Dei subitò honestare pauperem.

Et oculi Domini respexerunt illum in bona; et erexit eum ab humilitate ipsius ; et exaltavit caput ejus : et mirati sunt in illo multi.

Bona et mala, vita et mors, paupertas et honestas à Domino sunt.

Datio Domini permanet piis : et beneplacitum ejus bonos successus habebit in æternum.

Est qui locupletatur, attentè et parcè agendo : et hæc est pars mercedis illius,

In eo quod dicit : Inveni requiem, et nunc manducabo de bonis meis :

Et nescit quòd tempus pertransiet, et relinquet ea aliis, et morietur.

Sta in testamento tuo, et in illo colloquere : et in opere tuo veterasce.

Ne mireris in operibus peccatoris. Confide in Domino ; et mane in labore tuo.

Facile est enim in oculis Domini, velociter subitò honestare pauperem.

---

animi torpor. *Egens recuperatione* : egens opis, auxilii : Græc. *Et :* tamen.

13. *Oculus Dei.* Hic memorat eos qui fortunati vocantur, quibus veluti dormientibus, Deus sponte omnia conficere videatur : atque ex eo quòd alii magnis conatibus nihil agant, aliis omnia ultrò provenire videantur, meritò infert, vers. 14, rebus humanis intervenire vim quamdam, quæ nostram industriam exsuperet, non autem fortunam aut casum, ergo Deum. Vide XIII, 26.

14. *Honestas :* honores, opes.

18. *Parcè agendo :* summâ cum parcimoniâ : undè Græc. addit : *attentè*, diligenter.

19. *Manducabo.* Sic ille *Luc.*, XII, 19. *Anima, habes multa bona :... epulare,* etc.

21. *In testamento tuo;* in fœdere per legem : *et in illo colloquere :* alludit ad illud : *Evigilans loquere cum eis :* præceptis scilicet, *Prov.*, VI, 22.

## CAPUT XI.

Benedictio Domini in mercede pii : et in horâ veloci exoriri facit benedictionem suam.

Ne dicas : Quid est mihi opus? et quæ erunt mihi ex hoc nunc bona?

Ne dicas: Sufficientia mihi sunt: et quid ex hoc nunc pessimabor?

In die bonorum, oblivio malorum; et in die malorum, non erit memoria bonorum :

Quoniam facile est coràm Domino, in die obitûs retribuere homini secundùm vias ejus.

Malitia horæ oblivionem facit luxuriæ : et in fine hominis, denudatio operum illius.

Ante mortem ne beatifices quemquam : et in filiis suis agnoscetur vir.

Non omnem hominem inducas in domum tuam : multæ enim sunt insidiæ dolosi.

Perdix venatrix in caveâ, sic cor superbi; et tanquàm speculator inspicit casum.

Bona enim in mala convertens

24. Benedictio Dei in mercedem justi festinat, et in horâ veloci processus illius fructificat.

25. Ne dicas : Quid est mihi opus? et quæ erunt mihi ex hoc bona?

26. Ne dicas : Sufficiens mihi sum : et quid ex hoc pessimabor?

27. In die bonorum ne immemor sis malorum: et in die malorum ne immemor sis bonorum :

28. Quoniam facile est coràm Deo in die obitûs retribuere unicuique secundùm vias suas.

29. Malitia horæ oblivionem facit luxuriæ magnæ, et in fine hominis denudatio operum illius.

30. Ante mortem ne laudes hominem quemquam, quoniam in filiis suis agnoscitur vir.

31. Non omnem hominem inducas in domum tuam : multæ enim sunt insidiæ dolosi.

32. Sicut enim eructant præcordia fœtentium, et sicut perdix inducitur in caveam, et ut caprea in laqueum : sic et cor superborum, et sicut prospector videns casum proximi sui.

33. Bona enim in mala convertens

25, 26. *Ne dicas : Quid est mihi opus?... ne dicas.* Sic agunt bonorum copiâ elati ; rem optimam ac maximè constabilitam, sive privatam sive publicam, aliud atque aliud negligendo, pessumdant.

27. *In die bonorum :* Græc. paulò aliter : *in die bonorum, oblivio malorum, et in die malorum, non erit memoria bonorum :* prorsùs ex intimâ mentis humanæ notitiâ, quâ nihil magis obliviosum aut improvidum.

29. *Malitia :* infelicitas, infortunium : quod frequens et observandum.

30. *In filiis.* Duo notat quibus hominis prudentia cognoscatur; vitæ finis, et liberi post mortem, qui ut agent, patre mortuo , et jam suo consilio relicti, ita benè à patre instituti habebuntur.

31. *Non omnem hominem :* vide 36.

32. *Sicut eructant :* sicut ex fœtido pectore gravis odor, ita ex corde doloso fraudes erumpunt. *Et sicut perdix :* planus Vulgatæ sensus : Græc. autem sic habet : *perdix venatica,* θηρευτὴς : θηρευθεὶς, *venatu capta,* ut habent optimi codices. *Sic cor superborum :* hoc est, præfractè et temerè cuivis se credentium facilè capitur. *Et sicut prospector :* sive Græc. *speculator :* ita vir dolosus, de quo agitur, domum tuam inductus, vers. 31, casum tuum providet magno tuo periculo; quòd et inimicis te prodat, et ruiturum impellat, cui sequens congruit : Græc. paulò aliter, et ex Vulgatâ supplendus videtur.

| | |
|---|---|
| insidiatur; et in electis imponet maculam. | insidiatur; et in electis imponet maculam. |
| 34. A scintillâ unâ augetur ignis, et ab uno doloso augetur sanguis; homo verò peccator sanguini insidiatur. | A scintillâ ignis augetur pruna: et homo peccator sanguini insidiatur. |
| 35. Attende tibi à pestifero, fabricat enim mala : ne fortè inducat super te subsannationem in perpetuum. | Attende à malefico; fabricat enim mala : ne fortè maculam det tibi in perpetuum. |
| 36. Admitte ad te alienigenam, et subvertet te in turbine, et abalienabit te à tuis propriis. | Admitte ad te alienigenam : et subvertet te in turbationibus, et alienabit te à tuis propriis. |

33. *Bona in mala convertens :* per calumniam. *In electis :* viris quoque optimis scelera imputabit. Potest etiam sumi neutraliter, pro rebus optimis.

34. *Augetur sanguis :* cædes : Græc. aliter, sed obscurius, et ex Vulgatâ supplendus.

36. *Admitte :* Græc. *si admittis : alienigenam :* alienum, spretis propinquis et amicis. *In turbine :* in rebus turbidis : confer cum vers. 31.

## CAPUT XII.

Cui benefaciendum, ad 8; de veris amicis, deque inimicis, amicitiæ specie fallentibus, 8, ad finem.

| VERSIO VULGATA. | SIXTINA VERSIO. |
|---|---|
| 1. Si benefeceris, scito cui feceris : et erit gratia in bonis tuis multa. | Si benefacias, scito cui facias; et erit gratia bonis tuis. |
| 2. Benefac justo, et invenies retributionem magnam : et si non ab ipso, certè à Domino. | Benefac pio, et invenies retributionem : et si non ab ipso, certè ab Altissimo. |
| 3. Non est enim ei benè qui assiduus est in malis, et eleemosynas non danti : quoniam et Altissimus odio habet peccatores, et misertus est pœnitentibus. | Non est benè ei qui assiduus est in malis, et eleemosynam non danti. |
| 4. Da misericordi, et ne suscipias peccatorem : et impiis, et peccatoribus reddet vindictam, custodiens eos in diem vindictæ. | Da pio, et ne suscipias peccatorem. |
| 5. Da bono, et non receperis peccatorem. | |
| 6. Benefac humili, et non dederis impio : prohibe panes illi dari, ne in ipsis potentior te sit. | Benefac humili, et non dederis impio. Impedi panes illius, et non dederis ei, ne in ipsis te opprimat. |
| 7. Nam duplicia mala invenies in | Nam duplicia mala invenies in |

## CAPUT XII.

omnibus bonis, quæcumque feceris ei : quoniam et Altissimus odio habet peccatores, et impiis reddet vindictam. Da bono, et ne suscipias peccatorem.

Non judicabitur in bonis amicus; et non abscondetur in malis inimicus.

In bonis viri, inimici illius in tristitiâ : et in malis illius etiam amicus disjungetur.

Non credas inimico tuo in æternum. Sicut enim æramentum æruginat, sic nequitia illius.

Et si humiliatus vadat curvus, adjice animum tuum, et custodi te ab illo : et eris ei tanquàm qui absterseris speculum, et cognosces quòd non in finem deposuit æruginem.

Non statuas illum penes te; ne, te subverso, stet in loco tuo. Non facias eum sedere ad dexteram tuam, ne fortè inquirat cathedram tuam; et in novissimo cognoscas verba mea, et in sermonibus meis stimuleris.

Quis miserebitur incantatori à serpente percusso, et omnibus qui appropiant bestiis? Sic et qui comitatur cum viro peccatore, et convolvitur in peccatis illius.

Unâ horâ permanebit tecum; si autem declinaveris, non supportabit.

omnibus bonis quæcumque feceris illi : quoniam et Altissimus odio habet peccatores, et impiis reddet vindictam.

8. Non agnoscetur in bonis amicus, et non abscondetur in malis inimicus.

9. In bonis viri, inimici illius in tristitiâ : et in malitiâ illius, amicus agnitus est.

10. Non credas inimico tuo in æternum : sicut enim æramentum, æruginat nequitia illius :

11. Et si humiliatus vadat curvus, adjice animum tuum, et custodi te ab illo.

12. Non statuas illum penes te, nec sedeat ad dexteram tuam : ne fortè conversus in locum tuum, inquirat cathedram tuam : et in novissimo agnoscas verba mea, et in sermonibus meis stimuleris.

13. Quis miserebitur incantatori à serpente percusso, et omnibus qui appropiant bestiis? Et sic qui comitatur cum viro iniquo, et obvolutus est in peccatis ejus.

14. Unâ horâ tecum permanebit : si autem declinaveris, non supportabit.

---

8. *Non agnoscetur :* eò quòd florentibus rebus omnes æquè favere videantur.

10. *Sicut enim æramentum :* quemadmodùm ærugo, ita odia veterascendo crescunt. Alium sensum indicat Græc. sequenti congruum.

11. *Et si humiliatus... ab illo :* addit Græc. *et eris ei, sicut qui abstersit speculum, et cognosces quòd non in finem deposuit æruginem :* metaphorâ ductâ à speculis æneis, quæ abstergendo, agnoscis indelebilem maculam æruginis : ita explorando inimicos, immedicabile odium.

12. *Inquirat cathedram tuam :* sedem tuam occupandam : rem tuam, dignitatem, locum : quod in Græc. est planius. *Et in novissimo :* seriùs; *agnoscas, etc. In sermonibus meis stimuleris :* pungaris, recordatus quàm vera prædixerim.

14. *Si declinaveris :* si res tuæ inclinentur et cadant.

15. In labiis suis indulcat inimicus: et in corde suo insidiatur, ut subvertat te in foveam.

16. In oculis suis lacrymatur inimicus: et si invenerit tempus, non satiabitur sanguine:

17. Et si incurrerint tibi mala, invenies eum illic priorem.

18. In oculis suis lacrymatur inimicus, et quasi adjuvans, suffodiet plantas tuas.

19. Caput suum movebit, et plaudet manu, et multa susurrans commutabit vultum suum.

Et in labiis suis indulcabit inimicus; et in corde suo deliberabit subvertere te in foveam.

In oculis suis lacrymabitur inimicus; et si invenerit tempus, non satiabitur sanguine.

Si incurrerint tibi mala, invenies eum illic priorem te:

Et quasi adjuvans, subsecabit plantas tuas.

Caput suum movebit et plaudet manibus suis, et multa susurrans commutabit vultum suum.

15. *Indulcat :* dulcescit.

17, 18. *Priorem :* Græc. *te :* tanquàm adjuturum; at adjuvandi specie suffossurum *plantas tuas :* pedes impediturum, ut cadas. Elidendum autem illud, *in oculis*, etc., quod à vers. 16 nullâ necessitate repetitur : et ita Græc.

19. *Multa susurrans :* multos rumores clam spargens. *Commutabit vultum suum :* variè et artificiosè componet ad fraudes.

## CAPUT XIII.

Cum quo cuique versandum, usque ad 25; societas cum malis, 1; cum opulentioribus, 2, ad 25; ubi potentiorum artes: de divite ac paupere, 25 et seqq.; indicia mentis in vultu, 31, 32.

### VERSIO VULGATA.

1. Qui tetigerit picem, inquinabitur ab eâ : et qui communicaverit superbo, induet superbiam.

2. Pondus super se tollet qui honestiori se communicat et ditiori te ne socius fueris.

3. Quid communicabit cacabus ad ollam? quandò enim se colliserint, confringetur.

4. Dives injustè egit, et fremet: pauper autem læsus tacebit.

5. Si largitus fueris, assumet te : et

### SIXTINA VERSIO.

Qui tetigerit picem, inquinabitur : et qui communicaverit superbo, assimilabitur ei.

Pondus super te tollas : et fortiori te, et ditiori ne socius fueris.

Quid communicabit olla ad lebetem? Ipsa impinget, et ipsa conteretur.

Dives injustè egit, et ipse fremuit : pauper læsus est, et ipse orabit.

Si utilitatem apportes, operatur

2. *Pondus super se* (majus suis viribus) *tollet, qui honestiori,* ditiori, potentiori *communicat :* quòd illa societas imbecillo iniqua futura sit et gravis.

4. *Dives injustè egit et fremet :* prior irascitur quasi læsus. *Pauper tacebit :* Græc. *supplicabit ;* veniam cogetur petere, quasi ipse læserit.

## CAPUT XIII.

in te : et si tibi defuerit, derelinquet te.

Si habes, convivet tecum, et evacuabit te, et ipse non dolebit.

Si necessarius illi fueris, supplantabit te, et subridens spem tibi dabit : loquetur tibi bona, et dicet : Quid opus est tibi?

Et confundet te in cibis suis, donec exinaniat te bis et ter : et in novissimo deridebit te : posteà videbit te, et derelinquet te, et caput suum movebit super te.

Attende, ne seducaris, et ne humilieris in lætitiâ tuâ.

Advocatus à potente, discede : et tantò magis te advocabit.

Non intrudas te, ne expellaris; et ne longè distes, ne eas in oblivionem.

Ne retineas colloqui cum illo, nec credas multis verbis illius : ex multâ enim loquelâ tentabit te, et tanquàm arridens interrogabit.

Immitis, qui non conservat

si non habueris, derelinquet te.

6. Si habes, convivet tecum, et evacuabit te : et ipse non dolebit super te.

7. Si necessarius illi fueris, supplantabit te, et subridens spem dabit, narrans tibi bona, et dicet : Quid opus est tibi?

8. Et confundet te in cibis suis, donec te exinaniat bis et ter : et in novissimo deridebit te : et posteà videns derelinquet te, et caput suum movebit ad te.

9. Humiliare Deo, et expecta manus ejus.

10. Attende, ne seductus in stultitiam humilieris.

11. Noli esse humilis in sapientiâ tuâ, ne humiliatus in stultitiam seducaris.

12. Advocatus à potentiore discede : ex hoc enim magis te advocabit.

13. Ne improbus sis, ne impingaris : et ne longè sis ab eo, ne eas in oblivionem.

14. Ne retineas ex æquo loqui cum illo, nec credas multis verbis illius : ex multâ enim loquelâ tentabit te, et subridens interrogabit te de absconditis tuis.

15. Immitis animus illius conser-

---

7. *Supplantabit* : Græc. *decipiet*.

8. *Confundet te in cibis suis* : convivam adhibebit nihil negaturum præ verecundiâ. *Bis et ter* : ad convivia referendum videtur.

9. *Humiliare* coràm *Deo* : sed ne nimis stultèque coràm hominibus, ne ut vile quid conculceris : quod sequenti congruit.

10. *Ne in stultitiam humilieris* : dejiciaris : Græc. addit : *in lætitiâ* : in conviviis et voluptatibus.

11. *In sapientiâ tuâ* : falsâ scilicet, quâ divitum captas gratiam.

13. *Ne improbus sis* : quod latinè sonat importunum, neque à divitis latere discedentem : *ne impingaris* : Græc. *ne expellaris*.

14. *Ne retineas* : Græc. μὴ ἔπεχε, quod etiam sonat : Ne studueris, ne animum adjeceris : infrà, xvi, 2, et alibi in Scripturis, ut *Luc.*, xiv, 7; 1 *Tim.*, iv, 16, *ex æquo loqui* : Græc. *alloqui* : ἰσηγορεῖσθαι, quod aliqui habent codices, pro εἰσηγορεῖσθαι.

15. *Immitis animus conservabit verba tua* : tacitè, ut occasionem nocendi quæ-

vabit verba tua : et non parcet de malitiâ, et de vinculis.

16. Cave tibi, et attende diligenter auditui tuo, quoniam cum subversione tuâ ambulas.

17. Audiens verò illa, quasi in somnis vide, et vigilabis.

18. Omni vitâ tuâ dilige Deum, et invoca illum in salute tuâ.

19. Omne animal diligit simile sibi : sic et omnis homo proximum sibi.

20. Omnis caro ad similem sibi conjungetur; et omnis homo simili sui sociabitur.

21. Si communicabit lupus agno aliquandò, sic peccator justo.

22. Quæ communicatio sancto homini ad canem ? aut quæ pars diviti ad pauperem ?

23. Venatio leonis onager in eremo : sic et pascua divitum sunt pauperes.

24. Et sicut abominatio est superbo humilitas : sic et execratio divitis pauper.

25. Dives commotus confirmatur ab amicis suis : humilis autem cùm ceciderit, expelletur et à notis.

26. Diviti decepto multi recuperatores : locutus est superba, et justificaverunt illum :

27. Humilis deceptus est, insuper et arguitur : locutus est sensatè, et non est datus ei locus.

28. Dives locutus est, et omnes ta-

verba; et non parcet de malitiâ, et de vinculis.

Cave tibi, et attende diligenter, quoniam cum subversione tuâ ambulas.

Omne animal diligit simile sibi ; et omnis homo proximum sibi.

Omnis caro secundùm genus conjungitur ; et homo simili sibi sociabitur.

Quid communicabit lupus agno ? sic peccator erga pium.

Quæ pax hyænæ ad canem ? et quæ pax diviti ad pauperem ?

Venatio leonum, onagri in eremo : sic pascua divitum sunt pauperes.

Abominatio superbo humilitas : sic execratio diviti pauper.

Dives commotus confirmatur ab amicis : humilis autem cùm ceciderit, expellitur ab amicis.

Divite lapso multi recuperatores : locutus est non dicenda ; et justificaverunt illum.

Humilis lapsus est, et insuper arguitur : locutus est sensatè, et non est datus ei locus.

Dives locutus est, et omnes ta-

---

rat. At Græc. *immitis qui non servat verba* : datæ fidei ac promissorum immemor. *Non parcet de malitiâ* : tibi molietur infortunium et carceres.

17. *Quasi in somnis* : vigilem te volo, sed instar somnolenti, ne te attentum nimis et curiosum putet, technasque meditantem.

22. *Sancto homini ad canem* : ad hominem impurum : de quo, *Foris canes*, Apoc., xxii, 15. At Græc. *Quæ pax hyænæ ad canem ?* inter animantes naturâ inimicissimas.

24. *Humilitas* : vilitas ; *execratio* : sordes.

25. *Commotus* : Græc. *vacillans*.

26. *Recuperatores* : adjutores : *superba* : Græc. *infanda*.

27. *Deceptus est* : Græc. *lapsus est*.

## CAPUT XIV.

cuerunt, et verbum ejus usque ad nubes exaltaverunt.

Pauper locutus est, et dicunt : Quis est hic? et si offenderit, subvertunt illum.

Bona est substantia, cui non est peccatum : et nequissima paupertas in ore impii.

Cor hominis immutat faciem illius, sive in bona, sive in mala.

Vestigium cordis in bonis facies hilaris : et inventio parabolarum, cogitationes cum labore.

cuerunt, et verbum illius usque ad nubes perducent.

29. Pauper locutus est, et dicunt : Quis est hic? et si offenderit, subvertent illum.

30. Bona est substantia, cui non est peccatum in conscientiâ : et nequissima paupertas in ore impii.

31. Cor hominis immutat faciem illius, sive in bona, sive in mala.

32. Vestigium cordis boni, et faciem bonam difficilè invenies, et cum labore.

30. *Bona est substantia :* bonæ opes bonis artibus partæ : paupertas autem judice impio semper pessima.

32. *Vestigium :* non facilè invenieris *faciem bonam,* in quâ sit *vestigium,* sive indicium *cordis boni :* in quâ animi candor eluceat : longè aliter Græc. *Vestigium* (indicium) *cordis in bonis* (in lætis rebus versantis est) *facies hilaris; inventio parabolarum* (sententiarum sunt) *cogitationes cum labore ;* læta frons lætum indicat animum gravis, laborantem in morali disciplinâ, ad breves et scitu dignas sententias redigendas : quod genus tractationis utilissimum vitæ humanæ judicabant.

## CAPUT XIV.

Lingua, 1 ; bona conscientia, 2 ; avarus, invidus, stultus, sibique et aliis pessimus, 4, ad 22 ; quærenda sapientia, 22, ad finem.

SIXTINA VERSIO.

Beatus vir, qui non est lapsus in ore suo, et non est stimulatus in tristitiâ delicti.

Beatus, quem non condemnavit animus suus, et qui non excidit à spe suâ.

Viro minutè rationes subducenti non est pulchra substantia : et homini livido ad quid pecuniæ?

Qui acervat ex animâ suâ, aliis

VERSIO VULGATA.

1. Beatus vir, qui non est lapsus verbo ex ore suo, et non est stimulatus in tristitiâ delicti.

2. Felix, qui non habuit animi sui tristitiam, et non excidit à spe suâ.

3. Viro cupido et tenaci sine ratione est substantia : et homini livido ad quid aurum?

4. Qui acervat ex animo suo in-

1. *Beatus vir :* qui linguâ non peccat, ferè omnis peccati exsors : ut *Jac.,* III, 2. *Stimulatus :* compunctus peccati conscientiâ.

2. *Felix :* quem suus animus (sua conscientia) non cruciat.

3. *Sine ratione :* indecens. *Livido :* avaro, ut videtur, sibi omnia invidenti : ut infrà, 6.

4. *Ex animo suo :* Græc. *ex animâ suâ :* ex victu suo, cui detrahit ad augendas opes. *Injustè* nihil ad rem, et Græc. deest.

justè, aliis congregat, et in bonis illius alius luxuriabitur.

5. Qui sibi nequam est, cui alii bonus erit? et non jucundabitur in bonis suis.

6. Qui sibi invidet, nihil est illo nequius : et hæc redditio est malitiæ illius :

7. Et si benefecerit, ignoranter et non volens facit : et in novissimo manifestat malitiam suam.

8. Nequam est oculus lividi : et avertens faciem suam, et despiciens animam suam.

9. Insatiabilis oculus cupidi in parte iniquitatis : non satiabitur, donec consumat arefaciens animam suam.

10. Oculus malus ad mala : et non satiabitur pane, sed indigens et in tristitiâ erit super mensam suam.

11. Fili, si habes, benefac tecum : et Deo dignas oblationes offer.

12. Memor esto quoniam mors non tardat, et testamentum inferorum quia demonstratum est tibi. Testamentum enim hujus mundi : Morte morietur.

13. Ante mortem benefac amico tuo, et secundùm vires tuas exporrigens da pauperi.

14. Non defrauderis à die bono :

congregat; et in bonis illius alii luxuriabuntur.

Qui sibi nequam est, cui bonus erit? et non jucundabitur in pecuniis suis.

Qui sibi invidet, nihil est illo nequius; et hoc est redditio malitiæ illius :

Et si benefaciat, in oblivione facit, et in novissimis manifestat malitiam suam.

Nequam est invidens oculo, avertens faciem, et despiciens animas.

Cupidi oculus non satiabitur parte : et injustitia mala arefacit animam.

Oculus malus invidus in pane, et egenus super mensam suam.

Fili, sicut habes, benefac tecum : et Domino dignas oblationes offer.

Memor esto, quoniam mors non tardat; et testamentum inferorum non est demonstratum tibi.

Ante mortem benefac amico, et secundùm vires tuas porrigens da ei.

Non defraudes à die bono : et

---

7. *In novissimo :* facilè ad ingenium redit.

8. *Nequam est :* perversus, iniquus, *oculus lividi :* cujuslibet, aut etiam, avari sibi et aliis invidentis, ex vers. 6, 7. Notum illud : *An oculus tuus nequam est*, etc., Matth., xx, 15. *Despiciens animam :* Græc. *animas :* non suam tantùm animam, sed totum humanum genus vilifacit. Totus versus in Græc. planior et brevior.

9. *In parte :* portione : nunquàm sorte suâ contentus : ideò partem iniquitatis, sive iniquam vocat : quod tamen Græc. deest. *Arefaciens animam :* curis conficiens.

10. *Non satiabitur pane :* sibi ipsi invidet. Vide Græc.

12. *Testamentum inferorum :* lex sepulcri : *demonstratum est tibi :* quòd nemo mortem effugere possit. At Græc. *non est demonstratum*, quòd oblitus videaris. *Testamentum :* sic distingue : *testamentum hujus mundi : Morte morietur :* hoc est sempiterna lex, ut omne quod nascitur, intereat. Vide Græc. vers. 18.

## CAPUT XIV.

pars boni desiderii non te prætereat.

Nonne alii relinques dolores tuos, et labores tuos in divisionem sortis?

Da et accipe; et falle animam tuam:

Quoniam non est apud inferos quærere delicias.

Omnis caro, sicut vestis, veterascit: testamentum enim à sæculo: Morte morietur. Sicut folium germinans in arbore densâ.

Alia quidem dejicit, alia autem generat: sic generatio carnis, et sanguinis; alia quidem finitur, alia verò nascitur.

Omne opus corruptibile deficit; et qui illud operatur, abibit cum illo.

Beatus vir, qui in sapientiâ morietur, et qui in sensu suo disseret.

Qui excogitat vias illius in corde suo, et in absconditis ejus intelliget. Vade post illam quasi investigator, et in ingressibus ejus insidiare.

et particula boni doni non te prætereat.

15. Nonne aliis relinques dolores, et labores tuos in divisione sortis?

16. Da et accipe, et justifica animam tuam.

17. Ante obitum tuum operare justitiam: quoniam non est apud inferos invenire cibum.

18. Omnis caro, sicut fœnum, veterascet, et sicut folium fructificans in arbore viridi.

19. Alia generantur, et alia dejiciuntur: sic generatio carnis et sanguinis: alia finitur, et alia nascitur.

20. Omne opus corruptibile in fine deficiet: et qui illud operatur, ibit cum illo.

21. Et omne opus electum justificabitur: et qui operatur illud, honorabitur in illo.

22. Beatus vir, qui in sapientiâ morabitur, et qui in justitiâ suâ meditabitur, et in sensu cogitabit circumspectionem Dei.

23. Qui excogitat vias illius in corde suo, et in absconditis suis intelligens, vadens post illam quasi investigator, et in viis illius consistens:

---

15. *Nonne aliis:* imò hæc erit pars tua, cætera transibunt ad hæredes.

16. *Da et accipe:* da eleemosynam, et accipe veniam. *Et justifica animam tuam,* à peccatis: quod sequenti congruit. At Græc. *Da et accipe* (hoc est, ut videtur, utere bonis potiùs quàm te inediâ per avaritiam excrucies) *et falle animam tuam;* quo sensu dicimur fallere, ac velut consopire curas: subditque statim:

17. *Quoniam non est apud inferos invenire cibum:* Græc. *delicias:* quæ quomodo accipienda sint, ad similes locos *Ecclesiastæ* diximus.

18. *Omnis caro sicut fænum:* vide Græc.

19. *Alia generantur:* sicut folia, alia enascuntur, alia dejiciuntur, decidunt: sic est hominum generatio: quâ comparatione Homerus utitur. Græc. *dejicit, generat,* refert ad arborem.

21. *Opus electum:* bonum, probatum: *justificabitur:* justâ mercede donabitur.

22. *Morabitur:* Græc. *morietur.*

24. Qui respicit per fenestras illius, et in januis illius audiens :

25. Qui requiescit juxta domum illius, et in parietibus illius figens palum, statuet casulam suam ad manus illius, et requiescent in casulâ illius bona per ævum :

26. Statuet filios suos sub tegmine illius, et sub ramis ejus morabitur.

27. Protegetur sub tegmine illius à fervore, et in gloriâ ejus requiescet.

Qui respicit per fenestras illius, et in januis illius audiet ;

Qui requiescit juxta domum illius, et in parietibus illius figet palum ; statuet casulam suam ad manus illius, et requiescet in casulâ bonorum.

Statuet filios suos sub tegmine illius, et sub ramis ejus morabitur.

Protegetur sub eâ à fervore, et in gloriâ ejus requiescet.

24. *Per fenestras..... in januis :* curiosus explorator per quasvis rimulas inspicit ; ad januam adstat, si quis fortè susurrus elabitur : ita sapientiæ attendamus.

## CAPUT XV.

Prosequitur de sapientiâ, usque ad 11 ; quo versu incipit confutare eos qui peccata Deo imputabant : tanquam non esset in homine liberum arbitrium, 14 et seqq. ; aut Deus peccatoribus delectaretur, 12, 22.

### VERSIO VULGATA.

1. Qui timet Deum, faciet bona : et qui continens est justitiæ, apprehendet illam,

2. Et obviabit illi, quasi mater honorificata, et quasi mulier à virginitate suscipiet illum.

3. Cibabit illum pane vitæ et intellectûs, et aquâ sapientiæ salutaris potabit illum : et firmabitur in illo, et non flectetur :

4. Et continebit illum, et non confundetur : et exaltabit illum apud proximos suos :

5. Et in medio ecclesiæ aperiet os ejus, et adimplebit illum spiritu sa-

### SIXTINA VERSIO.

Qui timet Dominum, faciet illud : et qui continens est legis, apprehendet eam.

Et obviabit illi, quasi mater ; et quasi mulier virginitatis suscipiet eum.

Cibabit illum pane intellectûs, et aquâ sapientiæ potabit illum : firmabitur in illâ, et non flectetur :

Et super eam innitetur, et non confundetur : et exaltabit illum apud proximos ejus,

Et in medio ecclesiæ aperiet os ejus.

1. *Qui continens* (compos est, ut suprà, VI, 28) *justitiæ :* Græc. *legis. Apprehendet illam :* sapientiam, de quâ præcedente capite.

2. *Mulier à virginitate :* virgo in uxorem data. *Suscipiet illum :* Deum ; de quo vers. 1.

3. *Firmabitur in illo :* sapientia in bono viro radices aget : Græc. *in illâ :* vi bonus in sapientiâ firmum figet gradum.

## CAPUT XV.

Jucunditatem, et coronam exultationis, et nomen æternum hæreditabit.

Homines stulti non apprehendent eam ; et viri peccatores non videbunt eam.

Longè abest à superbiâ : et viri mendaces non erunt illius memores.

Non est speciosa laus in ore peccatoris :

Quoniam non est à Domino missus. In sapientiâ enim dicetur laus : et Dominus prosperabit illum.

Ne dixeris : Quia propter Dominum recessi : quæ enim odit, ne facias.

Ne dixeris : Quia ipse me implanavit : non enim opus habet viro peccatore.

Omne execramentum odit Do-

pientiæ et intellectûs, et stolâ gloriæ vestiet illum.

6. Jucunditatem et exultationem thesaurizabit super illum, et nomine æterno hæreditabit illum.

7. Homines stulti non apprehendent illam, et homines sensati obviabunt illi : homines stulti non videbunt eam : longè enim abest à superbiâ et dolo.

8. Viri mendaces non erunt illius memores : et viri veraces invenientur in illâ, et successum habebunt usque ad inspectionem Dei.

9. Non est speciosa laus in ore peccatoris :

10. Quoniam à Deo profecta est sapientia. Sapientiæ enim Dei adstabit laus, et in ore fideli abundabit, et dominator dabit eam illi.

11. Non dixeris : Per Deum abest : quæ enim odit, ne feceris.

12. Non dicas : Ille me implanavit : non enim necessarii sunt ei homines impii.

13. Omne execramentum erroris

6. *Et nomine æterno hæreditabit illum :* Græc. *donabit* (de viro justo) *et nomen æternum hæreditabit,* sortietur.

9. *Non est speciosa laus :* Dei scilicet : *in ore peccatoris.*

10. *Quoniam à Deo profecta est sapientia :* Græc. *Quoniam non est à Deo missus* (peccator), *ut Deum laudet.* Vides autem non licere cuivis laudem dare Deo, sed si quem ad tantum opus mittit. Quem verò mittat, docent hæc : *sapientiæ enim, Dei adstabit laus,* etc., quæ breviora et obscuriora in Græc. *Dominator :* Dominus sive Deus.

11. *Per Deum abest* (peccator à Deo) : Græc. planior : *Ne dixeris : Per Deum recessi :* defeci : ἀπέϛην. Quidam ita omnia Deo tribuebant, ut etiam peccata et errores ipsi auctori adscriberent : alii negabant curare quidquam , infrà, xvi, 16; quæ objecta et argumentis et exemplis confutare incipit, eâque occasione creationis opus fusè commemorat, quo Dei sapientia, bonitas, justitia maximè commendatur, cap. xvi, 24; xvii, xviii, ad vers. 15. Hîc primam quæstionem de peccati causâ aggreditur : ad quem locum maximè pertinet liberi arbitrii commemoratio, et cætera à vers. 14.

12. *Ille me implanavit :* decepit, induxit in malum. *Non enim necessarii sunt ei :* perspicua solutio, impios Deo non esse necessarios, quam hîc uno verbo tangit : vers. verò 22, et cap. seq. fusiùs. Hunc locum usque ad vers. 19, Græco ferè congruentem refert Augustinus, *de Grat. et lib. arb.,* c. ii, n. 3, aliter in *Speculo,* ubi Vulgatam sequitur.

odit Dominus : et non erit amabile timentibus eum.

14. Deus ab initio constituit hominem, et reliquit illum in manu consilii sui.

15. Adjecit mandata, et præcepta sua.

16. Si volueris mandata servare, conservabunt te, et in perpetuum fidem placitam facere.

17. Apposuit tibi aquam et ignem : ad quod volueris, porrige manum tuam.

18. Ante hominem vita et mors, bonum et malum : quod placuerit ei, dabitur illi :

19. Quoniam multa sapientia Dei, et fortis in potentiâ, videns omnes sine intermissione.

20. Oculi Domini ad timentes eum : et ipse agnoscit omnem operam hominis.

21. Nemini mandavit impiè agere, et nemini dedit spatium peccandi :

22. Non enim concupiscit multitudinem filiorum infidelium et inutilium.

minus : et non est amabile timentibus eum.

Ipse ab initio fecit hominem, et reliquit illum in manu consilii sui.

Si volueris, conservabis mandata, et fidem facere beneplaciti.

Apposuit tibi ignem et aquam : ad quodcumque volucris, extendes manum tuam.

In conspectu hominum vita et mors : et quodcumque placuerit, dabitur ei.

Quoniam multa sapientia Domini : fortis ipse in potentiâ, et videns omnia.

Et oculi ejus ad timentes eum : et ipse agnoscet omnem operam hominis.

Et nemini mandavit impiè agere, et nemini dedit licentiam peccandi.

14. *Reliquit illum :* dato præcepto de vetito fructu.

16. *Si volueris :* sic ordinandum : *Si volueris mandata servare, et in perpetuum fidem* (tibi) *placitam facere* (eam toto animo retinere), *servabunt te :* mandata, observata scilicet.

18. *Ante hominem vita :* sumptum ex Deut., XXX, 15, 19.

21. *Spatium peccandi :* Græc. *licentiam.*

22. *Non enim concupiscit :* inculcare incipit, quod vers. 12 dictum : ac seq. cap. fusè exequitur : Græc. sic : *Ne cupias filiorum inutilium multitudinem :* cap. XVI, 1, quod ad eumdem scopum pertinet, ut statim videbimus.

## CAPUT XVI.

Pergit de filiorum impiorum multitudine : non esse optandam eam, ad 6 ; Deus malorum hominum multitudini non parcit, 6, 7, ad 12 ; unicuique reddit secundùm opera, 12, ad 16 ; aggreditur qui dicebant à Deo non curari mundum, aut res humanas, ac Dei providentiam ostendit per opera, 16 ad finem.

VERSIO VULGATA.

1. Ne jucunderis in filiis impiis, si

SIXTINA VERSIO.

Non concupiscas multitudinem

1. *Ne jucunderis.* Rectè admoniti homines, ne impiæ sobolis amplitudine glorientur; dque longè magis pertinere ad Deum, vers. 5 et seqq.

## CAPUT XVI.

filiorum inutilium : neque jucunderis in filiis impiis, si multiplicentur : ne oblecteris super ipsos, si non est timor Dei cum illis.

Non credas vitæ illorum : et ne respexeris in locum illorum.

Melior est enim unus, quàm mille;

Et mori sine filiis, quàm habere filios impios.

Ab uno enim sensato cohabitabitur civitas : tribus autem impiorum desolabitur.

Multa talia vidi in oculis meis; et fortiora his audivit auris mea.

In synagogâ peccantium exardebit ignis; et in gente incredibili exarsit ira.

Non est propitiatus pro antiquis gigantibus qui rebellaverunt fortitudine suâ.

Non pepercit pro incolatu Lot, iis quos execratus est pro superbiâ illorum.

Non misertus est genti perditionis, iis qui se elevaverant in peccatis suis :

Et sic sexcentis millibus peditum, qui congregati insurrexerunt in duritiâ cordis sui : et si

multiplicentur : nec oblecteris super ipsos, si non est timor Dei in illis.

2. Non credas vitæ illorum, et ne respexeris in labores eorum.

3. Melior est enim unus timens Deum, quàm mille filii impii :

4. Et utile est mori sine filiis, quàm relinquere filios impios.

5. Ab uno sensato inhabitabitur patria, tribus impiorum deseretur.

6. Multa talia vidit oculus meus, et fortiora horum audivit auris mea.

7. In synagogâ peccantium exardebit ignis, et in gente incredibili exardescet ira.

8. Non exoraverunt pro peccatis suis antiqui gigantes, qui destructi sunt confidentes suæ virtuti :

9. Et non pepercit peregrinationi Lot, et execratus est eos præ superbiâ verbi illorum.

10. Non misertus est illis, gentem totam perdens, et extollentem se in peccatis suis.

11. Et sicut sexcenta millia peditum, qui congregati sunt in duritiâ cordis sui : et si unus fuisset cervi-

---

2. *Non credas vitæ illorum.* Ne victuros credas : hebraismus, *Deut.*, XXVIII, 66. *Et erit vita tua quasi pendens... et non credes vitæ tuæ.*

5. *Ab uno sensato... tribus impiorum :* ab uno Abrahamo, ab uno Israele Hebræi in tantum populum propagati, cùm populi Chananæi tantâ multitudine internecione deleti sint.

6. *Multa talia vidi... fortiora horum.* Multa vidi talia, nempe ex uno pio amplam sobolem excrevisse : impiorum amplas familias ad nihilum redactas; hæc, inquam, vidi ego plurima; tetriora audivi.

7. *In synagogâ :* in cœtu. Jam eò redit, undè digressus erat; nempè ut ostendat, Deum ulcisci impios, nec eorum multitudine deterritum.

8. *Gigantes :* impii diluvio mersi, tantâ licèt multitudine. *Gen.*, VI, 4.

9. *Peregrinationi Lot :* Sodomis, ubi peregrinus agebat.

11. *Sicut sexcenta millia peditum :* Israelitarum scilicet, qui ex Ægypto profecti sunt. Num., XXVI, 51. *Qui congregati sunt in duritiâ :* rebelles et increduli, et ideò omnes ad unum prostrati in deserto. *Cervicatus,* cervicosus contumax.

catus, mirum, si fuisset immunis.

12. Misericordia enim et ira est cum illo. Potens exoratio, et effundens iram :

13. Secundùm misericordiam suam, sic correptio illius hominem secundùm opera sua judicat.

14. Non effugiet in rapinâ peccator, et non retardabit sufferentia misericordiam facientis.

15. Omnis misericordia faciet locum unicuique secundùm meritum operum suorum, et secundùm intellectum peregrinationis ipsius.

16. Non dicas : A Deo abscondar, et ex summo quis mei memorabitur?

17. In populo magno non agnoscar : quæ est enim anima mea in tam immensâ creaturâ?

18. Ecce cœlum et cœli cœlorum, abyssus et universa terra, et quæ in eis sunt, in conspectu illius commovebuntur :

19. Montes simul et colles, et fundamenta terræ, cùm conspexerit illa Deus, tremore concutientur.

20. Et in omnibus his insensatum

unus fuerit cervicosus, mirum hoc, si erit immunis.

Misericordia enim et ira ab illo : princeps propitiationum, et effundens iram.

Secundùm multam misericordiam ejus, sic et multa correptio ejus : hominem secundùm opera ejus judicat.

Non effugiet in rapinis peccator, et non fraudabit sufferentiam pii.

Omni misericordiæ faciet locum : unusquisque secundùm opera sua inveniet.

Ne dicas : A Domino abscondar : numquid ex summo quis mei memorabitur?

In populo magno non ero in memoriâ : quæ est enim anima mea in immensâ creaturâ?

Ecce cœlum et cœlum cœli Dei, abyssus et terra, commovebuntur in visitatione ejus.

Montes simul et fundamenta terræ, cùm conspexerit illa, tremore concutiuntur.

Et super ipsis non cogitabit

12. *Potens exoratio* (Græc. *princeps exorationum* : in parcendo primus), *et effundens iram* : Deus qui irascitur et miseretur, *Psal.* LIX, 3 ; nec minùs exorari quàm irasci solitus.

14. *Non effugiet in rapinâ... non retardabit* : non diu expectabit, *sufferentia* : patientia, *misericordiam facientis* : statim enim mercedem accipiet; Græc. expeditior : *Non fraudabit* (Deus) *expectationem pii*.

15. *Omnis misericordia faciet locum*, sibi ad Deum. Græc. *Omni misericordiæ faciet locum*, Deus scilicet.

16. *Non dicas : A Deo abscondar.* Confutatis iis, qui Deo auctori peccata tribuebant : alteram quæstionem aggreditur, refellitque eos qui negabant Deo curæ esse res humanas. *Ex summo* (cœlorum) *quis memorabitur*, etc. Sic ille impius, *Job.* XXII, 14 : *Nec nostra considerat, et circa cardines cœli perambulat.*

17. *In populo magno* : quod familiare Epicuræis : non vacare Deo, ut inquirat in singulos, neque unum homuncionem, resque humanas tanti esse. *In tam immensâ creaturâ* : reverâ enim mundum immensum fingebant, orbesque infinitos : tanquam id effecturi essent, ut si induceretur Deus horum curator, tanto labore fatisceret, neque attenderet ad singulos : quos confutare incipit vers. sequenti.

## CAPUT XVI.

cor: et vias ejus quis intelliget?

Et procella quam non videbit homo.

Plurima autem operum ejus in absconsis. Opera justitiæ quis annuntiabit, aut quis sustinebit? Longè enim est testamentum.

Qui minoratur corde, cogitat hæc : et vir imprudens et errans cogitat stulta.
Audi, fili mi, et disce scientiam; et in verbis meis attende corde tuo.
Ostendo in pondere disciplinam; et in veritate annuntio scientiam.

In judicio Domini opera ejus ab initio : et in affectione ipsorum distinxit partes eorum.

est cor : et omne cor intelligitur ab illo :
21. Et vias illius quis intelligit, et procellam, quam nec oculus videbit hominis?
22. Nam plurima illius opera sunt in absconsis : sed opera justitiæ ejus quis enuntiabit? aut quis sustinebit? Longè enim est testamentum à quibusdam, et interrogatio omnium in consummatione est.
23. Qui minoratur corde, cogitat inania : et vir imprudens et errans cogitat stulta.
24. Audi me, fili, et disce disciplinam sensûs, et in verbis meis attende in corde tuo :
25. Et dicam in æquitate disciplinam, et scrutabor enarrare sapientiam : et in verbis meis attende in corde tuo ; et dico in æquitate spiritûs virtutes, quas posuit Deus in opera sua ab initio, et in veritate enuntio scientiam ejus.
26. In judicio Dei opera ejus ab initio, et ab institutione ipsorum distinxit partes illorum, et initia eorum in gentibus suis.

21. *Procellam :* ventos procellosos, quorum causæ latent in thesauris Dei. *Psal.* cxxxiv, 7.
22. *Plurima opera ejus in absconsis.* Ne ergo mirere, si gubernationis arcana te latent, undè sequitur : *opera justitiæ ejus quis enuntiabit?* Quis enarrabit quomodò Deus animadversurus sit in impios? *Aut quis sustinebit?* Quis expectabit? Quasi diceret : Justitia Dei non statim ad ultionem prosilit; expectandus est exitus rerum quod homines præcipite judicandi licentiâ non faciunt : undè subdit, *longè enim testamentum :* quod potest intelligi, longè lex *à quibusdam :* meliùs, testamentum, pactum, pro occultâ illâ lege quâ Deus in acta hominum inquirit : pergit enim : *interrogatio,* sive inquisitio *omnium in consommatione est :* in illo ultimo judicio. Ultionem non omittit; sed differt. Vide autem in Vulgatâ testamenti nomen pro cujusque sententiâ, xvii, 17.
23. *Qui minoratur corde :* qui intellectu deficit : *cogitat inania :* Græc. *cogitat hæc,* quæ suprà, 16, 17.
25. *Dicam in æquitate* (Græc. *Ostendam in pondere*) *disciplinam : scrutabor enarrare :* diligenter enarro. *Et in verbis :* alia interpretatio, nonnihil variatâ lectione.
26. *In judicio... ab institutione ipsorum.* Ex hoc versu ad finem exequitur ordinem, nexumque operum Dei : nempè quòd facta sint summo accuratoque *judicio,* atque *ab institutione :* ex quo instituta et facta sunt accuratè distincta per

## VERSIO VULGATA.

27. Ornavit in æternum opera illorum, nec esurierunt, nec laboraverunt, et non destiterunt ab operibus suis.

28. Unusquisque proximum sibi non angustiabit usque in æternum.
29. Non sis incredibilis verbo illius.
30. Post hæc Deus in terram respexit, et implevit illam bonis suis.

31. Anima omnis vitalis denuntiavit ante faciem ipsius, et in ipsam iterum reversio illorum.

## SIXTINA VERSIO.

Ornavit in æternum opera sua, et principia eorum in generationes eorum. Nec esurierunt, nec laboraverunt : et non destiterunt ab operibus suis.

Unusquisque proximum suum non angustiavit :

Et usque in æternum non repugnabunt verbo illius.

Et post hæc Dominus in terram respexit, et implevit eam bonis suis.

Anima omnis vitalis operuit faciem ejus, et in ipsam reversio illorum.

partes, vers. 26, ornataque in æternum, 27, et ad principia sua revocata : *in gentibus suis*, 26, secundùm genera sua : cœlum, sidera, elementa : stantque omnia ab initio : nec fame, aut nimio labore confecta deficiunt, 27; spatiis quoque disposita, ac licet tam arctè connexa, nullo loco vacuo ; non tamen ut in turbâ fit, sibi mutuo impedimento sunt, sed liberè expediunt motus suos, 28; undè consecutio : *Non sis ergo incredibilis* (incredulus), *verbis illius*, 29. Græc. addit : *Et usque in æternum non repugnant verbo ejus* elementa, sidera, creaturæ omnes.

30. *Post hæc* : posteaquàm sidera et elementa suo constituit loco : *in terram respexit, et implevit illam bonis suis* : plantis, animantibus.

31. *Anima omnis vitalis* : seu vivens, ut Scriptura passim : omne animal : *denuntiavit ante faciem ipsius* : Græc. *operuit faciem*, terræ scilicet. Hæc ergo cùm æternâ lege stent, non potest negari Dei providentia. Jam ad hominem speciatim.

---

## CAPUT XVII.

Deus curam gerit hominum ab ipso creationis initio : undè adhortatio ad pietatem, toto capite : opera hominum nota Deo sicut sol, 15, 30 ; videt omnia, 31.

## VERSIO VULGATA.

1. Deus creavit de terrâ hominem, et secundùm imaginem suam fecit illum.
2. Et iterùm convertit illum in ipsam : et secundùm se vestivit illum virtute.
3. Numerum dierum et tempus de-

## SIXTINA VERSIO.

Dominus creavit de terrâ hominem :

Et iterùm convertit illum in ipsam.

Dies numeri, et tempus dedit illis, et dedit illis potestatem eorum, quæ sunt super eam. Se-

2. *Secundùm se* : Græc. explicat vers. seq., *secundùm seipsos* : homines scilicet : prout illis dignum erat : nam etiam immortales fecit.

3. *Numerum dierum* : dies noctesque et tempora numeratò illi dedit, consti-

## CAPUT XVII.

cundùm seipsos vestivit illos virtute, et secundùm imaginem suam fecit eos.

Et posuit illius terrorem super omnem carnem, et dominari bestiarum et volatilium.

Consilium, et linguam, et oculos, aures, et cor dedit ad cogitandum illis.

Disciplinâ intellectûs implevit illos : et bona et mala ostendit eis.

Posuit oculum suum super corda illorum, ostendere illis magnalia operum suorum.

Et nomen sanctificationis laudabunt : ut magnalia enarrent operum ejus.

Addidit illis disciplinam, et legem vitæ hæreditavit eos.

Testamentum æternum constituit cum illis; et judicia sua ostendit eis.

Magnalia honoris viderunt oculi eorum : et honorem vocis eorum audivit auris illorum. Et dixit illis : Attendite ab omni iniquo.

Et mandavit illis unicuique de proximo.

Viæ eorum coràm illo sunt semper : non abscondentur ab oculis ipsius.

Unicuique genti præposuit rectorem :

dit illi : et dedit illi potestatem eorum, quæ sunt super terram.

4. Posuit timorem illius super omnem carnem ; et dominatus est bestiarum et volatilium.

5. Creavit ex ipso adjutorium simile sibi : consilium, et linguam, et oculos, et aures, et cor dedit illis excogitandi : et disciplinâ intellectûs replevit illos.

6. Creavit illis scientiam spiritûs, sensu implevit cor illorum : et mala et bona ostendit illis.

7. Posuit oculum suum super corda illorum : ostendere illis magnalia operum suorum,

8. Ut nomen sanctificationis collaudent : et gloriari in mirabilibus illius, ut magnalia enarrent operum ejus.

9. Addidit illis disciplinam , et legem vitæ hæreditavit illos.

10. Testamentum æternum constituit cum illis, et justitiam et judicia sua ostendit illis.

11. Et magnalia honoris ejus vidit oculus illorum : et honorem vocis audierunt aures illorum, et dixit illis : Attendite ab omni iniquo.

12. Et mandavit illis unicuique de proximo suo.

13. Viæ illorum coràm ipso sunt semper : non sunt absconsæ ab oculis ipsius.

14. In unamquamque gentem præposuit rectorem :

tutis omnium signis. *Gen.*, I, 14. *Dedit illi potestatem :* hæc et quæ sequuntur repetita ex *Gen.*, I, 28 ; II, 19, 20, etc.

6. *Mala et bona ostendit illis :* plantatâ arbore scientiæ boni et mali. *Gen.*, II, 17, atque indè consecutis malis bonisque.

8. *Nomen sanctificationis :* nomen Dei sanctum.

9. *Addidit illis disciplinam.* His et seqq. exequitur varia dona collata humano generi, legem, promissa, miracula. *Hæreditavit illos :* sorti assignavit : sorte distribuit.

14. *In unamquamque gentem... rectorem :* legislatores, reges : quod frustrà retulerunt ad angelos.

15. Et pars Dei, Israel facta est manifesta.

16. Et omnia opera illorum velut sol in conspectu Dei : et oculi ejus sine intermissione inspicientes in viis eorum.

17. Non sunt absconsa testamenta per iniquitatem illorum, et omnes iniquitates eorum in conspectu Dei.

18. Eleemosyna viri quasi signaculum cum ipso, et gratiam hominis, quasi pupillam conservabit.

19. Et posteà resurget, et retribuet illis retributionem, unicuique in caput ipsorum, et convertet in interiores partes terræ.

20. Pœnitentibus autem dedit viam justitiæ, et confirmavit deficientes sustinere, et destinavit illis sortem veritatis.

21. Convertere ad Dominum, et relinque peccata tua :

22. Precare ante faciem Domini, et minue offendicula.

23. Revertere ad Dominum, et avertere ab injustitiâ tuâ, et nimis odito execrationem :

24. Et cognosce justitias et judicia Dei, et sta in sorte propositionis, et orationis altissimi Dei.

25. In partes vade sæculi sancti, cum vivis et dantibus confessionem Deo.

Et pars Domini Israel est.

Omnia opera eorum velut sol in conspectu ejus : et oculi ejus sine intermissione in vias eorum.

Non sunt absconsæ injustitiæ illorum ab eo, et omnia peccata eorum in conspectu Domini.

Eleemosyna viri, quasi signaculum cum ipso ; et gratiam hominis, quasi pupillam conservabit.

Posteà resurget, et retribuet illis : et retributionem eorum in caput ipsorum reddet.

Verumtamen pœnitentibus dedit reditum, et confirmavit deficientes sustinentiâ.

Convertere ad Dominum, et relinque peccata :

Precare ante faciem, et minue offendiculum.

Revertere ad Altissimum, et avertere ab injustitiâ, et valdè odito execrationem.

Altissimo quis laudem dicet in inferno ?

Pro viventibus et viventibus, et dantibus vicissim confessionem.

17. *Non sunt absconsa testamenta :* Græc. *non sunt absconsæ injustitiæ illorum.*

18. *Eleemosyna viri :* ut mala opera, vers. 17, Deum non latent : ita, hîc, bona opera, puta, eleemosynæ. *Quasi signaculum :* quasi res sigillo clausa; inviolabile divinæ misericordiæ pignus.

19. *Posteà resurget.* Deus, cùm diu obdormisse videbatur, et quasi connivere peccatis, tandem consurget in impios, iram concitabit : *et convertet in interiores :* ad sepulcrum : neci dedet.

20. *Viam justitiæ :* Græc. *reditum : et confirmavit deficientes sustinere :* sub plagis et verberibus fatiscentes.

24. *Sta in sorte propositionis :* in sorte tibi propositâ; in sorte veritatis, suprà vers. 20, atque observandæ legis, quæ tibi pars obtigit.

25, 26. *In partes vade :* consocia te eorum partibus, qui vitam agunt piam, et

## CAPUT XVII.

A mortuo, tanquam eo qui non est, perit confessio :

Vivus et sanus laudabit Dominum.

Quàm magna misericordia Domini, et propitiatio convertentibus se ad eum!

Non enim omnia possunt esse in hominibus : quoniam non est immortalis filius hominis.

Quid lucidius sole? et hoc deficit : et malus excogitabit carnem et sanguinem.

Virtutem altitudinis cœli ipse conspicit : et omnes homines terra et cinis.

26. Non demoreris in errore impiorum : ante mortem confitere. A mortuo quasi nihil perit confessio.

27. Confiteberis vivens, vivus et sanus confiteberis, et laudabis Deum, et gloriaberis in miserationibus illius.

28. Quàm magna misericordia Domini, et propitiatio illius convertentibus ad se!

29. Nec enim omnia possunt esse in hominibus : quoniam non est immortalis filius hominis, et in vanitate malitiæ placuerunt.

30. Quid lucidius sole? et hic deficiet. Aut quid nequius quàm quod excogitavit caro et sanguis? et hoc arguetur.

31. Virtutem altitudinis cœli ipse conspicit : et omnes homines terra et cinis.

vivi Deum laudant. Pro hoc Græc. *Altissimo quis dicet laudem in inferno? pro viventibus et duntibus vicissim confessionem* : quasi diceret : Hoc est viventium et vicissim collaudantium Deum. *A mortuo quasi nihil* : Græc. *quasi nullo non existente, perit confessio* : laus, quæ quo sensu intelligenda, diximus Præfatione *in Psalmos*, cap. I, num. 9, 10.

28. *Convertentibus ad se* : Græc. *se ad eum*.

29. *Nec enim omnia*. Significat tantas esse Dei misericordias, ut homo mortalis ævi, tam brevis vitæ spatio experiri, nedùm eloqui possit. *In vanitate* : vanissimè : summa est vanitas, potuisse homini placere nequitiam.

30. *Quid lucidius sole?* Sol ipse deficit, deliquium patitur, et hic defectus notus omnibus : quid mirum, si deprehenditur deliquium, sive vitium in homine, carnem et sanguinem, hoc est, carnalia et turpia cogitante? Quæ pertinent ad retundenda ea quæ suprà objecta erant, xvi, 16, nempè peccata nostra latere Deum. Græc. sic habet : *Quid lucidius sole? et tamen hoc* (lucidissimum) *eclipsin patitur, et malus homo cogitat carnem et sanguinem*. Obscurissimè quidem, sed pauca supplendo, idem cum Vulgatâ extundetur sensus.

31. *Virtutem altitudinis :* ne dicas cum impio, xvi, 16, aliquid Deo esse incompertum.

## CAPUT XVIII.

Deus omnium æquè creator, 1; operum ejus perfectio incomprehensibilis, 2, ad 7; miserator hominis, ad 15; beneficia non exprobranda, ad 19; consideratè loquendum, 19; examinare seipsum, 20; orare et justificari ne cesses, 22; ad orationem animus præparandus, 23; adversa in prosperitate cogitanda, 24, 25; veloces rerum conversiones, 26; hinc nunquàm sine metu, 27; post concupiscentias non eas, 30, 31; atque hic incipit de continentiâ.

| VERSIO VULGATA. | SIXTINA VERSIO. |
|---|---|
| 1. Qui vivit in æternum, creavit omnia simul. Deus solus justificabitur, et manet invictus rex in æternum. | Qui vivit in æternum, creavit omnia simul : Dominus solus justificabitur. |
| 2. Quis sufficit enarrare opera illius? | Nemini potestatem fecit enarrandi opera ipsius. |
| 3. Quis enim investigabit magnalia ejus? | Et quis investigabit magnalia ejus? |
| 4. Virtutem autem magnitudinis ejus quis enuntiabit? aut quis adjiciet enarrare misericordiam ejus? | Virtutem magnitudinis ejus quis enumerabit? et quis adjiciet enarrare misericordias ejus? |
| 5. Non est minuere, neque adjicere : nec est invenire magnalia Dei. | Non est minuere neque adjicere : et non est investigare mirabilia Domini. |
| 6. Cùm consummaverit homo, tunc incipiet : et cùm quieverit, aporiabitur. | Cùm consummaverit homo, tunc incipit : et cùm quieverit, tunc dubitabit. |
| 7. Quid est homo, et quæ est gratia illius? et quid est bonum, aut quid nequam illius ? | Quid est homo, et quid usus ejus? quid est bonum ejus, et quid malum ejus? |
| 8. Numerus dierum hominum ut multùm, centum anni : quasi gutta aquæ maris deputati sunt : et sicut calculus arenæ, sic exigui anni in die ævi. | Numerus dierum hominis, ut multùm, centum anni : sicut gutta aquæ maris, et calculus arenæ, sic exigui anni in die ævi. |
| 9. Propter hoc patiens est Deus in | Propter hoc patiens fuit in il- |

1. *Creavit omnia simul :* Græc. communiter, pariter, æquè omnia, ac sine ipso factum est nihil. *Deus solus justificabitur :* solus irreprehensus in operibus suis, cujus comparatione omnia immunda sunt, ut demonstrat sanctus *Job*, cap. IX, etc.

6. *Cùm consummaverit homo :* cùm devenisse se putaverit ad perfectam divini operis intelligentiam, tunc incipiet. *Et cùm quieverit :* cùm velut re compertâ, à quærendo destiterit : *tunc aporiabitur :* dubitabit : hæsitabit, in pristinam ignorantiam devolvi se sentiet.

7. *Quæ gratia ?* Græc. *utilitas : nequam :* Græc. *malum,* nemo scit quid sibi bonum malumve : ideò ipse Deus docet, vers. 11 et seqq.

8. *Exigui anni in die ævi :* atque ætatis suæ.

9. *Propter hoc :* ne cum impiis dicas, eò quòd homo nihili sit, non esse curæ Deo : supra, XVI, 17, imò ea causa miserandi est.

lis : et effudit super eos misericordiam suam.

Vidit et cognovit subversionem eorum, quoniam mala est :

Ideò multiplicavit propitiationem suam.

Miseratio hominis circa proximum suum : misericordia autem Domini super omnem carnem.

Corripiens, et erudiens, et docens, et convertens, quasi pastor gregem suum.

Miseretur excipientium doctrinam, et eorum qui festinant ad judicia ipsius.

Fili, in bonis ne des querelam, et in omni dato tristitiam verborum.

Nonne ardorem refrigerabit ros? sic verbum melius quàm datum.

Nonne ecce verbum super datum bonum? et utraque apud hominem gratiosum.

Stultus acriter improperabit : et datus invidi tabescere facit oculos.

Antequàm loquaris, disce, et

illis, et effundit super eos misericordiam suam.

10. Vidit præsumptionem cordis eorum, quoniam mala est, et cognovit subversionem illorum, quoniam nequam est.

11. Ideò adimplevit propitiationem suam in illis, et ostendit eis viam æquitatis,

12. Miseratio hominis circa proximum suum : misericordia autem Dei super omnem carnem.

13. Qui misericordiam habet, docet et erudit, quasi pastor gregem suum.

14. Miseretur excipientis doctrinam miserationis, et qui festinat in judiciis ejus.

15. Fili, in bonis non des querelam, et in omni dato non des tristitiam verbi mali.

16. Nonne ardorem refrigerabit ros? sic et verbum melius quàm datum.

17. Nonne ecce verbum super datum bonum? sed utraque cum homine justificato.

18. Stultus acriter improperabit : et datus indisciplinati tabescere facit oculos.

19. Ante judicium para justitiam

10. *Vidit* : ne dicas perversum esse hominem, Deique curâ indignum, quòd ejus *nequam*, id est, malus atque infelix sit exitus : cùm contrà ea causa sit, cur illum erudiat, ne malo fine pereat, vers. 11 et seqq. *Subversionem illorum* : exitum, ut suprà, x, 16.

13. *Qui misericordiam.* Vide Græc., in eoque veri pastoris officia.

14. *Miseretur.* Vide Græc. *Festinat* : promptè ambulat, *in judiciis,* in mandatis *ejus* : ut passim *Psalm.* cxviii. Quo fine concludit responsum ad objecta, quæ commemorata sunt ad cap. xv, 11, 12; xvi, 16.

15. *In bonis* : largiendis. Vide vers. 18.

16. *Verbum melius quàm datum* : cùm verba appositè dicta existimationis ac benevolentiæ argumenta sint, quibus vel maximè homines delectantur.

17. *Sed utraque cum homine justificato* : utraque et verbum lene et donum præsto sunt homini justo ac bono : Græc. *gratioso,* miti.

18. *Acriter improperabit* : dando ipsa beneficia exprobrabit; quò fit id quod sequitur, ut invisus sit *datus,* datio, datum sive donum, δόσις : *indisciplinati* : Græc. *invidi;* qui ita dat, tanquam accipienti donum invideat.

tibi : et antequàm loquaris, disce.

20. Ante languorem adhibe medicinam : et ante judicium interroga teipsum; et in conspectu Dei invenies propitiationem.

21. Ante languorem humilia te; et in tempore infirmitatis, ostende conversationem tuam.

22. Non impediaris orare semper, et ne verearis usque ad mortem justificari : quoniam merces Dei manet in æternum.

23. Ante orationem præpara animam tuam : et noli esse quasi homo qui tentat Deum.

24. Memento iræ in die consummationis, et tempus retributionis in conversatione faciei.

25. Memento paupertatis in tempore abundantiæ, et necessitatum paupertatis in die divitiarum.

26. A mane usque ad vesperam immutabitur tempus : et hæc omnia citata in oculis Dei.

27. Homo sapiens in omnibus metuet : et in diebus delictorum attendet ab inertiâ.

28. Omnis astutus agnoscit sapien-

---

ante languorem adhibe medicinam. Ante judicium interroga teipsum : et in horâ visitationis, invenies propitiationem.

Ante languorem humilia te; et in tempore peccatorum, ostende conversionem.

Non impediaris reddere votum tempestivè : et non verearis usque ad mortem justificari.

Ante orationem præpara teipsum, et non sis quasi homo qui tentat Dominum.

Memento iræ in die consummationis; et tempus vindictæ in conversione faciei.

Memento temporis famis in tempore saturitatis; paupertatis et necessitatis in die divitiarum.

A mane usque ad vesperam immutabitur tempus : et omnia sunt citata in oculis Domini.

Homo sapiens in omnibus metuet : et in diebus peccatorum attendet à delicto.

Omnis intelligens novit sapien-

---

20. *In conspectu Dei*: Græc. *in horâ visitationis* (sive judicii ac pœnæ infligendæ).

21. *Infirmitatis*: affectâ valetudine : Græc. *in tempore peccatorum* (cùm peccata invalescere senties, sive, in tempore quo peccata punientur) *ostende conversionem*, pro quo in Vulgat. scribæ reposuisse videntur *conversationem*; ut vers. 24.

22. *Orare semper*: Græc. *reddere votum suo tempore. Ne verearis* : ne tardes, ne cuncteris: Græc. *usque ad mortem justificari*. Qui justus est, justificetur adhuc. Apoc., XXII, 11. *Quoniam merces Dei* : Paulus : *Bonum autem facientes, non deficiamus : tempore enim suo metemus, non deficientes.* Galat. VI, 9.

23. *Ante orationem*: sive ante votum.

24. *Memento iræ in die consummationis,* mortis, *et tempus* : supple, memento, pro, memento temporis : ut *memorare novissima* : suprà, VII, 40. Græc. *Memento tempus retributionis, ultionis. In conversatione* : pro conversione *faciei* : ἐν ἀποστροφῇ προσώπου ; cùm Deus vultum averterit, ac pœnas infligere cœperit.

26. *Immutabitur tempus* : occasio, rerum status. *Omnia sunt citata* : cita, velocia *in oculis Dei* : quòd tempore non egeat ad expedienda consilia, et uno ictu rem peragat.

27. *In diebus delictorum*. Vide vers. 21. *Ab inertiâ* : Græc. *à peccato*.

28. *Omnis astutus*. Omnis homo prudens facilè recognoscit eum, qui fuerit sapientiæ compos, talemque eum esse facilè confitetur.

## CAPUT XIX.

tiam : et invenienti eam dabit confessionem.

Sensati in verbis et ipsi sapienter egerunt, et emiserunt quasi imbrem proverbia exquisita.

*Continentia animæ.*

Post concupiscentias tuas non eas, et à desideriis tuis avertere.

Si præstes animæ tuæ beneplacitum concupiscentiæ, faciet te gaudium inimicorum tuorum.

Ne oblecteris in multà epulatione, neque alligeris commissioni ejus.

Non fias pauper de symbolis comessans ex fœnore : et nihil tibi est in sacculo.

tiam : et invenienti eam dabit confessionem.

29. Sensati in verbis et ipsi sapienter egerunt : et intellexerunt veritatem et justitiam, et impleverunt proverbia et judicia.

30. Post concupiscentias tuas non eas, et à voluntate tuâ avertere.

31. Si præstes animæ tuæ concupiscentias ejus, faciet te in gaudium inimicis tuis.

32. Ne oblecteris in turbis, nec in modicis : assidua enim est commissio illorum.

33. Ne fueris mediocris in contentione ex fœnore, et est tibi nihil in sacculo : eris enim invidus vitæ tuæ.

29. *Impleverunt proverbia :* Græc. *Emiserunt quasi imbrem proverbia exquisita,* sententias exquisitas.

30. Hic in Græc. titulus : *Continentia animæ. Post concupiscentias non eas,* rectè August. : « Aliud non concupiscere, quod non est in potestate; aliud, ire post concupiscentias, iisque obsequi, quod peccato imputatur. »

32. *Ne oblecteris in turbis.* Vide Græc. : *commissioni,* symbolæ, comessationi ex symbolis, de quâ vers. seq.

33. *Ne fueris.* Vide Græc.

## CAPUT XIX.

Sequitur de continentiâ, ad 7 ; qui spernit modica, 1 ; de imprecando candidè, moderatè tamen, à 7 ad finem ; multa interserta de falsâ sapientiâ, 20 et seqq. ; deque hypocrisi, 23 et seqq. ; ac de indiciis boni malive animi ex specie, 27 ; increpatio ex irâ : tacens, idem prudens, 28 ; sapientia, falsa solertia : hypocritæ, ad finem.

### SIXTINA VERSIO.

Operarius ebriosus non locupletabitur; qui spernit modica, paulatim decidet.

Vinum et mulieres apostatare facient sapientes :

### VERSIO VULGATA.

1. Operarius ebriosus non locupletabitur : et qui spernit modica, paulatim decidet.

2. Vinum et mulieres apostatare faciunt sapientes, et arguent sensatos:

1. *Qui spernit modica.* Rectè hoc interserit, quòd soleant pedetentim labi in intemperantiæ gurgitem.

2. *Apostatare :* aberrare : à rectâ ratione discedere. *Et arguent sensatos :* imbecillis animi.

3. Et qui se jungit fornicariis, erit nequam : putredo et vermes hæreditabunt illum, et extolletur in exemplum majus, et tolletur de numero anima ejus.

4. Qui credit citò, levis corde est, et minorabitur : et qui delinquit in animam suam, insuper habebitur.

5. Qui gaudet iniquitate, denotabitur : et qui odit correptionem, minuetur vitâ : et qui odit loquacitatem, extinguit malitiam.

6. Qui peccat in animam suam, pœnitebit : et qui jucundatur in malitiâ, denotabitur.

7. Ne iteres verbum nequam et durum, et non minoraberis.

8. Amico et inimico noli narrare sensum tuum : et si est tibi delictum, noli denudare.

9. Audiet enim te, et custodiet te : et quasi defendens peccatum odiet te, et sic aderit tibi semper.

10. Audisti verbum adversùs proximum tuum? commoriatur in te, fidens quoniam non te disrumpet.

11. A facie verbi parturit fatuus, tanquam gemitus partûs infantis.

Et qui jungit se meretricibus, audacior erit. Tineæ et vermes hæreditabunt illum ; et anima audax tolletur de numero.

Qui credit citò, levis est corde ; et qui peccat, in animam suam delinquet.

Qui gaudet corde denotabitur ; et qui odit loquacitatem, minuitur malitiâ.

Nunquàm iteres verbum : et nihil tibi minuetur.

In amico et inimico noli narrare : etiamsi non sit tibi peccatum, noli denudare.

Audivit enim te, et custodivit te, et in tempore odiet te.

Aduisti verbum? commoriatur tibi : fide, quoniam te non disrumpet.

A facie verbi parturiet fatuus ; sicut à facie infantis, ea quæ parit.

3. *Fornicariis,* sive meretricibus. *Erit nequam* : Græc. *audacior erit,* contumacior : comparativum pro positivo, quem habent quidam codices; præfracta superbia, et confidentia in flagitia et pericula præceps. *Tolletur de numero viventium anima ejus* : Græc. *anima audax,* id est, rebellis, contumax.

4. *Qui delinquit* : qui peccat (cum meretricibus) *in animam suam, insuper habebitur* : contemnetur : Græc. planior : *Qui peccat* (incontinentiâ, quo de vitio agitur) *in animam suam errabit,* in seipsum delinquet ; sic Paulus : *Omne peccatum, quodcumque fecerit homo, extra corpus est : qui autem fornicatur, in corpus suum peccat.* 1 Cor., vi, 18.

5. *Denotabitur* : Græc. *condemnabitur.*

6. *Qui peccat* : Græc. deest : repetita versio ex 4 et 5.

7. *Ne iteres* : Græc. *Nunquàm iteres verbum : et nihil tibi minuetur;* adversùs eos, qui inculcando et obtundendo, quidvis impetrare se posse confidunt.

8. *Amico et inimico* : indifferenter. *Et si est tibi delictum* : Græc. *et si non est* : cave à retegendis cuique obvio arcanis etiam innocuis.

9. *Custodiet te* : observabit : *et quasi defendens peccatum* : specie excusandi. *Aderit tibi semper* : assiduus tecum insidiandi animo : Græc. *et in tempore odio te habebit* : per se licèt innoxia, pravo animo volutata, causas odii præbent.

11. *A facie verbi... tanquam gemitus* : verbum stulto erumpit, sicut parienti

## CAPUT XIX.

Sagitta infixa in femore carnis, sic verbum in corde stulti.

Corripe amicum, ne fortè non fecerit; aut si quid fecerit, ne iterùm addat.

Corripe amicum, ne fortè non dixerit; et si dixerit, ut non iteret.

Corripe amicum : saepè enim fit calumnia :

Et non omni verbo credas. Est qui labitur, sed non ex animo :

Et quis non deliquit in linguâ suâ? Corripe proximum tuum, priusquàm commineris :

Et da locum legi Altissimi. Omnis sapientia, timor Domini, et in omni sapientiâ, effectio legis.

Et non est sapientia, nequitiæ disciplina : et non est, ubi consilium peccatorum, prudentia.

Est nequitia, et ipsa execratio :

12. Sagitta infixa femori carnis, sic verbum in corde stulti.

13. Corripe amicum, ne fortè non intellexerit, et dicat : Non feci : aut si fecerit, ne iterùm addat facere.

14. Corripe proximum, ne fortè non dixerit : et si dixerit, ne fortè iteret.

15. Corripe amicum : saepè enim fit commissio :

16. Et non omni verbo credas. Est qui labitur linguâ, sed non ex animo.

17. Quis est enim qui non deliquerit in linguâ suâ? Corripe proximum, antequàm commineris.

18. Et da locum timori Altissimi : quia omnis sapientia timor Dei, et in illâ timere Deum, et in omni sapientiâ dispositio legis.

19. Et non est sapientia, nequitiæ disciplina : et non est cogitatus peccatorum, prudentia.

20. Est nequitia, et in ipsâ execra-

gemitus : Græc. *A facie verbi* (à verbo) *parturit fatuus, tanquam à facie infantis* (ab infante) *paritura :* stulto erumpit verbum, ut infans puerperæ.

12. *Sagitta :* infirmus animus verbo ut sagittâ vulneratur.

13. *Ne fortè non intellexerit :* id quod facto opus : Græc. *ne fortè non fecerit* (id quod faciendum est), *et si fecerit* (malum), *ne addat*.

14. *Corripe proximum, ne fortè non dixerit,* id quod dicendum est : *et si dixerit* (malum), *ne iteret*.

15. *Saepè fit commissio,* erratum : Græc. *Corripe amicum* (moderatè tamen), *saepe enim fit calumnia :* undè subdit :

16. *Et non omni verbo credas.* Jam incipit moderari corripiendi studium, duobus præceptis : alterum, ne suspicaces simus, et plus demus calumniis aut rumoribus, quàm oporteat : alterum, ut intelligamus ea quæ culpam extenuent : quale est istud, labi, sed facilitate ac levitate magis, quam studio, sive *ex animo*.

17. *Antequàm commineris :* ne irâ magis, quàm admonendi studio, corripere te putet.

18. *Et da locum timori :* Græc. *legi. Altissimi :* quâ juberis amicum diligere ut te ipsum. *Dispositio legis :* Græc. *executio :* non enim verbis, sed factis sapientem esse oportet.

19. *Et non est sapientia.* Docet uti veram, ita falsam esse sapientiam quæ doceat perversè agere, et consilium malorum adhibeat; quod etiam ad increpationem facit, ad quam necessaria est veri ac falsi discretio. *Cogitatus :* cogitatio ; Græc. *consilium*.

20. *Est nequitia :* aperta et exosa. *Est insipiens :* non modò qui apertè desipit, verùm etiam qui minuitur sapientiâ.

tio : et est insipiens, qui minuitur sapientiâ.

21. Melior est homo, qui minuitur sapientiâ, et deficiens sensu in timore, quàm qui abundat sensu, et transgreditur legem Altissimi.

22. Est solertia certa, et ipsa iniqua.

23. Et est qui emittit verbum certum, enarrans veritatem. Est qui nequiter humiliat se, et interiora ejus plena sunt dolo :

24. Et est qui se nimiùm submittit à multâ humilitate : et est qui inclinat faciem suam, et fingit se non videre quod ignoratum est :

25. Et si ab imbecillitate virium veretur peccare, si invenerit tempus malefaciendi, malefaciet.

26. Ex visu cognoscitur vir, et ab occurus faciei cognoscitur sensatus.

27. Amictus corporis et risus dentium, et ingressus hominis enuntiant de illo.

28. Est correptio mendax in irâ

et est insipiens, qui minuitur sapientiâ.

Melior est, qui minuitur sensu in timore, quàm qui abundat sensu, et transgreditur legem.

Est solertia certa, et ipsa iniqua :

Et est pervertens gratiam, ad ostendendum judicium.

Est nequiter agens, qui se humiliat nigredine, et in suis interioribus est plenus dolo : inclinans faciem, et semisurdus : ubi non fuerit agnitus, anticipabit te.

Et si ab imbecillitate virium veretur peccare, si invenerit tempus, malefaciet.

Ex visu cognoscetur vir ; et ab occursu faciei cognoscetur sensatus.

Amictus viri, et risus dentium, et ingressus hominis enuntiat de illo.

Est correptio, quæ non est de-

---

21. *Et deficiens sensu :* duplex versio : Græc. deest. Verissima sententia : Melior est minùs sapiens, sive intelligens, et interim timens Deum, quàm qui doctior, transgreditur legem.

22. *Est solertia certa :* Græc. *diligens, et ipsa iniqua* : sunt pravè diligentes et sapientes : contra quod docet Paulus : *Volo vos sapientes esse in bono, et simplices in malo ;* sive ad patrandum malum. Rom., XVI, 19. Vide suprà, 19. Addit Græc. *et est pervertens gratiam* (ac Dei benignitate abutens) *ad ostendendum judicium* : quo peccato maximè judicium, sive ultio Dei provocatur.

23. *Est qui nequiter humiliat se :* addit Græc. *nigredine,* pullâ et sordidâ veste : *hypocritæ tristes :* σκυθρωποί. Matth., VI, 16.

24, 25. *Et qui se nimiùm... et si ab imbecillitate.* Græc. sic habet (ille hypocrita pullatus de quo vers. 23) : *incurvans vultum* (obstipo capite, ne quid cernere videatur) *et semisurdus :* ἐπερικωφῶν ; alterâ aure surdus (surdastrum se fingens, ne putes eum observare dicta tua, ad quæ tamen est acutissimis atque attentissimis auribus) *ubi non fuerit agnitus* (si latere se sensit) *præveniet te* (calumniis, quibus aures principum et civium occupabit). *Et si præ imbecillitate virium veretur peccare* (in te, seu nocere tibi), *si invenerit tempus, malè faciet.* Quibus graphicè pingitur pessimum hypocritarum ac susurronum genus.

27. *Amictus.* Vide tria quibus homines maximè innotescunt : amictus insolens, incompositus, affectatâ munditie sive squalore : risus immodestus, petulans, mollis, inflcetus : incessus superbus, desultorius.

28. *Est correptio mendax :* Græc. *indecora.*

cora : et est tacens, et ipse prudens.

contumeliosi : et est judicium, quod non probatur esse bonum : et est tacens, et ipse est prudens.

## CAPUT XX.

Pergit de increpatione, ejusque fructu, 1, 3; judicia per vim, 2; tacens : loquax, 5, 6, 7; beneficia ut condienda, 10, 13, ad 20; homo insulsus, 21; sententia in tempore, 22; falsa verecundia, 24, 25; mendacium, 26, 27, 28; munerum vis, 31.

### SIXTINA VERSIO.

Quàm bonum est arguere, quàm irasci ! et qui vicissim confitetur, prohibebitur à diminutione !

Concupiscentia spadonis, devirginare juvenculam.

Sic, qui facit per vim judicia.

Est tacens, qui invenitur sapiens : et est odibilis ex multâ loquacitate.

Est tacens, non enim habet responsum : et est tacens, sciens tempus.

Homo sapiens tacebit usque ad tempus : lascivus autem et imprudens transgredietur tempus.

Qui abundat sermone, in abominatione erit : et qui potestatem sibi sumit, odietur.

Est processio in malis viro : et est inventio in detrimentum.

Est datum, quod non erit utile tibi : et est datum, cujus retributio duplex.

### VERSIO VULGATA.

1. Quàm bonum est arguere, quàm irasci, et confitentem in oratione non prohibere !

2. Concupiscentia spadonis devirginabit juvenculam : 3. sic qui facit per vim judicium iniquum.

4. Quàm bonum est correptum manifestare pœnitentiam ! Sic enim effugies voluntarium peccatum.

5. Est tacens, qui invenitur sapiens : et est odibilis, qui procax est ad loquendum.

6. Est tacens non habens sensum loquelæ : et est tacens, sciens tempus aptum.

7. Homo sapiens tacebit usque ad tempus : lascivus autem et imprudens non servabunt tempus.

8. Qui multis utitur verbis, lædet animam suam : et qui potestatem sibi sumit injustè, odietur.

9. Est processio in malis viro indisciplinato : et est inventio in detrimentum.

10. Est datum, quod non est utile : et est datum, cujus retributio duplex.

1. *Quàm bonum :* Græc. *quantò melius arguere,* etc., *et confitentem :* Græc. *qui redargutus confitetur* (peccatum) *prohibebitur à damno.*
2, 3. *Concupiscentia... sic qui facit per vim judicium* : Græc. *judicia,* ut qui impotenti ardore aggreditur virginem, quantùm in ipso est violat; ita qui per iniqua judicia legi vim infert, ejus castitatem, quantùm in ipso est, commaculat.
8. *Qui multis :* loquax : *lædet animam suam :* Græc. *in abominatione erit.*
9. *Est processio :* sive progressus, ac felix successus, qui malo vertat.

11. Est propter gloriam minoratio : et est qui ab humilitate levabit caput.

12. Est qui multa redimat modico pretio, et restituens ea in septuplum.

13. Sapiens in verbis seipsum amabilem facit : gratiæ autem fatuorum effundentur.

14. Datus insipientis non erit utilis tibi : oculi enim illius septemplices sunt.

15. Exigua dabit, et multa improperabit : et apertio oris illius, inflammatio est.

16. Hodie fœneratur quis, et cras expetit : odibilis est homo hujusmodi.

17. Fatuo non erit amicus, et non erit gratia bonis illius :

18. Qui enim edunt panem illius, falsæ linguæ sunt. Quoties, et quanti irridebunt eum?

19. Neque enim quod habendum erat, directo sensu distribuit : similiter et quod non erat habendum.

20. Lapsus falsæ linguæ, quasi qui in pavimento cadens : sic casus malorum festinanter veniet.

---

Est minoratio propter gloriam : et est qui ab humilitate levavit caput.

Est qui emat multa modico pretio, et restituens ea in septuplum.

Sapiens in verbis, seipsum amabilem faciet : gratiæ autem fatuorum effundentur.

Datus insipientis non erit utilis tibi : oculi enim illius pro uno multi.

Exigua dabit, et multa improperabit : et aperiet os suum, tanquam præco.

Hodie fœnerabitur : et cras repetet : est odibilis homo hujusmodi.

Fatuus dicet : Non est mihi amicus, et non est gratia bonis meis.

Qui edunt panem meum, sunt mali linguâ. Quoties et quanti irridebunt eum?

Lapsus] à pavimento magis, quàm à linguâ : sic casus malorum festinanter veniet.

---

12. *Est qui multa :* sunt qui pretii vilitate capti, merces emant pessimas, quæ maximo posteà detrimento sint, domos, prædia, etc.

14. *Septemplices sunt :* atque hujus generis qui objecta multiplicant : undè sequitur :

15. *Exigua dabit, et multa improperabit :* exaggerabit beneficia. *Et apertio oris illius, inflammatio est :* tantas iras commovet, exprobrando beneficia : Græc. planior.

16. *Hodie fœneratur quis, et cras expetit :* repetit. *Odibilis :* sic post beneficia, gratiæ exactor nimius.

17. *Gratia* (memor animus, *bonis* (beneficiis) *illius :* Græc. *Fatuus dicet : Non est mihi amicus*, etc., sive fatui est malè sentire de hominibus, atque hinc excusationes quærere avaritiæ ; sive id reverà contingit fatuo, quod magis sequenti congruit.

18. *Falsæ linguæ :* Græc. *pravi linguâ :* maledici.

19. *Neque enim :* habenda enim, et non habenda, danda æquè ac retinenda non rectâ opinione distribuit : cui aliquid simile habet Complut.

20. *Lapsus falsæ linguæ, quasi qui in pavimento :* tam lubricus, tam præceps gravisque : atque hinc celerrimus malorum hominum casus.

## CAPUT XX.

Homo sine gratiâ, fabula intempestiva : in ore indisciplinatorum assidua erit.

Ex ore fatui reprobabitur parabola : non enim dicet illam in tempore ejus.

Est qui vetatur peccare præ inopiâ : et in requie suâ non stimulabitur.

Est qui perdit animam suam præ confusione : et ab imprudenti personâ perdet eam.

Est qui præ confusione promittit amico : et lucratus est eum inimicum gratis.

Opprobrium nequam in homine mendacium : in ore indisciplinatorum assiduè erit.

Potior fur, quàm assiduus in mendacio : perditionem autem ambo hæreditabunt.

Mos hominis mendacis, inhonoratio : et confusio ejus cum ipso sine intermissione.

*Sermones Parabolarum.*

Sapiens in verbis producet seipsum : et homo prudens placebit magnatis.

Qui operatur terram, inaltabit

21. Homo acharis quasi fabula vana : in ore indisciplinatorum assidua erit.

22. Ex ore fatui reprobabitur parabola : non enim dicit illam in tempore suo.

23. Est qui vetatur peccare præ inopiâ : et in requie suâ stimulabitur.

24. Est qui perdet animam suam præ confusione, et ab imprudenti personâ perdet eam : personæ autem acceptione perdet se.

25. Est qui præ confusione promittit amico, et lucratus est eum inimicum gratis.

26. Opprobrium nequam in homine mendacium : et in ore indisciplinatorum assiduè erit.

27. Potior fur quàm assiduitas viri mendacis: perditionem autem ambo hæreditabunt.

28. Mores hominum mendacium sine honore: et confusio illorum cum ipsis sine intermissione.

29. Sapiens in verbis producet seipsum, et homo prudens placebit magnatis.

30. Qui operatur terram suam,

21. *Homo acharis :* sine gratiâ, insulsus, inficetus : *quasi fabula vana :* Græc. *intempestiva* (indecora, importuna), tam est importunus, tam invisus, infrà xxi, 19. *Narratio fatui, quasi sarcina in viâ :* quæ tamen fabula *in ore indisciplinatorum*, indoctorum, etc.

22. *Ex ore fatui reprobabitur* ; improbabitur : *parabola :* sive recta ac pulchra sententia.

23. *In requie :* in cessatione : *suâ :* in cessando à peccato : *stimulabitur :* compungetur : non enim rectà certâque ratione, sed ex imbecillitate à peccatis abstinet : Græc. *non compungetur :* obscuriùs, atque omninò præferenda Vulgatæ lectio. Potest tamen Græc. intelligi inopem non id committere quo compungatur : quòd id inopia præstet, ut à peccato requiescere atque abstinere necesse sit.

24. *Ab imprudenti personâ :* gratificaturus personæ imprudenti, et non petenda petenti. *Personæ acceptione.* Alia lectio, quæ in quibusdam codicibus invenitur, meliorque est, et magis perspicua.

29. *Sapiens :* ante hunc versum in Græc. titulus : *Sermones Parabolarum;* quasi novo à principio inchoet sententias.

inaltabit acervum frugum : et qui operatur justitiam, ipse exaltabitur : qui verò placet magnatis, effugiet iniquitatem.

31. Xenia et dona excæcant oculos judicum, et quasi mutus in ore avertit correptiones eorum.

32. Sapientia absconsa, et thesaurus invisus : quæ utilitas in utrisque?

33. Melior est qui celat insipientiam suam, quàm homo qui abscondit sapientiam suam.

acervum suum; et, qui placet magnatis, expiabit iniquitatem.

Xenia et dona excæcant oculos sapientium; et quasi frænum in ore, avertunt increpationes.

Sapientia absconsa, et thesaurus non comparens, quæ utilitas in utrisque?

Melior est homo, qui celat insipientiam suam, quàm homo qui abscondit sapientiam suam.

30. *Qui placet magnatis* : bonis artibus, ut suprà, 29 : *effugiet iniquitatem* : Græc. *expiabit*, sive à se prohibebit : iniqui enim *dominationem spernunt, majestatem blasphemant*. Judæ, vers. 8.
31. *Et quasi mutus*. Vide Græc.
33. *Melior est qui celat insipientiam* : pars enim sapientiæ est, celare quidquid inest insipientiæ : at tegere sapientiam, hoc est veritatem premere, privatis ac reipublicæ, loco et tempore, recta consilia denegare, pertinet ad turpissimum adulationis, invidiæ, corruptelæ vitium; quod genus insipientiæ est pessimum.

## CAPUT XXI.

De peccato statim expiando, ad 5; superbi : humilium et pauperum precatio, 6; correptio, 7; audax lingua, 8; mutuò accipientes, 9; malorum planum iter, infelix exitus, 11; sapientes, fatui, 17 ad 30; sibi adjicere sermones bonos, 18; risus, 23; rei alienæ curiosus, 26, 27; calumniator, 30; susurro, 31.

### VERSIO VULGATA.

1. Fili, peccasti? non adjicias iterùm : sed et de pristinis deprecare, ut tibi dimittantur.

2. Quasi à facie colubri, fuge peccata : et si accesseris ad illa, suscipient te.

3. Dentes leonis, dentes ejus, interficientes animas hominum.

4. Quasi rhomphæa bis acuta, omnis iniquitas; plagæ illius non est sanitas.

5. Objurgatio et injuriæ annullabunt substantiam : et domus quæ

### SIXTINA VERSIO.

Fili, peccasti? ne adjicias iterùm, et de pristinis tuis deprecare.

Quasi à facie colubri, fuge à peccato : nam si accesseris, mordebit te.

Dentes leonis, dentes illius, interficientes animas hominum.

Quasi rhomphæa bis acuta, omnis iniquitas : plagæ ejus non est sanatio.

Vehemens objurgatio et contumelia annullabunt substantiam :

2. *Suscipient te* : Græc. *mordebit te*, δήξεται, *suscipiet* : pro δήξεται, *mordebit*.

## CAPUT XXI.

sic domus superbi annullabitur.

Deprecatio pauperis ex ore usque ad aures ejus : et judicium ejus festinatò advenit.

Qui odit correptionem, in vestigio peccatoris : et qui timet Dominum, convertetur in corde.

Notus à longè potens in linguâ : sensatus autem novit cùm ille labitur.

Qui ædificat domum in pecuniis alienis, quasi qui colligit lapides suos in hiemem.

Stuppa collecta, synagoga peccantium : et consummatio illorum, flamma ignis.

Via peccantium complanata lapidibus; et in fine illius, fovea inferni.

Qui custodit legem, continet sensum suum :

Et consummatio timoris Domini, sapientia.

Non erudietur, qui non est astutus.

Est astutia multiplicans amaritudinem.

Scientia sapientis tanquam inundatio abundabit; et consilium illius, sicut fons vitæ.

Interiora fatui, quasi vas confractum; et omnem scientiam non tenebit.

Verbum sapiens si audierit

nimis locuples est, annullabitur superbiâ : sic substantia superbi eradicabitur.

6. Deprecatio pauperis ex ore usque ad aures ejus perveniet : et judicium festinatò adveniet illi.

7. Qui odit correptionem, vestigium est peccatoris : et qui timet Deum, convertetur ad cor suum.

8. Notus à longè potens linguâ audaci : et sensatus scit labi se ab ipso.

9. Qui ædificat domum suam impendiis alienis, quasi qui colligit lapides suos in hieme.

10. Stuppa collecta, synagoga peccantium, et consummatio illorum, flamma ignis.

11. Via peccantium complanata lapidibus, et in fine illorum inferi, et tenebræ, et pœnæ.

12. Qui custodit justitiam, continebit sensum ejus.

13. Consummatio timoris Dei, sapientia et sensus.

14. Non erudietur qui non est sapiens in bono.

15. Est autem sapientia, quæ abundat in malo : et non est sensus ubi est amaritudo.

16. Scientia sapientis tanquam inundatio abundabit; et consilium illius sicut fons vitæ permanet.

17. Cor fatui quasi vas confractum, et omnem sapientiam non tenebit.

18. Verbum sapiens quodcumque

---

6. *Ad aures ejus* : Dei. *Judicium* : ultio illatæ injuriæ.

7. *Vestigium est* : Græc. *in vestigio est* : sequitur vestigia *peccatoris. Convertetur ad cor suum* : Græc. *ex animo*, sive in corde.

8. *Notus à longè* : vultu ipso se indicat. *Labi se* : labi eum : *ab ipso* : redundat. Vide Græc.

9. *In hieme* : sive Græc. *in hiemem* : alienissimo ad ædificandum tempore.

12. *Sensum ejus* · Græc. *suum*, sui compos erit.

15. *Non est sensus, ubi est amaritudo* : insanum est ea concupiscere, quorum est tristis exitus. Vide Græc.

audierit, scius laudabit, et ad se adjiciet : audivit luxuriosus, et displicebit illi, et projiciet illud post dorsum suum.

19. Narratio fatui quasi sarcina in viâ : nam in labiis sensati invenietur gratia.

20. Os prudentis quæritur in ecclesiâ, et verba illius cogitabunt in cordibus suis.

21. Tanquam domus exterminata, sic fatuo sapientia : et scientia insensati inenarrabilia verba.

22. Compedes in pedibus stulto doctrina, et quasi vincula manuum super manum dextram.

23. Fatuus in risu exaltat vocem suam : vir autem sapiens vix tacitè ridebit.

24. Ornamentum aureum prudenti doctrina, et quasi brachiale in brachio dextro.

25. Pes fatui facilis in domum proximi : et homo peritus confundetur à personâ potentis.

26. Stultus à fenestrâ respiciet in domum : vir autem eruditus foris stabit.

27. Stultitia hominis auscultare per ostium : et prudens gravabitur contumeliâ.

28. Labia imprudentium stulta narrabunt : verba autem prudentium staterâ ponderabuntur.

scius, laudabit illud, et ad se adjiciet : audivit luxuriosus, et displicuit illi ; et projecit illud post dorsum suum.

Narratio fatui, quasi sarcina in viâ : in labio autem sensati invenietur gratia.

Os prudentis quæretur in ecclesiâ : et verba illius cogitabit in corde.

Tanquam domus exterminata, sic fatuo sapientia : et scientia insensati, non vestigabilia verba.

Compedes in pedibus stultis doctrina, et quasi vincula manuum super manum dexteram.

Fatuus in risu exaltat vocem suam : vir autem sapiens vix tacitè subridebit.

Sicut ornamentum aureum prudenti doctrina, et quasi brachiale in brachio dextro.

Pes fatui velox in domum : homo autem peritus confundetur à personâ.

Stultus à januâ respicit in domum : vir autem eruditus foris stabit.

Stultitia hominis auscultare per ostium : prudens autem gravabitur contumeliâ.

Labia alienorum in his gravabuntur : verba autem prudentium staterâ ponderabuntur.

20. *In ecclesiâ* : quæ vox et Ecclesiam sonat, et cœtum omnem legitimum.
21. *Inenarrabilia verba* : tot ambages, tot ineptias effutit, neque dictis modus.
22. *Compedes in pedibus* : contrà ac de sapiente dicitur seq. versu.
24. *Brachiale* : ornamenti genus.
25. *Pes fatui* : vir sapiens domi se continet : at fatuus inquieto animo discurrit per domos alienas, quemadmodùm ait Paulus : *Ex his sunt qui penetrant domos.* II Tim., III, 6. *Universas domos subvertunt, docentes quæ non oportet, turpis lucri gratiâ.* Tit., I, 11. Rectè apud Ambrosium *ad Virg.*: « Pes fatui facilis in domum proximi : » qui autem sapiens, verecundatur.
26. *A fenestrâ* : Græc. *à januâ*, stultus alienarum rerum curiosus inspector.
27. *Gravabitur contumeliâ*, id facere, grave et contumeliosum duceret.
28. *Labia imprudentium* : Græc. *alienorum* (à sapientiâ) *in his* (nempè in labiis ac sermonibus) *gravabuntur*.

| SIXTINA VERSIO. | VERSIO VULGATA. |
|---|---|
| In ore fatuorum, cor illorum : cor autem sapientum, os eorum. | 29. In ore fatuorum cor illorum : et in corde sapientium os illorum. |
| Dùm maledicit impius diabolum, maledicit ipse animam suam. | 30. Dùm maledicit impius diabolum, maledicit ipse animam suam. |
| Susurro coinquinat animam suam, et in cohabitatione odietur. | 31. Susurro coinquinabit animam suam, et in omnibus odietur : et qui cum eo manserit, odiosus erit. Tacitus et sensatus honorabitur. |

29. *In ore fatuorum* : fatuus dicendo incalescit, fandaque et infanda promit; sapiens os continet, et in potestate habet.

30. *Diabolum* : sive Græc. *Satanam* (aut calumniatorem, adversarium) *maledicit animam suam* ; quippe qui et diabolo auscultet, et ipse proximo sit satan, diabolus, adversarius.

31. *Susurro* : occultè serens jurgia : *coinquinabit*, etc., *in omnibus* : Græc. *quòcumque peregrinatus fuerit, odietur: et qui cum eo manserit* : alia versio.

## CAPUT XXII.

Piger, 1, 2; liberi malè instituti, 3, 4, 5; correptio, 6; docere fatuum, 7, 8, 9; quis lugendus, 10 et seqq.; stulti vitandi, 14 et seqq.; viri graves : leves, 19 et seqq.; convicia, 25, 30; quæ amicos alienent, 26 et seqq.; fidus amicus, 28, 29, 31, 32; lingua, 33.

| SIXTINA VERSIO. | VERSIO VULGATA. |
|---|---|
| Lapidi conspurcato comparatus est piger; et omnis exsibilabit in ignominiam illius. | 1. In lapide luteo lapidatus est piger, et omnes loquentur super aspernationem illius. |
| Stercori boum de sterquiliniis comparatus est piger : omnis qui tollit illud, excutiet manum. | 2. De stercore boum lapidatus est piger : et omnis qui tetigerit eum, excutiet manus. |
| Confusio patris de filio indisciplinato : filia autem in minorationem fit. | 3. Confusio patris est de filio indisciplinato : filia autem in deminoratione fiet. |
| Filia prudens hæreditabit virum suum : et quæ confundit, in tristitiam genitoris. | 4. Filia prudens hæreditas viro suo : nam quæ confundit, in contumeliam fit genitoris. |
| Patrem et virum confundit audax : et ab utrisque inhonorabitur. | 5. Patrem et virum confundit audax, et ab impiis non minorabitur : ab utrisque autem inhonorabitur. |

1. *In lapide luteo* : omnium scommatis : velut injectis lapidibus lutosis conspurcabitur : Græc. *lapidi luteo comparatus est* : quod seq. congruit.

2. *De stercore*. Vide Græc.

3. *Filia* fatui *in deminoratione* : detrimentum illi est : propter institutionem pravam.

4. *Quæ confundit* : quæ agit turpia.

5. *Audax*, impudens mulier.

6. Musica in luctu, importuna narratio : flagella et doctrina in omni tempore sapientia.

7. Qui docet fatuum, quasi qui conglutinat testam.

8. Qui narrat verbum non audienti, quasi qui excitat dormientem de gravi somno.

9. Cum dormiente loquitur qui enarrat stulto sapientiam : et in fine narrationis dicit : Quis est hic?

10. Supra mortuum plora, defecit enim lux ejus : et supra fatuum plora, defecit enim sensus.

11. Modicum plora supra mortuum, quoniam requievit.

12. Nequissimi enim nequissima vita super mortem fatui.

13. Luctus mortui septem dies : fatui autem et impii omnes dies vitæ illorum.

14. Cum stulto ne multùm loquaris, et cum insensato ne abieris.

15. Serva te ab illo, ut non molestiam habeas, et non coinquinaberis peccato illius.

16. Deflecte ab illo, et invenies requiem, et non acediaberis in stultitiâ illius.

17. Super plumbum quid gravabitur? et quod illi aliud nomen, quàm fatuus?

18. Arenam et salem et massam ferri facilius est ferre, quàm hominem imprudentem, et fatuum, et impium.

Musica in luctu, importuna narratio : flagella, et doctrina in omni tempore sapientiæ.

Qui docet fatuum, conglutinat testam :

Excitat dormientem de gravi somno.

Enarrat dormitanti, qui enarrat stulto, et in fine dicet : Quid est?

Super mortuum plora ; defecit enim lux : et super fatuum plora ; defecit enim sensus.

Jucundiùs plora super mortuum, quoniam requievit.

Fatui autem super mortem vita nequissima.

Luctus mortui septem dies : fatui autem et impii, omnes dies vitæ illius.

Cum stulto ne multiplices sermonem : et ad insensatum non eas.

Serva te ab illo, ut non molestiam habeas, et non coinquineris in concussione illius.

Deflecte ab illo, et invenies requiem : et non acediaberis in stultitiâ illius.

Super plumbum quid gravabitur? et quod illi aliud nomen, quàm fatuus?

Arenam et salem et massam ferri facilius est ferre, quàm hominem imprudentem.

6. *Musica :* etiam musica, res suavissima, non semper delectat : at correptio et doctrina omni tempori congruit. *Sapientia :* sunt, sapienter adhibentur : vel (sunt) Græc. *sapientiæ ;* sapientiæ congruunt.

11, 12. *Modicum plora... nequissimi enim :* Græc. *Suaviùs* (placabilioribus lacrymis) *plora super mortuum, quia requievit* (cessavit, facto vitæ fine), *fatui autem super mortem vita nequissima,* miserrima : eò magis lugendus, quò tota vita ejus mors est, imò morte pejor.

16. *Non acediaberis :* quod est tædio, tristique et deside incuriâ teneri.

17. *Super plumbum.* Quid plumbo gravius, nisi tardi illi obtusique homines, qui ad quamcumque rem nec se commovent : quibus nomen fatuis, stolidis?

18. *Arenam et salem :* res scilicet gravissimas.

## CAPUT XXII.

Loramentum ligneum colligatum in ædificium non dissolvetur in concussione : sic cor confirmatur in cogitatione consilii.

In tempore non metuet cor firmatum in cogitatione intellectûs. Sicut ornatus arenosus parietis limpidi.

Pali in excelso positi, contra faciem venti non permanebunt;

Sic cor timidum in cogitatione stulti, contra omnem timorem non resistet.

Pungens oculum, deducet lacrymas; et qui pungit cor, profert sensum.

Mittens lapidem in volatilia, abigit illa; et qui conviciatur amico, dissolvet amicitiam.

Ad amicum etsi produxeris

19. Loramentum ligneum colligatum in fundamento ædificii non dissolvetur : sic et cor confirmatum in cogitatione consilii.

20. Cogitatus sensati in omni tempore, metu non depravabitur.

21. Sicut pali in excelsis, et cæmenta sine impensâ posita contra faciem venti non permanebunt :

22. Sic et cor timidum in cogitatione stulti, contra impetum timoris non resistet.

23. Sicut cor trepidum in cogitatione fatui omni tempore non metuet : sic et qui in præceptis Dei permanet semper.

24. Pungens oculum, deducit lacrymas : et qui pungit cor, profert sensum.

25. Mittens lapidem in volatilia, dejiciet illa : sic et qui conviciatur amico, dissolvit amicitiam.

26. Ad amicum etsi produxeris

19. *Loramentum ligneum colligatum* : ligna circumposita, aptèque conserta : *in fundamento* : in fulcimentum : *ædificii* : vel ut habet Græc. *cinctura lignea, colligata in ædificium* : *non dissolvetur* : *sic et cor confirmatum* : sic et viri graves, exquisitis excogitatisque consiliis firmi : contrà, leves et improvidi, de quibus in seqq.

21. *Sicut pali* : vel sepimenta, *et cæmenta sine impensâ;* levi opere : *posita* : *non permanebunt.*

22. *Sic et cor timidum* : trepidum, improvidum, nec firmis consiliis constabilitum, etc. Græc. verbis differt; res eadem : nempé, ut non stant contra ventum, neque linitura arenosa, quantumvis lævigata, ad ornatum parietis, neque sustentacula sive sepimenta in excelso loco posita, et exposita procellis : ita homines leves, neque excogitatis constabilitos consiliis, timore dejici, adversis ingruentibus. Summa à vers. 19, graves viros esse similes benè constitutis compactisque ædificiis; leves verò, levibus ac levi operâ, ad ornatum potiùs quàm ad stabilimentum compositis, qualia memorat *Ezech.*, XIII, 10 et seqq.; et XXII, 28.

23. *Sicut cor trepidum* : alia præcedentium interpretatio ac lectio, eaque perturbata, nec integra.

24. *Qui pungit* : pungendo oculum, lacrymas; pungendo cor, stimulando, excitando monitis, castigationibus, non fletum, sed sensum, intellectum, sapientiam elicimus. *Qui pungit cor* : qui meditando excitat et stimulat.

25. *Dejiciet* : Græc. *abigit.*

26, 27. *Ad amicum* : adversùs amicum : *si produxeris,* éduxeris *gladium. Si aperueris os* : si inconsideratè triste verbum emiseris : spes est reconciliandæ gra-

gladium, non desperes : est enim regressus. Ad amicum

27. Si aperueris os triste, non timeas : est enim concordatio : excepto convicio, et improperio, et superbiâ, et mysterii revelatione, et plagâ dolosâ : in his omnibus effugiet amicus.

28. Fidem posside cum amico in paupertate illius : ut et in bonis illius læteris.

29. In tempore tribulationis illius permane illi fidelis, ut et in hæreditate illius cohæres sis.

30. Ante ignem camini vapor, et fumus ignis inaltatur : sic et ante sanguinem maledicta, et contumeliæ, et minæ.

31. Amicum salutare non confundar, à facie illius non me abscondam : et si mala mihi evenerint per illum, sustinebo.

32. Omnis qui audiet, cavebit se ab eo.

33. Quis dabit ori meo custodiam, et super labia mea signaculum certum, ut non cadam ab ipsis, et lingua mea perdat me?

gladium, non desperes : est enim regressus.

Ad amicum si aperueris os, non timeas : est enim concordatio : excepto improperio, et superbiâ, et mysterii revelatione, et plagâ dolosâ : in his effugiet omnis amicus.

Fidem posside in paupertate cum proximo; ut in bonis illius simul implearis.

In tempore tribulationis permane illi; ut in hæreditate illius cohæres sis.

Ante ignem camini vapor et fumus : sic ante sanguines convicia.

Amicum protegere non confundar; et a facie illius non me abscondam : etiamsi mala mihi evenerint per illum :

Omnis qui audit, cavebit sibi ab eo.

Quis dabit mihi in ore meo custodiam, et super labia mea signaculum astutum; ut non cadam ab illâ, et lingua mea perdat me?

tiæ. *Excepto improperio* : at hæc immedicabilia : convicium studiosè illatum, sive improperium, ac beneficii exprobratio, de quâ xx, 14, 15; xli, 28, superbia, sive despicientia, arcani revelatio, et cæci per proditionem ictus. *In his omnibus effugiet amicus* : neque erit reditus.

30. *Ante ignem... sic ante sanguinem* (cædem) *maledicta.*

31. *Per illum :* propter illum : atque etiam ab illo.

32. *Omnis qui audiet,* à me agnosci amicum, adversâ licèt fortunâ, *cavebit se ab eo* lædendo, cùm videat præstò esse qui juvet.

33. *Quis dabit ori meo custodiam?* quam David postulabat, *Psal.* cxl, 3, *ut non cadam ab ipsis :* per ipsa scilicet labia.

## CAPUT XXIII.

Precatio ne sibi quisque relinquatur, 1 et seqq. De ore regendo adversùs juramenta et maledicta, 7, ad 21; de intemperantiâ, ad finem : Deus occultorum inspector, 25 et seqq.; fornicarius, 24; adulter, 25; adultera, 32 et seqq.

| SIXTINA VERSIO. | VERSIO VULGATA. |
|---|---|
| Domine pater, et dominator vitæ meæ, ne derelinquas me in consilio eorum; non sinas me cadere in illis. | 1. Domine pater, et dominator vitæ meæ, ne derelinquas me in consilio eorum : nec sinas me cadere in illis. |
| Quis superponet in cogitatu meo flagella, et in corde meo doctrinam sapientiæ? ut ignorationibus meis non parcant; et non prætermittant delicta illorum : | 2. Quis superponet in cogitatu meo flagella, et in corde meo doctrinam sapientiæ, ut ignorationibus eorum non parcant mihi, et non appareant delicta eorum, |
| Ut non accrescant ignorantiæ meæ, et peccata mea abundent, et decidam in conspectu adversariorum; et gaudebit super me inimicus meus. | 3. Et ne adincrescant ignorantiæ meæ, et multiplicentur delicta mea, et peccata mea abundent, et incidam inconspectu adversariorum meorum, et gaudeat super me inimicus meus? |
| Domine pater, et Deus vitæ meæ, | 4. Domine pater, et Deus vitæ meæ, ne derelinquas me in cogitatu illorum. |
| Elationem oculorum ne dederis mihi; et concupiscentiam averte à me. | 5. Extollentiam oculorum meorum ne dederis mihi, et omne desiderium averte à me. |
| Ventris appetitio et concubitus ne apprehendant me : et animæ irreverenti ne tradas me. | 6. Aufer à me ventris concupiscentias, et concubitûs concupiscentiæ ne apprehendant me : et animæ irreverenti et infrunitæ ne tradas me. |
| *Doctrina oris.* | |
| Doctrinam oris audite, filii; et | 7. Doctrinam oris audite, filii : et |

1. *Eorum:* linguæ et labiorum, de quibus præcedentis capitis vers. ultimo: ac si diceret : Ne me loquacitati permittas. *In illis:* labiis, verbis, ut eodem versu.

2. *In cogitatu meo flagella :* ac punctiones illas, de quibus XXII, 24. *Eorum:* Græc. *meis; non parcant mihi,* cogitatio mea; cor meum : ne mihi ipse indulgeam : *et non appareant delicta eorum :* cogitationum et cordis; sit animus ipse sibi monitor. Summa : Adsint conscientiæ stimuli, ne per ignorantiam peccem : mihique nimis indulgeam, nec peccata cognoscam, quibus tandem peream.

3. *Incidam :* Græc. *decidam.*

4. *Ne derelinquas :* Græc. deest : et ab anterioribus repetitum videtur.

6. *Animæ irreverenti :* inverecundæ : *et infrunitæ :* stolidæ, indocili, infrugiferæ, *ne tradas me.*

7. *Doctrinam oris :* regendi : quâ de re agit fusè posteà : præfigitur autem ti-

qui custodierit illam, non periet labiis, nec scandalizabitur in operibus nequissimis.

8. In vanitate suâ apprehenditur peccator : et superbus et maledictus scandalizabitur in illis.

9. Jurationi non assuescat os tuum : multi enim casus in illâ.

10. Nominatio verò Dei non sit assidua in ore tuo, et nominibus Sanctorum non admiscearis : quoniam non eris immunis ab eis.

11. Sicut enim servus interrogatus assiduè, à livore non minuitur : sic omnis jurans et nominans, in toto à peccato non purgabitur.

12. Vir multùm jurans implebitur iniquitate, et non discedet à domo illius plaga.

13. Et si frustraverit, delictum illius super ipsum erit : et si dissimulaverit, delinquit dupliciter :

14. Et si in vacuum juraverit, non justificabitur : replebitur enim retributione domus illius.

15. Est et alia loquela contraria morti, non inveniatur in hæreditate Jacob.

qui custodierit, non capietur in labiis suis.

Apprehendetur peccator : et maledicus et superbus scandalizabuntur in illis.

Jurationi non assuefacias os tuum :

Et nominationi Sancti non assuescas.

Sicut enim servus interrogatus assiduè, à livore non minuetur : sic et jurans et nominans semper à peccato non purgabitur.

Vir multùm jurans implebitur iniquitate ; et non discedet à domo ejus plaga.

Si deliquerit, delictum illius super ipsum erit : et si dissimulaverit, deliquit dupliciter.

Et si in vacuum juraverit, non justificabitur : replebitur enim obductionibus domus ejus.

Est loquela induta morte : non inveniatur in hæreditate Jacob.

tulus in Græc. *Doctrina oris. Non periet labiis :* Græc. *non capietur.*

8. *Scandalizabitur :* offendet : *in illis :* in labiis, in dictis.

10. *Nominatio :* jurandi causâ; *non* enim *assumes nomen Domini Dei tui in vanum.* Exod., xx, 7.

11. *Sicut enim servus :* ambiguæ vitæ, nec liquidæ innocentiæ. *Interrogatus assiduè,* in examen adductus, ac semper purgationis indigens; *à livore :* sive à verberibus *non minuetur :* non ei minuentur verbera, neque plagarum erit immunis. *Sic omnis jurans et nominans* (Dei nomen assumens) *in toto* (in totum) *à peccato non purgabitur :* cùm nullâ fide dignus, juramento et cautione semper indigeat.

13. *Si frustraverit :* fefellerit fidem jurejurando firmatam. *Et si dissimulaverit :* si non tantùm desit promisso bonâ fide dato, verùm etiam malâ fide promiserit, ac ficto animo juraverit, tantô nequior.

14. *Et si in vacuum,* sive in vanum, nullâ necessitate, nec fallendi animo, sed animi levitate *juraverit,* non erit innocens : non solùm enim falsa, verùm etiam vana juramenta mala sunt. Vide autem, vers. 13, 14, triplex jurisjurandi genus : juratam fidem fallere; ficto animo jurare; jurare in vanum : atque hæc omnia reprobata.

15. *Est et alia loquela :* aliud in loquendo vitium juramento vix inferius, nempè conviciandi studium, vers. 17, quæ duo connectit; ac videtur alludere ad illud *Levitici,* xix, quo loco postquàm ita edictum est : *non perjurabis,... nec pollues nomen Dei tui,* 12; statim de maledicto et calumniâ subditur : *non facies calum-*

## CAPUT XXIII.

A piis enim omnia hæc auferentur; et in peccatis non se volutabunt.

Indisciplinationi temerariæ non assuefacias os tuum : est enim in eâ verbum peccati.

Memento patris et matris tuæ : in medio enim magnatorum consistis :

Ne quandò oblivioni tradaris in conspectu illorum, et consuetudine tuâ infatueris : et voles non esse natus, et diem nativitatis tuæ maledices.

Homo assuescens verbis improperii, in omnibus diebus suis non erudietur.

Duo genera abundant peccatis, et tertium adducet iram.

Anima calida quasi ignis ardens, non extinguetur donec deglutiatur :

Homo fornicarius in corpore

16. Etenim à misericordibus omnia hæc auferentur, et in delictis non volutabuntur.

17. Indisciplinatæ loquelæ non assuescat os tuum : est enim in illâ verbum peccati.

18. Memento patris et matris tuæ : in medio enim magnatorum consistis :

19. Ne fortè obliviscatur te Deus in conspectu illorum, et assiduitate tuâ infatuatus, improperium patiaris, et maluisses non nasci, et diem nativitatis tuæ maledicas.

20. Homo assuetus in verbis improperii, in omnibus diebus suis non erudietur.

21. Duo genera abundant in peccatis, et tertium adducit iram et perditionem.

22. Anima calida quasi ignis ardens, non extinguetur donec aliquid glutiat :

23. Et homo nequam in ore carnis

---

niam, 13; *non maledices surdo*, 14; *non eris criminator et susurro in populo*, 16. *Contraria morti* : contrà et ex adverso posita morti, eique par Græc. ἀντιπαρα-εἰσβλημένη : sive ut alii codices ; ἀντιπεριεἰσβλημένη θανάτῳ : ex æquo respondens morti; sive induta morte. Alii blasphemiam intelligunt, sive maledicta in Deum : infanda nec cognita piis, de quibus *Levit.*, XXIV, 11, et seqq.

16. *Misericordibus* : piis.

17. *Indisciplinatæ loquelæ*, temerariæ loquacitati, cui convicia ac maledicta subjuncta sunt, ut vers. 20. *Verbum peccati* : Hebraism. notus, verbum pro re, pro peccato ipso scilicet.

18. *Memento patris et matris tuæ*. Ne illis maledicas aut detrahas ; alioquin *in medio magnatorum consistis* : vocaberis in judicium, cui sequens congruit.

19. *Ne fortè obliviscatur te Deus* : justè deserat, omnique ope destituat, *in conspectu illorum* : evocatum in judicium : *et assiduitate tuâ infatuatus* : maledicendi consuetudine pro insano habitus, et ipse vicissim *improperium patiaris* : turpi notâ inustus à judicibus, et tunc maluisses non esse natus, etc. Aliter eodem fermè sensu: Memento patris ac matris, ne eis turpem notam inferas, cùm vocatus in judicium condemnaberis : quia filiorum opprobria in parentes redundant. *Ne obliviscatur te Deus* : Græc. simpliciter : *ne oblivioni tradaris;* penitùs deseraris à tuis.

21. *Duo genera* : hominum, de quibus suprà actum est : primo loco jurans vers. 9; secundo loco maledictis assuetus, 15; *abundant peccatis* : addendum tertium, quod inducat exitium, nempè libido et intemperantia.

22. *Anima calida* : libidinum æstu flagrans. *Donec aliquid glutiat* : Græc. *donec deglutiatur;* consumatur suo ipsius igne.

23. *Homo nequam* : Græc. πόρνος, *fornicarius* : pro quo Vulgatus legit πονηρὸς :

suæ, non desinet donec incendat ignem.

24. Homini fornicario omnis panis dulcis, non fatigabitur transgrediens usque ad finem.

25. Omnis homo qui transgreditur lectum suum, contemnens in animam suam, et dicens : Quis me videt?

26. Tenebræ circumdant me, et parietes cooperiunt me, et nemo circumspicit me : quem vereor? delictorum meorum non memorabitur Altissimus.

27. Et non intelligit quoniam omnia videt oculus illius, quoniam expellit à se timorem Dei hujusmodi hominis timor, et oculi hominum timentes illum :

28. Et non cognovit quoniam oculi Domini multò plus lucidiores sunt super solem, circumspicientes omnes vias hominum, et profundum abyssi, et hominum corda intuentes in absconditas partes.

29. Domino enim Deo antequàm crearentur, omnia sunt agnita : sic et post perfectum respicit omnia.

30. Hic in plateis civitatis vindicabitur, et quasi pullus equinus fugabitur : et ubi non speravit, apprehendetur.

31. Et erit dedecus omnibus, eò quòd non intellexerit timorem Domini.

32. Sic et mulier omnis relinquens

carnis suæ, non desinet donec accenderit ignem.

Homini fornicario omnis panis dulcis : non cessabit usque ad finem.

Homo qui transgreditur lectum suum, dicens in animo suo : Quis me videt?

Tenebræ circumdant me, et parietes cooperiunt me, et nemo me videt : quid vereor? delictorum meorum non memorabitur Altissimus.

Et oculi hominum timor ejus.

Et non cognovit quoniam oculi Domini decies millies lucidiores sole, inspicientes omnes vias hominum, et intuentes in absconditas partes.

Antequàm crearentur, omnia sunt ei agnita: sic et postquàm consummata sunt.

Hic in plateis civitatis vindicabitur; et ubi non speravit, apprehendetur.

Sic et mulier relinquens vi-

---

*in ore;* Græc. *in corpore*, στόματι, pro σώματι : *donec incendat ignem :* quo ipse tabescat.

24. *Homini fornicario omnis panis :* quæcumque voluptatis esca *dulcis :* insatiabili cupiditate percitus, *non fatigabitur :* Græc. *non cessabit usquàm.*

27. *Expellit à se timorem Dei.* Is qui talia dicit, metu amittendæ voluptatis, timorem Dei abjicit : Græc. deest : desunt etiam alia obscurissima; sic autem habet : *et oculi hominum timor illius :* is qui talia jactat quæ habentur vers. 26, neque Deum timet, oculos timet, oculos timet hominum; abstineretque à flagitio si testes homines habere se crederet.

28. *Non cognovit :* non cogitat, etc. *Multò plus :* Græc. *decies millies.*

30. *Hic :* talis homo, adulter : de quo vers. 25.

## CAPUT XXIV.

rum, et statuens hæreditatem ex alieno.

Primò enim in lege Altissimi incredula fuit, et secundò in virum suum deliquit, et tertiò in fornicatione mœchata est; ex alieno viro filios statuit.

Hæc in ecclesiam educetur, et in filios ejus visitatio erit.

Non diffundentur filii ejus in radicem, et rami ejus non dabunt fructum.

Relinquetur in maledictum memoria ejus, et dedecus ejus non delebitur.

Et cognoscent qui relicti sunt, quoniam nihil melius timore Domini, et nihil dulcius quàm attendere mandatis Dei.

virum suum, et statuens hæreditatem ex alieno matrimonio :

33. Primò enim in lege Altissimi incredibilis fuit : secundò in virum suum deliquit : tertiò in adulterio fornicata est, et ex alio viro filios statuit sibi.

34. Hæc in ecclesiam adducetur, et in filios ejus respicietur.

35. Non tradent filii ejus radices, et rami ejus non dabunt fructum.

36. Derelinquet in maledictum memoriam ejus, et dedecus illius non delebitur.

37. Et agnoscent qui derelicti sunt, quoniam nihil melius est quàm timor Dei : et nihil dulcius quàm respicere in mandatis Domini.

38. Gloria magna est sequi Dominum : longitudo enim dierum assumetur ab eo.

33. *Primò enim :* nota tria in fornicariam, ex Deo, ex marito, ex sobole.
34. *In ecclesiam :* in judicium vocato legitimo cœtu. *In filios ejus respicietur :* inquiretur : Græc. *erit in eos inspectio :* ἐπισκοπή : ejus progeniem Deus ultor insequetur, ut docent seqq.

---

## CAPUT XXIV.

Laus sapientiæ : ejus ante omnia sæcula ortus ex Deo : atque in Israele sedes : inexhausta abundantia.

| SIXTINA VERSIO. | VERSIO VULGATA. |
|---|---|
| *Laudatio sapientiæ.* | |
| Sapientia laudabit animam suam, et in medio populi sui gloriabitur. | 1. Sapientia laudabit animam suam, et in Deo honorabitur, et in medio populi sui gloriabitur, |
| In ecclesiâ Altissimi aperiet os suum, et in conspectu virtutis illius gloriabitur. | 2. Et in ecclesiis Altissimi aperiet os suum, et in conspectu virtutis illius gloriabitur, |

1. *Sapientia laudabit animam suam :* seipsam noto hebraismo; quâ phrasi Deus ipse, *Isa.,* I, 14 : *Solemnitates vestras odivit anima mea.* Præfatio laudationis, quâ docetur sapientiam solam esse dignam, quæ se ipsam laudet; quam laudem orditur vers. 5. *Populi sui :* ergo sapientia illa Deus ipse est, neque quisquam nisi Deus hoc sensu Israelitas populum suum appellat.

3. Et in medio populi sui exaltabitur, et in plenitudine sanctâ admirabitur,

4. Et in multitudine electorum habebit laudem, et inter benedictos benedicetur, dicens :

5. Ego ex ore Altissimi prodivi primogenita ante omnem creaturam :

6. Ego feci in cœlis ut oriretur lumen indeficiens, et sicut nebula texi omnem terram :

7. Ego in altissimis habitavi, et thronus meus in columnâ nubis.

8. Gyrum cœli circuivi sola, et profundum abyssi penetravi, in fluctibus maris ambulavi.

9. Et in omni terrâ steti : et in omni populo,

10. Et in omni gente primatum habui :

11. Et omnium excellentium, et humilium corda virtute calcavi : et in his omnibus requiem quæsivi, et in hæreditate Domini morabor.

12. Tunc præcepit, et dixit mihi Creator omnium : et qui creavit

Ego ex ore Altissimi prodivi :

Et sicut nebula obtexi terram.

Ego in altissimis habitavi, et thronus meus in columnâ nubis.

Gyrum cœli circuivi sola, et in profundo abyssorum deambulavi. In fluctibus maris,

Et in omni terrâ, et in omni populo,

Et gente possedi.

Cum his omnibus requiem quæsivi, et in hæreditate cujus morabor.

Tunc præcepit mihi Creator omnium : et qui creavit me, quies-

---

3. *In plenitudine sanctâ :* pleno consessu, *admirabitur,* admirationi erit.

5. *Ex ore Altissimi prodivi :* ergo sapientia illa, quæ est Deus, ex ore Dei prodiit; Deus ergo ex Deo. *Primogenita :* Græc. deest : ductum ex *Prov.*, VIII, 22 et seqq., atque ex hujus loci sententiâ Paulus vocat Christum primogenitum omnis creaturæ, *Col.*, I, 15, hoc est, genitum, anteaquàm quidquam crearetur.

6. *Lumen indeficiens :* sol : nam illa lux quæ beatas collustrat mentes, quæque omnem hominem illuminat, ipsa est sapientia, non aliquid quod fecerit. *Indeficiens,* inextinctum : *sicut nebula :* nominandi casu, quòd quaquaversùs sapientia diffundatur.

7. *In columnâ nubis :* illâ quâ populus noctu illustrabatur.

10, 11. *Primatum habui :* Græc. *possedi;* quæ autem est illa vis, quæ et à Deo sit, et omnes gentes imperio teneat, nisi Filius Dei à Deo, æquè Deus ? *Requiem quæsivi :* sedem, in quâ solium collocarem. *In hæreditate Domini :* Græc. *quæsivi in cujus hæreditate morarer,* in quâ gente, in quo populo.

12. *Tunc præcepit.* Cùm sapientia ipsa sit Verbum Dei (*fons* enim *sapientiæ, Verbum Dei in excelsis,* suprà, I, 5), ergo idem est præceptum Patris : ergo præcepit, cùm genuit : ut præclarè Augustinus passim. *Requievit :* Græc. *requievit,* activè : *requiescere fecit tabernaculum meum.* Cùm ego sapientia omnium gentium domina (vers. 10), quærerem ubi sedem collocarem (11), Deus ostendit mihi Israeliticum populum, in quo tabernaculum figerem (12, 13). *Qui creavit me :* quid Hebræus habeat, et quid illud *creare* sit apud antiquos illos interpretes, diximus *Prov.*, VIII, 22.

## CAPUT XXIV.

cere fecit tabernaculum meum, Et dixit : In Jacob inhabita, et in Israel hæreditare.

Ante sæculum ab initio creavit me : et usque ad sæculum non desinam. In habitatione sanctâ coràm ipso ministravi :
Et sic in Sion firmata sum : in civitate dilectâ similiter quiescere me fecit, et in Jerusalem potestas mea.
Et radicavi in populo honorificato, in parte Domini, hæreditatis ejus.

Quasi cedrus exaltata sum in Libano, et quasi cupressus in montibus Ærmon.
Quasi palma exaltata sum in littoribus, et quasi plantæ rosæ in Jericho.
Quasi oliva speciosa in campo : et quasi platanus exaltata sum.

Sicut cinnamomum, et aspalathus aromatum dedi odorem : et tanquam myrrha electa dedi suavitatem odoris.
Quasi galbanum et ungula et

me, requievit in tabernaculo meo,
13. Et dixit mihi : In Jacob inhabita, et in Israel hæreditare, et in electis meis mitte radices.

14. Ab initio, et ante sæcula creata sum, et usque ad futurum sæculum non desinam, et in habitatione sanctâ coràm ipso ministravi.

15. Et sic in Sion firmata sum, et in civitate sanctificatâ similiter requievi, et in Jerusalem potestas mea.

16. Et radicavi in populo honorificato, et in parte Dei mei hæreditas illius, et in plenitudine sanctorum detentio mea.

17. Quasi cedrus exaltata sum in Libano, et quasi cypressus in monte Sion :

18. Quasi palma exaltata sum in Cades, et quasi plantatio rosæ in Jericho.

19. Quasi oliva speciosa in campis, et quasi platanus exaltata sum juxta aquam in plateis.

20. Sicut cinnamomum, et balsamum aromatizans odorem dedi : quasi myrrha electa dedi suavitatem odoris.

21. Et quasi storax et galbanus et

---

14. *Ab initio :* sive Græc. *ante sæculum : usque ad futurum :* Græc. *usque ad sæculum :* ergo æterna, et ipse Deus, cùm neque initium, neque finem habeat. Quod enim est à sæculo in sæculum, Græc., secundùm Scripturas nullo initio est. *Ministravi :* ut decebat sapientiam Deo ipsi congenerem, quâ Deus ut conjunctâ sibi, et apud se existente agit. *Joan.*, I, 2.

15. *In civitate sanctificatâ :* Græc. *dilectâ.*

16. *In parte Dei mei hæreditas illius :* sapientiæ, id est, mei. Vide Græc. *Detentio mea,* domicilium.

17. *In monte Sion :* Græc. *in montibus Ærmon,* sive Hermon : notissimis.

18. *In Cades.* Alii, in *Gaddi,* sive Engaddi, ubi palmeta nobilia, et balsamus; Græc. *in littoribus.*

19. *Juxta aquam in plateis ;* ac per vicos urbium decurrentem.

20. *Et balsamum :* Græc. *aspalathus,* planta odorifera apud Plinium et cæteros. *Myrrha electa :* optima.

21. *Ungula* (onyx) : pro nardo quam continet. *Gutta :* Græc. *stacte,* odoramenti genus. *Quasi Libanus :* thus.

ungula et gutta, et quasi Libanus non incisus vaporavi habitationem meam, et quasi balsamum non mistum odor meus.

22. Ego quasi terebinthus extendi ramos meos : et rami mei honoris et gratiæ.

23. Ego quasi vitis fructificavi suavitatem odoris : et flores mei fructus honoris et honestatis.

24. Ego mater pulchræ dilectionis, et timoris, et agnitionis, et sanctæ spei.

25. In me gratia omnis viæ et veritatis : in me omnis spes vitæ et virtutis.

26. Transite ad me, omnes qui concupiscitis me, et à generationibus meis implemini :

27. Spiritus enim meus super mel dulcis, et hæreditas mea super mel et favum.

28. Memoria mea in generationes sæculorum.

29. Qui edunt me, adhuc esurient : et qui bibunt me, adhuc sitient.

30. Qui audit me, non confundetur : et qui operantur in me, non peccabunt.

31. Qui elucidant me, vitam æternam habebunt.

32. Hæc omnia liber vitæ, et testamentum Altissimi, et agnitio veritatis.

33. Legem mandavit Moyses in præceptis justitiarum, et hæreditatem domui Jacob, et Israel promissiones.

34. Posuit David puero suo exci-

gutta, et quasi Libani vapor in tabernaculo :

Ego quasi terebinthus expandi ramos meos : et rami mei, rami honoris et gratiæ.

Ego quasi vitis fructificavi gratiam : et flores mei, fructus honoris et honestatis.

Accedite ad me, qui concupiscitis me, et à generationibus meis adimplemini.

Memoria enim mea super mel dulcis, et hæreditas mea super mellis favum.

Qui edunt me, adhuc esurient; et qui bibunt me, adhuc sitient.

Qui audit me, non confundetur : et qui operantur in me, non peccabunt.

Hæc omnia, liber testamenti Dei Altissimi :

Legem, quam mandavit Moyses, hæreditatem synagogis Jacob.

---

24. *Ego mater pulchræ dilectionis :* sive, ut alii codices : *Ego mater dilectionis illius pulchræ* (quâ diligitur Deus) : non turpium amorum : *et agnitionis :* Dei veritatis : vel, optima cognitu.

26. *A generationibus,* fructibus.

27. *Spiritus meus :* Græc. *memoria mea.*

32. *Hæc omnia* continet *liber vitæ :* Græc. *liber testamenti,* sive legis.

33. *Domui Jacob :* Græc. *congregationibus Jacob.*

34. *Posuit David.* Hic commemorat Salomonem, ut primum sententiarum auctorem, quem ipse imitetur : Græc. deest.

# CAPUT XXIV.

Qui implet quasi Phison sapientiam, et sicut Tigris in diebus novorum.

Qui adimplet quasi Euphrates sensum, et quasi Jordanis in diebus messis.

Qui emittit disciplinam, sicut lucem, quasi Gehon in diebus vindemiæ.

Non consummavit primus scire ipsam : et sic ultimus non investigavit eam.

A mari enim abundavit cogitatio ejus, et consilium ejus ab abysso magnâ.

Et ego, sicut fossa de flumine, et sicut aquæductus exivi in paradisum.

Dixi : Potabo hortum meum : et inebriabo pratum meum.

Et ecce facta est mihi fossa in fluvium; et fluvius meus factus est in mare.

Adhuc doctrinam, quasi ante-

tare regem ex ipso fortissimum, et in throno honoris sedentem in sempiternum.

35. Qui implet quasi Phison sapientiam, et sicut Tigris in diebus novorum.

36. Qui adimplet quasi Euphrates sensum : qui multiplicat quasi Jordanis in tempore messis.

37. Qui mittit disciplinam sicut lucem, et assistens quasi Gehon in die vindemiæ :

38. Qui perficit primus scire ipsam, et infirmior non investigabit eam.

39. A mari enim abundavit cogitatio ejus, et consilium illius ab abysso magnâ.

40. Ego sapientia effudi flumina.

41. Ego quasi trames aquæ immensæ de fluvio ; ego quasi fluvii Dioryx, et sicut aquæductus exivi de paradiso.

42. Dixi : Rigabo hortum meum plantationum, et inebriabo prati mei fructum.

43. Et ecce factus est mihi trames abundans, et fluvius meus appropinquavit ad mare :

44. Quoniam doctrinam, quasi

35. *Qui implet* (Deus) *quasi Phison sapientiam*. In Moyse (sive etiam in Salomone) pleno flumine decurrentem. *In diebus novorum* fructuum ; quo exundare solet solutis nivibus : ut Jordanis in messe, vers. seq.

37. *Assistens :* affluens : Græc. deest.

38. *Qui perficit primus :* qui primus dedit operam sapientiæ : *et infirmior :* Græc. *postremus ;* ubi etiam totus versus sic habet : *Non consummavit primus scire ipsam, et sic ultimus non investigabit eam*, sapientiam scilicet, quam neque primi, neque postremi sapientes, aliorum licèt instituti præceptis, capere potuerunt.

39. *A mari enim :...... ab abysso :* tanquam à mari, tanquam ab Oceano : cogitationibus velut à profundo, atque inexhausto mari deductis.

40. *Effudi flumina :* et quæ paradisum, et quæ mentes hominum tantâ copiâ irrigarunt.

41. *Ego* (sapientia loquitur) *quasi trames*, quasi fossa. *Quasi fluvii Dioryx :* alia versio ; dioryx enim fossa.

43. *Trames :* Græc. *et facta est mihi fossa in fluvium, et fluvius in mare* ( crescente et exundante doctrinâ.)

44. *Doctrinam, quasi antelucanum :* Græc. *tanquam crepusculum matutinum*

## VERSIO VULGATA.

antelucanum, illumino omnibus; et enarrabo illam usque ad longinquum.

45. Penetrabo omnes inferiores partes terræ, et inspiciam omnes dormientes, et illuminabo omnes sperantes in Domino.

46. Adhuc doctrinam quasi prophetiam effundam, et relinquam illam quærentibus sapientiam: et non desinam in progenies illorum usque in ævum sanctum.

47. Videte quoniam non soli mihi laboravi, sed omnibus exquirentibus veritatem.

## SIXTINA VERSIO.

lucanum, illuminabo, et ostendam eam usque in longinquum.

Adhuc doctrinam, quasi prophetiam effundam; et relinquam illam in generationes sæculorum.

Videte quoniam non soli mihi laboravi, sed omnibus exquirentibus eam.

ortum : *illumino* : accendam; illustrem faciam. *Et enarrabo illam* : Græc. *doctrinam* : ostendam, declarabo illa, quæ dixi, præcepta sapientiæ.

45. *Inspiciam omnes dormientes* : penetrabo usque ad mortuorum sedem.

46. *In progenies* : in generationes sæculorum. *Usque in ævum sanctum* : in sempiternam vitam reservatam sanctis.

47. *Videte* : quod videtur dicere, non jam ipsa sapientia, quæ hactenùs locuta est, sed hujus libri auctor : ut infrà, xxxiii, 18.

## CAPUT XXV.

Tria optanda : tria exosa : labora juvenis, 1 ad 5, senum gloria, 6 et seqq.; res novem jucundæ sensibus : decima super omnia timor Domini, 9 et seqq.; inter pessima nihil pejus quàm mulier nequam, 13, ad finem : mulier continenda domi, 34.

### VERSIO VULGATA.

1. In tribus placitum est spiritui meo, quæ sunt probata coràm Deo et hominibus :

2. Concordia fratrum, et amor proximorum, et vir et mulier benè sibi consentientes.

3. Tres species odivit anima mea, et aggravor valdè animæ illorum :

4. Pauperem superbum, divitem mendacem, senem fatuum et insensatum.

### SIXTINA VERSIO.

In tribus decora facta sum; et surrexi decora coràm Domino et hominibus :

Concordia fratrum, et amicitia proximorum, et vir et mulier sibi benè consentientes.

Tres autem species odivit anima mea, et indignata sum vitæ illorum :

Pauperem superbum, et divitem mendacem; senem adulterum diminutum intellectu.

1. *In tribus*. In Græc. sapientia pergit loqui.

4. *Divitem mendacem* : quòd deceat eos liberaliter agere, non instar egenorum, multa mentiri ac fallere comparando victu. *Senem fatuum* : Græc. *adulterum*.

In juventute tuâ non congregasti : et quomodò in senectute tuâ invenies?

Quàm speciosum canitiei judicium, et presbyteris cognoscere consilium!

Quàm speciosa veteranis sapientia, et gloriosis intellectus et consilium!

Corona senum multa peritia, et gloria illorum timor Domini.

Novem cogitationes beatificavi in corde, et decimam dicam in linguâ :

Homo, qui jucundatur in filiis, vivens, et videns subversionem inimicorum.

Beatus qui habitat cum muliere sensatâ, et qui in linguâ non est lapsus, et qui non servivit indigno se :

Beatus qui invenit prudentiam; et qui narrat in aures audientium.

Quàm magnus est, qui invenit sapientiam! sed non est super timentem Dominum.

Timor Domini super omnia se superposuit :

5. Quæ in juventute tuâ non congregasti, quomodò in senectute tuâ invenies?

6. Quàm speciosum canitiei judicium, et presbyteris cognoscere consilium!

7. Quàm speciosa veteranis sapientia, et gloriosis intellectus et consilium!

8. Corona senum multa peritia, et gloria illorum timor Dei.

9. Novem insuspicabilia cordis magnificavi, et decimum dicam in linguâ hominibus :

10. Homo, qui jucundatur in filiis, vivens et videns subversionem inimicorum suorum.

11. Beatus qui habitat cum muliere sensatâ, et qui in linguâ suâ non est lapsus, et qui non servivit indignis se.

12. Beatus qui invenit amicum verum, et qui enarrat justitiam auri audienti.

13. Quàm magnus, qui invenit sapientiam et scientiam! sed non est super timentem Dominum.

14. Timor Dei super omnia se superposuit.

6. *Quàm speciosum* : quàm decet canos senesque judicandi officium : quàm congruit senioribus *cognoscere consilium*, quod dent exquirentibus!

7. *Veteranis*, senibus; *gloriosis*, honoratis, optimatibus.

9. *Novem insuspicabilia* : Græc. *novem cogitationes* seu suspiciones *beatas existimavi in corde meo :* novem enim isti beati : 1. in prole felix; 2. diu vivens, valensque ; 3. qui videt subversos inimicos; 4. cui uxor prudens obtigit; 5. cujus verba irreprehensa sunt; 6. qui non servit indignis; 7. qui habet amicum verum; 8. qui jura sua, quæque opus habeat, enarraturus, aurem attentam ac benevolam nactus est; 9. qui invenit sapientiam : hæc novem exequitur à vers. 11 ad 14. Decimum autem omnia supergressum, timorem Domini, vers. 13, 14, 15, 16. Sanè viventem valentemque, ac videntem subversos inimicos, pro duobus numeramus : alioquin octo tantùm essent bona, ac nonum excidisset : quod autem pro amico vero, vers. 12, Græc. habet, *prudentiam*, vix à sapientiâ scientiâque secernitur, quam nono loco refert. Quo loco sapientiam intelligas, prout apud homines sumitur : cùm vera sapientia sit timor Domini, decimo gradu memoratus. De inimicis verò subversis, meminerimus nos audire hîc sensus humanos, per quos, velut per gradus devenimus ad summum illud, verumque et divinum bonum, timorem Domini.

15. Beatus homo, cui donatum est habere timorem Dei : qui tenet illum, cui assimilabitur?

Qui tenet illum, cui assimilabitur?

16. Timor Dei initium dilectionis ejus : fidei autem initium agglutinandum est ei.

17. Omnis plaga tristitia cordis est : et omnis malitia, nequitia mulieris.

18. Et omnem plagam, et non plagam videbit cordis :

Omnem plagam, et non plagam cordis :

19. Et omnem nequitiam, et non nequitiam mulieris :

Et omnem nequitiam, et non nequitiam mulieris :

20. Et omnem obductum, et non obductum odientium :

Omnem obductionem, et non obductionem odientium :

21. Et omnem vindictam, et non vindictam inimicorum.

Et omnem vindictam, et non vindictam inimicorum.

22. Non est caput nequius super caput colubri :

Non est caput super caput colubri :

23. Et non est ira super iram mulieris. Commorari leoni et draconi placebit, quàm habitare cum muliere nequam.

Et non est ira super iram inimici. Commorari leoni et draconi placebit mihi, quàm habitare cum muliere nequam.

24. Nequitia mulieris immutat faciem ejus, et obcæcat vultum suum tanquam ursus : et quasi saccum ostendit. In medio proximorum ejus

Malitia mulieris immutat faciem ejus, et obcæcat vultum ejus quasi saccum. In medio proximorum suorum

25. Ingemuit vir ejus, et audiens suspiravit modicùm.

Concidet vir ejus, et audiens suspiravit amarè.

26. Brevis omnis malitia super malitiam mulieris, sors peccatorum cadat super illam.

Brevis omnis malitia ad malitiam mulieris : sors peccatoris cadat super illam.

16. *Timor Dei.* Hic versus in Sixtinâ deest, supplendus ex aliis codicibus. *Fidei autem initium agglutinandum est ei :* Græc. *fides initium agglutinandi se ei*, sive agglutinationis (conjunctionis) cum eo.

17. *Omnis plaga:* alia lectio sequentis, obscura et imminuta : Græc. deest.

18, 19. *Omnem plagam :* videbit vir æquo animo, *sed non plagas cordis*, læsi et vulnerati, frustrato amore et violatâ fide, infrà 31 ; xxvi, 8 ; xxvii, 22, 23 ; ita *et omnem nequitiam,* sed *non mulieris,* tantâ est vafritie : tot artes nocendi novit.

20. *Omnem obductum :* impetum adversæ fortunæ.

21. *Omnem vindictam :* etiam à publicâ potestate ; est enim exorabilis : sed *non inimicorum,* qui se nec evitari, nec placari sinunt.

24. *Obcæcat* (obscurat) *vultum* ejus exasperando atque efferando : à nativâ formâ in ursi speciem mutat. *Tanquam saccum ostendit :* rugosum et squalidum facit.

25. *Modicùm :* presso dolore scilicet ; at Græc. *suspiravit amarè :* modicùm, fortè à sequenti petitum.

## CAPUT XXVI.

Ascensus arenosus in pedibus veterani : sic mulier linguata viro quieto.

Ne procidas ad speciem mulieris, et non concupiscas mulierem.

Ira, et irreverentia, et confusio magna, mulier, si subministret viro suo.

Cor humile, et facies tristis, et plaga cordis, mulier nequam.

Manus debiles, et genua dissoluta, quæ non beatificabit virum suum.

A muliere initium peccati, et per illam omnes morimur.

Ne des aquæ exitum, nec mulieri nequam, potestatem.

Si non ambulaverit ad manum tuam, à carnibus tuis abscinde illam.

27. Sicut ascensus arenosus in pedibus veterani, sic mulier linguata homini quieto.

28. Ne respicias in mulieris speciem, et non concupiscas mulierem in specie.

29. Mulieris ira, et irreverentia, et confusio magna.

30. Mulier, si primatum habeat, contraria est viro suo.

31. Cor humile, et facies tristis, et plaga cordis, mulier nequam.

32. Manus debiles et genua dissoluta, mulier quæ non beatificat virum suum.

33. A muliere initium factum est peccati, et per illam omnes morimur.

34. Non des aquæ tuæ exitum, nec modicum : nec mulieri nequam veniam prodeundi.

35. Si non ambulaverit ad manum tuam, confundet te in conspectu inimicorum.

36. A carnibus tuis abscinde illam, ne semper te abutatur.

27. *Ascensus arenosus :* tam gravis verbosa mulier viro quieto, quàm grave est seni grassari et obrepere per clivum arenosum, nullo pedum fulcimento.
29. *Mulieris ira et irreverentia :* inverecundia : *et confusio,* causa pudoris *magna :* addit Græc. causam ; nempe, si subministret viro (quò vivat) : id enim et viro turpe, et mulieri causa superbiendi, ac sæviendi in virum.
31. *Plaga cordis.* Vide vers. 18.
33. *A muliere :* ex *Gen.* III.
35. *Ad manum tuam :* ad imperium tuum, instar jugalis freno obsequentis.

## CAPUT XXVI.

De muliere bonâ, 1, 2, 3 ; zelotypâ, 5 et seqq.; mulier nequam, 10 et seqq.; fornicariæ indicia, 12 ; filia inverecunda, 13 et seqq.; mulier bona, 16 et seqq.; à justitiâ ad peccatum transitus quàm odiosus, 26, 27.

### SIXTINA VERSIO.

Mulieris bonæ beatus vir : et numerus annorum illius duplex.

Mulier fortis oblectat virum

### VERSIO VULGATA.

1. Mulieris bonæ beatus vir : numerus enim annorum illius duplex.

2. Mulier fortis oblectat virum

suum : et annos vitæ illius in pace implebit.

3. Pars bona mulier bona, in parte timentium Deum dabitur viro pro factis bonis.

4. Divitis autem et pauperis cor bonum, in omni tempore vultus illorum hilaris.

5. A tribus timuit cor meum, et in quarto facies mea metuit :

6. Delaturam civitatis, et collectionem populi :

7. Calumniam mendacem : super mortem omnia gravia :

8. Dolor cordis et luctus, mulier zelotypa

9. In muliere zelotypâ flagellum linguæ, omnibus communicans.

10. Sicut boum jugum quod movetur, ita et mulier nequam : qui tenet illam, quasi qui apprehendit scorpionem.

11. Mulier ebriosa, ira magna : et contumelia et turpitudo illius non tegetur.

12. Fornicatio mulieris in extollentiâ oculorum, et in palpebris illius agnoscetur.

13. In filiâ non avertente se, firma

suum : et annos illius implebit in pace.

Pars bona mulier bona, in parte timentium Dominum dabitur.

Divitis autem et pauperis cor bonum, in omni tempore vultus hilaris.

A tribus timuit cor meum, et in quarto facie supplicavi :

Delaturam civitatis, et collectionem turbæ,

Et calumniam mendacem : super mortem omnia gravia.

Dolor cordis et luctus mulier

Zelotypa in mulierem zelotypam, et flagellum linguæ omnibus communicans.

Boum jugum quod movetur, mulier nequam : qui tenet illam, quasi qui apprehendit scorpionem.

Ira magna, mulier ebriosa : et turpitudinem suam non conteget.

Fornicatio mulieris in extollentiâ oculorum, et in palpebris illius agnoscetur.

In filiâ non avertente se, firma

---

4. *Divitis autem.* Sive divitis, sive pauperis cor lætum, vultum exhilarat : quæ sententia referri videtur ad vers. 2.

6. *Delaturam civitatis :* Græc. διαβολήν. Civitati crimen illatum, nec privatis tantùm, sed universæ communitati, per calumniam. *Collectionem populi :* Græc. *turbæ,* sive inconditæ multitudinis. *Calumniam mendacem :* Græc. *mendacium.*

8. *Dolor cordis.* Quartum illud, ima pectoris vulnerans : *mulier zelotypa :* sive, ut habet Græc. *æmula mulieri* ; urunt enim se mutuò æmulæ fœminæ, virumque velut in medio deprehensum requiescere non sinunt.

9. *In muliere zelotypâ,* sive æmulâ, est *flagellum linguæ, omnibus communicans :* sive commune. Indicat maledicta communicata ac dissipata in vulgus.

10. *Boum jugum :* conjugium jugum quoddam : *quod movetur,* concutitur, distrahitur, incertisque fertur motibus : σαλευόμενον : ubi viro bono *mulier nequam* copulatur.

12. *In extollentiâ oculorum :* in inverecundiâ et proterviâ, *et in palpebris :* i mollitie : quales sunt illi oculi, quos vocat Petrus adulterii plenos. II *Petr.,* II, 14.

13. *In filiâ non avertente se :* ἀδιατρέπτῳ, quod etiam inverecundam sonat.

## CAPUT XXVI.

custodiam; ne, inventâ remissione, utatur se.

Post irreverentem oculum cave; et non mireris, si in te deliquerit.

Sicut viator sitiens os aperit, et ab omni aquâ proximâ bibet, contra omnem palum sedebit, et contra sagittam aperiet pharetram.

Gratia mulieris delectabit virum suum, et ossa illius impinguabit.

Scientia ipsius.

Datum Domini est mulier taciturna : et non est commutatio eruditæ animæ.

Gratia super gratiam, mulier pudorata :

Et non est pondus omne dignum continentis animæ.

Sol exoriens in altissimis Domini, et species mulieris bonæ in ornamento domûs suæ.

Lucerna lucens super candelabrum sanctum, et species faciei in ætate stabili.

Columnæ aureæ super basim argenteam, et pedes decori in pectoribus stabilis.

custodiam : ne inventâ occasione, utatur se.

14. Ab omni irreverentiâ oculorum ejus cave, et ne mireris, si te neglexerit.

15. Sicut viator sitiens ad fontem os aperiet, et ab omni aquâ proximâ bibet, et contra omnem palum sedebit, et contra omnem sagittam aperiet pharetram, donec deficiat.

16. Gratia mulieris sedulæ delectabit virum suum, et ossa illius impinguabit.

17. Disciplina illius datum Dei est.

18. Mulier sensata et tacita, non est immutatio eruditæ animæ.

19. Gratia super gratiam, mulier sancta et pudorata.

20. Omnis autem ponderatio non est digna continentis animæ.

21. Sicut sol oriens mundo in altissimis Dei, sic mulieris bonæ species in ornamentum domûs ejus :

22. Lucerna splendens super candelabrum sanctum, et species faciei super ætatem stabilem.

23. Columnæ aureæ super bases argenteas, et pedes firmi super plantas stabilis mulieris.

24. Fundamenta æterna supra petram solidam, et mandata Dei in corde mulieris sanctæ.

---

14. *Irreverentiâ :* Græc. *inverecundo oculo. Si te neglexerit :* si monita tua despexerit. Vide Græc.

15. *Sicut viator sitiens* ab omni fonte potat, lassusque ad omnem palum considebit, ac defiget tentorium, et sicut qui tela congerit, ad omnem sagittam pharetram aperiet, *donec deficiat* locus; sic puella inverecunda omni amori patet, quod auctor per modestiam reticet.

18. *Mulier sensata :* supple, donum quoque Dei est, ex antecedente. *Non est immutatio :* commutatio, pretium, *eruditæ animæ.*

22. *Candelabrum sanctum :* in templo : *species faciei :* formæ pulchritudo : *super ætatem stabilem :* maturam : en species pudicæ mulieris, sanctum quid, et candelabri sancti facibus comparatum.

23. *Columnæ aureæ :* pulchra pulchris, firma firmis fulta, comparat mulieri *super plantas* firmis vestigiis consistenti, nec vagæ atque incompositæ; quod magis ad animum referendum, ex vers. seq. *Stabilis mulieris:* εὐσταθοῦς, *rectæ,*

25. In duobus contristatum est cor meum, et in tertio iracundia mihi advenit.

26. Vir bellator deficiens per inopiam : et vir sensatus contemptus :

27. Et qui transgreditur à justitiâ ad peccatum, Deus paravit eum ad rhomphæam.

28. Duæ species difficiles et periculosæ mihi apparuerunt : difficilè exuitur negotians à negligentiâ : et non justificabitur caupo à peccatis labiorum.

In duobus contristatum est cor meum, et in tertio iracundia mihi advenit.

Vir bellator deficiens per inopiam : et viri sensati si contemnantur.

Regrediens à justitiâ ad peccatum, Dominus parabit eum ad rhomphæam.

Difficilè exuetur negotians à delicto ; et non justificabitur caupo à peccato.

benè librato corpore : quod autem pro στερεοῖς, quod Vulgatus legisse videtur, id est, firmamentis (pedum) seu plantis, Græc. nunc habet στέρνοις, *pectoribus*, nullo sensu, omninò repudiandum.

28. *Negotians* : mercator : *à negligentiâ* : mercatura opus sollicitum : *caupo à peccatis labiorum* : ars cauponaria scatens mendaciis inflato rerum pretio.

## CAPUT XXVII.

Inopia, avaritia, emptio et venditio, 1, 2, 3; cogitationum cribratio, 5; cultura animorum, 6; ex sermone quemvis explora, 8; quærenda justitia : veritas : juramenta, 15; maledicta : infida amicitia : arcanorum proditio, 17 et seqq.; dissimulator sibi ipsi accersit pœnam, 25 et seqq.

### VERSIO VULGATA.

1. Propter inopiam multi deliquerunt : et qui quærit locupletari, avertit oculum suum.

2. Sicut in medio compaginis lapidum palus figitur, sic et inter medium venditionis et emptionis angustiabitur peccatum.

3. Conteretur cum delinquente delictum.

4. Si non in timore Domini tenueris te instanter, citò subvertetur domus tua.

5. Sicut in percussurâ cribri re-

### SIXTINA VERSIO.

Propter indifferens multi deliquerunt : et qui quærit locupletari, avertet oculum.

In medio compaginis lapidum palus figetur, et inter medium venditionis et emptionis angustiabitur peccatum.

Si non in timore Domini tenuerit se instanter, citò subvertetur domus ejus.

In percussurâ cribri remanet

1. *Avertit oculum* : à lege, sive à malis imminentibus, quorum avaritia radix est. I *Tim.*, VI, 10.

2. *Angustiabitur peccatum*, συντριβήσεται, constringetur, firmabitur.

3. *Conteretur* : alia versio. *Cum delinquente* : abest à Græc., neque ullum habet sensum.

5. *Sicut in percussurâ* (concussione) *cribri remanet pulvis* : lapilli, arena, *sic*

fimus; sic quisquiliæ hominis in cogitatione ejus.

Vasa figuli probat fornax, et tentatio hominis in sermocinatione ejus.

Culturam ligni ostendit fructus ipsius; sic verbum excogitatum, hominis cor.

Ante sermonem non laudes virum; hæc enim tentatio est hominum.

Si sequaris justitiam, apprehendes : et indues illam, quasi poderem honoris.

Volatilia ad sibi similia divertent; et veritas ad eos, qui operantur ipsam, revertetur.

Leo venationi insidiatur : sic peccata operantibus iniqua.

Narratio pii semper sapientia : stultus autem ut luna mutatur.

In medio insensatorum serva tempus : in medio autem cogitantium assiduus esto.

Narratio fatuorum odiosa; et risus eorum in deliciis peccati.

Loquela multùm jurantis arriget capillos; et jurgium eorum obturatio aurium.

Effusio sanguinis rixa superbo-

manebit pulvis, sic aporia hominis in cogitatu illius.

6. Vasa figuli probat fornax, et homines justos tentatio tribulationis.

7. Sicut rusticatio de ligno ostendit fructum illius, sic verbum ex cogitatu cordis hominis.

8. Ante sermonem non laudes virum : hæc enim tentatio est hominum.

9. Si sequaris justitiam, apprehendes illam : et indues quasi poderem honoris, et inhabitabis cum eâ, et proteget te in sempiternum, et in die agnitionis invenies firmamentum.

10. Volatilia ad sibi similia conveniunt : et veritas ad eos, qui operantur illam, revertetur.

11. Leo venationi insidiatur semper : sic peccata operantibus iniquitates.

12. Homo sanctus in sapientiâ manet sicut sol : nam stultus sicut luna mutatur.

13. In medio insensatorum serva verbum tempori : in medio autem cogitantium assiduus esto.

14. Narratio peccantium odiosa, et risus illorum in deliciis peccati.

15. Loquela multùm jurans, horripilationem capiti statuet : et irreverentia ipsius obturatio aurium.

16. Effusio sanguinis in rixâ su-

---

*aporia,* dubitatio *in cogitatu,* in ratiocinatione *hominis :* velut cribratione quâdam bona malave consilia secernuntur.

7. *Sicut rusticatio.* Vide Græc., in quo tamen nonnihil desideres.

9. *Poderem :* illustrem vestem.

10. *Veritas... qui operantur illam :* tractant, meditantur, cum eâque assuescunt.

11. *Leo venationi... sic peccata.* Ubi consuetudinem peccandi feceris, repentè tanquam ex occulto irruunt, et imparatos rapiunt.

13. *In medio... serva verbum tempori :* hebraismus, pro, *serva tempus,* sive opportunitatem, ut habet Græc., parcè et cùm tempus resque postulat, versare cum insipientibus : at, *in medio cogitantium,* intelligentium, *assiduus esto.*

15. *Irreverentia:* Græc. *jurgium eorum : obturatio aurium :* propter juramenta interserta. Vide seqq.

perborum : et maledictio illorum auditus gravis.

17. Qui denudat arcana amici, fidem perdit : et non inveniet amicum ad animum suum.

18. Dilige proximum, et conjungere fide cum illo.

19. Quòd si denudaveris absconsa illius, non persequeris post eum.

20. Sicut enim homo qui perdit amicum suum : sic et qui perdit amicitiam proximi sui.

21. Et sicut qui dimittit avem de manu suâ, sic dereliquisti proximum tuum, et non eum capies.

22. Non illum sequaris, quoniam longè abest : effugit enim quasi caprea de laqueo, quoniam vulnerata est anima ejus.

23. Ultra eum non poteris colligare : et maledicti est concordatio :

24. Denudare autem amici mysteria, desperatio est animæ infelicis.

25. Annuens oculo fabricat iniqua, et nemo eum abjiciet :

26. In conspectu oculorum tuorum conculcabit os suum, et super sermones tuos admirabitur : novissimè autem pervertet os suum, et in verbis tuis dabit scandalum.

27. Multa audivi, et non coæquavi ei : et Dominus odiet illum.

28. Qui in altum mittit lapidem,

rum : et maledictio illorum auditus gravis.

Qui denudat arcana, fidem perdidit; et non inveniet amicum ad animum suum.

Dilige amicum, et conjungere fide cum illo.

Si autem denudaveris absconsa illius, non persequaris post eum.

Sicut enim perdidit homo inimicum suum; sic qui perdidit amicitiam proximi.

Et sicut qui dimisit avem de manu suâ; sic dimisisti proximum, et non eum capies.

Non illum sequaris, quoniam longè discessit; et effugit quasi caprea de laqueo.

Quoniam vulnus est colligare : et maledicti est concordatio :

Qui autem denudavit mysteria, desperavit.

Annuens oculo fabricat iniqua; et nemo ipsum removebit ab ipso.

In conspectu oculorum tuorum indulcabit os suum, et super sermones tuos admirabitur. Novissimè autem pervertet os suum, et in verbis tuis dabit scandalum.

Multa odivi, et non coæquavi ei; et Dominus odiet illum.

Qui in altum mittit lapidem,

---

19. *Quòd si denudaveris.* Vide vers. 22.

20. *Qui perdit amicum :* qui cædit. Sensus est proditionem arcani cædem esse amicitiæ, nec magis resurgere cæsam ac mortuam, quàm amicum (aut inimicum) neci deditum. Vide autem vers. 22, 23, 24.

23. *Non poteris colligare :* obligare vulnus. Vide Græc., cujus sensus est, ut obligari et sanari vulnus, ita maledictum resarciri posse; at arcani proditione rem in desperationem adduci.

25. *Annuens oculo.* Hâc phrasi designatur artifex plura nutibus quàm verbis conficiens : omnis malæ rei dissimulator, de quo suprà, XIX, 23, et *Prov.*, VI, 13; X, 10. *Nemo eum abjiciet :* nemo declinat ictus tam cautè concinnantis dolos.

27. *Non coæquavi ei* quemquam; nihil æquè odi atque ipsum.

super caput suum mittit: et plaga dolosa dividet vulnera.

Qui foveam fodit, incidet in eam; et qui statuit laqueum, in eo capietur.

Qui facit mala, super ipsum involventur : et non agnoscet undè adveniant sibi.

Illusio, et improperium superborum, et vindicta sicut leo insidiabitur illi.

Laqueo capientur, qui oblectantur casu justorum; et dolor consumet illos antequàm moriantur.

Ira et furor, etiam hæc sunt abominationes, et vir peccator continens erit illorum.

super caput ejus cadet : et plaga dolosa, dolosi dividet vulnera.

29. Et qui foveam fodit, incidet in eam: et qui statuit lapidem proximo, offendet in eo : et qui laqueum alii ponit, peribit in illo.

30. Facienti nequissimum consilium, super ipsum devolvetur : et non agnoscet undè adveniat illi.

31. Illusio, et improperium superborum, et vindicta sicut leo insidiabitur illi.

32. Laqueo peribunt qui oblectantur casu justorum : dolor autem consumet illos antequàm moriantur.

33. Ira et furor, utraque execrabilia sunt, et vir peccator continens erit illorum.

28. *Plaga dolosa* : qui cæco ictu ferit per tenebras, sæpè seipsum vulnerat. *Dividet vulnera* : diducet; forté etiam vulneribus dividet carnes.
31. *Illusio et improperium* : pœna insidiatrix, sicut leo, insequetur illusores, etc.
33. *Continens erit illorum* : obnoxius.

## CAPUT XXVIII.

Non ulciscendum, 1 ad 10; non contendendum, 10 et seqq.; bilinguis, 15; lingua tertia, seu serens jurgia, 16 et seqq.; continendæ aures et os, 28; sermones suos quisque purget, 29, 30.

### SIXTINA VERSIO.

Qui vindicat, à Domino inveniet vindictam; et peccata illius servans servabit.

Remitte injuriam proximo tuo : et tunc deprecanti tibi peccata solventur.

Homo homini reservat iram; et à Deo quærit medelam.

In hominem similem sibi non habet misericordiam; et de peccatis suis deprecatur.

Ipse cùm caro sit, reservat

### VERSIO VULGATA.

1. Qui vindicari vult, à Domino inveniet vindictam, et peccata illius servans servabit.

2. Relinque proximo tuo nocenti te : et tunc deprecanti tibi peccata solventur.

3. Homo homini reservat iram, et à Deo quærit medelam?

4. In hominem similem sibi non habet misericordiam, et de peccatis suis deprecatur?

5. Ipse cùm caro sit, reservat iram,

2. *Relinque* : dimitte : Græc. remitte.
3. *Homo homini* : servus servo. Vide *Matth.*, XVIII, 32.

et propitiationem petit à Deo? quis exorabit pro delictis illius?

6. Memento novissimorum, et desine inimicari :

7. Tabitudo enim et mors imminent in mandatis ejus.

8. Memorare timorem Dei, et non irascaris proximo.

9. Memorare testamentum Altissimi, et despice ignorantiam proximi.

10. Abstine te à lite, et minues peccata.

11. Homo enim iracundus incendit litem, et vir peccator turbabit amicos, et in medio pacem habentium immittet inimicitiam.

12. Secundùm enim ligna silvæ, sic ignis exardescit : et secundùm virtutem hominis, sic iracundia illius erit, et secundùm substantiam suam exaltabit iram suam.

13. Certamen festinatum incendit ignem, et lis festinans effundit sanguinem, et lingua testificans adducit mortem.

14. Si sufflaveris in scintillam, quasi ignis exardebit : et si expueris super illam, extinguetur : utraque ex ore proficiscuntur.

15. Susurro et bilinguis maledictus : multos enim turbabit pacem habentes.

iram : quis propitiabit peccata illius?

Memento novissimorum, et desine inimicari :

Tabitudinis et mortis : et permane in mandatis.

Memorare mandata; et ne irascaris proximo,

Et testamentum Altissimi, et despice ignorantiam.

Abstine à lite, et minues peccata.

Homo enim iracundus incendet litem : et vir peccator turbabit amicos, et in medio pacem habentium immittit calumniam.

Secundùm materiam ignis sic exardescet : secundùm virtutem hominis, iracundia illius erit : et secundùm substantiam exaltabit iram suam : et secundùm firmitatem rixæ exardescet.

Contentio festinata incendit ignem, et rixa festinans effundit sanguinem.

Si sufflaveris scintillam, exardescet: et si expueris super illam, extinguetur : et utraque ex ore tuo proficiscuntur.

Susurronem et bilinguem maledicere : multos enim pacem habentes perdiderunt.

7. *Tabitudo... in mandatis ejus* : supple, *in ulciscentes* : intentata scilicet mortis pœna in transgressores legis, quales illi sunt, qui non benefaciunt inimico, nec pecus quoque ejus reducunt ad eum ; ubi Tertullianus : « Quantò magis jubentur ut ipsum sibi ! » *Exod.*, XXIII, 4, 5. Paulus etiam docet vetere lege vetitam ultionem, *Rom.*, XII, 19, 20. Vide etiam illud Davidis ultionem detestantis de Nabalo, I *Reg.*, XXV, 31, 33, et alia passim.

9. *Despice ignorantiam :* errorem : *proximi* te lædentis: videtur enim ignorare egem. Sic : *Dimitte illis : non enim sciunt quid faciunt.* Luc., XXIII, 34.

11. *Inimicitiam:* Græc. *calumniam.*

12. *Secundùm virtutem :* potentiam, vires. *Et secundùm substantiam :* quò ditior, et potestate firmior, eò iratior.

13. *Certamen festinatum...* lis festinans : rixa suscepta levi animo.

14. *Utraque ex ore :* indicat rixas, vel accendi, vel extingui adstantium sermonibus.

## CAPUT XXVIII.

| | |
|---|---|
| Lingua tertia multos commovit, et dispersit illos de gente in gentem : | 16. Lingua tertia multos commovit, et dispersit illos de gente in gentem. |
| Et civitates munitas destruxit, et domos magnatorum subvertit. | 17. Civitates muratas divitum destruxit, et domos magnatorum effodit. |
| | 18. Virtutes populorum concidit, et gentes fortes dissolvit. |
| Lingua tertia mulieres viriles ejecit, et privavit illas laboribus suis. | 19. Lingua tertia mulieres viratas ejecit, et privavit illas laboribus suis. |
| Qui attendit illi, non inveniet requiem, nec habitabit cum requie. | 20. Qui respicit illam, non habebit requiem, nec habebit amicum, in quo requiescat. |
| Flagelli plaga livorem faciet : plaga autem linguæ comminuet ossa. | 21. Flagelli plaga livorem facit : plaga autem linguæ comminuet ossa. |
| Multi ceciderunt in ore gladii : et non ut ii qui ceciderunt per linguam. | 22. Multi ceciderunt in ore gladii : sed non sic quasi qui interierunt per linguam suam. |
| Beatus qui tectus est ab eâ, qui in iracundiâ illius non transivit, qui non traxit jugum illius, et in vinculis illius non est ligatus. | 23. Beatus qui tectus est à linguâ nequam, qui in iracundiam illius non transivit, et qui non attraxit jugum illius, et in vinculis ejus non est ligatus : |
| Jugum enim illius, jugum ferreum est; et vincula illius, vincula ærea. | 24. Jugum enim illius, jugum ferreum est : et vinculum illius, vinculum æreum est. |
| Mors illius, mors nequissima, | 25. Mors illius, mors nequissima : |

16. *Lingua tertia :* certissima lectio, quam præter Vulgatam græci habeant codices præstantissimi. Proverbialis locutio in Chaldaicâ Paraphrasi frequens, ut ad *Psal.* c, Hebr. cɪ, vers. 5, et ad *Psal.* cxxxɪx, Hebr. cxʟ, vers. 12, linguam tertiam volunt esse eam, quæ inter duos amicos serat jurgia. Undè illi pessima quæque attribuunt, ut bella dissidiaque inter gentes; hic, excidia civitatum, et illustrium familiarum, vers. 17, 18; deniquè conjugum divortia, vers. 19, etc. Rectè autem post linguam duplicem, seu fallacem et ancipitem, vers. 15, subdit linguam tertiam, vulgi usu notam. Quod verò notat Flaminius ad Vaticani marginem annotatum esse pro τρίτην, *tertiam,* τριπιν, seu τετρυπημένην, *perforatam,* nemo non videt conjecturas esse hominum non satis cogitantium quid esset lingua τρίτη, seu *tertia;* quanquam intelligi posset lingua perforata, quæ secreta non tenet : quo sensu apud Comicum :

Plenus rimarum sum, hâc atque illâc perfluo.

19. *Mulieres viratas :* mulieres fortes, quemadmodùm Vulgata vertit xxvɪ, 2.
22. *Non sic quasi qui : sic* redundat : vide Græc. *Suam :* Græc. deest. Hìc enim non agitur de iis qui linguâ suâ perierunt; sed qui absolutè malæ linguæ vulneribus, 21, 23.
23. *In iracundiâ :* qui iratam et sævientem non est expertus.

## ECCLESIASTICUS.

et utilis potiùs infernus quàm illa.

26. Perseverantia illius non permanebit, sed obtinebit vias injustorum : et in flammâ suâ non comburet justos.

27. Qui relinquunt Deum, incident in illam, et exardebit in illis, et non extinguetur, et immittetur in illos quasi leo, et quasi pardus lædet illos.

28. Sepi aures tuas spinis, linguam nequam noli audire, et ori tuo facito ostia, et seras.

29. Aurum tuum et argentum tuum confla : et verbis tuis facito stateram, et frenos ori tuo rectos :

30. Et attende ne fortè labaris in linguâ, et cadas in conspectu inimicorum insidiantium tibi, et sit casus tuus insanabilis in mortem.

et utilis potiùs infernus quàm illa.

Non obtinebit pios; et in flammâ illius non comburentur.

Qui relinquunt Dominum, incident in illam; et exardebit in illis, et non extinguetur. Immittetur in illos quasi leo, et quasi pardus perdet eos.

Ecce sepi possessionem tuam spinis.

Et argentum tuum et aurum tuum alliga : et verbis tuis fac jugum et stateram : et ori tuo fac ostium et vectem.

Attende, ne fortè labaris in eâ : ne cadas in conspectu insidiantis.

25. *Quàm illa :* mala lingua.
26. *Perseverantia :* non tamen valebit semper; nam *vir linguosus non dirigetur* (non firmabitur) *in terrâ : virum injustum mala capient*, etc. Psal. CXXXIX, 12.
29. *Aurum tuum... confla :* expurga.

## CAPUT XXIX.

De mutuo, et fidejussione, toto capite : contra mutuo accipientes, nec solventes, 4 *et seqq.*; contra recusantes dare mutuò, 10 *et seqq.*; eleemosyna, 14 *et seqq.*; mutuò accipiens, erro, 29.

### VERSIO VULGATA.

1. Qui facit misericordiam, fœneratur proximo suo : et qui prævalet manu, mandata servat.
2. Fœnerare proximo tuo in tempore necessitatis illius, et iterùm redde proximo in tempore suo.
3. Confirma verbum, et fideliter age cum illo : et in omni tempore invenies quod tibi necessarium est.

### SIXTINA VERSIO.

Qui facit misericordiam, fœnerabitur proximo : et qui prævalet manu suâ, mandata servat.

Fœnerare proximo in tempore necessitatis illius, et rursùs redde proximo in tempore.

Confirma verbum, et fideliter age cum illo; et in omni tempore invenies quod tibi necessarium est.

1. *Qui prævalet manu :* qui manu est liberali.

Multi quasi inventionem æstimaverunt fœnus, et præstiterunt molestiam iis qui se adjuverunt.

Donec accipiat, osculabitur manum ejus, et in pecuniis proximi humiliabit vocem :

Et in tempore redditionis protrahet tempus, et reddet verba acediæ, et tempus causabitur :

Si potuerit, vix reddet dimidium, et computabit illud quasi inventionem.

Sin autem, fraudavit illum pecuniis ejus, et possedit illum inimicum gratis :

Maledicta et convicia reddet illi : et pro honore reddet illi inhonorationem.

Multi propter nequitiam averterunt : fraudari gratis timuerunt.

Verumtamen super humilem longanimis esto : et pro eleemosynâ non protrahas illum.

Propter mandatum assume pauperem : et secundùm inopiam ejus ne dimittas eum vacuum.

Perde pecuniam propter fra-

4. Multi quasi inventionem æstimaverunt fœnus, et præstiterunt molestiam his, qui se adjuverunt.

5. Donec accipiant, osculantur manus dantis, et in promissionibus humiliant vocem suam :

6. Et in tempore redditionis postulabit tempus, et loquetur verba tædii et murmurationum, et tempus causabitur :

7. Si autem potuerit reddere, adversabitur, solidi vix reddet dimidium, et computabit illud quasi inventionem :

8. Sin autem fraudabit illum pecuniâ suâ, et possidebit illum inimicum gratis :

9. Et convicia et maledicta reddet illi : et pro honore et beneficio reddet illi contumeliam.

10. Multi non causâ nequitiæ non fœnerati sunt : sed fraudari gratis timuerunt.

11. Verumtamen super humilem animo fortior esto : et pro eleemosynâ non trahas illum.

12. Propter mandatum assume pauperem : et propter inopiam ejus ne dimittas eum vacuum.

13. Perde pecuniam propter fra-

4. *Multi quasi inventionem :* quasi bonum inventum ac modum acquirendæ rei : verti potest tanquam lucrum inexpectatum. *Æstimaverunt fœnus :* mutuò acceptam, nec reddendam pecuniam, vide vers. 7.

6. *Verba tædii :* hoc est, cunctationis. *Et computabit illud :* pecuniam creditam, *quasi inventionem :* quasi rem benè inventam, benè partam : sive existimaverunt procrastinationem illam quasi præclarum inventum.

8. *Sin autem :* supple, non potuerit reddere.

9. *Convicia et maledicta reddet illi,* loco pecuniarum.

10. *Multi non causâ....* multi sunt qui à mutuo dando abhorrent, non *causâ nequitiæ :* non perverso animo : *sed* eo quòd *fraudari gratis* ( nullâ spe emolumenti, seu potiùs, nullâ satis idoneâ metuendi causâ ) *timuerunt*; quos sequentia reprehendunt. Græc. *Multi per nequitiam avertunt* (se à mutuo dando petentibus ): contra quod Dominus : *Volenti mutuari à te, ne avertaris.* Matth., v, 42.

11. *Animo fortior :* ne sis adeò meticulosus, neque duro animo tuo eam excusationem obtendas, quæ est versu præcedenti : quippe qui non modò mutuò dare, sed etiam ultrò eleemosynam præstare jubearis ( vide vers. 13). *Ne trahas,* ne protrahas, nec in longum ducas.

12. *Propter inopiam :* secundùm inopiam.

trem et amicum tuum : et non abscondas illam sub lapide in perditionem.

14. Pone thesaurum tuum in præceptis Altissimi : et proderit tibi magis quàm aurum.

15. Conclude eleemosynam in corde pauperis : et hæc pro te exorabit ab omni malo.

16, 17, 18. Super scutum potentis, et super lanceam, adversùs inimicum tuum pugnabit.

19. Vir bonus fidem facit pro proximo suo : et qui perdiderit confusionem, derelinquet sibi.

20. Gratiam fidejussoris ne obliviscaris : dedit enim pro te animam suam.

21. Repromissorem fugit peccator et immundus.

22. Bona repromissoris sibi adscribit peccator : et ingratus sensu derelinquet liberantem se.

23. Vir repromittit de proximo suo : et cùm perdiderit reverentiam, derelinquetur ab eo.

24. Repromissio nequissima multos perdidit dirigentes, et commovit illos quasi fluctus maris.

25. Viros potentes gyrans migrare fecit : et vagati sunt in gentibus alienis.

26. Peccator transgrediens manda-

trem et amicum : et non contrahat rubiginem sub lapide in perditionem.

Pone thesaurum tuum secundùm præcepta Altissimi : et proderit tibi magis quàm aurum.

Conclude eleemosynam in cellis tuis : et hæc eruet te ex omni malo.

Super scutum potentiæ, et super lanceam roboris, adversùs inimicum pugnabit pro te.

Vir bonus fidejubet pro proximo : et qui perdidit verecundiam, derelinquet illum.

Gratias fidejussoris ne obliviscaris : dedit enim pro te animam suam.

Bona fidejussoris evertet peccator : et ingratus sensu derelinquet liberantem se.

Fidejussio multos perdidit dirigentes, et commovit illos quasi fluctus maris.

Viros potentes migrare fecit : et vagati sunt in gentibus alienis.

Peccator incidens in fide jussio-

---

15. *Eleemosynam in corde pauperis* : in sinu, latenter. Prov. XXI, 14. Græc. *in cellis tuis*; suo tempore erogandam, nec aliò distrahendam; sint cellæ ejusmodi, quæ non uni tibi, sed potiùs pauperi fructiferæ sint.

19. *Vir bonus fidem facit*, fidejubet : quâ sententiâ molliuntur et explicantur quæ passim in *Proverbiis* de non fidejubendo feruntur. *Confusionem*, verecundiam : qui inverecundè negat opem suam proximo laboranti : *derelinquet* illum (proximum suum) *sibi*..... suæ inopiæ : cujus versûs alia interpretatio, sed mutila et obscura, vers. 23.

21. *Repromissorem :* fidejussorem.

22. *Sibi adscribit.* Vide Græc.

23. *Vir repromittit.* Vide vers. 19.

24. *Multos perdidit dirigentes,* benè habentes : multos etiam viros bonos à recto tramite avertit, dùm se fraudibus et vitiligationibus expedire satagunt. Vide vers. 26.

## CAPUT XXIX.

nem, et sectans redemptiones, incidet in judicia.

Recupera proximum secundùm virtutem tuam: et attende tibi, ne incidas.

Initium vitæ, aqua et panis, et vestimentum, et domus tegens turpitudinem.

Melior est victus pauperis sub tegmine asserum, quàm epulæ splendidæ in alienis.

Super minimum et magnum placeat tibi.

Vita nequam de domo in domum : et ubi hospitabitur, non aperiet os.

Hospitio suscipies, et potabis ad ingrata; et prætereà in his amara audies :

Transi, hospes, orna mensam; et si quid in manu tuâ, ciba me.

Exi, hospes, à facie honoris : advenit mihi hospitio suscipiendus frater : opus est domo.

Gravia hæc homini habenti

tum Domini, incidet in promissionem nequam : et qui conatur multa agere, incidet in judicium.

27. Recupera proximum secundùm virtutem tuam : et attende tibi, ne incidas.

28. Initium vitæ hominis aqua et panis, et vestimentum, et domus protegens turpitudinem.

29. Melior est victus pauperis sub tegmine asserum, quàm epulæ splendidæ in peregrè sine domicilio.

30. Minimum pro magno placeat tibi, et improperium peregrinationis non audies.

31. Vita nequam hospitandi de domo in domum : et ubi hospitabitur, non fiducialiter aget, nec aperiet os.

32. Hospitabitur, et pascet, et potabit ingratos, et ad hæc amara audiet.

33. Transi, hospes, et orna mensam : et quæ in manu habes, ciba cæteros.

34. Exi à facie honoris amicorum meorum : necessitudine domûs meæ hospitio mihi factus est frater.

35. Gravia hæc homini habenti

26. *Incidet* (tanquam in barathrum) *in promissionem* : fidejussionem. *Qui conatur multa agere* ut se expediat : sive ut Græc. habet, *sectans redemptiones*, se à fidejussione expedire satagens : *incidet in judicium* : in judicia, in lites inextricabiles; aliter : *qui multis se implicat negotiis* : *sectans redemptiones*, ἐργολαϐείας, *alienas lites emens* : conductorem, redemptorem, institorem agens, multaque agenda suscipiens : *incidet*, etc.

28. *Initium vitæ* : vita paucis eget : quod qui cogitaverit, non ad fœnora adigetur, quibus sibi exitium accersat. Vide vers. 35. *Domus.... turpitudinem*, occultans quæ decentiùs latent.

29. *In peregrè* : in alieno loco.

31. *Vita nequam* : pudenda.

32. *Hospitabitur*. Nec minùs incommoda, aut injucunda susceptio talium hospitum, qui mendicandi consuetudine frontem perfricuerint.

33. *Transi, hospes* : oratio peregrini impudentis, cibos ab hospite tanquam debitum exigentis : *ciba cæteros* : Græc. *me*.

34. *Exi à facie honoris* : oratio excusantis ab hospite suscipiendo; decede ab honoris loco quem concedo amicis. *Necessitudine domús meæ* : domo opus habeo; hospes alius supervenit, fratris instar charus. Vide Græc.

35. *Gravia hæc* : hæc præcepta sunt *correptio domûs* : instructio, emendatio.

sensum : correptio domûs, et improperium fœneratoris.

sensum, increpatio domûs, et improperium fœneratoris.

*Improperium fœneratoris :* ejus qui accipiendo fœnori, eò inopiæ redactus est, ut everså re domoque, vagus ac profugus nullo possit loco consistere.

## CAPUT XXX.

De liberis ab ineunte ætate curandis, ad 14; de valetudine, ad finem usque capitis : de ejus pretio, 14 ad 22; ad eam servandam adhibenda lætitia, 23; continentia, 24; et in cibis delectus, 27, fugiendæ curæ : tristitia, invidia, ira, 22, 24, 25, 26.

### VERSIO VULGATA.

1. Qui diligit filium suum, assiduat illi flagella, ut lætetur in novissimo suo, et non palpet proximorum ostia.

2. Qui docet filium suum, laudabitur in illo, et in medio domesticorum in illo gloriabitur.

3. Qui docet filium suum, in zelum mittit inimicum, et in medio amicorum gloriabitur in illo.

4. Mortuus est pater ejus, et quasi non est mortuus : similem enim reliquit sibi post se.

5. In vitâ suâ vidit, et lætatus est in illo : in obitu suo non est contristatus, nec confusus est coràm inimicis.

6. Reliquit enim defensorem domûs contra inimicos, et amicis, reddentem gratiam.

7. Pro animabus filiorum colligabit vulnera sua : et super omnem vocem turbabuntur viscera ejus.

8. Equus indomitus evadit durus : et filius remissus evadet præceps.

9. Lacta filium, et paventem te fa-

### SIXTINA VERSIO.

*De liberis.*

Qui diligit filium suum, assiduabit illi flagella, ut lætetur in novissimo suo.

Qui erudit filium suum, lucrabitur in illo, et in medio notorum in illo gloriabitur.

Qui docet filium suum, in zelum mittet inimicum; et in medio amicorum gloriabitur in illo.

Mortuus est pater ejus, et quasi non est mortuus : similem enim sibi reliquit post se.

In vitâ suâ vidit, et lætatus est, et in obitu suo non est contristatus.

Contra inimicos reliquit defensorem, et amicis reddentem gratiam.

Refrigerans filium, colligabit vulnera illius; et ad omnem clamorem turbabuntur viscera sua.

Equus indomitus evadit durus : et filius remissus evadet præceps.

Lacta filium, et paventem te

1. *Proximorum ostia :* erro, inops, vagus.
7. *Pro animabus filiorum.* Vide Gr. *Et super omnem vocem :* omnem rumorem malum de filio : *turbabuntur viscera ejus :* culparum metu, et emendandi studio, quod est curare vulnus.
8. *Remissus :* dissolutus : remissis habenis ac stimulis.

faciet : lude cum illo, et contristabit te.

Ne corrideas illi, ne simul doleas : et in novissimo quaties dentes.

Non des illi potestatem in juventute :

Tunde latera illius, dùm infans est : ne fortè induratus, non credat tibi.

Erudi filium tuum, et operare in illo; ne in turpitudinem tuam offendat. Et ne despicias ignorantias illius : curva cervicem ejus in juventute.

*De sanitate.*

Melior est pauper sanus, et fortis viribus, quàm dives flagellatus in corpore suo.

Sanitas et bona habitudo melior est omni auro : et corpus validum, quàm census immensus.

Non est census melior sanitate corporis : et non est oblectamentum super cordis gaudium.

Melior est mors, quàm vita amara, aut languor perseverans.

Bona offusa ad os clausum, appositiones epularum appositæ super sepulcrum.

Quid prodest oblatio idolo?

ciet: lude cum eo, et contristabit te.

10. Non corrideas illi, ne doleas : et in novissimo obstupescent dentes tui.

11. Non des illi potestatem in juventute, et ne despicias cogitatus illius.

12. Curva cervicem ejus in juventute, et tunde latera ejus, dùm infans est : ne fortè induret, et non credat tibi; et erit tibi dolor animæ.

13. Doce filium tuum, et operare in illo, ne in turpitudinem illius offendas.

14. Melior est pauper sanus, et fortis viribus, quàm dives imbecillis, et flagellatus malitiâ.

15. Salus animæ in sanctitate justitiæ melior est omni auro et argento : et corpus validum, quàm census immensus.

16. Non est census super censum salutis corporis : et non est oblectamentum super cordis gaudium.

17. Melior est mors quàm vita amara : et requies æterna quàm languor perseverans.

18. Bona abscondita in ore clauso, quasi appositiones epularum circumpositæ sepulcro.

19. Quid proderit libatio idolo?

10. *Obstupescent dentes tui :* stupor dentium, pro frendore : ex irâ adversùs filium.
13. *Ne in turpitudinem :* ne turpes ejus mores tibi probro vertant.
14. *Melior.* Hic titulus in Gr. *de valetudine*, cujus pretium hic, tuendæ rationes, ac morborum causas exequitur, vers. 22 ad finem. *Malitiâ :* malo corporis habitu.
17. *Requies* (cessatio) *æterna :* mors; aliâ phrasi.
18. *Bona :* meliora : *abscondita in ore clauso :* sive moribundi qui jam glutire non valet, palato et gutture jam exsucco. Vide Gr. *Appositiones epularum.* Alludit ad antiquum morem, cujus vestigium supererat ad nostram usque ætatem in regum funeribus.

nec enim manducabit, nec odorabit :

20. Sic qui effugatur à Domino, portans mercedes iniquitatis :

21. Videns oculis, et ingemiscens, sicut spado complectens virginem et suspirans.

22. Tristitiam non des animæ tuæ, et non affligas temetipsum in consilio tuo.

23. Jucunditas cordis hæc est vita hominis, et thesaurus sine defectione sanctitatis : et exultatio viri est longævitas.

24. Miserere animæ tuæ placens Deo, et contine : congrega cor tuum in sanctitate ejus, et tristitiam longè repelle à te.

25. Multos enim occidit tristitia, et non est utilitas in illâ.

26. Zelus et iracundia minuunt dies : et ante tempus senectam adducet cogitatus.

27. Splendidum cor, et bonum in epulis est : epulæ enim illius diligenter fiunt.

nec enim manducabit, nec odorabitur :

Sic qui persecutionem patitur à Domino.

Videns oculis et ingemiscens, sicut spado complectens virginem et suspirans.

Non des in tristitiam animam tuam : et non affligas temetipsum in consilio tuo.

Jucunditas cordis, hæc est vita hominis : et exultatio viri est longævitas.

Dilige animam tuam, et consolare cor tuum : et tristitiam longè expelle à te.

Multos enim occidit tristitia ; et non est utilitas in eâ.

Zelus et iracundia minuunt dies : et ante tempus senectam adducet cogitatus.

*In Gr. Cap.* xxxiii. ℣. 13.

Splendidum cor et bonum in epulis ciborum suorum diligentiam adhibebit.

20. *Sic qui effugatur :* qui finem habet : Gr. *qui persecutionem patitur à Domino,* immisso exitiali morbo.

21. *Videns oculis,* oggestos cibos, vitæque sustentandæ avidus, deficit viribus.

23. *Sanctitatis :* fortè sanitatis, de quâ hîc agitur, quæ tamen longè valent amplius de sanitate mentis de quâ seq. vers. Gr. deest.

24. *Contine :* continens esto.

26. *Zelus :* invidia, livor. *Cogitatus :* Gr. *cura,* sollicitudo. Post hunc versum, multa habet Græcus quæ respondent Vulgatæ, cap. xxxiii, 16 et seqq. usque ad finem capitis, quo loco convenientiùs reponentur.

27. *Splendidum cor :* liberale, ingenuum : *et bonum :* lætum : bono habitu et sano : et hoc ad valetudinem pertinet, ut cibi non sordidè, sed diligenter aptèque, nec sine delectu apparentur. Hic versus in Sixtino legitur, vers. 13, cap. xxxiii, alienissimo loco, ut notabimus.

# CAPUT XXXI.

De divitiis curisque conjunctis et avaritiâ, 1 ad 12; de conviviis, usque ad finem: mensa divitis,
*ibid.*; intellige ex te ipso quæ sunt proximi, 18; sobrietas præsertim in vino, 22, ad finem;
valetudini utilis, *ibid.*; bonus et liberalis conviva, 28, 29, 41, 42.

| SIXTINA VERSIO. | VERSIO VULGATA. |
|---|---|
| *In Græco Caput* XXXIV. | |
| Vigilia divitiarum tabefacit carnes, et cogitatus illarum aufert somnum. | 1. Vigilia honestatis tabefaciet carnes, et cogitatus illius auferet somnum. |
| Sollicitudo vigiliæ interpellabit dormitionem : et infirmitatem gravem digeret somnus. | 2. Cogitatus præscientiæ avertit sensum, et infirmitas gravis sobriam facit animam. |
| Laboravit dives in congregatione pecuniarum, et in requie repletur deliciis suis. | 3. Laboravit dives in congregatione substantiæ, et in requie suâ replebitur bonis suis. |
| Laboravit pauper in diminutione victûs, et in requie indigens fit. | 4. Laboravit pauper in diminutione victûs, et in fine inops fit. |
| Qui aurum diligit, non justificabitur : et qui insequitur corruptionem, ipse replebitur. | 5. Qui aurum diligit, non justificabitur : et qui insequitur consumptionem, replebitur ex eâ. |
| Multi dati sunt in casum propter aurum : et facta est perditio ipsorum ad faciem ipsorum. | 6. Multi dati sunt in auri casus : et facta est in specie ipsius perditio illorum. |
| Lignum offensionis est sacrifi- | 7. Lignum offensionis est aurum |

1. *Vigilia honestatis :* sive Græc. *divitiarum :* hoc est, vigilia ex sollicitudine divitiarum, amplæque et honorabilis vitæ. Porrò hæc habentur in Græc., cap. XXXIV. *Cogitatus :* cura.

2. *Cogitatus præscientiæ :* cogitatio præscia futurorum malorum quæ imminent divitibus : *avertit sensum :* nihil tuti cogitanti relinquit. At Græc. *cura vigiliæ* (seu vigil) *interpellat soporem : et infirmitas gravis :* Græc. *ægritudinem gravem eluet* (allevabit) *somnus.*

3, 4. *In requie suâ :* in cessatione, in fine, ut habes vers. 4. *In diminutione victûs :* in dispergendo, sive dissipando victu, id est, opibus quibus vita sustentatur. Sensus autem utriusque sententiæ est : Alius in colligendo laborat, alius in dispergendo : ad extremum, in vitæ fine, ille laborum fructum, hic egestatem reperit : quæ et similia, si ad vera bona referas, perfectam habebis sententiam.

5. *Consumptionem :* Græc. *qui insequitur corruptionem, ipse* (eâ) *replebitur :* corrumpetur, peribit.

6. *In auri casus :* Græc. *in exitium propter aurum :* in specie *ipsius,* auri scilicet. Græc. *et facta est perditio ipsorum, ante faciem ipsorum,* manifesta et ineluctabilis.

7. *Lignum offensionis* (sive idolum) *est aurum sacrificantium :* Græc. (aurum de quo vers. antecedente) *lignum offensionis est* (sive idolum) *sacrificantibus ei* (auro scilicet): quod congruit loco Pauli : *avaritia est idolorum servitus.* Coloss., III, 5. *Deperiet.* Vide Græc.

sacrificantium : væ illis, qui sectantur illud : et omnis imprudens deperiet in illo.

8. Beatus dives, qui inventus est sine maculâ : qui post aurum non abiit, nec speravit in pecuniâ et thesauris.

9. Quis est hic, et laudabimus eum? fecit enim mirabilia in vitâ suâ.

10. Qui probatus est in illo, et perfectus est, erit illi gloria æterna : qui potuit transgredi, et non est transgressus : facere mala, et non fecit.

11. Ideò stabilita sunt bona illius in Domino : et eleemosynas illius enarrabit omnis ecclesia sanctorum.

12. Supra mensam magnam sedisti? non aperias super illam faucem tuam prior.

13. Non dicas sic : Multa sunt, quæ super illam sunt :

14. Memento quoniam malus est oculus nequam.

15. Nequius oculo quid creatum est? Ideò ab omni facie suâ lacrymabitur. Cùm viderit,

16. Ne extendas manum tuam prior, et invidiâ contaminatus erubescas.

---

cantibus ei : et omnis imprudens capietur in illo.

Beatus dives, qui inventus est sine maculâ, et qui post aurum non abiit.

Quis est, et beatificabimus eum? fecit enim mirabilia in populo suo.

Quis probatus est in illo, et perfectus est? et sit in gloriationem. Quis potuit transgredi, et non est transgressus; et facere mala, et non fecit?

Stabilientur bona illius: et eleemosynas illius enarrabit ecclesia.

Supra mensam magnam sedisti? non aperias super illam fauces, et

Et ne dicas : Multa quidem sunt, quæ super illam.

Memento quoniam malum est oculus nequam.

Nequius oculo quid creatum est? Ideò ab omni facie lacrymatur.

Quòcumque aspexerit, ne extendas manum :

---

9. *Laudabimus :* Græc. *beatificabimus;* beatum prædicabimus.

10. *Qui probatus est in illo :* auro. Vide Græc.

12. *Supra mensam magnam.* Jam aggreditur de conviviis : qui sermo deducitur ad vers. 19 sequentis capitis, ac primùm describit divitum avarorum magna et invisa convivia, monetque ne ciborum copiam, sed animum præbentis aspicias.

14. *Oculus nequam :* avarus, invidus, quasi diceret : Quid lætaris avarorum conviviis? qui si quid parant lautius, aspicientes dolent, tibique invident, ut exponit sequens.

15. *Ab omni facie lacrymabitur*, sive lacrymat : ille avarus convivii instructor, plorat cibos quos ipse aspicit in mensâ suâ tibi administratos. *Facies* pro re conspectui oblatâ. *Cùm viderit :* Græc. *quòcumque aspexerit;* quemcumque cibum velut oculis designaverit, ad eum tu

16. *Ne extendas manum... et invidiâ :* ne invidiâ (avari tibi invidentis cibos) *contaminatus* (ejusque lividis oculis reprehensus) erubescas : Græc. deest : quo sublato cum sequente planior nexus.

## CAPUT XXXI.

Et ne comprimaris cum eo in catino.

Intellige quæ sunt proximi, ex te ipso : et in omni re cogita.

Comede, ut homo, quæ tibi sunt apposita; et non devores, ne odio habearis.

Cessa prior, causâ disciplinæ : et noli esse insatiabilis, ne forte offendas.

Et si in medio multorum sedisti, prior illis ne extendas manum tuam.

Quàm sufficiens est homini erudito exiguum! et in lecto suo non laborat asthmate.

Somnus sanitatis in intestino moderato : surrexit prior; et anima ipsius cum ipso.

Labor vigiliæ, et choleræ, et tortura cum viro insatiabili.

Et si coactus fueris in epulis, surge in medio pomorum, et requiesces.

Audi me, fili, et ne spernas me : et in novissimo invenies verba mea.

In omnibus operibus tuis esto

17. Ne comprimaris in convivio.

18. Intellige quæ sunt proximi tui ex te ipso :

19. Utere quasi homo frugi his, quæ tibi apponuntur : ne, cùm manducas multùm, odio habearis.

20. Cessa prior, causâ disciplinæ : et noli nimius esse, ne forte offendas.

21. Et si in medio multorum sedisti, prior illis ne extendas manum tuam, nec prior poscas bibere.

22. Quàm sufficiens est homini erudito vinum exiguum! Et in dormiendo non laborabis ab illo, et non senties dolorem.

23. Vigilia, cholera, tortura viro infrunito.

24. Somnus sanitatis in homine parco : dormiet usque manè, et anima illius cum ipso delectabitur.

25. Et si coactus fueris in edendo multùm, surge è medio, evome : et refrigerabit te, et non adduces corpori tuo infirmitatem.

26. Audi me, fili, et ne spernas me : et in novissimo invenies verba mea.

27. In omnibus operibus tuis esto

17. *Ne comprimaris :* Græc. *ne collidas cum eo* (manum de quâ agitur) *in catino.*
18. *Intellige quæ sunt proximi.* Optima regula morum, quam ad mensam quoque adhibendam docet; si quid concupiscis, intellige et ab alio posse appeti, et largire ultrò, sive dimitte cupienti. Addit Græc. *et in omni re* (quamvis exiguâ) *cogita* (ac te prudentem præbe).
19. *Utere :* Græc. *comede ut homo ;* ne belluæ more sis vorax.
20. *Causâ disciplinæ :* temperantiæ.
21. *Prior illis :* non tantùm temperantiæ, sed etiam honoris causâ.
22. *Non laborabis :* cruditate et crapulâ : Græc. *asthmate.*
23. *Vigilia et cholera :* concitata bilis : *et tortura :* alii, *torsiones :* viro infrunito : indocili, intemperanti. In Græc., vers. 23, 24, ordo commutatur.
24. *In homine parco :* sobrio : in ventre moderato. Græc. *Dormiet usque manè :* Græc. *surrexit prior* (surrexit matutinus, et præ aliis vigil.) *Et anima illius cum ipso :* vivax, suique compos.
25. *Et si coactus... in edendo :* Græc. *in epulis surge è medio :* Græc. *pomorum* (ac secundæ mensæ); *evome :* ex antiquæ medicinæ præceptis, atque inde inolitis moribus. *Refrigerabit te :* Græc. *requiesces,* desines.

velox, et omnis infirmitas non occurret tibi.

28. Splendidum in panibus benedicent labia multorum, et testimonium veritatis illius fidele.

29. Nequissimo in pane murmurabit civitas, et testimonium nequitiæ illius verum est.

30. Diligentes in vino noli provocare : multos enim exterminavit vinum.

31. Ignis probat ferrum durum : sic vinum corda superborum arguet in ebrietate potatum.

32. Æqua vita hominibus vinum in sobrietate : si bibas illud moderatè, eris sobrius.

33. Quæ vita est ei, qui minuitur vino ?

34. Quid defraudat vitam ? Mors.

35. Vinum in jucunditatem creatum est, et non in ebrietatem, ab initio.

36. Exultatio animæ et cordis vinum moderatè potatum.

37. Sanitas est animæ et corpori sobrius potus.

38. Vinum multum potatum irritationem, et iram, et ruinas multas facit.

39. Amaritudo animæ vinum multum potatum.

40. Ebrietatis animositas, imprudentis offensio, minorans virtutem, et faciens vulnera.

velox : et omnis infirmitas non occurret tibi.

Splendidum in panibus benedicent labia : et testimonium bonitatis illius fidele.

Nequissimo in pane obmurmurabit civitas : et testimonium nequitiæ illius certum.

In vino noli fortem agere : multos enim exterminavit vinum.

Fornax probat aciem ferri in tincturâ : sic vinum corda in contentione superborum.

Æquale vitæ vinum homini, si bibas illud mensurâ suâ.

Quæ vita ei, qui minuitur vino ?

Et ipsum creatum est in jocunditatem hominis.

Exultatio cordis, et lætitia animæ, vinum potatum in tempore, quod satis sit.

Amaritudo animæ vinum potatum multum in irritatione et contentione.

Multiplicat ebrietas furorem imprudentis in offensionem, minorans virtutem, et faciens vulnera.

---

28, 29. *Splendidum in panibus... nequissimo in pane* : panis, hebraismo noto, pro toto victu.

30. *Diligentes in vino* : Græc. *ad potandum alacres* : in vino ne esto fortis.

31. *Sic vinum.* Probatur in potatione quo ingenio quis sit, vino arcana resolvente.

32. *Æqua vita :* vinum sobriè potum æquabilem ac temperatam vitam facit. *Si bibas moderatè* : Græc. *mensurâ suâ.* Vide vers. 36, 37.

40. *Ebrietatis animositas* : Græc. *multiplicat.* etc.; *minorans virtutem ;* minuens vires.

In compotatione vini non arguas proximum, et non despicias eum in jocunditate illius.

Verbum improperii ne dicas illi : et non premas illum in repetendo.

41. In convivio vini non arguas proximum : et non despicias eum in jucunditate illius :

42. Verba improperii non dicas illi : et non premas illum in repetendo.

42. *In repetendo :* debito sive promisso.

---

## CAPUT XXXII.

De rectoribus, ad 4; quasi unus ex ipsis, 1; senes loquantur: juniores magis audiant, 4 *et seqq.*; domi morandum quàm maximè, 16; viri boni, 18, 19; prudentes, 23, 24; correptio : à quibus abstinendum viis, 25; cautè agendum, 27.

SIXTINA VERSIO.

*In Græco Caput* xxxv.

De Rectoribus.

Rectorem te posuerunt? noli extolli : esto in illis, quasi unus ex ipsis :

Curam illorum habe, sic conside : et omni curâ tuâ explicitâ recumbe :

Ut læteris propter illos, et ornamenti gratiâ accipias coronam.

Loquere major natu ( decet enim te )

VERSIO VULGATA.

1. Rectorem te posuerunt? noli extolli : esto in illis quasi unus ex ipsis.

2. Curam illorum habe, et sic conside, et omni curâ tuâ explicitâ recumbe :

3. Ut læteris propter illos, et ornamentum gratiæ accipias coronam, et dignationem consequaris corrogationis.

4. Loquere major natu : decet enim te

1. *Rectorem* convivii ex symbolis; quod antecedentibus magis congruit. Agit autem de illis conviviis gravibus, moderatisque, quæ, veterum sapientum more, optimis sermonibus condiebantur; patet ex vers. 4 et aliis, senioribus docentibus, tacente juniorum turbâ, adhibitâ sanè musicâ, verùm ut par erat in tali convivio, gravis illa et sacra de quâ xliv, 5, quæ cupiditates componeret, non accenderet; procul autem illæ crebræ, atque ad multam noctem protractæ perpotationes; sed quisque monebatur ut maturus domum rediret, ibique se graviter oblectaret, 14, 15, 16, nec priusquàm gratiis Deo actis discederet, vers. 17. Non igitur immeritò instruitur ille rector qui his rebus præsit : quantò autem magis officio suo invigilet populorum rector?

2. *Omni curâ tuâ explicitâ recumbe :* rebus omnibus comparatis accumbe ad mensam cum reliquis. In populo regendo ne quiescas, nisi officio functus.

3. *Ornamentum gratiæ :* vide Græc. *dignitatem consequaris corrogationis :* deest Græc. Fortè : *coronationis,* et esset altera versio posterioris membri hujus versûs. Coronas autem in conviviis adhibitas, etiam illud testatur : *Coronemus nos rosis,* Sap. ii, 8; quantò ergo magis rectori quàm reliquis?

5. Primum verbum, diligenti scientiâ, et non impedias musicam.

6. Ubi auditus non est, non effundas sermonem, et importunè noli extolli in sapientiâ tuâ.

7. Gemmula carbunculi in ornamento auri, et comparatio musicorum in convivio vini.

8. Sicut in fabricatione auri signum est smaragdi, sic numerus musicorum in jucundo et moderato vino.

9. Audi tacens, et pro reverentiâ accedet tibi bona gratia.

10. Adolescens loquere in tuâ causâ vix.

11. Si bis interrogatus fueris, habeat caput responsum tuum.

12. In multis esto quasi inscius, et audi tacens simul et quærens.

13. In medio magnatorum non præsumas : et ubi sunt senes, non multùm loquaris.

In diligenti scientiâ, et non impedias musica.

Ubi est acroama, non effundas sermonem : et importunè noli sapientiam ostentare.

Sigillum carbunculi in ornamento aureo, concentus musicorum in compotatione vini.

In fabricatione aureâ sigillum smaragdi, modulatio musicorum in vino jocundo.

Adolescens loquere, cùm necessitas tibi fuerit, vix,

Si bis interrogatus fueris. In summam collige sermonem :

In paucis multa : esto quasi sciens, et simul tacens.

In medio magnatorum non agas æqualem : et alio dicente, ne multa garrias.

5. *Diligenti scientiâ* : accuratâ : *non impedias musicam* in convivio resonantem, ut vers. 7, 8, sed qualem mox diximus, doctis temperatisque sermonibus congruentem : Græc. *musica*, neutro plurali : instrumenta musica, cantus, sub quibus etiam comprehendas hominum consiliorumque concentum.

6. *Ubi auditus non est* : ubi turba nullaque attentio dictis : contrà Græc. *ubi acroama est* : ubi musici cantus, ne obloquare : *importunè noli extolli*, ne intempestivè sapientem agas; Græc. *ne sapientiam ostentes :* ut faciunt illi qui inter cantus ut periti hujus artis, argutè disserentes, obtundunt alios, cùm audiendi, non dicendi sit locus. Allegoricè : Ne pulchros et concinnos sermones interturbes.

7. *Gemmula carbunculi :* Græc. *sigillum; comparatio,* sive Græc. *concentus musicorum.*

8. *Sicut in fabricatione :* in opere aureo : *signum,* Græc. *sigillum. est smaragdi : numerus musicorum :* Græc. *melos,* modulatio.

10. *In tuâ causâ :* cùm ad te sermo devenerit : quæ in conviviis quoque illis ad sapientiam institutis, observata, ad totam posteà vitam transferantur.

11. *Si bis :* Græc. refert ad præcedentem : *habeat caput :* sit à certo capite, initioque deductum : meliùs ex Græc. κεφαλαίωσον : *in summam contrahe sermonem;* addit : *paucis multa ;* supple : complectere.

12. *In multis esto quasi inscius.* Invisum et importunum hominum genus, qui omnia scire se volunt, aliosque enecant sermonibus : *tu audi tacens simul et quærens :* interrogans; quippe qui doceri, quàm docere malis : quod sæpè Aug. de se profitetur, præsertim epistolâ nonâ ad Mercatorem : Græc. aliter, sed eodem sensu : *Esto quasi sciens : et simul tacens* (nec ostentes scientiam).

13. *Non præsumas :* ne te æquaveris : Græc. *ne te geras pro æquali, ubi sunt senes.* Vide Græc.

## CAPUT XXXII.

Ante tonitruum festinat coruscatio : et ante verecundum præibit gratia.

In horâ exurge, et non sis ultimus : recurre in domum, et ne torpeas. Ibi lude :

Et fac cogitata : et ne pecces verbo superbo.

Et super his benedicito eum qui fecit te, et inebriantem te de bonis suis.

Qui timet Dominum, excipiet doctrinam : et qui manè vigilant, invenient benedictionem.

Qui quærit legem, replebitur eâ ; et qui simulat, scandalizabitur in eâ.

Qui timent Dominum, invenient judicium : et justificationes quasi lumen accendent.

Homo peccator vitat correptionem : et secundùm voluntatem suam inveniet comparationem.

Vir consilii non despiciet considerationem : alienus et superbus non pertimescet timorem,

14. Ante grandinem præibit coruscatio : et ante verecundiam præibit gratia, et pro reverentiâ accedet tibi bona gratia.

15. Et horâ surgendi non te trices : præcurre autem prior in domum tuam, et illic avocare, et illic lude,

16. Et age conceptiones tuas, et non in delictis et verbo superbo.

17. Et super his omnibus benedicito Dominum, qui fecit te, et inebriantem te ab omnibus bonis suis.

18. Qui timet Dominum, excipiet doctrinam ejus : et qui vigilaverint ad illum, invenient benedictionem.

19. Qui quærit legem, replebitur ab eâ : et qui insidiosè agit, scandalizabitur in eâ.

20. Qui timent Dominum, invenient judicium justum, et justitias quasi lumen accendent.

21. Peccator homo vitabit correptionem, et secundùm voluntatem suam inveniet comparationem.

22. Vir consilii non disperdet intelligentiam : alienus et superbus non pertimescet timorem.

14. *Ante grandinem :* Græc. *ante tonitruum ; ante verecundiam :* Græc. *ante verecundum.* Significat autem verecundi adolescentis dicta quâdam pudoris gratiâ commendari : quæ gratia tam præcedere nata sit, quàm tonitruum præcedit coruscatio. *Pro reverentiâ :* iteratum ex vers. 9. Græc. deest.

15. *Horâ surgendi :* è mensâ : *non te trices :* nec velut impeditis gressibus vacilles, aut etiam labare temulentus ; sive, ne te involvas tricis, vanisque impedimentis ; aliamque ex aliâ remanendi excusationem nectas. Vide Græc. *Præcurre prior :* Græc. *recurre in domum* (ne vagere) : *et ne torpeas* ( somno aut desidiâ oppressus, neque ex torpore resideas domi, sed animum recolligendi studio). *Illic avocare, illic lude :* ibi dulces lusus, dulcia animi avocamenta quæras. En quàm sobrii, quàm sani ex illo convivio redeant ; undè sequitur :

16. *Et age conceptiones tuas.* Fac quæ vis, age ingenio tuo, dummodò à malis ac superbis dictis factisque abstineas.

17. *Benedicito Dominum... inebriantem te.* Ne antè discesseris quàm Deo, ut vero convivii apparatori, gratias egeris ; quo fine concluditur sermo de conviviis.

19. *Qui insidiosè agit :* Græc. *simulator :* hypocrita : *scandalizabitur in eâ :* offendet in legem.

21. *Comparationem :* σύγκριμα : *consensionem :* fœdâ adulatione.

22. *Intelligentiam :* Græc. *cogitationem : considerationem. Alienus,* impius, infidelis : *non pertimescet timorem :* malè securus ex inconsiderantiâ et animi levitate.

23. Etiam postquàm fecit cum eo sine consilio, et suis insectationibus arguetur.

24. Fili, sine consilio nihil facias, et post factum non pœnitebis.

25. In viâ ruinæ non eas, et non offendes in lapides : nec credas te viæ laboriosæ, ne ponas animæ tuæ scandalum :

26. Et à filiis tuis cave, et à domesticis tuis attende.

27. In omni opere tuo crede ex fide animæ tuæ : hoc est enim conservatio mandatorum.

28. Qui credit Deo, attendit mandatis : et qui confidit in illo non minorabitur.

Etiam postquàm fecit secum sine consilio.

Sine consilio nihil facias ; et in faciendo te non pœnitebit.

In viâ ruinæ non eas, et non offendes in lapidosis. Non credas te viæ non exploratæ.

Et à filiis tuis cave.

In omni opere crede animæ tuæ : hoc est enim observatio mandatorum.

Qui credit legi, attendit mandatis : et qui confidit in Domino, non minorabitur.

23. *Etiam postquàm fecit eum eo.* Græc. *secum,* id est ( ex propriâ sententiâ) *sine consilio :* etiamsi res suas fortunæ permittat. *Suis insectationibus :* suis ipse consiliis capietur. Deest Græc.

25. *In viâ ruinæ :* Græc. *præcipitii. Et non offendas :* ne offendas *in lapides :* Græc. *in lapidosis* (et difficilibus itineribus) : *nec credas te viæ laboriosæ,* Græc. *inexploratæ.* Hìc observa tres evitandas vias : exitiosas sive præcipites, difficiles et periculosas, inexploratas.

26, 27. *Crede* non liberis ac propinquis; sed *animæ tuæ,* ipsi tibi : age prout recta ratio suaserit. *Hoc est conservatio mandatorum,* si non alienâ ratione ducaris, sed tuâ; sive etiam *fide,* ut habet Vulgata : quanquam Græc. deest.

## CAPUT XXXIII.

Deum timens : legi credens, 1, 2, 3; irrisor, 6; Deus instar figuli, ut vult alios erigit, alios deprimit, 7 ad 15; justo tamen judicio, *ibid.* contrariorum sapiens ordinator, 15. Auctoris sedulitas in conquirendis sententiis, 16. Vir sapiens ne se subdat filio : non uxori : non cuivis homini, 20 *et seqq.;* dimissionem opum reservet testamento , 20, 24 ; de servis continendis, ac benevolè tractandis, 25 ad finem : otiositas, 29.

VERSIO VULGATA.

SIXTINA VERSIO.

*In Græco Cap.* xxxvi.

1. Timenti Dominum non occurrent mala, sed in tentatione Deus illum conservabit, et liberabit à malis.

2. Sapiens non odit mandata et justitias, et non illidetur quasi in procellâ navis.

Timenti Dominum non occurret malum, sed in tentatione et iterùm liberabit illum.

Vir sapiens non odiet legem : qui autem simulat in eâ, quasi in procellâ navis.

2. *Et non illidetur :* Græc. *simulator* (hypocrita) *quasi in procellâ navis :* semper agitatus, nullo certo tramite.

## CAPUT XXXIII.

Homo sensatus credet legi : et lex ei fidelis,

Sicut interrogatio justorum. Para verbum, et sic audieris : colliga doctrinam, et responde.

Rota carri præcordia fatui : et quasi axis qui versatur, cogitatus illius.

Equus ad admissuram, amicus subsannator : sub omni supersedente hinnit.

Quare dies diem superat, et omne lumen diei anni à sole?

A Domini scientiâ separati sunt :

Et immutavit tempora, et dies festos.

Ex ipsis exaltavit, et sanctificavit, et ex ipsis posuit in numerum dierum. Et omnes homines de solo : et ex terrâ creatus est Adam.

In multitudine scientiæ Dominus separavit eos, et immutavit vias illorum.

3. Homo sensatus credit legi Dei : et lex illi fidelis.

4. Qui interrogationem manifestat, parabit verbum, et sic deprecatus exaudietur : et conservabit disciplinam, et tunc respondebit.

5. Præcordia fatui quasi rota carri : et quasi axis versatilis cogitatus illius.

6. Equus emissarius, sic et amicus subsannator, sub omni suprasedente hinnit.

7. Quare dies diem superat, et iterùm lux lucem, et annus annum à sole?

8. A Domini scientiâ separati sunt, facto sole, et præceptum custodiente.

9. Et immutavit tempora, et dies festos ipsorum, et in illis dies festos celebraverunt ad horam.

10. Ex ipsis exaltavit et magnificavit Deus, et ex ipsis posuit in numerum dierum. Et omnes homines de solo, et ex terrâ, undè creatus est Adam.

11. In multitudine disciplinæ Dominus separavit eos, et immutavit vias eorum.

3. *Lex illi fidelis* : addit Græc. *Sicut* (ostendit) *interrogatio* (sive probatio) *justorum*.

4. *Qui interrogationem* : Græc. *Para verbum* (meditare quæ dicas), *et audieris*.

5. *Rota carri* : stridens, importuna, versatilis.

6. *Equus emissarius, amicus subsannator*, irrisor, *sub omni suprasedente*, sub omni insessore *hinnit*, quo risum significat, æquè arridet, æquè illudit omnibus.

7. *Quare dies diem superat?* Summa est : Quèmadmodum lux omnis, dies omnis, annus omnis à sole est; et tamen dies die, annus anno illustrior ac pulchrior (Dei enim sapientia discriminavit dies, et alios quidem in festos consecravit, alios instituit ad numerum tantùm, et ad implendum mensium annorumque curriculum), ita homines ab unâ terrâ orti, disponente Deo, alii aliis clariores. Hæc summa usque ad vers. 15. Jam singula perpendamus.

7. *Quare dies diem... annus annum* : cùm sint omnes *à sole*. Annos quoque aliis alios antepositos Vulgata commemorat : nec absurdè ; est enim annus jubilæus singularis inter annos dignitatis. Græc. *Quare dies diem superat, et* (tamen) *omne lumen diei anni* (seu per annum) *à sole?*

8. *A Domini scientiâ* : sapientiâ.

9. *Dies festos ipsorum* : inter ipsos. *Ad horam* : suo tempore.

10. *Magnificavit* : Græc. sanctificavit.

11. *In multitudine disciplinæ* : doctrinæ et sapientiæ.

12. Ex ipsis benedixit, et exaltavit : et ex ipsis sanctificavit, et ad se applicavit : et ex ipsis maledixit, et humiliavit, et convertit illos à separatione ipsorum.

13. Quasi lutum figuli in manu ipsius, plasmare illud et disponere.

14. Omnes viæ ejus secundùm dispositionem ejus : sic homo in manu illius qui se fecit, et reddet illi secundùm judicium suum.

15. Contra malum bonum est, et contra mortem vita : sic et contra virum justum peccator. Et sic intuere in omnia opera Altissimi. Duo et duo, et unum contra unum.

16. Et ego novissimus evigilavi, et quasi qui colligit acinos post vindemiatores.

17. In benedictione Dei et ipse speravi : et quasi qui vindemiat, replevi torcular.

18. Respicite quoniam non mihi

Ex ipsis benedixit, et exaltavit : et ex ipsis sanctificavit, et ad se applicavit : ex ipsis maledixit, et humiliavit, et evertit illos à statione ipsorum.

· Quasi lutum figuli in manu ejus :

Omnes viæ ejus secundùm beneplacitum ejus. Sic homines in manu illius qui fecit eos, ad reddendum illis secundùm judicium suum.

Contra malum bonum est, et contra mortem vita : sic contra pium peccator. Et sic intuere in omnia opera Altissimi, duo duo, unum contra unum.

Et ego novissimus evigilavi.

*In Græco Caput* xxx, ⁊. 16.

Quasi qui colligit acinos post vindemiatores :

In benedictione Domini perveni : et quasi qui vindemiat, replevi torcular.

Respicite quoniam non mihi

---

12. *Ex ipsis sanctificavit, et ad se applicavit :* suo ministerio consecravit levitas et Aaronis familiam. *Ex ipsis maledixit, et humiliavit :* ademit sacerdotium familiæ Heli, et transtulit ab Abiathar ad Sadoc. I *Reg.* II, III; III *Reg.* II, 27, 35. *Convertit illos à separatione ipsorum :* abstulit honores quibus à cæteris separati erant. Græc. *Avertit* sive dejecit *illos à statione ipsorum,* sicut de Sobna dictum : *Expellam te de statione tuâ, et de ministerio tuo deponam te.* Isa. XXII, 19, quod cùm fiat pro imperio ac potestate summâ, fit tamen recto justoque judicio, vers. 13, 14.

15. *Contra malum bonum est :* humana contrariis constant : neque purum bonum, malumque inest rebus : *duo et duo,* omnia gemina, ac velut bina procedunt : *sed unum contra unum :* quæque res habet adversarium, ut veluti civili bello conficere se adversa videantur ; sed Deus res temperat, et stare orbem jubet. Vide infrà XLII, 25.

16. *Et ego.* Solent sacri sententiarum auctores harum cursum abrumpere insertis adhortationibus ad animos excitandos : maximè ubi grandiora vel utiliora prompturi sunt : sic Salomon, sic Sapientiæ auctor, ad quorum exemplum hunc sermonem instituit Ecclesiasticus. *Novissimus* sapientum *evigilavi :* posteaquàm Israelitæ à colligendis majorum sententiis diutissimè cessarunt. *Quasi qui colligit acinos post vindemiatores.* Ita, ego post Salomonem, post Agur, post alios magistros, quorum sententias Ezechiæ tempore collegerunt, *Prov.* XXV, 1; XXX, 1, vindemiæ uberrimæ collegi reliquias, haud minore copiâ atque illi, qui vineam primi messuerunt, vers. 17.

soli laboravi, sed omnibus exquirentibus disciplinam.

Audite me, magnates populi; et rectores ecclesiæ, auribus percipite.

Filio et mulieri, fratri et amico non des potestatem super te in vitâ tuâ : et non dederis aliis pecunias tuas; ne fortè pœniteat te, et depreceris pro illis.

Dùm adhuc superes, et spiratio in te, ne alienes te ipsum omni carni.

Melius est enim, ut filii tui te rogent, quàm te respicere in manus filiorum tuorum.

In omnibus operibus tuis præcellens esto.

Ne dederis maculam in gloriâ tuâ. In die consummationis dierum vitæ tuæ, et in tempore exitûs, distribue hæreditatem tuam.

*De servis.*

Pabula, et virga, et onera asino : panis, et disciplina, et opus servo.

Operare in puero, et invenies requiem : laxa manus illi, et quæret libertatem.

Jugum et lorum curvabunt collum :

Et servo malefico torturæ, et

soli laboravi, sed omnibus exquirentibus disciplinam.

19. Audite me, magnates, et omnes populi, et rectores ecclesiæ, auribus percipite.

20. Filio et mulieri, fratri et amico non des potestatem super te in vitâ tuâ : et non dederis alii possessionem tuam : ne fortè pœniteat te, et depreceris pro illis.

21. Dùm adhuc superes et aspiras, non immutabit te omnis caro.

22. Melius est enim ut filii tui te rogent, quàm te respicere in manus filiorum tuorum.

23. In omnibus operibus tuis præcellens esto.

24. Ne dederis maculam in gloriâ tuâ. In die consummationis dierum vitæ tuæ, et in tempore exitûs tui, distribue hæreditatem tuam.

25. Cibaria, et virga, et onus asino : panis, et disciplina, et opus servo.

26. Operatur in disciplinâ, et quærit requiescere : laxa manus illi, et quærit libertatem :

27. Jugum et lorum curvant collum durum, et servum inclinant operationes assiduæ.

28. Servo malevolo tortura et com-

---

20. *Et mulieri :* uxori. *Possessionem tuam :* Græc. *res tuas. Et depreceris pro illis ;* rebus scilicet tuis in tuâ egestate suppliciter repetendis.

21. *Non immutabit te omnis caro :* Græc. *Ne commutaveris te omni carni*, ne te cuiquam homini vendideris, addixeris.

22. *Respicere in manus :* tanquàm dona expectantem, atque indè suspensum.

24. *In die consummationis :* ex antecedentibus : serva res tuas quandiù vivis, testamento relicturus eas cui oportuerit.

25. *Cibaria :* in Græc. titulus : *De servis. Cibaria... asino :* ne tamen servos habeas pro mutis animantibus, docebit vers. 31.

26. *Operatur in disciplinâ :* servus opere exercitus, quærit requiem tantùm; remissis autem manibus, sive otiosus, quærit libertatem sive licentiam. Græc *Operare in puero* sive servo (admove illum operi) : *et invenies requiem.*

## VERSIO VULGATA.

pedes : mitte illum in operationem, ne vacet :

29. Multam enim malitiam docuit otiositas.

30. In opera constitue eum : sic enim condecet illum. Quòd si non obaudierit, curva illum compedibus, et non amplifices super omnem carnem : verùm sine judicio nihil facias grave.

31. Si est tibi servus fidelis, sit tibi quasi anima tua : quasi fratrem sic eum tracta : quoniam in sanguine animæ comparasti illum.

32. Si læseris eum injustè, in fugam convertetur :

33. Et si extollens discesserit, quem quæras, et in quâ viâ quæras illum nescis.

## SIXTINA VERSIO.

tormenta. Mitte illum in operationem, ne vacet.

Multam enim malitiam docuit otiositas.

In opera constitue illum, prout condecet illum. Quòd si non obaudierit, aggrava pedes ejus ; et non amplifices super omnem carnem : et sine judicio nihil facias.

Si est tibi servus, sit sicut tu : quoniam in sanguine comparasti eum. Si est tibi servus, tracta eum sicut teipsum : quoniam tanquàm animâ tuâ, egebis eo.

Si afflixeris eum, et tollens aufugiat,

In quâ viâ quæres illum ?

---

30. *Curva illum compedibus* : Græc. *aggrava pedes ejus* ; ne tamen plùs æquo sævias, subdit : *non amplifices* (Græc. *ne multiplices plagas,* ne sis nimius) *super omnem carnem* : ne sis immisericors adversùs omnem hominem, etiam servum.

31. *Sicut anima tua* : Græc. *sicut tu*. *Quasi fratrem* : Græc. *sicut teipsum. In sanguine animæ* : Græc. *in sanguine.* Alludit ad originem servitutis : primi enim servi, bello capti; sive etiam quòd empti grandi pecuniâ, quæ familiam tuam sic vegetat, ut sanguis ipsum corpus : sive, ut addit Græcus, *tracta eum sicut teipsum,* quoniam tanquàm animâ tuâ, egebis illo.

33. *Si extollens discesserit* : si tollens, sive rapiens aliquid, aufugerit.

---

## CAPUT XXXIV.

Somnia : divinationes, ad 8 ; vera prævisio futurorum ex lege ac promissis : ex experimentis et sapientum consilio, 8 et seqq.; spes in Deum, 15 et seqq. Auctoris gravia pericula, 12, 13. De oblationibus, 21 et seqq.; ex iniquo et substantiâ pauperum, *ibid.;* oppressores pauperum, 25, 26; uno animo agendum, 28, 29 ; ne in peccata recidas, 30, 31.

## VERSIO VULGATA.

1. Vana spes, et mendacium viro insensato : et somnia extollunt imprudentes.

## SIXTINA VERSIO.

*In Græco Caput* XXXI.

Vanæ spes, et mendaces viro insensato : et somnia volare faciunt imprudentes.

---

1. *Extollunt* : Græc. ad verbum : *Volare faciunt* (dant pennas) eodem sensu : animos addunt, facilia fingunt omnia. Alludit ad eos qui se pennatos somniant, et in sublime raptos.

## CAPUT XXXIV.

Quasi qui apprehendit umbram, et persequitur ventum : sic qui attendit somniis.

Hoc juxta hoc, visio somniorum : ante faciem similitudo faciei.

Ab immundo quid mundabitur? et à falso quid verum erit?

Divinationes, et auguria, et somnia vana sunt :

Et sicut parturientis, cor phantasias patitur. Nisi ab Altissimo fuerint missa in visitatione, ne dederis ad illa cor tuum.

Multos errare fecerunt somnia, et exciderunt sperantes in illis.

Sine mendacio consummabitur lex, et sapientia ori fideli perfectio.

Vir eruditus novit multa : et qui multa expertus est, enarrabit intellectum.

Qui non est expertus, pauca novit : qui autem vagatus est, multiplicabit astutiam.

2. Quasi qui apprehendit umbram, et persequitur ventum : sic et qui attendit ad visa mendacia :

3. Hoc secundùm hoc, visio somniorum : ante faciem hominis similitudo hominis.

4. Ab immundo quid mundabitur? et à mendace quid verum dicetur?

5. Divinatio erroris, et auguria mendacia, et somnia malefacientium, vanitas est.

6. Et sicut parturientis, cor tuum phantasias patitur. Nisi ab Altissimo fuerit emissa visitatio, ne dederis in illis cor tuum :

7. Multos enim errare fecerunt somnia, et exciderunt sperantes in illis.

8. Sine mendacio consummabitur verbum legis, et sapientia in ore fidelis complanabitur.

9. Qui non est tentatus, quid scit? Vir in multis expertus, cogitabit multa : et qui multa didicit, enarrabit intellectum.

10. Qui non est expertus, pauca recognoscit : qui autem in multis factus est, multiplicat malitiam.

3. *Hoc secundùm hoc.* Sic se habet somnium, nihil aliud est quàm homini exhibita hominis similitudo mendax, atque *ante faciem* : tanquam in speculo : Græc. *similitudo faciei.*

4. *A mendace* : Græc. *à falso*, à somnio, quod nihil nisi mendacium est.

6. *Sicut parturientis.* Mulieres gestantes uterum, quibus, quàmque vehementibus phantasiis perturbentur, notum est.

8. *Sine mendacio.* Quasi diceret : Recurre potiùs ad legem verbumque divinum, ubi incorrupta veritas, ubi per certa promissa, vera et utilis cognitio futurorum, quemadmodùm Isaiæ VIII, 19, 20 : *Et cùm dixerint : Quærite à pythonibus et à divinis... ad legem magis et ad testimonium*, sive oraculum, quale à Deo vero mitti solet. *Et sapientia in ore fidelis complanabitur :* plana et aperta fiet. Græc. *perfectio* (erit) : *ad perfectum deducetur.* Sensus est : Si futura investiganda sunt, præter legem divinam, observari posse virorum sapientium provida consilia et præscias conjecturas, ut docent seqq.

10. *Qui in multis factus est :* Græc. *qui multùm peregrinatus est :* per multas regiones :

Qui mores hominum multorum vidit, et urbes.

undè vers. 12 : *Multa vidi errando :* peregrinando. *Multiplicat malitiam :* sive ut Græc. *astutiam.*

**11.** Qui tentatus non est, qualia scit? qui implanatus est, abundabit nequitiâ.

**12.** Multa vidi errando, et plurimas verborum consuetudines.

**13.** Aliquoties usque ad mortem periclitatus sum horum causâ, et liberatus sum gratiâ Dei.

**14.** Spiritus timentium Deum quæritur, et in respectu illius benedicetur.

**15.** Spes enim illorum in salvantem illos, et oculi Dei in diligentes se.

**16.** Qui timet Dominum, nihil trepidabit, et non pavebit : quoniam ipse est spes ejus.

**17.** Timentis Dominum beata est anima ejus.

**18.** Ad quem respicit, et quis est fortitudo ejus?

**19.** Oculi Domini super timentes eum, protector potentiæ, firmamentum virtutis, tegimen ardoris, et umbraculum meridiani,

**20.** Deprecatio offensionis, et adjutorium casûs, exaltans animam, et illuminans oculos, dans sanitatem, et vitam, et benedictionem.

Multa vidi in circumerratione meâ : et plura verborum meorum, intellectus meus.

Sæpè usque ad mortem periclitatus sum; et salvatus sum horum gratiâ.

Spiritus timentium Dominum vivet :

Spes enim illorum in salvantem illos.

Qui timet Dominum, non trepidabit, et non pavebit : quoniam ipse est spes ejus.

Timentis Dominum beata est anima :

Cui intendit? et quis est fortitudo ejus ?

Oculi Domini super diligentes eum, protectio potentiæ, et firmamentum virtutis : tegmen ab ardore, et tegmen à meridie :

Custodia ab offensione, et adjutorium à casu : exaltans animam, et illuminans oculum, dans sanitatem, vitam, et benedictionem.

---

**11.** *Qui tentatus... qui implanatus :* gemina versio 9 et 10, cujus hic erit sensus : Qui deceptus est fit astutior, atque etiam fit nequior, animo per hominum corruptelas à sinceritate ac simplicitate deflexo.

**12.** *Plurimas verborum consuetudines :* agendique rationes : hebraicâ phrasi, verba pro rebus. Græc. planior : *Multa vidi circumerrando* (peregrinando) : *et plura verborum meorum intellectus meus :* quæ doceo, ea plerumquè experimento vera comperi.

**13.** *Usque ad mortem.* Vide cap. LI, 3 et seqq. *Gratiâ Dei :* Græc. *servatus sum horum gratiâ :* non per somnia et divinationes, de quibus ab initio capitis, sed per legem et timorem Dei, ac præcepta quæ nunc trado, sæpè ipse servatus sum.

**14.** *Spiritus timentium Deum quæritur :* Græc. *vivet,* ζητήσεται pro ζήσεται, vivet.

**19.** *Protector potentiæ :* sine quo nulla est potentia nostra, seu mavis, protector potens, noto hebraismo. Græc. ad verbum : Protectio opposito scuto. *Firmamentum virtutis :* validum, inconcussum; *umbraculum meridiani :* à meridie, et quâvis tentatione gravi.

**20.** *Deprecatio :* Græc. *custodia ab offensione.*

## CAPUT XXXIV.

Immolantis ex iniquo oblatio subsannata : et non sunt beneplacitæ subsannationes injustorum.

Oblationes impiorum non probat Altissimus : neque in multitudine sacrificiorum propitiatur peccatis.

Qui offert sacrificium ex substantiâ pauperum, victimat filium in conspectu patris sui.

Panis egentium, vita pauperum est : qui defraudat illam, homo sanguinum est.

Qui aufert victum, occidit proximum :

Et qui fraudat mercedem mercenarii, effundit sanguinem.

Unus ædificans, et unus destruens : quid proficiunt aliud, quàm labores?

Unus orans, et unus maledicens : cujus vocem exaudiet Dominus?

Qui baptizatur à mortuo, et iterùm tangit eum : quid profecit lavatione suâ?

Sic homo qui jejunat in peccatis suis, et iterùm vadit, et facit eadem : orationem illius quis exaudiet, et quid profecit humiliando se?

21. Immolantis ex iniquo oblatio est maculata, et non sunt beneplacitæ subsannationes injustorum.

22. Dominus solus sustinentibus se in viâ veritatis et justitiæ.

23. Dona iniquorum non probat Altissimus, nec respicit in oblationes iniquorum : nec in multitudine sacrificiorum eorum propitiabitur peccatis.

24. Qui offert sacrificium ex substantiâ pauperum, quasi qui victimat filium in conspectu patris sui.

25. Panis egentium vita pauperum est : qui defraudat illum, homo sanguinis est.

26. Qui aufert in sudore panem, quasi qui occidit proximum suum.

27. Qui effundit sanguinem, et qui fraudem facit mercenario, fratres sunt.

28. Unus ædificans, et unus destruens : quid prodest illis, nisi labor?

29. Unus orans, et unus male dicens : cujus vocem exaudiet Deus?

30. Qui baptizatur à mortuo, et iterùm tangit eum : quid proficit lavatio illius?

31. Sic homo qui jejunat in peccatis suis, et iterùm eadem faciens, quid proficit humiliando se? orationem illius quis exaudiet?

21. *Maculata* : μεμωμημένη, à μῶμος, *probrum*, macula. Græc. μεμωκημένη, *ridicula*, risu digna. *Subsannationes* : derisiones : *injustorum*, ex iniquo et rapto immolantium, Deoque illudentium.

25. *Homo sanguinis* : cædis reus.

26. *Qui aufert in sudore*, sudanti et laboranti, *panem* : seu panem sudore partum.

28, 29. *Unus ædificans* : *unus orans* : intellige in eâdem familiâ, ut doceantur communi studio benè agere.

30. *Qui baptizatur* (lavatur) rediens à *mortuo*.

## CAPUT XXXV.

Pergit de oblationibus et precibus, toto capite ; humilium precum vis, 21 et seqq.

| VERSIO VULGATA. | SIXTINA VERSIO. |
|---|---|
| | *In Græco Caput* xxxii. |
| 1. Qui conservat legem, multiplicat oblationem. | Qui conservat legem, multiplicat oblationes. |
| 2. Sacrificium salutare est attendere mandatis, et discedere ab omni iniquitate. | Sacrificans salutare, qui attendit mandatis. |
| 3. Et propitiationem litare sacrificii super injustitias; et deprecatio pro peccatis, recedere ab injustitiâ. | |
| 4. Retribuet gratiam, qui offert similaginem : et qui facit misericordiam, offert sacrificium. | Qui retribuit gratiam, offert similaginem : et qui facit eleemosynam, offert sacrificium laudis. |
| 5. Beneplacitum est Domino recedere ab iniquitate : et deprecatio pro peccatis recedere ab injustitiâ. | Beneplacitum est Domino recedere ab iniquitate; et propitiatio, recedere ab injustitiâ. |
| 6. Non apparebis ante conspectum Domini vacuus. | Non apparebis ante conspectum Domini vacuus. |
| 7. Hæc enim omnia propter mandatum Dei fiunt. | Hæc enim omnia propter mandatum. |
| 8. Oblatio justi impinguat altare, et odor suavitatis est in conspectu Altissimi. | Oblatio justi impinguat altare, et odor suavitatis ejus est in conspectu Altissimi. |
| 9. Sacrificium justi acceptum est : et memoriam ejus non obliviscetur Dominus. | Sacrificium viri justi acceptum est : et memoria ejus non tradetur oblivioni. |
| 10. Bono animo gloriam redde Deo : et non minuas primitias manuum tuarum. | In bono oculo glorifica Dominum; et non minuas primitias manuum tuarum. |
| 11. In omni dato hilarem fac vultum tuum, et in exultatione sanctifica decimas tuas. | In omni dato hilarem fac vultum tuum : et in exultatione sanctifica decimas. |

1. *Qui conservat :* ipsa legis observatio oblationis multiplicatio est.
2. *Sacrificium salutare :* Græc. *sacrificans salutaris*, genitivo casu : supple : *oblatione*, sive *pro salute.*
3. *Et propitiationem :* alteram versionem eamque planiorem vide ad vers. 5.
4. *Retribuet gratiam :* Græc. contrà : *qui retribuit gratiam* ( benefactori) *offert similaginem.*
10. *Bono animo :* Græc. *in bono oculo*, non parco, non invido. Vide vers. 12.
11. *In omni dato :* donatione : *hilarem fac*, Rom. xii, 8; II Cor. ix, 7.

## CAPUT XXXV.

Da Altissimo secundùm datum ejus, et in bono oculo inventionem manûs.

Quoniam Dominus retribuens est, et septies tantùm reddet tibi.

Ne minua de munere : non enim suscipiet :

Et non attendas sacrificio injusto : quoniam Dominus judex est, et non est apud illum gloria personæ.

Non accipiet personam in pauperem : et deprecationem læsi exaudiet.

. Non despiciet preces pupilli ; nec viduam, si effundat loquelam.

Nonne lacrymæ viduæ ad maxillam descendunt, et exclamatio super deducentem eas ?

Qui colit, in beneplacito suscipietur : et deprecatio illius usque ad nubes attinget.

Oratio humiliantis se nubes penetravit; et donec propinquet, non revocabitur; et non discedet, donec aspiciat Altissimus.

Et judicabit justè, et faciet judicium, et Dominus non tardabit : et non habebit in illis pa-

12. Da Altissimo secundùm datum ejus, et in bono oculo adinventionem facito manuum tuarum :

13. Quoniam Dominus retribuens est : et septies tantùm reddet tibi.

14. Noli offerre munera prava : non enim suscipiet illa.

15. Et noli inspicere sacrificium injustum, quoniam Dominus judex est, et non est apud illum gloria personæ.

16. Non accipiet Dominus personam in pauperem, et deprecationem læsi exaudiet.

17. Non despiciet preces pupilli : nec viduam, si effundat loquelam gemitûs.

18. Nonne lacrymæ viduæ ad maxillam descendunt, et exclamatio ejus super deducentem eas ?

19. A maxillâ enim ascendunt usque ad cœlum, et Dominus exauditor non delectabitur in illis.

20. Qui adorat Deum in oblectatione, suscipietur, et deprecatio illius usque ad nubes propinquabit.

21. Oratio humiliantis se, nubes penetrabit, et donec propinquet, non consolabitur : et non discedet donec Altissimus aspiciat.

22. Et Dominus non elongabit, sed judicabit justos, et faciet judicium : et Fortissimus non habebit in illis

12. *In bono oculo* : cùm Deus erga te beneficus; cùm res tuas respexerit. *Adinventionem manuum* : dona ex iis quæ acquisiveris : quæ sub manu tuâ inveneris, phrasi usitatâ, *Levit.*, XIV, 21 ; XXV, 26, 28, et alibi passim. Læto oculo redde inventa, sive dona.

14. *Munera prava* : diminuta : vide Græc. et vers. 10.

15. *Gloria personæ* : Græc. δόξα, *opinio*, respectus seu acceptio personæ.

20. *Qui adorat in oblectatione*. Græc. *cultor* (Dei), etc.

21. *Oratio humiliantis se*: Græc. *humilis*, afflicti. *Donec propinquet, non consolabitur* : non revocabitur, μὴ παρακληθῇ : *non desistet à cursu*, donec coràm Deo steterit : oratio, legati instar, primùm quidem, nubes penetrat : 2. non desistit donec perveniat ad Deum : 3. ubi pervenit, *non discedet, donec Altissimus respiciat.* Vide orationis improbæ et ad molestiam usque urgentis ingenium, *Luc.*, XI, 7, 8; XVIII, 5.

22. *Non elongabit* : Græc. *non tardubit, non habebit in illis patientiam* : sic

patientiam, ut contribulet dorsum ipsorum :

23. Et gentibus reddet vindictam, donec tollat plenitudinem superborum, et sceptra iniquorum contribulet :

24. Donec reddat hominibus secundùm actus suos, et secundùm opera Adæ, et secundùm præsumptionem illius :

25. Donec judicet judicium plebis suæ, et oblectabit justos misericordiâ suâ.

26. Speciosa misericordia Dei in tempore tribulationis, quasi nubes pluviæ in tempore siccitatis.

tientiam, quousque contribulet dorsum immisericordium.

Et gentibus reddet vindictam, donec tollat multitudinem superborum, et sceptra iniquorum contribulet :

Donec reddat homini secundùm actus ejus, et opera hominum secundùm cogitationes eorum :

Donec judicet judicium plebis suæ : et lætificabit eos misericordiâ suâ.

Speciosa misericordia in tempore tribulationis ejus, quasi nubes pluviæ in tempore siccitatis.

*Luc.*, XVIII, 7 : *Deus autem non faciet vindictam electorum suorum... et patientiam habebit in illis? Ut contribulet :* conterat. Vide Græc.

23. *Plenitudinem superborum :* contumeliosorum turbam : *sceptra* (potentiam) *iniquorum contribulet :* confringat, atterat.

24. *Adæ :* dativo casu : videtur ex Hebr. vertisse ubi loco, *homini*, scribitur, *Adæ;* sensusque est : Reddet hominibus et cuique homini secundùm opera sua : imò secundùm *præsumptionem*, sive ut habet Græc. *secundùm cogitationem illius :* arcanorum testis, neque tantùm operum, sed etiam cogitationum ultor.

## CAPUT XXXVI.

Oratio auctoris pro populo, et sanctâ civitate ab inimicis et principibus vexatâ, ad 20; orat etiam pro gentibus, 4 et seqq. Aaronicæ familiæ dignitas, 17. De rebus subtili judicio discernendis, 20, ad finem : uxor pulchra et sapiens, *ibid.*

VERSIO VULGATA.

1. Miserere nostri, Deus omnium, et respice nos, et ostende nobis lucem miserationum tuarum :

2. Et immitte timorem tuum super gentes, quæ non exquisierunt te, ut cognoscant quia non est Deus, nisi tu, et enarrent magnalia tua.

SIXTINA VERSIO.

*In Græco Caput* XXXIII.

Miserere nostri, Domine Deus omnium, et respice.

Et immitte timorem tuum super omnes gentes.

1. *Miserere.* Postquàm egit de oblationibus et precibus, ipse ad orandum se convertit. *Deus omnium :* eò quòd pro gentibus quoque precaturus sit; et congruit locus, cùm de persecutione gentium sit acturus; quâ occasione de gentium conversione vaticinari videtur : quem spiritum magis magisque effundebat Deus, accedente Christi tempore, in quo benedicendæ erant gentes. Vide vers. 3, 4, 5.

## CAPUT XXXVI.

Extolle manum tuam super gentes alienas; et videant potentiam tuam.

Sicut coràm illis sanctificatus es in nobis; ita coràm nobis magnificeris in illis.

Et agnoscant te, secundùm quod et nos agnovimus; quoniam non est Deus præter te, Domine.

Innova signa, et immuta mirabilia :

Glorifica manum, et brachium dextrum :

Excita furorem, et effunde iram.

Aufer adversarium, et afflige inimicum.

Festina tempus, et memento juramenti : et enarrentur mirabilia tua.

In irâ ignis devoretur, qui salvatur : et qui pessimant plebem tuam, inveniant perditionem.

Contere capita principum inimicorum, dicentium : Non est præter nos.

3. Alleva manum tuam super gentes alienas, ut videant potentiam tuam.

4. Sicut enim in conspectu eorum sanctificatus es in nobis; sic in conspectu nostro magnificaberis in eis,

5. Ut cognoscant te, sicut et nos cognovimus; quoniam non est Deus præter te, Domine.

6. Innova signa, et immuta mirabilia.

7. Glorifica manum, et brachium dextrum.

8. Excita furorem, et effunde iram.

9. Tolle adversarium, et afflige inimicum.

10. Festina tempus, et memento finis, ut enarrent mirabilia tua.

11. In irâ flammæ devoretur qui salvatur : et qui pessimant plebem tuam, inveniant perditionem.

12. Contere caput principum inimicorum, dicentium : Non est alius præter nos.

6. *Immuta*, itera, *mirabilia*.

10. *Festina tempus :* accelera ; quod est gravia et extrema patientium. *Memento finis :* rem cilò deducas ad exitum : Græc. *memento juramenti* ( pactique ac jurati cum populo tuo fœderis). Hæc ad quod tempus pertineant, per historias liquet. Sanè solutâ captivitate Babylonicâ per Cyrum, Judæi altâ pace potiti sunt sub Persarum regibus, sub Alexandro Magno, sub Macedonibus; neque unquàm causâ religionis invisi, nisi sub Antiocho Epiphane ortâ vexatione eâ de quâ in præfatione diximus ; et tamen hic nonnihil annotari è re erat.

11. *Qui salvatur :* si quis hostium incolumis ab hominibus abeat, eum tu iræ tuæ flammâ corripe.

12. *Principum :* Syriæ, quorum regno attributi : *inimicorum* nostrorum se gerentium pro diis, ac supra omne numen sese efferentium; undè sequitur : atque *dicentium : Non est alius præter nos :* cui Judæi serviant ut diis ac regibus. Vide infrà, LI, ac præsertim vers. 7, 12, 14. Congruunt verba superba quæ passim invenias in *Machabaicis :* et vaticinia Danielis de Antiocho Epiphane, VII, 25 ; VIII, 25 ; XI, 36, etc. Cæterùm Ægypti reges Macedonici benevoli adversùs Judæos fuere, et à Ptolemæo quidem Lagi filio capta Jerosolyma amplificandi imperii causâ, nullo gentis odio, cùm captivis benefecerit, et ad militiæ honores evectis regnum tuendum tradiderit. Ptolemæus Philadelphus, ejus filius, quantùm piæ genti faverit, notum, cujus quippe temporibus acciti Septuag. seniores judaica religio summo honori fuerit. Ac Ptolemæus quidem Evergetes,

13. Congrega omnes tribus Jacob, ut cognoscant quia non est Deus nisi tu, et enarrent magnalia tua : et hæreditabis eos, sicut ab initio.

Congrega omnes tribus Jacob :

*In Græco Caput* xxxvi, ℣. 16.

Et hæreditavi eos, sicut ab initio.

14. Miserere plebi tuæ, super quam invocatum est nomen tuum : et Israel quem coæquasti primogenito tuo.

Miserere plebi, Domine, vocatæ in nomine tuo; et Israel, quem primogenito assimilasti.

15. Miserere civitati sanctificationis tuæ Jerusalem, civitati requiei tuæ.

Miserere civitati sanctificationis tuæ, Jerusalem, civitati requiei tuæ.

16. Reple Sion inenarrabilibus verbis tuis, et gloriâ tuâ populum tuum.

Reple Sion ad extollenda eloquia tua, et à gloriâ tuâ populum tuum.

17. Da testimonium his, qui ab initio creaturæ tuæ sunt : et suscita prædicationes, quas locuti sunt in nomine tuo prophetæ priores.

Da testimonium iis qui ab initio creaturæ tuæ sunt; et suscita prophetias, quæ in nomine tuo.

18. Da mercedem sustinentibus te, ut prophetæ tui fideles inveniantur : et exaudi orationes servorum tuorum.

Da mercedem sustinentibus te : et prophetæ tui fideles inveniantur.

19. Secundùm benedictionem Aa-

Exaudi, Domine, orationem

---

hujus nominis primus Philadelphi filius, multa licèt comminatus, quòd Onias II, consuetum tributum denegasset, à Josepho tamen Tobiæ filio Jerosolymitâ, usque adeò delinitus; ut sancta gens nusquàm clarior haberetur. Neque secuti reges ab eâ sententiâ recesserunt; nam quod de Ptolemæo Philopatore in tertio *Machabaico* refertur, minas potiùs et conatum quàm persecutionem fuisse, et in Præfatione notavimus, et ad cap. L copiosior erit dicendi locus.

13. *Congrega omnes tribus :* persecutione dispersas. Hìc in Græco insertus est vers. 27, cap. xxx, de conviviis, alienissimo loco, ut res ipsa demonstrat : ex quo liquet in Græcis potiùs quàm in Latinis ordinem perturbatum.

14. *Miserere.* Continuatio hujus precationis invenitur in Græco cap. xxxvi, 16, usque ad 20. Ex quo etiam confirmatur in Græco perturbatum fuisse ordinem, cùm non constet precationis illius series. *Quem coæquasti,* sive Græc. *assimilasti, primogenito tuo :* quem primogeniti honore donasti.

15. *Civitati sanctificationis tuæ* (in quâ est templum tuum) *Jerusalem.* Hæc indicant vexationem, quam hìc deprecatur, maximè incubuisse in Jerusalem et templum : quod reverà factum sub Seleuco Philopatore et Antiocho Epiphane ejus filio, nec aliàs usquàm. Vide Præfat.

17. *Creaturæ tuæ sunt :* nominandi casu : Græc. *creaturis tuis ab initio :* priscis temporibus : jam indè ab Abrahamo, seu mavis, ex Semo cui benedixit Dominus præ cæteris fratribus, *Gen.* ix, 26, 27, non sicut Chanaan, qui ab illo initio maledictus, *ibid.* 25. *Prædicationes :* an prædictiones? Græc. *Suscita prophetias* Danielis, Zachariæ, Isaiæ quoque et aliorum de Machabaicis victoriis, deque Syriæ regibus conterendis.

19. *Secundùm benedictionem Aaron.* Postulat ut permaneat apud Israelitas

supplicum tuorum, secundùm benedictionem Aaron de populo tuo. Et scient omnes qui super terram, quia tu Dominus es Deus sæculorum.

Omnem escam manducabit venter; est autem cibus cibo melior.

Fauces gustant cibos venationis : sic cor sensatum verba mendacia.

Cor pravum dabit tristitiam : et homo peritus retribuet ei.

Omnem masculum excipiet mulier : est autem filia melior filiâ.

Species mulieris exhilarat faciem, et super omnem concupiscentiam hominis superducit.

Si est in linguâ ejus misericor-

ron de populo tuo; et dirige nos in viam justitiæ : et sciant omnes qui habitant terram, quia tu es Deus conspector sæculorum.

20. Omnem escam manducabit venter, et est cibus cibo melior.

21. Fauces contingunt cibum feræ, et cor sensatum verba mendacia.

22. Cor pravum dabit tristitiam, et homo peritus resistet illi.

23. Omnem masculum excipiet mulier : et est filia melior filiâ.

24. Species mulieris exhilarat faciem viri sui, et super omnem concupiscentiam hominis superducit desiderium.

25. Si est lingua curationis, est et

vernum ac legitimum sacerdotium : non quale erat tunc sub Antiocho Epiphane, venale, atque infandis sacerdotibus Jasoni, ac Menelao pretio prostitutum, pulso Oniâ III legitimo ac sanctissimo pontifice, ut habes II *Mach.*, iv, 8, 23. Et Jason quidem Oniæ frater ac de Aaronis genere : Menelaus verò cui etiam nomen Oniæ fuisse Josephus memorat, frater Simonis Benjaminitæ, II *Mach.*, iii, 4; iv, 23; non ergo ab Aaronis stirpe, nedùm Oniæ III frater, quidquid dicat Josephus, *Origin.* xii, 6; nam quod aiunt : ideò dictum Simonis illius Benjaminitæ fratrem, quòd ejus sororem duxerit, cæterùm Oniæ III, et Jasonis germanum fuisse, gratìs dicitur, nec historiæ sacræ congruit : si enim hujus Oniæ atque Jasonis frater fuisset, Machabaica historia non de eo sic scriberet : *Misit Jason Menelaum supradicti Simonis* (Benjaminitæ) *fratrem :* sed suum et Oniæ III, ac de Menelao, ut de Jasone diceret, quòd *proprium fratrem captivaverat*, II Machab., iv, 23, 26, cùmque iste Menelaus Oniam III etiam occiderit, quantò magis memoraret eumdem parricidam, ac proprii fratris interfectorem fuisse! De quo tamen reticet, *ibid.* 34 ; neque quidquam aliud de Menelai stirpe memorat, nisi eum Simonis Benjaminitæ esse fratrem ; quo satis ostendit à sacerdotali genere alienum, uti præduximus. Cujus etiam loco Lysimachus ejus frater pontificatum accepit, Oniâ III adhuc superstite, *ibid.* 29, quarum corruptelarum occasione, cùm eas in hæc tempora incidisse demonstratum à nobis sit, *Ecclesiasticus* hic et infrà xlv, 31, Aaronicæ familiæ dignitatem, et pontificiæ successionis ordinem commendat. De his autem, deque Josepho hic non semper audiendo, vide Præf. Atque hìc precatio desinit : jam aliæ sententiæ.

20. *Omnem escam... cibus cibo melior*. Dicturus de rebus subtili judicio discernendis, hinc incipit; sicut cibos à cibis, ita cogitationes à cogitationibus quodam gustu secernendas, quod sequenti congruit.

21. *Fauces contingunt :* guttur gustat ferinam, gustandoque discernit ab aliâ quâvis escâ; ita *et cor sensatum*.

22. *Homo peritus :* multa expertus.

23. *Omnem masculum :* in mulieribus idem sexus, sed tamen delectus est virginum, in quo magis necesse est discretione uti.

24, 25. *Species mulieris... si est lingua curationis :* Græc. *si linguæ illius* mitigationis et misericordiæ : non est vir illius secundùm filios hominum.

26. Qui possidet mulierem bonam, inchoat possessionem : adjutorium secundùm illum est, et columna ut requies.

27. Ubi non est sepes, diripietur possessio : et ubi non est mulier, ingemiscit egens.

28. Quis credit ei, qui non habet nidum, et deflectens ubicumquè obscuraverit, quasi succinctus latro exiliens de civitate in civitatem?

dia et mansuetudo; non est vir illius secundùm filios hominum.

Qui possidet mulierem, inchoat possessionem, adjutricem secundùm se, et columnam requietis.

Ubi non est sepes, diripietur possessio : et ubi non est mulier, ingemiscet errans.

Quis enim credet succincto latroni erranti de civitate in civitatem? sic homini non habenti nidum, et deflectenti ubicumquè obscuraverit.

(mulieris) *inest misericordia et mansuetudo, non est vir illius*, etc. Sensus est : Muliebris quidem formæ cupiditas omnem aliam hominis cupiditatem supergreditur; sed si accedet linguæ verborumque lenitas, vir ejus communi hominum conditioni eximendus. Quæ etsi intricatiora in interpretatione latinâ, huc tamen haud incommodè trahi possunt. *Lingua curationis* : quæ vitia emendet verbis sapientibus, ac lenitate sanet animi ægritudinem.

26. *Qui possidet... inchoat possessionem*. Initium omnis bonæ possessionis est bonam mulierem possidere; indè ordiendum ei qui dives esse vult. *Adjutorium secundùm illum est* : simile sibi, Gen. II, 18, congruum, suoque animo consentaneum. *Columna ut requies* : Græc. *columna* (et firmamentum) *quietis*.

27. *Ingemiscit egens* : Græc. *erro*, in tuto exceptus loco : ut patet ex seq.

28. *Quis credit* : clariùs Græc. *Quis credit succincto latroni exerranti de urbe in urbem?* sic (neque creditur) *homini non habenti nidum* (hoc est familiam) *ac solventi* (equum vel currum) *ubicumquè advesperascet*, ubicumquè nox oppresserit : quod Vulgatus vertit, *ubicumque obscuraverit* : significat autem in vulgari vità ac Veteris Testamenti conditione, viro bono habendum esse lectulum, ac fidam lectuli consortem, neque quolibet divertendum.

## CAPUT XXXVII.

De veris falsisque amicis et consiliariis dignoscendis, ad 19; à quo petenda consilia, 17, 18; Deus imprimis consulendus, 19; ratio antecedat actus, 20; veri falsique sapientes, 22 et seqq.; quisque se probet, 30, 31; ut à cibis, sic à voluptatibus temperandum, 32, 33, 34.

### VERSIO VULGATA.

1. Omnis amicus dicet : Et ego amicitiam copulavi : sed est amicus nomine amicus. Nonne tristitia inest usque ad mortem?

### SIXTINA VERSIO.

Omnis amicus dicet : Et ego cum illo amicitiam copulavi : sed est amicus solo nomine amicus. Nonne tristitia inest usque ad

1. *Est amicus solo nomine* : et hoc de dignoscendis amicis ad discernendi judicium pertinet, quâ de re agi diximus à superioris capitis vers. 20.

## CAPUT XXXVII.

mortem, sodalis et amicus convertens se ad inimicitiam?

O præsumptio nequissima, undè devoluta es cooperire aridam in dolositate?

Sodalis amico conjucundatur in oblectatione : et in tempore tribulationis contrarius erit.

Sodalis amico condolet causâ ventris : contra bellum accipiet scutum.

Ne obliviscaris amici in animo tuo : et non immemor sis illius in opibus tuis.

Omnis consiliarius extollit consilium : sed est, qui consulit sibi ipsi.

A consiliario serva animam tuam : et scito priùs quæ sit illius necessitas : etenim ipse sibi consulet :

Ne fortè mittat super te sortem, et dicat tibi :

Bona est via tua : et stabit è contrario videre quid tibi eveniat.

2. Sodalis autem et amicus ad inimicitiam convertentur.

3. O præsumptio nequissima, undè creata es cooperire aridam malitiâ et dolositate illius?

4. Sodalis amico conjucundatur in oblectationibus : et in tempore tribulationis adversarius erit.

5. Sodalis amico condolet causâ ventris, et contra hostem accipiet scutum.

6. Non obliviscaris amici tui in animo tuo, et non immemor sis illius in opibus tuis.

7. Noli consiliari cum eo, qui tibi insidiatur, et à zelantibus te absconde consilium.

8. Omnis consiliarius prodit consilium, sed est consiliarius in semetipso.

9. A consiliario serva animam tuam : priùs scito quæ sit illius necessitas : et ipse enim animo suo cogitabit :

10. Ne fortè mittat sudem in terram, et dicat tibi :

11. Bona est via tua, et stet è contrario videre quid tibi eveniat.

2. *Sodalis et amicus :* Græc. sic nectit : *Nonne tristitia intùs, usque ad mortem, sodalis et amicus convertens se ad inimicitiam?*

3. *O præsumptio :* Græc. *O cogitatio prava, undè* (quo fonte) *devoluta es, ut operires aridam* (sive terram) *dolis?* (rupto amicitiæ fœdere, ac subdolis invectis amicitiis.)

5. *Condolet*, sive Græc. *collaborat. Contra hostem accipiet scutum :* specie ut amicum tueatur, reverà ut ventri suo consulat.

7. *Noli consiliari.* Hunc versum Græcus transtulit post 11. *A zelantibus te :* ab æmulis tuis.

8. *Omnis consiliarius* (talis) *prodit consilium :* Græc. planior : *Omnis consiliarius effert* (jactat) *consilium; sed est consiliarius* in semetipsum : quod Vulg. vertit *in semetipso :* est qui consulat sibi.

9. *A consiliario.... scito quæ necessitas,* sive utilitas. Ne petas consilium, nec arcana tua prodas sine necessitate. *Ipse enim animo suo cogitabit :* Græc. *sibi consulet.*

10. *Ne fortè mittat sudem in terram :* offendiculum aliquod : quod sequentibus verbis congruit : Græc. *sortem super te.* Grotius conjicit pro κλῆρον *sortem*, reponendum σκληρόν, *durum* quid, in quod impingas : quod Vulgatus verterit *sudem.*

12. Cum viro irreligioso tracta de sanctitate; et cum injusto, de justitiâ; et cum muliere de eâ, quæ æmulatur; cum timido, de bello; cum negotiatore, de trajectione; cum emptore, de venditione; cum viro livido, de gratiis agendis:

13. Cum impio, de pietate: cum inhonesto, de honestate; cum operario agrario, de omni opere:

14. Cum operario annuali, de consummatione anni; cum servo pigro, de multâ operatione; non attendas his in omni consilio.

15. Sed cum viro sancto assiduus esto, quemcumque cognoveris observantem timorem Dei,

16. Cujus anima est secundùm animam tuam: et qui, cùm titubaveris in tenebris, condolebit tibi.

17. Cor boni consilii statue tecum: non est enim tibi aliud pluris illo.

18. Anima viri sancti enuntiat aliquandò vera, quàm septem circumspectores sedentes in excelso ad speculandum.

Noli consiliari cum eo, qui te suspectum habet; et à zelantibus te absconde consilium.

Cum muliere, de æmulâ ejus; et cum timido, de bello; cum negotiatore, de permutatione; et cum emptore, de venditione; cum invido, de gratiis reddendis;

Et cum immisericorde, de beneficentiâ; cum pigro, de omni opere;

Et cum mercenario domestico, de consummatione; cum servo pigro, de multâ operatione: non attendas his de omni consilio.

Sed cum viro sancto assiduus esto, quem cognoveris observantem mandata:

Qui in animâ suâ est secundùm animam tuam: et si cecideris, condolebit tibi.

Et consilium cordis statue: non est enim tibi fidelior ipso.

Anima enim viri annuntiare interdùm consuevit magis, quàm septem circumspectores sedentes in excelso super speculam.

12. *Cum viro irreligioso :* apertè excidit negatio quæ habetur in Græc.; subdit enim vers. 14 : *Non attendas his in omni consilio.* Sic ergo habet Græcus : *Ne tractaveris cum eo qui te suspectum habeat, et ab æmulis tuis absconde consilium; cum uxore, de æmulâ ejus; cum timido, de bello :* quisque enim consulet secundùm ingenium ac rationes suas. Jam ad singula. *Cum negotiatore, de trajectione :* de convectendæ mercis pretio : Græc. *de permutatione,* seu rebus permutandis.

13. *Cum impio, de pietate :* cujus loco, Græc. *cum immisericorde, de beneficentiâ. Cum operario agrario, de omni opere* in agris faciendo, de arando, de metendo : Græc. *cum pigro, de omni opere :* abhorrebit enim ac dissuadebit, aut laborem pluris æstimabit.

14. *Cum operario annuali :* cum mercenario conducto ad certum tempus, de præstituto operi fine : Græc. *cum mercenario domestico, de consummatione* (sive fine operis) : is enim in longum extrahet opus, ex quo sibi lucrum pariat, aut continuandum suadebit.

15. *Timorem :* Græc. *mandatum : Dei.*

17. *Cor boni consilii :* sive ut habet Græc. *consilium cordis statue tibi :* quoad fieri potest, cape consilium ex te ipso. *Pluris illo :* Græc. *fidelior,* quod sequentia firmant.

18. *Anima viri :* suus cuique animus *enuntiat* plus *quàm septem circumspec-*

Et in his omnibus deprecare Altissimum, ut dirigat in veritate viam tuam.

Principium omnis operis verbum : et ante omnem actum, consilium.

Vestigium mutationis cordis. Quatuor partes oriuntur : bonum et malum, vita et mors : et dominatrix assiduè illorum est lingua. Est vir astutus, et multorum eruditor; et animæ propriæ inutilis est.

Est qui sapientiam ostentat in sermonibus odibilis : hic omni alimento defraudabitur.

Non est enim data illi à Domino gratia; omni enim sapientiâ defraudatus est.

Est sapiens animæ suæ : et fructus sensûs illius in ore fideles.

Vir sapiens plebem suam eru-

19. Et in his omnibus deprecare Altissimum, ut dirigat in veritate viam tuam.

20. Ante omnia opera verbum verax præcedat te : et ante omnem actum consilium stabile.

21. Verbum nequam immutabit cor : ex quo partes quatuor oriuntur, bonum et malum, vita et mors : et dominatrix illorum est assidua lingua. Est vir astutus multorum eruditor, et animæ suæ inutilis est.

22. Vir peritus multos erudivit, et animæ suæ suavis est.

23. Qui sophisticè loquitur, odibilis est : in omni re defraudabitur :

24. Non est illi data à Domino gratia : omni enim sapientiâ defraudatus est.

25. Est sapiens animæ suæ sapiens : et fructus sensûs illius laudabilis.

26. Vir sapiens plebem suam eru-

*tores :* Vulgata meritò addit, *sancti :* optimus enim eris tibi consiliarius, si sanctus sis, et vigili adversùs cupiditates animo.

19. *Et in his omnibus :* cùm omnia ex his præceptis prudenter institueris, adhuc *deprecare Altissimum.*

20. *Ante omnia opera :* planus sensus, ut antequàm quidquam agas, vera monearis. At. Græc. *initium operis verbum*, seu potiùs ratio; eò quòd necesse sit tractare et cogitare antequàm agas.

21. *Verbum nequam* (ab aliis prolatum alicui) *immutabit cor* illius : hinc enim ingeneratur ejus animo suspicio : ex quâ *in partes quatuor* sese dividit animus, atque incipit dubitare in quovis negotio, an sit *bonum malumve,* seu commodum an noxium : peccatum an rectè factum, sive usitatâ phrasi, *vita et mors :* his enim quatuor vita humana vertitur. At Græc *vestigium mutationis cordis :* sive hæc sunt quibus perspicere possis animum cujusque immutatum; si intellexeris ex aliquo negotio aliquid cuique noxium aut commodum, rectè aut malè factum secuturum. *Et dominatrix illorum :* his rebus imperat sermo assiduus, ut facilè conjectare possis quò cujusque animus inclinaturus sit, si attenderis quibuscum assiduè colloquatur : hinc enim vel maximè afficitur animus.

23. *Qui sophisticè loquitur :* qui argutè, non candidè : meliùs ex Græc. *qui sapientem se facit, sapientiam ostentat. Omni re :* Græc. *alimento : defraudabitur :* carebit, privabitur; cujus rei causa est id quod sequitur : nempè quòd invisus, et omnia callidè machinari visus, sibi relinquatur.

25. *Est sapiens animæ suæ,* sibi ipsi utilis, non ut ille multa monens alios, *animæ suæ inutilis :* de quo agitur vers. 21.

dit : et fructus sensûs illius fideles sunt.

27. Vir sapiens implebitur benedictionibus, et videntes illum laudabunt.

28. Vita viri in numero dierum : dies autem Israel innumerabiles sunt.

29. Sapiens in populo hæreditabit honorem, et nomen illius erit vivens in æternum.

30. Fili, in vitâ tuâ tenta animam tuam : et si fuerit nequam, non des illi potestatem :

31. Non enim omnia omnibus expediunt, et non omni animæ omne genus placet.

32. Noli avidus esse in omni epulatione : et non te effundas super omnem escam :

33. In multis enim escis erit infirmitas, et aviditas appropinquabit usque ad choleram.

34. Propter crapulam multi obierunt : qui autem abstinens est, adjiciet vitam.

diet : et fructus sensûs illius fideles sunt.

Vir sapiens implebitur benedictione : et beatificabunt illum omnes qui vident.

Vita viri in numero dierum : dies autem Israel innumerabiles sunt.

Sapiens in populo suo hæreditabit fidem : et nomen ejus vivet in æternum.

Fili, in vitâ tuâ tenta animam tuam : et vide quid malum ei, et non des ei :

Non enim omnia omnibus expediunt : et non omni animæ omnia placent.

Noli esse insatiabilis in omnibus deliciis : et non te effundas super epulas.

In multis enim escis erit labor : et insatiabilitas appropinquabit usque ad choleram.

Propter edacitatem multi obierunt : qui autem attendit, adjiciet vitam.

28. *Vita viri :* ne te ipsum respexeris tam brevis ævi futurum, sed rempublicam, quæ est immortalis; apud quam *nomen tuum in æternum vivet*, vers. 29.

30. *Tenta animam tuam :* quod est, nosce teipsum : *et si fuerit nequam;* si in malum propendere videris, ne permitte eam sibi.

32. *Usque ad choleram :* torsiones ex bile et cholerâ ortas. Allegoricè : ut nimiis epulis, ita à nimiis voluptatibus abstinendum.

## CAPUT XXXVIII.

De medicis ac medicinâ : eâque occasione de morbis et morte, ad 25; pro ægro oret medicus, 14; mortui ut lugendi, 16 et seqq.; et quid in funeribus cogitandum, 23, 24. Sapientia postulat otium, 25; quâ occasione de artium occupationibus ac primùm de agriculturâ, et aliis, 26, ad finem : dùm laborant, Deum legemque recogitent, 39.

VERSIO VULGATA.

1. Honora medicum propter necessitatem : etenim illum creavit Altissimus.

SIXTINA VERSIO.

Honora medicum ad necessitates, honoribus illius : nam et illum creavit Dominus.

1. *Honora medicum :* quod etiam complectitur mercedem honorariam, ejus arti

## CAPUT XXXVIII.

Ab Altissimo enim est medela; et à rege accipiet donationem.

Scientia medici exaltabit caput illius; et in conspectu magnatorum suspicietur.

Dominus creavit de terrâ medicamenta : et vir prudens non abhorrebit illa.

Nonne à ligno indulcata est aqua :

Ut cognosceretur virtus illius ? et ipse dedit hominibus scientiam, ut glorificaretur in mirabilibus suis.

In his curavit, et abstulit dolorem ejus. Unguentarius in his faciet misturam : et non consummabit opera sua :

Et pax ab illo est super faciem terræ.

Fili, in infirmitate tuâ non despicias; sed ora Dominum, et ipse curabit te.

Amove delictum, et dirige manus, et ab omni peccato munda cor.

Da suavitatem odoris, et me-

2. A Deo est enim omnis medela, et à rege accipiet donationem.

3. Disciplina medici exaltabit caput illius, et in conspectu magnatorum collaudabitur.

4. Altissimus creavit de terrâ medicamenta : et vir prudens non abhorrebit illa.

5. Nonne à ligno indulcata est aqua amara?

6. Ad agnitionem hominum virtus illorum, et dedit hominibus scientiam Altissimus, honorari in mirabilibus suis.

7. In his curans mitigabit dolorem, et unguentarius faciet pigmenta suavitatis, et unctiones conficiet sanitatis : et non consummabuntur opera ejus.

8. Pax enim Dei super faciem terræ.

9. Fili, in tuâ infirmitate ne despicias te ipsum, sed ora Dominum, et ipse curabit te.

10. Averte à delicto, et dirige manus : et ab omni delicto munda cor tuum.

11. Da suavitatem et memoriam si-

curæque debitam; quo sensu dicitur: *Honora Dominum de tuâ substantiâ*, Prov., III, 9; atque etiam : *Honora patrem et matrem*, Matth., XV, 4, 5, 6.

5. *Nonne à ligno :* quod est documento inditas virtutes arboribus, sive naturâ, sive supra naturam.

6. *Virtus illorum :* medicamentorum de quibus vers. 4. Græc. *illius :* ligni, de quo vers. 5.

7. *Pigmenta :* Græc. *misturam, et non consummabuntur :* nullum finem habebunt *opera ejus :* tot genera condimentorum pigmentorumque sunt : Græc. *non consummabit :* supple, *unguentarius,* non ad perfectum deducet, et tamen exindè.

8. *Pax Dei,* favor, benevolentia : ex quâ plantæ salubres : Græc. *pax ab illo :* scilicet unguentario, et grande adjumentum vitæ humanæ. Quidam hos versus sic jungunt : *Non consummabit :* non cessabit unguentarius, donec ab illo pax, seu valetudo tibi sit.

9. *Ora Dominum :* nec sis ut Amasias qui confisus est in arte medicorum, et non in Domino. Sic docet *Ecclesiasticus* declinare extrema; neque contemnere, neque pluris quàm oporteat, facere artem medicam.

10. *Dirige manus,* opera tua fac recta. Docet undè esse debeat initium procurandi morbi, nempè à procurando peccato : quò etiam pertinet sequens.

11. *Da suavitatem :* da sacrificium boni odoris : *memoriam :* memoriale : *simi-*

milaginis, et impingua oblationem : et da locum medico :

12. Etenim illum Dominus creavit : et non discedat à te, quia opera ejus sunt necessaria.

13. Est enim tempus, quandò in manus illorum incurras :

14. Ipsi verò Dominum deprecabuntur, ut dirigat requiem eorum et sanitatem, propter conversationem illorum.

15. Qui delinquit in conspectu ejus qui fecit eum, incidet in manus medici.

16. Fili, in mortuum produc lacrymas, et quasi dira passus, incipe plorare : et secundùm judicium contege corpus illius, et non despicias sepulturam illius.

17. Propter delaturam autem amarè fer luctum illius uno die : et consolare propter tristitiam :

18. Et fac luctum secundùm meritum ejus, uno die, vel duobus, propter detractionem.

19. A tristitiâ enim festinat mors, et cooperit virtutem, et tristitia cordis flectit cervicem.

20. In abductione permanet tristi-

moriale similaginis, et impingua oblationem : quasi non sis. Et da locum medic o:

Nam et illum Dominus creavit : et non discedat à te; nam et ipso opus est.

Est tempus, cùm et in manibus eorum suavitas odoris.

Nam et ipsi Dominum deprecabuntur, ut dirigat ipsis requiem et sanationem, propter restituendam valetudinem.

Qui peccat contra eum qui fecit eum, incidat in manus medici.

Fili, super mortuum deduc lacrymas : et quasi dira passus, incipe ploratum : et secundùm judicium ejus contege corpus illius ; et non despicias sepulturam illius.

Amarum fac ploratum : et calefac planctum;

Et fac luctum secundùm dignitatem ejus, uno die, vel duobus, propter detractionem : et admitte consolationem propter tristitiam.

Ex tristitiâ enim provenit mors : et tristitia cordis flectet virtutem.

In abductione transit et tristi-

*laginis :* in sacrificio adhiberi solitæ : *impingua oblationem :* Græc. addit : *quasi non sis;* quasi in extremo vitæ, ac statim moriturus, nisi Deum placaveris.

13. *In manus illorum incurras :* ideò non contemnendus à sanis, ut fit : Græcus hic et Latinus vers. seq. docent medicum, ut ipse quoque pro ægris deprecetur, ac victimam boni odoris offerat; sic enim remedia meliùs successura.

16. *Secundùm judicium* ejus : Græc. *secundùm dignitatem*, ut vers. 18; alii : *pro more.*

17. *Propter delaturam :* cùm effertur corpus.

18. *Propter detractionem :* ne quis tibi detrahat, aut dicat parcè à te celebratum solemnem luctum : et tamen *consolare :* passivè : Funde consolabiles lacrymas.

19. *A tristitiâ :* subaudi, cave tamen nimis lugeas : eò quòd *à tristitiâ,* etc.; *cooperit virtutem :* velut fluctu obruit, ac demergit omnem animi vim. *Flectit cervicem :* sub hoc velut pondere incurvatam.

20. *In abductione :* abducto cadavere et sepulto, *permanet tristitia :* hactenùs

## CAPUT XXXVIII.

tia : et vita pauperis secundùm corda.

Ne dederis in tristitiam cor tuum : repelle eam, memor novissimorum,

Et noli oblivisci : non est enim reditus : et huic non proderis, et teipsum pessimabis.

Memento judicii ejus; quoniam sic, ut etiam tuum : mihi heri, et tibi hodie.

In requie mortui quiescere fac memoriam ejus; et consolationem accipe in eo, in exitu spiritûs illius.

Sapientia scribæ in opportunitate otii : et qui minoratur actu suo, sapientiam percipiet.

Quomodò sapientiâ replebitur qui tenet aratrum, et gloriatur in hastâ stimuli, boves agitat, et conversatur in operibus eorum, et enarratio ejus in filiis taurorum?

tia : et substantia inopis secundùm cor ejus.

21. Ne dederis in tristitiâ cor tuum, sed repelle eam à te : et memento novissimorum,

22. Noli oblivisci : neque enim est conversio, et huic nihil proderis, et teipsum pessimabis.

23. Memor esto judicii mei : sic enim erit et tuum : mihi heri, et tibi hodie.

24. In requie mortui requiescere fac memoriam ejus, et consolare illum in exitu spiritûs sui.

25. Sapientia scribæ in tempore vacuitatis : et qui minoratur actu, sapientiam percipiet. Quâ sapientiâ replebitur

26. Qui tenet aratrum, et qui gloriatur in jaculo, stimulo boves agitat, et conversatur in operibus eorum, et enarratio ejus in filiis taurorum?

---

permanet : παραμένει. Nunc Græc. habet : παραβαίνει, *transit*, clariore sensu : *transit* (paulatim), *tristitia : et substantia ;* Græc. *vita inopis secundùm cor ejus :* luctu levato, vita fit lætior. Alii aliter legunt et vertunt, obscurissimo sensu.

21. *Memento novissimorum :* in aliorum funere mortem tuam cogita : hoc utile : non autem ut te luctu conficias. Alii : *Memento mortis quam lugendo accersas :* ex antecedentibus.

22. *Noli oblivisci* quæ moneo de moderando luctu : *neque enim est conversio :* sive reversio mortuorum, quantùmvis lugeas.

23. *Memor esto :* quasi nomine mortui : *judicii mei :* legis quam subii.

24. *In requie mortui requiescere*, seu cessare, *fac memoriam ejus :* tolle luctum indefessum ex nimiâ recordatione : *consolare illum :* quasi diceret : Adhibe solatia ægro quandiù vivit : mortuum ne plus æquo lugeas. At Græc. *consolationem accipe in exitu spiritûs ejus :* ne te nimio luctu conficias.

25. *Sapientia scribæ* (doctoris) *in tempore* (Græc. *in opportunitate*) *vacuitatis :* otii : otium ac secessus conquirendæ sapientiæ necessaria : undè Marthæ sollicitudo increpatur, Mariæ beatissima ad pedes Domini laudatur quies. *Et qui minoratur actu :* qui ab actione turbulentâ ac negotiis cessat, *sapientiam percipiet : quâ sapientiâ replebitur?* per interrogationem, aut, ut habet Græc. *Quomodò sapientiâ replebitur?*

26. *Qui tenet aratrum :* qui totus in bobus est, nihil aliud aut cogitat, aut loquitur, vel aliis addictus est artibus quas enumerat à vers. 26 ad 35. *Qui gloriatur in jaculo :* stimulo ad boves agitandos : *conversatur*, versatur, *in operibus eorum;* is ergo quomodò sapientiæ attendat?

27. Cor suum dabit ad versandos sulcos, et vigilia ejus in saginâ vaccarum.

28. Sic omnis faber et architectus, qui noctem tanquam diem transigit : qui sculpit signacula sculptilia, et assiduitas ejus variat picturam : cor suum dabit in similitudinem picturæ, et vigiliâ suâ perficiet opus.

29. Sic faber ferrarius sedens juxta incudem, et considerans opus ferri. Vapor ignis uret carnes ejus, et in calore fornacis concertatur :

30. Vox mallei innovat aurem ejus, et contra similitudinem vasis oculus ejus :

31. Cor suum dabit in consummationem operum, et vigilia sua ornabit in perfectionem.

32. Sic figulus sedens ad opus suum, convertens pedibus suis rotam, qui in sollicitudine positus est semper propter opus suum, et in numero est omnis operatio ejus.

33. In brachio suo formabit lutum : et ante pedes suos curvabit virtutem suam.

34. Cor suum dabit ut consummet linitionem; et vigiliâ suâ mundabit fornacem.

Cor suum dabit ad versandos sulcos, et vigilia ejus in saginâ vaccarum.

Sic omnis faber, et architectus, qui noctem tanquam diem transigit : qui sculpunt sculpturas signaculorum, et assiduitas ejus immutare varietatem ? Cor suum dabit ad assimilandam picturam : et vigilia ejus, perficere opus.

Sic faber ferrarius sedens juxta incudem, et addiscens pigro ferro. Vapor ignis durabit carnes ejus, et in calore fornacis concertabit.

Vox mallei innovabit aurem ejus : et contra similitudinem vasis oculi ejus.

Cor suum dabit in consummationem operum : et vigilia ejus, ornare in perfectionem.

Sic figulus sedens ad opus suum, et convertens pedibus suis rotam, qui in sollicitudine positus est semper in opus suum ; et in numero omnis operatio ejus.

In brachio suo formabit lutum : et ante pedes curvabit virtutem suam.

Cor suum dabit ut consummet linitionem; et vigilia ejus, mundare fornacem.

---

28. *Sic omnis faber.* Jam transit ad fabros, aliaque opera, in quibus omnis artifex *noctem tanquam diem* (laborando) *transigit;* atque adeò nullum colendæ sapientiæ relinquit locum. *Qui sculpit signacula sculptilia* : sigillorum cælaturas. *Assiduitas ejus variat; cor suum dabit ad similitudinem.* Duo enumerat quibus maximè sculptorum pictorumque constat industria : alterum, varietas operis; alterum, exacta ad naturam rerum expressio : vide autem quàm hæc totum occupent animum : *assiduitas ejus..... cor suum dabit.*

29. *Considerans opus ferri :* artem exercens in rudi ferro : ἀργῷ, nondùm facto. Alii vertunt : *pigro,* duro, nec ductili aut sequace, emollitu difficili. *Concertatur :* Græc. *concertabit :* laborabit : vel igne adhibito, ferri rigorem tanquam certando vincet.

30. *Vox mallei innovat aurem ejus :* assiduo pulsu iterata et innovata, aurem percutit. *Contra similitudinem :* attentus exemplari vasis quod fabricat. *Ornabit in perfectionem :* opus perpoliet, et ad summum artis adducet.

32. *In numero :* in quodam numeroso motu.

Omnes in manibus suis speraverunt : et unusquisque in arte suâ sapiens est.

Sine ipsis non ædificabitur civitas :

Nec inhabitabunt, nec inambulabunt : et in ecclesiâ non transilient;

Super sellam judicis non sedebunt, et testamentum judicii non intelligent : neque palàm facient justitiam et judicium : et in parabolis non invenientur.

Sed creaturam ævi confirmabunt : et deprecatio eorum in operatione artis, tantummodò accommodantis animam suam, et conquirentis in lege Altissimi.

35. Omnes hi in manibus suis speraverunt : et unusquisque in arte suâ sapiens est :

36. Sine his omnibus non ædificatur civitas.

37. Et non inhabitabunt, nec inambulabunt, et in ecclesiam non transilient.

38. Super sellam judicis non sedebunt, et testamentum judicii non intelligent : neque palàm facient disciplinam et judicium, et in parabolis non invenientur :

39. Sed creaturam ævi confirmabunt : et deprecatio illorum in operatione artis, accommodantes animam suam, et conquirentes in lege Altissimi.

35. 36. *Omnes hi... unusquisque : sapiens est..., sine his ;* quasi diceret : Hæc quidem opera suam habent sapientiam, humanæ societati necessariam, infimi tamen ordinis, non rerum gubernaculis natam, vers. 37 et seqq., neque comparandam veræ sapientiæ, de quâ cap. seq.

37. *Et non inhabitabunt :* orationem sic construe : Sine his artibus non ædificatur civitas, ut vers. præcedenti : *et non inhabitabunt, nec inambulabunt* homines in eâ, civitate scilicet : urbes desertæ erunt, atque inhabitabiles : et tamen illi artifices quorum tanta præstantia est, *in ecclesiam*, in legitimos cœtus, *non transilient :* non ad eos vocabuntur, neque ulli parti reipublicæ præerunt, ut exprimit seq.

38. *Testamentum judicii :* leges judiciorum : *et in parabolis*, arcanisque sententiis conquirendis *non invenientur ;* neque in his adhibebunt operam.

39. *Sed creaturam ævi :* res mortales, ac brevi tempore duraturas stabilient ; *confirmabunt : et deprecatio :* neque altiùs eorum vota pertingent, quàm ut suæ artis opera præclarè exequantur. Alii, *interim tamen non sunt alieni à Deo*, quem *inter operandum invocant. Accommodantes :* legi et ipsi auscultantes : at Græc. πλὴν τοῦ ἐπιδόντες, *præter eum*, longè ab eo qui se totum dedit intelligendæ legi ; quæ vera et homine digna sapientia est : de quâ seq. cap., uti prædictum est.

## CAPUT XXXIX.

Sapiens antiquorum gesta dictaque inquirit, 1, 2, 3; in publicis cœtibus clarescet, 4; alienas gentes peragrat, discendi et experiendi gratiâ, 5; manè vigilat orationis causâ, 6, 7; hinc sapientia, 8; auctor instinctu divino actus, 16, 17; glorificandus Deus, 20; cui nihil mirabile, 25; opera ejus perfecta, 26; bona quoque malis malè vertunt, 31; ultores spiritus, 32; creaturæ omnes ultrices scelerum, 35, 36; omnia bona præstat Dominus, sed tempore suo, 39, 40; ideò laudandus, 41.

| SIXTINA VERSIO. | VERSIO VULGATA. |
|---|---|
| Sapientiam omnium antiquo- | 1. Sapientiam omnium antiquo- |

rum exquiret sapiens, et in prophetis vacabit.

2. Narrationem virorum nominatorum conservabit : et in versutias parabolarum simul introibit.

3. Occulta proverbiorum exquiret, et in absconditis parabolarum conversabitur.

4. In medio magnatorum ministrabit, et in conspectu præsidis apparebit.

5. In terram alienigenarum gentium pertransiet : bona enim et mala in hominibus tentabit.

6. Cor suum tradet ad vigilandum diluculo ad Dominum, qui fecit illum : et in conspectu Altissimi deprecabitur.

7. Aperiet os suum in oratione, et pro delictis suis deprecabitur.

8. Si enim Dominus magnus voluerit, spiritu intelligentiæ replebit illum :

9. Et ipse tanquam imbres mittet eloquia sapientiæ suæ, et in oratione confitebitur Domino :

10. Et ipse diriget consilium ejus et disciplinam, et in absconditis suis consiliabitur.

11. Ipse palàm faciet disciplinam doctrinæ suæ, et in lege testamenti Domini gloriabitur.

12. Collaudabunt multi sapientiam ejus, et usque in sæculum non delebitur.

13. Non recedet memoria ejus, et nomen ejus requiretur à generatione in generationem.

14. Sapientiam ejus enarrabunt gentes, et laudem ejus enuntiabit ecclesia.

rum exquiret sapiens, et in prophetiis vacabit.

Narrationes virorum nominatorum conservabit; et in versutias parabolarum simul introibit.

Occulta proverbiorum exquiret; et in ænigmatibus parabolarum conversabitur.

In medio magnatorum ministrabit; et in conspectu præsidis apparebit.

In terram alienigenarum gentium pertransiet : bona enim et mala in hominibus tentavit.

Cor suum tradet ad vigilandum diluculo ad Dominum, qui fecit illum; et in conspectu Altissimi deprecabitur.

Et aperiet os suum in oratione : et pro delictis suis deprecabitur.

Si Dominus magnus voluerit, spiritu intelligentiæ replebitur.

Ipse tanquam imbres emittet verba sapientiæ suæ; et in oratione confitebitur Domino.

Ipse dirigit consilium ejus et scientiam, et in absconditis ejus meditabitur.

Ipse palàm faciet disciplinam doctrinæ suæ, et in lege testamenti Domini gloriabitur.

Collaudabunt multi intelligentiam ejus : usque in sæculum non delebitur.

Non recedet memoria ejus ; et nomen ejus vivet in generationes generationum.

Sapientiam ejus enarrabunt gentes ; et laudem ejus enuntiabit ecclesia.

2. *Narrationem..... versutias parabolarum* : contrà ac de fabris dixerat, supra, 38.

4. *In medio* : judicibus assessor dabitur.

10. *Consiliabitur* : indè rerum agendarum consilia sumet : secundùm illud *Psalmi* CXVIII, 24 : *Consilium meum justificationes tuæ.*

## CAPUT XXXIX.

Si permanserit, nomen derelinquet plusquàm mille : et si requieverit, acquirit sibi.

Adhuc meditatus enarrabo : et tanquam plenilunium repletus sum.

Exaudite me, filii sancti, et germinate, quasi rosa plantata super rivum agri.

Et quasi thus odorem suavitatis emittite :

Et florete florem, quasi lilium : diffundite odorem, et collaudate canticum. Benedicite Dominum in omnibus operibus :

Date nomini ejus magnificencentiam : et confitemini in laudatione ejus, in canticis labiorum, et in citharis. Et sic dicetis in confessione :

Opera Domini universa quia bona valdè : et omne præceptum in tempore suo erit; omnia enim in tempore suo quærentur.

In verbo ejus stetit aqua, sicut

15. Si permanserit, nomen derelinquet plusquàm mille : et si requieverit, proderit illi.

16. Adhuc consiliabor, ut enarrem : ut furore enim repletus sum.

17. In voce dicit : Obaudite me, divini fructus, et quasi rosa plantata super rivos aquarum, fructificate.

18. Quasi Libanus odorem suavitatis habete.

19. Florete flores, quasi lilium, et date odorem, et frondete in gratiam, et collaudate canticum, et benedicite Dominum in operibus suis.

20. Date nomini ejus magnificentiam : et confitemini illi in voce labiorum vestrorum, et in canticis labiorum, et citharis. Et sic dicetis in confessione :

21. Opera Domini universa bona valdè.

22. In verbo ejus stetit aqua sicut

---

15. *Si permanserit :* si vità diutinà perfruatur, nomen inclytum relinquet supra mille sapientes. *Et si requieverit :* si interierit : sibi ipsi laboraverit, et æterna præmia conquisiverit.

16. *Adhuc consiliabor :* non hic hærebo : exaggerabo sermones, ad sapientum gloriam commendandam. *Ut furore* Domini, atque instinctu illo grandi ac prophetico *repletus sum :* Græc. *quasi plenilunium repletus sum :* plenà luce fulgeo : διχομηνα : *dimidiatus mensis*, sive bifariam sectus, hoc est plenilunium.

17. *In voce dicit :* arcanà illà voce quà Dominus solet in cordibus loqui, passim apud prophetas : hâc ergo arcanâ voce Deus hæc inspiravit, quibus adhortarer pios. *Obaudite me, divini fructus :* divina germina à Deo pullulantia, sive ut Græc. *filii sancti.*

18. *Quasi Libanus :* sive Græc. *thus.*

19. *Florete flores :* fundite flores; efflorescite ut lilium. *Collaudate canticum :* canticum laudis canite.

20. *In voce labiorum..... in canticis labiorum :* duplex versio seu lectio, ut videtur. *Voce labiorum et citharis :* voce cum instrumentis musicis junctà. Notum illud, *confitemini, laudate :* confessio, laus.

21 *Bona valdè :* addit Græc. *et omne præceptum in tempore suo erit; omnia enim in tempore suo quærentur :* quod ultimum Vulgata habet vers. 26 : vide etiam vers. 39; hoc est, præcepta aptat personis, locis, temporibus, rebus, etiam elementis, ut sequens; quo fonte manarunt veteris novæque legis discrimina.

22. *Exceptoria aquarum :* stante mari Rubro, ac si receptaculis teneretur.

## ECCLESIASTICUS.

congeries : et in sermone oris illius sicut exceptoria aquarum.

23. Quoniam in præcepto ipsius placor fit, et non est minoratio in salute ipsius.

24. Opera omnis carnis coràm illo, et non est quidquam absconditum ab oculis ejus.

25. A sæculo usque in sæculum respicit, et nihil est mirabile in conspectu ejus.

26. Non est dicere : Quid est hoc, aut quid est istud? omnia enim in tempore suo quærentur.

27. Benedictio illius quasi fluvius inundavit :

28. Quomodò cataclysmus aridam inebriavit, sic ira ipsius gentes, quæ non exquisierunt eum, hæreditabit.

29. Quomodò convertit aquas in siccitatem, et siccata est terra : et viæ illius viis illorum directæ sunt : sic peccatoribus offensiones in irâ ejus.

30. Bona bonis creata sunt ab initio : sic nequissimis bona et mala.

31. Initium necessariæ rei vitæ ho-

congeries ; et in sermone oris illius, exceptoria aquarum.

In præcepto ipsius omne beneplacitum : et non est qui minuat salutare illius.

Opera omnis carnis coràm illo : et non est abscondi ab oculis ejus.

A sæculo in sæculum respexit : et nihil est admirabile in conspectu illius.

Non est dicere : Quid est hoc ? ad quid hoc? omnia enim ad usus ipsorum creata sunt.

Benedictio illius quasi fluvius inundavit :

Et quomodò cataclysmus aridam inebriavit : sic iram suam gentes hæreditare faciet,

Sicut convertit aquas in salsuginem. Viæ illius sanctis directæ : sic iniquis offensiones.

Bona bonis creata sunt ab initio : sic peccatoribus mala.

Principium omnis rei necessa-

---

23. *Placor :* placentia : lætum quid, ut supràa, IV, 13. Græc. *omne beneplacitum,* omnis causa lætandi. *Non est minoratio ,* diminutio *in salute ipsius :* quæ per ipsum ; vim ejus salutarem nihil imminuit.

25. *Nihil est mirabile.* Nota præclaram sententiam : quoniam et antecedentia et præsentia et futura mente complexus, nihil novi intuetur; ad hæc nihil quod ejus majestate ac potestate non sit inferius.

26. *Quid est hoc? quid est istud?* Græc. *ad quid istud ? omnia enim tempore suo quærentur :* requirentur : necessaria esse comperientur : Græc. *omnia ad usus suos creata.*

28. *Cataclysmus :* inundatio : sic intelligi potest : sicut diluvium sub Noe terram inundavit : *sic ira ejus hæreditabit :* activè : hæreditare, sortiri faciet.

29. *Aquas in siccitatem :* terra exsucca et arida ad immittendam famem : Græc. *in salsuginem :* ut habes *Psalm.* CVI, 34. *Terram fructiferam in salsuginem :* in sterilitatem, agris, velut sale conspersis; sic impii, steriles, nullâ gratiâ, nullo fructu. *Viæ illius viis illorum :* Græc. planior : *Viæ illius* (Dei scilicet) *sanctis directæ* (planæ, faciles) : *sic iniquis offensiones.*

30. *Bona bonis : bona et mala :* bona pura bonis *creata* comparataque *sunt ab initio* in paradiso voluptatis : *et nequissimis :* Græc. *peccatoribus,* quanquam mala pura commeritis, tamen ex benignitate per hanc vitam præparavit Deus *mala et bona,* vitamque quæ malorum ac bonorum temperamento constat. Vide 32, et Græc.

31. *Necessariæ rei :* vide frugalitatem et simplicitatem. *Ferrum :* ad aratra, ad malleos.

riæ ad vitam hominis, aqua, ignis, et ferrum, et sal, et siligo tritici, et mel, et lac, sanguis uvæ, et oleum, et vestimentum.

Hæc omnia sanctis in bona : sic peccatoribus in mala convertentur.

Sunt spiritus qui ad vindictam creati sunt, et in furore suo confirmaverunt flagella sua :

Et in tempore consummationis effundent virtutem : et furorem ejus, qui fecit illos, sedabunt.

Ignis, et grando, et fames, et mors, omnia hæc ad vindictam creata sunt :

Bestiarum dentes, et scorpii, et viperæ, et rhomphæa vindicans in exterminium impios.

In mandato lætabuntur; et super terram in necessitates præparabuntur : et in temporibus suis non præterient verbum.

Proptereà ab initio confirmatus sum, et meditatus sum, et in scripturâ reliqui.

minum, aqua, ignis, et ferrum, sal, lac, et panis similagineus, et mel, et botrus uvæ, et oleum, et vestimentum.

32. Hæc omnia sanctis in bona : sic et impiis et peccatoribus in mala convertentur.

33. Sunt spiritus, qui ad vindictam creati sunt, et in furore suo confirmaverunt tormenta sua :

34. In tempore consummationis effundent virtutem : et furorem ejus, qui fecit illos, placabunt.

35. Ignis, grando, fames, et mors, omnia hæc ad vindictam creata sunt :

36. Bestiarum dentes, et scorpii, et serpentes, et rhomphæa vindicans in exterminium impios.

37. In mandatis ejus epulabuntur: et super terram in necessitatem præparabuntur : et in temporibus suis non præterient verbum.

38. Proptereà ab initio confirmatus sum, et consiliatus sum, et cogitavi, et scripta dimisi.

33. *Qui ad vindictam creati sunt :* ex eventu, posteaquàm à Deo defecerunt, ad id ordinati, ut divinam vindictam et ipsi exciperent, et in alios exercerent. *In furore suo :* in irâ quâ adversùs hominum genus exardescunt, ut patebit sequente vers. *Confirmaverunt tormenta,* flagella *sua,* à se incussa, gravem in ictibus firmabunt manum : hos ergo commemorat, ut doceat quorum ope, ex vers. præcedente, omnia etiam per se bona, tamen malis malo vertant.

34. *In tempore consummationis :* interitûs, internecionis, sive in novissimis diebus ; *effundent virtutem :* vim illam pestiferam : *et furorem ejus, qui fecit illos, placabunt :* exsatiabunt digno supplicio : meliùs, tantas edent strages, ut Deum inflectant ad misericordiam et veniam. Cave autem intelligas immundos spiritus, ac sempiterno supplicio destinatos, tandem placaturos Deum; quod sensit Origenes, sed fermè unus, et ab universâ Ecclesiâ reprobatus.

35. *Ignis, grando, fames.* Præter ea, quæ cùm bona sint, malis malo vertunt, sunt quædam per se noxia in ultionem comparata.

36. *Rhomphæa :* gladius anceps versatilis.

37. *In mandatis ejus epulabuntur :* Græc. *lætitiâ efferentur,* creaturæ illæ ultrices : alludit ad *Psalm.* CXLVIII, 8 *: Ignis, grando, nix, glacies... quæ faciunt verbum ejus.* Quo etiam sensu dictum est : *Vocavit Dominus famem.* IV Reg. VIII, I. *In necessitatem præparabuntur :* in necessariam ultionem.

38. *Confirmatus sum :* in timore Dei : *et consiliatus sum :* Græc. *meditatus sum ;* cogitavi tristes exitus impiorum : *et* (hæc) *scripta dimisi,* scripto mandavi : horum autem summa est, id quod sequitur :

39. Omnia opera Domini bona : et omne opus horâ suâ subministrabit.

Omnia opera Domini bona : et omnem usum in tempore ejus subministrabunt.

40. Non est dicere : Hoc illo nequius est : omnia enim in tempore suo comprobabuntur.

Et non est dicere : Hoc illo nequius est : omnia enim in tempore comprobabuntur.

41. Et nunc in omni corde et ore collaudate, et benedicite nomen Domini.

Et nunc in omni corde et ore collaudate, et benedicite nomen Domini.

39. *Omne opus horâ suâ :* tempore suo.
40. *Non est dicere : Hoc illo nequius est :* apta enim sunt omnia, et suis constituta finibus, atque ex horum nexu par existit decor : undè vera ratio laudandi Deum.

## CAPUT XL.

Jugum grave super filios Adam, à vers. 1 ad 12; mors inevitabilis, 12; impiorum inanes divitiæ, 13; liberalitas, 14, 17; vita sibi sufficiens, 18; quid cui anteponendum, 19, ad 27; timor Domini omnibus antecellit, 26 et seqq.; ne mendices, 29 ad finem.

### VERSIO VULGATA.

1. Occupatio magna creata est omnibus hominibus, et jugum grave super filios Adam, à die exitûs de ventre matris eorum, usque in diem sepulturæ, in matrem omnium.

2. Cogitationes eorum, et timores cordis, adinventio expectationis, et dies finitionis :

3. A residente super sedem gloriosam, usque ad humiliatum in terrâ et cinere :

### SIXTINA VERSIO.

Occupatio magna creata est omni homini, et jugum grave super filios Adam, à die exitûs de ventre matris eorum, usque in diem in sepulturâ in matrem omnium.

Cogitationes eorum, et timorem cordis, consideratio expectationis, dies finitionis.

A residente super thronum in gloriâ, et usque ad humiliatum in terrâ et cinere :

1. *Occupatio magna :* afflictio. *Grave jugum :* de quo jugo, sive onere miseris mortalibus imposito, hæc ponit : primum, quòd incubet per totam vitam à natali ad sepulturam, vers. 1; secundum, quòd sit repositum in curis, timoribus, vanis spebus, reliquis animi perturbationibus, vers. 2, 4, 5 et seqq., atque innumeris calamitatibus, vers. 9, 10; tertium, quòd æquè omnes premat, summos, infimos, medios, cujuscumque statûs homines, vers. 3 et seqq.; quâ de re præclarè Aug. *Contra Jul.*, VI, 10, n. 31, in fine : « Parvulos intuere quot et quanta mala patiantur; in quibus vanitatibus, cruciatibus, erroribus, terroribus crescant; deindè jam grandes etiam Deo servientes tentat error, ut decipiat; tentat dolor aut labor, ut frangat; tentat mœror, ut sternat; tentat typhus (superbia) ut extollat : et quis explicet omnia festinanter, quibus gravatur jugum super filios Adam ? quod jugum non fuisset, nisi delicti originalis meritum præcessisset. »

2. *Cogitationes.* Quatuor hæc commemorat, quæ hominum genus maximè exagitent, curæ, metus, fallaces spes, postque labores tantos, mors. *Adinventio expectationis :* Græc. *cogitatio expectationis :* spei ludibria, quæ vel maximè homines distendunt et excruciant, quibus addendum id quod sequitur vers. 4.

# CAPUT XL.

Ab eo qui portat hyacinthum, et coronam, et usque ad eum qui operitur lino crudo, furor, et zelus, et tumultus, et fluctuatio, et timor mortis, et iracundia perseverans, et contentio :

Et in tempore refectionis in cubili somnus noctis, immutat cognitionem ejus.

Modicum tanquam nihil in requie, et ab eo in somnis, quasi in die speculæ.

Conturbatus est in visu cordis sui tanquam qui evasit à facie belli : in tempore salutis suæ exsurrexit, et admirans ad nullum terrorem.

Cum omni carne ab homine usque ad pecus : et super peccatores septupla.

Ad hæc, mors et sanguis, et contentio et rhomphæa, oppressiones, fames, et contritio, et flagellum.

Super peccatores creata sunt hæc omnia : et propter illos factus est cataclysmus.

Omnia, quæ de terrâ sunt, in terram revertuntur, et ab aquis in mare reflectunt.

Omne munus et iniquitas dele-

4. Ab eo, qui utitur hyacintho, et portat coronam, usque ad eum, qui operitur lino crudo : furor, zelus, tumultus, fluctuatio, et timor mortis, iracundia perseverans, et contentio.

5. Et in tempore refectionis in cubili somnus noctis, immutat scientiam ejus.

6. Modicum tanquam nihil in requie, et ab eo in somnis, quasi in die respectûs

7. Conturbatus est in visu cordis sui, tanquam qui evaserit in die belli. In tempore salutis suæ exsurrexit, et admirans ad nullum timorem :

8. Cum omni carne, ab homine usque ad pecus, et super peccatores septuplum.

9. Ad hæc mors, sanguis, contentio, et rhomphæa, oppressiones, fames, et contritio, et flagella.

10. Super iniquos creata sunt hæc omnia : et propter illos factus est cataclysmus.

11. Omnia quæ de terrâ sunt, in terram convertentur, et omnes aquæ in mare revertentur.

12. Omne munus et iniquitas de-

---

5. *In cubili somnus*, qui nec curæ expers, tot turbida insomnia terrent et exagitant, *immutat scientiam*, cogitationes, *ejus*: nova visa, atque aliam cogitandi et imaginandi rationem inducit.

6. *Modicum tanquam nihil in requie* : somnus initio ad momentum quietus. *Et ab eo*, ex illo, post illud minutum quietis tempus. *Quasi in die respectûs:* Græc. *speculæ*, homo quasi in speculâ vigil collocatus, omnigena visa ac monstra perspicit.

7. *Tanquam qui evaserit* : fugibundus, vix ab hoste securus, cùm omnia in tuto sint ; miraturque experrectus tantoperè exagitatum se, nullâ timendi causâ.

8. *Cum omni carne* : cum omni animante : supple, *hæc sunt.*

9. *Ad hæc mors* : etiam violenta fuso sanguine : *contentio*, bellum : *contritio et flagella*, morbi, ipsa pestis.

10. *Super iniquos* : ergo ab initio hæc non erant : *cataclysmus* : diluvium. Hactenùs de gravi jugo : nunc aliæ sententiæ.

11. *Omnia* : ut omnes aquæ in mare, ita terrena omnia in terram.

12. *Omne munus* : omnis in judiciis corruptela. *Et iniquitas delebitur :* nullo fructu corruet : *fides* autem non ita, et *in sæculum stabit.*

lebitur : et fides in sæculum stabit.

13. Substantiæ injustorum sicut fluvius siccabuntur : et sicut tonitruum magnum in pluviâ personabunt.

14. In aperiendo manus suas, lætabitur : sic prævaricatores in consummatione tabescent.

15. Nepotes impiorum non multiplicabunt ramos : et radices immundæ super cacumen petræ sonant.

16. Super omnem aquam viriditas, et ad oram fluminis ante omne fœnum evelletur.

17. Gratia sicut paradisus in benedictionibus : et misericordia in sæculum permanet.

18. Vita sibi sufficientis operarii condulcabitur : et in eâ invenies thesaurum.

bitur : et fides in sæculum stabit.

Substantiæ injustorum sicut fluvius exsiccabuntur ; et sicut tonitruum magnum in pluviâ personabit :

In aperiendo ipsam manus suas, lætabitur : sic prævaricatores in consummationem deficient.

Nepotes impiorum non multiplicant ramos ; et radices immundæ super duram petram.

Achi super omnem aquam, et oram fluminis, ante omne fœnum evelletur.

Gratia, sicut paradisus, in benedictionibus : et misericordia in sæculum permanet.

Vita sufficientis sibi operarii condulcabitur ; et super utraque, qui invenit thesaurum.

13. *Substantiæ :* res, pecuniæ *injustorum sicut fluvius*, sicut torrens decurrent, *siccabuntur : et sicut tonitruum magnum per pluviam* inani ac nihil profuturo per nubes murmure *personabunt :* in divitum jactantiâ nihil nisi sonitus ac strepitus.

14. Sicut *in aperiendo* inopi *manus suas lætabitur*, prosperè aget (vir bonus) : ita è contrario, *prævaricatores*, etc.

15. *Nepotes impiorum non multiplicabunt ramos*, sicut nec *radices immundæ*, plantæ infrugiferæ, illætabiles, quæ sunt *super cacumen petræ :* seu *super duram petram*, quâ voce terminatur Græc. Vulgatus addit, *sonant*, hoc est, illæ plantæ ventis agitatæ, inanem tantùm sonitum edunt, nullâ stirpe, nullo fructu ; sonant autem, ex vers. seq. ἄχει, pro quod Vulgatus interpres legisse videtur ἤχει, seu potiùs, ἠχοῦσι, sonant.

16. *Super aquam viriditas.* Opponit siccitati plantæ super petram arescentis, virides herbas super aquam crescentes ; iisque virum bonum latenter comparat. Herba autem illa viridis *ad oram fluminis*, *ante omne fœnum* maturescet, atque adeò prima omnium, *evelletur*, secabitur, demetetur : ἄχει, variè legunt et interpretantur ; Grotio Ægyptia vox, significans illa virentia quæ Nilo exundante oriri soleant.

17. *Gratia*, seu collatum beneficium, *sicut paradisus*, sicut hortus irriguus, amœnus ac pomifer.

18. *Vita..... condulcabitur :* quam vitæ laborisque sibi sufficientis dulcedinem sentiebat Paulus, dicens : *Argentum et aurum, aut vestem nullius concupivi...... quoniam ad ea quæ mihi opus erant, et his qui mecum sunt, ministraverunt manus istæ :* quo nihil beatius, dicente Domino : *Beatius est magis dare, quàm accipere.* Act. xx. 33, 35. *Et in eâ invenies thesaurum :* inexhaustam scilicet bonorum copiam, ac beneficentiæ fontem. Græc. non ita commodè : *super utraque est* (super illam sufficientiam, et super illam dulcedinem) *qui invenit thesaurum*, nullo sensu, nisi verum illum thesaurum intelligas, de quo scribitur : *Thesaurus desiderabilis..... in habitaculo justi.* Prov. xxi, 20, et, *Sapientia infinitus thesaurus est hominibus.* Sap. vii, 14.

## CAPUT XL.

Filii et ædificatio civitatis confirmant nomen : et super utraque, mulier immaculata computatur.

Vinum et musica lætificant cor : et super utraque, dilectio sapientiæ.

Tibia et psalterium jucundam faciunt melodiam : et super utraque, lingua suavis.

Gratiam et speciem desiderabit oculus tuus : et super utraque, viriditatem sationis.

Amicus et sodalis in tempore occurrentes : et super utraque, mulier cum viro.

Fratres et adjutorium in tempore tribulationis : et super utraque, eleemosyna liberabit.

Aurum et argentum statuent pedem : et super utraque, consilium beneplacet.

Facultates et fortitudo exaltabunt cor : et super utraque, timor Domini.

Non est timori Domini minoratio : et non est in eo inquirere adjutorium.

Timor Domini sicut paradisus

19. Filii, et ædificatio civitatis confirmabit nomen, et super hæc, mulier immaculata computabitur.

20. Vinum et musica lætificant cor : et super utraque, dilectio sapientiæ.

21. Tibiæ et psalterium suavem faciunt melodiam : et super utraque, lingua suavis.

22. Gratiam et speciem desiderabit oculus tuus, et super hæc, virides sationes.

23. Amicus et sodalis in tempore convenientes : et super utrosque, mulier cum viro.

24. Fratres in adjutorium in tempore tribulationis, et super eos, misericordia liberabit.

25. Aurum et argentum est constitutio pedum : et super utrumque, consilium beneplacitum.

26. Facultates et virtutes exaltant cor, et super hæc, timor Domini.

27. Non est in timore Domini minoratio, et non est in eo inquirere adjutorium.

28. Timor Domini sicut paradisus

---

19. *Filii..... confirmabit nomen :* immortale faciet. *Et super hæc, mulier immaculata :* plus illa honoris viro conciliat castitate ac prudentiâ; sic Manasses Judithâ uxore habetur nobilis ; *Judith*, VIII, 2; sic Ruth Moabitidis gloriâ commendatur Booz : *Ruth*, II, III; illustrat familias fortis illius mulieris virtus : *Surrexerunt* enim *filii ejus, et beatissimam prædicaverunt : vir ejus, et laudavit eam*. Prov., XXXI, 28. Animadverte autem, lector, sequentes versus ad 27. ejusdem figuræ esse.

22. *Gratiam,* venustatem *et speciem* (pulchritudinem); *et super hæc, virides sationes :* revirescunt enim quotannis arbores ; vultûs gratia immedicabiliter deflorescit.

23. *Convenientes :* Græc. *occurrentes :* supple, jucunda res est.

24. *Misericordia,* sive eleemosyna.

25. *Aurum et argentum constitutio pedum;* Græc. *constabilient pedem,* faciunt ut firmo consistas gradu : *super utrumque, consilium beneplacitum est :* Græc. *consilium placet :*

26. *Et virtutes :* Græc. *robur.*

27. *Minoratio :* damnum : *et non est in eo :* quem si habueris, nullum aliud auxilium desideraveris.

benedictionis : et super omnem gloriam operuerunt illum.

29. Fili, in tempore vitæ tuæ ne indigeas : melius est enim mori, quàm indigere.

30. Vir respiciens in mensam alienam, non est vita ejus in cogitatione victûs : alit enim animam suam cibis alienis.

31. Vir autem disciplinatus, et eruditus custodiet se.

32. In ore imprudentis condulcabitur inopia, et in ventre ejus ignis ardebit.

benedictionis : et super omnem gloriam operuerunt illum.

Fili, vitam mendicationis ne vivas : melius est mori, quàm mendicare.

Vir respiciens in mensam alienam, non est vita ejus in computatione vitæ : contaminabit animam suam in cibis alienis.

Vir autem sciens et disciplinatus custodiet se.

In ore impudentis condulcabitur mendicatio, et in ventre ejus ignis ardebit.

28. *Super omnem gloriam :* veste induerunt (homines) super omnem aliam vestem inclytâ.

29. *Fili..... ne indigeas ;* Græc. *vitam mendicitatis* (seu mendici) *ne vixeris. Quàm indigere :* Græc. *mendicare*, propter inertiam, et vagandi necessitatem, atque indè orta flagitia ac dedecora.

30. *Vir respiciens..... non est vita ejus in cogitatione victûs :* Græc. *non est vita ejus in computatione vitæ :* ejusmodi vivendi ratio non est reputanda pro vitâ.

31. *Custodiet se* ab ejusmodi vitâ.

32. *In ore imprudentis,* impudentis, ἀναιδοῦς : *condulcabitur,* dulcis erit inopia : Græc. *mendicatio ;* inverecunda licet ac turpis. *Et in ventre ejus :* sæpè laborabit fame.

# CAPUT XLI.

De morte, ad 8 ; cui amara aut optanda, 1 et seqq. Soboles et nomen quale, 8 ad 15 ; nomini consulendum, plusquàm vitæ, 15 ; bona et mala verecundia, 19, ad finem : de quibus erubescendum, *ibid.*

VERSIO VULGATA.

1. O mors, quàm amara est memoria tua, homini pacem habenti in substantiis suis ;

2. Viro quieto, et cujus viæ directæ sunt in omnibus, et adhuc valenti accipere cibum !

3. O mors, bonum est judicium tuum homini indigenti, et qui minoratur viribus,

4. Defecto ætate, et cui de omni-

SIXTINA VERSIO.

O mors, quàm amara est memoria tua, homini pacem habenti in substantiis suis ;

Quieto, et prosperè agenti in omnibus, et adhuc valenti accipere cibum !

O mors, bonum est judicium tuum homini indigenti, et qui minoratur viribus,

Defecto ætate, et cui cura est

3. *Bonum est judicium tuum :* decretoria sententia de morte.

4. *Defecto ætate :* Græc. *extremâ ætate,* decrepito ; *cui de omnibus cura est :* curis exercito, neque certi quidquam habenti. *Incredibili ;* tantâ virium diffiden-

## CAPUT XLI.

de omnibus, et diffidenti, et qui perdidit patientiam! Noli metuere judicium mortis. Memento priorum te, et novissimorum : hoc judicium à Domino omni carni.

Et quid renues in beneplacito Altissimi? sive decem, sive centum, sive mille anni :

Non est in inferno accusatio vitæ.

Filii abominabiles fiunt filii peccatorum, et qui conversantur parœciis impiorum.

Filiorum peccatorum periet hæreditas : et cum semine illorum erit assiduitas improperii.

De patre impio querentur filii : quoniam propter illum in opprobrio erunt.

Væ vobis, viri impii, qui dereliquistis legem Dei altissimi.

Et si nati fueritis, ad maledictionem nascemini : et, si mortui fueritis, in maledictionem separabimini.

Omnia quæ de terrâ sunt, in terram revertentur : sic impii à maledicto in perditionem.

Luctus hominum in cordibus ipsorum : nomen autem peccatorum non bonum delebitur.

bus cura est, et incredibili, qui perdit patientiam!

5. Noli metuere judicium mortis. Memento quæ ante te fuerunt, et quæ superventura sunt tibi : hoc judicium à Domino omni carni :

6. Et quid superveniet tibi in beneplacito Altissimi? sive decem, sive centum, sive mille anni.

7. Non est enim in inferno accusatio vitæ.

8. Filii abominationum fiunt filii peccatorum, et qui conversantur secùs domos impiorum.

9. Filiorum peccatorum periet hæreditas : et cum semine illorum assiduitas opprobrii.

10. De patre impio queruntur filii : quoniam propter illum sunt in opprobrio.

11. Væ vobis, viri impii, qui dereliquistis legem Domini altissimi.

12. Et si nati fueritis, in maledictione nascemini: et si mortui fueritis, in maledictione erit pars vestra.

13. Omnia, quæ de terrâ sunt, in terram convertentur: sic impii à maledicto in perditionem.

14. Luctus hominum in corpore ipsorum : nomen autem impiorum delebitur.

tiâ, ut nec se ipse sustentet, et malis victus fatiscat : sive incredulo, nec in Deum fidenti.

6. *Quid superveniet :* quasi diceret : Age, dic quæ tibi eventura sint ex decretis Dei, quantovis vivas tempore? Græc. *Quid renues in beneplacito Altissimi?* quid est quod eludere ac declinare possis?

7. *Non enim est in inferno accusatio,* sive redargutio *vitæ :* hoc est, neque ante mortem evadere poteris quæ Deus decreverit, vers. præcedente; neque post mortem anteacta mutare, reprehendere, aut emendare dabitur ; omninò eventura sunt tibi quæcumque Deus dixerit.

12. *In maledictione nascemini. Bonum* enim *erat ei, si natus non fuisset homo ille.* Matth., XXVI, 24. *Pars vestra,* sors vestra.

13. *A maledicto in perditionem :* propter peccata maledicti, ac deniquè addicti supplicio.

24. *Luctus hominum.* Lugetur in impiis non tantùm perditum corpus, sed etiam nomen extinctum.

15. Curam habe de bono nomine : hoc enim magis permanebit tibi, quàm mille thesauri pretiosi et magni.

16. Bonæ vitæ numerus dierum : bonum autem nomen permanebit in ævum.

17. Disciplinam in pace conservate, filii : sapientia enim abscondita, et thesaurus invisus, quæ utilitas in utrisque ?

18. Melior est homo, qui abscondit stultitiam suam, quàm homo qui abscondit sapientiam suam.

19. Verumtamen reveremini in his quæ procedunt de ore meo.

20. Non est enim bonum omnem reverentiam observare : et non omnia omnibus benè placent in fide.

21. Erubescite à patre et à matre, de fornicatione : et à præsidente et à potente, de mendacio :

22. A principe et à judice, de delicto : à synagogâ et plebe, de iniquitate :

23. A socio et amico, de injustitiâ : et de loco, in quo habitas,

Curam habe de nomine. Hoc enim magis permanet tibi, quàm mille magni thesauri auri.

Bonæ vitæ numerus dierum : et bonum nomen permanet in ævum.

Disciplinam in pace conservate, filii : sapientia autem abscondita, et thesaurus occultus, quæ utilitas in utrisque ?

Melior est homo qui abscondit stultitiam suam, quàm homo qui abscondit sapientiam suam.

Igitur revereamini in verbo meo.

Non est enim bonum omnem reverentiam observare : et non omnia omnibus in fide placent.

Erubescite à patre et matre, de fornicatione : et à præsidente et potente, de mendacio :

A judice et principe, de delicto : à synagogâ et plebe, de iniquitate :

A socio et amico, de injustitiâ : et à loco, in quo habitas,

19. *Verumtamen reveremini :* verecundamini in his quæ jam edisseram. De rebus verendis dicturus, hæc præmonet.

20. *Non est enim bonum :* sive, ut habet Græc. *neque enim quæ vis verecundia bona est. Et non omnia omnibus benè placent in fide.* Non omnia omnibus æquâ fide probanda et excipienda sunt ; discrimen enim est personarum et rerum. Hæc itaque sunt quæ ex utroque capite meritò erubescatis.

21. *A patre.... de fornicatione :* quòd reverentia paterni maternique nominis, castæque institutionis domi susceptæ, lædatur per intemperantiam. *A præsidente, de mendacio :* quod est indicium pessimæ indolis, præsertim erga præsides ac magistratus, quibus nihil magis debetur quàm veritas, quâ et scelerum ultio, et ratio æquitatis, et universæ reipublicæ administratio nititur.

22. *A principe et à judice, de delicto :* turpe est enim coràm eo delinquere, qui ultor est scelerum. Jam à præsidibus sive gubernatoribus et à judicibus, aliisque magistratibus transit ad populum : *à* cujus *synagogâ*, sive cœtu publico, erubescendum est maximè *de iniquitate* sive injustitiâ et calumniâ, quæ adversùs plebem sunt invidiosissima.

23. *A socio et amico, de injustitiâ :* quâ vel maximè amicitia et societas humana solvitur : *de loco in quo habitas,* 24, *de furto :* probro enim tibi vertit indisciplinatum famulitium, ac domus patens latrociniis. *De veritate Dei et testamento :* hoc est, si à domo tuâ Dei abest veritas; lex exulat. *De discubitu in panibus :* Græc. *de impingendis cubitis* (mensæ) *in panibus* (inter cibos) qui cor-

De furto : et à veritate Dei et testamenti : à fixione cubiti in panibus, ab obfuscatione accepti et dati :

Et à salutantibus de silentio : ab aspectu mulieris fornicariæ : et ab aversione vultûs cognati :

Ab ablatione partis et dationis :

A consideratione mulieris conjugatæ ; à sollicitatione ancillæ ejus : et ne steteris super lectum ejus.

Ab amicis de sermonibus improperii : et postquàm dederis, ne improperes.

24. De furto, de veritate Dei, et testamento : de discubitu in panibus, et ab obfuscatione dati et accepti :

25. A salutantibus de silentio : à respectu mulieris fornicariæ : et ab aversione vultûs cognati.

26. Ne avertas faciem à proximo tuo : et ab auferendo partem, et non restituendo.

27. Ne respicias mulierem alieni viri ; et ne scruteris ancillam ejus : neque steteris ad lectum ejus.

28. Ab amicis de sermonibus improperii : et cùm dederis, ne improperes.

poris situs indecorus, et ventri deditum monstrat. *Et ab obfuscatione :* si in computo dati et accepti rationem involvas quo fraudi facias locum.

25. *A salutantibus de silentio.* Fastuosum enim, salutantes nec alloquio dignari. *A respectu.... ab aversione vultûs cognati.* Nihil turpius quàm, si vel in impudicam mulierem intendas oculos, vel à cognato quamvis inope avertas per superbiam aut immisericordiam.

26. *Ab auferendo,* furando, subtrahendo *partem,* sortem sive rem alicujus : Græc. *ab auferendâ parte et dono ;* atque universim re proximi, sive hæreditate sive donatione acceperit.

27. *Ne scruteris,* sollicites, aut circumvenias *ancillam ejus : super lectum ejus :* fœminino casu : Græc. *ancillæ.*

## CAPUT XLII.

Pergit de verecundiâ, sive erubescentiâ, ejusque causis, 1 ad 12 ; diligentia ad rem tuendam, 6, 7 ; curandæ filiæ, 9 et seqq.; mulieres, 12 et seqq. Incipit collaudare Deum, 15 ad finem. Omnia plena ejus gloriâ, 16 ; omnia novit, etiam corda hominum et res futuras, 18 et seqq.; opera ejus inenarrabilia : immutabilis, omnipotens, cui omnia obediunt, 24.

| SIXTINA VERSIO. | VERSIO VULGATA. |
|---|---|
| Ab iteratione, et sermone auditûs, et à revelationibus sermonum absconditorum : et eris verecundus verè, et inveniens gratiam coràm omni homine : ne | 1. Non duplices sermonem auditûs de revelatione sermonis absconditi, et eris verè sine confusione, et invenies gratiam in conspectu omnium hominum : ne pro his omni- |

1. *Et eris verè sine confusione.* Græc. *Et eris verecundus verè ;* non falsâ illâ, quam dixi, verecundiâ. *Ne pro his omnibus,* quæ sequuntur, *confundaris :* primùm in accipiendo personam ; est enim in eâ re falsus pudor. Item

bus confundaris, et ne accipias personam, ut delinquas.

2. De lege Altissimi, et testamento, et de judicio justificare impium.

3. De verbo sociorum et viatorum, et de datione hæreditatis amicorum,

4. De æqualitate stateræ et ponderum, de acquisitione multorum et paucorum,

5. De corruptione emptionis et negotiatorum, et de multâ disciplinâ filiorum, et servo pessimo latus sanguinare.

6. Super mulierem nequam bonum est signum.

7. Ubi manus multæ sunt, claude; et quodcumque trades, numera et appende : datum verò et acceptum omne describe.

8. De disciplinâ insensati et fatui, et de senioribus qui judicantur ab adolescentibus : et eris eruditus in omnibus, et probabilis in conspectu omnium vivorum.

9. Filia patris abscondita, est vigilia, et sollicitudo ejus aufert som-

pro his confundaris, et ne accipias personam, ut delinquas.

De lege Altissimi, et testamento, et de judicio, justificando impium :

De verbo socii, et viatorum, et de datione hæreditatis amicorum :

De exactâ ratione stateræ et ponderum : de acquisitione multorum et paucorum :

De indifferenti venditione et mercatorum, et de multâ disciplinâ filiorum, et servo pessimo latus sanguinare.

Super mulierem nequam bonum est sigillum.

Et ubi manus multæ sunt, claude. Quodcumque tradideris, in numero et pondere : et datio et acceptio, omnibus in scripturâ.

De disciplinâ insensati et stulti, et decrepiti litigantis cum adolescentibus. Et eris eruditus verè, et probatus in conspectu omnis viventis.

Filia patri abscondita, vigilia; et sollicitudo ejus aufert som-

---

2. *De lege* observandâ : *testamento*, fœdere : *judicio* : rei judicatæ auctoritate *justificare :* ut justifices prævaricatores. Cave etiam de sequentibus erubescas.

3. *De verbo sociorum et viatorum :* de tuendis sociis ac peregrinis sive de servandis pactis circa societatem, ac peregrinationes mercaturæ gratiâ. *De datione :* de partiundâ hæreditate inter amicos, qui fidei tuæ se commiserint.

4. *De æqualitate, de acquisitione,* sive possessione *multorum et paucorum :* de rerum pretio ex mercium quantitate. Jam ad qualitatem.

5. *De corruptione :* sive alteratione specierum, vini puta, frumenti : Vulgatus legit διαφθόρου, quod corruptum sonat : Græc. ἀδιαφόρου, *de indifferenti venditione :* meliùs διαφόρου, ut alii codices, hoc est, *de diversâ venditione,* sive de naturâ mercium, rerumque pretiis, *sanguinare :* cruentare flagris : supple, *ne confundaris,* ex vers. 1.

6. *Super...., bonum est signum :* adversùs uxorem malam ac rapacem, opus est sigillo ad res obsignandas et claudendas.

8. *De disciplinâ :* de eruditione; turpe est enim docere indociles et stultos; continuatio est dictorum vers. 5, sive ordo perturbatus à scriptoribus : seu vers. 6 et 7. per parenthesin interserti. *De* tuendis *senioribus, qui judicantur ab adolescentibus :* quod rebus turpissimis meritò annumerandum.

9. *Filia patris abscondita,* sive virgo : *alma,* hebraicè : *est vigilia :* causa vigilandi. Has causas quinque commemorat : 1. Ne florem ætatis innupta prætereat, quod turpe habetur, *I Cor.,* VII. 36. Altera, ne viro tradita, ei odio sit :

## CAPUT XLII.

num : in juventute suâ, ne fortè fiat superadulta et cum viro commorata, ne fortè odio habeatur :

In virginitate, ne fortè polluatur, et in paternis suis gravida inveniatur : cum viro manens ne fortè transgrediatur, et cùm cohabitaverit, ne fortè sit sterilis.

Super filiâ non avertente se confirma custodiam : ne quandò faciat te gaudium inimicis, fabulam in civitate, et vocatum populi; et confundat te in multitudine plurimorum.

Omni homini noli intendere in speciem : et in medio mulierum noli considere.

De vestimentis enim procedit tinea, et à muliere iniquitas mulieris.

Melior est iniquitas viri, quàm mulier benefaciens, et mulier confundens in opprobrium.

Memor ero igitur operum Domini, et quæ vidi, enarrabo : in sermonibus Domini opera ejus.

Sol illuminans per omnia respexit : et gloriâ ejus plenum est opus ejus.

Nonne indidit sanctis Dominus enarrare omnia mirabilia ejus,

num, ne fortè in adolescentiâ suâ adulta efficiatur, et cum viro commorata, odibilis fiat :

10. Ne quandò polluatur in virginitate suâ, et in paternis suis gravida inveniatur : ne fortè cum viro commorata transgrediatur, aut certè sterilis efficiatur.

11. Super filiam luxuriosam confirma custodiam : ne quandò faciat te in opprobrium venire inimicis, à detractione in civitate et objectione plebis, et confundat te in multitudine populi.

12. Omni homini noli intendere in specie : et in medio mulierum noli commorari :

13. De vestimentis enim procedit tinea, et à muliere iniquitas viri.

14. Melior est enim iniquitas viri, quàm mulier benefaciens, et mulier confundens in opprobrium.

15. Memor ero igitur operum Domini, et quæ vidi annuntiabo. In sermonibus Domini opera ejus.

16. Sol illuminans per omnia respexit, et gloriâ Domini plenum est opus ejus.

17. Nonne Dominus fecit sanctos enarrare omnia mirabilia sua, quæ

---

3. *Ne virgo delinquat, familiæque probro sit :* 4. *Ne nupta adulteretur :* 5. *Ne sterilis fiat. Ne adulta efficiatur*, superadulta, *I. Cor.*, VII. 36.

11. *Super filiam luxuriosam..... ne quandò faciat..... à detractione :* propter detractionem : *et objectione*, accusatione *plebis*, quæ tibi turpissima quæque objiciat et imputet. Hæc quidem in Latinis. Græc. autem : *ne quandò te faciat gaudium*, etc. *nominatum*, seu potiùs accusatum *à populo*, eumque quem adducat in exemplum malæ rei.

12. *Omni homini :* cave inter homines id optimum ducas, quod est pulcherrimum : alioqui muliebris species te facillimè caperet.

13. *Iniquitas viri*. Clarus sensus : at Græc. *de vestimento*, etc. *et à muliere, nequitia mulieris :* quàm sponte innascitur vesti tinea, tam facilè nequitia mulieri.

14. *Mulier benefaciens :* sive prona et facilis ministra voluptatum, undè subdit : *confundens in opprobrium.*

14. *Memor ero*. Libri conclusio quâ Deum et magnos viros laudat, ut in Præfatione diximus. *In sermonibus Domini opera ejus :* in Scripturis sanctis, ut docent sequentia; Deus enim ipse suam nobis gloriam enarravit.

confirmavit Dominus omnipotens stabiliri in gloria suâ?

18. Abyssum, et cor hominum investigavit : et in astutiâ eorum excogitavit.

19. Cognovit enim Dominus omnem scientiam, et inspexit in signum ævi, annuntians quæ præterierunt, et quæ superventura sunt, revelans vestigia occultorum.

20. Non præterit illum omnis cogitatus, et non abscondit se ab eo ullus sermo.

21. Magnalia sapientiæ suæ decoravit qui est ante sæculum, et usque in sæculum, neque adjectum est.

22. Neque minuitur, et non eget alicujus consilio.

23. Quàm desiderabilia omnia opera ejus, et tanquàm scintilla, quæ est considerare!

24. Omnia hæc vivunt, et manent in sæculum, et in omni necessitate omnia obaudiunt ei.

25. Omnia duplicia, unum contra

quæ confirmavit Dominus omnipotens, ut firmaretur in gloriâ ipsius universum?

Abyssum et cor investigavit: et in astutiis eorum meditatus est.

Cognovit enim Dominus omnem scientiam, et inspexit in signum ævi : annuntians quæ præterierunt, et quæ superventura sunt; et revelans vestigia occultorum.

Non præteriit illum omnis cogitatus : non abscondit se ab eo ullus sermo.

Magnalia sapientiæ suæ decoravit, et quatenùs est ante sæculum, et in sæculum : neque adjectum est ei,

Neque imminutum, et non eguit aliquo consiliario.

Quàm desiderabilia omnia opera ejus, et tanquàm scintillæ, est considerare!

Omnia hæc vivunt, et manent in sæculum in omnibus necessitatibus, et omnia obediunt.

Omnia duplicia, unum contra

18. *In astutiâ eorum excogitavit :* astutissima quæque et occultissima humanæ mentis inspexit.

19. *In signum ævi :* infrà, XLIII. 6. *Luna..... in tempore suo ostensio temporis et signum ævi.* Alludit ad illud *Geneseos*, 1, 14. *Fiant luminaria..... et sint in signa et tempora, et dies, et annos.* Vidit ergo Deus à se instituta signa temporum; atque omne indè decurrens ævum, simulque et quod fuit et quod futurum est : *revelans* non modò manifesta signa, verùm etiam minutissima quæque *vestigia occultorum :* imò nihil occultum : ex vers. seq.

21. *Qui est ante sæculum :* eò quòd sit æternus, et omnia sive antecedentia sive futura simul mente complectatur, ideò : *neque adjectum est*, 22, *neque minuitur* opus ejus; ac statim opera sua ad perfectum perduxit sine monitore, sine consilio.

23. *Et tanquam scintilla.* Operum Dei non magnitudinem totam, aut lucem, sed scintillam tantùm mortales perspicere possumus; et tamen intelligimus res esse consideratu dignissimas. *Job.* XXVI, 14. Græc. *et scintillæ instar :* alia lectio : *sicut scintillas,* est (licet) *considerare :* alia lectio : *usque ad scintillam;* etiam minutissima digna sunt quæ consideres.

24. *Et in omni necessitate :* quotiescumque opus est.

25. *Omnia duplicia;* seu gemina sunt : neque tantùm fecit diem, verùm etiam noctem; neque tantùm solem qui diei præesset, verùm etiam lunam quæ nocti;

unum : et non fecit quidquam deficiens.

Unum unius confirmavit bona : et quis satiabitur, videns gloriam ejus?

unum, et non fecit quidquam deesse.

26. Uniuscujusque confirmavit bona. Et quis satiabitur, videns gloriam ejus?

neque tantùm æstum, verùm etiam frigus ; neque tantùm mare, verùm etiam aridam : vide XXXIII, 15. *Neque fecit quidquam deesse :* hinc fit, ut rerum universitas perfecta sit, Græc. *neque deficiat quidquam.* Omnia enim suis instructa sunt commodis ; undè subdit :

26. *Uniuscujusque confirmavit bona :* unicuique propria stabili ordine attribuit.

## CAPUT XLIII.

Continuatio laudum Dei : ab operibus : cœlo · sole : stellis : cæteris, toto capite : super opera sua magnus : omni laude major, 29, 30, 33 et seqq.

### SIXTINA VERSIO.

Gloriatio altitudinis, firmamentum puritatis, species cœli in visione gloriæ.

Sol in aspectu annuntians in exitu, vas admirabile, opus Excelsi.

In meridiano suo exsiccat regionem : et in conspectu ardoris ejus quis sustinebit? Fornacem sufflans in operibus ardoris :

Tripliciter sol exurens montes, vapores igneos insufflans, et refulgens radiis obfuscat oculos.

Magnus Dominus, qui fecit il-

### VERSIO VULGATA.

1. Altitudinis firmamentum pulchritudo ejus est, species cœli in visione gloriæ.

2. Sol in aspectu annuntians in exitu, vas admirabile, opus Excelsi.

3. In meridiano exurit terram : et in conspectu ardoris ejus quis poterit sustinere? Fornacem custodiens in operibus ardoris :

4. Tripliciter sol exurens montes, radios igneos exsufflans, et refulgens radiis suis obcæcat oculos.

5. Magnus Dominus, qui fecit il-

1. *Altitudinis firmamentum :* excelsum firmamentum sive cœlum *pulchritudo ejus est.* Ea res est in quà maximè elucescat pulchritudo operum Dei, vel templum ejus est, ac domicilium; eâ phrasi quâ templum in Scripturis passim appellatur decor. *Species cœli :* forma cœli visu præclara. Græc. *Gloria altitudinis, firmamentum puritatis, species cœli;* quibus commendatur cœli pulchritudo, quòd sit excelsum, quòd purum et incorruptum ac limpidæ lucis fons, quòd illustre ac splendidum.

2. *Sol in aspectu annuntians :* sol oriens ut primùm aspicitur, ac velut è carcere exit curriculum peracturus, annuntiat Dei gloriam, sive lætitiam mortalibus. *In exitu :* post noctis tenebras. *Vas admirabile :* instrumentum, σκεῦος, machina admirabilis : hic oriens, jam meridies.

3. *Fornacem custodiens :* imò, Græc. *sufflans,* ac velut follem accendens faber ferrarius, est *in operibus ardoris :* ingentem ardorem excitat : ita

4. *Tripliciter :* triplò seu multò magis *sol;* quippe qui exurat montes. *Radios igneos.* Vide Græc.

lum, et in sermonibus ejus festinavit iter.

6. Et luna in omnibus in tempore suo, ostensio temporis, et signum ævi.

7. A lunâ signum diei festi : luminare quod minuitur in consummatione.

8. Mensis secundùm nomen ejus est, crescens mirabiliter in consummatione.

9. Vas castrorum in excelsis, in firmamento cœli resplendens gloriosè.

10. Species cœli, gloria stellarum, mundum illuminans, in excelsis Dominus.

11. In verbis Sancti stabunt ad judicium, et non deficient in vigiliis suis.

12. Vide arcum, et benedic eum qui fecit illum : valdè speciosus est in splendore suo.

13. Gyravit cœlum in circuitu gloriæ suæ, manus Excelsi aperuerunt illum.

14. Imperio suo acceleravit nivem, et accelerat coruscationes emittere judicii sui.

lum : et in sermonibus ejus festinavit iter.

Et luna in omnibus in tempore suo, ostensionem temporum, et signum ævi.

A lunâ signum diei festi : luminare quod minuitur super consummationem.

Mensis secundùm nomen ejus est : crescens mirabiliter mutatione.

Vas castrorum in celsitudine, in firmamento cœli resplendens.

Species cœli, gloria stellarum, ornatus illuminans, in excelsis Dominus.

In verbis Sancti stabunt ad judicium, et non deficient in vigiliis suis.

Vide arcum, et benedic eum qui fecit illum : valdè speciosus est in fulgore suo.

Gyravit cœlum in circuitu gloriæ : manus Excelsi aperuerunt illum.

Imperio suo acceleravit nivem, et accelerat coruscationes judicii sui.

---

5. *In sermonibus ejus :* Dei, ipso jubente : *festinavit iter :* ad occasum præcipitat.

7. *A lunâ signum diei festi :* neomeniæ. *Luminare :* cujus ea natura est, ut postquàm ad perfectum venit, statim deficere incipiat.

8. *Mensis secundùm nomen ejus est :* prout luna alia et alia nominatur crescens seu decrescens, ita processus mensis agnoscitur. *In consummatione ;* donec perfecta sit, plenoque orbe luceat. Græc. *crescens mirabiliter ;* mira incrementa capiens in mutatione : seu, crescens mirabiliter variatur.

9. *Vas* (instrumentum, sive opus) *castrorum in excelsis.* Hinc stellarum exercitus passim apud Prophetas; quæque suâ in speculâ ac statione collocatur, velut metatis, non in terrâ, sed *in excelso*, castris.

10. *Species cœli :* pulchritudo cœli, stellarum gloriâ mundus illustris, testatur in excelsis esse Dominum omnia collustrantem.

11. *In verbis Sancti* (Dei) *stabunt ad judicium :* secundùm judicium, sive lege et ordine suo. *In vigiliis suis :* in speculâ et statione suâ : sicut Baruch, III, 34, 35. *Stellæ autem dederunt lumen in custodiis suis.... vocatæ sunt, et dixerunt Adsumus.*

13. *Gyravit cœlum :* accusativo casu, Deus velut ducto circino descripsit cœlum in orbem : *aperuerunt :* Græc. *extenderunt.*

14. *Coruscationes judicii sui :* testes.

Proptereà aperti sunt thesauri, et evolaverunt nubes sicut aves.

In magnitudine suâ confortavit nubes : et confracti sunt lapides grandinis.

Et in aspectibus ejus commovebuntur montes : in voluntate spirabit Notus.

Vox tonitrui ejus parturire fecit terram : et tempestas Aquilonis, et vortex spiritûs.

Sicut aves deorsùm volantes, dispergit nivem : et sicut locusta divertens descensus ejus.

Pulchritudinem candoris ejus admirabitur oculus : et super imbrem ejus expavescet cor.

Et pruinam sicut salem effundit super terram : et cùm congelaverit, fit cacumina tribulorum.

Frigidus ventus Aquilo flabit, et gelabit crystallus ab aquâ : super omnem congregationem aquæ requiescet, et tanquam loricam induet aqua.

Devorabit montes, et exuret desertum, et extinguet viride, sicut ignis.

15. Proptereà aperti sunt thesauri, et evolaverunt nebulæ sicut aves.

16. In magnitudine suâ posuit nubes, et confracti sunt lapides grandinis.

17. In conspectu ejus commovebuntur montes : et in voluntate ejus aspirabit Notus.

18. Vox tonitrui ejus verberabit terram, tempestas Aquilonis, et congregatio spiritûs :

19. Et sicut avis deponens ad sedendum, aspergit nivem : et sicut locusta demergens descensus ejus.

20. Pulchritudinem candoris ejus admirabitur oculus, et super imbrem ejus expavescet cor.

21. Gelu sicut salem effundet super terram : et dùm gelaverit, fiet tanquam cacumina tribuli.

22. Frigidus ventus Aquilo flavit, et gelavit crystallus ab aquâ : super omnem congregationem aquarum requiescet, et sicut loricâ induet se aquis.

23. Et devorabit montes, et exuret desertum, et extinguet viride, sicut igne.

15. *Aperti sunt thesauri* : venti velut ex thesauro Dei producti : *Psal.* cxxxiv, 7, quibus circummactæ nubes *evolaverunt.*

16. *Confracti sunt lapides grandinis,* velut excisâ rupe, hinc indè sparguntur.

18. *Vox,* sonitus, *tonitrui ejus verberabit terram :* Græc. *parturire fecit,* concussit, commovit, ut dolores parientem. *Congregatio,* Græc. *vortex spiritûs :* ventorum turbines.

19. *Et sicut avis....  aspergit nivem,* ita ut sit *sicut avis deponens ad sedendum,* declinans ad insidendum terræ. Græc. *Sicut aves deorsùm volitantes, spargit nivem. Et sicut locusta demergens :* in terram devoluta. Græc. *Sicut locusta divertens descensus ejus :* nix tantâ copiâ cadit, quantâ locustarum ex alio loco in alium divertentium nubes, ut fit in plagis mundi ferventioribus.

20. *Super imbrem ejus :* Dei : *expavescet cor :* tanquàm redituro diluvio.

21. *Gelu ;* Græc. *pruinam, sicut salem :* (quæ pruina) concreta fiet (sicut) *cacumina tribuli :* in aculeorum formam. Hæc quidem de pruinâ : jam ad aquas congelatas.

22. *Gelavit,* concrevit *crystallus ab aquâ.... sicut loricâ induet se aquis :* imò ut habet Græc. *tanquam loricâ induetur aqua :* aquarum mollities, glacie velut loricâ tecta, ab omni ictu tuta est.

23. *Et devorabit montes :* posset intelligi de vento Boreâ, de quo vers. 22,

24. Medicina omnium in festinatione nebulæ : et ros obvians ab ardore venienti humilem efficiet eum.

25. In sermone ejus siluit ventus, et cogitatione suâ placavit abyssum, et plantavit in illâ Dominus insulas.

26. Qui navigant mare, enarrent pericula ejus : et audientes auribus nostris admirabimur.

27. Illic præclara opera et mirabilia : varia bestiarum genera et omnium pecorum, et creatura belluarum.

28. Propter ipsum confirmatus est itineris finis : et in sermone ejus composita sunt omnia.

29. Multa dicemus, et deficiemus in verbis : consummatio autem sermonum, ipse est in omnibus.

30. Gloriantes ad quid valebimus? ipse enim Omnipotens super omnia opera sua.

31. Terribilis Dominus, et magnus

Medicina omnium in festinatione nebula ; ros obvians ab ardore exhilarabit.

Cogitatione suâ pacavit abyssum : et plantavit eam Jesus.

Qui enavigant mare, enarrant pericula ejus : et audientes auribus nostris admiramur.

Et illic incredibilia et admirabilia opera : varietas omnis animalis, creatura cetorum.

Per ipsum prosper processus, finis ejus : et in verbo ejus composita sunt.

Multa dicemus, et non assequemur : et consummatio sermonum ipse est in omnibus.

Glorificantes quò valebimus? ipse enim est magnus super omnia opera sua.

Terribilis Dominus, et magnus

qui immissâ glacie, exsiccatisque herbis, *exuret desertum :* notum illud :

——— Boreæ penetrabile frigus adurit.

sed sequentia vetant : meliùs à frigore ad æstum transit. *Devorabit montes*, Deus, per æstivos ardores.

24. *Medicina omnium :* hujus æstûs omnia exsiccantis et consumentis remedium, seu refrigerium est, *nebula* roscidæ instar nubis subitò diffusa. *Et ros obvians, humilem,* quietum *efficiet eum :* æstum, ardorem. Græc. planior, *ab æstu exhilarabit,* recreabit, refrigerabit ; supple, *terram.*

25. *In sermone ejus siluit ventus. Dixit, et stetit spiritus procellæ.... et statuit procellam ejus in auram, et siluerunt fluctus ejus.* Psalm. CVI, 25, 29. *Plantavit,* fixit *in illâ,* abysso, mari, *Dominus insulas :* circumfrementibus licet fluctibus, stabiles. Græc. *plantavit eam Jesus :* nullo sensu : Ἰησοῦς, Jesus, pro νήσους, *insulas.*

26. *Qui navigant mare :* allusum ad illud *Psal.* CVI 23, 24. *Qui descendunt mare in navibus, facientes operationem in aquis multis, ipsi viderunt opera Domini.*

27. *Creatura belluarum :* Græc. *cetorum.*

28. *Propter ipsum :* per ipsum Deum scilicet *confirmatus est :* prosperè processit *itineris* per mare *finis :* exitus, Græc. *Per ipsum* (Deum) *felix processus viæ finis est ejus :* hoc est, per ipsum, iter per mare prospero exitu desinit.

29. *Consummatio sermonum :* Græc. *summa sermonum* (atque) *universum ipse est,* Deus scilicet : sic *Eccl.,* XII, 13.

30. *Gloriantes ad quid valebimus?* Quid proficiemus, quantumvis rectè dicendi gloriâ efferamur, cùm ipse non tantùm sermones nostros, sed etiam sua opera antecedat ? Quod congruit 32, 33, 34.

## CAPUT XLIV.

vehementer; et mirabilis potentia ipsius.

Glorificantes Dominum exaltate, quantumcumquè potueritis : excedet enim et adhuc.

Et exaltantes illum, abundate in virtute : ne laboretis; non enim comprehendetis.

Quis vidit eum, et enarrabit? et quis magnificat eum, sicut est?

Multa abscondita sunt majora his : pauca enim vidimus operum ejus.

Omnia enim fecit Dominus : et piis dedit sapientiam.

vehementer ; et mirabilis potentia ipsius.

32. Glorificantes Dominum quantumcumquè potueritis : supervalebit enim adhuc, et admirabilis magnificentia ejus.

33. Benedicentes Dominum, exaltate illum quantùm potestis : major enim est omni laude.

34. Exaltantes eum, replemini virtute. Ne laboretis; non enim comprehendetis.

35. Quis videbit eum, et enarrabit? et quis magnificabit eum, sicut est ab initio?

36. Multa abscondita sunt majora his : pauca enim vidimus operum ejus.

37. Omnia autem Dominus fecit : et piè agentibus dedit sapientiam.

33. *Benedicentes :* altera versio præcedentis.

## CAPUT XLIV.

Incipit laus virorum illustrium, Enoch ; Noe ; Abraham : promissiones : Isaac : Jacob.

SIXTINA VERSIO.

*Patrum Hymnus.*

Laudemus nunc viros gloriosos, et parentes nostros generatione.

Multam gloriam creavit Dominus, magnificentiam suam à sæculo.

Dominantes in regnis suis, et viri nominati in potentiâ, consi-

VERSIO VULGATA.

1. Laudemus viros gloriosos, et parentes nostros in generatione suâ.

2. Multam gloriam fecit Dominus magnificentiâ suâ à sæculo.

3. Dominantes in potestatibus suis, homines magni virtute, et prudentiâ

1. *Laudemus viros gloriosos.* In his laudibus duo maximè advertenda sunt. Primum, ut quemque signet proprio charactere paucis. Alternm, ut per viros illustres quos laudandos suscepit, brevem totius populi contexat historiam. Quos autem imprimis laudandos seligat, exponet vers. 6, 3 et 4. *In generatione suâ :* ætate, vitâ.

3. *In potestatibus :* Græc. *in regnis suis. Nuntiantes in prophetis :* Græc. *in prophetiis, annuntiantes* autem, supple, *futura.* En ergo quos laudandos suscipiat; prophetas, et populi duces; atque hos inter pontifices, qui principes

suâ præditi : nuntiantes in prophetis dignitatem prophetarum,

4. Et imperantes in præsenti populo, et virtute prudentiæ populis sanctissima verba.

5. In peritiâ suâ requirentes modos musicos, et narrantes carmina Scripturarum.

6. Homines divites in virtute, pulchritudinis studium habentes : pacificantes in domibus suis.

7. Omnes isti in generationibus gentis suæ gloriam adepti sunt, et in diebus suis habentur in laudibus.

8. Qui de illis nati sunt, reliquerunt nomen narrandi laudes eorum :

9. Et sunt quorum non est memoria : perierunt quasi qui non fuerint : et nati sunt quasi non nati, et filii ipsorum cum ipsis.

10. Sed illi viri misericordiæ sunt, quorum pietates non defuerunt :

11. Cum semine eorum permanent bona,

12. Hæreditas sancta nepotes eorum, et in testamentis stetit semen eorum :

13. Et filii eorum propter illos usque in æternum manent : semen eorum et gloria eorum non derelinquetur.

14. Corpora ipsorum in pace sepulta sunt : et nomen eorum vivit in generationem et generationem.

15. Sapientiam ipsorum narrent

liantes in intellectu suo, annuntiantes in prophetiis :

Rectores populi in consiliis, et intellectu litteraturæ populi :

Sapientes sermones in disciplinâ eorum : requirentes modos musicos, narrantes carmina in Scripturâ.

Homines divites subministrati in fortitudine, pacem habentes in habitationibus suis.

Omnes isti in generationibus gloriam adepti sunt; et in diebus ipsorum gloriatio.

Sunt corum qui reliquerunt nomen ad enarrandum laudes :

Et sunt quorum non est memoria, et perierunt quasi qui non fuerint : et nati sunt quasi non nati, et filii eorum post eos.

Sed hi viri misericordiæ, quorum justitiæ non sunt traditæ oblivioni.

Cum semine eorum permanebit bona hæreditas, nepotes eorum :

In testamentis stetit semen eorum.

Et filii eorum propter illos : usque in æternum manebit semen eorum; et gloria illorum non delebitur.

Corpus ipsorum in pace sepultum est : et nomen eorum vivit in generationes.

Sapientiam ipsorum narrabunt

---

populi vocabantur. Undè non modò Aaronem, verùm etiam Phineen, Jesum filium Josedec, postremò Simonem suâ ætate nobilem.

4. *Imperantes in præsenti populo* : Græc. *rectores populi in consiliis, et virtute prudentiæ* : sensus obscurus et suspensus, neque Græcus clarior. Summa ex utroque textu conflata, laudandos esse eos qui populo erudito (lege Domini) prudentiâ suâ præeant.

5. *Modos musicos* : sacra cantica, in cœtu populi præcinenda, puta *Psalmos*, aliaque ejusmodi carmina, quod etiam ad prophetiam pertinet.

12. *In testamentis*, in fœdere cum Abramidis pacto.

## CAPUT XLIV.

populi, et laudem annuntiat Ecclesia.

Enoch placuit Domino, et translatus est, exemplum pœnitentiæ generationibus.

Noe inventus est perfectus justus : in tempore iracundiæ factus est reconciliatio.

Ideò fuerunt reliquiæ ipsi terræ : ideò factum est diluvium.

Testamenta sæculi posita sunt apud illum, ne deleretur diluvio omnis caro.

Abraham magnus pater multitudinis gentium : et non est inventus similis in gloriâ : qui conservavit legem Excelsi, et fuit in testamento cum illo :

Et in carne suâ stare fecit testamentum, et in tentatione inventus est fidelis.

Ideò in jurejurando statuit illi benedicere gentes in semine ipsius, multiplicare illum quasi terræ cumulum,

Et sicut stellas exaltare semen illius, et hæreditatem dare illis à mari usque ad mare, et à flumine usque ad extremum terræ.

Et in Isaac statuit ita, propter Abraham patrem ejus,

Benedictionem omnium homi-

populi, et laudem eorum nuntiet Ecclesia.

16. Henoch placuit Deo, et translatus est in paradisum, ut det gentibus pœnitentiam.

17. Noe inventus est perfectus, justus : et in tempore iracundiæ factus est reconciliatio.

18. Ideò dimissum est reliquum terræ, cùm factum est diluvium.

19. Testamenta sæculi posita sunt apud illum, ne deleri possit diluvio omnis caro.

20. Abraham magnus pater multitudinis gentium : et non est inventus similis illi in gloriâ : qui conservavit legem Excelsi, et fuit in testamento cum illo.

21. In carne ejus stare fecit testamentum, et in tentatione inventus est fidelis.

22. Ideò jurejurando dedit illi gloriam in gente suâ, crescere illum quasi terræ cumulum.

23. Et ut stellas exaltare semen ejus, et hæreditare illos à mari usque ad mare, et à flumine usque ad terminos terræ.

24. Et in Isaac eodem modo fecit, propter Abraham patrem ejus.

25. Benedictionem omnium gen-

---

16. *Henoch.* Primus omnium propter pietatem donatus à Deo, et ad cœlum translatus, qui etiam à Judâ apostolo prophetasse memoretur, *Judæ*, 14 ; reservatus deniquè ad finem sæculi, ut cum Elia prophetico fungatur officio : nempè *ut det gentibus pœnitentiam* : ex antiquâ hebraici et christiani populi traditione. Græc. *exemplum pœnitentiæ generationibus*, ætatibus secuturis vix ullo sensu, cùm nec peccatum ejus, nec pœnitentia memoretur. Ad hunc redit, XLIX, 16.

17. *Reconciliatio :* commutatio ; Græc. *compensatio*, sceleribus gentis humanæ hujus virtute pensatis.

18. *Ideò dimissum est reliquum terræ :* relictæ orbi terrarum reliquiæ, undè genus humanum resurgeret : Græc. obscurior.

19. *Testamenta sæculi :* pactum sempiternum.

21. *In carne ejus... testamentum.* Alludit ad illud *Gen.*, XVII, 13 : *Eritque pactum meum in carne vestrâ in fœdus æternum ;* circumcisionis sacramento.

22. *Ideò jurejurando.* Vide Græc. *Terræ cumulum :* arenam innumerabilem.

23. *A mari usque ad mare :* ex *Psal.* LXXI, 8.

tium dedit illi Dominus, et testamentum confirmavit super caput Jacob.

26. Agnovit eum in benedictionibus suis; et dedit illi hæreditatem : et divisit illi partem in tribubus duodecim.

27. Et conservavit illi homines misericordiæ, invenientes gratiam in oculis omnis carnis.

num, et testamentum, et requievit super caput Jacob.

Agnovit eum in benedictionibus suis, et dedit illi in hæreditate : et divisit partes ejus : in tribus partitus est duodecim.

Et eduxit ex eo virum misericordiæ, invenientem gratiam in oculis omnis carnis.

27. *Homines misericordiæ* : Græc. singulari numero *virum misericordiâ* : Moysen, de quo cap. seq.

## CAPUT XLV.

Moyses, Aaron : sacerdotium, Aaroni et filiis : Dathan, Abiron, Core, Phinees.

### VERSIO VULGATA.

1. Dilectus Deo et hominibus Moyses, cujus memoria in benedictione est.

2. Similem illum fecit in gloriâ sanctorum; et magnificavit eum in timore inimicorum, et in verbis suis monstra placavit.

3. Glorificavit illum in conspectu regum, et jussit illi coràm populo suo, et ostendit illi gloriam suam.

4. In fide et lenitate ipsius sanctum fecit illum, et elegit eum ex omni carne.

5. Audivit enim eum, et vocem ipsius, et induxit illum in nubem.

6. Et dedit illi coràm præcepta, et legem vitæ et disciplinæ, docere Jacob testamentum suum, et judicia sua Israel.

7. Excelsum fecit Aaron fratrem

### SIXTINA VERSIO.

Dilectum à Deo et hominibus Moysen, cujus memoria in benedictionibus est.

Similem illum fecit gloriæ sanctorum, et magnificavit eum in timoribus inimicorum : et in verbis ejus signa cessare fecit.

Glorificavit eum in conspectu regum : mandavit illi ad populum suum : et ostendit illi gloriam suam.

In fide et lenitate ipsius sanctum fecit, elegit eum ex omni carne.

Auditam fecit ei vocem suam : et induxit illum in caliginem.

Et dedit illi coràm præcepta legem vitæ et scientiæ, docere Jacob testamentum suum, et judicia sua Israel.

Excelsum fecit Aaron sanctum

1. *Dilectus* : Græc. *dilectum Moysen*, ex ultimâ voce præcedentis.

2. *Monstra placavit* : Græc. *signa cessare fecit* : ea quæ à magis fiebant, sive etiam, ea quæ faciebat Deus, postquàm Ægyptii ad pœnitentiam verti videbantur. *Exod.* viii, 8, 29. Magis enim videbatur flagella Dei habere in potestate, qui non modò immittere, sed etiam coercere poterat.

## CAPUT XLV.

similem illi fratrem ejus, de tribu Levi.

Statuit ei testamentum sæculi, et dedit illi sacerdotium populi : beatificavit illum in decore.

Et circumcinxit eum stolâ gloriæ. Induit eum consummatione gloriationis, et confirmavit eum vasis virtutis.

Femoralia, et poderem, et humerale : et circumdedit eum malis punicis aureis, tintinnabulis plurimis in gyro,

Ad sonandum vocem in gressibus suis, ad faciendum audiri sonitum in templo, in memoriam filiis populi sui.

Stolâ sanctâ auro, et hyacintho, et purpurâ, opere variatoris, rationali judicii, manifestationibus veritatis.

Tortâ cocco, opere artificis, lapidibus pretiosis sculpturæ sigilli, in ligaturâ auri opere lapidarii in memoriam in scripturâ sculptâ secundùm numerum tribuum Israel :

Coronam auream super mitram, efformationem signaculi sanctitatis, gloriam honoris : opus virtutis, desideria oculorum ornata, pulchra.

ejus, et similem sibi de tribu Levi :

8. Statuit ei testamentum æternum, et dedit illi sacerdotium gentis : et beatificavit illum in gloriâ,

9. Et circumcinxit eum zonâ gloriæ, et induit eum stolam gloriæ, et coronavit eum in vasis virtutis.

10. Circumpedes, et femoralia, et humerale posuit ei : et cinxit illum tintinnabulis aureis plurimis in gyro,

11. Dare sonitum in incessu suo, auditum facere sonitum in templo, in memoriam filiis gentis suæ.

12. Stolam sanctam, auro, et hyacintho, et purpurâ, opus textile, viri sapientis, judicio et veritate præditi :

13. Torto cocco opus artificis, gemmis pretiosis figuratis in ligaturâ auri, et opere lapidarii sculptis in memoriam secundùm numerum tribuum Israel.

14. Corona aurea super mitram ejus expressa signo sanctitatis, et gloriâ honoris : opus virtutis, et desideria oculorum ornata.

---

9. *Stolam gloriæ :* Græc. *perfectionem gloriæ. In vasis :* instrumentis : *virtutis :* roboris : pretiosis, locupletissimis.

10. *Circumpedes et femoralia :* Græc. *Femoralia et poderem ;* vestem amplissimam, quam interpres circumpedes vertisse videtur, quòd ad pedes usque pertingeret.

12. *Opus... sapientis :* Græc. *variatoris :* pictoris egregii. *Judicio et veritate præditi.* Græc. *Rationali judicii, manifestationibus* sive signis *veritatis,* quippe qui insculptum *Doctrina et veritas :* quâ de re, *Exod.,* XXVIII, 35; *Levit.,* VIII, 8.

13. *Torto cocco opus artificis :* opus artificiosè contextum : *gemmis, figuratis :* cælatis, *in ligaturâ auri,* vinctis auro, inclusis : de quibus lapidibus *Exod.,* XXVIII.

14. *Corona aurea :* lamina illa aurea, de quâ *Exod.,* XXVIII, 36. *Expressa,* sive impressa *signo sanctitatis :* quippe cui insculptum erat : *Sanctum Domino ,* ibid. *Gloriâ,* seu gloriatione *honoris :* id est, honestissimâ ac magnificentissimâ : cùm nihil sit gloriosius quàm præferre insculptum fronti nomen Dei sanctum ; quod est *opus virtutis,* ac roboris, locupletissimum, ut supra, **vers.** 9; sive etiam cæla-

15. Sic pulchra ante ipsum non fuerunt talia usque ad originem.

16. Non est indutus illâ alienigena aliquis, sed tantùm filii ipsius soli, et nepotes ejus per omne tempus.

17. Sacrificia ipsius consumpta sunt igne quotidie.

18. Complevit Moyses manus ejus, et unxit illum oleo sancto.

19. Factum est illi in testamentum æternum, et semini ejus sicut dies cœli, fungi sacerdotio, et habere laudem, et glorificare populum suum in nomine ejus.

20. Ipsum elegit ab omni vivente, offerre sacrificium Deo, incensum, et bonum odorem, in memoriam placare pro populo suo :

21. Et dedit illi in præceptis suis potestatem, in testamentis judiciorum, docere Jacob testimonia, et in lege suâ lucem dare Israel.

22. Quia contra illum steterunt alieni, et propter invidiam circumdederunt illum homines in deserto, qui erant cum Dathan et Abiron, et congregatio Core in iracundiâ.

23. Vidit Dominus Deus, et non placuit illi : et consumpti sunt in impetu iracundiæ.

24. Fecit illis monstra, et consumpsit illos in flammâ ignis.

25. Et addidit Aaron gloriam, et dedit illi hæreditatem : et primitias frugum terræ divisit illi.

26. Panem ipsis in primis paravit in satietatem : nam et sacrificia Do-

Ante ipsum non fuerunt talia usque in sæculum :

Non est indutus alienigena, sed filii ejus soli, et nepotes ejus per omne tempus.

Sacrificia ipsius fient holocarpomata quotidie assiduè bis.

Implevit Moyses manus, et unxit illum oleo sancto.

Factum est illi in testamentum æternum, et in semine ejus in diebus cœli, ministrare ei simul, et sacerdotio fungi, et benedicere populum ejus in nomine ejus.

Ipsum elegit ex omni vivente, offerre oblationem Domino, incensum, et bonum odorem in memoriam, placare pro populo suo.

Dedit illum in mandatis suis, potestatem in testamentis judiciorum, docere Jacob testimonia, et in lege suâ lucem dare Israel.

Contra eum steterunt alieni, et zelaverunt eum in deserto : homines qui erant cum Dathan et Abiron, et congregatio Core in furore et irâ.

Vidit Dominus, et non placuit illi : et consumpti sunt in impetu iracundiæ.

Fecit illis monstra, ad consumendum in igne flammæ suæ.

Et addidit Aaron gloriam, et dedit illi hæreditatem. Primitias primitivorum divisit illis.

Panem in primis paravit satietatem : nam et sacrificia Domini

---

turâ difficili in præduro lapide. *Et desideria oculorum ornata :* res per se visu pulchræ, ac mirum in modum ornatæ.

17. *Quotidie :* addit Græc. jugiter, *bis,* pro ritu jugis sacrificii mane et vespere imperati, *Num.,* XXVIII, 34.

18. *Complevit Moyses manus :* sanguine victimæ, more solemni, *Levit.,* VIII, 24.

19. *Glorificare populum suum :* Græc. *benedicere* ritu solemni.

21. *Potestatem in testamentis :* id est, potestatem interpretandæ legis.

## CAPUT XLV.

edent, quæ dedit et ei, et semini ejus.

Cæterùm in terrâ populi non hæreditabit : et pars non est illi in populo. Ipse enim pars tua, hæreditas.

Et Phinees filius Eleazari tertius est in gloriâ, in zelando eum in timore Domini.

Et stando in versione populi, in bonitate alacritatis animæ suæ: et placavit pro Israel.

Ideò statutum est illi testamentum pacis, præsidem sanctorum, et populo suo, ut sit illi et semini ejus sacerdotii dignitas in sæcula.

Et testamentum Davidi filio ex tribu Juda : hæreditas regis, filii ex filio solo : hæreditas Aaron et

mini edent, quæ dedit illi et semini ejus.

27. Cæterùm in terrâ gentes non hæreditabit, et pars non est illi in gente : ipse est enim pars ejus, et hæreditas.

28. Phinees filius Eleazari tertius in gloriâ est, imitando eum in timore Domini,

29. Et stare in reverentiâ gentis : in bonitate et alacritate animæ suæ placuit Deo pro Israel.

30. Ideò statuit illi testamentum pacis, principem sanctorum et gentis suæ, ut sit illi et semini ejus sacerdotii dignitas in æternum.

31. Et testamentum David regi filio Jessæ de tribu Juda, hæreditas ipsi et semini ejus : ut daret sapientiam in

---

27. *In terrâ gentes :* pro *gentis :* mendo manifesto : Græc. *in terrâ populi :* quòd tribui Leviticæ in terrâ Chananæâ nulla sors attributa est. *Ipse enim* (Deus) *est pars ejus :* ex decreto legis, *Num.*, XVIII, 20; *Deuter.*, X, 8, 9.

28. *Phinees... tertius in gloriâ :* in honore pontificali, post patrem Eleazarum, et avum Aaronem.

29. *Stare in reverentiâ gentis :* Græc. εὐτροπῆ, *reverentiâ*, pro ἐντροπῆ, *inversione*, seu mutatione *populi*, cùm populus à timore Dei, ad licentiam et libidines verteretur. *Placuit Deo pro Israel :* Græc. *placavit pro Israel :* nota Phinees hisoria.

30. *Principem sanctorum :* id est, sacrorum præsidem.

31. *Et testamentum David.* Cur hic mentio anticipata Davidis, cujus laus suo loco infrà describitur, XLVII, Græca declarant : quæ sic habent ad verbum : *Et testamentum* seu pactum *Davidi* ( supple , *statuit*, quod vers. præced. ), *filio ex tribu Juda : hæreditas regis, filii ex filio solo : hæreditas Aaron et semini ipsius :* quæ omnia satis licet perturbata, indicant ut regnum hæreditarium Davidis familiæ, ita hæreditarium sacerdotium Aaronis filiis attributum. *Ut daret sapientiam.* Hæc et quæ sequuntur in Græco quoque confusa, ad verbum sic habent : *Det vobis sapientiam in corde vestro, ad judicandum populum ejus in justitiâ, ut non aboleantur bona ipsorum, et gloriam eorum in generationes eorum.* Sic quæ de Aaronis familiâ prædicavit, , conclusit voto facto, ut populi res sub sacerdotum Aaronitarum regimine faustè procederet; quale votum rationi temporis accommodatissimum fuit, *cùm sacerdotes non jam circa altaris officia dediti essent, sed contempto templo, et sacrificiis neglectis, festinarent participes fieri palæstræ,* etc., ut scriptum est II *Machab.*, IV, 14. Quo fiebat ut fœdato sacerdotio, sancta plebs non jam, ut solebat, sacerdotes pontificemque observaret, sed principes magistratusque gentium, magno religionis periculo : nec absimile verò jam tùm inter initia tantæ corruptelæ insurrexisse Mathathiæ zelum, atque in eum ejusque liberos, sanctamque Asmonæorum gentem respici cœptum. Vide XXXVI, vers. 19.

cor nostrum, judicare gentem suam in justitiâ : ne abolerentur bona ipsorum, et gloriam ipsorum in gentem eorum æternam fecit.

semini ejus. Det vobis sapientiam in corde vestro, judicare populum suum in justitiâ : ne aboleantur bona ipsorum : et gloria eorum in generationes eorum.

## CAPUT XLVI.

### Josue, Caleb, Samuel, Saül.

**VERSIO VULGATA.**

1. Fortis in bello Jesus Nave, successor Moysi in prophetis, qui fuit magnus secundùm nomen suum,

2. Maximus in salutem electorum Dei, expugnare insurgentes hostes, ut consequeretur hæreditatem Israel.

3. Quam gloriam adeptus est in tollendo manus suas, et jactando contra civitates rhomphæas !

4. Quis ante illum sic restitit? Nam hostes ipse Dominus perduxit.

5. Annon in iracundiâ ejus impeditus est sol, et una dies facta est quasi duo ?

6. Invocavit Altissimum potentem in oppugnando inimicos undiquè, et audivit illum magnus et sanctus Deus, in saxis grandinis virtutis valdè fortis.

7. Impetum fecit contra gentem hostilem, et in descensu perdidit contrarios,

8. Ut cognoscant gentes potentiam ejus, quia contra Deum pugnare non est facile. Et secutus est à tergo Potentis :

**SIXTINA VERSIO.**

Fortis in bellis Jesus Nave, et successor Moysi in prophetiis, qui fuit secundùm nomen suum,

Magnus in salutem electorum ejus, expugnare insurgentes hostes, ut hæreditaret Israel.

Quam gloriam adeptus est in tollendo manus suas, et declinando rhomphæam contra civitates !

Quis ante illum sic stetit ? Nam hostes ipse Dominus perduxit.

Annon in manu ejus retrocessit sol, et una dies facta est quasi duæ ?

Invocavit Altissimum potentem, in oppugnando inimicos undiquè. Et audivit eos magnus Dominus, in saxis grandinis virtutis fortis :

Erupit contra gentem bellum, et in descensu perdidit contrarios,

Ut cognoscant gentes integram armaturam eorum, quia coràm Domino bellum ejus. Etenim secutus est post Potentem :

---

1. *In prophetis* : Græc. *in prophetiis* : in prophetico munere. *Magnus secundùm nomen suum*, quod est, Jesus, Salvator : quod sequens explicat.

2. *Ut consequeretur hæreditatem* : Græc. *ut hæreditaret Israel*; activè, ut sæpè jam, id est, ut Israelitis in hæreditatem inductis, terram partiretur.

3. *Tollendo manus suas* : ad feriendos hostes.

4. *Ipse Dominus perduxit*; in manus ejus tradidit.

6. *In saxis grandinis* : Josue, x, 11.

8. *Secutus est à tergo potentis* : Deum ducem secutus est.

## CAPUT XLVI.

Et in diebus Moysi fecit misericordiam ipse et Caleb filius Jephone, stare contra inimicum, prohibere populum à peccato, et sedare murmur malitiæ.

Et ipsi, cùm duo essent, salvati sunt è sexcentis millibus, inducere illos in hæreditatem, in terram quæ manat lac et mel.

Et dedit Dominus ipsi Caleb fortitudinem, et usque in senectutem permansit illi, ut ascenderet in excelsum terræ locum : et semen ejus obtinuit hæreditatem :

Ut viderent omnes filii Israel, quia bonum est obsequi Domino.

Et Judices singuli suo nomine, quorumcumque cor non est fornicatum, et quicumque non sunt aversi à Domino ;

Sit memoria eorum in benedictionibus : ossa eorum pullulent de loco suo,

Et nomen eorum restauratum, glorificatis ipsis in filiis.

Dilectus à Domino suo Samuel, propheta Domini, constituit regnum, et unxit principes super gentem suam.

9. Et in diebus Moysi misericordiam fecit ipse et Caleb filius Jephone, stare contra hostem, et prohibere gentem à peccatis, et perfringere murmur malitiæ.

10. Et ipsi duo constituti, à periculo liberati sunt à numero sexcentorum millium peditum, inducere illos in hæreditatem, in terram quæ manat lac et mel.

11. Et dedit Dominus ipsi Caleb fortitudinem, et usque in senectutem permansit illi virtus, ut ascenderet in excelsum terræ locum ; et semen ipsius obtinuit hæreditatem :

12. Ut viderent omnes filii Israel, quia bonum est obsequi sancto Deo.

13. Et Judices singuli suo nomine, quorum non est corruptum cor : qui non aversi sunt à Domino,

14. Ut sit memoria illorum in benedictione, et ossa eorum pullulent de loco suo,

15. Et nomen eorum permaneat in æternum, permanens ad filios illorum, sanctorum virorum gloria.

16. Dilectus à Domino Deo suo Samuel propheta Domini, renovavit imperium, et unxit principes in gente suâ.

9. *Misericordiam fecit :* noto hebraismo, rectè, pièque egit : misericordes, pii. idem *Ipse et Caleb :* auctores populo capessendæ terræ.

11. *Ipsi Caleb fortitudinem :* Josue, XIV, 10, 11.

13. *Et Judices singuli.* Intellige eos qui à Deo constituti, non Abimelechum Gedeonis filium, qui cæsis fratribus tyrannidem arripuit, nec modesto judicis contentus titulo, regium sibi nomen attribuit „*Judic.*, IX, 5, 6. Cæteri ergo omnes hic ut Deo probati, et universæ genti honori habiti, memorantur.

14. *Ossa eorum pullulent :* formula benè apprecandi mortuis, ut patet XLIX, 12, quasi diceret : Eorum memoria reflorescat. Alludit autem ad consuetudinem collocandi sepulchra in amœnis et virentibus locis, puta hortis, IV *Reg.*, XXI, 18, 26. Christi quoque monumentum in horto quodam posito : *Joan.*, XIX, 41. Credo ad commendandam piorum perennem et semper virentem memoriam, ac spem resurrectionis : qui horti cùm virescerent, ipsa ossa *de loco suo*, id est, de sepulchro veluti germinare, et suo quodam modo reviviscere videbantur.

16. *Renovavit imperium.* Græc. *constituit regnum.* I *Reg.*, VIII, IX, X. *Unxit principes :* Saülem et Davidem : *Ibid.*, IX, XVI.

## VERSIO VULGATA / SIXTINA VERSIO

17. In lege Domini congregationem judicavit : et vidit Deus Jacob, et in fide suâ probatus est propheta,

18. Et cognitus est in verbis suis fidelis, quia vidit Deum lucis.

19. Et invocavit Dominum omnipotentem, in oppugnando hostes circumstantes undiquè, in oblatione agni inviolati.

20. Et intonuit de cœlo Dominus, et in sonitu magno auditam fecit vocem suam :

21. Et contrivit principes Tyriorum, et omnes duces Philisthiim :

22. Et ante tempus finis vitæ suæ et sæculi, testimonium præbuit in conspectu Domini, et Christi : pecunias et usque ad calceamenta ab omni carne non accepit : et non accusavit illum homo.

23. Et post hæc dormivit ; et notum fecit regi, et ostendit illi finem vitæ suæ, et exaltavit vocem suam de terrâ in prophetiâ delere impietatem gentis.

In lege Domini judicavit synagogam : et visitavit Dominus Jacob. In fide suâ probatus est propheta,

Et cognitus est in fide suâ fidelis visionis.

Et invocavit Dominum potentem, in oppugnando hostes suos undiquè in oblatione agni lactentis.

Et intonuit de cœlo Dominus ; et in sonitu magno auditam fecit vocem suam.

Et contrivit principes Tyriorum, et omnes duces Philisthiim.

Et ante tempus dormitionis sæculi contestatus est in conspectu Domini, et Christi : pecunias et usque ad calceamenta ab omni carne non accepit : et non accusavit eum homo.

Et postquàm dormivit, prophetavit, et ostendit regi finem ejus : et exaltavit vocem suam de terrâ in prophetiâ, delere iniquitatem populi.

17. *Vidit*, inspexit, *Deus Jacob* : τὸν Ἰακώβ, Jacobum, accusandi casu. Israelitis providit per tantum prophetam, tantumque judicem.

18. *Et cognitus...., fidelis* : addit Græc. *visionis*, certus videndi : seu certa et vera videns ; quippe cùm omnia ejus vaticinia de Heli et Saüle impleta sint. I Reg. III, IV, XV. *Vidit Deum lucis :* tùm, cùm illi tam certa visa missa sunt, variant editiones ; legunt enim alii : *Vidit Deus lucis :* de quo scriptum est : *Ipse revelat profunda et abscondita, et novit in tenebris constituta, et lux cum eo est*, Dan., II, 22.

19. *In oppugnando :* 1 Reg., VII, 9.

22. *Ante tempus :* 1 Reg., XII, 5.

23. *Et notum fecit regi :* Saüli. *De terrâ :* apparitio Samuelis : I *Reg.*, XXVIII, 13. etc. *Impietatem gentis :* Saülem ipsum impium, nec Deo obsequentem.

## CAPUT XLVII.

Nathan, David, Salomon, Roboam, Jeroboam.

### VERSIO VULGATA. / SIXTINA VERSIO.

1. Post hæc surrexit Nathan propheta in diebus David.

Et post hoc surrexit Nathan prophetare in diebus David.

1. *Post hæc.... Nathan.* Seriem prophetarum editurus, à Samuele pergit ad

## CAPUT XLVII.

Quasi adeps separatus à salutari; sic David à filiis Israel.

Cum leonibus lusit, quasi cum agnis, et in ursis, sicut in agnis ovium.

In juventute suâ, numquid non occidit gigantem, et abstulit opprobrium de gente?

In tollendo manum in saxo fundæ, et dejiciendo exultationem Goliæ.

Nam invocavit Dominum altissimum : et dedit in dexterâ ejus robur, tollere hominem fortem in bello, exaltare cornu gentis suæ.

Sic in decem millibus glorificavit eum, et laudavit eum in benedictionibus Domini, in afferendo illi coronam gloriæ.

Contrivit enim inimicos undiquè, et extirpavit Philisthiim contrarios : usque in hodiernum diem contrivit cornu ipsorum.

In omni opere suo dedit confessionem Sancto excelso, verbo gloriæ :

In omni corde suo laudavit, et dilexit eum qui fecit ipsum.

Et stare fecit cantores contra altare, et ex sono eorum dulces fecit modos.

Dedit in celebritatibus decus, et ornavit tempora usque ad consummationem; in laudando ip-

2. Et quasi adeps separatus à carne, sic David à filiis Israel.

3. Cum leonibus lusit, quasi cum agnis : et in ursis similiter fecit sicut in agnis ovium in juventute suâ.

4. Numquid non occidit gigantem, et abstulit opprobrium de gente?

5. In tollendo manum, saxo fundæ dejecit exultationem Goliæ :

6. Nam invocavit Dominum omnipotentem, et dedit in dexterâ ejus tollere hominem fortem in bello, et exaltare cornu gentis suæ.

7. Sic in decem millibus glorificavit eum, et laudavit eum in benedictionibus Domini, in offerendo illi coronam gloriæ :

8. Contrivit enim inimicos undiquè, et extirpavit Philisthiim contrarios, usque in hodiernum diem : contrivit cornu ipsorum usque in æternum.

9. In omni opere dedit confessionem Sancto, et Excelso in verbo gloriæ.

10. De omni corde suo laudavit Dominum, et dilexit Deum, qui fecit illum : et dedit illi contra inimicos potentiam :

11. Et stare fecit cantores contra altare, et in sono eorum dulces fecit modos.

12. Et dedit in celebrationibus decus, et ornavit tempora usque ad consummationem vitæ : ut lauda-

---

Nathan, quo prophetante, res Davidis. Is enim est, quo auctore, de templo et regiâ successione promissa suscepit, et pœnitentiam egit, et Salomonem unxit : II *Reg.*, VII, XII; III *Reg.*, I.

2. *Et quasi adeps separatus à carne.* Comparatio ducta à ritu sacrificiorum. Adeps pars optima sacrificii, ac Domino separata, ita David. Græc. *separatus à salutari*, à victimâ pro salute, *Levit.*, III, 3, eodem sensu. De reliquis vide I et II *Reg.*

11. *Stare fecit cantores* : ordinavit levitici ordinis officia. I *Paral.*, XXIII et seqq.

rent nomen sanctum Domini, et amplificarent manè Dei sanctitatem.

13. Dominus purgavit peccata ipsius, et exaltavit in æternum cornu ejus : et dedit illi testamentum regni, et sedem gloriæ in Israel.

14. Post ipsum surrexit filius sensatus, et propter illum dejecit omnem potentiam inimicorum.

15. Salomon imperavit in diebus pacis, cui subjecit Deus omnes hostes, ut conderet domum in nomine suo, et pararet sanctitatem in sempiternum. Quemadmodùm eruditus es in juventute tuâ !

16. Et impletus es, quasi flumen, sapientiâ : et terram retexit anima tua.

17. Et replesti in comparationibus ænigmata : ad insulas longè divulgatum est nomen tuum, et dilectus es in pace tuâ.

18. In cantilenis, et proverbiis, et comparationibus, et interpretationibus miratæ sunt terræ,

19. Et in nomine Domini Dei, cui est cognomen Deus Israel.

20. Collegisti quasi aurichalcum aurum, et ut plumbum complesti argentum,

21. Et inclinasti femora tua mulie-

sos nomen sanctum ejus, et à mane personando sanctitatem.

Dominus abstulit peccata ipsius, et exaltavit in æternum cornu ejus : et dedit illi testamentum regum, et thronum gloriæ in Israel.

Cum hoc surrexit filius sciens, et propter illum habitavit in latitudine.

Salomon regnavit in diebus pacis, cui Deus requiem dedit in circuitu; ut conderet domum in nomine ejus, et pararet sanctitatem in sempiternum.

Quàm sapiens fuisti in juventute tuâ : et impletus es, quasi flumen, intellectu ! Terram contexit anima tua.

Et replesti in parabolis ænigmatum. Ad insulas longè pervenit nomen tuum; et dilectus fuisti in pace tuâ.

In cantilenis et proverbiis et parabolis et interpretationibus, te miratæ sunt terræ.

In nomine Domini Dei, cui cognomen est Deus Israel,

Collegisti quasi stannum, aurum; et ut plumbum multiplicasti argentum.

Inclinasti femora tua mulieri-

---

13. *Purgavit peccata :* II *Reg.*, XII, 13. *Testamentum regni,* legem de regno ejus domui dando in hæreditatem. II *Reg.,* VII, 12 et seqq.

15. *Eruditus es in juventute tuâ.* Converso sermone ad Salomonem ; qui à Deo doctus puer, et ab initio regni, III *Reg.,* III, et jam indè ab ortu vidit David parentem de templo assiduè cogitantem, II *Reg.,* VII, XXIV.

16. *Terram retexit.* Græc. *contexit : anima tua ;* quod explicatur vers. 17, 18. Replevit enim terram proverbiis, parabolis, sive comparationibus, id est, similitudinibus, ænigmatibus, canticis, cujus quippe parabolæ ad tria millia fuerint, carmina autem ad quinque millia, III *Reg.,* IV, 31, 32 ; X, 24. De Salomonis autem longè latèque, et *usque ad insulas,* hoc est, phrasi hebraicâ, ad extrema terrarum divulgato nomine ; habes III *Reg.,* IV, 31, 34 ; tùm cap. X, 1, 11, 22.

20. *Collegisti...aurum.* De auri argentique copiâ : III *Reg.,* X, 14, 20;. II *Paral.,* IX, 13, 27, etc.

21. *Potestatem habuisti in corpore tuo :* quasi acceptâ licentiâ eo utendi pro

## CAPUT XLVII.

bus, et subjugatus es in corpore tuo.

Dedisti maculam in gloriâ tuâ, et profanasti semen tuum, inducere iram super filios tuos : et compunctus sum super stultitiâ tuâ.

Ut fieret imperium bipartitum, et ex Ephraim inciperet regnum inobediens.

Dominus autem non derelinquet misericordiam suam, et non corrumpet opera sua, nec delebit electi nepotes; et semen ejus, qui ipsum dilexit, non tollet.

Et dedit reliquias Jacob, et Davidi ex ipso radicem.

Et requievit Salomon cum patribus :

Et reliquit post se, de semine suo, gentis stultitiam,

Et imminutum prudentiâ Roboam, qui avertit gentem consilio suo :

Et Hieroboam filium Nabat, qui peccare fecit Israel, et dedit viam peccati ipsi Ephraim. Et redundaverunt peccata ipsorum valdè ;

Ut averteret eos à terrâ.

Et quæsiverunt omnem nequi-

ribus : potestatem habuisti in corpore tuo :

22. Dedisti maculam in gloriâ tuâ, et profanasti semen tuum inducere iracundiam ad liberos tuos, et incitari stultitiam tuam :

23. Ut faceres imperium bipartitum, et ex Ephraim imperare imperium durum.

24. Deus autem non derelinquet misericordiam suam, et non corrumpet, nec delebit opera sua, neque perdet à stirpe nepotes electi sui : et semen ejus, qui diligit Dominum, non corrumpet.

25. Dedit autem reliquum Jacob, et David de ipsâ stirpe.

26. Et finem habuit Salomon cum patribus suis.

27. Et dereliquit post se, de semine suo, gentis stultitiam,

28. Et imminutum à prudentiâ, Roboam, qui avertit gentem consilio suo :

29. Et Jeroboam filium Nabat, qui peccare fecit Israel, et dedit viam peccandi Ephraim : et plurima redundaverunt peccata ipsorum.

30. Valdè averterunt illos à terrâ suâ.

31. Et quæsivit omnes nequitias,

---

libidine, vel ex Græc. *perdomitus es*, sub jugum missus es *in corpore tuo*, muliebribus illecebris victus.

22. *Inducere iracundiam* : ita ut induceretur. *Et incitari stultitiam tuam* : stultum amorem mulierum. Græc. *compunctus sum*, attonitus sum, etc.

23. *Ex Ephraim* : ex Jeroboam Ephraimitico, atque ex decem tribubus, quæ sæpè Ephraim vocarentur : *imperare imperium durum* : Græc. *inciperet* (exurgeret) *imperium inobediens*, sive perduelle.

25. *Dedit reliquum* : reliquias *Jacob et David :* τῷ Ἰακώϐ, τῷ Δαυίδι : dativo casu : *de ipsâ stirpe* : Salomonis.

26. *Finem habuit* : dormivit, Græc. *requievit* : III *Reg.*, xi, 43.

29. *Qui peccare fecit Israel.* Quo elogio semper designatur in Scripturis, ut videre est passim libris *Reg.* III et IV.

30. *A terrâ :* promissâ, ex quâ translati sunt in Assyriam propter peccata sua, quorum initium fuit illa secessio à Judâ, auctore Jeroboamo, IV *Reg.*, xvii, 4, 21, etc.

31. *Quæsivit omnes nequitias.* Vide Græc. in Latinis defensio pro ultione; ut in

usque dùm perveniret ad illos defensio, et ab omnibus peccatis liberavit eos.

tiam, donec vindicta veniret super eos.

illo Pauli, *Rom.*, XII, 19,ᶠ *non vosmetipsos defendentes* : Græc. *ulciscentes. Ab omnibus peccatis* : Græc. deest.

## CAPUT XLVIII.

Elias, Elisæus, Ezechias, Isaias propheta magnus, 25; eo duce liberati, 23; Vis precum, 22.

**VERSIO VULGATA.**

1. Et surrexit Elias propheta quasi ignis : et verbum ipsius quasi facula ardebat.
2. Qui induxit in illos famem, et irritantes illum invidiâ suâ pauci facti sunt : non enim poterant sustinere præcepta Domini.
3. Verbo Domini continuit cœlum, et dejecit de cœlo ignem ter :
4. Sic amplificatus est Elias in mirabilibus suis. Et quis potest similiter sic gloriari tibi ?
5. Qui sustulisti mortuum ab inferis de sorte mortis, in verbo Domini Dei.
6. Qui dejecisti reges ad perniciem, et confregisti facilè potentiam ipsorum, et gloriosos de lecto suo.
7. Qui audis in Sinâ judicium, et in Horeb judicia defensionis.
- 8. Qui ungis reges ad pœnitentiam, et prophetas facis successores post te.
9. Qui receptus es in turbine ignis,

**SIXTINA VERSIO.**

Et surrexit Elias propheta quasi ignis : et verbum illius quasi facula ardebat.
Qui induxit in illos famem : et zelo suo paucos fecit eos.

In verbo Domini continuit cœlum : deduxit sic ter ignem.
Quàm glorificatus fuisti, Elias, in mirabilibus tuis ! et quis similis tibi, ut glorietur ?
Qui suscitasti cadaver à morte et ab inferis, in verbo Altissimi.

Qui dejecisti reges in perniciem, et gloriosos de lecto suo.

Qui audis in Sinâ correptionem, et in Choreb judicia vindictæ.
Qui ungis reges in retributionem, et prophetas successores post teipsum.
Qui assumptus es in turbine

1. *Quasi ignis.... quasi facula :* propter ardentem zelum : undè igne raptus in cœlum. De rebus autem Eliæ, III *Reg.*, XVII et seqq.

7. *In Sinâ.... in Horeb :* quod est jugum montis Sina : III *Reg.*, XIX, 8. *Defensionis :* ultionis. Vide XLVII, 31. Quæ autem judicia, quas ultiones, Elias, instar alterius Moysi, in Sinâ audierit, vide III *Reg.*, XIX, 17.

8. *Qui ungis reges :* III *Reg.*, XIX, 15, 16. *Ad pœnitentiam :* Græc. *in retributionem,* sive rependendas vices, peccatis scilicet, quò ad pœnitentiam provocentur. *Et prophetas,... successores :* ibid.

## CAPUT XLVIII.

ignis, in curru equorum igneorum.

Qui descriptus es in correptionibus ad tempora lenire iram ante furorem, et conciliare cor patris ad filium, et restituere tribus Jacob.

Beati, qui te viderunt, et qui in amicitiâ decorati sunt.

Nam et nos vitâ vivemus.

Elias, qui in turbine tectus est: et Eliseæus impletus est spiritu illius. Et in diebus suis non est commotus à principe : et non subjugavit eum quisquam.

Non superavit illum aliquod verbum, et in dormitione prophetavit cor ejus.

Et in vitâ suâ fecit monstra, et in morte mirabilia opera ejus.

In omnibus his non pœnituit populus, et non recesserunt à peccatis, usque dùm direpti sunt de terrâ suâ, et dispersi sunt in omnem terram.

Et relicta est gens perpauca, et princeps domui David.

Quidam sanè ipsorum fecerunt

in curru equorum igneorum.

10. Qui scriptus es in judiciis temporum lenire iracundiam Domini : conciliare cor patris ad filium, et restituere tribus Jacob.

11. Beati sunt, qui te viderunt, et in amicitiâ tuâ decorati sunt.

12. Nam nos vitâ vivimus tantùm : post mortem autem non erit tale nomen nostrum.

13. Elias quidem in turbine tectus est, et in Eliseæo completus est spiritus ejus. In diebus suis non pertimuit principem, et potentiâ nemo vicit illum.

14. Nec superavit illum verbum aliquod; et mortuum prophetavit corpus ejus.

15. In vitâ suâ fecit monstra, et in morte mirabilia operatus est.

16. In omnibus istis non pœnituit populus, et non recesserunt à peccatis suis, usque dùm ejecti sunt de terrâ suâ, et dispersi sunt in omnem terram :

17. Et relicta est gens perpauca, et princeps in domo David.

18. Quidam ipsorum fecerunt quod

---

10. *Qui scriptus es.* Vide etiam Græc. Hæc subdens post Eliæ raptum in cœlum, satis indicat Eliæ officium nondùm esse completum, reservarique eum ad leniendam destinato tempore Dei iracundiam; quod partim impletum in Joanne Baptistâ quem Elias figurabat, partim implendum Eliâ adventuro ante secundum Christi adventum, ex antiquissimâ Hebræorum Christianorumque doctrinâ, quâ de re, Præfatione *in Apocalypsim*, diximus. Conferendus autem hic locus cum illo de Enoch, suprà, XLIV, 16. *Cor patrum ad filios :* juxta *Malac.*, IV, 6.

13. *In Eliseæo spiritus ejus :* quâ de re et aliis Eliseæi gestis, IV *Reg.*, II, et seqq.

14. *Nec superavit :* nec res ulla super illum fuit; verbum pro re, sæpè notato hebraismo. *Mortuum prophetavit :* miraculo edito, ac suscitato mortuo : IV *Reg.*, XIII, 21.

16. *Non pœnituit :* non sunt emendatæ decem tribus, tot miraculis et oraculis monitæ.

17. *Gens perpauca.* Solebant in illis migrationibus paucissimos relinquere ad colendos agros, et opificia necessaria; itaque paucissimi ex decem tribubus in terrâ suâ relicti. IV *Reg.*, XVII, XXIV. *Princeps in domo David.* Dejectis regibus, nullus jam, nisi in eâ domo, principatus.

18. *Quidam ipsorum :* principum è Davidis familiâ.

placeret Deo : alii autem multa commiserunt peccata.

19. Ezechias munivit civitatem suam, et induxit in medium ipsius aquam : et fodit ferro rupem, et ædificavit ad aquam puteum.

20. In diebus ipsius ascendit Sennacherib, et misit Rabsacen, et sustulit manum suam contra illos, et extulit manum suam in Sion, et superbus factus est potentiâ suâ.

21. Tunc mota sunt corda et manus ipsorum : et doluerunt quasi parturientes mulieres.

22. Et invocaverunt Dominum misericordem, et expandentes manus suas, extulerunt ad cœlum : et sanctus Dominus Deus audivit citò vocem ipsorum.

23. Non est commemoratus peccatorum illorum, neque dedit illos inimicis suis, sed purgavit eos in manu Isaiæ sancti prophetæ.

24. Dejecit castra Assyriorum : et contrivit illos angelus Domini :

25. Nam fecit Ezechias quod placuit Deo, et fortiter ivit in viâ David patris sui, quam mandavit illi Isaias propheta magnus, et fidelis in conspectu Dei.

26. In diebus ipsius retrò rediit sol, et addidit regi vitam.

27. Spiritu magno vidit ultima, et consolatus est lugentes in Sion. Usque in sempiternum

quod placeret : quidam autem multa commiserunt peccata.

Ezechias munivit civitatem suam, et induxit in medio ipsorum Gog : fodit ferro rupem, et ædificavit puteos ad aquas.

In diebus ipsius ascendit Nacherim, et misit Rabsacem, et promovit. Et promovit manus ejus in Sion : et jactavit se in superbiâ suâ.

Tunc commota sunt corda et manus ipsorum : et doluerunt quasi parturientes.

Et invocaverunt Dominum misericordem, expandentes manus suas ad eum. Et Sanctus de cœlo citò exaudivit eos,

Et redemit eos in manu Esaiæ.

Percussit castra Assyriorum : et contrivit eos angelus ejus.

Nam fecit Ezechias quod placuit Domino, et fortiter fuit in viis David patris sui, quas mandavit Esaias propheta magnus, et fidelis in visione ipsius.

In diebus ipsius retrò rediit sol, et addidit regi vitam.

Spiritu magno vidit ultima, et consolatus est lugentes in Sion. Usque in sempiternum

---

19. *Munivit civitatem... induxit... aquam.* II Paral., XXXII, 5.

21. *Quasi parturientes.* IV Reg., XIX, 3.

22. *Invocaverunt Dominum :* Ezechias et Isaias, IV Reg., XIX, 15 ; II Paral., XXXII, 20.

23. *Purgavit eos :* Græc. *liberavit : in manu Isaiæ :* eo duce, orante et prophetante, IV Reg., XIX, 15.

25. *In conspectu Dei :* Græc. *in visis à Deo missis.*

27, 28. *Spiritu magno*, forti, excelso : *vidit ultima :* extrema calamitatum et imminens excidium urbi, sive etiam ultima, à temporibus suis remotissima : quod sequenti congruit. *Usque in sempiternum ostendit :* quæ longo post tempore eventura erant, puta de Cyro et aliis ; quæ etiam in æternum duratura, de Christo,

Ostendit futura et abscondita, antequàm ipsa evenirent.

28. Ostendit futura et abscondita, antequàm evenirent.

ejusque Ecclesiâ. Quæ etsi aliis prophetis conveniant, Isaiæ tamen speciatim tribuuntur, quo nemo plura, remotiora, clariora ac luculentiora vidit.

## CAPUT XLIX.

Josias, Jeremias, Ezechiel, duodecim Prophetæ, Zorobabel, Jesus filius Josedec, Nehemias, Enoch, Joseph, Seth et Sem.

SIXTINA VERSIO.

Memoria Josiæ in compositionem incensi, facta opere unguentarii.

In omni ore quasi mel indulcabitur, et ut musica in convivio vini.

Ipse directus est in conversione populi, et abstulit abominationes iniquitatis.

Direxit ad Dominum cor suum : in diebus iniquorum corroboravit pietatem.

Præter David et Ezechiam, et Josiam, omnes delictum deliquerunt.

Nam reliquerunt legem Altis-

VERSIO VULGATA.

1. Memoria Josiæ in compositionem odoris facta opus pigmentarii.

2. In omni ore quasi mel indulcabitur ejus memoria, et ut musica in convivio vini.

3. Ipse est directus divinitùs in pœnitentiam gentis, et tulit abominationes impietatis.

4. Et gubernavit ad Dominum cor ipsius : et in diebus peccatorum corroboravit pietatem.

5. Præter David, et Ezechiam, et Josiam, omnes peccatum commiserunt :

6. Nam reliquerunt legem Altissimi

1, 2. *In compositionem... in omni ore*: et hujus præ cæteris, suavis memoria, propter admirabilem pietatem atque innocentiam, quòd octo annos natus, Deum colere cœperit, neque unquàm destiterit, IV *Reg.*, XXII, XXIII; neque quisquam similis illi fuisse memoratur, aut pari luctu defletus, ab ipso Jeremiâ editis lamentationibus. II *Paral.*, XXXV, 24, 25.

3. *Directus divinitùs*: Græc. *ipse prosperè egit*, etc. *Tulit abominationes*, etiam excelsa quæ ædificaverat Salomon, prætermissa Ezechiæ aliisque piis regibus. IV *Reg.*, XXIII, 13.

4. *Cor ipsius*: suum; *in diebus peccatorum*: cùm iniquitas per tot prava exempla usque adeò invalesceret, ut Deus jam plebi non esset placatus, nec propter tantam Josiæ pietatem. IV *Reg.*, XXIII, 26.

5. *Præter David, et Ezechiam*: atqui nec Ezechias prorsùs irreprehensus; sicut scriptum est: *Attamen in legatione principum Babylonis,... dereliquit eum Deus*, etc. II Par. XXXII, 31; imò acriter increpatus ab Isaiâ, IV *Reg.*, XX, 16. Ergo intelligendum videtur hos tres reges tantùm fuisse qui nihil commiserint contra cultum Dei, cùm de ipso Asâ et ejusdem filio Josaphat tam piis memoretur, *excelsa non abstulit*. III Reg., XV, 14; XXII, 44. Addamus tres illos reges non peccasse ullum grande peccatum directè contra legem: nam peccata Davidis tot eluta lacrymis, coràm Deo pro infectis ac nullis habentur, ad commendandam vim pœnitentiæ.

reges Juda, et contempserunt timorem Dei.

7. Dederunt enim regnum suum aliis, et gloriam suam alienigenæ genti.

8. Incenderunt electam sanctitatis civitatem, et desertas fecerunt vias ipsius in manu Jeremiæ.

9. Nam malè tractaverunt illum, qui à ventre matris consecratus est propheta, evertere, et eruere, et perdere, et iterùm ædificare, et renovare.

10. Ezechiel qui vidit conspectum gloriæ, quam ostendit illi in curru Cherubim.

11. Nam commemoratus est inimicorum in imbre, benefacere illis, qui ostenderunt rectas vias.

12. Et duodecim prophetarum ossa pullulent de loco suo : nam corroboraverunt Jacob, et redemerunt se in fide virtutis.

simi : reges Juda defecerunt.

Dederunt enim cornu suum aliis, et gloriam suam alienæ genti.

Incenderunt electam sanctitatis civitatem, et desertas fecerunt vias ipsius in manu Hieremiæ.

Nam malè tractaverunt illum : et ipse in utero consecratus est propheta, eradicare, et affligere, et perdere, similiter ædificare et plantare.

Ezechiel, qui vidit conspectum gloriæ, quam ostendit illi in curru Cherubim.

Nam commemoratus est inimicorum in imbre, et benefacere illis qui dirigunt vias.

Et duodecim prophetarum ossa pullulent de loco suo. Consolatus est autem Jacob, et redemit eos in fide spei.

6. *Reges Juda :* horum pars maxima.

7. *Dederunt regnum suum :* Deum per sua peccata perpulerunt ut daret.

8. *Incenderunt :* alieni : de quibus vers. præced. IV *Reg.*, xxv, 9. *In manu Jeremiæ :* id vaticinante Jeremiâ.

9. *A ventre matris :* Jerem., I, 5. *Evertere :* ibid., 10, *ut evellas et destruas*, etc.

10. *Ezechiel qui vidit conspectum gloriæ :* ejusdem *Ezech.*, I ; ex quo viso omnis ejus prophetia pendet, *ibid.*, VIII, 2 ; X, 1, 2, etc.

11. *In imbre :* comminatus procellam, et imbrem inundantem, et lapides grandes ad dissipandos falsorum prophetarum conatus. *Ezech.*, XIII, 11, 13. *Benefacere illis qui :* nec tantùm impiis minas, sed benè agentibus ac pœnitentibus fausta promissa protulit; XVIII, XXVII, XXXIV, 23, præsertim verò XL et seqq.

12. *Et duodecim prophetarum.* Ex his patet, jam tùm, ut Isaiam, Jeremiam, Ezechielem seorsùm, XLVIII, 23; XLIX, 9, 10; ita duodecim prophetas simul, singularem librum fecisse ; quod rectè notavit noster Daniel Huetius vir eruditissimus, nunc Abrincensis episcopus. De Daniele autem hic tacitum, quòd Hebræi non solerent recensere eum inter prophetas ; quippe qui non propheticam, sed satrapicam, ut aiunt, vitam egerit, sed inter hagiographos, referente Hieronymo, et ita Scripturam ordinante in suo canone quem docti Benedictini adornant : quo loco iidem Hebræi post Job, Davidis, Salomonis, et alios haud minùs divinitùs inspiratos libros reponunt. Sanè Daniel apud Ezechielem non semel, XIV, 14; XXVIII, 3; ejus autem liber inter Scripturas memoratur ante Christum, I *Mach*, II, 59, 60, temporibus Ecclesiastico proximis, ut diximus. *Ossa pullulent :* de hâc formulâ vide XLVI, 14. *Corroboraverunt Jacob : redemerunt se :* Græc. *eos*, Deo tribuit : per prophetas scilicet, eodem sensu : *In fide virtutis :* Dei virtute fretâ. Græc. *in fide spei :* spe certâ fide nixâ.

## CAPUT XLIX.

| | |
|---|---|
| Quomodò amplificemus Zorobabel? Nam et ipse quasi signaculum in dextrâ manu. | 13. Quomodò amplificemus Zorobabel? nam et ipse quasi signum in dexterâ manu. |
| Sic Jesus filius Josedec. Qui in diebus suis ædificaverunt domum, et exaltaverunt populum sanctum Domino paratum in gloriam sempiternam. | 14. Sic et Jesum filium Josedec? Qui in diebus suis ædificaverunt domum, et exaltaverunt templum sanctum Domino, paratum in gloriam sempiternam. |
| Et Nehemiæ memoria in multum tempus, qui erexit nobis muros eversos, et stare fecit portas et seras, et erexit sola domorum nostrarum. | 15. Et Nehemias in memoriâ multi temporis, qui erexit nobis muros eversos, et stare fecit portas et seras, qui erexit domos nostras. |
| Nemo creatus est, qualis Enoch, talis in terrâ : nam et ipse assumptus est à terrâ. | 16. Nemo natus est in terrâ qualis Henoch : nam et ipse receptus est à terrâ. |
| Neque sicut Joseph natus est vir princeps fratrum, stabilimentum populi. | 17. Neque ut Joseph, qui natus est homo princeps fratrum, firmamentum gentis, rector fratrum, stabilimentum populi : |
| Et ossa ipsius visitata sunt. | 18. Et ossa ipsius visitata sunt, et post mortem prophetaverunt. |
| Sem et Seth apud homines gloriam adepti sunt. Et super omne animal in creatione Adam. | 19. Seth et Sem apud homines gloriam adepti sunt : et super omnem animam in origine Adam. |

13. *Quomodo amplificemus :* Græc. *magnificemus : Zorobabel.*

14. *Jesum filium Josedec*, 15, *et Nehemias.* Nulla hic Esdræ mentio. Quòd tantùm commemoret prophetas et populi duces; quo etiam nomine veniunt sacrorum præsides, ut diximus, ad XLIV, 3, 4 ; sanè Esdras scribæ, sive doctoris, non prophetæ nomine insignitus : Zorobabel autem dux gentis. *Quasi signum in dexterâ manu,* res conjunctissima, lectissima, diligentissimè custodita : ab Aggæo repetitum, II, 24 ; ubi de Zorobabele dicitur : *Ponam te, quasi signaculum, quia te elegi.* Quo sensu in *Canticis,* VIII, 6 : *Pone me ut signaculum super brachium tuum.* De Jesu filio Josedec summo sacerdote et de Nehemiâ notum, ex *Aggæo,* II, 24. *Zachariâ,* VI, 11; primo et secundo *Esdræ.*

16. *Qualis Henoch.* Redit ad eum, à quo exorsus est, XLIV, 16, tantum virum, ut ortum licet à terrâ, terra tamen non caperet; eique conjungit velut extra ordinem Josephum, Seth et Sem.

17. *Qui natus est homo princeps :* à nativitate destinatus : sed Græc. aliter ac simpliciùs.

18. *Ossa ipsius visitata sunt :* translata sunt ab Ægypto, quemadmodùm ipse præceperat. *Gen.,* L, 23, 24 ; *Exod.,* XIII, 19. *Post mortem prophetaverunt :* impleta sunt de ejus ossibus vaticinia, quæ ipse vivus ediderat. Ibid.

19. *Seth et Sem :* Seth à quo ortus Noe et piorum progenies, ii scilicet qui ante diluvium filii Dei vocabantur. *Gen.,* VI, 2, 4. Ideò conjunctus cum *Sem,* qui et ipse à diluvio origo piæ gentis, Abrahami et Abramidarum parens, à Deo præ cæteris fratribus benedictus. *Gen.,* IX, 26, 27. *Super omnem animam :* ideò præ cæteris Adami filiis clari et excelsi habentur. Adam autem nonnisi in filiis memoratur, neque aliâ ullâ laude donatur : quippe peccati, ut generis humani, auctor.

## CAPUT L.

Simon Oniæ filius, ejus oratio : adhortatio ad orandum : duæ gentes invisæ; tertia nec dicenda gens : libri auctor.

| VERSIO VULGATA. | SIXTINA VERSIO. |
|---|---|
| 1. Simon Oniæ filius, sacerdos magnus, qui in vitâ suâ suffulsit domum, et in diebus suis corroboravit templum. | Simon Oniæ filius, sacerdos magnus, qui in vitâ suâ suffulsit domum, et in diebus suis corroboravit templum. |
| 2. Templi etiam altitudo ab ipso fundata est, duplex ædificatio et excelsi parietes templi. | Et ab ipso fundata est altitudo duplicis, reparatio excelsa ambitûs templi. |
| 3. In diebus ipsius emanaverunt putei aquarum, et quasi mare adimpleti sunt supra modum. | In diebus ipsius imminutum est receptaculum, æs quasi maris perimetrum. |
| 4. Qui curavit gentem suam, et liberavit eam à perditione. | Curam gerens populi sui à casu, et fortificans civitatem ad obsidendum. |

1. *Simon.* Duos pontifices hujus nominis fuisse in Præfatione diximus : Simon I justus, Seleuco Nicanore Syriæ, Ptolemæo Lagi filio Ægypti regibus, in ipsis imperii Macedonici initiis, floruit : cujus nepos Simon II, post Eleazarum ac Manassen patruos et Oniam II, parentem octoginta ferè annis, postquàm avus cœperat, Antiocho Magno ac Ptolemæo Philopatore Syriæ et Ægypti regibus, viginti annos præfuit. Hunc miris extollit laudibus, recente viri memoriâ ; ad conciliandam quoque gratiam Oniæ III, ejus filio viro maximo, ex paternarum virtutum ac beneficiorum commemoratione, adversùs intrusos nefarios sacerdotes Jasonem, Menelaum, Lysimachum, à quibus ille sacerdotio exutus, ut in eâdem Præfatione dictum. *In vitâ suâ : in diebus suis.* Sic de mortuis loqui solent. Idem, vers. 3; vide Præfat. *Suffulsit*, Græc. *sarcivit : domum :* templum.

2. *Fundata est :* fulta est, suprà, xx, 19. *Duplex ædificatio.* Duplex murus in ambitu templi ad muniendum locum. Græc. *ab ipso fundata est altitudo duplicis*, διπλῆς, supple, ὑποτειχήσεως, *substructionis*, muri (quod est) munimentum excelsum ambitûs templi. Horum autem et aliorum operum, vers. 3, 5, nulla præterquàm hic, memoria. Templum sub hæc tempora, munimenti instar fuisse, videas in Machabaicis passim.

3. *Putei aquarum :* Græc. *imminutum est aquarum receptaculum :* (sive plurali numero, *imminuta receptacula*) æs quasi maris ambitus, id est, aquarum receptacula (putei, aquæductus, cætera ejusmodi ad lavandi et potandi usum), cùm anteà imminuta essent, hujus pontificis tempore facta sunt ut mare illud æreum amplissimum, in templo collocatum, III *Reg.* vii, 23; II *Paral.* iv, 2. Alia lectio indicat mare illud æneum factum esse tripliciter majus.

4. *Liberavit eam à perditione.* Qui Ptolemæum Philopatorem Ægypti regem, negato à Judæis sanctuarii aditu, extrema intentantem, ac propè jam sævientem, precibus ad Deum fusis sacro loco prohibuit, quo initio regis victoriâ tumidi fracta superbia, mutataque mens in melius, non modò salvis Judæis et ab omni vi tutis, verùm etiam oppressis, qui eos ad vincula cædemque poscerent. Scriptum III *Mach.* antiquo sanè libro, licet non canonico, cap. i, ii, vi, vii. Græc. breviùs : *qui curam gessit populi sui à casu,* sive ab excidio (liberandi).

Quàm glorificatus est in conversatione populi, in egressu domûs velamenti?

Quasi stella matutina in medio nubis : quasi luna plena in diebus.

Quasi sol refulgens super templum Altissimi : et

Quasi arcus refulgens inter nubes gloriæ : quasi flos rosarum in diebus vernis, quasi lilia super transitus aquæ : quasi germen Libani in diebus æstatis :

5. Qui prævaluit amplificare civitatem, qui adeptus est gloriam in conversatione gentis : et ingressum domûs et atrii amplificavit.

6. Quasi stella matutina in medio nebulæ, et quasi luna plena in diebus suis lucet.

7. Et quasi sol refulgens, sic ille effulsit in templo Dei.

8. Quasi arcus refulgens inter nebulas gloriæ, et quasi flos rosarum in diebus vernis, et quasi lilia quæ sunt in transitu aquæ, et quasi thus redolens in diebus æstatis.

5. *Qui prævaluit* : Græc. *qui munivit civitatem* ad obsidendum : ( si obsideri contingeret : ) quò etiam quidam referunt antecedentia, nempè Simonem populo cavisse ab excidio ; eò quòd munimentis additis, urbem difficiliorem oppugnatu fecerit. Sed aliud postulant ipsæ Simonis res ; ipsaque verborum vis ; quibus gens non à futuro ac remoto, sed ab imminente exitio liberata fuisse videatur ; ex similibus locis LI, 3, et aliis : præsertim si attenderis ad antiquam lectionem quam Vulgata secuta sit, cujus vel maximam haberi oportere rationem, in aliis quoque locis haud paucis vidimus. *In conversatione gentis* : conversionem intellexit, pro quo proclive librariis conversationem reponere, ut supra XVIII, 24. Quid autem est Simoni obtigisse gloriam : *in conversione gentis?* nisi eum claruisse cùm res populi è tranquillo statu in trepidum ac turbidum verterentur, quâ in conversione Simonem illustrem habitum etiam sequentia demonstrabunt. Alioquin certum est Simoni obvenisse gloriam *ex conversatione gentis*, quam dicto audientem, et legi obsequentem semper habuerit. Græc. ἐν περιστροφῇ λαοῦ, quod etiam verti potest : *in circumstantiâ populi* : quâ interpretatione ista pars versûs in Græc. sic habebit : *Quàm glorificatus est in multitudine populi circumstantis, in egressu domûs velamenti*, id est, cùm stato die ex *Levit.*, XVI, 15, sanctuarium ingressus, ex velamento domûs templi, id est, ex ipso adyto, rursùs exiret ad multitudinem: cui sequentia congruunt.

6. *Quasi stella matutina.* Pontificem ex adyti velo, ac templo prodeuntem convenientissimè comparat lucifero inter nebulas exorienti, ac velut noctis vela rumpenti ; cæterisque rebus splendidis posteà referendis, vers. 7 et seqq. Conjicere autem datur, Simonem unum præ cæteris, quorum meminissent pontificibus, insigni decore sacris operatum, specie sacerdotio dignâ. Sanè commemorat præ cæteris cæremoniis ingressum in adytum, quod solus pontifex eo honore polleret. Nec absurdum Simonem in eâ cæremoniâ clariorem visum cæteris, quòd is sacri adyti religionem, ac pontificiam prærogativam magnificè defenderit à Ptolemæi conatibus, ut vidimus. Quæ quidem, recentissimâ memoriâ, enarrata iis qui viderant, afficere solent animos tanti splendoris dignitatisque memores.

7. *Quasi sol* : Græc. *quasi sol refulgens supra templum Altissimi* : supra cœlum quæ est Dei sedes, ipso templo repræsentata.

8. *Quasi arcus refulgens.* Hæc et sequentia pertinent ad commendandas pontificias vestes, colorum varietate, ac splendore gemmarum. *Quasi thus redolens.* 9. *Quasi thus ardens.* Pontifices, quòd Deo thymiama adolerent, arcamque et tabernaculum et altare, aliaque templi utensilia oleo perlinirent, prodibant et ipsi odoratissimo vapore ac liquore perfusi. *Exod.* XXX, 30.

9. Quasi ignis effulgens, et thus ardens in igne.

10. Quasi vas auri solidum, ornatum omni lapide pretioso.

11. Quasi oliva pullulans, et cypressus in altitudinem se extollens, in accipiendo ipsum stolam gloriæ, et vestiri eum in consummationem virtutis.

12. In ascensu altaris sancti, gloriam dedit sanctitatis amictum.

13. In accipiendo autem partes de manu sacerdotum, et ipse stans juxta aram. Et circa illum corona fratrum, quasi plantatio cedri in monte Libano :

Quasi ignis et thus super focum :

Quasi vas auri solidum, ornatum omni lapide pretioso :

Quasi oliva pullulans fructus, et quasi cypressus exaltata in nubibus. In accipiendo ipsum stolam gloriæ, et induendo consummationem gloriationis :

In ascensu altaris sancti gloriam dedit amictui sanctitatis.

In accipiendo autem membra de manibus sacerdotum, et ipse stans juxta focum aræ, circa illum corona fratrum, quasi plantatio cedri in Libano :

11. *Quasi oliva pullulans, et cypressus in altitudinem.* Quòd pontifex erecto corpore, sacrâ etiam tiarâ venerandus, propter habitûs majestatem, cæteris quoque mortalibus major ac procerior haberetur. *Stolam gloriæ :* splendidam, illustrem. *In consummatione,* sive perfectione *virtutis :* Græc. *gloriationis,* decoris, magnificentiæ.

12. *In ascensu.* Mirum videri possit Ecclesiasticum Simonis pontificis gesta prædicantem, totis undecim versibus, ab hoc scilicet usque ad 24, nihil aliud agere, quàm ut sacrificii, nec omnis, sed pacifici, sive eucharistici ac salutaris, quorum idem usus, studiosè describat cæremonias à quovis pontifice, imò etiam à quovis sacerdote per pontificis absentiam sacris præsidente, peragi solitas. Aliò ergo spectat : nempè ad illud insigne miraculum de quo ad vers. 4; quo sanè miraculo vel maximè constat Simonis hujus laus. Sanè quâ die illud evenit, Ptolemæus Philopator in ipsis Jerosolymis, in ipso templi loco, pro ingente reportatâ de Syris victoriâ, eucharisticum sacrificium offerebat, Simone pontifice sacra peragente. Quibus expletis omnibusque ordine gestis, rex ad ipsum templum accessit, sacrisque ritibus, ac loci majestate, ministeriorumque ordine stupefactus, non modò sanctum locum, quò solis sacerdotibus, verùm etiam Sancta sanctorum, quò soli pontifici, idque semel in anno penetrare fas erat, ingredi voluit. III *Machab.,* I. Cùmque nullis precibus aut adhortationibus flecteretur, Simon pontifex, sacris ut erat indutus vestibus, conversus ad templum, fudit orationem eam, quæ habetur *ibid.,* cap. II; cujus vim mirabilem ex eodem capite statim memoravimus, ad vers. scilicet 4. Tantæ ergo celebritatis, rerumque in eâ gestarum memor Ecclesiasticus, solemnissimi sacrificii ordinem exequitur ad vers. 23 ; quo loco post sacra iteratam sancti pontificis precationem, ejusque vim celebrat; eo deniquè exemplo populum hortatur, ut piis precibus Deum inflectat ad misericordiam, vers. 24 et seqq. Summa hæc : jam ad singula. *In ascensu altaris sancti :* cùm sublimis pontifex clivum altaris inscenderet, totum ambitum illustravit ex circumfulgentiâ sacræ vestis; quo ab initio describere incipit sacrificii ritum, non tamen alterius quàm pacifici, ut suprà memoravimus, ac diligentissimè observari volumus.

13. *In accipiendo partes :* μέρη, Græc. μέλη : *membra,* eodem sensu. In pacificis enim sacrificiis non tota victima, sed ejus pars aliqua, membrum aliquod, renes, pectus, jecur, adeps, cætera in *Levitico* designata, vel cedebant in partem Aaronis, hoc est, pontificis, seu quicumque s acro præerat, vel ab eo igni tradebantur:

## CAPUT L.

Et circumdederunt illum quasi rami palmarum, et omnes filii Aaron in gloriâ suâ.

Et oblatio Domini in manibus ipsorum coràm omni ecclesiâ Israel; et consummatione fungens super aras ad ornandum oblationem Excelsi omnipotentis,

Porrexit manum suam super libatorium, et libavit de sanguine uvæ:

Effudit ad fundamenta altaris odorem suavitatis Excelso omnium regi.

Tunc exclamaverunt filii Aaron : in tubis ductilibus sonuerunt : auditam fecerunt vocem magnam in memoriam coràm Altissimo.

Tunc omnis populus simul properavit; et ceciderunt in faciem super terram, adorare Dominum suum omnipotentem, Deum excelsum.

Et laudaverunt psallentes in vocibus suis : in magnâ domo dulce factum est melos.

Et rogavit populus Dominum excelsum in prece ante miseri-

14. Sic circa illum steterunt quasi rami palmæ, et omnes filii Aaron in gloriâ suâ.

15. Oblatio autem Domini in manibus ipsorum, coràm omni synagogâ Israel : et consummatione fungens in arâ, amplificare oblationem Excelsi regis.

16. Porrexit manum suam in libatione, et libavit de sanguine uvæ.

17. Effudit in fundamento altaris odorem divinum excelso principi.

18. Tunc exclamaverunt filii Aaron, in tubis productilibus sonuerunt, et auditam fecerunt vocem magnam in memoriam coràm Deo.

19. Tunc omnis populus simul properaverunt, et ceciderunt in faciem super terram, adorare Dominum Deum suum, et dare preces omnipotenti Deo excelso.

20. Et amplificaverunt psallentes in vocibus suis, et in magnâ domo auctus est sonus suavitatis plenus.

21. Et rogavit populus Dominum excelsum in prece, usque dùm per-

---

quarum rerum gratiâ à singulis sacerdotibus sacrorum præsidi deferebantur in manus. *Levit.*, VII, 29 et seq.; IX, 48 et seq. *Circa illum corona fratrum :* sacerdotum : ex eâdem Aaronis stirpe, ut vers. seqq.

14. *Quasi rami palmæ*, seu quasi palmæ ramosæ, *in gloriâ suâ :* in ornatu suo, in sacris vestibus.

15. *Et consummatione fungens :* Græc. *et ministerium perfectè implens* ( pontifex ) ; *in arâ :* Græc. *super aras :* ἐπὶ βωμῶν : aræ enim nomine veniebant non modò altare illud insigne, in quo holocausta, adeps, et cætera hujusmodi cremabantur, verùm etiam mensæ ad quas victimæ offerri, et immolari, seu cædi solebant : ad has igitur aras pontifex ministrabat, cùm ad unà ad aliam, victimæ, adeps, et cætera, sanguis etiam in pateris deferretur, in *Exodo* et *Levitico* passim. *Amplificare oblationem*, ad amplificandam; Græc. *ad ornandam*, id est, castè ac decorè celebrandam *oblationem :*

16. *Porrexit manum suam :* quo loco ad libationes, versu deinde 17, ad suffitus venit, quæ est pars vel pulcherrima sacræ actionis. *Excelso principi :* excelso omnium regi : παρβασιλεῖ.

18. *In tubis productilibus :* ex ductili materiâ factis. Sacerdotum autem erat clangere tubis, super pacificis quoque victimis, *Num.*, X.

20. *Amplificaverunt :* magnificarunt; Græc. *laudaverunt.*

fectus est honor Domini, et munus suum perfecerunt.

22. Tunc descendens manus suas extulit in omnem congregationem filiorum Israel dare gloriam Deo à labiis suis, et in nomine ipsius gloriari :

23. Et iteravit orationem suam, volens ostendere virtutem Dei.

24. Et nunc orate Deum omnium, qui magna fecit in omni terrâ, qui auxit dies nostros à ventre matris nostræ, et fecit nobiscum secundùm suam misericordiam :

cordem, usque dùm perfectus est honor Domini, et ministerium ejus perfecerunt.

Tunc descendens manus suas extulit in omnem ecclesiam filiorum Israel dare benedictionem Domino in labiis suis, et in nomine ipsius gloriari.

Et iteravit in adoratione, ad ostendendum benedictionem ab Altissimo.

Et nunc benedicite Deum omnes, qui magna facit ubique, qui exaltat dies nostros ab utero, et facit nobiscum secundùm misericordiam suam.

22. *Tunc*, peractis omnibus, perfectoque *honore Dei ac munere*, sive ministerio, Græc. vers. præced. : pontifex *descendens* ab altari, *manus suas extulit*, extendit ad benedicendum populum. *Levit.*, IX, 22; *Num.*, VI, 27 ; quo fine dimittebatur cœtus, *ibid.*

23. *Et iteravit orationem suam*. Manifestè spectat ad orationem eam, quam, Philopatore jam in templum irruente, Simon effuderat; signanter enim dictum II *Machab.*, I, 9, 10, 11, absoluto sacrificio id factum : cùm rex ab ipso loco in quo sacra spectabat, jam accederet ad templum, ejusque optimam dispositionem admiratus, vi pararet ingressum. Igitur *iteravit* Simon *orationem suam :* novis rebus coortis de integro orare cœpit, idque flexis genibus, et manus decenter extendens, *ibid.*, II, 1. *Volens ostendere virtutem Dei:* sive ut habet Græc. *benedictionem à Deo* territuro impium regem, ne infanda cœpta peragoret. Jam ergo totius hujus loci à vers. 12 sibi constat sensus, et absque his quidem nulla causa suberat, cur *Ecclesiasticus* pacifici sacrificii ritus omnes et singula officia sacerdotalia, tanquam eximias ac proprias Simonis res, tantâ diligentiâ et copiâ referret; quæ sanè laudatio perquàm frigida et inanis esset. Nunc res tota claruit, certaque præstò est ratio, cur omissis aliis sacrificiis, pro peccato scilicet atque holocaustis, eucharistica tantùm describenda susceperit ; quippe cùm Simoni nostro talia sacra, in hâc temporum necessitudine, peragenda contigerint : quæ adhuc recentia et vulgo notissima clariùs ac distinctiùs designari nihil attinebat : nec aliter res notæ in aliis Scripturæ locis, præsertim in Psalmis referuntur. In Græc. pro, *iteravit orationem*, legimus, *iteravit in adoratione*. Orare, adorare, ac venerari et græcè et latinè passim pro ipsâ oratione habentur.

24. *Et nunc orate.* In Simonis oratione tanta vis fuit, ut rex confestim flagellatus à Deo, atque instar arundinis agitatus, et prostratus in terram, re infectâ reportaretur domum, II *Machab.*, I, 16-18, et quidem nullius fuso sanguine ; quo nihil mirabilius, cùm plebs in necem rueret potiùs quàm violari sineret sacri loci religionem, ipse rex fureret, et ausurus extrema videretur. Neque minùs efficax fuit deprecatio, cùm idem rex nondùm remissâ irâ, Judæos Alexandrinos elephantis prædæ daturus, iisdem Judæis ad exemplum Jerosolymitarum ac Simonis orantibus, perculsus amentiâ à proposito destitit, multaque ac magna beneficia in piam gentem contulit, *ibid.*, 5-7. Meritò ergo *Ecclesiasticus* his commemoratis addit : *et nunc,* tanto exemplo docti, quanta *sit virtus Dei*, vers.

## CAPUT L.

Det nobis jucunditatem cordis, et fieri pacem in diebus nostris in Israel secundùm dies sæculi.

Fidelem faciendo nobiscum misericordiam suam; et in diebus ejus liberet nos.

Duas gentes odit anima mea: tertia autem non est gens:

Qui sedent in monte Samariæ, Philisthiim, et stultus populus qui habitat in Sichimis.

Doctrinam intellectûs et scientiæ scripsi in codice isto, Jesus filius Sirach Hierosolymita, qui diffudit sapientiam de corde suo.

Beatus qui in istis versabitur: et qui posuerit illa in corde suo, sapiens erit.

Si enim hæc fecerit, ad omnia

25. Det nobis jucunditatem cordis, et fieri pacem in diebus nostris in Israel per dies sempiternos;

26. Credere Israel nobiscum esse Dei misericordiam, ut liberet nos in diebus suis.

27. Duas gentes odit anima mea: tertia autem non est gens, quam oderim:

28. Qui sedent in monte Seir, et Philisthiim, et stultus populus, qui habitat in Sichimis.

29. Doctrinam sapientiæ et disciplinæ scripsit in codice isto Jesus filius Sirach Jerosolymita, qui renovavit sapientiam de corde suo.

30. Beatus, qui in istis versatur bonis: qui ponit illa in corde suo, sapiens erit semper.

31. Si enim hæc fecerit, ad omnia

præced., et quid precatio possit, *orate Deum omnium* pro pace et incolumitate populi: hic et seqq.

25. *Fieri pacem*: vexationibus quæ nunc instant, ex cap. XXXVI, in melius versis.

26. *Credere Israel*: ita ut credat Israel.

27, 28. *Duas gentes.... tertia non gens.... qui sedent in monte Seir:* Idumæi, Esaü sive Edom posteri, perpetui jam indè ab initio Israelitarum hostes, et tunc quoque infensissimi: I *Mach.*, v, 3, etc. Pro monte Seir in Scripturis noto, atque Esaü posteris attributo, Græc. *in monte Samariæ*; quæ pessima ac prorsùs rejicienda lectio, cùm de Samaritanis mox agatur. *Philisthiin*: qui hostili semper animo, certissimumque fugatis hostibus perfugium. I *Mach.*, III, 24. *Stultus populus in Sichimis*: Samaritanus cujus caput Sichem: stultus reverà populus, imperitus, qui licet legis gnarus, tamen à præscriptis legis veroque cultu ac populo Dei secesserit: ideà invisa gens, nec gentis nomine appellanda, quippe quæ nec suis ipsa stet legibus. Quantùm autem per hæc tempora Judæis nocuerit, testantur omnes historiæ.

29. *Doctrinam.* Hæc et quæ sunt in seq. capite, Hugo Grotius à nepote addita putat avi auctoris scriptis; quo argumento, quâve conjecturâ, non dixerim, cùm nullam afferat. Cæterùm hæc immeritò rejici in nepotem facilè evicero, cùm nihil sit quod non avo conveniat. *Jesus filius Sirach Jerosolymita.* Sic antiqui nomen, parentem, patriam inserebant libris; nec refert, an in capite, an in clausulâ. Quin etiam *Ecclesiastes* posteaquàm in ipso initio nomen posuit, in extremo sic scribit: *Cùmque esset sapientissimus Ecclesiastes, docuit populum, etc.* Eccle., XII, 9. quod iste videtur imitatus.

30. *Beatus, qui in his versatur bonis:* Græc. simpliciter: *Beatus qui in his versatur.* Sic scriptores divinitùs inspirati solent commendare doctrinam suam, imò non suam, sed Dei, uti in Præfatione cap. ult. memoravimus: sic ipse Salomon passim, sic iste, suprà, cap. XXXIII, 17-19; XXXIX, 16 et seqq.; sic sequente capite, 19, 22, 23, 30, 31, etc.

ECCLESIASTICUS.

valebit : quia lux Dei vestigium ejus est.

valebit : quia lux Domini vestigium ejus.

31. *Lux Dei vestigium ejus est :* qui scilicet *hæc fecerit :* divino lumine signata sunt vestigia quæ sectetur.

## CAPUT LI.

A morte liberatus, Deo agit gratias : populum adhortatur ad sectandam exemplo et ductu suo sapientiam : danti sapientiam dat gloriam, 23 ; modicum laboranti magna obvenit requies, 35; operanti ante tempus merces datur in tempore, 38.

### VERSIO VULGATA.

1. Oratio Jesu filii Sirach : Confitebor tibi, Domine rex, et collaudabo te Deum salvatorem meum.

2. Confitebor nomini tuo : quoniam adjutor et protector factus es mihi :

3. Et liberasti cor meum à perditione, à laqueo linguæ iniquæ, et à labiis operantium mendacium, et in conspectu adstantium factus es mihi adjutor.

### SIXTINA VERSIO.

*Oratio Jesu filii Sirach.*

Confitebor tibi, Domine rex, et collaudabo te Deum salvatorem meum.

Confitebor nomini tuo : quoniam protector et adjutor factus es mihi.

Et liberasti corpus meum à perditione, et à laqueo calumniæ linguæ, à labiis operantium mendacium : et in conspectu adstantium factus es mihi adjutor.

1. *Oratio* seu precatio *Jesu filii Sirach :* ejus procul dubio cujus est liber totus, ut ipsa testatur inscriptio. Hoc caput quidam codices non habent, additumque omninò est libri clausulæ illi quam vidimus : suprà, L, 29. Cæterùm ejusmodi addi solere ab ipsis auctoribus, neque ulla ratio vetat, et è contrà probat vel Joan. cap. XXI, additum post clausulam cap. XX, 30, 31 ; neque quidquam est quod non ipsi auctori congruat, ut mox videbimus. *Confitebor tibi :* collaudabo, concelebrabo te.

3. *Liberasti à perditione,* à certissimâ nece, quod ipsi auctori non semel contigisse ipse testatur, XXXIV, 13. Congruunt tempora, cùm sub Oniâ III quo pontifice Siracidem scripsisse ostendimus, homicidia fierent, II *Mach.,* IV, 3, sub Seleuco quidem Philopatore : quantò magis autem sub Antiocho Epiphane ejus filio, quo rege ipse Onias per proditionem à Menelao cæsus est : *ibid.,* 34. *A laqueo linguæ iniquæ :* Græc. *à laqueo calumniæ. A labiis operantium mendacium.* Qualis fuerit Simon ille Benjaminites, qui sanctum pontificem adortus calumniis, provisorem gentis audebat insidiatorem regni dicere : *ibid.,* 1, 2, quibus calumniis et hic et similes in Ecclesiasticum quoque sævire potuerint. Hic autem observandum Siracidem nusquàm hic commemorare causam religionis, aut odium gentis, eò quòd in hujus vexationis initiis, Judæorum hostes nondùm apertas inimicitias professi adversùs Judæos, Simonis, hujus Benjaminitæ, Jasonis, Menelai, Lysimachi et aliorum Judæorum operâ uterentur; atque odio gentis ac religionis, læsæ majestatis crimen obtenderent; quale persecutionis genus sub Juliano Apostatâ Christiani quoque experti sunt. Sic ergo ipse Siracides ad extremum vitæ deductus est periculum. *In conspectu adstantium :* accusantium, adversantium : ἀντισηκότων, quod habent quidam codices.

## CAPUT LI.

Et liberasti me secundùm multitudinem misericordiæ et nominis tui, à rugitibus præparatorum ad escam,

De manu quærentium animam meam : de multis tribulationibus, quas habui :

A suffocatione flammæ in circuitu, et de medio ignis, ubi non sum æstuatus :

Ab altitudine ventris inferni, et à linguâ coinquinatâ, et à verbo mendacii regi, calumniâ linguæ injustæ,

Appropinquavit usque ad mortem anima mea :

Et vita mea erat appropinquans inferno deorsùm.

Circumdederunt me undiquè, et non erat qui adjuvaret : respiciens ad adjutorium hominum, et non erat.

Et memoratus sum misericordiæ tuæ, Domine, et operationis tuæ, quæ à sæculo :

Quoniam eruis sustinentes te, et salvas eos de manu gentium.

Et exaltavi super terram supplicationem meam, et pro mortis liberatione deprecatus sum.

Invocavi Dominum patrem Domini mei, ut non derelinquat me

4. Et liberasti me secundùm multitudinem misericordiæ nominis tui à rugientibus, præparatis ad escam,

5. De manibus quærentium animam meam, et de portis tribulationum quæ circumdederunt me :

6. A pressurâ flammæ, quæ circumdedit me, et in medio ignis non sum æstuatus :

7. De altitudine ventris inferi, et à linguâ coinquinatâ, et à verbo mendacii, à rege iniquo, et à linguâ injustâ :

8. Laudabit usque ad mortem anima mea Dominum,

9. Et vita mea appropinquans erat in inferno deorsùm.

10. Circumdederunt me undiquè, et non erat qui adjuvaret : respiciens eram ad adjutorium hominum, et non erat.

11. Memoratus sum misericordiæ tuæ, Domine, et operationis tuæ, quæ à sæculo sunt :

12. Quoniam eruis sustinentes te, Domine, et liberas eos de manibus gentium.

13. Exaltasti super terram habitationem meam, et pro morte defluente deprecatus sum.

14. Invocavi Dominum patrem Domini mei, ut non derelinquat me in

---

4, 6. *A rugientibus.... à pressurâ flammæ.... in medio ignis :* similitudines, quibus designatur calumniæ vis, et extremum vitæ discrimen.

7. *De altitudine ventris inferi :* sive inferni, de profundissimo sepulchro, sive etiam carcere : quo sensu Jeremias : *Lapsa est in lacum vita mea : et posuerunt lapidem super me :* Thren., III, 53 ; et Psal. LXXXVII, 7. *Posuerunt me in lacu inferiori, in tenebrosis, et in umbrâ mortis. A rege iniquo :* Antiocho Epiphane, ut videtur, jam in sanctos sævire aggresso. *A verbo mendacii :* Græc. *regi* (dicto, ad regem clàm seu palàm allato : et à) *calumniâ*, etc.

9. *Et vita mea appropinquans.* Vide præcedentem.

12. *De manibus gentium :* sive etiam superborum, de quibus vers. 14; indicat autem vexationem jam à gentilibus cœptam.

14. *Invocavi Dominum patrem Domini mei.* Nil mirum invocari Dominum patrem Domini, cùm ad id sufficiat legisse vel illud Davidicum : *Dixit Dominus Domino meo :* et in eodem *Psalmo* illud : *Ante luciferum genui te :* quod per ea-

die tribulationis meæ, et in tempore superborum sine adjutorio. | in diebus tribulationis, in tempore superborum destitutionis.

dem tempora à Septuag. quoque proditum; ut cætera omittamus, tot ac tanta testimonia de Filio Dei, ex quibus Ecclesiasticus tantus vir, tam in Scripturis versatus, ne quid dicam amplius, Domini sui Dominum eumdémque patrem, et agnoscere et invocare potuit. Ita interpretes passim : ita catholici; ita alii, Drusius, cæteri. At Grotius decretoriè : « Christiani illud κυρίου hìc addidere : Jesum scripsisse, crede : *Invocavi Dominum patrem meum*. » En dictata magistri, et oracula tanquàm de tripode. Quid igitur? adeòne absurdum est et à Scriptu, rarum sensu alienum, de Filio Dei dicere, ut sicubi scriptum in antiquis scriptis videas, statim incuses flagitium adulteræ manûs, tuoque judicio piam vocem eradas? Atqui tam vulgare apud Judæos Christum futurum Dei Filium, ut non alio magis nomine appellarent; quin ipse pontifex ita adjuraret : *Tu es Christus Filius Dei*, Matth., XXVI, 63? et ille apud Joannem I, 49, *Tu es Filius Dei, tu es rex Israel* : ut eas voces, *Christus, Dei Filius, rex Israel*, aliasque similes pro unâ eâdemque sumerent, passim in Evangeliis : neque unquàm objecerunt Christo, quòd Christum Dei Filium, sed quòd se Christum, adeòque Dei Filium faceret; queis liquet tam tritam, tam pervulgatam fuisse eam appellationem, quàm ipsius Christi : undè autem pervulgatam, nisi ab ipsis patribus ad universam gentem permanasset? Et mirum videbitur si Ecclesiasticus propheticis oraculis eruditus, pias voces noverit? quid quòd ipse prædicat primogenitam Dei sapientiam, XXIV, 5; hoc est, post Salomonem, ipsum Dei filium? quid quòd in Sapientiâ legerat : *Si est verus filius Dei... liberabit eum*, II, 18; nisi hæc quoque à Christianis obtrusa fuerint; tanquàm non licuerit ante Christum christianè dicere, falsumque sit Paulinum illud, fide, utique venturi ac passuri Christi, omnia gesta esse ab antiquis sanctis. *Heb.*, XI, etc. Quid quòd illud Grotianum, *Invocavi Dominum patrem meum*, vix ac ne vix quidem, quantùm equidem commemini, in Scripturis reperias? Sanè de Davide dictum à Deo est : *Ipse invocabit me : Pater meus es tu* : Psal. LXXXVIII, 27; sed speciali causâ, sed in personâ Christi, sed eâ vocatione quâ sequente versu additum, *Et ego primogenitum ponam illum* : nec ideò permissum passim : nec ab ipso Davide usquàm usurpatum in toto Psalmorum opere : doctique omninò sumus, *Deum patrem nostrum*, communi adoptionis. titulo, non propriè ac singulatim quosque patrem suum dicere, quo ritu apud Prophetam : *Tu pater noster, et Abraham nescivit nos*, etc , Isa., LXII, 16; ac signanter Christus : *Ascendo ad Patrem meum et Patrem vestrum* : Joan., XX, 17, ut si exquisitè loqui volumus, solus ille Deum Κύριος Patrem suum; solus ille singulariter se dicat Dei filium qui talis natus est. Neque tamen patrem meum dici, absolutè ac præcisè refugimus; tantùm indicamus non videri consuetudinis Scripturarum : quòd hìc satis est. Cave ergo admittas illud censorium : Tu crede à Christiano insertam vocem; cùm ego potiori jure dixerim : Tu ne moveas patrum terminos, neque animum induxeris sacros libros à Christianis violatos, nullo ejus interpolationis exemplo; neque ipse palato tuo tantum tribuas, ut ejus arbitriis antiquas lectiones præsertim in tantâ re sollicites; neque absurdum credito, si Ecclesiasticus pro justitiâ tot ac tanta perpessus æquè ac cæteri sancti, jam tùm respexerit in auctorem fidei nostræ et consummatorem Jesum, ejusque patrem, ac Mosis exemplo improperium Christi, potiores duxerit divitias regum potestate atque opibus : *Hebr.*, XI, 26; XII, 2. Hæc quidem à nobis dicta sint, non studio lacessendi doctissimi viri Hugonis Grotii, quem ipsi laudemus in grammaticis, in historicis, sæpè etiam in moralibus; multa quoque putemus emendaturum fuisse, si, quod animo propositum habuisse credimus, totum se catholicis partibus addixisset, neque ejus labores excussum imus ex eruditorum manibus; deniquè id tantùm volumus, ut eum adjutorem, non ducem, non magistrum habeant. *In tempore superborum* : quod est sæpè

Laudabo nomen tuum assiduè, et collaudabo in confessione. Et exaudita est oratio mea.

Salvasti enim me de perditione, et eripuisti me de tempore iniquo.

Proptereà confitebor, et laudem dicam tibi, et benedicam nomen Domini.

Cùm adhuc junior essem, priusquàm oberrarem, quæsivi sapientiam palàm in oratione meâ.

Ante templum postulabam pro illâ : et usque in novissima inquiram eam. Ex flore tanquàm maturescentis uvæ,

Lætatum est cor meum in eâ : ascendit pes meus in rectitudine, à juventute meâ investigavi eam.

Inclinavi modicè aurem meam, et excepi :

Et multam inveni mihi doctrinam : profectus est mihi factus in eâ.

Danti mihi sapientiam dabo gloriam.

Consiliatus sum enim, ut facerem illam : et zelatus sum bonum et non confundar.

Colluctata est anima mea in illâ, et in factione famis diligenter egi.

Manus meas extendi in altum, et ignorantias ejus luxi.

15. Laudabo nomen tuum assiduè, et collaudabo illud in confessione, et exaudita est oratio mea.

16. Et liberasti me de perditione, et eripuisti me de tempore iniquo.

17. Proptereà confitebor, et laudem dicam tibi, et benedicam nomini Domini.

18. Cùm adhuc junior essem, priusquàm oberrarem, quæsivi sapientiam palàm in oratione meâ.

19. Ante templum postulabam pro illâ, et usque in novissimis inquiram eam. Et effloruit tanquam præcox uva,

20. Lætatum est cor meum in eâ. Ambulavit pes meus iter rectum; à juventute meâ investigabam eam.

21. Inclinavi modicè aurem meam, et excepi illam.

22. Multam inveni in meipso sapientiam, et multum profeci in eâ.

23. Danti mihi sapientiam, dabo gloriam.

24. Consiliatus sum enim ut facerem illam : zelatus sum bonum, et non confundar.

25. Colluctata est anima mea in illâ, et in faciendo eam confirmatus sum.

26. Manus meas extendi in altum, et insipientiam ejus luxi.

impiorum ; vel ut vers. 16, *de tempore iniquo* : hoc est iniquo piis sanctisque ; quod idem est, ac suprà *de manibus gentium* : vers. 12.

18. *Cùm adhuc junior.* Hic Ecclesiasticus exemplo suo docet quibus artibus sapientiam pares : nempè si ab ineunte ætate, si docili animo, si multo labore, adhibitâ quoque precatione quæsieris, tùm acceptam Deo retuleris. *Priusquàm oberrarem* : peregrinarer, quod fecisse se refert conquirendæ sapientiæ gratiâ : XXXIV, 9, 10, 11, 12.

21. *Inclinavi modicè* : parumper, quòd ipsa sapientia ultrò se inferat, ubi primùm intendere cœperis. Vide 35.

24. *Consiliatus sum,* cogitavi, consilium cepi, ut XXXIX, 16 ; *facerem* (exercerem) *illam* : facere sapientiam, ex ejus præceptis vitam instituere, facere sapienter

25. *In faciendo eam* : Græc. in Sixtino codice vix ullum habet sensum : aliu: codex perspicuè : *in actione meâ diligens fui.*

26. *Insipientiam* (Græc. *ignorantias*) *illius luxi* : deplorandos duxi qui eam ignorarent.

27. Animam meam direxi ad illam : et in agnitione inveni eam.

28. Possedi cum ipsâ cor ab initio : propter hoc non derelinquar.

29. Venter meus conturbatus est quærendo illam : propterea bonam possidebo possessionem.

30. Dedit mihi Dominus linguam mercedem meam : et in ipsâ laudabo eum.

31. Appropiate ad me, indocti, et congregate vos in domum disciplinæ.

32. Quid adhuc retardatis? et quid dicitis in his? animæ vestræ sitiunt vehementer.

33. Aperui os meum, et locutus sum : Comparate vobis sine argento ;

34. Et collum vestrum subjicite jugo, et suscipiat anima vestra disciplinam : in proximo est enim invenire eam.

35. Videte oculis vestris, quia modicùm laboravi, et inveni mihi multam requiem.

36. Assumite disciplinam in multo numero argenti, et copiosum aurum possidete in eâ.

37. Lætetur anima vestra in misericordiâ ejus, et non confundemini in laude ipsius.

38. Operamini opus vestrum ante tempus : et dabit vobis mercedem vestram in tempore suo.

Animam meam direxi ad illam :

Cor acquisivi cum eis ab initio, et in purificatione inveni eam. Propter hoc non derelinquar.

Et venter meus conturbatus est quærendo eam. Propterea bonam possedi possessionem.

Dedit Dominus linguam mihi mercedem meam : et in eâ laudabo eum.

Appropiate ad me, indocti, et commoramini in domo disciplinæ.

Quid tardatis in his, et animæ vestræ sitiunt vehementer ?

Aperui os meum, et locutus sum : comparate vobis sine argento.

Collum vestrum subjicite jugo : et suscipiat anima vestra disciplinam : in proximo est invenire eam.

Videte oculis vestris, quia modicùm laboravi, et inveni mihi multam requiem.

Acquirite disciplinam in multo numero argenti, et copiosum aurum possidete in eâ.

Lætetur anima vestra in misericordiâ ejus : et non confundamini in laude ipsius.

Operamini opus vestrum ante tempus : et dabit mercedem vestram in tempore suo.

30. *Dedit mihi Dominus :* eleganter Grotius : *Deus mihi eloquentiam dedit, præmium studiorum meorum* (ac laborum fructum).

36. *In* ( seu cum ) *multo numero ... et copiosum aurum :* disciplina, industria, sapientia cùm sit provida, sedula, moderata, unà cùm cæteris bonis etiam divitias parat.

38. *Operamini ante tempus :* Paulus, *Galat.,* VI, 9, *Bonum facientes non deficiamus : tempore enim suo metemus non deficientes.* Quo præceptorum fine discimus sapientiam de quâ toto libro agitur, non sermonibus, non sententiis, sed operibus contineri, eòque collimare totam.

FIN DE L'ECCLÉSIASTIQUE.

# AVERTISSEMENT.

Pendant que je m'occupois à découvrir les erreurs des critiques judaïsans, je sentois mon esprit ému en soi-même, en voyant des chrétiens, et des chrétiens savans, qui sembloient même zélés pour la religion, au lieu de travailler, comme ils le devoient, à l'édification de la foi, employer toute leur subtilité à éluder les prophéties sur lesquelles elle est appuyée, et plus dangereux que les rabbins, leur fournir des armes pour combattre les apôtres et Jésus-Christ même. Les sociniens avoient ouvert cette dispute, et la licence augmentoit tous les jours. Il me paraissoit qu'une courte interprétation de quelques anciennes prophéties pouvoit être un remède aussi abrégé qu'efficace contre un si grand mal; et alors il arriva qu'un de mes amis m'ayant proposé ses difficultés sur la prédiction d'Isaïe, où l'enfantement d'une vierge étoit expliqué, j'avois tâché d'y répondre avec toute la netteté et toute la précision possible, et néanmoins en faisant sentir la force des preuves de la mission de Jésus-Christ et un caractère certain de sa divinité.

En même temps je me souvenois d'avoir prêché, il y a deux ans, une *Explication du Psaume* XXI, où j'avois démontré d'une manière sensible à toute ame fidèle, la passion, le crucifiement, la résurrection de notre Sauveur, et sa gloire qui devoit paroître dans la conversion des Gentils.

Je me sentois aussi sollicité durant une convalescence qui ne me permettoit pas tout à fait l'usage de mes réflexions, d'entretenir mon esprit de saintes pensées, capables de le soutenir : et c'est ce qui a produit ces petits écrits.

Dieu ayant mis dans le cœur de plusieurs personnes pieuses d'en demander des copies, on a eu plus tôt fait de les imprimer : et les voilà tels qu'ils sont sortis d'une étude qui n'a rien eu de pénible. Qui sait si Dieu ne voudra pas se servir de cet exemple pour exciter des mains plus habiles à donner de pareils ouvrages à l'édification publique : et apprendre aux chrétiens, non pas à disputer contre les Juifs, ce qui ne produit que de sèches altercations, mais à poser solidement les principes de la foi, afin que la tentation venant peut-être dans la suite à s'élever par les discours des libertins aussi remplis d'ignorance que d'inconsidération, elle se trouve heureusement prévenue par une doctrine établie sur la pierre, qui empêche non-seulement les orages et les tempêtes, mais encore qui déracine jusqu'aux moindres doutes; et que nous marchions d'un pas ferme, comme ont fait nos pères, sur le fondement des apôtres et des prophètes ?

# LETTRES DE M. DE VALINCOUR

## A BOSSUET ET A L'ABBÉ LEDIEU

SUR L'EXPLICATION DE LA PROPHÉTIE D'ISAIE.

(INÉDITES.)

### A BOSSUET.

A Toulon, le 25 novembre 1703.

MONSEIGNEUR,

Quoique l'embarras où je me trouve ici, et surtout depuis quelques jours, ne soit guère propre pour méditer sur des choses aussi sérieuses et aussi importantes que celles que vous m'avez fait l'honneur de m'écrire, cela ne m'a pas empêché de sentir toute la reconnoissance que je dois à la bonté avec laquelle vous avez bien voulu prendre la peine d'éclaircir la difficulté que j'avois eu l'honneur de vous proposer. J'ai eu même beaucoup de joie d'apprendre par votre lettre que c'étoit une chose fort en usage, dans la primitive Eglise, que de voir les laïques et les femmes mêmes consulter les évêques et les docteurs sur les difficultés qui se trouvent dans l'Ecriture. C'est en effet un secours qui leur est absolument nécessaire; et nous en avons un bel exemple, dès le temps même des apôtres, dans la personne de celui à qui saint Philippe demanda s'il entendoit Isaïe, et qui répondit : *Et quomodo possum, nisi aliquis ostenderit mihi?*

Cela a lieu principalement à l'égard des prophéties qui, étant la preuve et le fondement de la religion, sont cependant aujourd'hui ce qu'elle a de plus obscur et de plus difficile à entendre, soit qu'elles aient perdu de leur évidence par l'éloignement des temps où elles ont été faites et par le peu de lumière qui nous reste sur l'histoire de ces temps avec laquelle elles ont un rapport nécessaire; soit que les chrétiens étant élevés, dès l'enfance, dans la véritable religion et la connoissant par son intérieur et d'une manière qui nous en fait sentir la vérité sans que nous ayons besoin de preuves, ils aient négligé cette manière de la démontrer par les prophéties, qui ne laisse pas d'être absolument nécessaire pour ceux qui, n'ayant pas eu le même bonheur que nous, cherchent de bonne foi les marques auxquelles on peut la reconnoître. Or, Monseigneur, je suis persuadé qu'il n'y en a point de plus sûre ni de plus efficace que les prophéties, lorsqu'on se sera appliqué à leur donner, par une explication exacte et fidèle, toute l'évidence qu'elles peuvent avoir et dont elles ont besoin pour servir de preuves. Car il semble qu'il n'y a que deux moyens pour obliger un homme à croire une vérité qu'on lui propose pour l'objet de sa créance, ou l'évidence qui ne manque jamais d'entraîner le consentement par sa propre lumière, ou la certitude que l'on a que cette vérité nous est proposée par un être qui ne peut ni se tromper lui-même, ni vouloir tromper les autres, parce qu'alors l'autorité tient lieu d'évidence et nous fait croire fermement les choses les plus obscures et même les plus contraires à notre raison. Et pour donner un exemple de ceci, dans la géométrie qui est la seule de toutes les connoissances humaines où l'on puisse s'assurer de trouver la vérité, si je propose à un homme de croire que le tout est plus grand que sa partie, ou qu'en ajoutant choses égales à choses égales, les touts demeureront égaux, il ne me demandera aucune preuve de ces vérités, parce qu'il en sera convaincu par leur propre évidence; mais si je lui dis que deux lignes asymptotes prolongées à l'infini, s'approcheront toujours et ne se rencontreront jamais; si j'ajoute que l'espace compris entre ces deux lignes prolongées à l'infini, et qui par conséquent est infini lui-même, est pourtant égal à un espace fini et déterminé que je lui trace sur un papier, alors il pourra me dire que cela lui paroît impossible et inconcevable; mais que si je lui montre que cela est conforme aux démonstrations de la géométrie dont il connoît la certitude, il ne laissera pas de croire cette proposition sans pouvoir la comprendre.

Il en est de même de la religion. Jamais homme raisonnable ne sera surpris qu'elle propose à croire des choses obscures et au-dessus de notre raison; mais tout homme raisonnable, avant que de les croire, voudra être assuré que cette religion est en effet celle qui conserve la parole de Dieu, et qui par conséquent ne peut jamais être dans l'erreur ni y jeter ceux qui la suivent. Il faut donc une évidence qui marque tellement la vérité de la religion à tous ceux qui la cherchent, que personne n'en puisse douter et ne puisse avoir d'excuse légitime pour refuser de croire les choses qu'elle nous offre pour objet de notre créance.

Car supposant un homme dans l'état où M. Pascal supposoit celui qu'il vouloit instruire, c'est-à-dire qui, dans un âge de raison, cherche de bonne foi la véritable religion dont il n'a aucune connoissance : si cet homme commence par interroger la nature, le soleil, les cieux et tous les élémens, ils lui diront qu'ils ne se sont pas faits eux-mêmes, mais qu'ils ont été faits par un être supérieur, à qui ils doivent tout ce qu'ils ont d'admirable, et surtout l'ordre dans lequel il les maintient depuis tant d'années. Mais s'il continue à leur demander : Quel est donc cet être, quels sentimens on en doit avoir, quel culte il exige des hommes, ce qu'ils ont à craindre ou à espérer de lui? alors ils ne lui répondront que par un affreux silence. Il faut donc qu'il regarde autour de lui parmi les hommes qui sont sur la terre comme lui ; il faut qu'il interroge tous ceux des siècles passés, et qu'il tâche de trouver dans leurs écrits et dans leurs enseignemens la vérité qu'il cherche et qu'il a envie de connoître. C'est alors qu'au milieu de cette multitude infinie de sectes et de religions différentes, qui ont partagé les hommes dans tous les temps, il découvre un livre très-ancien, qu'on lui dit être la parole de Dieu et la loi véritable hors de laquelle il n'y a point de salut. Cela attire son attention; il examine ce livre; il y trouve des choses au-dessus de sa raison, quelques-unes mêmes qui lui paroissent y être entièrement contraires. Cependant comme il y voit aussi des choses admirables, il déclare à ceux qui en sont les dépositaires qu'il est prêt à croire tout ce qu'il enseigne et à exécuter tout ce qu'il ordonne, pourvu que l'on lui montre, à n'en pouvoir douter, que ce livre contient en effet la véritable loi de Dieu. Jusque-là on ne sauroit douter qu'il ne soit dans la disposition la plus raisonnable où un homme en cet état puisse être : car comme il y auroit de la folie à refuser sa créance aux choses que Dieu nous ordonne de croire, puisque dès là qu'il est Dieu, nous savons qu'il ne sauroit nous tromper, il n'y en auroit pas moins à recevoir légèrement de la main des hommes sujets à se tromper et à tromper les autres, un livre qu'ils disent être la loi de Dieu, si nous ne sommes assurés d'ailleurs que ce livre est en effet ce que l'on nous assure qu'il est. Il faut donc trouver des preuves de la divinité de ce livre, et il paroît qu'on ne sauroit les trouver que dans les prophéties. Car un homme qui n'a encore aucune connoissance de notre religion, ne sauroit encore être touché, ni par les martyrs, ni par les miracles, voyant que tant d'autres religions manifestement impies et extravagantes se vantent d'avoir les leurs. Il faut donc lui dire : Cette religion que je vous annonce et que je vous propose comme la seule véritable, a été annoncée par des prophètes qui, pour preuve de leur mission, ont prédit des choses surprenantes et extraordinaires, qui sont arrivées précisément dans les temps et dans la manière qu'ils l'avoient prédit. Or cet être, quel qu'il soit, qui donne aux hommes le pouvoir de faire des prédictions de cette nature et qui se vérifient par les événemens, doit non-seulement connoître l'avenir, mais encore en être le maître absolu, pour pouvoir disposer toutes choses selon sa parole, et par conséquent ce ne peut être que le véritable Dieu.

Celui qui est conduit jusqu'à ce point-là, paroît n'avoir plus rien à faire que ce que faisoient les Juifs à qui les apôtres annoncèrent l'Evangile : *Scrutantes quotidie Scripturas, si hæc ita essent.* Et cela ne peut pas être regardé comme l'effet de la défiance d'un homme qui doute de la vérité de la parole de Dieu, mais comme la sage précaution d'un homme qui veut n'être point trompé, en prenant pour la parole de Dieu ce qui pourroit n'être que l'imagination des hommes. Il examine donc les prophéties : si elles lui sont clairement expliquées, le voilà convaincu; si elles ne le sont pas, il demeure dans son obscurité et dans le même état que celui à qui on veut faire croire une proposition de géométrie très-difficile, sans lui en donner la démonstration. Car puisque les prophéties sont les preuves de la religion, elles doivent avoir l'évidence qui sert à convaincre; et puisqu'elles doivent nous convaincre de la vérité d'une religion qui nous propose à croire tant de choses obscures, elles doivent avoir assez de certitude et de clarté pour nous montrer que cette religion est en effet la véritable. Il faut donc qu'elles aient cette évidence et cette clarté par elles-mêmes et, si l'on peut parler ainsi, indépendamment de la religion qu'elles prouvent. Car si je dis à un homme : Vous devez croire cette religion qui est prouvée par tant de prophéties, et que je lui donne pour preuve de la certitude de ces prophéties l'autorité qu'elles ont dans la religion et le respect avec lequel on les y a toujours regardées, je tombe dans un cercle en prenant pour preuve la chose même que je veux prouver.

C'est pourquoi, Monseigneur, après toutes les choses admirables que vous avez eu la bonté de m'écrire, il ne laisse pas de me paroître toujours difficile de pouvoir donner l'*Ecce virgo* d'Isaïe comme une prophétie qui ait pu servir à faire reconnoître le Messie : puisque, comme j'ai eu l'honneur de vous le dire, il étoit absolument impossible aux Juifs les plus éclairés et les mieux intentionnés, de reconnoître pour fils d'une vierge celui qui paroissoit né dans un légitime mariage. Il est vrai, comme vous le remarquez, que parmi les Juifs mêmes le mariage de la sainte Vierge ne devoit pas faire croire qu'il fût impossible qu'elle eût conservé sa virginité. Mais cette virginité cachée et inconnue à tout le monde ne leur servoit donc de rien pour les instruire sur ce qui leur étoit annoncé? Peut-être que ceux qui furent touchés par la doctrine et par les miracles de Jésus-Christ, et qui jugèrent de là qu'il étoit le Messie, en conclurent, suivant le passage d'Isaïe, qu'il devoit être né d'une vierge, et par conséquent que sa mère, quoique mariée, avoit conservé sa virginité. Mais alors vous voyez que cette prophétie, au lieu de servir de preuve pour reconnoître le Messie, a besoin elle-même du Messie et de ses miracles pour être prouvée. On peut dire la même chose de toutes les prophéties qui ne sont pas claires et évidentes : ce sont des preuves qui ont besoin d'être prouvées. Si l'on se sert pour cela de faits historiques et pour ainsi dire étrangers à la religion, comme le sceptre ôté de la maison de Juda, la ruine de Jérusalem prédite et accomplie, et autres semblables, on fera des démonstrations régulières. Mais si l'on donne ces prophéties comme un objet de foi et comme devant être crues par ceux à qui l'on annonce la religion, parce qu'elles l'ont toujours été par ceux qui sont élevés dans cette même religion, il semble que l'on affoiblit toute leur force et que l'on dépouille la religion du plus sûr moyen que l'on a pour la démontrer, et c'est à quoi il ne paroît pas que jusqu'à présent l'on ait assez fait d'attention. Car une chose qui n'est pas évidente par elle-même ne peut être douteuse ou certaine par rapport à nous qu'à proportion de l'obscurité ou de la certitude que nous trouvons dans les moyens dont on se sert pour la prouver; et il ne faut point dire que la religion est faite pour être crue avec soumission, et non pas prouvée par démonstration comme une proposition de géométrie. Car il y a une grande différence entre demander les preuves des mystères de la religion, ce qui seroit une extravagance et une impiété; ou demander des preuves qui fassent voir que cette religion est la véritable, ce qui n'est que l'effet d'une sage précaution que doit prendre tout homme qui, ayant été assez malheureux pour n'y avoir pas été élevé, est pourtant assez sage pour la chercher de bonne foi et pour craindre de se tromper en la cherchant.

Voilà, Monseigneur, une longue lettre. Il me doit être permis, dans le lieu où je suis, de vous dire comme a fait autrefois un plus habile homme que moi, qu'elle n'est si longue que parce que je n'ai pas eu le loisir de la faire plus courte; mais j'espère que vous aurez la bonté d'en excuser la longueur et les défauts. Je suis avec toute la vénération que je dois,

MONSEIGNEUR,

Votre très-humble et très-obéissant serviteur,

DE VALINCOUR.

N'ayant pas, Monseigneur, le temps de relire cette lettre avant que de vous l'envoyer, permettez-moi d'y ajouter ce mot qui ne sera peut-être qu'une répétition, mais qui expliquera du moins ce que je puis n'avoir pas assez expliqué. Quand je dis : Voilà ce que la véritable religion me propose à croire, alors il n'y a qu'à croire aveuglément sans preuve, sans raisonnement : *Captivantes intellectum;* le mérite est dans la soumission. Mais quand je dis : Entre toutes les religions du monde, voilà la seule bonne et la seule véritable, alors il faut de la certitude, il faut des preuves pour me déterminer; je puis me tromper dans le choix, et je dois le craindre : *Videte ne quis vos seducat.* Or il paroît que rien ne peut m'assurer que l'évidence des prophéties.

### A L'ABBÉ LEDIEU.

A bord du *Foudroyant,* le 11 octobre 1703.

J'ai reçu, Monsieur, la réponse de Monseigneur l'évêque de Meaux. Je me donne l'honneur de l'en remercier par cet ordinaire; mais je vous dois aussi un remerciement de me l'avoir procuré, et de l'attention que vous avez bien voulu avoir à lui parler de ma question pour l'engager à y répondre. On ne peut être plus sensible que je suis à la bonté avec laquelle il le fait, ni plus pénétré des lumières avec lesquelles il a bien voulu m'instruire. Si par hasard, dans les promenades des Tuileries ou les autres qu'il fera cet automne, la conversation retomboit encore sur la même question, et que vous puissiez lui pouvoir faire une nouvelle difficulté sans crainte d'altérer sa santé, à laquelle rien n'est plus contraire que le trop d'application, je vous prierois de vouloir bien lui dire que le fond de l'objection consiste à dire que la prophétie d'Isaïe, dont il s'agit, non-seulement n'éclaircit point les Juifs et ne leur montre point que Jésus-Christ étoit le Messie, et c'est à quoi notre admirable et respectable prélat a divinement répondu, mais que cette même prophétie les aveugle et leur fournit un argument auquel il leur étoit impossible de trouver la réponse, et c'est sur quoi je désirerois qu'il eût la bonté de m'instruire. Car Isaïe disant positivement que le Messie doit naître d'une vierge, et Jésus-Christ paroissant aux yeux de tout le monde être né d'une femme mariée, il s'ensuivroit qu'ils pouvoient conclure que Jésus-Christ n'étoit pas le Messie et qu'ils ne pouvoient le reconnaître pour tel sans démentir la prophétie. Il est même si vrai que cela leur pouvoit passer par l'esprit, qu'ils en font l'objection eux-mêmes en disant : « Lorsque le Messie viendra, on ne s'aura d'où il est venu ; mais pour celui-là nous savons parfaitement d'où il vient. » C'est sur cela, Monsieur, que je désirerois fort être instruit ; mais je désire avant toutes choses et préférablement à tout, que l'on ne propose rien à Monseigneur l'évêque de Meaux qui puisse le moins du monde, comme j'ai déjà eu l'honneur de vous dire, altérer sa santé par quelque application que ce puisse être. Ainsi je vous laisse le maître de supprimer ma difficulté qui ne vaut assurément pas la moindre peine que cela pourroit lui donner. Je suis de tout mon cœur,

MONSIEUR,

Votre très-humble et très-obéissant serviteur,

DE VALINCOUR.

# EXPLICATION

DE LA

# PROPHÉTIE D'ISAIE

## SUR L'ENFANTEMENT DE LA SAINTE VIERGE,

*Isaïe*, chapitre VII, verset 14.

On expose la difficulté, et on y répond que c'étoit un des caractères du Messie, de naître d'une vierge, et qu'il devoit être connu en son temps; que le Sauveur des hommes est le vrai Emmanuel.

Voici d'abord la difficulté telle qu'elle me fut proposée dans une lettre du 17 septembre 1703, à l'occasion de ma *Dissertation sur Grotius*, où je découvre en particulier les erreurs de ce critique contre les prophètes qui ont prédit Jésus-Christ.

### DIFFICULTÉ.

*Ecce virgo concipiet, et pariet filium, et vocabitur nomen ejus Emmanuel:* « Une Vierge concevra et enfantera un fils, et il sera appelé Emmanuel, c'est-à-dire Dieu avec nous. » *Isa.* VII, 14; *Matth.*, I, 23.

Cette prophétie n'a pu donner aux Juifs aucune lumière pour connoître que Jésus-Christ fût le Messie; au contraire, elle a dû leur faire croire qu'il ne l'étoit pas.

Donc saint Matthieu n'a pas dû l'alléguer comme prophétie : donc ce n'en est pas une.

Je prouve ma proposition.

Selon la prophétie, le Messie doit naître d'une vierge : les Juifs voient Jésus-Christ fils d'une femme mariée, sans avoir aucun moyen de juger qu'elle est vierge.

Le Messie doit s'appeler Emmanuel : Jésus-Christ a un autre nom.

Donc les Juifs ont eu raison de croire, aux termes de cette prophétie, que Jésus-Christ, fils de Marie, femme de Joseph, n'étoit pas le Messie.

RÉPONSE.

# PREMIÈRE LETTRE.

Quand on dit que la virginité de la sainte Vierge est donnée en signe prophétique aux Juifs, on voit bien que l'intention n'est pas de dire que ce doit être une preuve dans le moment, et que tous les Juifs fussent obligés de reconnoître d'abord, ni qu'on pût jamais connoître par aucune marque extérieure et sensible qu'elle eût conçu étant vierge, ou à la manière ordinaire : un sentiment si grossier ne peut pas entrer dans l'esprit d'un homme. Le dessein d'Isaïe est de marquer en général par la propriété du terme dont il se sert, qu'un des caractères du Messie, c'est d'être fils d'une vierge : ce qui est si particulier à Jésus-Christ, que jamais autre que lui ne s'est donné cette gloire. Car de qui a-t-on jamais prêché qu'il ait été conçu du Saint-Esprit, et qu'il soit né d'une vierge? Qui est-ce qui s'est jamais glorifié qu'un ange ait annoncé cette naissance virginale, ni qu'une vierge, en consentant à ce mystère, ait été remplie du Saint-Esprit et couverte de la vertu du Très-Haut? On n'avoit pas même encore seulement imaginé une si grande merveille.

Les preuves indicatives de la venue du Messie devoient être distribuées de manière qu'elles fussent connues chacune en leur temps. Celle-ci a été révélée quand et à qui il a fallu : la sainte Vierge l'a sue d'abord : quelque temps après, saint Joseph son mari l'a apprise du ciel et l'a crue, lui qui y avoit le plus d'intérêt : saint Matthieu la rapporte comme une vérité déjà révélée à toute l'Eglise : et maintenant, après la prédication de l'Evangile, Jésus-Christ demeure le seul honoré de ce titre de fils d'une vierge, sans que ses plus grands ennemis, tel qu'étoit un Mahomet, aient osé seulement le contester.

C'est donc ainsi que la virginité de Marie, en tant qu'elle a été prêchée et reconnue par tout l'univers, est un signe qui ne doit laisser aux Juifs aucun doute du Christ : c'est d'elle que devoit naître le vrai Emmanuel, Dieu avec nous, vrai Dieu et vrai homme, qui nous a éternellement réunis à Dieu : et c'est la vraie signification du nom de Jésus, c'est-à-dire du Sauveur, venu au monde pour ôter le péché, qui seul nous séparoit d'avec Dieu.

Au reste, Monsieur, ce n'étoit pas le dessein de l'ouvrage dont vous m'écrivez, d'expliquer le fond des prophéties, puisque même je me suis assez étendu sur cette matière dans la seconde partie du *Discours sur l'Histoire universelle*, où j'ai déduit dans un ordre historique toutes les preuves de fait qui démontrent que les Ecritures de l'Ancien et du Nouveau Testament sont vraiment un livre prophétique, principalement en ce qui regarde la venue actuelle du Christ, dont toutes les circonstances et le temps même de leur accomplissement sont si évidemment marqués tant de siècles auparavant qu'il ait paru sur la terre.

Vous n'avez qu'à lire à votre loisir mes commentaires *sur les Psaumes,* et en particulier ce que j'ai écrit à la suite des livres de Salomon, dans la dissertation qui a pour titre : *Supplenda in Psalmos*[1], pour y apprendre que David est un véritable évangéliste, qui a vu manifestement toutes les merveilles de Jésus-Christ, c'est-à-dire sa divinité, sa génération éternelle, son sacerdoce, et jusqu'aux moindres circonstances de sa passion et de sa résurrection. La vocation des Gentils et la réprobation des Juifs sont choses si publiques et si authentiques, qu'il faut être aveugle pour ne les voir pas comme les marques infaillibles du Messie actuellement venu au monde.

Et quand il s'en faudroit tenir à mon dernier ouvrage, Grotius n'y est-il pas convaincu d'avoir falsifié les prophéties, en disant que ce qui se trouve clairement écrit dans le livre de la *Sagesse* sur la passion du Sauveur[2], a été ajouté après coup par les chrétiens, comme aussi ce qui est dit dans l'*Ecclésiastique,* qui regarde manifestement la personne du Fils de Dieu : *Invocavi Dominum patrem Domini mei :* « J'ai invoqué le Seigneur, père de mon Seigneur[3] ; » ce que le même Grotius ose encore rejeter comme supposé par les chrétiens, quoiqu'il n'appuie pas ces deux préten-

---

[1] *Liber Psalmorum,* etc., cum notis Jac. Ben. Bossuet, Episcopi Meldensis. — *Libri Salomonis,* etc., cum notis ejusdem. — [2] *Sap.,* II, 12, 13, 14. — [3] *Eccli.,* LI, 14.

dues suppositions de la moindre conjecture ; ce qui montre plus clair que le jour un esprit ennemi des prophéties, et qui ne tend qu'à secouer le joug de la vérité[1].

Voilà ce que Dieu m'a donné pour vous, sur votre dernière lettre : je vous en fais part, quoique je sache que votre foi n'a pas besoin de cette instruction ; mais je ne puis m'empêcher de déplorer avec vous cet esprit d'incrédulité qui se trouve en effet dans les chrétiens, vous exhortant de tout mon cœur à inspirer à tout le monde, dans l'occasion, le désir d'apprendre ce qui en effet est pour eux la vie éternelle.

*Signé* † J. Bénigne, év. de Meaux.

A Paris, le 1er octobre 1703.

## SECONDE LETTRE

#### SUR LA MÊME DIFFICULTÉ,

Et sur quelques réflexions dont on la soutient : où il est prouvé que Jésus-Christ a d'abord autorisé sa mission par ses miracles : que la plupart des prophéties n'étoient pas connues durant sa vie : que celle de l'enfantement virginal est de ce nombre : que plusieurs de ses disciples l'ont ignorée, et qu'il ne s'est pas pressé de les instruire sur ce point, non plus que sur beaucoup d'autres : qu'il étoit du conseil de Dieu que ce mystère s'accomplît sous le voile du mariage : quelle sont été les dispositions de la divine Providence pour préparer le monde à un si grand mystère.

J'ai, Monsieur, reçu votre lettre du 11 d'octobre, et j'ai vu celle de même date que vous écrivez à M.\*\*\* (*a*), où vous le priez de me proposer une nouvelle difficulté, si toutefois elle est nouvelle ; car pour moi, je crois y avoir déjà satisfait dans ma lettre précédente, en vous faisant observer que les preuves indicatives de la venue du Messie devoient être distribuées de sorte qu'elles soient déclarées chacune en son temps : ainsi qu'il ne faut pas trouver étrange qu'elles ne pussent d'abord être toutes remarquées par les Juifs. L'on ne doit pas croire pour cela qu'il leur fût permis de tenir leur esprit en suspens sur la mission de Jésus-Christ, puisqu'outre

---

[1] Voyez *Dissertat. sur Grotius*, n. 5, dans la seconde Instruction sur le Nouveau Test. de Trévoux, ci-après, vol. III.

(*a*) L'abbé Ledieu.

d'autres prophéties plus claires que le soleil qu'ils avoient devant les yeux, le Sauveur leur confirmoit sa venue par tant de miracles, qu'on ne pouvoit lui refuser sa créance sans une manifeste infidélité, comme il dit lui-même en ces termes : « Si je n'étois pas venu, si je ne leur avois point parlé, et que je n'eusse pas fait en leur présence des prodiges que nul autre n'a faits avant moi, ils n'auroient point de péché ; mais maintenant leur incrédulité n'a point d'excuse[1]. » Ils devoient donc commencer par croire, et demeurer persuadés que le particulier des prophéties se découvriroit en son temps.

Par exemple, c'étoit une marque pour connoître le Christ, qu'il devoit convertir les Gentils : mais encore que Notre-Seigneur défendît à ses apôtres « d'entrer dans la voie des Gentils et de prêcher dans les villes de Samarie[2], » il ne falloit pas pour cela refuser de croire cette belle marque de sa venue ; et au contraire il falloit croire avec une ferme foi que tout ce qui étoit prédit de Jésus-Christ s'accompliroit l'un après l'autre, au temps et par les moyens destinés de Dieu. Jésus-Christ lui-même avoit déclaré qu'il donneroit aux Juifs, dans sa résurrection, le signe du prophète Jonas[3]. S'ensuit-il de là qu'ils dussent demeurer en suspens, jusqu'à ce qu'ils eussent vu l'accomplissement de ses paroles ? Point du tout, puisqu'ils devoient tenir pour certain que celui qui commandoit à la mer et aux tempêtes, qui guérissoit les aveugles-nés, qui avoit la clef de l'enfer et de la mort, tirant les morts du tombeau quatre jours après leur sépulture, lorsque déjà ils sentoient mauvais, et qui enfin se montroit le maître de toute la nature, étoit assez puissant pour accomplir tout ce qu'il avoit promis. Il étoit prédit bien clairement que le Christ naîtroit à Bethléem ; plusieurs Juifs ne savoient pas que Jésus-Christ y fût né ; Philippe même, un de ses apôtres, semble l'avoir ignoré, lorsque l'indiquant à Nathanaël comme le Messie, il lui dit : « Nous avons trouvé Jésus, fils de Joseph de Nazareth[4] ; » et Nathanaël lui ayant fait l'objection en ces termes : « Peut-il venir quelque chose de bon de Nazareth ? » Philippe ne lui répond autre chose,

---

[1] *Joan.*, xv, 22-24. — [2] *Matth.*, x, 5. — [3] *Matth.*, xii, 39, 40. — [4] *Joan.*, i, 45 et 46.

sinon : « Venez, et voyez, » c'étoit à dire reconnoissez par vous-même les merveilles qui vous convaincront qu'il est le Messie. Ainsi Jésus-Christ même ne se pressoit pas de les éclairer sur ce point. Et quand les pharisiens disoient à Nicodème, un des leurs : « Approfondissez les Ecritures, et reconnoissez que le Prophète (que nous attendons) ne doit point venir de Galilée[1], » nous ne voyons pas que ce pharisien, quoique d'ailleurs affectionné à Jésus-Christ, eût rien à leur répondre, content de savoir en général, que « nul homme ne pouvoit faire les prodiges qu'il faisoit, si Dieu n'étoit avec lui[2]. » Bien plus, Jésus-Christ lui-même ne répondoit rien à ceux qui disoient « que le Christ devoit sortir de David et de la ville de Bethléem[3]. » Rien ne pressoit ; et Jésus-Christ ayant par avance montré sa venue par les signes les plus authentiques, qui étoient les œuvres de son Père, c'est-à-dire par le témoignage le plus éminent et le plus sublime que le ciel eût jamais pu donner à la terre, il avoit suffisamment fondé la foi qu'on devoit avoir à ses paroles, encore qu'on n'entendît pas quelques prophéties particulières ; car c'étoit assez qu'on vît clairement que les merveilles qu'il opéroit, étoient une preuve certaine et plus que démonstrative de sa mission.

Au surplus, non-seulement l'accomplissement des prophéties, mais encore leur intelligence avoit son temps : souvent elles s'accomplissoient aux yeux et entre les mains des apôtres mêmes, sans qu'ils s'en aperçussent, comme il est expressément marqué en deux endroits de saint Jean, c'est-à-dire au chapitre II, verset 22, et au chapitre XII, verset 16, dans lequel il est marqué que les apôtres n'entendoient pas les prophéties qu'ils accomplissoient eux-mêmes.

Quand donc on dira que le signe de l'enfantement de la Vierge étoit un de ceux qui devoient être révélés les derniers, et que le commun du peuple, pour y faire l'attention convenable, avoit besoin d'être averti, comme il le fut par l'évangile de saint Matthieu, il n'y aura rien là d'extraordinaire, ni qui affoiblisse la preuve de la venue du Christ.

En effet nous ne voyons pas dans tout l'Evangile que les Juifs

[1] *Joan.*, VII, 50, 52.— [2] *Joan.*, III, 2. — [3] *Joan.*, VII, 42.

eussent la moindre attention à l'oracle d'Isaïe. Ils objectoient au Sauveur la prophétie de Michée sur la naissance du Christ en Bethléem; mais ils ne lui disent jamais un seul mot sur ce qu'il devoit naître d'une vierge, et il ne faut pas s'en étonner.

Car si les apôtres, après avoir conversé trois ans avec leur maître, eurent besoin qu'il « leur ouvrît le sens des Ecritures, » pour être capables de l'entendre, comme il est porté dans saint Luc (chap. xxiv, verset 45), combien plus le commun du peuple avoit-il besoin qu'on lui montrât comme au doigt le sens de certaines prophéties plus enveloppées, que de lui-même il n'eût pas pu démêler dans les endroits où elles étoient insérées : et on doit toujours se souvenir que cette naissance virginale ne pouvant être connue par aucune marque sensible, ni autrement que par un témoignage divin, il falloit rendre ce témoignage authentique et irréprochable par une longue suite de tant de merveilles, que tous les esprits demeurassent convaincus de cette naissance, comme d'un caractère spécial et digne de la personne seule du Messie.

Mais, dites-vous, ce n'est pas là votre peine : le fond de votre objection n'est pas seulement que la prophétie d'Isaïe n'éclaircissoit point les Juifs, mais encore qu'elle les aveugloit et leur fournissoit un argument contre Jésus-Christ, auquel ils ne pouvoient trouver aucune réplique, puisqu'étant né d'une femme mariée, ils ne pouvoient croire raisonnablement autre chose, sinon qu'il étoit le fruit de ce mariage; et par conséquent, dites-vous, ils ne pouvoient reconnoître Notre-Seigneur pour Messie sans démentir le prophète : ce sont vos propres paroles.

Permettez-moi ici de vous demander si vous trouvez quelque part dans l'Evangile, que le peuple ou les pharisiens aient fait ou insinué par le moindre mot cette objection à Jésus-Christ. Vous croyez la trouver en quelque façon dans un passage de saint Jean; mais nous démontrerons bientôt que ce passage n'a point de rapport à notre sujet, et je conclurai en attendant que vous ne devez pas attribuer aux Juifs une objection dont ils ne se sont jamais avisés.

Votre objection porte que c'eût été démentir la prophétie, de reconnoître pour vierge la mère du Sauveur, que l'on voyoit dans le mariage. Cela seroit vrai, s'il n'y avoit point de milieu entre être mariée et n'être pas vierge : car si, selon le prophète, Dieu pouvoit faire enfanter une vierge, qui empêchoit qu'il n'opérât un si grand mystère sous le voile sacré du mariage? C'étoit au contraire ce que demandoit la convenance des conseils de Dieu et l'ordre de sa sagesse aussi douce qu'efficace. Et après tout, s'il en faut venir à cette discussion, eût-ce été une œuvre convenable à Dieu, de donner en spectacle aux hommes une fille avec son enfant, pour être le scandale de toute la terre, le sujet de ses dérisions et l'objet inévitable de ses calomnies? Quand elle auroit assuré qu'elle étoit vierge, sa parole particulière n'eût pas été un témoignage suffisant pour l'affermissement de la foi : il falloit que la révélation d'un si grand mystère fût préparée par tous les miracles de Jésus-Christ et de ses apôtres, avant qu'elle fût reçue avec une autorité digne de créance : ainsi c'étoit un conseil digne de Dieu, de faire naître dans le mariage le fils de la Vierge, afin que sa naissance parût du moins honnête, jusqu'à ce que le temps fût venu de la faire paroître surnaturelle et divine.

Ce n'étoit donc pas, comme porte votre objection, démentir la prophétie, de reconnoître que Notre-Seigneur fils d'une mère mariée fût le Christ, Isaïe ayant bien dit que la mère du Christ seroit vierge, mais n'ayant dit nulle part que cette vierge ne seroit point mariée.

Dieu a dit précisément ce qu'il vouloit dire, et ce qui devoit arriver selon l'ordre de ses conseils éternels. C'est aussi ce qui convenoit à sa prescience : ainsi on ne sauroit trop remarquer qu'il a prononcé par son prophète que cette mère seroit vierge, parce que c'étoit là ce qu'il vouloit et ce qui en effet devoit arriver : mais par la même raison il n'a pas dit qu'elle ne seroit pas mariée, parce que ce n'étoit pas en cette manière qu'il avoit disposé les choses. D'où il s'ensuit qu'on auroit tort de regarder comme incompatibles ces deux paroles, *vierge* et *mariée*, puisqu'au contraire, quelle que pût être cette vierge-mère, et dans quelque temps qu'elle pût venir, la convenance des conseils divins demandoit que ce mystère fût enveloppé sous la sainteté du mariage.

En effet nous ne lisons pas que la sainte Vierge voulût passer pour autre chose que pour une femme du commun, à qui rien n'étoit arrivé d'extraordinaire : elle-même elle appeloit saint Joseph *père de Jésus-Christ;* ce qu'aussi il étoit en un certain sens, par le soin qu'il en prenoit comme de son fils ; c'est ce qui paroît dans ces paroles : « Votre père et moi affligés, vous cherchions parmi les troupes[1], » pour montrer que saint Joseph, son époux, partageoit avec elle les inquiétudes que l'enfant leur avoit causées, en se dérobant d'avec eux comme il avoit fait. Jésus-Christ lui-même avoit, pour ainsi parler, les oreilles rebattues de ce reproche : « N'est-ce pas là le fils de Joseph, cet artisan que nous connoissons ; et comment ose-t-il dire qu'il est descendu du ciel[2]? » Nous ne voyons pas que le Sauveur se soit mis en peine de les désabuser, ni de leur dire comment il étoit venu au monde : ce n'est pas qu'il ne le fît assez entendre toutes les fois qu'il disoit qu'il venoit de Dieu, qu'il étoit descendu du ciel, et qu'il ne reconnoissoit d'autre père que Dieu même : mais pour dire en termes exprès qu'il étoit fils d'une vierge, et que Joseph n'étoit pas son père, il ne l'a pas voulu faire, parce qu'il falloit qu'une vérité que le monde n'auroit pu porter, fût précédée par l'entière prédication de son Evangile.

Votre objection porte encore que le mariage de la sainte Vierge étoit aux Juifs un argument auquel ils ne pouvoient trouver de réponse : vous en pourriez dire autant de la résurrection de Notre-Seigneur. Quand un homme est mort, il demeure mort; et l'on ne doit pas croire naturellement qu'il ressuscite, sans savoir d'ailleurs par des témoignages certains qu'il est sorti du tombeau. Ainsi naturellement on doit croire que tout enfant a un père comme une mère, à moins que Dieu ne révèle expressément le contraire ; ce qu'il peut faire également, soit que la mère soit mariée, soit qu'elle ne le soit pas : ainsi vous voyez que le mariage n'y fait rien, et que votre objection est vaine.

Il est vrai qu'on présume qu'un enfant qui est né dans le mariage en est sorti : mais si Dieu en a disposé autrement, et qu'il

[1] *Luc.,* II, 48. — [2] *Matth.,* XIII, 54, 55; *Marc.,* VI, 3; *Joan.,* VI, 42.

veuille faire prévenir par son Saint-Esprit tout ce qui a coutume d'arriver parmi les hommes, qu'ont-ils à dire contre sa puissance? Saint Paul disoit autrefois au conseil des Juifs : « Vous semble-t-il incroyable que Dieu ressuscite les morts[1]? » pourquoi celui qui a donné une fois la vie, ne pourra-t-il pas la rendre à ceux qui l'auront perdue? On pourroit dire de même : Vous semble-t-il incroyable que Dieu fasse concevoir une vierge? ne tient-il pas réunie dans sa puissance toute la fécondité qu'il a distribuée entre les deux sexes? et ne peut-il pas suppléer par son Saint-Esprit, tout ce qui auroit manqué aux forces de la nature? C'est ce qu'on ne peut nier sans erreur, quoiqu'on puisse bien l'ignorer, et même ne le pas croire, quand le temps n'est pas arrivé où Dieu le veut révéler expressément : ce qui paroît même dans l'apôtre saint Philippe qui, comme nous avons vu, appelle Jésus-Christ tout court *le fils de Joseph*[2], quoiqu'en même temps il le reconnoisse hautement pour le Messie.

Vous croyez apercevoir votre objection dans ces paroles des Juifs en saint Jean, chapitre VII, verset 27, où il est parlé de cette sorte : « Lorsque le Messie viendra, on ne saura d'où il est venu; mais pour celui-là, nous savons d'où il vient : » mais il est visible que cette peine des Juifs a un autre objet. Jésus-Christ devoit avoir deux naissances, l'une divine et éternelle, et l'autre humaine et dans le temps : cette première naissance devoit être inconnue aux hommes : de là s'étoit répandu le bruit qu'on ne sauroit pas d'où le Messie devoit venir, ce qui donna lieu à l'objection des Juifs sur l'incertitude de l'origine du Messie. Mais pour concilier toutes choses, Jésus-Christ s'écria à haute voix : « Et vous savez qui je suis, et vous savez d'où je viens, et je ne suis pas venu de moi-même : mais celui qui m'a envoyé est véritable, et vous ne le connoissez pas[3]. » Ainsi d'un côté vous me connoissez, et vous savez d'où je dois venir, puisqu'il vous a été révélé que je dois sortir du sang de David, et de Bethléem qui étoit sa ville; mais je vous suis inconnu en un autre sens, puisque, comme il dit ailleurs : « Vous ne connoissez ni moi ni mon Père[4]. »

Il est vrai que les Juifs se trompoient encore en croyant Jésus-

---

[1] *Act.*, XXVI, 8. — [2] *Joan.*, I, 45. — [3] *Joan.*, VII, 28. — [4] *Joan.*, VIII, 19.

Christ le fils de Joseph, pour conclure de là que c'étoit un homme sans littérature et sans aucun talent extraordinaire, qui aussi ne devoit pas se dire descendu du ciel[1] : mais pour ce qui est d'induire que sa mère ne pût être vierge, parce qu'elle étoit mariée, nous avons déjà remarqué qu'il ne leur est jamais arrivé de faire ce raisonnement, ni de tourner en ce sens l'oracle d'Isaïe, qui n'avoit point parlé de cette sorte.

Concluons donc que le mariage de la sainte Vierge ne pouvoit être une preuve contre sa virginité, Dieu ayant révélé le contraire en cette occasion par des témoignages certains. Nous pourrions dire que le premier témoin étoit Marie elle-même, dont la pudeur et la vertu reconnues parloient pour son innocence. Afin d'accomplir la prédiction d'Isaïe, la première chose que Dieu devoit faire, étoit d'inspirer à celle qu'il avoit choisie, l'amour jusqu'alors inconnu de la virginité et la volonté déterminée de la consacrer à Dieu : Marie avoit déjà reçu ce don de Dieu quand l'ange lui vint annoncer qu'elle seroit la mère du Fils du Très-Haut. Pour opérer en elle ce miracle, Dieu n'avoit pas besoin de son consentement : mais outre les autres raisons qu'il eut de le demander, s'il n'avoit envoyé son ange pour le recevoir, nous n'aurions jamais su cette haute résolution de la sainte Vierge, de ne se laisser approcher par aucun homme. Il lui fait donc proposer ce qu'il souhaitoit d'elle, et il juge digne d'être la mère de son Fils incarné celle qui la première de toutes les femmes avoit conçu le dessein et formé le vœu d'être vierge perpétuelle.

Mais il y a un second témoin de la pureté de Marie, qui est sans reproche, et c'est saint Joseph, que Dieu lui avoit donné pour mari, pour être non-seulement le gardien, mais encore le témoin non suspect d'une si grande merveille. Quand il s'aperçut qu'elle étoit enceinte, nous savons qu'il fut frappé de l'état où il la trouva, et qu'il avoit pris des résolutions convenables à un homme sage : mais après tout, quoi que la vertu de sa sainte épouse lui pût dire en sa faveur pour modérer ses soupçons, il ne céda qu'à un avertissement du ciel ; et le tendre amour qu'il montra toujours pour la mère et pour l'enfant, fut la preuve incontestable de la parfaite

[1] *Matth.*, XIII, 54, 55, 56; *Joan.*, VI, 41, 42; VII, 15.

fidélité que la Vierge lui avoit gardée, dont aussi Dieu même lui étoit garant.

S'il faut ici rapporter les autres premiers témoins de la virginité de Marie, nous pouvons compter sainte Elisabeth, lorsqu'elle dit à la sainte Vierge : « Vous êtes bienheureuse d'avoir cru, et tout ce qui vous a été dit de la part de Dieu s'accomplira[1] : » une femme stérile qui avoit conçu par miracle, étoit un digne témoin d'une naissance virginale. Jean-Baptiste sentit l'effet de la présence de cette vierge-mère, et il étoit convenable que le fils de la stérile rendît hommage au fils de la Vierge.

Je donnerai encore pour témoin le saint vieillard Siméon, qui tenant l'enfant entre ses bras au jour qu'il fut présenté au temple[2], n'attribua qu'à Marie seule le coup de l'épée qui la devoit percer un jour, et la douleur maternelle qu'elle devoit sentir au pied de la croix.

Mais encore que Jésus-Christ attendant le temps convenable, comme nous l'avons remarqué, n'ait pas voulu exprimer en termes formels toute la merveille de sa naissance, il y préparoit les esprits toutes les fois qu'il disoit qu'il étoit descendu du ciel, qu'il étoit né et sorti de Dieu, et ainsi du reste : ce qu'il n'auroit jamais fait, s'il étoit venu au monde à la façon ordinaire : de sorte que tous les miracles qu'il a opérés pour montrer que Dieu seul étoit son père, dans le fond sont confirmatifs de cette vérité, que Joseph ne le pouvoit être, et qu'il étoit né d'une vierge.

C'est ainsi que Dieu alloit disposant le monde à la claire intelligence de l'oracle d'Isaïe, qui est demeuré si propre à Jésus-Christ, que jamais il n'a été attribué à autre qu'à lui, et ne le peut jamais être, étant le seul dont on a dit « qu'il a été conçu du Saint-Esprit, et né d'une vierge[3]. »

Il me resteroit à vous avertir qu'il seroit facile de vous prouver par les Pères, et surtout par saint Chrysostome, principalement dans ses homélies *de l'Obscurité des prophéties* [4], et par saint Jérôme en divers endroits, la doctrine avancée dans cette lettre ; mais je ne crois pas ce travail nécessaire, puisque la chose est si

---

[1] *Luc.*, I, 45. — [2] *Luc.*, II, 34, 35. — [3] *Luc.*, I, 31, 35. — [4] Chrysost. opere, edit. Bened., tom. VI ; et tom. VII in Matth., *Homil.* IV et V.

.constante par les Ecritures. Au surplus ne croyez pas, je vous prie, que cette réponse m'ait peiné dans l'obligation où je suis de ménager mes forces : au contraire, elle m'a donné une particulière consolation ; et j'avoue que je suis bien aise de voir perpétuer dans l'Eglise la sainte coutume qui faisoit consulter les docteurs aux laïques, et aux femmes mêmes sur l'intelligence des Ecritures. Je pourrois vous dire beaucoup d'autres choses sur cet endroit d'Isaïe : mais aujourd'hui il me suffit d'avoir satisfait à votre doute, et je consacre de tout mon cœur cette explication véritable au Fils de la Vierge, qui est Dieu béni aux siècles des siècles.

Pour ne finir pas comme un sermon, j'ajoute les assurances d'un attachement sincère.

*Signé* † J. Bénigne, év. de Meaux.

A Paris, 26 octobre 1703.

## TROISIÈME LETTRE,

*Qui contient l'explication à fond de la prédiction d'Isaïe, au chapitre* vii, *verset* 14, *et au chapitre* ix, *verset* 6.

Puisque j'ai une fois commencé à glorifier le fils d'une vierge dans la prédiction d'Isaïe, j'en continuerai l'explication avec la grace de Dieu, qui me le met dans l'esprit : et je vous l'adresse, Monsieur, comme à celui dont les lettres en ont été l'occasion.

Je dirai donc, avant toutes choses, qu'il n'y a rien de plus précis que les paroles du prophète pour signifier la Vierge-Mère; et je dirai en second lieu, qu'elle ne peut être que la mère de Jésus-Christ.

Récitons d'abord la prophétie comme elle est dans saint Matthieu : « Une vierge concevra et enfantera un fils : et il sera appelé Emmanuel, c'est-à-dire Dieu avec nous [1]. » Il faut soigneusement remarquer que l'Evangéliste renferme toute la prophétie dans ces paroles. On pourroit traduire, et peut-être mieux : *la Vierge*, non pas une vierge indéfiniment, mais celle que Dieu avoit en vue et qu'il vouloit montrer en esprit à son prophète.

[1] *Matth.*, I, 23.

Quoi qu'il en soit, la version de l'Evangéliste ne peut être suspecte aux Juifs, puisqu'il n'a fait que suivre celle des Septante, publiée plusieurs siècles avant Jésus-Christ, et par conséquent dans un temps où il ne s'agissoit d'autre chose que d'expliquer la vérité de l'Ecriture selon que les esprits en étoient naturellement frappés. On sait que cette version étoit celle qu'on lisoit dans toutes les synagogues d'Asie, de Grèce et d'autres lieux infinis, où l'hébreu et le syrien n'étoient pas connus, et où néanmoins les synagogues mêmes de Jérusalem et de Syrie fréquentoient tous les jours; de sorte qu'elle étoit approuvée et reçue de tout le peuple de Dieu. On lit encore ici le même mot de *vierge* dans les anciennes paraphrases des Juifs, qu'ils appeloient *Targum :* dans celle d'Onkélos et dans celle de Jonathan, c'est-à-dire dans leurs livres les plus authentiques, et où ils ont mieux conservé les traditions de leurs pères. Mais sans avoir besoin de nous arrêter à ces éruditions rabbiniques, il nous suffit que ce terme de *vierge* se soit trouvé si propre et si naturel en cet endroit, qu'il ne s'en est pas présenté d'autre à la pensée des Septante, c'est-à-dire des interprètes reçus dans la nation, et que saint Matthieu n'ait pu rapporter cette prophétie que de la seule version qui étoit alors en usage. Pour ce qui est des interprètes postérieurs à la venue de Jésus-Christ, comme Symmaque et Théodotion, qui ont tâché d'affoiblir la prophétie, on ne doit pas les écouter, puisqu'on sait que juifs eux-mêmes, ils n'ont fait leurs traductions, aussi bien qu'Aquila, que pour contredire les chrétiens et flatter l'incrédulité de leur nation.

Saint Jérôme remarque ici très-à-propos que le mot hébreu est *alma*, qui signifie dans son origine, *cachée*, *renfermée*, c'est-à-dire non-seulement une fille, mais une fille comme recluse et inaccessible, à la manière d'une chose sacrée, dont il n'est pas permis d'approcher. C'est pourquoi nous voyons dans les Machabées que selon cette origine, les filles sont appelées *recluses*, *renfermées*, κατάκλειστοι [1]. Aussi l'usage du mot *alma* est-il constant dans l'Ecriture pour signifier une *vierge*, et il ne s'y trouve jamais joint avec les termes de *concevoir* ou d'*enfanter* qu'en ce

[1] II *Machab.*, III, 19.

seul endroit : par conséquent ces deux mots de *vierge* et d'*enfantement*, sont mis là pour signifier un fait unique, et qui n'a point d'autre exemple que celui que nous propose la foi chrétienne.

Les Juifs disent qu'il n'y faut pas chercher tant de finesse, et que le prophète suppose que cette vierge qui devoit enfanter, cesseroit d'être vierge quand elle deviendroit mère. Mais qu'y auroit-il là d'extraordinaire, et qui méritât d'être donné par un prophète comme un fait singulier et prodigieux? C'est au contraire ce qui arrive à toutes les femmes, et toutes celles qui deviennent mères ont été premièrement vierges : de sorte que ces deux mots, *vierge* et *portant un enfant dans son sein*, sont regardés naturellement comme incompatibles.

On demandera peut-être quelle preuve on a que ce fils porté dans le sein d'une vierge, soit Jésus-Christ. Mais c'est ce qui n'a point de difficulté, puisque d'un côté, celui qui sera le fils d'une vierge, n'ignorera point ce don de Dieu; et de l'autre qu'on ne connoît que le seul Jésus-Christ à qui on ait appliqué ce titre de fils d'une vierge, Dieu n'ayant pas même voulu qu'il restât la moindre ambiguïté dans cette application.

Les Juifs demandent à quel propos il seroit ici parlé de Jésus-Christ, et quel rapport pourroit avoir avec Achaz cet enfantement virginal, pour être donné en signe à ce roi, qui vivoit plus de sept cents ans auparavant. Mais cette nation aveugle, qui ne connoît pas les prérogatives du Christ qu'elle attend, a ignoré qu'il vient toujours à propos dans tout l'Ancien Testament, puisqu'il devoit être la fin de la loi et l'objet non-seulement de toutes les prophéties, mais encore de tous les événemens remarquables, qui ne sont qu'une figure des merveilles de son règne : au surplus qu'on parcoure toutes les prophéties, on trouvera que non plus que celle-ci, la plupart ne paroissent pas avoir de liaison avec le reste du discours où elles sont insérées. David dans le psaume LXXI, ne vouloit parler d'abord que du règne de Salomon, qu'il avoit nommé son successeur : mais Dieu, quand il lui a plu, lui a élevé l'esprit, et l'a transporté au temps de celui que tous les rois et tous les gentils devoient adorer, dont l'empire devoit s'étendre par toute la terre, qui étoit devant le soleil, et en qui toutes les nations de l'univers devoient être bénies, c'est-à-dire Jésus-Christ, dont Salomon étoit une si noble figure. C'est pour la même raison qu'au psaume XLIV, qui regarde directement le même Salomon, tout d'un coup il l'appelle Dieu et l'oint par excellence ; ce qui ne peut convenir qu'à Jésus-Christ. Il en est de même des autres prophéties, où sans liaison avec la suite du discours, celui-là nous est annoncé, qui devoit être abreuvé de vinaigre [1], vendu trente deniers destinés à l'achat du champ d'un potier ou d'un sculpteur, monté sur un âne pour faire son entrée royale [2] : ainsi du reste, qui convient manifestement à Jésus-Christ seul. Il n'en étoit point parlé d'abord dans le prophète Michée : mais soudain il le voit sortir de la petite ville de Bethléem comme chef du peuple d'Israël, dont il ajoute que la nativité étoit éternelle [3]. C'est ainsi que Dieu agit ordinairement dans les prophètes : et il leur fait mêler dans leurs discours Jésus-Christ si détaché de toute autre chose, qu'on voit bien qu'il n'y a point d'autre cause qui ait fait parler de lui si clairement en ces endroits, si ce n'est l'instinct du Saint-Esprit, qui souffle où il veut, et qui sait bien s'affranchir de toutes les règles des discours vulgaires.

S'il faut néanmoins marquer dans la prédiction d'Isaïe l'occasion qui le fait parler du fils de la vierge, il ne sera pas malaisé de la trouver. Il s'agissoit de Jérusalem délivrée des mains de Rasin roi de Syrie, et de Phacée fils de Romélie, roi d'Israël. Ce qu'il y eut de particulier dans cette délivrance, c'est que les enfans d'Isaïe furent donnés à tout le peuple comme un prodige qui leur pronostiquoit ce favorable événement, ainsi qu'il le marque lui-même en termes exprès dans le chapitre VIII, verset 18, de sa prophétie : « Me voilà avec mes enfans que le Seigneur m'a donnés, pour être un signe et un présage de l'avenir à Israël : » *In signum et portentum.* C'est par la même raison qu'il est ordonné au chapitre VII, vers. 3, au même prophète, « d'aller à la rencontre d'Achaz, avec son fils Jasub qui lui restoit » ( comme un gage des événemens favorables dont il avoit été le pronostic ), pour lui annoncer avec lui la prompte défaite de ses ennemis. Il est aussi

---

[1] *Psal.* LXVIII, 22. — [2] *Zach.*, XI, 12, 13 et IX, 9; *Joan.*, XII, 14, 15. — [3] *Mich.*, V, 2.

commandé au saint prophète de donner au fils de la *prophétesse* qu'il épousa dans les formes, un nom qui seroit le présage de ce succès avantageux [1].

A l'occasion de ces merveilleux enfans, il plaît à Dieu, dans le chapitre IX, vers. 6, de la même prophétie, de parler d'un autre enfant, qui plus merveilleux que ceux du prophète, en ce qu'il étoit fils non-seulement d'une prophétesse, mais encore d'une vierge, devoit aussi présager une délivrance plus haute, c'est-à-dire celle dont Jésus-Christ est le seul auteur. Aussi n'est-ce point à Achaz seul que Dieu a donné ce signe, que ce prince avoit même refusé de demander, *non petam :* c'est Dieu qui le donne de lui-même à toute la maison de David [2], non point à Achaz, à qui il avoit dit : *Pete tibi :* « demande pour toi ; » mais à tout le peuple : *Dabo vobis signum :* et à toute la maison de David : *Audite, domus David ;* de même que s'il eût dit : Si j'ai donné aux Juifs du temps d'Achaz les enfans d'Isaïe comme un Jasub et comme celui qu'il a eu de la prophétesse, pour leur être un signe de délivrance : que ne devez-vous pas attendre du signe nouveau que je vous donne en la personne d'un enfant fils d'une vierge ?

C'est cet enfant que vous devez appeler *Emmanuel*, « Dieu avec nous, » non-seulement parce qu'il fera votre réconciliation avec Dieu, mais encore parce qu'il sera un composé miraculeux de Dieu et de l'homme, en qui la divinité habitera corporellement.

C'est pourquoi bientôt après, le prophète nous parlera « d'un petit enfant qui nous est né, et d'un fils qui nous a été donné, dont la principauté est sur ses épaules [3], » soit qu'il faille entendre la marque royale dont il seroit revêtu, comme qui diroit la pourpre parmi les Romains ; soit qu'avec les Pères nous devions entendre la croix que Jésus porta, et où par une secrète inspiration, le titre de sa royauté devoit être écrit. Mais ce qu'ajoute le saint prophète est beaucoup plus remarquable, puisqu'il dit que cet enfant sera nommé « Admirable : Conseiller : Dieu : Fort : le Père du siècle futur : le Prince de la paix ; » qu'il prendra sa place « dans le trône de David, où il établira la paix et la justice, et enfin qu'il l'affermira pour toute l'éternité. »

[1] *Isa.*, VIII, 1, 2, 3. — [2] *Isa.*, VII, 11, 12, 13. — [3] *Isa.*, IX, 6, 7.

Voilà donc ce petit enfant auquel Isaïe donne six beaux noms, qui tous l'élèvent au-dessus des hommes et forment le caractère du Messie. Premièrement, il est *admirable :* car quel enfant plus admirable que celui qui est né d'une vierge et dont on a dit : « Jamais aucun homme n'a parlé comme celui-ci [1], » et n'a rien fait de semblable aux œuvres qui sont sorties de ses mains [2]? Secondement il est *conseiller* par excellence, parce que par lui se sont consommés les plus secrets conseils de Dieu. Troisièmement il est *fort :* c'est le « Seigneur Dieu des armées, le fort d'Israël, » dit ailleurs Isaïe [3] : celui dont il est écrit que « nul ne peut ôter de sa main ceux que son Père lui a « donnés [4]. » Il est *le père du siècle futur,* c'est-à-dire du nouveau peuple qu'il devoit créer pour le faire régner éternellement. Il est *le prince de la paix,* et seul il a pacifié le ciel et la terre. Mais ce qu'il y a de plus remarquable, c'est que ce prophète l'appelle *Dieu,* en nombre singulier et absolument, qui est le caractère essentiel pour exprimer la divinité : par conséquent il est Dieu et homme, le vrai Emmanuel, Dieu uni à nous et le seul digne de naître d'une vierge, afin de n'avoir que Dieu seul pour père. On voit par là le rapport manifeste de cet enfant dont il est parlé au chapitre ix, avec celui qui devoit être le fils d'une vierge dans le chapitre vii.

Toute la suite de l'Evangile atteste cette vérité. Quand il s'est appelé si souvent le *fils de l'homme,* c'étoit par rapport à sa sainte mère : c'est la même chose que saint Paul a exprimée, en disant qu'il a été « fait d'une femme, » *factum ex muliere* [5], et les termes de *fils de l'homme,* à celui qui ne connoissoit de père que Dieu, ne pouvoient signifier autre chose que fils d'une mère vierge. C'étoit en même temps et par la même raison, non-seulement le vrai Emmanuel, mais encore le vrai Melchisédech [6], sans père en terre, sans mère au ciel : digne d'être notre pontife, étant saint, innocent, sans tache par le seul droit de sa conception et de sa naissance, à cause qu'il étoit conçu du Saint-Esprit.

Il convenoit aussi à Jésus-Christ comme étant le fils d'une vierge, d'être le premier qui ait proposé au monde la haute per-

---

[1] *Joan.,* vii, 46. — [2] *Ibid.,* 31. — [3] *Isa.,* i, 24. — [4] *Joan.,* x, 28, 29. — [5] *Gal.,* iv, 4. — [6] *Hebr.,* vii, 1, 2, 3, 26.

fection de la pureté virginale, et celle de ses eunuques spirituels dont la grace est si éminente, qu'à peine la peut-on comprendre[1] : il s'est déclaré l'époux de toutes les vierges : le fruit de la prédication de son Evangile, c'est qu'on en a vu une infinité qui ont marché sur ses pas, et la chasteté comme la foi a eu ses martyrs.

Les convenances de ce qui est dit de la vierge mère ne sont pas moins remarquables. En même temps que pour l'élever au faîte de la grandeur, Dieu voulut réunir en sa personne toute la perfection de son sexe, c'est-à-dire la souveraine et virginale pudeur, avec la fécondité qui est portée jusqu'à la faire mère de Dieu, il lui inspira aussi la plus parfaite et la plus profonde humilité[2]. Jésus-Christ dit qu'il est digne de créance dans le témoignage qu'il se rend à lui-même, à cause qu'il n'y recherche que la gloire de son Père[3] : nous pouvons appliquer cette parole à la sainte Vierge, qui sans tirer avantage des merveilles qui s'étoient accomplies en elle, ne reconnoît de grandeur qu'en Dieu qu'elle glorifie : si elle est transportée de joie, ce n'est qu'en Dieu son Sauveur : si plus glorieuse prophétesse que celle d'Isaïe, qui aussi, selon saint Jérôme, n'en est qu'une figure imparfaite, elle voit que toutes les races futures la publieront bienheureuse, c'est à cause qu'il a plu à Dieu de regarder la bassesse de sa servante[4] : il semble qu'elle n'ose dire qu'elle est vierge et mère tout ensemble, et elle n'exprime un si grand don qu'en disant que celui qui seul est puissant lui a fait de grandes choses, et qu'il a voulu exercer la toute-puissance de son bras[5]. Au surplus personne n'ignore qu'entendant parler tout le monde de son fils, elle garde un perpétuel silence, sans dire ce qu'elle en savoit, ni la manière dont il lui avoit été donné : de sorte que la plus excellente de toutes les créatures étoit en même temps la plus humble, et celle qui se distinguoit le moins du commun des femmes. On voit donc la convenance manifeste de tout le mystère, rien n'étant plus propre à une vierge que le silence et l'humilité.

Que ce soit donc là le glorieux titre du Messie, d'être fils d'une vierge : qu'il soit seul caractérisé par ce beau nom : songeons

---

[1] *Matth.*, XIX, 11. — [2] *Luc.*, I, 48. — [3] *Joan.*, VIII, 14, 16, 28, 29, 38, 49, 50. — [4] *Luc.*, 1, 47, 48 et seqq. — [5] *Ibid.*

qu'il a trouvé au-dessous de lui, même la sainteté nuptiale, puisqu'il n'a voulu lui donner aucune part à sa naissance : purifions notre conscience de tous les désirs charnels : quand il nous faudra participer à cette chair virginale, songeons à la pureté de la vierge qui le reçut dans son sein : honorons ensemble, avec la distinction convenable, le fils de la Vierge et la mère vierge, puisque le fils de la Vierge est le Fils de Dieu, et que la mère vierge est Mère de Dieu : reconnoissons dans ces deux mots, *mère vierge* et *fils de la Vierge,* la plus belle relation qui puisse jamais être conçue : adorons Jésus-Christ comme vrai Dieu ; mais confessons à la fois que ce qu'il a le plus approché de lui, est celle qu'en se faisant homme, il a daigné choisir pour être sa mère.

Je pourrois m'ouvrir encore ici une nouvelle et longue carrière, si je voulois rechercher avec les saints Pères les causes de l'obscurité de quelques prophéties. Saint Pierre nous dit dans sa seconde *épître* que « nous n'avons rien de plus ferme que le discours prophétique, » et que nous devons y être « attentifs comme à un flambeau qui reluit dans un lieu obscur et ténébreux[1]. » C'est donc un flambeau, mais qui reluit dans un lieu obscur, dont il ne dissipe pas toutes les ténèbres. Si tout étoit obscur dans les prophéties, nous marcherions comme à tâtons dans une nuit profonde, en danger de nous heurter à chaque pas et sans jamais pouvoir nous convaincre : mais aussi, si tout y étoit clair, nous croirions être dans la patrie et dans la pleine lumière de la vérité, sans reconnoître le besoin que nous avons d'être guidés, d'être instruits, d'être éclairés dans l'intérieur par le Saint-Esprit, et au dehors par l'autorité de l'Eglise. Je pourrois encore me jeter dans une plus haute contemplation sur le tissu des Ecritures que Dieu a voulu composer exprès d'obscurité et de lumière, afin, comme dit saint Augustin, de rassasier notre intelligence par la lumière manifeste et de mettre notre foi à l'épreuve par les endroits obscurs. En un mot, il a voulu qu'on ait pu faire à l'Eglise de mauvais procès ; mais il a voulu aussi que les humbles enfans de l'Eglise y pussent assez aisément trouver des principes pour les décider ; et s'il reste, comme il en reste beaucoup, des endroits

---
[1] II *Petr.,* I, 19.

impénétrables, ou à quelques-uns de nous ou à nous tous dans cette vie, le même saint Augustin nous console en nous disant que, soit dans les lieux obscurs, soit dans les lieux clairs, l'Ecriture contient toujours les mêmes vérités, qu'on est bien aise d'avoir à chercher pour les mieux goûter quand on les trouve : et où l'on ne trouve rien, on demeure aussi content de son ignorance que de son savoir, puisqu'après tout il est aussi beau de vouloir bien ignorer ce que Dieu nous cache, que d'entendre et de contempler ce qu'il nous découvre. Marchons donc dans les Ecritures en toute humilité et tremblement; et pour ne chopper jamais, ne soyons pas plus sages ni plus savans qu'il ne faut, mais tenons-nous chacun renfermés dans les bornes qui nous sont données.

Je prie Dieu qu'il vous conserve la santé, et vous donne tout le repos que peut souhaiter un homme de bien.

*Signé* † Bénigne, év. de Meaux.

A Paris, le 8 de novembre 1703.

# EXPLICATION LITTÉRALE
# DU PSAUME XXI
### SUR LA PASSION ET LE DÉLAISSEMENT
### DE NOTRE-SEIGNEUR.

§ I. Remarques préliminaires, où l'on présuppose quelques vérités constantes.

Pour conduire les plus ignorans et les plus simples, pourvu seulement qu'ils soient attentifs à la parfaite intelligence de ce divin Psaume et de toute la prophétie qu'il renferme, je remarquerai avant toutes choses quelques vérités qui y prépareront les voies.

La première, que ce Psaume est constamment de David, puisque de tout temps et dans tous les textes, et dans l'hébreu comme dans les Septante, il est toujours intitulé : *Cantique de David.*

La seconde présupposition, c'est qu'il est familier aux prophètes de parler en la personne de celui dont ils annoncent les événemens, et principalement de Jésus-Christ : et c'est pourquoi cet eunuque si attaché à la lecture des saints Livres, lorsqu'il trouve ces mots dans Isaïe : « Il a été conduit à la mort comme une brebis,... et il n'a pas ouvert la bouche, » la première pensée qui lui vient, c'est de demander à son interprète : « Je vous prie, est-ce de lui-même que parle le prophète, ou de quelqu'autre [1] ? »

La troisième présupposition, c'est qu'il appartient à David plus qu'à tout autre, de parler au nom de Jésus-Christ, parce qu'il en est le père, la figure et le prophète.

C'est à peu près le raisonnement que fait l'apôtre saint Pierre, lorsque trouvant dans le Psaume xv ces mots prononcés en première personne : « J'avois toujours Dieu présent à mes yeux, parce qu'il est à ma droite pour me protéger :... Vous ne

---

[1] *Act.*, VIII, 28, 30, 32; *Isa.*, LIII, 7.

## § I ET II. REMARQUES PRÉLIMINAIRES : CLEF.

laisserez pas mon ame dans l'enfer, et vous ne permettrez pas que votre Saint éprouve la corruption : vous m'avez montré le chemin et le retour à la vie, » après avoir observé que cette incorruptibilité et cette résurrection ne conviennent pas à David, il conclut « que David étant prophète, et Dieu lui ayant promis d'établir quelqu'un de son sang sur son trône, a parlé dans sa prévoyance de la résurrection de Jésus-Christ [1]. »

La quatrième présupposition et la plus importante de toutes, est que nous avons une raison particulière d'attribuer ce Psaume à Jésus-Christ, parce que lui-même étant à la croix, se l'est appliqué [2]. » Qui ne respecteroit un tel interprète, qui arrosé de son sang, attaché à la croix, déchiré de plaies et au milieu de ses tourmens les plus cruels, pendant qu'il accomplit la prophétie, se l'applique en disant lui-même : « Mon Dieu, mon Dieu, pourquoi m'avez-vous délaissé ? »

Il est vrai qu'il ne répète que ces premières paroles : mais nous verrons bientôt qu'il le fait ainsi à cause que sous le seul délaissement, toutes les autres circonstances de sa passion sont renfermées, et à la fois tous les glorieux effets de sa mort.

### § II. On met aux fidèles la clef de la prophétie à la main.

J'appelle la clef et le dénouement de la prophétie, les versets qui caractérisent Jésus-Christ crucifié. Tels que sont ceux-ci, 17, 18 et 19 : « Ils ont percé mes mains et mes pieds : on compteroit tous mes os ; » et encore : « Ils ont partagé mes vêtemens, et ont jeté le sort sur ma robe. » J'appelle ces trois versets la clef de la prophétie, parce que tout le reste qui suit s'y rapporte et en fait le singulier et le merveilleux, n'y ayant rien de plus surprenant que de voir celui qui a dit qu'il étoit crucifié, et qui a marqué dans le partage de ses habits les circonstances précises de son crucifiement, dire après qu'il annoncera le nom de Dieu à ses frères et qu'il convertira à la fois, non-seulement un grand nombre de Juifs, mais encore tous les gentils, selon les termes exprès de la prophétie.

Voici donc ce que j'appelle le dénouement de cet oracle prophé-

[1] *Act.*, II, 30, 31. — [2] *Matth.*, XXVII, 46.

tique. Le *délaissé* de ce Psaume est poussé jusqu'à la mort de la croix : les soldats qui l'y avoient attaché et qui le gardoient ont suivi leur proie : comme ils l'avoient dépouillé pour le mettre en croix, ils regardoient aussi ses habits comme étant à eux : ils les partagent, ils les jouent : c'est là une circonstance de son crucifiement : on voit après qu'il ressuscite, puisqu'il raconte le nom de Dieu à ses frères ; et la conversion des gentils est la suite heureuse et prochaine de tous ces grands événemens. Tout homme où ces caractères ne se trouvent pas, n'est pas le délaissé que nous cherchons.

Je pourrois encore ajouter que ce qui précède est comme un préparatoire à ces deux versets, parce que c'est là que le prophète en veut venir, comme au dernier effet du délaissement.

Voilà donc ce que j'appelle la clef et le dénouement de la prophétie, parce que c'est un caractère particulier qui est relatif à tout le reste, et qui détermine tout le Psaume à Jésus-Christ seul.

§ III. *On va au-devant de quelques objections.*

Ces fondemens présupposés, j'entrerois d'abord dans l'explication de la prophétie, si ce n'étoit que je trouve plus à propos de faire connoître auparavant les absurdités tant des Juifs que des critiques judaïsans, afin qu'étant rejetées, notre explication coule d'elle-même naturellement et sans être interrompue d'aucune dispute. Il faut donc voir en peu de mots comment ils mettent leur esprit à la torture, pour éluder une prédiction si évidente.

Selon eux, percer les mains et les pieds, n'est autre chose qu'une métaphore, qui signifie détruire les forces : mais qui jamais a usé de cette figure ? Outre que le reste n'y convient pas, et que le dénombrement des os causé par la suspension de tout le corps n'appartient qu'au crucifiement véritable ; en un mot, le discours n'a rien de suivi, si l'on n'y entend la croix. Pourquoi donc chercher des allégories, lorsqu'on trouve en Jésus-Christ un sens littéral si propre et si suivi?

Aussi les Juifs et ceux qui les suivent, n'ont pu s'y arrêter ; et il a fallu en venir à l'altération du texte, pour du moins le rendre douteux. Cette altération consiste en ce que par le retranchement d'un petit trait dans une lettre, au lieu de lire : « Ils ont percé, *caru,* » ils veulent lire : « *Caari :* comme un lion, mes mains et mes pieds. » Mais premièrement, la raison s'y oppose : car que veulent dire ces mots : *comme un lion, mes mains et mes pieds ?* et quand il faudroit suppléer qu'ils les ont mordus et déchirés, le bon sens ne permettoit pas d'introduire ici un lion. La comparaison du lion avoit déjà eu tout son effet dans ces paroles du verset 14 : « Ils ont ouvert leur gueule sur moi comme un lion ravisseur et rugissant. »

Voilà un vrai lion avec ses caractères naturels, qui s'attaque à toute la personne. Pourquoi le faire revenir encore une fois, pour ne s'en prendre qu'aux mains et aux pieds? Mais laissons là le raisonnement, puisque nous avons pour nous les faits positifs.

Plusieurs siècles avant Jésus-Christ les Septante ont traduit tout simplement : « Ils ont percé, » etc. Etoit-ce pour favoriser les chrétiens, ou pour suivre la vérité du texte qu'ils avoient devant les yeux? Disons plus : saint Justin, martyr, oppose aux Juifs ce verset : « Ils ont percé mes mains et mes pieds ; » et quoiqu'il ait accoutumé de leur reprocher leurs altérations, il ne leur en dit mot en ce lieu ; marque certaine que de son temps, c'est-à-dire au second siècle, elle n'avoit pas été encore faite, et que les Juifs lisoient comme nous et comme ont lu les Septante. J'en dis autant des saints Pères qui ont écrit après lui ; et Aquila même, ce Juif perfide, qui a fait sa traduction expressément pour contredire les chrétiens, a tourné, non pas *comme un lion,* mais : « Ils ont déshonoré mes mains et mes pieds, » ce qui présuppose qu'il a lu comme les Septante. Mais il n'y a aucun sens dans ces paroles : « Ils ont déshonoré mes mains et mes pieds, » si ce n'est qu'on veuille dire que *déshonorer les mains et les pieds,* c'est y faire une plaie honteuse, telle qu'on la voit à la croix, qui est le plus ignominieux de tous les supplices. Enfin les Juifs n'ont osé nier que la leçon *caru* ne fût bonne et ancienne : ils se contentent de laisser la chose ambiguë, sans vouloir songer qu'entre deux textes il faudroit se déterminer à celui qui a un sens naturel, comme *caru,* par préférence à celui qui n'en a aucun, comme *caari,* ainsi qu'il a été dit.

Concluons donc que la traduction : « Ils ont percé, » etc., est la seule qui peut être soufferte ; la seule aussi qui a été faite de bonne foi par les Septante, si longtemps avant la naissance du christianisme et sans aucune prévention, est la seule qui se trouve avoir un sens littéral et un manifeste accomplissement : au lieu qu'on ne sait qu'imaginer pour l'accommoder à David : mais quand on en aura trouvé le moyen, on n'aura pas pour cela éludé la prophétie : et ce que disent les judaïsans sur le partage des habits, est encore plus visiblement absurde.

Théodore de Mopsueste, un hérétique du iv° siècle, éludoit cette prophétie, comme il faisoit toutes les autres : et disoit que ce malheur étoit arrivé à David, lorsqu'Absalom entra dans sa maison, la pilla et se saisit de ses vêtemens. Je ne dirai pas qu'il fit horreur au pape Vigile et aux Pères du v° concile : je ne m'attacherai qu'au ridicule qui saute aux yeux dans cette interprétation : car aussi, dans le pillage universel d'une maison, n'a-t-on à considérer que les habits enlevés ? Mais quel besoin en ce cas de distinguer les habits qu'on partage d'avec la robe qu'on jette au sort sans la partager, à cause « qu'elle étoit sans couture, et depuis le haut jusqu'en bas de même tissu [1] ? » On voit bien que cet endroit de la prophétie n'a aucun rapport à David, et qu'elle ne peut convenir qu'à Jésus-Christ notre Sauveur.

C'est donc avec raison que nous en avons donné pour clef ou pour dénouement les versets 17, 18 et 19, que nous venons de réciter, puisque d'un côté il est visible qu'ils ne conviennent qu'à Jésus-Christ, et que de l'autre ils y attirent tout le reste, ainsi qu'on a pu voir.

Mais quand on auroit détourné un sens si clair à un autre qu'à Jésus-Christ, il faudra encore venir à la conversion des gentils, qui ne peut être ignorée, ni déguisée ou dissimulée, quand elle arrive, à cause qu'en la niant, on auroit l'univers entier pour témoin contre soi.

On peut donc aisément trouver quelque particularité de la vie de David, où il se plaindroit d'être délaissé, comme lorsque poursuivi par Saül dans toute la terre d'Israël, il se voyoit à chaque

[1] *Joan.*, xix, 23.

§ IV. TRADUCTION.

moment en état d'être livré entre les mains d'un si puissant et si implacable ennemi : ou lorsqu'il fut obligé de prendre la fuite devant son fils Absalom, qui n'oublioit rien pour l'outrager. On peut aussi trouver des endroits où il sera chargé d'opprobres par des personnes méprisables, tel que fut un Séméï, qui même lui jeta des pierres, tant il fut emporté et violent. Quand donc on aura trouvé toutes ces choses, et qu'on voudra supposer que David les aura enflées et exagérées dans son discours, si l'on ne trouve des faits positifs, tel que celui des mains et des pieds percés, des habits joués et partagés, et, ce qui est encore plus évident, celui de la gentilité convertie, l'on n'aura pas découvert le *délaissé* que nous cherchons. Mais il sera maintenant aisé de le découvrir par la seule lecture du psaume dont nous allons représenter la traduction; nous ne laisserons pas d'y ajouter une explication, mais si précise et si littérale, qu'il n'y restera pas le moindre embarras.

## TRADUCTION DU PSAUME XXI

### SELON L'HÉBREU ET LES SEPTANTE.

### § IV.

| TRADUCTION SELON SAINT JÉROME, SUR L'HÉBREU. | TRADUCTION SELON LES SEPTANTE ET LA VULGATE. |
|---|---|
| 1. Cantique de David : au vainqueur, *victori*; d'autres traduisent : Au chantre, *præcentori* : au maître du chœur, au modérateur du chant: pour le cerf ou pour la biche du matin (sur le ton d'un air connu, qui commençoit en cette sorte). | 1. Psaume de David : à la fin, *in finem* : les Pères entendent : Au Christ, qui est la fin de la loi : pour la réception du matin, *pro susceptione matutinâ* (soit que ce soit une offrande pour implorer dès le matin le secours divin, comme l'entend le chaldaïque ou quelqu'autre chose qui ne soit point venu à notre connoissance). |
| 2. Mon Dieu, mon Dieu ! pourquoi m'avez-vous délaissé ? La voix | 2. O Dieu, mon Dieu ! regardez-moi; pourquoi m'avez-vous dé- |

## SEPT. VULG.

laissé? Les paroles de mes péchés sont bien éloignées de mon salut.

3. Mon Dieu, je crierai pendant le jour, et vous ne m'écouterez pas: et (je crierai encore) pendant la nuit, et ce n'est point à moi une folie.

4. Mais vous habitez dans le sanctuaire : vous qui êtes la louange d'Israël.

5. Nos pères ont espéré en vous; ils y ont espéré, et vous les avez délivrés.

6. Ils ont poussé leurs cris jusqu'à vous, et ils ont été sauvés : ils ont mis en vous leur confiance, et ils n'ont point été confondus.

7. Mais pour moi je suis un ver de terre, et non pas un homme : l'opprobre des hommes et le mépris (ou le rebut) du peuple.

8. Tous ceux qui me voient se moquent de moi avec insulte : ils ont fait sortir de leurs lèvres (des paroles outrageantes), et ils ont branlé la tête (d'une manière insultante).

9. Il a espéré au Seigneur; qu'il l'arrache de nos mains : qu'il le sauve, puisqu'il l'aime.

10. C'est vous néanmoins qui m'avez tiré du ventre de ma mère : vous êtes mon espérance dès le temps que je suçois sa mamelle.

11. (En sortant) de son sein, j'ai été jeté entre vos bras : vous êtes mon Dieu dès que je suis sorti de ses entrailles.

12. Ne m'abandonnez pas, parce que l'affliction s'approche, et que

## S. JÉROME.

de mon rugissement est bien éloignée de mon salut (la voix de mon rugissement ne suffit pas pour empêcher que mon salut ne s'éloigne).

3. Mon Dieu, je crierai pendant le jour, et vous ne m'écouterez point : et la nuit je ne garderai pas le silence.

4. Et vous, ô saint, qui habitez (au milieu de nous), et qui êtes la louange d'Israël (qui en faites le perpétuel sujet) :

5. Nos pères se sont confiés en vous ; ils s'y sont confiés, et vous les avez sauvés.

6. Ils ont poussé leurs cris jusqu'à vous, et ils ont été sauvés : ils ont mis en vous leur confiance, et ils n'ont point été confondus.

7. Mais pour moi je suis un ver de terre, et non pas un homme : l'opprobre des hommes, et le mépris (ou le rebut) du peuple.

8. Tous ceux qui me voient, se moquent de moi avec insulte : ils remuent leurs lèvres (par un ris moqueur) : ils branlent la tête (d'une manière insultante).

9. Il a eu recours au Seigneur; qu'il le sauve : qu'il le délivre, puisqu'il l'aime.

10. Vous êtes néanmoins mon défenseur dès le ventre de ma mère : ma confiance dès le temps que j'en suçois la mamelle.

11. (En sortant) du sein de ma mère, j'ai été jeté entre vos bras : vous êtes mon Dieu dès le ventre de ma mère.

12. Ne vous éloignez pas de moi, maintenant que la tribulation (la

## § IV. TRADUCTION.

| S. JÉRÔME. | SEPT. VULG. |
|---|---|
| grande affliction) approche, et que je n'ai aucun secours. | je n'ai personne qui me secoure. |
| 13. De jeunes taureaux m'ont environné : des taureaux gras m'ont assiégé. | 13. De jeunes taureaux m'ont environné : des taureaux gras m'ont assiégé. |
| 14. Ils ont ouvert leur gueule sur moi, comme un lion ravisseur et rugissant. | 14. Ils ont ouvert leur gueule sur moi, comme un lion ravisseur et rugissant. |
| 15. J'ai été épanché comme de l'eau, et tous mes os ont été séparés (les uns des autres) : mon cœur est devenu comme une cire fondue au milieu de mes entrailles. | 15. J'ai été épanché comme de l'eau, et tous mes os ont été séparés (les uns des autres) : mon cœur est devenu comme une cire fondue au milieu de mes entrailles. |
| 16. Ma force s'est desséchée comme un têt de pot cassé; et ma langue s'est attachée à mon palais : et vous m'avez réduit à la poussière de la mort. | 16. Ma force s'est desséchée comme un têt de pot cassé; et ma langue s'est attachée à mon palais : et vous m'avez conduit à la poussière de la mort. |
| 17. Des veneurs m'ont entouré : le conseil des méchans m'a assiégé : ils ont percé mes mains et mes pieds. | 17. Un grand nombre de chiens m'a environné : le conseil des méchans m'a assiégé : ils ont percé mes mains et mes pieds. |
| 18. On compteroit tous mes os (*de mot à mot* : j'ai compté tous mes os) : voilà ce qu'ils ont vu en moi, lorsqu'ils m'ont regardé. | 18. Ils ont compté tous mes os : ils m'ont considéré et regardé attentivement. |
| 19. Ils ont partagé mes vêtemens entre eux : et ils ont jeté le sort sur ma robe. | 19. Ils ont partagé mes vêtemens entre eux : et ils ont jeté le sort sur ma robe. |
| 20. Mais vous, Seigneur, ne vous éloignez pas : vous qui êtes ma force, hâtez-vous de venir à mon secours. | 20. Mais vous, Seigneur, n'éloignez pas de moi votre secours : pourvoyez à ma défense. |
| 21. Tirez mon ame de l'épée (d'une mort violente) : et mon unique de la main du chien. | 21. Tirez mon ame de l'épée (d'une mort violente) : et mon unique de la main du chien. |
| 22. Sauvez-moi de la gueule du lion : et exaucez-moi contre les cornes de la licorne. | 22. Sauvez-moi de la gueule du lion : et sauvez ma foiblesse des cornes de la licorne. |
| 23. Je raconterai votre nom à mes frères : je vous louerai au milieu de l'Eglise. | 23. Je raconterai votre nom à mes frères : je vous louerai au milieu de l'Eglise. |
| 24. Louez le Seigneur, vous qui le craignez : glorifiez-le, races de | 24. Louez le Seigneur, vous qui le craignez : glorifiez-le, races de |

| SEPT. VULG. | S. JÉRÔME. |
|---|---|
| Jacob, partout où vous êtes étendues : craignez-le, vous tous qui composez la postérité d'Israël.<br><br>25. Que toute la race d'Israël le craigne, parce qu'il n'a pas méprisé ni dédaigné la prière du pauvre : et qu'il n'a point détourné de moi sa face, et qu'il m'a écouté pendant que je le réclamois.<br><br>26. Ma louange sera devant vous dans la grande Eglise : je rendrai mes vœux en la présence de ceux qui craignent Dieu.<br><br>27. Les pauvres mangeront et seront rassasiés : ceux qui recherchent le Seigneur, le loueront : leurs cœurs vivront à jamais.<br><br>28. Toutes les extrémités de la terre se ressouviendront du Seigneur, et se convertiront à lui : et toutes les familles des gentils l'adoreront.<br><br>29. Parce que le règne appartient au Seigneur : et il dominera sur les gentils.<br><br>30. Tous les riches de la terre (*mot à mot :* Les gras de la terre) ont mangé et adoré : tous ceux qui descendent dans la terre (tous ceux qui descendent dans le tombeau, *c'est-à-dire* tous les mortels) tomberont à ses pieds.<br><br>31. Et mon ame vivra pour lui : et ma postérité le servira. | Jacob, partout où vous êtes étendues : craignez-le, vous tous qui composez la postérité d'Israël.<br><br>25. Parce qu'il n'a point dédaigné ni rebuté la modestie du pauvre (*c'est-à-dire* son humilité, son humble prière) : et qu'il ne lui a point caché sa face, et qu'il l'a exaucé quand il crioit (quand il réclamoit son secours).<br><br>26. Ma louange sera devant vous dans la nombreuse (ou grande) Eglise (on y publiera la louange que je dois à vos immenses bontés) : je rendrai mes vœux en la présence de ceux qui craignent Dieu.<br><br>27. Les pauvres (*selon l'hébreu de mot à mot :* Ceux qui sont doux et humbles de cœur, *mites, pauperes*) mangeront et seront rassasiés : ceux qui cherchent le Seigneur, le loueront : votre cœur vivra à jamais.<br><br>28. Toutes les extrémités de la terre se ressouviendront du Seigneur, et se convertiront à lui : et toutes les familles des gentils l'adoreront.<br><br>29. Parce que le règne appartient au Seigneur : et il dominera sur les gentils.<br><br>30. Tous les riches de la terre (*mot à mot :* les gras de la terre) ont mangé et adoré devant sa face : tous ceux qui se réduisent en poussière (*c'est-à-dire* tous ceux qui sont sujets à la mort, en un mot, tous les mortels fléchiront le genou (devant lui), et son ame ne vivra pas.<br><br>31. Sa postérité le servira dans la race suivante : on racontera (ses louanges) au Seigneur (on les célébrera dans les assemblées solennelles du peuple de Dieu). |

| S. JÉRÔME. | SEPT. VULG. |
|---|---|
| 32. Ils viendront, et ils annonceront sa justice au peuple qui naîtra, et qu'il a fait. | 32. La race qui doit venir sera annoncée au Seigneur (on en récitera la conversion devant lui et dans l'assemblée du peuple saint) : et les cieux annonceront sa justice au peuple qui naîtra, et que le Seigneur a fait lui-même. |

### § V. Observations sur les textes.

1. Ceux qui seroient surpris des diversités de l'hébreu et des Septante, peuvent entendre aisément que les Septante auront vu des exemplaires où il y aura quelque différence, et même quelque chose d'ajouté par manière d'interprétation : mais que ces différences étant légères et n'altérant en aucune sorte le sens, on les a laissées passer sans croire y devoir apporter beaucoup d'attention.

2. On doit donc ici observer que les diversités qu'on a remarquées, tant dans le titre que dans le texte, laissent, non-seulement la même substance, mais encore les mêmes mots essentiels, sans qu'il y ait le moindre changement.

3. Ce qu'il y a d'important dans le titre, c'est que d'un côté on y trouve que ce psaume est un *Cantique* et *un Psaume de David : Canticum David, Psalmus David*, comme il a déjà été dit; et d'autre part, que le reste du titre n'est d'aucune conséquence, et n'a rien de clair ni de certain.

4. On verra aussi d'un coup d'œil que ce qu'il y a d'essentiel, c'est-à-dire les mains et les pieds percés, le dénombrement des os, les habillemens partagés ou joués, les louanges que le *délaissé* jusqu'à la mort de la croix doit donner à Dieu dans l'assemblée des fidèles et au milieu de l'Eglise, et la conversion des gentils, se trouvent également, dans les deux textes, exprimés par les mêmes termes.

5. Il est remarquable que Jésus-Christ en commençant ce psaume à la croix, l'a prononcé selon l'hébreu : il n'a pas dit avec les Septante : « O Dieu, mon Dieu ! regardez-moi : pourquoi m'avez-vous délaissé ? » mais il a dit simplement selon l'hébreu : « Mon Dieu, mon Dieu ! pourquoi m'avez-vous délaissé ? » Ce qui

nous donnera lieu de conformer à l'hébreu toute notre explication, comme étant plus net et plus précis, sans néanmoins omettre entièrement les Septante, dont nous donnerons en peu de mots une explication à part. Nous allons donc commencer par l'explication du texte hébreu selon saint Jérôme, pour le suivre sans interruption jusqu'à la fin.

6. Et comme nous avons prouvé par la conférence des textes que ce psaume se rapporte à une seule et même personne, nous ferons aussi voir que tout regarde naturellement, littéralement et uniquement Jésus-Christ.

### § VI. Explication du Psaume XXI selon saint Jérôme, et sa division en deux parties.

Chargé des péchés du monde, Jésus-Christ qui vouloit nous faire sentir que ce divin psaume étoit tout à lui, depuis le premier mot jusqu'au dernier, le commença sur la croix avec un grand cri, pour nous apprendre à le continuer dans le même sens, et pour ainsi dire sur le même ton; et poussa en son propre nom jusqu'au ciel, qui lui paroissoit implacable, cette plainte : « Mon Dieu, mon Dieu ! pourquoi m'avez-vous délaissé [1] ? »

Les évangélistes remarquent expressément cette violente clameur, lorsqu'ils disent « qu'à la neuvième heure Jésus-Christ s'écria : Mon Dieu, mon Dieu [2] ! » et le reste que nous venons de réciter. Saint Paul dans l'*Epître aux Hébreux*, joint les larmes à ses cris [3]; et si Jésus a pleuré si amèrement sur la ruine prochaine de Jérusalem, s'il a pleuré Lazare mort, encore qu'il l'allât ressusciter, on doit bien croire qu'il n'aura pas épargné ses larmes sur la croix, où il déploroit les péchés et les misères du genre humain. Ce fut donc « avec un grand cri et beaucoup de larmes [4], » qu'il prononça ces paroles : « Mon Dieu, mon Dieu ! pourquoi m'avez-vous délaissé [5] ? »

Ces mots contenoient aussi en abrégé tout l'essentiel de son supplice dans le personnage qu'il faisoit alors de pécheur, puisque la propre punition du pécheur, c'est d'être délaissé de Dieu qu'il

---

[1] *Matth.*, XXVII, 46. — [2] *Marc.*, XV, 34. — [3] *Hebr.*, V, 7. — [4] *Ibid.* — [5] *Matth.*, VII, 46; *Marc.*, XV, 34.

## § VI. EXPLICATION.

a quitté le premier, pour être livré à ses ennemis et à soi-même. Or, pour entendre comment Jésus-Christ qui étoit la sainteté même, a pu devenir pécheur, il faut se souvenir avant toutes choses qu'il ne l'est pas devenu par une sainte fiction, mais selon la vérité de cette parole : « Dieu a mis sur lui l'iniquité de nous tous [1]; » et encore : « Il a porté nos péchés dans son corps sur le bois » de la croix, « afin que, morts au péché, nous vivions à la justice [2]; » et encore : « Celui qui n'a pas connu le péché, Dieu l'a fait péché pour nous, afin que nous fussions faits en lui justice de Dieu [3]. »

Quiconque se rend caution, se rend véritablement débiteur : Jésus-Christ s'est obligé à nous acquitter envers la justice de Dieu, en sorte qu'aucuns péchés ne seront remis, que ceux dont il aura porté la peine; ni aucuns pécheurs réconciliés, sinon ceux pour qui il aura, non-seulement répondu, mais encore payé la dette en toute rigueur de justice. Ainsi il a exprimé tout le fond de son supplice, quand il a crié avec tant de force : « Pourquoi m'avez-vous délaissé? » et ces paroles emportent qu'il va être livré à ses ennemis et à soi-même. Il est débiteur : il est tenu de tous les péchés du monde : il est pécheur en ce sens très-véritable : tous les péchés des hommes sont les siens : il est victime pour le péché : tout pénétré de péchés, péché lui-même pour ainsi dire. Dieu ne voit plus en lui que le péché dont il s'est entièrement revêtu; il ne peut plus le regarder que de l'œil d'un exacteur rigoureux, qui selon l'ordre de la justice, lui redemande la dette dont il s'est chargé; et dans cette vue, il ne lui est plus désormais qu'un objet d'horreur.

Il ne faut donc pas s'étonner si nous allons voir Jésus-Christ abandonné au dedans et au dehors : au dehors, à la cruauté de ses ennemis; au dedans, à ses propres passions dont il avoit la vivacité et le sentiment, quoiqu'il n'en eût pas le désordre, c'est-à-dire à une tristesse mortelle, à ses frayeurs, à son épouvante incroyable : à une longue et accablante agonie : à une entière désolation, que nous pouvons bien appeler découragement, par rapport à ce courage sensible qui soutient l'ame parmi les souf-

---

[1] *Isa.*, LIII, 6. — [2] I *Petr.*, II, 24. — [3] II *Cor.*, V, 21.

frances : telles sont les plaies intérieures de Jésus-Christ, bien plus rudes, et pour ainsi dire plus insupportables que celles de ses mains et de ses pieds. Les évangélistes les ont rapportées, et nous verrons que David ne les oublie pas ; car il a tout vu, et il a aussi bien connu les circonstances du délaissement de Jésus-Christ, que s'il avoit été présent à toutes ses actions et à toutes ses paroles.

Mais quelque délaissé que soit le juste, il revient toujours à Dieu. Il semble que le Fils de Dieu soit poussé à bout ; mais ce n'est pas sans retour : il persiste à prier son Père : quoique son Père paroisse déterminé à sa perte, à ce coup il exauce sa prière : il lui rend la vie : et en récompense de la soumission qu'il a pratiquée parmi les horreurs de son délaissement, il lui accorde, non-seulement la conversion de ses frères, mais encore celle des gentils, l'établissement de l'Eglise et l'exaltation de son nom par toute la terre.

C'est ce qu'exécute David dans ce psaume plutôt historique que prophétique ; tant sont précises les circonstances du crucifiement de Jésus-Christ, que Dieu lui montre en esprit, et tant sont fidèlement rapportées les suites glorieuses d'un délaissement si étrange : c'est ce que nous allons voir plus expressément, en pesant toutes les paroles de ce divin psaume.

Et comme Jésus-Christ y mêle sa mort douloureuse avec sa glorieuse résurrection, il faudroit, pour entrer dans son esprit, faire succéder au ton plaintif de Jérémie, qui seul a pu égaler les lamentations aux calamités, le ton triomphant de Moïse, lorsqu'après le passage de la mer Rouge, il a chanté Pharaon défait en sa personne, avec son armée ensevelie sous les eaux. Heureux ceux qui en récitant ce divin psaume, se trouveront avec Jésus-Christ, si saintement contristés et si divinement réjouis ! C'est tout le dessein de cette interprétation.

§ VII. Première partie du Psaume, où est exprimé le délaissement de Jésus-Christ.

Verset 2 : « Mon Dieu, mon Dieu ! pourquoi m'avez-vous délaissé ? » On ne sauroit trop remarquer que ce sont les propres paroles par où Jésus-Christ a commencé le psaume, et qu'il les a proférées selon l'hébreu.

Au reste ce n'est pas ici une plainte comme on la peut faire dans l'approche d'un grand mal : Jésus-Christ parle sur la croix, où il est effectivement enfoncé dans l'abîme des souffrances les plus accablantes : et jamais le délaissement n'a été si réel, ni poussé plus loin, puisqu'il l'a été jusqu'à la mort, et à la mort de la croix, qui par une horreur naturelle faisoit frémir en Jésus-Christ son humanité tout entière. « La voix de mon rugissement est bien éloignée de mon salut. » ( La voix de mon rugissement ne suffit pas pour empêcher que mon salut ne s'éloigne.) Mes cris, quoique semblables par leur violence au rugissement du lion, n'avancent pas le salut que je demande, et rien ne me peut sauver de la croix : Dieu demeure toujours inexorable, sans se laisser adoucir par les cris de l'humanité désolée.

Verset 3 : « Mon Dieu, je crierai pendant le jour, et vous ne m'écouterez point ; et la nuit je ne garderai pas le silence. » L'état du délaissé est déplorable : dans les approches de sa mort, il passe les jours et les nuits à réclamer le secours d'un Dieu irrité ; il n'obtient rien par ses cris, et à la croix il se sent tellement délaissé de Dieu, qu'il semble qu'il n'ose plus l'appeler son Père comme auparavant : il ne le nomme que son Dieu. *Eli, Eli :* « Mon Dieu, mon Dieu[1] ! » Ce n'est plus celui qui disoit : « Mon Père, je sais que vous m'écoutez toujours[2] : » c'est un Dieu offensé qui refuse de l'entendre, et il demeure destitué de toute assistance.

Verset 4 : « Mais vous, ô Saint, qui habitez (au milieu de nous) et qui êtes la louange d'Israël (qui en faites le perpétuel sujet) : » c'est-à-dire, vous qui demeurez au milieu de votre peuple et qui faites le sujet perpétuel de ses louanges. Il ne cesse de célébrer vos miséricordes : toutes les prières abordent à vous des extrémités de la terre et des mers les plus éloignées : nos pères y ont eu recours, et ce n'a pas été inutilement, et je suis le seul que vous ne voulez plus entendre. C'est ce qu'il explique dans la suite de la manière du monde la plus touchante.

[1] *Matth.*, XXVII, 46. — [2] *Joan.*, XI, 42.

Verset 5 : « Nos pères se sont confiés en vous : ils s'y sont confiés, et vous les avez sauvés. »

Verset 6. « Ils ont poussé leurs cris jusqu'à vous, et ils ont été sauvés : ils ont mis en vous leur confiance, et ils n'ont point été confondus. »

Verset 7. « Mais pour moi je suis un ver de terre, et non pas un homme : l'opprobre des hommes et le mépris (ou le rebut) du peuple. » Comme s'il eût dit : Notre père Abraham a réclamé votre secours, et vous avez livré entre ses mains les dépouilles des cinq rois qui avoient mis au pillage ses alliés, et qui enlevoient son neveu Lot : notre père Isaac vous a réclamé, et vous l'avez délivré de l'oppression des rois et des peuples de la Palestine : notre père Jacob vous a réclamé, et vous l'avez délivré lui et sa famille des mains de son beau-père Laban et de son frère Esaü : notre père Joseph a pareillement réclamé votre saint nom, et vous l'avez retiré de la prison pour le faire gouverneur de l'Egypte : nos pères les Israélites ont poussé leurs cris vers vous, et vous les avez affranchis du joug de fer des Egyptiens et de la tyrannie de Pharaon : enfin nul n'a imploré votre secours, qu'il n'ait ressenti des effets de votre bonté : mais pour moi, dans ce jour de désolation et d'horreur, je ne suis plus considéré comme un homme ; on ne garde avec moi aucune mesure ; je ne suis qu'un ver de terre, qu'on croit pouvoir écraser impunément et sans qu'il ait droit de se plaindre : je suis l'opprobre des hommes, et vous les laissez tout entreprendre contre moi : mon juge, même en reconnoissant mon innocence, ne laisse pas de m'envoyer à la croix, et de me sacrifier à sa politique comme un sujet odieux et qui n'est d'ailleurs d'aucun prix parmi les hommes. C'est ce qu'il va encore exprimer par les paroles suivantes.

Verset 8 : « Tous ceux qui me voient se moquent de moi avec insulte : ils remuent leurs lèvres (par un ris moqueur) : ils branlent la tête (d'une manière insultante). » C'est ce qui fut accompli, lorsque par une dérision sanglante, « ceux qui passoient devant sa croix blasphémoient contre lui, et branloient la tête, » en lui criant : « Toi qui détruis le temple de Dieu et qui le rebâtis en

§ VII. PREMIÈRE PARTIE DU PSAUME.   279

trois jours, sauve-toi toi-même, » et le reste, qui est rapporté par les évangélistes[1].

Verset 9 : « Il a eu recours au Seigneur, qu'il le sauve : qu'il le délivre, puisqu'il l'aime. » C'est le reproche que met David en la bouche des ennemis de Jésus-Christ. Nous ne lisons pas dans l'histoire de ce prince qu'on lui ait jamais fait un tel reproche, quoique nous y voyions tout au long les sanglants outrages ou les imprécations d'un Séméi. Il n'y a que Jésus-Christ seul en qui cette plainte ait un accomplissement littéral : car David ne fait autre chose en cet endroit, que de rapporter en abrégé ce qu'ont écrit de Jésus-Christ les évangélistes, que « les princes des prêtres se moquèrent aussi de lui avec les docteurs de la loi et les sénateurs, en disant : Il a sauvé les autres, et il ne sauroit se sauver lui-même. S'il est le roi d'Israël, qu'il descende présentement de la croix, et nous croirons en lui : il met sa confiance en Dieu ; si donc Dieu l'aime, qu'il le délivre, puisqu'il a dit : Je suis le Fils de Dieu[2]. »

Il faut ici remarquer en particulier ces paroles : « Qu'il le délivre, puisqu'il l'aime, » que David n'a pas oubliées, et qui contiennent tout l'essentiel du reproche qu'on faisoit à Jésus-Christ.

Dieu a permis que ce prophète ait vu en esprit toute la substance des blasphèmes que ces bouches impies vomissoient contre Jésus-Christ ; mais le Saint-Esprit, qui a voulu que David les rapportât en abrégé, les a étendues plusieurs siècles avant Jésus-Christ dans le livre de la *Sapience,* qui fait prononcer ces paroles aux impies contre le juste : « Il se glorifie d'avoir Dieu pour Père : voyons donc si ses discours sont véritables, et quelle sera l'issue de ses entreprises : s'il est vraiment le Fils de Dieu, il saura bien le protéger et le délivrer des mains de ses ennemis[3] ; » et le reste. C'est aussi ce que disoient les Juifs : « S'il est le Fils de Dieu, qu'il descende de la croix, et nous croirons en lui : » ils croyoient avoir forcé Dieu à le désavouer pour son Fils, et même ils lui font un crime de sa confiance. Dieu a voulu que les anciens justes, qui ont précédé Jésus-Christ, aient vu ces cruels reproches comme

---

[1] *Matth.,* XXVII, 39, 40 ; *Marc.,* XV, 29, 30 ; *Luc.,* XXIII, 35. — [2] *Matth.,* XXVII, 41-43 et seq. — [3] *Sup.,* II, 16, 17, 18.

l'expiation de leurs crimes, et pour être leur consolation dans leurs souffrances.

Après avoir exprimé l'abandonnement de Jésus-Christ, en le comparant avec les pères qui n'ont pas invoqué Dieu inutilement, David vient à Jésus-Christ même, et il remarque qu'il n'a pas toujours été traité avec cette dureté; c'est le sujet de ces paroles du psaume :

Verset 10 : « Vous êtes néanmoins mon défenseur dès le ventre de ma mère, ma confiance dès le temps que j'en suçois la mamelle. »

Verset 11 : (En sortant) « du sein de ma mère, j'ai été jeté entre vos bras : dès le ventre de ma mère, vous êtes mon Dieu. »

Verset 12 : « Ne vous éloignez pas de moi, maintenant que la tribulation (la grande affliction) approche, et que je n'ai aucun secours; » comme s'il eût dit : D'où vient ce changement? vous ne m'avez pas toujours délaissé de cette sorte. En effet, à peine étoit-il entré au monde, qu'il causa de la jalousie à de grands rois, et le vieil « Hérode le chercha pour le perdre [1] : » mais Dieu ne le délaissa pas alors, et son ange lui fit trouver un asile dans l'Egypte : « le même ange ne le rappela dans la terre d'Israël qu'après la mort de ceux qui en vouloient à la vie de l'enfant [2]. » Car Hérode avait laissé des instructions contre lui dans sa famille : c'est pourquoi comme Archélaüs son fils régnoit en Judée, l'ange prit soin de le soustraire à sa vue, et lui fit faire son séjour à Nazareth [3], qui n'étoit pas du royaume de ce prince. Qui jamais avoit reçu tant de marques dans son enfance de la protection divine, et qui fut jamais plus abandonné à la fin de sa vie?

Il veut donc ici qu'on observe distinctement qu'il n'est sorti du sein de sa mère, que pour être comme jeté entre les bras de Dieu : et après le tendre souvenir de cette protection passée, il va entrer dans le récit de ses maux présens, où, comme il vient de le dire, à la lettre, il ne trouvoit aucun secours, parce que « c'étoit l'heure de ses ennemis et de la puissance des ténèbres [4]. »

Les ennemis de Jésus étoient tous les hypocrites et tous les méchans; de sorte que jamais haine ne fut plus envenimée, ni plus

[1] *Matth.*, II, 13, 16. — [2] *Ibid.*, 14, 19, 20, 22, 23. — [3] *Ibid.* — [4] *Luc.*, XXII, 53.

## § VII. PREMIÈRE PARTIE DU PSAUME.

allumée que la leur; et c'est pourquoi il les représente sous ces affreuses figures.

Verset 13 : « De jeunes taureaux m'ont environné : des taureaux gras m'ont assiégé : » ce qui montre les dérisions sanglantes, les insultes et l'emportement dans les uns, avec une affreuse fureur et férocité dans les autres.

Verset 14 : (Mes ennemis) « ont ouvert sur moi leur gueule (dévorante), comme un lion ravisseur et rugissant : » ce qui montre leurs déchiremens et l'atrocité de leurs cris. Mais voyons l'état pitoyable où ils l'ont mis.

Verset 15 : « J'ai été épanché comme de l'eau, et tous mes os ont été séparés (les uns des autres) : » mes chairs se sont fondues et atténuées : mon sang a coulé à terre comme celui des victimes : mes os ne se tiennent plus les uns aux autres : j'ai été comme un squelet (a) encore un peu animé, mais qui pourtant n'a plus qu'un souffle : c'est l'état de Jésus-Christ à la croix, que David commence pour ainsi dire à désigner, et qu'il représentera bientôt par des traits plus vifs et par des termes propres et précis : mais écoutons auparavant la fin du verset.

« Mon cœur a été comme une cire fondue au milieu de mes entrailles. » C'est ce qui s'accomplit à la lettre en Jésus-Christ, lorsqu'il fut plongé dans la tristesse, qui lui fit dire : « Mon ame est triste jusqu'à la mort[1], » lorsqu'il tomba dans le trouble, qui lui fit dire : « Mon ame est troublée[2] : » et dans l'irrésolution marquée par par ces paroles : « Que dirai-je? » C'est qu'alors toutes les forces étant retirées dans le plus intime de l'ame, le reste fut livré à l'épouvante : *Cœpit pavere*, à la foiblesse, à cette étrange désolation que saint Marc appelle ἀδημονεῖν, c'est-à-dire à l'exprimer dans toute sa force, « se laisser abattre, se décourager[3], » jusque-là que, dans ses frayeurs, « il lui vint une sueur comme des gouttes de sang qui découloient jusqu'à terre, et il tomba en agonie, » dit saint Luc[4].

Ce n'est donc plus ce Jésus-Christ qui transporté du désir de se

---

[1] *Matth.*, XXVI, 38; *Marc.*, XIV, 34. — [2] *Joan.*, XII, 27. — [3] *Marc.*, XIV, 33. — [4] *Luc*, XXII, 43, 44.

(a) Bossuet a remplacé dans l'*errata*, squelette par *squelet*.

plonger promptement pour notre salut dans ce baptême de sang qui lui étoit préparé : « Je dois, disoit-il, être baptisé d'un baptême : et combien me sens-je pressé jusqu'à ce que je l'accomplisse[1] ? » Maintenant il semble vouloir reculer, et ne s'arracher à lui-même que par vive force le consentement qu'il donne aux ordres du ciel : tout le sensible est livré à la désolation et à la foiblesse ; et ce n'est qu'un commandement absolu de la partie haute qui lui fait dire à la fin de sa prière : « Que ma volonté ne se fasse pas, mais la vôtre[2] ? »

Ce n'est pas à moi à traiter ici tout le fond d'un si grand mystère ; et il me suffit de dire en un mot que Jésus-Christ paroissant comme un pécheur délaissé à lui-même, il convenoit à cet état qu'il parût aussi une espèce d'opposition entre sa volonté et celle de Dieu. David exprime en un mot tout ce grand mystère des foiblesses de Jésus-Christ et de son découragement, lorsqu'il lui fait dire, ainsi qu'on l'a récité dans le verset 15 : « Mon cœur s'est fondu et liquéfié au milieu de mes entrailles : » je ne sens plus de courage, et je ne me trouve ni force, ni hardiesse, ni résolution, ni consistance : suivons.

Verset 16 : « Ma force s'est desséchée comme le têt d'un pot cassé : ma langue s'est attachée à mon palais : et vous m'avez réduit à la poussière de la mort. » Comme David nous va faire voir en termes formels Jésus-Christ attaché à la croix au verset 17, et qu'il en a déjà ébauché le tableau dans le verset 15, il n'a pas dû oublier ce prodigieux dessèchement qui doit arriver à ceux qui sont condamnés à ce supplice, dans un corps épuisé de sang et des membres comme disloqués par une torture et suspension violente. De là vient la brûlante soif que David exprime par ces mots : « Ma langue s'est attachée à mon palais : » c'est peut-être le plus grand tourment des crucifiés et la plus certaine disposition à la mort : Jésus-Christ a voulu la ressentir, lorsqu'il s'écria : *Sitio*, « J'ai soif[3], » et rendit l'ame un moment après.

« Vous m'avez réduit à la poussière de la mort : » c'est-à-dire à la mort même ; et si l'on veut, au tombeau, à la poussière, à la cor-

---

[1] *Luc.*, XII, 50. — [2] *Matth.*, XXVI, 39 ; *Marc.*, XIV, 36 ; *Luc.*, XXII, 42. — [3] *Joan.* XIX, 28.

## § VII. PREMIÈRE PARTIE DU PSAUME.

ruption, quant à la disposition, quoique non quant à l'effet. Jésus-Christ devoit naturellement être poussé jusque-là, si Dieu ne l'eût voulu ressusciter, comme David le va exprimer dans un moment, et comme il l'avoit déjà prédit ailleurs dans le psaume xv, où il faut principalement remarquer ces paroles : « Vous ne permettrez point que votre Saint voie la corruption : » *Non dabis Sanctum tuum videre corruptionem* [1]; comme s'il disoit : Naturellement il devoit éprouver la corruption, ainsi que les autres morts : mais vous ne l'avez pas permis; et au contraire il vous a plu de me prévenir, en me montrant le chemin et le retour à la vie. C'est en cette sorte que David fit parler Jésus-Christ en cet endroit-là, et nous allons voir qu'il ne s'exprimera pas moins exactement en celui-ci : mais il faut auparavant le considérer attaché à la croix.

Verset 17 : « Des veneurs m'ont environné. » Les Juifs étoient ces rudes veneurs qui pressoient et poursuivoient Jésus-Christ avec d'horribles clameurs, en s'écriant : « Crucifiez-le, crucifiez-le : » *Crucifige, crucifige eum* [2] !

« Le conseil des méchans m'a assiégé : » il se plaint ici de la conjuration des Juifs et des gentils pour sa perte, les premiers demandant qu'on le crucifiât, et les Romains l'ayant mis effectivement à la croix, qui étoit un supplice ordinaire parmi eux : « Ils ont percé mes mains et mes pieds. »

Verset 18 : « J'ai compté moi-même tous mes os : voilà ce qu'ils ont vu en moi, lorsqu'ils m'ont considéré. »

Verset 19 : « Ils ont partagé mes vêtemens entre eux; et ils ont jeté le sort sur ma robe. » A ce coup il n'y a pas moyen de méconnoître Jésus-Christ : et pour exprimer son crucifiement, il n'y avoit point de termes plus propres que ceux-ci : « Ils ont percé mes mains et mes pieds : » ni rien de plus expressif que ce dénombrement des os dans un corps décharné et qui n'étoit plus qu'un squelet (a), pour signifier cette extension violente des membres suspendus, qui pesoient sur leurs plaies et ne pouvoient, pour ainsi parler, que se disloquer eux-mêmes par leur propre poids.

[1] *Psal.* xv, 10. — [2] *Luc.*, xxii, 21.
(a) Même observation que ci-dessus.

Mais pesons en particulier ces paroles du verset 18 : « Voilà ce qu'ils ont vu en moi, lorsqu'ils m'ont considéré : » c'est-à-dire, ils ont vu mes mains et mes pieds percés : ils ont vu mon corps étendu : et mes os qu'on pouvoit compter : ils m'ont vu exposé nu aux yeux du peuple et aux leurs : ils ont considéré attentivement ma nudité ignominieuse; et après m'avoir dépouillé, « ils ont partagé mes vêtemens entre eux, et ont jeté le sort sur ma robe. » Il faut ici remarquer qu'il parloit de ceux-là mêmes qui ont percé ses mains et ses pieds; et cette circonstance des habits partagés n'est pas indifférente au crucifiement, car elle en fait voir une suite; et cette suite, c'est que les soldats qui l'ont mis en croix, où ils devoient le garder, et qui lui avoient ôté ses habits, les ont regardés comme leurs dépouilles, et les ont partagés[1], comme on fait ceux d'un homme mort et qui n'a plus rien sur la terre.

Qu'on dise maintenant en quel endroit de la vie de David on peut placer des événemens si précis? quand est-ce qu'il a été mis en cet état de suspension violente? mais quand est-ce qu'il a vu jouer ses habits avec cette distinction de jeter le sort sur sa robe? quand est-ce encore un coup qu'il s'est vu dépouillé, et qu'il a vu du haut d'une croix jouer ses habits à des soldats qui venoient de lui percer les mains et les pieds? Toute l'infidélité des hommes ne peut que demeurer court, et avoir la bouche fermée en cet endroit du Psalmiste.

C'est ainsi que le *délaissé* fut poussé à l'extrémité : il est enfin à la croix, d'où parmi les horreurs du dernier supplice, il voit partager ses habits; et après une si sanglante exécution, il paroît qu'il ne reste aucune ressource à l'humanité désolée : mais il n'en est pas ainsi; et au contraire c'est là que commencent les merveilles de Dieu, dans la seconde partie de ce divin psaume.

§ VIII. Seconde partie du Psaume : Jésus-Christ invoque Dieu de nouveau : à ce coup il est écouté : il ressuscite et convertit les gentils.

Je rapporterai d'abord en abrégé ces merveilles de Dieu sur Jésus-Christ. Conduit au supplice de la croix, contre lequel il

---

[1] *Matth.*, xxvii, 35, 36.

## § VIII. SECONDE PARTIE DU PSAUME.

s'étoit tant récrié, il paroissoit déchu de toute espérance; mais comme il s'étoit soumis, il retourne à Dieu par une nouvelle prière; et celui qui n'a pas été tiré de la croix, demande d'être délivré des mains de ses ennemis d'une manière plus haute par sa glorieuse résurrection. A ce coup il est écouté : il ressuscite : il se représente comme « racontant à ses frères la gloire de Dieu : » *Narrabo nomen tuum fratribus meis,* verset 23 ; et les Juifs qui furent témoins de ses plaintes, lorsqu'il avoit crié si haut à la croix : « Mon Dieu, mon Dieu ! pourquoi m'avez-vous délaissé ? » sont invités maintenant à reconnoître que « Dieu a exaucé ses vœux, » versets 24 et 25. Aussitôt après on voit les gentils coup sur coup venir « s'agréger à son Eglise, » verset 28, etc. ; et par ses délaissemens il entre dans la plénitude de sa gloire, comme il l'avoit si souvent prédit, et comme tous les prophètes l'avoient attesté. C'est ce que nous allons voir verset à verset, et ce qu'on découvrira clairement pour peu qu'on soit attentif.

Verset 20 : « Ne vous éloignez pas, Seigneur : vous qui êtes ma force, hâtez-vous de venir à mon secours. »

Verset 21 : « Tirez mon ame de l'épée, et mon unique de la main du chien. »

Verset 22 : « Sauvez-moi de la gueule du lion, et exaucez-moi contre les cornes de la licorne. »

Verset 23 : « Je raconterai votre nom à mes frères. »

On connoît bien que par son *unique* il entend sa vie et son ame, comme la chose qui nous est uniquement chère. A l'égard de la licorne, je n'ai pas besoin de rechercher curieusement quel animal c'est ; et il me suffit qu'il en soit souvent parlé dans les psaumes mêmes, comme d'un animal cruel et furieux.

Mais pour entendre la suite de ces quatre versets, c'est ici que commence la seconde partie du psaume, parce que, dès les premiers mots, si on y prend garde, David insinue la résurrection de Jésus-Christ. Car que lui servoit après le dernier supplice « de tant hâter le secours de Dieu ? » Celui qui a dit : « Ils ont percé mes mains et mes pieds, » et qui s'est représenté lui-même comme condamné et exécuté à mort, qu'a-t-il désormais à demander à Dieu, sinon de ressusciter et d'être glorifié ? Certainement on voit bien qu'il ne restoit plus qu'à le tirer du tombeau, et à défendre sa gloire contre les outrages des Juifs : il a déjà été passé au fil de l'épée, qui signifie dans l'Ecriture une mort violente : comment peut-il être tiré de l'épée qu'en ressuscitant ? comment peut-on autrement le retirer de la gueule du lion, de la main du chien, et des cornes de la furieuse licorne, après que le lion l'a englouti, que le chien l'a dévoré et que la licorne, pour ainsi parler, l'a mis en pièces : c'est-à-dire après que ses bourreaux l'ont déchiré comme par morceaux, et lui ont ôté la vie ? Ainsi cette seconde prière ne peut aboutir à autre chose, sinon à demander qu'après avoir été délaissé jusqu'à la mort de la croix, Dieu le ressuscite, « en arrêtant, comme dit saint Pierre, les douleurs de l'enfer, étant impossible qu'il y fût retenu [1] : » c'est aussi ce que le Psalmiste exprime ici, en ajoutant aux autres versets le verset 23, dont les paroles sont décisives pour la résurrection.

Verset 23 : « Je raconterai votre nom à mes frères. » Ces paroles en elles-mêmes et détachées de tout le reste du discours, n'ont rien d'extraordinaire : mais aussi faut-il remarquer que celui qui s'est plaint qu'on « avoit percé ses mains et ses pieds : » qui s'est vu dépouillé pour être attaché à la croix, et ses habits joués par les soldats qui l'y gardoient : celui qui par conséquent s'est vu condamné et exécuté à mort, ainsi qu'il vient d'être dit, et a subi le dernier et le plus infâme de tous les supplices, c'est le même qui dit maintenant : « Je raconterai votre nom à mes frères : » par ce moyen tout le mystère est développé : celui qui a été délaissé jusqu'à la mort de la croix, est le même qui a été exaucé pour être ramené à la vie, pour de nouveau glorifier Dieu parmi ses frères : et sa résurrection n'est pas moins clairement exprimée que sa mort.

Qu'on parcoure les quatre évangélistes, et qu'on voie où Jésus-Christ a donné de sa propre bouche à ses apôtres le nom de ses frères : on ne trouvera que le seul endroit où il ordonne aux Maries de leur annoncer sa résurrection : « Ne craignez point, leur dit-il, allez, et annoncez à mes frères qu'ils aillent en Galilée : ils me verront là [2]. » Saint Jean remarque aussi que cette parole,

---

[1] *Act.*, II, 24. — [2] *Matth.*, XXVIII, 10.

qui annonce la résurrection, est spécialement portée à Marie-Magdeleine en cette manière : « Va trouver mes frères, et leur dis : Je vais monter à mon Père et à votre Père, à mon Dieu et à votre Dieu¹ : » où il explique distinctement la fraternité des apôtres avec Jésus-Christ, comme elle peut convenir à de purs hommes.

Mais d'où vient que dans tous les Evangiles il ne se sert que cette fois seulement de cette expression : « Dites à mes frères ? » si ce n'est que David ayant exprimé la résurrection de Jésus-Christ par ces mots : « Je raconterai votre nom à mes frères : » le même Jésus-Christ a voulu nous faire entendre que lorsqu'il a dit : « Dites à mes frères, » c'étoit précisément cette prophétie qu'il avoit dessein d'accomplir. Si donc David lui fait dire au même verset : « Je vous louerai au milieu de l'Eglise : » par l'Eglise où il loue le nom de Dieu, nous devons entendre l'assemblée des apôtres, qui une fois « s'est augmentée, » comme dit saint Paul, « jusqu'à cinq cents frères, et au delà², » à qui Jésus-Christ ressuscité a annoncé la gloire de son Père. Qui peut parler de cette sorte, sinon celui qui a dit dans l'*Apocalypse :* « J'ai été mort, et je suis vivant³ ? »

Je ne veux pourtant pas nier que la signification de ce mot : *frères,* dans la prophétie de David, verset 23, ne comprenne les Juifs, qui aussi étoient frères de Jésus-Christ, selon que dit saint Paul, que « Jésus-Christ est sorti d'eux⁴, » et à qui il a annoncé le nom de son Père par le ministère de ses apôtres. Mais en ce sens Jésus-Christ est toujours regardé comme vivant, puisqu'il est regardé comme l'auteur véritable de la prédication des apôtres, à cause qu'elle est faite, non-seulement par son ordre, mais encore par le Saint-Esprit, qu'il envoie actuellement du plus haut des cieux, conformément à cette parole : « Si je ne m'en vas, le Paraclet ne viendra point ; mais si je m'en vas, je vous l'enverrai⁵ : » ainsi l'envoi du Saint-Esprit est une preuve que Jésus-Christ est vivant, et même vivant dans les cieux, puisqu'il est par cet Esprit l'auteur de la prédication apostolique. Mais elle ne devoit pas se borner aux Juifs, et la gloire annoncée à ce peuple élu devoit bientôt après être portée aux gentils. C'est ce que David nous

¹ *Joan.*, XX, 17. — ² I *Cor.*, XV, 6. — ³ *Apoc.*, I, 18. — ⁴ *Rom.*, IX, 5. — ⁵ *Joan.*, XVI, 7.

expliquera distinctement et par ordre, comme nous allons voir. Mais à présent il faut reprendre le texte.

Verset 24 : « Louez le Seigneur, vous qui le craignez : races de Jacob, glorifiez-le partout où vous êtes étendues : craignez-le, ô vous tous qui composez la postérité d'Israël. »

Verset 25 : « Parce qu'il n'a point méprisé, ni dédaigné la modestie (l'humilité, l'humble prière) du pauvre (du délaissé, du dépouillé) : et il ne lui a point caché sa face : et quand il crioit à lui, il l'a exaucé. »

Quoi donc! celui qui se plaint avec tant de larmes de n'être point exaucé, invite maintenant les Israélites sous ces deux titres : « Races de Jacob, » et « postérité d'Israël, » à rendre grâces à Dieu d'avoir exaucé sa prière : c'est visiblement que les choses sont changées : le dépouillé, le délaissé ne l'est plus : abandonné une fois à la mort, il est ressuscité à jamais, et il entre par ce moyen dans sa gloire : c'est ce qui devoit être annoncé à toute la race d'Israël, selon les paroles du Psalmiste. C'est ce qui le fut en effet par cette déclaration de saint Pierre : « Sache toute la maison d'Israël, que Dieu a fait Seigneur et Christ ce Jésus que vous avez crucifié [2]. »

Par ce moyen les Israélites sont en effet invités, tant par David que par les apôtres, à croire que le même qui avoit été délaissé, étoit maintenant élevé au comble de la gloire, puisqu'il étoit « fait Seigneur et Christ. » Les gentils viendront à leur tour : mais il falloit commencer par les Juifs, à qui le salut devoit être premièrement annoncé; or voici ce qui devoit encore arriver selon le Psalmiste.

Verset 26 : « Ma louange sera devant vous dans la nombreuse ou grande Eglise » (on y publiera la louange que je dois à votre immense bonté) : pour m'avoir rendu « la gloire que j'avois devant vous avant la constitution du monde. » La grande ou la nombreuse Eglise signifie naturellement la grande assemblée de tout le peuple : mais dans cet endroit du psaume, il y a une raison particulière d'employer ce terme, comme s'il disoit : L'Eglise aura bientôt toute sa grandeur, quand elle aura enfermé dans son sein

---

[1] *Act.*, II, 36.

## § VIII. SECONDE PARTIE DU PSAUME.

la gentilité convertie : mais en attendant, il faut comprendre que l'Eglise de Jésus-Christ n'a commencé d'être vraiment nombreuse, même parmi les Juifs, qu'après son crucifiement, conformément à cette parole qu'il avoit lui-même prononcée : « Lorsque vous aurez élevé de terre le Fils de l'homme, vous connoîtrez qui je suis [1] : » car alors, dès la première prédication, trois mille hommes furent convertis, qui furent aussitôt après suivis de cinq mille autres [2]; et saint Jacques dit à saint Paul : « Vous voyez, mon frère, combien de milliers de Juifs ont cru [3]. »

Voilà donc parmi les Juifs une grande et nombreuse Eglise : elle aura parmi les gentils un bien autre accroissement, comme on va voir : mais il falloit avant toutes choses expliquer ce qui devoit arriver aux Juifs; et le voici.

Verset 26 : « Je rendrai mes vœux en la présence de ceux qui craignent Dieu. » Il ne s'agit pas de David : c'est toujours le crucifié et le ressuscité qui parle, c'est lui qui rend ses vœux. Rendre ses vœux, selon l'Ecriture, c'est offrir à Dieu un sacrifice d'action de graces ou d'Eucharistie, quand on a obtenu ce qu'on demandoit : comme si Jésus-Christ crucifié et ressuscité eût dit : Je me suis dévoué moi-même pour le genre humain : j'ai fait vœu d'immoler ma vie pour le monde, afin d'en effacer les péchés : Dieu qui avoit déclaré « qu'il n'agréoit point les holocaustes et les victimes pour le péché [4], » m'a reçu seul à la place de toutes les autres hosties : je me suis offert moi-même à la croix, et j'ai obtenu le salut des hommes : que reste-t-il donc aujourd'hui, sinon que, pour avoir obtenu l'effet de mes vœux, je lui offre le sacrifice qui soit principalement d'action de graces ? C'est ce qu'a fait Jésus-Christ après sa résurrection : et parce que le propre de ce sacrifice est de se tourner en banquet sacré, le Prophète le désigne aussi par ce caractère.

Verset 27 : « Les pauvres (selon l'hébreu, de mot à mot : « Ceux qui sont doux et humbles de cœur : » *Mites, pauperes*) mangeront et seront rassasiés : ceux qui cherchent le Seigneur le loueront : votre cœur vivra à jamais. » Il indique ici le sacrifice de l'Eucharistie, qui commença alors d'être célébré dans l'Eglise naissante

---
[1] *Joan.*, VIII, 28. — [2] *Act.*, II, 41 ; IV, 4. — [3] *Act.*, XXI, 20. — [4] *Psal.*, XXXIX, 7.

en simplicité de cœur : et on sait que c'est Jésus-Christ qui le célèbre toujours, puisqu'il se fait non-seulement en son nom, mais par ses propres paroles : comprenons donc que *les pauvres*, les humbles de cœur, *mangeront :* que mangeront-ils si ce n'est selon la coutume les chairs immolées dans le sacrifice de l'Eucharistie, qui sont en effet celles de Jésus-Christ? Car il n'y a plus pour nous d'autre victime que celle-là : « Et ils seront rassasiés : » de quoi, sinon des opprobres, des souffrances de Jésus-Christ, et de ses humiliations? Mais ils ne doivent pas pour cela murmurer, ni se rebuter de ce sacrifice, puisque c'est par les opprobres de Jésus-Christ que nous devons avoir part à sa vie et à sa gloire, et qu'en effet le psaume leur dit sous le nom de Jésus-Christ : « Vos cœurs vivront aux siècles des siècles : » et vous aurez part à la nourriture dont j'ai prononcé : « Qui me mange vivra pour moi, et il ne mourra jamais[1]. »

Verset 28 : « Toutes les extrémités de la terre se ressouviendront du Seigneur, et se convertiront à lui : et toutes les familles des gentils l'adoreront. »

Verset 29 : « Parce que le règne appartient au Seigneur, et il dominera sur les gentils. »

Verset 30 : « Tous les riches et puissans de la terre (mot à mot : Les gras de la terre) ont mangé et adoré devant sa face : tous ceux qui se réduisent en poussière (tous ceux qui sont sujets à la mort, en un mot, tous les mortels) fléchiront le genou (devant lui). »

La première et la plus ancienne connoissance du genre humain est celle de la Divinité : l'idolâtrie répandue depuis tant de siècles par toute la terre, n'étoit autre chose qu'un long et profond oubli de Dieu : rentrer dans cette connoissance, et revenir à soi-même après un si mortel assoupissement pour reconnoître Dieu qui nous a faits, c'est ce que David appelle s'en ressouvenir, et il explique dans ces trois versets que ce devoit être l'heureuse et prochaine suite du crucifiement de Jésus-Christ. C'est donc ici le dernier accroissement qui rend complète la grande Eglise, et lui donne son étendue tout entière. Jésus-Christ avoit dit cette parole : « J'ai d'autres brebis qui ne sont pas de ce bercail, et il faut que je les

[1] *Joan.*, VI, 58, 59.

## § VIII. SECONDE PARTIE DU PSAUME.

amène, et qu'il se fasse un seul bercail et un seul pasteur[1] : on sait qu'il entendoit les gentils, qui unis aux Juifs convertis, composèrent le grand bercail de l'Eglise catholique.

Mais pour accomplir cet ouvrage, il devoit arriver deux choses : la première, le crucifiement de Jésus-Christ et sa résurrection ; et la seconde, la conversion des Juifs qui devoient croire.

La première vérité est établie par la parole du Sauveur, à qui l'on vint dire près de sa fin que quelques gentils le vouloient voir[2] ; alors étendant sa vue sur la gentilité qui alloit être convertie, il dit ces mots : « Si le grain de froment ne meurt en tombant à terre, il demeure seul ; mais s'il meurt, il portera un grand fruit[3]. » Ce fruit n'est autre chose que la gentilité convertie : ce qu'il confirme en disant : « Quand j'aurai été élevé de terre, » c'est-à-dire crucifié, « je tirerai tout à moi[4], » et non-seulement ceux des Juifs qui seront prédestinés à la vie éternelle, mais encore tous les gentils tirés des extrémités du monde. Avant que de convertir les gentils, Jésus-Christ devoit mourir sur la croix : et saint Paul a prouvé par les Ecritures, « qu'il seroit le premier qui, ressuscité des morts, annonceroit la lumière aux gentils[5]. » Mais la seconde vérité n'est pas moins certaine, que les gentils ne devoient être appelés à l'Evangile qu'après qu'il auroit été prêché aux Juifs[6], et qu'un grand nombre l'auroit cru.

Il est admirable que David non-seulement ait vu des choses si éloignées, mais encore qu'il les ait vues dans l'ordre qu'elles devoient arriver : car il a vu premièrement le crucifié avec ses mains et ses pieds percés, aussi bien qu'avec ses os comptés, et le partage de ses habits entre ses bourreaux : ensuite il l'a vu ressusciter et annoncer le nom de Dieu à ses frères, à commencer par les Juifs, et enfin finir par les gentils, selon l'ordre de la prédestination éternelle, ainsi que nous l'avons montré distinctement.

Et remarquez qu'il ne dit pas que tous les Juifs doivent croire, mais seulement que la parole devoit être adressée à toute la race d'Israël : et au contraire pour les gentils, il dit clairement que toutes les nations, toutes les familles des gentils se convertiroient,

---

[1] *Joan.*, X, 16. — [2] *Joan.*, XII, 20, 21. — [3] *Ibid.*, 24. — [4] *Ibid.*, 32. — [5] *Act.*, XXVI, 23. — [6] *Act.*, XIII, 46.

pour montrer que leur conversion actuelle et leur abord en foule dans l'Eglise, devoit être l'effet principal de la prédication de l'Evangile.

C'est ici la grande merveille : car qui s'étonneroit que les gentils depuis tant de siècles, plus sourds et plus muets que les idoles qu'ils servoient, et qui avoient si profondément oublié Dieu (ils sembloient n'en avoir retenu le nom que pour le profaner), tout d'un coup se soient réveillés au nom de Jésus-Christ ressuscité, et qu'ils soient venus les uns sur les autres de toutes les parties du monde, comme pour composer la grande Eglise, qui étoit destinée au Sauveur du monde? C'est de quoi on ne peut jamais s'étonner assez, ni assez remercier celui qui a fait prédire ce grand événement par David en la personne de Jésus-Christ, lorsqu'il n'y paroissoit pas encore, ni du temps de David, ni tant de siècles après, du temps de Jésus-Christ même, la moindre disposition, mais plutôt un éloignement extrême et prodigieux.

Au reste l'on a pu voir que David parle deux fois du festin sacré : car après avoir dit, verset 27 : « Les pauvres (ceux qui sont doux et humbles de cœur : *Mites, pauperes*, qui sont termes équivalens) mangeront » le pain de vie, il dit encore, verset 30 : « Les gras de la terre (les riches et les puissans du monde) ont mangé et adoré, » pour insinuer que les riches, *pingues terræ*, et même les rois de la terre viendront les derniers, et comme entraînés par les autres, au banquet de Jésus-Christ.

Verset 30 : « Son ame ne vivra pas : » son ame, c'est un hébraïsme connu pour signifier sa personne, et c'est-à-dire, en un mot, il perdra la vie.

Verset 31 : « Sa postérité le servira dans la race suivante : on racontera (ses louanges) au Seigneur (on les célébrera dans les assemblées solennelles du peuple de Dieu). »

Verset 32 : « Ils viendront, et ils annonceront sa justice au peuple qui naîtra, et qu'il a fait. »

Voilà les trois derniers versets, où encore que le Psalmiste change de personne, il les faut pourtant rapporter au même dont il est parlé dans tout le psaume, qui ne peut être, comme on a vu, que Jésus-Christ. C'est donc lui dont il est écrit : « Il perdra la vie, et une longue postérité le servira : » c'est constamment Jésus-Christ, à qui sa mort donnera une longue suite d'enfans ; et c'est la même chose qu'Isaïe prédit en ces mots : « S'il donne sa vie pour le péché, il verra une longue race; et la volonté du Seigneur sera disposée en sa main [1] : » sera exécutée par sa puissance.

Verset 32 : « Ils viendront : » ce sont les apôtres : « et ils annonceront sa justice : » c'est celle de Jésus-Christ : « au peuple qui naîtra : » au peuple du Nouveau Testament, qui naîtra principalement parmi les gentils par sa mort, et qu'il a fait en donnant sa vie.

C'est la fin de la prophétie selon l'hébreu, où les chrétiens ont l'avantage : premièrement, que s'il y a quelque verset qui puisse en quelque façon être adapté à David comme étant une excellente figure de Jésus-Christ, il y a aussi les grands caractères plus clairs que le soleil, qui ne lui peuvent convenir en aucune sorte ; et en second lieu, pour ce qui regarde Jésus-Christ, non-seulement ces grands caractères qu'on a donnés pour la clef de la prophétie lui conviennent de mot à mot, mais encore tous les versets lui conviennent effectivement, et dans un sens naturel et propre, ainsi qu'il a paru dans cette explication : de sorte que si on considère le total, tout est manifestement à Jésus-Christ, qui aussi commence par se l'appliquer, en s'écriant à la croix : « Mon Dieu, mon Dieu ! pourquoi m'avez-vous délaissé ? »

§ IX. Différence des Septante d'avec l'hébreu.

Il est bon maintenant de considérer ce que nous diront les Septante. Nous en avons déjà rapporté le titre. Au lieu qu'au second verset, l'hébreu porte simplement : « Mon Dieu, mon Dieu ! pourquoi m'avez-vous délaissé ? » ainsi que nous le trouvons récité par Jésus-Christ même sur la croix, les Septante ont inséré : « Regardez-moi, » pour expliquer que Jésus-Christ accoutumé aux tendres regards de son Père, ne peut souffrir d'en être privé, lui qui est l'objet éternel de ses complaisances. Mais il importe de bien remarquer dans les évangélistes que Jésus-Christ n'a point prononcé cette parole, et qu'il n'a fait que suivre l'hébreu, en disant : « Mon Dieu, Mon Dieu ! » sans dire : « Regardez-moi. »

[1] *Isa.*, LIII, 10.

Au même verset, au lieu de ces mots : « Les paroles de mon rugissement, » les Septante ont lu : « Les paroles de mes péchés, » c'est-à-dire les péchés du monde, qui étoient devenus les siens, comme on a dit.

Au verset 3 ils ajoutent que « ce n'est pas à lui une folie » de recourir à Dieu sans se rebuter, parce que le fidèle, quelque dédain qu'il éprouve du côté de Dieu, doit toujours y avoir recours, ainsi qu'a fait Jésus-Christ, en retournant par trois fois à la prière dans le sacré jardin des Olives.

Au verset 4 les Septante traduisent : « Vous habitez dans le sanctuaire, vous qui êtes la louange d'Israël : » où le sanctuaire est marqué comme le lieu où Dieu écoute toutes les prières et reçoit les louanges de tout Israël, qui célébroit éternellement ses miséricordes. C'est donc pour nous les marquer que les Septante ont traduit de cette sorte.

Au verset 20 les Septante ajoutent : « Pourvoyez à ma défense : » par où nous pouvons entendre que Jésus-Christ demandoit à Dieu, qu'il défendît sa personne et sa doctrine de tous les outrages que les Juifs lui faisoient.

Jusqu'ici on voit clairement que les différences des Septante ne changent rien dans le sens; mais en voici une qui paroîtra plus considérable : l'hébreu lit au verset 30 : « Son ame ne vivra pas; » au lieu que les Septante ont traduit : « Mon ame vivra pour lui, » verset 31, selon la *Vulgate*. Ceux qui ont seulement appris les premiers élémens de la langue hébraïque, savent qu'ici la différente leçon de l'hébreu ne vient que d'un trait qui fait le changement de personne, et d'une simple lettre qui aura échappé dans l'exemplaire des Septante : mais au fond, si l'on prend la peine de se souvenir que celui dont il est écrit : « Mon ame vivra pour Dieu, » ayant dit auparavant qu'il étoit mort, ainsi que nous l'avons remarqué, s'il vit à présent, c'est qu'il ressuscite : aussi ne vit-il que pour Dieu, et comme dit le saint Apôtre, « s'il est mort une fois, c'est pour le péché; et s'il vit maintenant, c'est pour Dieu [1]. »

Ce que les Septante ajoutent : « Que la postérité de Jésus-Christ

[1] *Rom.*, VI, 10.

servira Dieu, et qu'on annoncera devant le Seigneur une race future, » n'est qu'une plus claire explication du peuple que la résurrection de Jésus-Christ fera naître ; et tout cela ne fait visiblement qu'un seul et même sens avec le texte original, sans qu'il y ait le moindre changement qui mérite qu'on le considère, comme il a déjà été remarqué.

Je n'en dirai pas davantage ; et je n'ai plus qu'à louer Dieu qui nous a donné dans ce psaume une si claire prophétie, ou plutôt une histoire si précise des souffrances et de la gloire de Jésus-Christ. Il n'y a rien là pour David, qui n'a pas été crucifié, qui n'a pas vu jouer ses habits du haut d'une croix, qui n'est point ressuscité pour annoncer à ses frères la gloire de Dieu, qui n'a point converti les Juifs par sa mort, ni rappelé à la connoissance de Dieu toute la gentilité ; tout cela ne convient qu'à Jésus-Christ. David n'a pas oublié l'Eucharistie ; et c'est avec consolation qu'on la voit paroître par deux fois dans un psaume où sont racontés par ordre les mystères du crucifié ; et il n'y a qu'à conclure ce raisonnement par où il a commencé, en reconnoissant que David, comme père, comme prophète et comme figure de Jésus-Christ, a pu dire sous son nom tant de choses merveilleuses et précises, qui sans aucun doute ne conviennent pas à David lui-même.

### § X. Réflexion sur le délaissement de Jésus-Christ.

Si nous voulons tirer maintenant de la doctrine précédente toute l'utilité possible, il faut encore élever plus haut notre pensée, et pour dernière considération, songer que celui qui vient de se plaindre avec tant de gémissemens d'être délaissé de Dieu, est Dieu lui-même ; mais un Dieu, qui se faisant homme pour nous rapprocher de lui, a voulu prendre la nature humaine, non pas telle qu'elle étoit avant le péché, heureuse, immortelle et invulnérable, mais telle que le péché l'a faite, couverte de plaies, et attendant à chaque moment le dernier coup de la mort, afin que portant pour nous les peines du péché sans en avoir la tache et le démérite, il pût être le libérateur de tous les pécheurs. C'est pourquoi Isaïe « l'a vu comme un lépreux, comme un homme frappé de Dieu et humilié ; » c'est par là « qu'il est devenu l'homme de douleurs, et qui sait l'infirmité[1]; » qui la sait non-seulement par science, mais encore par une expérience réelle, et qui est, comme dit saint Paul, le plus tendre et le plus compatissant de tous les hommes, parce qu'il a été le plus affligé et mis à de plus rudes épreuves[2].

Ce n'est donc point par foiblesse qu'il a pris nos infirmités : à Dieu ne plaise ! c'est par puissance et par choix : c'est par puissance qu'il est mortel et souffrant : c'est par puissance qu'il est mort, et nul ne lui a pu arracher son ame : mais il la donne de son bon gré[3] : on le voit sur la croix considérer ce qui manquoit encore à son ouvrage, et ne rendre l'ame qu'après avoir dit : «Tout est consommé[4]; » et après avoir en effet « consommé l'œuvre que son Père lui avoit mise en main[5]. »

Comme donc il est mort par puissance; qu'il a pris aussi par puissance toutes les passions, qui sont des appartenances et des apanages de la nature humaine : nous avons dit qu'il en a pris la vivacité, la sensibilité, la vérité, tout ce qu'elles ont d'affligeant et de douloureux. Jamais homme n'a dû ressentir plus d'horreur pour la mort que Jésus-Christ, puisqu'il l'a regardée par rapport au péché, qui étant étranger au monde, y a été introduit par le démon : il voyoit d'ailleurs tous les blasphèmes et tous les crimes qui devoient accompagner la sienne : c'est pourquoi il a ressenti cette épouvante, ces frayeurs, ces tristesses que nous avons vues.

Nul homme n'a jamais eu un sentiment plus exquis; mais pour cela il ne faut pas croire que l'agitation de ses passions turbulentes ait pénétré la haute partie de son ame : ses agonies n'ont pas été jusque-là, et le trouble même n'a pas troublé cet endroit intime et imperturbable : il en a été à peu près comme de ces hautes montagnes qui sont battues de l'orage et des tempêtes dans leurs parties basses, pendant qu'au sommet elles jouissent d'un beau soleil et de la sérénité parfaite.

Ceux qui ont osé retrancher de l'Evangile de saint Luc « l'Ange que Dieu envoya à Jésus-Christ pour le fortifier[6], » n'ont pas com-

---

[1] *Isa.*, LIII, 3, 4. — [2] *Hebr.*, II, 17, 18. — [3] *Joan.*, X, 17, 18. — [4] *Joan.*, XIX, 30. — [5] *Joan.*, XVII, 4. — [6] *Luc.*, XXII, 43.

## § X. SUR LE DÉLAISSEMENT DE JÉSUS-CHRIST.

pris ce mystère, et que Dieu, en retirant dans le plus intime toute la force de l'ame, et lui envoyant son saint ange pour le consoler dans ses détresses, n'a pas prétendu par là déroger à sa dignité, mais seulement lui faire éprouver qu'il étoit homme, « abaissé » par sa nature humaine « un peu au-dessous de l'ange : » *Minuisti eum paulò minùs ab angelis,* et expiant le désordre de nos passions, loin de le prendre, lorsqu'il en a voulu souffrir le tourment.

Avec l'expiation des péchés que les passions nous font commettre, nous avons encore dans les siennes la parfaite instruction de l'usage que nous devons faire des nôtres. Considérez Jésus-Christ dans ses dernières et terribles transes, qu'il ressentit à sa mort et à sa passion : il prend avec lui trois de ses disciples qu'il estimoit les plus fidèles : il leur ordonne de veiller, et va faire sa prière dans son agonie : il revient à eux par trois fois[1] : vous diriez qu'il ait besoin du soutien de leur présence, et que ses allées et ses venues sont les effets de l'inquiétude qui accompagne les passions : mais non ; cette apparence d'inquiétude est en effet une instruction.

Quand il fait ce reproche à ses disciples : « Vous n'avez pu veiller une heure avec moi, » il leur enseigne ce qu'ils doivent faire à l'égard de ceux qui se trouveroient dans la détresse : ce n'est pas qu'il eût besoin de leur veille; mais il a voulu leur montrer qu'ils avoient besoin de veiller eux-mêmes, et qu'il leur étoit utile de penser que « l'esprit » doit être « prompt » et vif, « quoique la chair soit infirme. »

Cependant le Verbe divin, qui étoit le modérateur caché de toutes les actions et de tous les mouvemens de Jésus-Christ, y inspiroit au dedans une valeur infinie, ce qui les rendoit dignes de Dieu et nous donnoit une victime capable seule de racheter mille et mille mondes.

C'est ce que voient tous ceux qui reconnoissent que le délaissé est Dieu : c'est ce qu'ont vu en esprit les anciens justes : c'est ce qu'a vu David, lorsqu'il appelle Jésus-Christ son Seigneur, encore qu'il soit son Fils[2] : c'est ce qu'a vu Isaïe, lorsqu'il dit si expres-

[1] *Matth.,* XXVI, 37, 38 et seqq.; *Marc.,* XIV, 33, 34 et seq. — [2] *Psal.* CIX, 1; *Matth.,* XXII, 43, 44, 45.

sément que le petit enfant qui nous est donné, est Dieu[1] : c'est ce qu'a vu Michée, lorsqu'en voyant naître dans Bethléem le chef d'Israël, tout d'un coup il est élevé jusqu'à voir que son origine est éternelle et divine[2] : c'est ce qu'ont vu tous les prophètes et tous les anciens patriarches : « Abraham a vu son jour, et il s'en est réjoui[3] : » il a vu ce jour si clair de l'éternité, « et la gloire que Jésus-Christ avoit auprès de son Père avant l'établissement du monde[4] : » il a vu que « Jésus-Christ étoit avant que lui Abraham eût été fait[5] : » on peut juger des autres par ceux-là; et l'avantage que nous avons, c'est de voir plus expressément et de près ce qu'ils ont vu de loin et sous des ombres.

C'est ainsi que Jésus-Christ a accompli toute justice : tout l'homme sera sauvé, parce qu'il a pris tout ce qui appartient à la nature humaine et s'en est servi pour expier le péché : il a aussi accompli tout ce qu'il falloit pour être le parfait modèle du genre humain, et nous a appris à faire un bon usage de nos passions.

Il nous montre à craindre la mort, parce qu'elle est la peine du péché, dont on ne peut avoir trop d'horreur. Il nous montre qu'il ne faut jamais abandonner Dieu, lors même qu'il semble le plus nous abandonner : car celui qui dit : « Mon Dieu, mon Dieu! pourquoi m'avez-vous délaissé? » ne laisse pas malgré ce délaissement de se souvenir que ce Dieu qui le délaisse, est son Père, puisqu'il retourne à lui, en disant : « Mon Père, pardonnez-leur; » et encore : « Mon Père, je recommande mon esprit entre vos mains[6]. »

Venez, ames délaissées, malgré toutes vos sécheresses et votre abandon; venez toujours mettre en lui votre confiance, assurées que Dieu peut même vous ressusciter des morts, comme il a fait Jésus-Christ; et dans cette foi dites à l'exemple du saint homme Job : « Quand il me donneroit la mort, je mettrai toujours en lui mon espérance[7]. » « Humiliez-vous sous la puissante main de Dieu, » et, comme ajoute l'apôtre saint Pierre[8], « rejetez sur lui toute votre sollicitude. »

---

[1] *Isa.*, IX, 6. — [2] *Mich.*, V, 2. — [3] *Joan.*, VIII, 56. — [4] *Joan.*, XVII, 5. — [5] *Joan.*, VIII, 58. — [6] *Luc.*, XXIII, 34, 46. — [7] *Job*, XIII, 15. — [8] I *Petr.*, V, 6, 7.

## § X. SUR LE DÉLAISSEMENT DE JÉSUS-CHRIST.

Ne cessons donc pas de regarder, avec saint Paul, « Jésus qui est l'auteur et le consommateur de notre foi [1]; » lorsque notre ame sera troublée, et que nous serons poussés jusqu'à l'agonie, apprenons à dire avec lui la prière du sacré jardin, c'est-à-dire cette courageuse prière : « Que ma volonté ne se fasse pas, mais la vôtre [2] : » et louons celui qui nous donne part à ses délaissemens, pour ainsi nous donner part à sa gloire, si nous savons imiter son obéissance.

[1] *Hebr.*, XII, 2. — [2] *Matth.*, XXVI, 39 ; *Marc.*, XIV, 36 ; *Luc.*, XXII, 42.

FIN DE LA PROPHÉTIE D'ISAIE ET DU PSAUME XXI.

# L'APOCALYPSE
## AVEC UNE EXPLICATION.

## PRÉFACE

OU SONT PROPOSÉS LES MOYENS DE PROFITER DE LA LECTURE DE L'APOCALYPSE, ET LES PRINCIPES POUR EN DÉCOUVRIR LE SENS.

### 1. Les merveilles de l'*Apocalypse*.

Ceux qui ont le goût de la piété, trouvent un attrait particulier dans cette admirable révélation de saint Jean. Le seul nom de Jésus-Christ dont elle est intitulée inspire d'abord une sainte joie; car voici comme saint Jean a commencé, et le titre qu'il a donné à sa prophétie : *La révélation de Jésus-Christ, que Dieu lui a donnée pour la faire entendre à ses serviteurs, en parlant par son ange à Jean, son serviteur* [1]. C'est donc ici Jésus-Christ qu'il faut regarder comme le véritable prophète : saint Jean n'est que le ministre qu'il a choisi pour porter ses oracles à l'Église; et si on est préparé à quelque chose de grand, lorsqu'en ouvrant les anciennes prophéties on y voit d'abord dans le titre : *La vision d'Isaïe, fils d'Amos* [2] : — *Les paroles de Jérémie, fils d'Helcias* [3], et ainsi des autres, combien doit-on être touché lorsqu'on lit à la tête de ce titre : *La révélation de Jésus-Christ, Fils de Dieu?*

Tout répond à un si beau titre. Malgré les profondeurs de ce divin Livre, on y ressent, en le lisant, une impression si douce et tout ensemble si magnifique de la majesté de Dieu; il y paroît des idées si hautes du mystère de Jésus-Christ, une si vive reconnoissance du peuple qu'il a racheté par son sang, de si nobles images de ses victoires et de son règne, avec des chants si merveilleux pour en célébrer les grandeurs, qu'il y a de quoi ravir le ciel et la terre.

---

[1] *Apoc.*, I, 1. — [2] *Isa.*, I, 1. — [3] *Jerem.*, I, 1.

Il est vrai qu'on est à la fois saisi de frayeur, en y lisant les effets terribles de la justice de Dieu, les sanglantes exécutions de ses saints anges, leurs trompettes qui annoncent ses jugemens, leurs coupes d'or pleines de son implacable colère, et les plaies incurables dont ils frappent les impies; mais les douces et ravissantes peintures dont sont mêlés ces affreux spectacles jettent bientôt dans la confiance, où l'ame se repose plus tranquillement après avoir été longtemps étonnée et frappée au vif de ces horreurs.

Toutes les beautés de l'Ecriture sont ramassées dans ce livre : tout ce qu'il y a de plus touchant, de plus vif, de plus majestueux dans la loi et dans les prophètes, y reçoit un nouvel éclat, et repasse devant nos yeux pour nous remplir des consolations et des graces de tous les siècles. C'est ici un des caractères de cette admirable Prophétie, et l'Ange l'a déclaré à saint Jean par ces paroles : « Le Seigneur Dieu des saints prophètes; » ou, comme lit la *Vulgate :* « Le Seigneur Dieu des esprits des prophètes a envoyé son ange pour découvrir à ses serviteurs ce qui doit arriver bientôt[1] : » paroles qui nous font entendre que Dieu, qui a inspiré tous les prophètes, en a fait revivre l'esprit dans saint Jean, pour consacrer de nouveau à Jésus-Christ et à son Eglise tout ce qui avoit jamais été inspiré aux prophètes.

II. — L'*Apocalypse* est remplie des merveilles de tous les prophètes, et pourquoi.

Je trouve deux raisons de cette conduite. La première est prise de saint Irénée : « Il devoit, dit-il, venir de faux docteurs qui enseigneroient que le Dieu qui avoit envoyé Jésus-Christ, n'étoit pas le même que celui qui avoit envoyé les anciens prophètes[2]. » C'est pour confondre leur audace que la prophétie du Nouveau Testament, c'est-à-dire l'*Apocalypse,* est pleine de toutes les anciennes prophéties, et que saint Jean, le nouveau prophète expressément envoyé par Jésus-Christ, est plein de l'esprit de tous les prophètes.

Mais la seconde raison n'est pas moins forte : c'est que toutes les prophéties et tous les livres de l'Ancien Testament n'ont été faits que pour rendre témoignage à Jésus-Christ, conformément à cette

---

[1] *Apoc.*, XXII, 6. — [2] Iren., lib. V, cap. XXVI.

parole que l'Ange adresse à saint Jean : « L'esprit de la prophétie, c'est le témoignage de Jésus[1]. » Ni David, ni Salomon, ni tous les prophètes, ni Moïse qui en est le chef, n'ont été suscités que pour faire connoître celui *qui devoit venir,* c'est-à-dire le Christ : c'est pourquoi Moïse et Elie paroissent autour de lui sur la montagne, afin que la loi et les prophètes confirment sa mission, reconnoissent son autorité et rendent témoignage à sa doctrine. C'est par la même raison que Moïse et tous les prophètes entrent dans l'*Apocalypse,* et que pour écrire ce livre admirable saint Jean a reçu l'esprit de tous les prophètes.

Nous retrouvons en effet dans ce grand apôtre l'esprit de tous les prophètes et de tous les hommes envoyés de Dieu. Il a reçu l'esprit de Moïse pour chanter le cantique de la nouvelle délivrance du peuple saint, et pour construire à l'honneur de Dieu une nouvelle arche, un nouveau tabernacle, un nouveau temple, un nouvel autel des parfums[2]. Il a reçu l'esprit d'Isaïe et de Jérémie pour décrire les plaies de la nouvelle Babylone, et étonner tout l'univers du bruit de sa chute. C'est par l'esprit de Daniel qu'il nous découvre la nouvelle bête, c'est-à-dire le nouvel empire ennemi et persécuteur des saints, avec sa défaite et sa ruine[3]. Par l'esprit d'Ezéchiel, il nous montre toutes les richesses du nouveau Temple où Dieu veut être servi, c'est-à-dire et du ciel et de l'Eglise; enfin toutes les consolations, toutes les promesses, toutes les graces, toutes les lumières des Livres divins se réunissent en celui-ci[4]. Tous les hommes inspirés de Dieu semblent y avoir apporté tout ce qu'ils ont de plus riche et de plus grand, pour y composer le plus beau tableau qu'on pût jamais imaginer de la gloire de Jésus-Christ; et on ne voit nulle part plus clairement qu'il étoit vraiment la fin de la loi, la vérité de ses figures, le corps de ses ombres et l'ame de ses prophéties.

Il ne faut donc pas s'imaginer, lorsque saint Jean les rapporte, qu'il soit seulement un imitateur des prophètes, ses prédécesseurs ; tout ce qu'il en allègue, il le relève; il y fait trouver l'original même de toutes les prophéties, qui n'est autre que Jésus-Christ et

---

[1] *Apoc.,* XIX, 10. — [2] *Apoc.,* XV, 3 ; XI, 19; VIII, 3. — [3] *Apoc.,* XVI, XVII, XVIII. — [4] *Apoc.,* XXI, XZII.

son Eglise. Poussé du même instinct qui animoit les prophètes, il en pénètre l'esprit ; il en détermine le sens ; il en révèle les obscurités, et il y fait éclater la gloire de Jésus-Christ tout entière.

### III. — Jésus-Christ vu et écouté dans sa gloire.

Ajoutons à tant de merveilles celle qui passe toutes les autres, je veux dire le bonheur d'entendre parler et de voir agir Jésus-Christ ressuscité des morts. Nous voyons dans l'Evangile Jésus-Christ homme conversant avec les hommes, humble, pauvre, foible, souffrant ; tout y ressent une victime qui va s'immoler, et un homme dévoué à la douleur et à la mort. Mais l'*Apocalypse* est l'Evangile de Jésus-Christ ressuscité : il y parle et il y agit comme vainqueur de la mort, comme celui qui vient de sortir de l'enfer qu'il a dépouillé, et qui entre en triomphe au lieu de sa gloire, où il commence à exercer la toute-puissance que son Père lui a donnée dans le ciel et sur la terre.

### IV. Explication morale de l'*Apocalypse*, selon les idées de saint Augustin.

Tant de beautés de ce divin livre, quoiqu'on ne les aperçoive encore qu'en général et comme en confusion, gagnent le cœur. On est sollicité intérieurement à pénétrer plus avant dans le secret d'un livre dont le seul extérieur et la seule écorce, si l'on peut parler de la sorte, répand tant de lumière et tant de consolation dans les cœurs.

Il y a deux manières d'expliquer l'*Apocalypse* : l'une générale et plus facile ; c'est celle dont saint Augustin a posé les fondemens et comme tracé le plan en divers endroits[1], mais principalement dans le livre de la *Cité de Dieu*. Cette explication consiste à considérer deux cités, deux villes, deux empires mêlés selon le corps et séparés selon l'esprit. L'un est l'empire de Babylone, qui signifie la confusion et le trouble ; l'autre est celui de Jérusalem, qui signifie la paix : l'un est le monde, et l'autre est l'Eglise, mais l'Eglise considérée dans sa partie la plus haute, c'est-à-dire dans les Saints, dans les élus. Là règne Satan, et ici Jésus-Christ ;

---

[1] August. *in Psal.* LXIV, n. 1 et 2 ; CXXXVI, n. 15 et 16 ; *De Civit. Dei*, lib. XX integ.

là est le règne de l'impiété et de l'orgueil, ici est le siége de la vérité et de la religion ; là est la joie qui se doit changer en un gémissement éternel, ici est la souffrance qui doit produire une éternelle consolation ; là se trouve une idolâtrie spirituelle, on y adore ses passions, on y fait un dieu de son plaisir et une idole de ses richesses ; ici sont abattues toutes les idoles, et non-seulement celles à qui l'aveugle gentilité offroit de l'encens, mais encore celles à qui les hommes sensuels érigent un temple et un autel dans leur cœur, et dont ils se font eux-mêmes la victime. Là se voit en apparence un continuel triomphe, et ici une continuelle persécution ; car ces idolâtres qui font dominer les sens sur la raison ne laissent pas en repos les adorateurs en esprit : ils s'efforcent de les entraîner dans leurs pratiques ; ils établissent des maximes dont ils veulent faire des lois universelles ; en un mot, le monde est un tyran, il ne peut souffrir ceux qui ne marchent pas dans ses voies, et ne cessent de les persécuter en mille manières. C'est donc ici l'exercice « de la foi et de la patience des Saints [1], » qui sont toujours sur l'enclume et sous le marteau, pour être formés selon le modèle de Jésus-Christ crucifié. Que n'ont-ils point à souffrir du règne de l'impiété et du monde? C'est pourquoi, pour les consoler, Dieu leur en fait voir le néant : il leur fait voir, dis-je, les erreurs du monde, sa corruption, ses tourmens sous une image fragile de félicité ; sa beauté d'un jour et sa pompe qui disparoît comme un songe ; à la fin, sa chute effroyable et son horrible débris : voilà comme un abrégé de l'*Apocalypse*. C'est aux fidèles à ouvrir les yeux : c'est à eux à considérer la fin des impies et de leur malheureux règne ; c'est à eux, en attendant, à en mépriser l'image trompeuse ; à n'adorer point la bête [2], c'est-à-dire à n'adorer point le monde dans ses grandeurs, de peur de participer un jour à ses supplices ; à tenir leur cœur et leurs mains pures de toute cette idolâtrie spirituelle qui fait servir l'esprit à la chair ; et enfin à en effacer en eux-mêmes jusqu'aux moindres caractères [3], car c'est *le caractère de la bête* que saint Jean nous avertit tant d'éviter, et où il met l'essence de l'idolâtrie.

On trouve ce caractère partout où le monde règne : ainsi on le

[1] *Apoc.*, XIII, 10. — [2] *Apoc.*, XIII, 12, 15. — [3] *Apoc.*, XX, 4.

trouve même dans l'Eglise, parce qu'on le trouve dans les mondains qui entrent dans sa société et se mêlent avec ses Saints : on trouve, dis-je, dans ses mondains, quels qu'ils soient et quelque place qu'ils occupent, le caractère de la bête, quand on y trouve l'orgueil et la corruption ; il faut donc continuellement sortir de cette Babylone mystique. On en sort par de saints désirs et par des pratiques contraires à celles du monde, jusqu'à ce que l'heure de la dernière et inévitable séparation étant arrivée, on en sortira pour toujours, et on sera éternellement délivré de toute la corruption jusqu'aux moindres restes.

Autant que cette explication de l'*Apocalypse* est utile, autant est-elle facile. Partout où l'on trouvera le monde vaincu, ou Jésus-Christ victorieux, on trouvera un bon sens dans cette divine prophétie ; et on pourra même s'assurer, selon la règle de saint Augustin, d'avoir trouvé en quelque façon l'intention du Saint-Esprit, puisque cet Esprit qui a prévu dès l'éternité tous les sens qu'on pourroit donner à son Ecriture, a aussi toujours approuvé ceux qui seroient bons et qui devoient édifier les enfans de Dieu.

V. — Qu'il y a un autre sens dans l'*Apocalypse*, et que saint Jean y a renfermé ce qui alloit arriver bientôt.

Mais si notre apôtre n'avoit regardé que ce sens dans son *Apocalypse*, ce n'en seroit pas assez pour lui donner rang parmi les prophètes. Il a mérité ce titre par la connoissance qui lui a été donnée des événemens futurs, et en particulier de ce qui s'alloit commencer dans l'Eglise et dans l'Empire, incontinent après que cette admirable révélation lui eut été envoyée par le ministère de l'Ange : c'est pourquoi on lui déclare d'abord que « le temps est proche [1], » et que ce qu'on va lui révéler, « arrivera bientôt [2] : » ce qui est aussi répété d'une manière très-précise à la fin de la prophétie.

Je ne puis donc consentir au raisonnement de ceux qui en renvoient l'accomplissement à la fin des siècles ; car les combats de l'Eglise, et ce qui alloit arriver tant aux Juifs qu'aux gentils en punition du mépris de l'Evangile, la chute des idoles et la con-

[1] *Apoc.*, I, 3. — [2] *Apoc.*, XXII, 10.

version du monde, et enfin la destinée de Rome et de son empire, étoient de trop grands et tout ensemble de trop prochains objets pour être cachés au prophète de la nouvelle alliance : autrement, contre la coutume de tous les prophètes précédens, il eût été transporté au dernier temps, en passant par-dessus tant de merveilles qui alloient paroître, quoique l'Eglise naissante eût tant de besoin d'en être instruite.

VI. — Passage de saint Denys d'Alexandrie. Preuve que l'ancienne Eglise cherchoit dans l'*Apocalypse* les persécutions et les autres choses qui la regardoient.

Aussi ne faut-il pas douter que l'Eglise persécutée ne fût attentive à ce que ce Livre divin lui prédisoit de ses souffrances. Le seul exemple de saint Denys d'Alexandrie nous le fait voir. Eusèbe nous a rapporté une de ses lettres où il paroît qu'il regardoit l'*Apocalypse* comme un livre plein de secrets divins, où Dieu avoit renfermé « une intelligence admirable, mais très-cachée, de ce qui arrivoit tous les jours en particulier, καθ' ἕκαστον [1]. »

Pour en venir à l'application, encore qu'il reconnût que le sens de ce divin Livre passât la capacité de son esprit, il ne laissoit pas de le rechercher ; et une lettre à Hermammon, dont le même Eusèbe nous a rapporté un beau morceau [2], nous fait voir qu'il appliquoit au temps de Valérien les trois ans et demi de persécution prédits au chapitre XIII de l'*Apocalypse*. Un autre morceau précieux de la même lettre, inséré par le même Eusèbe dans son *Histoire* [3], nous donne lieu de conjecturer que ce saint nous représentoit l'empereur Gallien comme se renouvelant lui-même, pour avoir lieu de lui adapter l'endroit de l'*Apocalypse* où la bête nous paroît comme étant « la septième et la huitième tout ensemble [4]. »

Il est vrai qu'il avoue en même temps qu'il n'y a rien de bien clair dans les conjectures qu'il fait sur l'*Apocalypse*. Je ne vois pas aussi qu'on soit obligé de s'y arrêter, et je produis ce passage seulement pour faire voir qu'il y avoit dans l'Eglise un esprit de rechercher dans l'*Apocalypse* ce qui se passoit dans le monde par

---

[1] Euseb. lib. VII, xxv. — [2] Euseb. lib. VII, x. — [3] *Ibid.*, xxII, xxIII. — [4] *Apoc.* xvII, 11.

rapport à l'Eglise chrétienne. Que si nous ne voyons pas beaucoup d'autres exemples d'une pareille recherche durant ces temps-là, le peu d'écrits qu'on en a pourroit en être la cause, quand il n'y en auroit pas beaucoup d'autres que la suite fera connoître.

VII. — Rome conquérante et idolâtre, figurée dans l'*Apocalypse* sous le nom de Babylone. La chute de son empire prédite. Tradition des Pères. Cette chute arrivée sous Alaric.

Mais un événement qui paroît marqué dans l'*Apocalypse* avec une entière évidence, doit nous faire entendre que cette divine prophétie est accomplie dans une de ses parties principales. Cet événement si marqué, c'est la chute de l'ancienne Rome et le démembrement de son empire sous Alaric : choses marquées dans l'*Apocalypse* aussi clairement qu'il se puisse dans les chapitres XVII et XVIII, et manifestement accomplies, lorsqu'après le sac de Rome, son empire fut mis en pièces, et que de maîtresse du monde et de conquérante des nations, elle en devint le jouet et la proie, pour ainsi parler, du premier venu.

C'est une tradition constante de tous les siècles, que la Babylone de saint Jean, c'est l'ancienne Rome. Saint Jean lui donne deux caractères qui ne permettent pas de la méconnoître. Car premièrement, c'est « la ville aux sept montagnes ; » et secondement, c'est « la grande ville qui commande à tous les rois de la terre[1]. » Si elle est aussi représentée sous la figure d'une prostituée, on reconnoît le style ordinaire de l'Ecriture, qui marque l'idolâtrie par la prostitution. S'il est dit de cette ville superbe qu'elle est « la mère des impuretés et des abominations de la terre[2], » le culte de ses faux dieux, qu'elle tâchoit d'établir avec toute la puissance de son empire, en est la cause. La pourpre dont elle paroît revêtue, étoit la marque de ses empereurs et de ses magistrats. « L'or et les pierreries » dont elle est couverte font voir ses richesses immenses[3]. Le mot de *mystère* qu'elle porte écrit sur le front[4], ne nous marque rien au delà des mystères impies du paganisme, dont Rome s'étoit rendue la protectrice ; et la séduction qui vient à son secours, n'est autre chose que les prestiges et les faux miracles dont le démon se servoit pour auto-

[1] *Apoc.*, XVII, 9, 18. — [2] *Ibid.*, 5. — [3] *Ibid.*, 4. — [4] *Ibid.*, 5.

riser l'idolâtrie¹. Les autres marques de la bête et de la prostituée qu'elle porte, sont visiblement de même nature; et saint Jean nous montre très-clairement les persécutions qu'elle a fait souffrir à l'Eglise, lorsqu'il dit qu'elle est « enivrée du sang des martyrs de Jésus². »

Avec des traits si marqués, c'est une énigme aisée à déchiffrer que Rome sous la figure de Babylone. Ces deux villes ont les mêmes caractères; et Tertullien les a expliqués en peu de mots, lorsqu'il a dit qu'elles étoient « toutes deux grandes, superbes, dominantes et persécutrices des Saints³. »

Tous les Pères ont tenu le même langage; et c'est parmi les anciens une tradition constante, que saint Jean a représenté Rome conquérante et maîtresse de l'univers par ses victoires, sous le nom de Babylone pareillement conquérante et maîtresse par ses conquêtes d'un empire si redoutable. C'est donc aussi la chute de Rome et de son empire que cet apôtre a marquée; et saint Irénée, qui a vu les disciples des apôtres, le déclare en ces termes : « Saint Jean, dit-il, marque manifestement le démembrement de l'empire qui est aujourd'hui, lorsqu'il a dit que dix rois ravageront Babylone⁴. » Il ne va pas imaginer la ruine d'un autre empire : celle qu'il attend, celle qu'il a crue prédite dans l'*Apocalypse*, est celle de l'empire qui étoit alors, et sous lequel il vivoit, c'est-à-dire de l'Empire romain; et si, dans la discussion qu'il fait des noms que pourra porter l'Antechrist, il s'arrête à celui de *Lateinos* comme à celui qui lui paroît le plus vraisemblable, c'est à cause, dit-il, que « le dernier empire porte ce nom, et que ce sont les Latins qui règnent maintenant⁵. » Il bornoit donc toutes ses pensées dans la chute de cet empire. Saint Augustin veut que Rome ait été bâtie comme une nouvelle Babylone, fille de l'ancienne, et avec une semblable destinée⁶. Paul Orose, disciple de ce grand homme, a fait le parallèle de ces deux villes⁷ : il a observé qu'elles avoient les mêmes caractères, et qu'après onze cent soixante ans de domination et de gloire, elles avoient été

---

¹ *Apoc.*, XIII, 11, 12, 13. — ² *Apoc.*, XVII, 6. — ³ Tertul., *Advers. Jud.*, IX, et *Contr. Marc.*, lib. III. — ⁴ Iren. V, XXX. — ⁵ *Ibid.* — ⁶ Aug., *De Civit. Dei*, XVIII, XXII. — ⁷ Paul. Oros., lib. III, III ; lib. VII, II.

toutes deux pillées dans des circonstances presque semblables. Enfin c'étoit un langage si établi dans l'Eglise d'entendre Rome sous le nom de Babylone, que saint Pierre s'en est servi dans sa première *Epître,* où il dit : « L'Eglise qui est dans Babylone vous salue [1]. » On ne trouve dans aucune autre Babylone, ni la succession apostolique tant vantée parmi les fidèles, ni la mémoire du nom de saint Pierre dont les Eglises se sont honorées, ni enfin aucun vestige d'Eglise, que dans cette Babylone mystique. On ne trouve non plus ailleurs, ni Silvain, qui est Silas; ni saint Marc, dont saint Pierre fait mention [2], comme de ceux qui étoient le plus familièrement connus de cette Eglise de Babylone, comme en effet saint Marc l'a été de Rome, où il publia son Evangile par l'ordre de saint Pierre [3], et que Silas l'a pu être par le moyen de saint Paul, auquel on le voit si attaché : d'où l'on a raison de conclure qu'on ne peut entendre que Rome dans ce passage de saint Pierre, et c'est ainsi que l'ont entendu les anciens docteurs.

Saint Jérôme, qui de tous les Pères a été le mieux instruit de leurs sentimens, a toujours constamment suivi cette explication, et il ne cesse de répéter que Rome est la ville que Dieu a maudite dans l'*Apocalypse* sous la figure de Babylone; qu'encore qu'elle ait en partie « effacé, par la profession du christianisme, le nom de blasphème qu'elle portoit sur le front, » ce n'est pas moins elle-même « que ces malédictions regardent, et qu'elle ne peut les éviter que par la pénitence [4]; » qu'elle est en effet cette prostituée qui avoit écrit sur son front un nom de blasphème, parce qu'elle se faisoit appeler la Ville Eternelle [5]; que c'étoit elle dont saint Jean avoit vu la chute sous le nom de Babylone; « qu'à la vérité il y avoit là une sainte Église, où l'on voyoit les trophées des apôtres et des martyrs, et la foi célébrée par l'Apôtre [6] : » mais que, quelque sainte que fût l'Eglise, la ville qu'il en falloit distinguer, « ne laissoit pas de mériter par sa confusion le titre de Babylone [7]; » qu'elle étoit cette Babylone dont nous lisons le supplice dans l'*Apocalypse,* dont les palais encroûtés de marbre

---

[1] I *Petr.,* v, 13. — [2] *Ibid.,* 12, 13. — [3] Hieronym. *De Scrip. Eccl., in Petr. et Marc.* — [4] Lib. *De Scrip. Eccl., in Es.,* XLVII, XIII; II *Advers. Jov.,* in fin. — [5] Epist. 151 *ad Algas.,* XXI. — [6] Epist. XVII *ad Marcel.,* nunc XLIV. — [7] *In Esa.,* XXIV, lib. VIII.

seroient désolés, et qui devoit éprouver une aussi funeste destinée que l'ancienne Babylone, après avoir été élevée à une semblable puissance.

Il écrivoit ces paroles dans son commentaire *sur Isaïe*[1]. Quelque temps après, il put voir l'accomplissement des prophéties qu'il avoit si souvent expliquées; car pendant qu'il travailloit sur Ezéchiel, qui est l'ouvrage qui suit l'interprétation d'Isaïe, la nouvelle vint à Bethléem, où il travailloit à ce commentaire, « que Rome étoit assiégée, qu'elle étoit prise, » pillée, ravagée par le fer et par le feu, « et devenue le sépulcre de ses enfans; que la lumière de l'univers étoit éteinte, la tête de l'Empire romain coupée, et, pour parler plus véritablement, l'univers entier renversé dans une seule ville[2]. »

Il raconte en un autre endroit « que Rome fut assiégée, que ses citoyens rachetèrent leur vie par leurs richesses; mais qu'elle fut assiégée encore une fois, afin qu'après leurs richesses ils perdissent encore la vie : que la ville qui avoit pris tout l'univers fut prise, ou plutôt qu'elle périt par la faim avant que de périr par l'épée; et que dans une telle désolation on trouva à peine, dans une si grande ville, un petit nombre de citoyens qui pussent être pris[3]. »

Que cette chute de Rome lui soit arrivée pour punir l'aveugle attachement qu'elle avoit encore à ses idoles, les auteurs du temps en sont d'accord; et quand saint Augustin, quand Paul Orose, quand les autres auteurs s'en seroient tus, la suite des événemens que nous marquerons en leur lieu, ne permettroit pas d'en douter. Que si on a peine à croire que ce soit cette chute que saint Jean prédise, lui qui a dit avec tant de force : « Elle est tombée, elle est tombée la grande Babylone[4], » à cause qu'après cette chute on voit encore subsister cette grande ville : on ne considère pas qu'il en arriva autant à Babylone, à qui saint Jean la compare : car après que Babylone eut été prise et saccagée par Cyrus selon les oracles d'Isaïe, de Jérémie et d'Ezéchiel[5], on la

---

[1] *In Esa.*, XLVII, XIII. — [2] Proœm. in I et III *Ezech.* — [3] *Ad Princ. Epitaph. Marc.*, epist. XVI, nunc XCVI. — [4] *Apoc.*, XIV, 8 ; XVIII, 2. — [5] *Isa.*, XIII, XIV, XLV et seqq.; *Jerem.*, LI, LII; *Ezech.*, XXI, 30, 31, 32, etc.

voit encore subsister longtemps, et jusqu'au temps d'Alexandre et de ses successeurs. Mais quelque grande qu'elle fût encore alors, les prophètes voient sa chute du temps de Cyrus, parce que c'est alors qu'elle perdit sa première gloire, et que devenue captive, jamais elle ne put recouvrer l'empire qu'on lui avoit ôté. Ainsi la gloire de Rome fut flétrie par Alaric, son orgueil foulé aux pieds, et son empire partagé entre les Barbares sans espérance de retour.

Lorsque Rome reçut ce grand coup, quoiqu'on n'en vît pas encore toute la suite, ni cet anéantissement prodigieux de la puissance romaine, il y en eut qui sentirent l'accomplissement des oracles du Saint-Esprit, qui marquoient la chute de Rome. Nous lisons dans l'*Histoire Lausiaque*, composée par Palladius, auteur du temps, que sainte Mélanie quitta Rome, et persuada à plusieurs sénateurs de la quitter par un secret pressentiment de sa ruine prochaine; et « qu'après qu'ils s'en furent retirés, la tempête causée par les Barbares et prédite par les prophètes, tomba sur cette grande ville[1]. » Un savant interprète de l'*Apocalypse,* imprimé très-mal à propos sous le nom de saint Ambroise parmi les œuvres de ce Père, mais qui écrivoit constamment au septième siècle, comme il paroît par les circonstances des histoires qu'il rapporte de son temps, dit clairement que la prostituée du chapitre XVII de l'*Apocalypse,* assise sur les eaux, est Rome maîtresse des peuples[2]; que les dix rois du même chapitre, qui doivent détruire la prostituée, sont « les Perses et les Sarrasins, qui de son temps avoient subjugué l'Asie, les Vandales, les Goths, les Lombards, les Bourguignons, les Francs, les Huns, les Alains et les Suèves, qui ont détruit l'Empire romain et qui en ont dévoré les chairs, » c'est-à-dire « les richesses et les provinces; » ce qu'il explique dans un détail que nous rapporterons ailleurs[3]. Le Père Labbe a remarqué que ce commentaire étoit attribué par quelques-uns à Bérengaude[4] : en effet, il s'en trouve plusieurs exemplaires, et un, entre autres, très-entier dans la Bibliothèque royale, sous le nom de *Bérengaude, homme très-versé dans les*

---

[1] *Hist. Laus.*, ch. CXVIII.— [2] *In cap.* XVII.— [3] Dans l'explic. du chap. XVII, vers. 12 et suiv.— [4] Labb., *De Script. Eccles.*, *in Ambr.*

*sciences ecclésiastiques*, comme il paroît en effet par son livre. Qui étoit ce Bérengaude? Les savans Bénédictins qui travaillent sur saint Ambroise nous le diront bientôt[1].

### VIII. Que le système des protestans est renversé de fond en comble par les choses qu'on vient de dire.

C'est donc une tradition constante parmi les Pères dès l'origine du christianisme, que la Babylone dont saint Jean prédit la chute, étoit Rome conquérante et son empire; et par là est renversé de fond en comble tout le système protestant, puisqu'on y cherche la chute, non à l'exemple des Pères, d'un grand empire et d'une Rome maîtresse de l'univers par ses victoires, mais d'une Eglise chrétienne et d'une Rome mise à la tête des églises chrétiennes par la chaire de saint Pierre. Et s'il falloit comparer les deux idées, sans même avoir aucun égard au mérite des défenseurs de l'une et de l'autre, il n'y a personne qui ne préférât celles des Pères à celles des protestans, puisque les Pères ont trouvé partout dans l'*Apocalypse* les caractères d'un empire renversé, et que les protestans n'y ont pu encore trouver la moindre marque d'une église corrompue.

Pour marquer une fausse église, il auroit fallu opposer à la Jérusalem sainte et bienheureuse dont saint Jean a fait un si beau tableau, une Jérusalem réprouvée; il auroit fallu du moins choisir une Samarie autrefois dans l'alliance de Dieu, et ensuite dans l'idolâtrie et dans le schisme. Mais cet apôtre choisit au contraire une Babylone, une ville toute profane, qui n'avoit jamais connu Dieu, jamais n'avoit été dans son alliance. Il n'y remarque autre chose que sa domination, ses idolâtries, ses cruautés et sa chute; et dans sa chute on ne voit rien qui ressente les débris d'une Eglise; mais on y voit tout ce qui marque le débris d'une ville opulente. S'il est ordonné d'en sortir, c'est comme on sort d'une ville qui va être renversée, par la crainte de se trouver enveloppé dans ses ruines, ou tout au plus comme on sort d'une ville corrompue et voluptueuse, dont il faut éviter les mauvais

---

[1] Les Bénédictins ont placé ce commentaire *sur l'Apocalypse* dans l'Appendix du second tome des œuvres de saint Ambroise, p. 498 et suiv.

exemples. C'est sous ce titre et en cette forme que saint Jean nous fait paroître Rome : il n'a donc aucune vue d'une église ; il ne regarde qu'une ville dominante et idolâtre qui tyrannise les saints pour les contraindre à embrasser sa religion et à adorer ses dieux et ses empereurs.

Dira-t-on que comme l'empire spirituel de Jésus-Christ a été figuré dans les prophéties sous la figure d'un empire temporel, il en a dû être de même de cet empire spirituel antichrétien dont on veut placer le siége à Rome? Erreur et illusion : car on montre dans les prophètes cent traits manifestes de l'empire spirituel de Jésus-Christ; il faudroit donc nous montrer dans la Babylone de l'*Apocalypse* du moins un seul trait de cet empire spirituel antichrétien qu'on lui veut donner.

Mais au contraire toutes les idées de saint Jean marquent une ville purement profane et qui n'a jamais rien eu de saint; car outre que Babylone est visiblement de ce caractère, il marque en un autre endroit la grande ville où les saints sont persécutés, « où leur Seigneur a été crucifié. » Mais cette grande ville persécutrice des saints est peut-être Jérusalem, selon les ministres, à cause qu'on dit que c'est la ville où Jésus-Christ a été mis en croix? Non, ils ont bien vu que cela ne se pouvoit dire. « Jamais, dit le ministre Jurieu, Jérusalem n'est appelée la grande cité sans ajouter la sainte cité[1]; » et pour dire quelque chose de plus fort, la grande cité est partout dans l'*Apocalypse* l'Empire romain, comme ce ministre l'avoue. « Quant à la grande cité, dit-il, où Jésus-Christ a été crucifié, c'est l'Empire romain, dans lequel le Sauveur du monde a été crucifié[2], » sous Pilate et avec un égal concours des Juifs et des Romains. Telle étoit la grande cité qui a crucifié Jésus-Christ en sa personne, et qui continuoit à le crucifier dans ses membres. La voilà, cette grande cité tant répétée dans l'*Apocalypse*, et tant de fois représentée sous le nom de *Babylone*. Et comment saint Jean l'appelle-t-il encore dans ce langage mystique et spirituel de l'*Apocalypse?* « Une Sodome, une Egypte[3], » un peuple par conséquent qui n'eut jamais rien de commun avec le peuple de Dieu.

[1] *Accompl.* 1re part., chap. IV, p. 51. — [2] *Ibid.* — [3] *Apoc.; ibid.*, Jur.; *ibid.*, p. 60.

IX. Que la prostituée de l'*Apocalypse* n'est pas une épouse infidèle, ni une Eglise corrompue comme les ministres le prétendent.

Mais les ministres nous disent que la prostituée de l'*Apocalypse* est une épouse infidèle, qui ayant donné sa foi à Dieu comme à un légitime époux, s'est abandonnée à ses amans. Le ministre que nous venons de citer soutient cette pensée par un principe général, en remarquant que le Saint-Esprit ne nomme jamais les sociétés païennes du nom d'*adultères*, parce que n'ayant jamais donné leur foi à Dieu, elles ne l'ont par conséquent jamais violée[1] : d'où il conclut que la Babylone de l'*Apocalypse* n'est pas une Rome païenne qui n'a rien promis à Dieu, mais une Rome chrétienne qui par ses prostitutions a manqué à la foi donnée; en un mot, une Eglise corrompue, à qui aussi on reproche, comme le soutient ce ministre, « l'adultère et l'infidélité conjugale[2]. » D'abord j'admets le principe sans hésiter : car encore que toute la nature humaine ait donné sa foi à Dieu dans son origine, et que s'étant prostituée au démon et à l'idolâtrie, on pouvoit en un certain sens l'appeler une adultère et une épouse infidèle, il faut avouer de bonne foi qu'à peine trouvera-t-on dans l'Ecriture un exemple d'une locution pareille. Et c'est aussi ce qui confond les ministres, puisqu'au lieu que pour soutenir leur explication, ils ont été obligés à dire que saint Jean attribue à la prostituée le crime « d'adultère et l'infidélité conjugale, » c'est directement tout le contraire. Car ce saint apôtre a bien pris garde de ne pas nommer la prostituée, dont il parle, *une adultère*, μοιχάδα μοιχαλίδα, mais une femme publique : et si on me veut permettre une seule fois ces noms odieux, une paillarde, une prostituée, πόρνην. Et ce n'est pas une fois seulement qu'il a parlé de cette sorte : « Viens, dit-il, je te montrerai la condamnation de la grande prostituée, πόρνη, » *Apoc.*, XVII, 1, « avec laquelle, » poursuit-il, verset 2, « les rois de la terre se sont souillés, ἐπόρνευσαν, avec laquelle ils ont commis la fornication, » et non pas avec laquelle ils ont commis un adultère. Et encore : « Elle a enivré les habitans de la terre du vin de sa fornication, » et non pas de son adultère : ce que l'apôtre répète si souvent et

---

Jur., *Accompl.*, 1re part., chap. VIII, p. 110, 112, 178, etc. — [2] Jur., *Accompl.*, 1re part., chap. XV, p. 265.

sans jamais varier, qu'on voit bien qu'il y prend garde; car il le répète au vers. 4, au vers. 5, au vers. 15 et au vers. 16 du même chapitre, et encore au vers. 3 et au vers. 9 du chapitre suivant, et deux fois dans le vers. 2 du chapitre XIX. « Dieu, dit-il, a jugé la grande prostituée, la grande paillarde, πόρνην, qui a corrompu la terre par ses paillardises, par ses fornications, » sans jamais avoir employé le mot d'*adultère,* tant il étoit attentif à éviter l'idée d'une épouse infidèle. Aussi ne voit-on jamais qu'il lui reproche sa foi violée, ni la couche nuptiale souillée, ni le mépris de son époux, ni le divorce qu'il a fait avec elle, comme ont fait un million de fois les anciens prophètes à Jérusalem et à Juda, à Israël et à Samarie[1]; mais seulement ses prostitutions, comme ils ont fait à Tyr et à Ninive : « O Tyr, » dit Isaïe[2], « on te chantera le cantique de la prostituée; prends ta lyre et chante de belles chansons, de peur qu'on ne se moque de toi. » N'est-ce pas la prostituée qui attire ses amans par sa douce voix, de peur qu'ils ne la quittent? Et le prophète conclut : « Tyr s'abandonnera de nouveau à tous les rois de la terre. » Qui ne voit ici l'expression de saint Jean[3]? On en dit autant de Ninive[4] : on en dit autant de Babylone[5]. Il est donc plus clair que le jour que la Rome de saint Jean n'est pas une Jérusalem et une épouse infidèle qui souille le lit nuptial, mais une femme publique qui n'est à personne qu'à ceux à qui elle s'est donnée; une Ninive, une Tyr, qui s'abandonne aux rois et aux habitans de la terre; et pour ici réunir toutes les idées de saint Jean, une Babylone, une Sodome, une Egypte, en un mot tout ce qu'il y a de plus séparé d'avec Dieu et de plus étranger à son alliance.

X. Que la chute de Rome arrivée sous Alaric est un dénouement de la prophétie de saint Jean.

Après cela je ne vois plus qu'il soit permis de douter du sujet de la prédiction de saint Jean. C'est constamment l'Empire romain qu'il a eu en vue; c'est celui sous lequel on vivoit alors, et sous lequel les fidèles ont tant eu à souffrir. C'est une Rome conqué-

---

[1] *Voyez* à la fin de ce livre l'*Avertissement.* — [2] *Isa.,* XXIII, 15, 16, 17. — [3] *Voyez* l'explication du chap. XVII, vers. 2. — [4] *Nah.,* III, 4. — [5] *Isa.,* XLVII, 3, 8.

rante, protectrice de l'idolâtrie et persécutrice des saints, dont il a montré la chute avec des expressions si terribles et si magnifiques. Mais nous la trouvons cette chute si bien marquée dans les histoires, qu'il n'y a pas moyen de ne l'y pas apercevoir. Dire après cela que saint Jean n'y a pas pensé, et s'aller imaginer la ruine d'une Eglise dont il n'y a aucun vestige dans tout son livre, c'est rejeter le plus sûr de tous les interprètes des prophètes, c'est-à-dire l'événement et l'expérience; c'est vouloir se tromper soi-même et courir encore après l'ombre, lorsqu'on a trouvé le corps.

Mais après qu'on a remarqué la chute effroyable de cette ville persécutrice, et qu'on a une fois senti le dessein de la justice de Dieu, qui, après l'avoir longtemps menacée, longtemps avertie, longtemps supportée, s'est à la fin appliqué à punir en elle son ancien attachement à l'idolâtrie; un si grand événement doit servir comme de clef à toute la prophétie. Enfin on connoît bientôt que ce mémorable événement est le terme où aboutit la principale partie de la prophétie de saint Jean, et comme la catastrophe de ce grand poëme; que tout y prépare, que tout y mène, comme au terme où est accompli ce que saint Jean avoit en vue, qui étoit l'Eglise vengée, Jésus-Christ vainqueur, et l'idolâtrie abattue avec le démon et l'empire qui le soutenoit; que tout y est attaché par des liens qu'on tâchera de découvrir dans ce commentaire à un lecteur attentif; et ainsi que, par le rapport du commencement de la prédiction avec la fin, la plus grande partie de cette prédiction, c'est-à-dire toute la suite de l'*Apocalypse,* depuis le chapitre IV jusqu'au XIX a reçu en un certain sens son entier et manifeste accomplissement.

XI. Docteurs catholiques et protestans qui regardent l'*Apocalypse* comme accomplie.

Aussi a-t-il été reconnu par les plus graves théologiens de ces derniers temps. Il me suffit ici de nommer le docte Génébrard, une des lumières de la Faculté de Paris et de toute l'Eglise de France, qui dans sa Chronologie, lorsqu'il est venu à l'endroit du démembrement de l'Empire, en marque les utilités, « en ce que l'idolâtrie, que les empereurs chrétiens n'avoient jamais pu déraciner, fut entièrement abolie :... et ainsi, conclut-il, fut accompli cet oracle de l'*Apocalypse*, xvii[1]. » Les dix cornes que vous avez vues, sont dix rois qui détruiront la prostituée, etc. Nous avons vu de nos jours beaucoup d'auteurs, tant catholiques que protestans, et non-seulement depuis peu, un Possines, savant jésuite, mais encore, il n'y a pas beaucoup d'années, un Grotius, un Hammond, sans parler des autres, entrer dans ce sens; et je n'ai jamais douté qu'on n'y entrât beaucoup davantage, si on s'appliquoit à leur exemple à rechercher les histoires et à développer les antiquités. C'est à quoi avoit travaillé ce saint homme, Grégoire Lopez, une des merveilles de nos jours; et nous voyons dans sa Vie, tirée des mémoires du célèbre Louis de Grenade et d'autres excellens hommes, qu'il avoit fait un commentaire sur l'*Apocalypse* fondé sur les histoires; un commentaire par conséquent, qui supposoit l'accomplissement d'un certain sens de l'*Apocalypse*.

XII. Deux raisons de douter. La première.

Deux choses pourtant semblent s'opposer à ce dessein. La première, c'est que les saints Pères ont poussé leur vue plus loin. Plusieurs ont cru voir dans la bête de l'*Apocalypse* ce grand Antechrist dont les autres antechrists ne devoient être qu'une foible image, et qu'ils ont tous attendu dans les dernières approches du jugement universel. Les deux témoins du chapitre xi ont paru à plusieurs de ces saints hommes, Enoch et Elie, qui devoient venir consoler l'Eglise dans sa dernière persécution. Il semble donc qu'il n'est pas permis de donner un autre sens à ces deux témoins et à la bête, ni de chercher une autre histoire où ces mystères de l'*Apocalypse* soient accomplis.

XIII. Résolution du premier doute. Sentiment des docteurs anciens et modernes.

Mais les moindres novices de la théologie savent la résolution de ce premier doute : car s'il falloit tout réserver à la fin du monde et au temps de l'Antechrist, auroit-on permis à tant de savans hommes du siècle passé, à Jean Annius de Viterbe, à Jean Hanténius de Malines, à nos docteurs Josse Clitou, Génébrard, et Feuar-

---

[1] Genebr., *Chron.* v *Sæcul.*, an 415.

dent qui loue et qui suit ces graves auteurs, de reconnoître la bête et l'Antechrist dans Mahomet, et autre chose qu'Enoch et Elie dans les deux témoins de saint Jean[1]? Auroit-on permis à Nicolas de Lyra[2] de trouver ces deux témoins dans le pape saint Silvère, et dans Mennas, patriarche de Constantinople, et le reste du chapitre XI de l'*Apocalypse* dans la persécution que souffrit l'Eglise sous Justinien et sa femme Théodora, lorsqu'ils voulurent y établir l'eutychianisme? Le savant jésuite Louis d'Alcasar[3], qui a fait un grand commentaire sur l'*Apocalypse,* où Grotius a pris beaucoup de ses idées, la fait voir parfaitement accomplie jusqu'au XX° chapitre, et y trouve les deux témoins sans parler d'Elie ni d'Enoch. Quand on lui objecte les Pères et l'autorité de quelques docteurs, qui font trop hardiment des traditions constantes et des articles de foi des conjectures de quelques Pères, il répond que les autres docteurs n'y consentent pas; que les Pères ont varié sur tous ces sujets, ou sur la plupart : qu'il n'y a donc point de tradition constante et uniforme en beaucoup de points, où des docteurs même catholiques ont prétendu en trouver; en un mot, que c'est ici une affaire, non de dogme ni d'autorité, mais de conjecture : et tout cela est fondé sur la règle du concile de Trente[4], qui n'établit ni la tradition constante, ni l'inviolable autorité des saints Pères pour l'intelligence de l'Ecriture, que dans leur consentement unanime et dans les matières de la foi et des mœurs.

### XIV. Qu'il ne faut pas prendre pour dogmes certains les conjectures et les opinions des SS. Pères sur la fin du monde.

En effet si on vouloit nous donner pour règle tout ce que les Pères ont conjecturé sur l'*Apocalypse* et sur l'Antechrist, les uns d'une façon et les autres de l'autre, il faudroit en faire un démon incarné avec quelques-uns, et avec saint Hippolyte lui-même, aussi bien qu'avec l'auteur qui porte son nom[5]; il faudroit avec ce dernier auteur, qui ne laisse pas d'être ancien, quoiqu'il ne soit pas saint Hippolyte, faire venir à la fin des siècles l'apôtre saint

---

[1] Annot. *in Iren.*, V, xxx, 486 et seqq. — [2] Gloss. ord. *in Apoc.*, XI, 1565. — [3] Lud. ab. Alc., *Comm. in Apoc., de arg. Apoc.*, notat. 7, 19, 20, et in cap. XI, 5. notat. 6. — [4] Sess. IV. — [5] Hipp. Guid., 1660, p. 12, ed. Fabr. de Antich., xiv, 9 et seqq.

Jean en la compagnie d'Enoch et d'Elie [1]; il faudroit avec d'autres auteurs y faire aussi venir Moïse, sous prétexte que le caractère en est mieux marqué dans le chapitre xi de l'*Apocalypse* que celui d'Enoch [2]; et ce qui est bien plus considérable, il faudroit faire venir après l'Antechrist le règne de Jésus-Christ durant mille ans sur la terre, comme plusieurs anciens docteurs l'ont pensé.

XV. Qu'il peut y avoir plusieurs sens dans l'Ecriture, et en particulier dans l'*Apocalypse*.

A cela il faut ajouter ce que dit le même Alcasar avec tous les théologiens, qu'une interprétation même littérale de l'*Apocalypse* ou des autres prophéties, peut très-bien compatir avec les autres. De sorte que sans entrer en inquiétude des autorités qu'on oppose, la réponse à tous ces passages, c'est premièrement qu'il faut savoir distinguer les conjectures des Pères d'avec leurs dogmes, et leurs sentimens particuliers d'avec leur consentement unanime : c'est qu'après qu'on aura trouvé dans leur consentement universel ce qui doit passer pour constant, et ce qu'ils auront donné pour dogme certain, on pourra le tenir pour tel par la seule autorité de la tradition, sans qu'il soit toujours nécessaire de le trouver dans saint Jean; c'est qu'enfin ce qu'on verra clairement qu'il y faudra trouver, ne laissera pas d'y être caché en figure, sous un sens déjà accompli et sous des événemens déjà passés.

Qui ne sait que la fécondité infinie de l'Ecriture n'est pas toujours épuisée par un seul sens? Ignore-t-on que Jésus-Christ et son Eglise sont prophétisés dans des endroits où il est clair que Salomon, qu'Ezéchias, que Cyrus, que Zorobabel, que tant d'autres sont entendus à la lettre? C'est une vérité qui n'est contestée ni par les catholiques, ni par les protestans. Qui ne voit donc qu'il est très-possible de trouver un sens très-suivi et très-littéral de l'*Apocalypse* parfaitement accompli dans le sac de Rome sous Alaric, sans préjudice de tout autre sens qu'on trouvera devoir s'accomplir à la fin des siècles? Ce n'est pas dans ce double sens que je trouve la difficulté. S'il y en a dans l'*Apocalypse* à reconnoître

[1] Hipp. Gud., 1660, p. 12, ed. Fabric., in Append., p. 13 et seqq — [2] *Apoc.*, xi, 6.

Enoch et Elie dans les deux témoins, et l'Antechrist dans la bête qui les doit faire mourir [1], c'est par d'autres raisons où je ne puis entrer ici, sans prévenir à contre-temps les difficultés que j'aurai à expliquer dans le commentaire : ceux qui s'en pourront démêler, après les avoir vues en leur lieu, pourront aussi reconnoître, s'ils veulent, et l'Antechrist dans la bête, et les deux témoins dans Elie et dans Enoch. Ce sens ne préjudicie en aucune sorte à celui que je propose touchant Rome; et même indépendamment des passages de l'*Apocalypse,* il est certain qu'il faut reconnoître un dernier et grand Antechrist aux approches du dernier jour. La tradition en est constante, et j'espère en démontrer la vérité par le passage célèbre de la II® *aux Thessaloniciens.* La venue d'Enoch et d'Elie n'est guère moins célèbre parmi les Pères. Ces deux saints n'ont pas été transportés pour rien du milieu des hommes si extraordinairement en corps et en ame : leur course ne paroît pas achevée, et on doit croire que Dieu les réserve à quelque grand ouvrage. La tradition des Juifs, aussi bien que celle des chrétiens, les fait revenir à la fin des siècles. Cette tradition à l'égard d'Enoch s'est conservée dans l'*Ecclésiastique* [2] : que si la leçon du grec n'est pas si claire, elle est suppléée en cet endroit comme en beaucoup d'autres par celle de la Vulgate, dont nul homme de bon sens, fût-il protestant, ne méprisera jamais l'autorité; d'autant plus que ce ne sont pas seulement les Pères latins qui établissent le retour d'Enoch : les grecs y sont aussi exprès [3]. Pour Elie, il nous est promis en termes formels par Malachie dans les approches « du grand et du redoutable jour de Dieu [4], » qui paroît être le jugement. L'*Ecclésiastique* semble aussi l'entendre ainsi [5]; et si Notre-Seigneur a attribué ce passage de Malachie à saint Jean-Baptiste en deux endroits de son Evangile, c'est sans exclusion de l'autre sens, puisqu'il a même daigné l'insinuer par ces paroles : « Et si vous voulez le prendre ainsi, c'est lui qui est Elie qui doit venir [6]; » où il semble avoir voulu laisser à entendre qu'il y avoit beaucoup de mystère dans ce passage, et qu'il avoit encore un autre sens sur lequel il ne vouloit pas s'expliquer da-

---

[1] *Apoc.,* XI, 7. — [2] *Eccli.,* XLIV, 16. — [3] Andr. Cæsar. et Areth. *in Apoc.,* XI, etc. — [4] *Mal.,* IV, 5. — [5] *Eccli.,* XLVIII, 10. — [6] *Matth.,* XI, 14.

vantage alors. Il dit en un autre endroit : « Il est vrai qu'Elie doit venir; mais je vous dis qu'Elie est déjà venu, et ils ne l'ont pas connu[1]; » où saint Chrysostome demande comment il est vrai qu'il doive venir, et ensemble qu'il soit venu[2]? Ce qu'il n'accorde qu'en disant qu'il devoit venir deux fois : la première, sous la figure de saint Jean-Baptiste; et la seconde, en personne, vers le temps du dernier jour; et il fonde la comparaison entre Elie et saint Jean-Baptiste dans ces deux endroits de l'Evangile, sur « ce qu'ils sont tous deux précurseurs, » l'un du premier et l'autre du dernier avénement[3]. Saint Jérôme rapporte ce sens comme étant « de quelques-uns[4]; » ce qui sembleroit insinuer qu'il n'étoit pas universel : mais enfin il faut être plus que téméraire pour improuver la tradition de la venue d'Enoch et d'Elie à la fin des siècles, puisqu'elle a été reconnue de tous, ou de presque tous les Pères, et que même saint Augustin a dit en particulier de celle d'Elie, qu'elle « étoit très-célèbre dans le discours et dans les cœurs des fidèles[5]. » Savoir si cette arrivée d'Enoch et d'Elie est comprise au chapitre XI de l'*Apocalypse*, ou si c'est seulement ici de ces sens qu'une rencontre vraisemblable fait accommoder à certains sujets, ni la chose n'est importante, ni aussi également assurée; ou si l'on veut qu'elle le soit, ce sera toujours sans préjudicier aux autres sens que les docteurs orthodoxes auront proposés et à celui que je propose à leur exemple. Il faut bien avoir recours à ces doubles sens au sujet de Malachie, si l'on y veut reconnoître à la fin des siècles un autre accomplissement de la venue d'Elie que celui que Jésus-Christ a marqué comme déjà fait. Sur un si grand exemple nous pouvons bien, s'il est nécessaire, avec le secours de la tradition et sans préjudicier à un dernier accomplissement de l'*Apocalypse* à la fin des siècles, en reconnoître un déjà fait, qui ne laissera pas d'être littéral et très-véritable. Au reste je ne prétends point entrer ici dans le détail de ce sens futur : autant qu'il me paroît qu'il est possible, autant je le regarde comme impénétrable, du moins à mes foibles lumières. L'avenir se tourne presque toujours bien autrement que nous ne pensons,

---

[1] *Matth.*, XVII, 11, 12. — [2] Hom. 5 *in Matth.*, nunc Hom. 57. — [3] *Ibid.*, et Hom. 4 *in* II *ad Thess.* — [4] Comm. *in Matth.*, cap. XI. — [5] *De Civit.*, XX, XX.

et les choses mêmes que Dieu en a révélées arrivent en des manières que nous n'aurions jamais prévues. Qu'on ne me demande donc rien sur cet avenir. Pour ce qui est de ce sens prochain et immédiat que je regarde comme accompli, on ne peut douter qu'il ne soit utile de le rechercher. Tout ce qu'on peut découvrir dans la profondeur de l'Ecriture, porte toujours une sensible consolation; et ce grand événement du châtiment des persécuteurs qui se devoit commencer par les Juifs et se pousser jusqu'à la chute de l'idolâtrie romaine, étant un des plus grands spectacles de la justice de Dieu, est aussi un des plus dignes sujets qu'on puisse jamais donner à la prédiction de saint Jean et à la méditation des fidèles.

XVI. Résolution du second doute : question, s'il est nécessaire que les prophéties soient entendues lorsqu'elles s'accomplissent.

Mais il s'élève ici un second doute : c'est que ce sens ne se trouve pas entièrement expliqué dans les saints Pères; c'est que la plus grande partie de ceux qui ont vu tomber Rome ne témoignent pas y avoir vu l'accomplissement de l'*Apocalypse;* c'est qu'il semble que ce soit amuser le monde, que de commencer à voir si tard ce qu'on n'a pas vu pendant que nous prétendons qu'il s'accomplissoit.

Ce doute peut tomber dans l'esprit de deux sortes de personnes : je veux dire qu'il peut tomber dans l'esprit des protestans et dans l'esprit des catholiques.

Pour ce qui regarde les protestans, on leur peut fermer la bouche en un mot; car ils veulent que l'Antechrist ait paru, et que Rome ait commencé d'en être le siége dans le temps qu'elle est tombée avec son empire. Après s'être longtemps tourmentés à fixer le temps de cette chute et de la naissance de l'Antechrist, à la fin ils semblent venir à l'imagination de Joseph Mède, qui ne pouvant reculer la chute de Rome au delà du milieu du cinquième siècle, s'est senti obligé par là à donner à l'Antechrist la même époque. C'est donc dans saint Léon qu'il a commencé : c'est là le secret que Joseph Mède a découvert; c'est celui qu'on soutient en Hollande avec une confiance qui étonne l'univers ; c'est ce qui tient en attente tout un peuple crédule, qu'il faut toujours amuser de quelque espérance. Mais sans encore parler de l'absurdité de cette étrange pensée, qui ose mettre le commencement de l'Antechrist dans un homme aussi saint et aussi respecté de tout le monde chrétien que saint Léon, je me contente maintenant de demander qui dans ce temps a connu, qui a senti cet accomplissement de la prophétie de saint Jean ? Quelqu'un s'est-il aperçu que l'Antechrist naquît en saint Léon ; et qu'il continuât à se former dans saint Gélase et dans saint Grégoire, ou enfin dans les autres temps où les protestans le font paroître ? Il ne faut donc pas donner pour principe que l'accomplissement des prophéties doive être aperçu quand il arrive.

XVII. Quelques vérités expliquées sur les nouvelles interprétations qu'on peut donner aux prophéties.

C'est en effet un principe qu'aucun théologien, ni protestant, ni catholique, n'a jamais posé ; et pour expliquer par les règles aux catholiques ce qu'il faut croire sur l'interprétation des prophéties, j'avance trois vérités.

La première, qu'il y a des prophéties qui regardent le fondement de la religion, comme celle de la venue du Messie, de la dispersion des Juifs et de la conversion des gentils. Le sens de ces prophéties ne peut pas avoir été inconnu aux Pères, puisque ce seroit avoir ignoré un dogme de la religion, et encore un dogme essentiel et fondamental. Ainsi il est manifeste, à l'égard de ces prophéties, que le sens en peut bien être éclairci et perfectionné par la suite des temps, mais que le fond s'en doit trouver dans les écrits des saints Pères.

Une seconde vérité n'est pas moins constante ; c'est qu'il y a des prophéties qui ne regardent pas le dogme, mais l'édification ; ni la substance de la religion, mais ses accessoires. On ne dira pas, par exemple, que tout ce qui est prédit dans les prophéties sur Ninive, sur Tyr, sur Babylone, sur Nabuchodonosor, sur Cyrus, sur Alexandre, sur Antiochus, sur les Perses, sur les Grecs, sur les Romains, soit de l'essence de la religion. L'explication de ces prophéties dépend de l'histoire, et autant de la lecture des auteurs profanes que de celle des saints Livres. Sur ces sujets, il est permis d'aller, pour ainsi parler, à la découverte : personne n'en doute ; et quand on dira que les Pères, ou ne s'y sont pas appliqués, ou n'ont pas tout vu, ou qu'on peut même aller plus loin qu'ils n'ont fait, en cela on manquera d'autant moins au respect qui leur est dû, qu'il faudra encore avouer de bonne foi que ce petit progrès que nous pouvons faire dans ces pieuses éruditions est dû aux lumières qu'ils nous ont données.

De là résulte une troisième vérité, que s'il arrive aux orthodoxes, en interprétant les prophéties de ce dernier genre, de dire des choses nouvelles, il ne faut pas s'imaginer pour cela qu'on puisse se donner la même liberté dans les dogmes : car c'est à l'égard des dogmes que l'Eglise a toujours suivi cette règle invariable, de ne rien dire de nouveau et de ne s'écarter jamais du chemin battu.

XVIII. — Secrète dispensation du Saint-Esprit dans l'intelligence, aussi bien que dans la première inspiration des prophéties.

Après avoir posé ces fondemens et avoir mis à couvert la règle de la foi contre toutes les nouveautés, j'ose avancer une chose sur ces prophéties, que loin qu'il soit du dessein de Dieu qu'elles soient toujours parfaitement entendues dans le temps qu'elles s'accomplissent, au contraire il est quelquefois de son dessein qu'elles ne le soient pas alors. Et afin de m'expliquer à fond sur cette matière, le même esprit qui préside à l'inspiration des prophètes, préside aussi à leur interprétation : Dieu les inspire quand il veut, et il en donne aussi, quand il veut, l'intelligence ; les personnes mêmes en qui s'accomplissent les prophéties, bien plus, celles qui en font l'accomplissement et l'exécution, n'en entendent pas toujours le mystère, ni l'œuvre de Dieu en elles, et servent, sans y penser, à ses desseins.

Lorsque Jésus envoya querir par ses disciples l'âne sur lequel il devoit entrer dans Jérusalem [1], lorsqu'ils le délièrent, lorsqu'ils l'amenèrent et qu'ils montèrent leur maître sur cet animal, après avoir étendu leurs habits dessus ; lorsqu'ils le suivirent en triomphe,

[1] *Matth.*, XXI, 6, 7.

et crièrent avec tout le peuple et avec les enfans cet admirable *Hosanna*, qui réjouit tous les cœurs fidèles quand on le répète, ils accomplissoient plusieurs prophéties, et entre autres celle de David et celle de Zacharie. En entendoient-ils le mystère? Nullement, dit l'Evangéliste. Et ce ne fut pas seulement le peuple qui ne songea pas à ces prophéties : « Les disciples de Jésus eux-mêmes, dit saint Jean, ne connurent point tout cela : mais quand Jésus fut glorifié, alors ils se ressouvinrent que ces choses étoient écrites de lui, et qu'ils lui avoient fait toutes ces choses[1]. » Est-ce que la prophétie étoit obscure? Non, il n'y avoit rien de plus exprès que cette prédiction de Zacharie : « O fille de Sion, ton Roi va entrer dans tes murailles, monté sur un âne[2]. » Mais peut-être que les disciples ne l'avoient pas lue? Ce n'est pas ce que dit saint Jean ; car écoutez encore une fois ce qu'il vient de dire : « Après que Jésus fut glorifié, ils se ressouvinrent que ces choses avoient été écrites de lui[3]. » Remarquez : *Ils se ressouvinrent :* il ne dit pas qu'ils l'apprirent de nouveau, de sorte que visiblement la prophétie leur étoit connue. Quoi donc? ils n'y pensoient pas : Dieu n'avoit pas encore ouvert leurs yeux pour l'entendre, ni excité leur attention pour s'y appliquer : ils l'accomplissoient cependant ; car Dieu se servoit de leur ignorance, ou de leur inapplication, pour faire voir que son esprit, qui a inspiré les prophéties, en conduit l'exécution et n'a besoin ni de la science, ni de l'attention, ni enfin en aucune sorte du concert des hommes pour mener les prédictions à leur fin.

### XIX. Profonde sagesse de Dieu dans cette dispensation.

Il ne faut point douter qu'il n'en ait été de même de beaucoup d'autres prophéties. La conduite du Saint-Esprit dans les prophéties est un grand mystère. Dieu qui excite, quand il lui plaît, l'esprit des prophètes, par la suite du même mystère excite aussi, quand il lui plaît, l'esprit de ceux qui les doivent entendre ; quelquefois même une prédiction révélée à un prophète, selon l'ordre de la Providence, a besoin d'un autre prophète pour l'expliquer. Ainsi Daniel, « l'homme de désirs[4], » jeûnoit et prioit pour en-

[1] *Joan.*, XII, 16. — [2] *Zach.*, IX, 9. — [3] *Joan.*, XII, 16. — [4] *Dan.*, IX, 23.

tendre ce que Dieu avoit révélé à Jérémie sur les septante ans de la captivité de son peuple¹. Il y a des prophéties dont il plaît à Dieu que le sens soit clairement entendu lorsqu'elles s'accomplissent : les prophètes, quand il lui plaît, parlent sans énigmes. Dans le dessein que Dieu avoit de faire entendre à Cyrus qu'il vouloit se servir de lui pour la délivrance de son peuple et pour le rétablissement de son temple, il le fait nommer par son nom à Isaïe plusieurs siècles avant la naissance de ce prince²; et ainsi il lui donna lieu de commencer son édit par ces paroles : « Voici ce que dit Cyrus :... Dieu m'a commandé de rétablir sa maison dans Jérusalem³. » Mais voyons s'il en est ainsi de toutes les autres prophéties, je dis même des plus expresses. La persécution d'Antiochus, par combien de vives couleurs étoit-elle marquée dans Daniel⁴ ? On y en voit le temps, la manière, les circonstances particulières, le caractère du persécuteur, toute son histoire circonstanciée, son audace, ses blasphèmes, sa mort. Cependant nous ne lisons pas qu'on ait pensé à la prophétie quand elle s'accomplissoit. Nous avons deux livres divins, qui sont les deux livres des *Machabées*, où cette persécution et toutes ses circonstances sont écrites fort au long. Nous avons l'*Histoire* de Josèphe, qui nous en apprend beaucoup de particularités mémorables. Nous avons dans saint Jérôme, sur Daniel, des extraits de beaucoup d'historiens qui ont écrit de ces temps-là; en tout cela il ne paroît pas qu'on ait seulement songé à la prophetie de Daniel : cependant on appliquoit à l'état où se trouvoit alors le peuple juif le psaume LXXVIII. On connoissoit Daniel, et on trouve dans les Machabées deux endroits tirés de son livre⁵ : mais pour sa prédiction, on n'en parle pas : elle n'en est pas moins constante, et il y a démonstration plus que morale de son véritable sens. Bien plus, et les livres des *Machabées* et ceux de Josèphe nous marquent si fort en particulier tous les faits qui la justifient, qu'on ne peut point douter de son intelligence : cependant on ne voit en aucun endroit qu'on tournât les yeux de ce côté-là. Mais pourquoi donc, dira-t-on, étoient faites ces prophéties qu'on n'entendoit pas dans

---

¹ *Jérem.*, XXV, XXIX. — ² *Isa.*, XLIV, XLV, XLVI. — ³ II *Paralip.*, XXXVI, 22, 23; I *Esd.*, I, 2. — ⁴ *Dan.*, VII, VIII, X, XI. — ⁵ I *Mach.*, VII, 17; *ibid.*, II, 59, 60.

le temps qu'on en avoit le plus besoin, c'est-à-dire lorsqu'elles s'accomplissoient? Ne demandons point de pourquoi à Dieu : commençons par avouer un fait constant, et par adorer la secrète conduite de son Saint-Esprit dans la dispensation de ses lumières : mais après l'avoir adorée, nous verrons bientôt qu'elle a ses raisons ; et outre celles qui passent notre intelligence, en voici une qui touchera les enfans de Dieu qui aiment sa sainte parole : c'est que pendant que les uns accomplissoient et exécutoient cette prophétie ; pendant que les autres écrivoient ce qui s'étoit fait pour l'accomplir et en faisoient pour ainsi dire, par ce moyen, un commentaire très-clair sans y penser : Dieu préparoit cette preuve, pour faire sentir dans un autre temps la divinité de son Ecriture ; preuve d'autant plus convaincante, qu'elle venoit naturellement et sans qu'on pût soupçonner ceux qui la donnoient d'être entrés le moins du monde dans ce dessein.

### XX. Suite de la même matière.

Combien sommes-nous édifiés tous les jours, lorsqu'en méditant les prophéties et en feuilletant les histoires des peuples dont la destinée y est écrite, nous y voyons tant de preuves de la prescience de Dieu? Ces preuves inartificielles, comme les appellent les maîtres de la rhétorique, c'est-à-dire ces preuves qui viennent sans art et qui résultent, sans qu'on y pense, des conjonctures des choses, font des effets admirables. On y voit le doigt de Dieu, on y adore la profondeur de sa conduite, on s'y fortifie dans la foi de ses promesses : elles font voir dans l'Ecriture des richesses inépuisables ; elles nous donnent l'idée de l'infinité de Dieu et de cette essence adorable qui peut jusqu'à l'infini découvrir toujours en elle-même de nouvelles choses aux créatures intelligentes. C'est une des consolations de notre pèlerinage. Nous trouvons dans les dogmes connus en tout temps la nourriture nécessaire à notre foi, et dans les sens particuliers qui se découvrent tous les jours en méditant l'Ecriture, un exercice utile à notre esprit, l'attrait céleste qui excite notre piété, et comme un nouvel assaisonnement des vérités que la foi nous a déjà révélées.

XXI. — Application de ces vérités à l'*Apocalypse* et à la chute de Rome.

On n'aura point de peine à croire que Dieu nous ait préparé ces chastes délices dans l'*Apocalypse* de son bien-aimé disciple. Ainsi, sans nous informer si l'on a toujours entendu tous les rapports de ce divin Livre avec les histoires tant de l'Empire que de l'Eglise, ne nous lassons point de rechercher ces commentaires que nous avons dit qu'on fait sans y penser des prophéties, lorsqu'on écrit naturellement, et sans en faire le rapport, ce qui arrive dans le monde.

Il paroît assez clairement que sans faire injure à ceux qui ont vécu dans l'Eglise durant que ces prédictions s'accomplissoient, on peut dire qu'ils n'en sentoient pas l'accomplissement aussi clairement que nous pouvons faire maintenant. Il faut, pour ainsi parler, être tout à fait hors des événemens pour en bien remarquer toute la suite. Je m'explique. Ceux qui souffroient sous Trajan et sous Marc-Aurèle, ne voyoient que le commencement des plaies de l'Eglise; ceux qui virent tomber Rome sous Alaric, ne voyoient pas les suites funestes qui pouvoient faire regarder ce coup comme si fatal à Rome et à son empire. Ceux qui ont vécu durant les suites de ce grand événement, affligés de leurs maux présens, ne réfléchissoient pas toujours sur les commencemens d'un si grand mal; en un mot, ceux dont la vie étoit attachée à un endroit de l'événement, occupés de la partie où ils étoient et des peines qu'ils avoient à y endurer, ne songeoient pas à en embrasser l'universalité dans leur pensée. Quand on est tout à fait hors de tous ces maux et qu'on en voit devant ses yeux toute la suite recueillie dans les histoires, on est plus en état d'en remarquer tous les rapports; et c'est assurément dans ces rapports que consiste l'intelligence de la prophétie.

XXII. — Conduite des SS. Pères dans l'interprétation des Ecritures, et en particulier de l'*Apocalypse*.

Les saints Pères tournoient rarement leur application de ce côté-là. Dans l'explication de l'Ecriture ils ne poussoient guère à bout le sens littéral, si ce n'est lorsqu'il s'agissoit d'établir les dogmes et de convaincre les hérétiques. Partout ailleurs ils s'abandonnoient ordinairement au sens moral; et ils croyoient avoir atteint le vrai sens, ou pour mieux dire la vraie intention de l'Ecriture, lorsqu'ils la tournoient tout entière à la doctrine des mœurs.

Une raison particulière obligeoit les Pères à de plus grandes réserves sur le sujet de l'*Apocalypse*, à cause qu'elle contenoit les destinées de l'Empire, dont il leur falloit parler avec beaucoup de ménagement et de respect, pour ne point exposer l'Eglise à la calomnie de ses ennemis. On peut dire pour ces raisons que ces saints docteurs (que rien ne pressoit d'enfoncer le sens caché de l'*Apocalypse*), premièrement n'y pensoient pas toujours, et ensuite qu'ils se gardoient bien d'écrire tout ce qu'ils pensoient sur une matière si délicate.

Il est maintenant aisé d'entendre pourquoi nous ne trouvons pas dans leurs écrits tout ce que nous remarquons maintenant sur la chute de l'Empire romain et sur l'accomplissement de l'*Apocalypse* : c'est qu'ils ne voyoient pas toutes les suites funestes que nous avons vues de la victoire d'Alaric; ou qu'ils ne disoient pas tout ce qu'ils avoient dans l'esprit sur la chute de l'Empire, de peur qu'il ne semblât qu'ils auguroient mal de la commune patrie; ce qui paroît par les manières mystiques et enveloppées dont ils parlent de ce triste sujet [1].

Il y avoit encore un autre obstacle qui les empêchoit de voir l'accomplissement de l'*Apocalypse* dans la chute de Rome; c'est qu'ils ne vouloient pas que l'Empire romain eût une autre fin que celle du monde, à quoi ils étoient portés par deux motifs : premièrement, parce que l'un et l'autre événement leur paroissoient liés en plusieurs endroits de l'*Apocalypse*, comme on le verra en son lieu; secondement, à cause qu'ayant à parler de la ruine de l'Empire où ils vivoient, et dont par conséquent ils devoient favoriser la durée, ils trouvoient moins odieux et plus respectueux, s'il falloit que leur patrie pérît, d'espérer que ce ne seroit qu'avec toute la nature [2].

---

[1] Hieronym. proœm. in lib. VIII, Com. *in Ezech.; Epist. ad Aug.*, int. Epist. Aug. XXVI, nunc CXXIII. — [2] Iren., V, XXX; Tertul., *Apol.*, XXXII; Lact., VII, *Divin. Instit.*, XV, XVI; Hieronym., Oros., locis citat., etc.; *Apoc.*, VI, 16; XI, 18, etc.

Comme donc ils ne voyoient pas que le monde fût encore péri, ils n'osoient dire que l'Empire romain fût tombé. A la vérité, saint Jérôme qui le voyoit si ébranlé et prêt à tomber tout à fait du temps d'Alaric et après le sac de Rome, crut aussi que le monde alloit périr. C'est ainsi qu'il s'en expliquoit dans son commentaire sur *Ezéchiel*, et à peu près dans le même temps. « Le monde, dit-il, s'en va en ruine, et nos péchés ne tombent pas[1]. » Même avant ce dernier malheur de Rome, lorsqu'il vit le prodigieux mouvement que les Barbares faisoient dans les provinces, et le manifeste ébranlement de tout l'Empire romain en Occident, il s'écria dans une de ses lettres : « A quoi est-ce que je m'arrête? Après que le vaisseau est brisé, je dispute sur les marchandises. On ôte celui qui tenoit (le monde sous sa puissance)[2]. » L'Empire romain tombe en ruines, « et nous ne concevons pas que l'Antechrist va venir[3]; » c'est-à-dire, selon tous les autres Pères et selon lui-même, le monde va finir, puisqu'il n'attendoit l'Antechrist qu'à la fin du monde, comme il s'en explique toujours, principalement sur Daniel[4]; ce qui lui fait ajouter dans la même lettre : « L'Antechrist que le Seigneur Jésus détruira par le souffle de sa bouche, va venir. » Il en voit la défaite avec la venue, et l'une et l'autre, comme saint Paul, avec le jour du Seigneur, qui sera le dernier de l'univers; c'est pourquoi il poursuit ainsi : « Le Quade, le Vandale, le Sarmate, les Alains, les Gépides, les Hérules, les Saxons, les Bourguignons, les Allemands, et, ô malheur déplorable (c'est celui de son pays qu'il déplore ainsi)! nos ennemis les Pannoniens ravagent tout. Les Gaules ont déjà perdu leurs plus belles villes. A chaque heure les Espagnes tremblent et n'attendent que le moment de leur perte. Les Romains, qui portoient la guerre aux extrémités de la terre, combattent dans leur empire : ils combattent, qui le croiroit? non plus pour la gloire, mais pour le salut; ou plutôt ils ne combattent même plus, et ne songent qu'à racheter leur vie avec leurs richesses. » Il est certain qu'il écrit ces choses un peu avant que Rome eût été entièrement saccagée, puisqu'il ne parle pas encore de ce dernier malheur, qu'il a depuis déploré avec

---

[1] Proœm. in lib. VIII *in Ezech.* — [2] Epist. XII *ad Gaud.*, nunc XCVIII. — [3] Epist. XI *ad Ageruch.*, nunc XCI. — [4] *In Dan.*, VII, XI, XII.

tant de larmes; et néanmoins parce qu'il voit l'Empire ébranlé de tous côtés, il conjecture que le monde va finir. Il fait un affreux dénombrement des peuples qui commençoient à démembrer ce grand Empire, et il en nomme jusqu'à dix, comme on a pu voir, peut-être par une secrète allusion à ces dix rois qui devoient ravager Rome, selon l'oracle de l'*Apocalypse;* ce qu'il conclut à la fin par ce demi-vers : *Quid salvum est, si Roma perit?* « Qu'est-ce qui se sauvera, si Rome périt? » On voit assez par tous ces passages que, dans la chute de Rome qu'il voyoit si proche, il voyoit aussi celle de l'univers, et tout finir avec elle. Par une raison contraire, lorsqu'on vit que l'univers duroit encore, on crut aussi que Rome n'étoit pas entièrement abattue et qu'elle se relèveroit de cette chute. Maintenant que l'expérience nous a fait voir que la puissance romaine étoit tombée par le coup qu'Alaric lui donna, et cependant que le monde demeuroit en son entier, nous voyons que si l'*Apocalypse* propose ensemble ces deux événemens, ç'a été pour d'autres raisons que pour celle de la liaison qu'on s'étoit imaginée entre le temps de l'un et de l'autre. Ces raisons seront expliquées très-clairement en leur lieu[1]; et il faut nous contenter de prendre des Pères ce qu'il y a d'essentiel, c'est-à-dire la chute de la puissance romaine marquée dans l'*Apocalypse,* laissant à part l'innocente erreur qui leur faisoit présumer que cette chute n'arriveroit qu'avec celle de l'univers.

Il faut encore avouer que les saints Pères, dont les regards étoient ordinairement attachés à la fin des siècles, songeoient plus à ce dernier sens que nous avons dit qu'ils croyoient que l'*Apocalypse* auroit alors; et pleins de cette pensée, ils passoient aisément par-dessus tout ce qui étoit entre deux, puisque quelque grand qu'il pût être, ce n'étoit rien en comparaison des approches du grand jour de Dieu, et de cette dernière et inévitable conclusion de toutes les affaires du monde.

XXIII. — Qu'on a toujours assez entendu de l'*Apocalypse* pour en tirer de grandes utilités.

Cependant il est aisé d'entendre que cette admirable prophétie

[1] Dans l'explic. du chap. VI, vers. 16, etc.

a eu son utilité même dans le temps où le sens n'en avoit pas été si clairement développé : car, par exemple, n'est-ce pas une assez grande consolation aux fidèles persécutés, que de sentir même en général dans l'*Apocalypse* la force qui devoit être inspirée aux saints martyrs, et de découvrir avec tant de magnificence, non-seulement leur gloire future dans le ciel, mais encore le triomphe qui leur étoit préparé sur la terre? Quel mépris devoient concevoir les chrétiens de la puissance tyrannique qui les opprimoit, lorsqu'ils en voyoient la gloire effacée et la chute si bien marquée dans les oracles divins? Mais de plus, je ne veux pas assurer que Dieu n'en ait pas fait sentir davantage à qui il lui aura plu, et selon le degré qu'il lui aura plu : il pouvoit partager ses consolations et ses lumières de plus en plus jusqu'à l'infini; et dans le moindre degré des connoissances qu'il pouvoit donner, un cœur affamé, pour ainsi parler, de ses vérités et de sa parole, trouvoit toujours de quoi se nourrir.

Il pourroit donc bien être arrivé à quelqu'un de ceux qui gémissoient en secret des maux de l'Eglise, d'en avoir trouvé le mystère révélé dans l'*Apocalypse*; et tout ce que je veux dire, c'est qu'il n'étoit pas nécessaire que ces goûts et ces sentimens particuliers vinssent à la connoissance des siècles futurs, parce qu'ils ne faisoient aucune partie du dogme de l'Eglise, ni de ces vérités célestes qui doivent toujours paroître sur le chandelier pour éclairer la maison de Dieu.

XXIV. — Autres endroits prophétiques de l'Ecriture dont il ne s'est conservé aucune tradition.

C'est par la même raison qu'il ne s'est conservé dans l'Eglise aucune évidente tradition du secret dont saint Paul écrit à ceux de *Thessalonique*[1]: car encore que les saints Pères nous aient dit d'un commun accord que ce passage s'entend du dernier Antechrist, comme l'appelle saint Augustin[2], c'est-à-dire, dans son langage et dans celui de tous les Pères, de l'Antechrist qui viendra à la fin du monde et dans les dernières approches du jugement universel, ils ne marchent qu'à tâtons dans l'explication du

[1] II *Thess.*, II. — [2] Aug., *De Civit. Dei*, XX, XIX.

détail de la prophétie : marque assurée que la tradition n'en avoit rien laissé de certain.

Quand on voudroit imaginer avec Grotius que la prédiction de saint Paul est entièrement accomplie, sans qu'il y ait rien à en attendre à la fin des siècles, il demeurera toujours pour certain que le secret dont parle saint Paul, encore qu'il l'eût expliqué de vive voix aux Thessaloniciens, et que par là ils dussent entendre ce qu'il vouloit dire lorsqu'il leur en écrivoit à demi-mot comme à des gens instruits d'ailleurs, est demeuré inconnu, et qu'il ne s'en est conservé aucune tradition constante dans les églises.

XXV. — Que ce que dit saint Irénée sur certains mystères de l'*Apocalypse*, ne lui est venu par aucune tradition.

Il en est de même de l'*Apocalypse*, et pour en être convaincu, il ne faut qu'entendre saint Irénée sur ce nom mystérieux dont les lettres devoient composer le nombre de six cent soixante-six[1]. Car dans la recherche qu'il fait de ce nom, loin de proposer une tradition qui soit venue jusqu'à lui de main en main, il ne propose que ses conjectures particulières. Après avoir rapporté trois noms auxquels ce nombre convient, il trouve des convenances pour deux de ces noms : pour celui de *Lateinos*, à cause que c'étoient les Latins qui tenoient alors l'empire; et pour celui de *Teitan*, à cause que c'étoit un nom de tyran et un nom d'idole. Mais après tout il conclut « qu'on n'en peut rien assurer; et que si saint Jean avoit voulu que la connoissance en fût donnée au temps proche du sien, il s'en seroit expliqué plus clairement. » Il reconnoît donc en termes formels que le saint apôtre n'en avoit rien dit, ou qu'il n'en restoit aucune mémoire de son temps, quoiqu'il y eût à peine quatre-vingts ou cent ans entre le temps de saint Jean et celui où il vivoit.

Saint Hippolyte suit les conjectures de saint Irénée[2], et après avoir rapporté les mêmes noms, il se tient aussi, comme lui et pour la même raison, à celui de *Lateinos*. Mais en même temps il témoigne que la chose est fort douteuse, et que nous ne devons

---

[1] Iren., lib. V, xxx. — [2] S. Hippol. Gud., p. 74, 75, Edit. Fabric. *de Antich.*, l., p. 25.

pas nous y trop arrêter, « mais garder avec grande crainte dans notre cœur le mystère de Dieu et les choses qui sont prédites par les prophètes, » assurés « que celui dont ils ont voulu parler seroit déclaré en son temps. »

C'est ainsi que les plus anciens auteurs ont parlé de ce nom caché dans l'*Apocalypse*. On n'en sait pas davantage de la plupart des autres mystères de la prophétie : d'où il faut conclure qu'on se tourmenteroit en vain de chercher ici une tradition constante; c'est une affaire de recherche et de conjecture ; c'est par les histoires; c'est par le rapport et la suite des événements; c'est, en un mot, en trouvant un sens suivi et complet, qu'on peut s'assurer d'avoir expliqué et déchiffré, pour ainsi parler, ce divin Livre. Or comme ce déchiffrement n'appartient point à la foi, il se peut faire que le dénoûment s'en trouve plus tôt ou plus tard, ou en tout ou en partie, selon les raisons qu'il y aura de s'appliquer plus ou moins et en un temps plutôt qu'en un autre, à cette recherche, et aussi selon les secours qu'il plaira à Dieu de nous fournir.

XXVI. — Raisons qui font espérer plus que jamais d'avancer dans l'intelligence de l'*Apocalypse*. Abus que les hérétiques font de ce saint Livre, reconnu dans la secte même.

Ce qui peut faire espérer d'avancer présentement dans l'intelligence de ce grand secret, c'est la raison particulière qu'on a de s'y appliquer. L'*Apocalypse* est profanée par d'indignes interprétations, qui font trouver l'Antechrist dans les Saints, l'erreur dans leur doctrine, l'idolâtrie dans leur culte. On se joue de ce divin Livre pour nourrir la haine, et amuser les frivoles espérances d'un peuple crédule et prévenu. Ce n'est pas assez de gémir en secret d'un tel opprobre de l'Eglise et de l'Ecriture, il faut venger les outrages de la chaire de saint Pierre, dont on veut faire le siége du royaume antichrétien, mais les venger d'une manière digne de Dieu, en répandant des lumières capables de convertir ses ennemis, ou de les confondre.

L'ouvrage est commencé, et par une disposition particulière de la providence de Dieu, il est commencé par les protestans. Il s'est trouvé dans leur communion des gens d'assez bon sens, pour être las et indignés des contes qu'on y débitoit sur l'*Apocalypse;* d'un Antechrist qui défend contre toutes les hérésies le mystère de Jésus-Christ, qui l'adore de tout son cœur et qui apprend à mettre son espérance dans son sang; d'une idolâtrie où, non-seulement on reconnoît le seul Dieu qui de rien a fait le ciel et la terre, mais encore où tout se termine à le servir seul; du mystère écrit sur la tiare du Pape, et du caractère de la bête établi dans l'impression de la croix. Ils ont eu honte de voir introduire ces vains fantômes dans les admirables visions de saint Jean; et ils leur ont donné un sens plus convenable dans la dispersion des Juifs, dans l'histoire des combats de l'Eglise et dans la chute de Rome précipitée avec tous ses dieux et toute son idolâtrie. C'est Grotius et Hammond dont je veux parler, gens d'un savoir connu, d'un jugement exquis et d'une bonne foi digne de louange. Je ne me suis pas mis en soin de chercher les autres protestans qui sont entrés dans cette opinion; et je dirai seulement que c'est Bullinger, le successeur de Zuingle, qui en a l'un des premiers apporté les preuves : car encore que, selon les préjugés de sa secte, il ait fait tout ce qu'il a pu pour trouver l'Antechrist dans le Pape, et Babylone dans l'Eglise romaine, il a si bien établi le sens qui rapporte ces choses à l'ancienne Rome idolâtre, qu'il ne faut que ses seuls principes pour se déterminer à suivre ce sens.

Grotius, qui paroît en beaucoup d'endroits avoir profité de ses remarques, auroit eu un meilleur succès sans une erreur de chronologie où il est tombé. Au lieu de prendre de saint Irénée[1], auteur presque contemporain de saint Jean et des autres anciens auteurs[2], la vraie date de l'*Apocalypse* que tous les savans anciens et modernes ont suivie, il leur a préféré saint Epiphane, quoiqu'il soit seul dans son sentiment et qu'il ne l'appuie d'aucune preuve : joint encore que sa négligence, en matière de chronologie, n'est ignorée de personne. Ainsi pour avoir mal daté ce divin Livre, comme on le verra en son lieu très-clairement[3], et avoir mis sous Claudius l'exil de saint Jean, qui constamment n'est arrivé que longtemps après, vers la fin de Domitien : lui et ceux qui l'ont suivi, non-seulement ont fait prédire à saint Jean

[1] Iren., lib. V, xxx. — [2] Euseb., lib. III, xviii. — [3] Dans l'explic. du chap. i, 9.

des choses passées, c'est-à-dire ce qui étoit arrivé sous Néron, sous Vespasien et dans les commencemens de Domitien lui-même, mais encore ils ont embrouillé tout l'ordre de la prophétie; ce qui néanmoins n'empêche pas qu'ils n'aient donné d'excellentes vues pour la bien entendre. Le Père Possines, qui a bâti sur le plan de Grotius et qui en a suivi la chronologie, n'a pas laissé d'éclaircir beaucoup la matière, et on doit tâcher maintenant d'amener peu à peu la chose à sa perfection.

Notre siècle est plein de lumière; les histoires sont déterrées plus que jamais; les sources de la vérité sont découvertes; le seul ouvrage de Lactance : *Des morts des persécuteurs*, que l'Eglise vient de recouvrer, nous apprend plus les caractères de ces princes que n'avoient fait jusqu'ici toutes les histoires : le besoin pressant de l'Eglise et des ames que l'on séduit par de trompeuses interprétations de l'*Apocalypse*, demande qu'on s'applique à la mieux entendre. Dans ce besoin et avec de tels secours, on doit espérer quelque chose : c'est en un mot le motif de cet ouvrage; et s'il se trouve des gens assez humbles pour vouloir bien profiter de mon travail tel quel, comme j'ai tâché de profiter de celui des autres, j'ose presque me promettre, et Dieu veuille bénir mes vœux, qu'on avancera dans la connoissance du secret de ce divin Livre.

Quoi qu'il en soit, il est toujours bon de proposer ses pensées : une explication vraisemblable d'une prophétie si pleine de mystères, ne laisse pas de fixer l'imagination, de réaliser pour ainsi dire le sujet des visions montrées à saint Jean, beaucoup mieux que ne peuvent faire des pensées confuses et vagues, et d'ouvrir l'entrée dans l'intelligence des merveilles qui sont découvertes à ce grand apôtre. Ainsi après avoir vu le travail des autres, et leurs fautes aussi bien que les endroits où ils ont heureusement rencontré, je tâche de proposer avec une meilleure date, des événemens plus particuliers, des caractères plus marqués, une suite plus manifeste, et de plus soigneuses observations sur les liaisons que saint Jean lui-même, pour diriger les esprits, a voulu donner à sa prophétie. Si je réussis du moins en partie, à la bonne heure, Dieu en soit loué à jamais; sinon, j'aurai du moins gagné sur les protestans, qui nous débitent leurs songes si mal suivis avec une assurance si étonnante; j'aurai, dis-je, gagné sur eux qu'avec un enchaînement plus clair dans les choses, des convenances plus justes, des principes plus assurés et des preuves plus concluantes, on peut encore avouer qu'on est demeuré fort au-dessous du secret divin, et encore attendre humblement une plus claire manifestation de la lumière céleste.

Au reste quoiqu'il paroisse assez inutile de demander de l'attention à son lecteur, car qui ne sait que sans attention les discours même les plus clairs n'entrent pas dans l'esprit ? néanmoins en cette occasion, dans la révélation de tant de mystères et dans la considération d'une si longue suite d'histoire, je me sens obligé de dire qu'on a besoin d'une attention particulière, sans quoi mes explications, mes réflexions, mes récapitulations, et en un mot tout ce que je fais pour soulager mon lecteur seroit inutile. Qu'il se rende donc attentif, non pas tant à ma parole qu'à l'ordre des jugemens de Dieu, que je tâche de lui représenter après saint Jean. J'espère qu'il verra la lumière croître toujours visiblement devant lui, et qu'il aura le plaisir de ceux qui, voyageant dans une nuit obscure, s'aperçoivent qu'insensiblement les ténèbres diminuent et que l'aurore naissante leur promet le jour prochain.

*Réflexion importante sur la doctrine de ce Livre.*

XXVII. — Quelques remarques sur la doctrine de l'*Apocalypse*, et premièrement sur le ministère des anges. Passage d'Origène.

Pour ce qui regarde la doctrine de ce divin Livre, elle est la même sans doute que des autres Livres sacrés : mais nous avons à y remarquer en particulier les vérités que nous y voyons particulièrement expliquées.

Nous y voyons avant toute chose le ministère des anges : on les voit aller sans cesse du ciel à la terre, et de la terre au ciel; ils portent, ils interprètent, ils exécutent les ordres de Dieu, et les ordres pour le salut comme les ordres pour le châtiment, puisqu'ils impriment la marque salutaire sur le front des élus de Dieu, *Apoc.*, VII, 3; puisqu'ils atterrent le dragon qui vouloit engloutir l'Eglise, XII, 7; puisqu'ils offrent sur l'autel d'or, qui est Jésus-Christ, les parfums qui sont les prières des saints, VIII, 3. Tout cela n'est autre chose que l'exécution de ce qui est dit : « Que les anges sont esprits administrateurs envoyés pour le ministère de notre salut. » *Hébr.*, i, 14. Tous les anciens ont cru dès les premiers siècles que les anges s'entremettoient dans toutes les actions de l'Eglise[1] : ils ont reconnu un ange qui présidoit au baptême, un ange qui intervenoit dans l'oblation et la portoit sur l'autel sublime, qui est Jésus-Christ; un ange qu'on appeloit l'*Ange de l'oraison*[2], qui présentoit à Dieu les vœux des fidèles : et tout cela est fondé principalement sur le chapitre viii de l'*Apocalypse*, où on verra clairement la nécessité de reconnoître ce ministère angélique.

Les anciens étoient si touchés de ce ministère des anges, qu'Origène, rangé avec raison par les ministres au nombre des théologiens les plus sublimes[3], invoque publiquement et directement l'ange du baptême, et lui recommande un vieillard qui alloit devenir enfant en Jésus-Christ par ce sacrement[4] : témoignage de la doctrine du troisième siècle, que les vaines critiques du ministre Daillé ne nous pourront jamais ravir.

Il ne faut point hésiter à reconnoître saint Michel pour défenseur de l'Eglise, comme il l'étoit de l'ancien peuple, après le témoignage de saint Jean, *Apoc.*, xii, 7, conforme à celui de Daniel, x, 13, 21; xii, 1. Les protestans, qui par une grossière imagination croient toujours ôter à Dieu tout ce qu'ils donnent à ses saints et à ses anges dans l'accomplissement de ses ouvrages, veulent que saint Michel soit dans l'*Apocalypse* Jésus-Christ même, le prince des anges, et apparemment dans Daniel le Verbe conçu éternellement dans le sein de Dieu[5]; mais ne prendront-ils jamais le droit esprit de l'Ecriture? Ne voient-ils pas que Daniel nous parle du prince des Grecs, du prince des Perses[6], c'est-à-dire, sans difficulté, des anges qui président par l'ordre de Dieu à ces nations, et que saint Michel est appelé dans le même sens le prince de la synagogue, ou, comme l'archange saint Gabriel l'explique à Daniel, « Michel, votre prince? » et ailleurs, plus

---

[1] Tertul., *De Bapt.* n. 5, 6. — [2] Idem, *De Orat.* 12. — [3] Jur., *Accompl. des Proph.*, p. 333. — [4] Orig., hom. 1 *in Ezech.* — [5] Dumoul., *Accompl. des Proph.*, sur le chap. xii, 7, p. 173 et 178. — [6] *Dan.*, x, 13, 20.

expressément : « Michel, un grand prince, qui est établi pour les enfans de votre peuple? » Et que nous dit saint Gabriel de ce grand prince? « Michel, dit-il, un des premiers princes[1]. » Est-ce le Verbe de Dieu, égal à son Père, le créateur de tous les anges et le souverain de tous ces princes, qui est seulement un des premiers d'entre eux? Est-ce là un caractère digne du Fils de Dieu? Que si le Michel de Daniel n'est qu'un ange, celui de saint Jean, qui visiblement est le même dont Daniel a parlé, ne peut pas être autre chose. Si le dragon et ses anges combattent contre l'Eglise, il n'y a point à s'étonner que saint Michel et ses anges la défendent (*Apoc.*, XII, 7). Si le dragon prévoit l'avenir et redouble ses efforts contre l'Eglise « lorsqu'il voit qu'il lui reste peu de temps » pour la combattre, là même, 12; pourquoi les saints anges ne seroient-ils pas éclairés d'une lumière divine pour prévoir les tentations qui sont préparées aux Saints et les prévenir par leurs secours? Quand je vois dans les prophètes, dans l'*Apocalypse* et dans l'Evangile même, cet ange des Perses, cet ange des Grecs, cet ange des Juifs[2]; l'ange des petits enfans, qui en prend la défense devant Dieu contre ceux qui les scandalisent[3]; l'ange des eaux, l'ange du feu[4], et ainsi des autres : et quand je vois parmi tous ces anges celui qui met sur l'autel le céleste encens des prières[5], je reconnois dans ces paroles une espèce de médiation des saints anges : je vois même le fondement qui peut avoir donné occasion aux païens de distribuer leurs divinités dans les élémens et dans les royaumes pour y présider, car toute erreur est fondée sur quelque vérité dont on abuse. Mais à Dieu ne plaise que je voie rien dans toutes ces expressions de l'Ecriture, qui blesse la médiation de Jésus-Christ, que tous les esprits célestes reconnoissent comme leur Seigneur; ou qui tienne des erreurs païennes, puisqu'il y a une différence infinie entre reconnoître, comme les païens, un Dieu dont l'action ne puisse s'étendre à tout, ou qui ait besoin d'être soulagé par des subalternes, à la manière des rois de la terre, dont la puissance est bornée; et un Dieu qui faisant tout et pouvant tout, honore ses

---

[1] *Dan.*, X, 21; XII, 1. — [2] *Dan.*, X, 13, 20, 21; XII, 1.— [3] *Matth.*, XVIII, 10. — [4] *Apoc.*, XIV, 18; XVI, 5.— [5] *Apoc.*, VIII, 3.

créatures, en les associant, quand il lui plaît et à la manière qu'il lui plaît, à son action.

XXVIII. — Grande puissance des saintes ames associées à Jésus-Christ. Passage de saint Denys d'Alexandrie.

Je vois aussi dans l'*Apocalypse,* non-seulement une grande gloire, mais encore une grande puissance dans les Saints. Car Jésus-Christ les met sur son trône ; et comme il est dit de lui dans l'*Apocalypse,* conformément à la doctrine du *Ps.* II, « qu'il gouvernera les nations avec un sceptre de fer [1] ; » lui-même, dans le même livre, il applique le même psaume et le même verset à ses Saints, en assurant qu'en cela « il leur donne ce qu'il a reçu de son Père [2]. » Ce qui montre que non-seulement ils seront assis avec lui dans le jugement dernier, mais encore que dès à présent il les associe aux jugemens qu'il exerce. Et c'est aussi en cette manière qu'on l'entendoit dès les premiers siècles de l'Eglise, puisque saint Denys d'Alexandrie, qui fut une des lumières du troisième, l'explique ainsi en termes formels par ces paroles : « Les divins martyrs sont maintenant assesseurs de Jésus-Christ et associés à son royaume, ils participent à ses jugemens, et ils jugent avec lui [3] ; » où il ne faut pas traduire, comme ont fait quelques-uns, « qu'ils jugeront avec lui : » *cum illo judicaturi,* mais qu'*ils jugent,* au temps présent, συνδικάζοντες; d'où ce grand homme conclut : « Les martyrs ont reçu nos frères tombés ; casserons-nous leur sentence, et nous rendrons-nous leurs juges? »

Et on ne doutera pas que saint Denys n'ait très-bien pris l'esprit de saint Jean, si on considère ces paroles de l'*Apocalypse,* XX, 4 : « Je vis les ames de ceux qui avoient été décapités pour le témoignage de Jésus, et des trônes ; et le jugement leur fut donné. » C'est à ces ames séparées des corps, qui n'avoient encore eu part qu'*à la première résurrection,* que nous verrons n'être autre chose que la gloire où seront les Saints avec Jésus-Christ avant le jugement dernier ; c'est, dis-je, à ces ames saintes que le jugement est donné. Les Saints jugent donc le monde en cet

---

[1] *Apoc.,* XIX, 15 ; *Ps.* II, 9. — [2] *Apoc.,* II, 27, 28. — [3] Euseb., lib. VI, XLII.

état ; en cet état *ils règnent avec Jésus-Christ*, et ils sont associés à son empire.

### XXIX. — Puissance des saints martyrs. Passage d'Origène.

Origène en interprétant ce passage du chapitre xx de l'*Apocalypse*, a écrit ces mots : « Comme ceux qui servoient à l'autel selon la loi de Moïse, sembloient donner la rémission des péchés par le sang des taureaux et des boucs : ainsi les ames de ceux qui ont été décollés pour le témoignage de Jésus, ne sont pas assises inutilement à l'autel céleste, et y administrent la rémission des péchés à ceux qui y font leur prière[1]. » Par où ce grand homme entreprend de prouver que de même « que le baptême de sang de Jésus-Christ a été l'expiation du monde, ainsi en est-il du baptême du martyre, par lequel plusieurs sont guéris et purifiés : » d'où il conclut qu'on peut dire en quelque façon, « que de même que nous avons été rachetés par le sang précieux de Jésus, ainsi quelques-uns seront rachetés par le sang précieux des martyrs, sans souffrir eux-mêmes le martyre[2]. » Voilà ce qu'écrit un si grand auteur du troisième siècle de l'Eglise. L'ouvrage d'où est tiré le passage qu'on vient de voir, a été imprimé à Bâle par les soins d'un docteur protestant. Origène enseigne la même chose sur les *Nombres*[3]; et il prouve par cet endroit de l'*Apocalypse* que les saints martyrs, présens devant Dieu et à son autel céleste, y font une fonction du sacerdoce en expiant nos péchés. Que les ministres pèsent les paroles de ce grand homme, et qu'ils apprennent à ne prendre pas au criminel des expressions dans le fond aussi véritables que fortes, pourvu qu'on les entende avec la modération dont le curieux Dodwell, protestant anglois, a donné l'exemple[4], en montrant qu'on peut étendre en un très-bon sens sur les membres de Jésus-Christ les prérogatives du chef.

### XXX. — Efficace de la prière des Saints.

On demandera peut-être comment les saintes ames sont associées au grand ouvrage de Jésus-Christ et aux jugemens qu'il

---

[1] Orig., *Exhort. ad martyr.*, p. 193, edit. Basil., an. 1674. — [2] *Ibid.*, p. 218.
[3] Hom. 10 *in Num.*, n. 2. — [4] Dod., *Diss. Cypr.*, VIII, n. 2 et seq.

exerce sur la terre. Mais saint Jean nous enseigne que c'est par leurs prières, puisqu'il nous fait ouïr *sous l'autel*, qui est Jésus-Christ, *les ames des Saints*, qui prient Dieu de venger leur sang répandu, c'est-à-dire de punir les persécuteurs et de mettre fin aux souffrances de l'Eglise, *Apoc.*, vi, 10. A quoi on leur répond « qu'il faut qu'elles attendent encore un peu, 11; » ce qui montre qu'elles sont exaucées, mais en leur temps. Et c'est pourquoi, au chapitre viii, 5, lorsque la vengeance commence, c'est ensuite de la prière des Saints, tant de ceux qui sont dans le ciel que de ceux qui sont encore sur la terre.

XXXI. — Que Dieu fait connoître aux ames saintes la conduite qu'il tient sur son Eglise.

Le même passage de l'*Apocalypse*, en nous apprenant ce que demandent les ames saintes pour l'Eglise, nous fait voir aussi que l'état de souffrance et d'oppression où elle se trouve, ne leur est pas inconnu, comme nos frères errans ont voulu se l'imaginer, en les mettant au nombre des morts qui ne savent rien de ce qui se passe sur la terre; et au contraire le Saint-Esprit nous fait voir que non-seulement elles voient l'état présent de l'Eglise, mais encore que Dieu leur découvre trois importans secrets de ses jugemens : le premier, que la vengeance est différée, en leur disant : *Attendez ;* le second, que le délai est court, puisqu'on leur dit : *Attendez un peu;* le troisième contient la raison de ce délai clairement expliquée dans ces paroles : « Jusqu'à ce que le nombre de vos frères soit accompli [1]. »

XXXII. — Que ce qui arrive dans l'Eglise est la matière des cantiques des ames bienheureuses.

Comme Dieu leur fait connoître quand il diffère sa juste vengeance, il leur apprend aussi quand il l'exerce; et de là vient cette voix à la défaite de Satan et de ses anges : « O cieux, réjouissez-vous, et vous qui y habitez ! » chapitre xii, 12. Et encore un autre cantique des ames saintes : « Qui ne vous craindra, ô Seigneur, et qui ne glorifiera votre nom : car vous seul êtes saint, et toutes

[1] *Apoc.*, vi, 11.

les nations viendront et se prosterneront en votre présence, parce que vos jugemens se sont manifestés?» chapitre xv, 4. Et enfin une autre voix adressée aux Saints, à la chute de la grande Babylone : « O ciel, réjouissez-vous, et vous saints apôtres, et vous, saints prophètes, parce que Dieu l'a jugée pour les attentats qu'elle avoit commis contre vous, » xviii, 20, où les saintes ames sont invitées à prendre part à la justice que Dieu avoit faite de leur sang, et à la gloire qu'il en reçoit. Et pour montrer que l'invitation faite en ce lieu aux ames saintes de prendre part aux jugemens que Dieu exerce est effective, on la voit tôt après suivie des acclamations et des cantiques de tous les Saints sur ces terribles jugemens. Tout retentit de l'*Alleluia*, c'est-à-dire de l'action de graces qu'on en rend à Dieu dans le ciel, chapitre xix, 1, 2, 3, 4; par où il paroît qu'une des plus grandes occupations des citoyens du ciel, est de louer Dieu dans la manifestation de ses jugemens, et dans l'accomplissement des secrets qu'il a révélés à ses prophètes.

XXXIII. — Continuation de cette matière. Passage de saint Hippolyte.

Cette parole qu'on vient d'entendre, adressée aux saintes ames dans l'*Apocalypse* à la chute de Babylone : « Réjouissez-vous, ô saints apôtres, et vous saints prophètes, » me fait souvenir d'une imitation de cette voix dans saint Hippolyte [1], lorsqu'en rapportant les oracles du Saint-Esprit prononcés par Isaïe et les autres saints prophètes, il leur parle en cette sorte : « Paroissez, ô bienheureux Isaïe! Dites nettement ce que vous avez prophétisé sur la grande Babylone. Vous avez aussi parlé de Jérusalem, et tout ce que vous en avez dit s'est accompli. » Et après avoir récité ce qu'il en a dit : « Quoi donc! continue ce saint évêque martyr, tout cela ne s'est-il pas fait comme vous l'avez prédit? N'en voiton pas le manifeste accomplissement? Vous êtes mort dans le monde, ô saint prophète! mais vous vivez avec Jésus-Christ. Y a-t-il donc parmi vous autres, bienheureux esprits, quelqu'un qui me soit plus cher que vous? » Puis après avoir allégué le témoignage de Jérémie et de Daniel, il parle ainsi à ce dernier :

[1] Hipp. Gud., p. 40 et seq., edit. Fabric., xxx, xxxi, etc. *de Antich.*, p. 15 et seq.

« O Daniel, je voue loue au-dessus de tous les autres? Mais saint Jean ne nous a pas trompés non plus que vous. Saintes ames, par combien de bouches, par combien de langues vous glorifierai-je, ou plutôt le Verbe qui a parlé par vous? Vous êtes morts avec Jésus-Christ, mais vous vivez aussi avec lui; écoutez, et réjouissez-vous; voilà que toutes les choses que vous avez prédites sont accomplies dans leur temps, car c'est après les avoir vues que vous les avez annoncées à toutes les générations. Vous avez été appelés prophètes, afin de pouvoir sauver tous les hommes; car on est alors vraiment prophète, lorsqu'après avoir publié les choses futures, on les fait voir arrivées comme on les a dites. Vous avez été les disciples d'un bon maître. C'est avec raison que je vous parle comme étant vivans; car vous avez déjà dans le ciel la couronne de vie et d'incorruptibilité qui nous y est réservée. Parlez-moi, ô bienheureux Daniel! Confirmez-moi la vérité, et remplissez-moi de vos lumières, je vous en conjure. Vous avez prophétisé sur la lionne qui étoit en Babylone... Réjouissez-vous, ô saint prophète! Vous ne vous êtes point trompé, et tout ce que vous en avez dit a eu son effet. » Voilà ce que dit saint Hippolyte, le vrai Hippolyte, ce saint évêque et martyr du commencement du troisième siècle. C'est ainsi qu'à l'imitation de saint Jean, il invite les saints prophètes à se réjouir de l'accomplissement de leurs prophéties : de quelque sorte qu'on tourne les paroles qu'il leur adresse à l'exemple de saint Jean, le moins qu'on y puisse voir, c'est, selon que nous a montré le même apôtre, que les prophètes ressentent ce qui se passe dans l'univers en exécution des oracles qu'ils ont prononcés ; et ce saint martyr ne leur répète si souvent qu'ils sont vivans avec Jésus-Christ, qu'afin de nous faire entendre ce qu'ils voient dans sa lumière, et que ce n'est pas en vain qu'on les invite à la joie, à cause d'un si manifeste accomplissement de leurs prophéties.

Que s'il en est ainsi des prophètes, il faut conclure que ce qu'a dit saint Paul, que « les prophéties s'évanouissent » au siècle futur [1], se doit entendre d'une manière plus haute qu'on ne le pense peut-être au premier abord : car encore que les prophéties dans

---

[1] *I Cor.*, XIII, 8.

ce qu'elles ont d'obscur et d'enveloppé se dissipent à l'apparition manifeste de la lumière éternelle, elles demeurent quant au fond, et se trouvent plus éminemment dans la vision bienheureuse, où tous les dons sont renfermés. La prophétie en ce sens convient à tous ceux qui voient Dieu : c'est pourquoi nous venons de voir dans saint Jean que ce n'est pas seulement les prophètes et les apôtres qui se réjouissent dans le ciel des jugemens que Dieu exerce, mais que c'est aussi avec eux tous les bienheureux esprits, parce que dans cette éternelle union qu'ils ont en Dieu, ils ont tous le même sujet de joie. Ils voient tout, parce qu'ils ont à louer Dieu de tout. Nous avons vu qu'ils le louent des ouvrages de sa justice; ils ne célèbrent pas moins ceux de sa miséricorde, puisque Jésus-Christ nous apprend que la conversion d'un pécheur fait une fête dans le ciel (*Luc.*, xv, 7). Et « toutes les voies de Dieu n'étant que miséricorde et justice[1], » avoir à le louer sur l'exercice de ces deux grands attributs, c'est avoir à le louer dans tous ses ouvrages; ce qui démontre que l'état des ames saintes est si éloigné de l'ignorance qu'on leur attribue de ce qui se passe sur la terre, qu'au contraire la connoissance de ce qui s'y passe, en faisant le sujet de leur joie et de leurs louanges, fait aussi une partie de leur félicité : de sorte qu'en les invitant, comme nous faisons, à prendre part à nos misères et à nos consolations, c'est entrer dans les desseins de Dieu, et nous conformer à ce qu'il nous a révélé de leur état.

XXXIV. — De la nature des visions envoyées à saint Jean. Qu'il ne faut pas être curieux en cette matière. Conclusion de cette préface.

Pour achever d'expliquer les difficultés générales qui regardent l'*Apocalypse,* on pourroit proposer cette question : Si les visions célestes qui sont envoyées à saint Jean par le ministère des anges, se sont faites par forme d'apparition et en lui présentant des objets visibles, ou si ç'a été seulement en lui formant dans l'esprit des images de la nature de celles qui paroissent dans les songes prophétiques et dans les extases. Et premièrement il est constant que dans toute sa révélation, saint Jean ne nous donne aucune idée

[1] *Psal.* XXIV, 10.

de ces divins songes que Dieu envoie dans le sommeil, tels que Daniel les remarque dans sa prophétie, lorsqu'il dit, « qu'il vit un songe, qu'il vit en sa vision pendant la nuit, » et autres choses semblables, *Dan.*, VII, 1, 2. Saint Jean ne dit jamais rien de tel : au contraire, il paroît toujours comme un homme à la vérité « ravi en esprit, » ainsi qu'il parle, *Apoc.*, I, 10; IV, 2; XVII, 3; XXI, 10; mais qui veille; à qui on ordonne « d'écrire ce qu'il entend, » qui est « prêt à écrire, » ou qui écrit en effet ce qui lui paroît à mesure que l'esprit qui agit en lui le lui présente, *Ibid.*, I, 11, 19; II, 1, etc.; X, 4; XIX, 9. Il semble même en certains endroits que ses sens étoient frappés de quelques objets, comme lorsqu'il dit : « Un grand prodige apparut dans le ciel; » et encore : « Je vis un grand prodige dans le ciel; » et enfin : « Je voulois écrire ce que venoient de prononcer les sept tonnerres, » *Ibid.*, X, 3, 4; XII, 1; XV, 1, etc.

On pourroit encore demander ce que veulent dire ces mots de saint Jean : « J'ai été ravi en esprit, » si c'est qu'un esprit envoyé de Dieu l'enleva et le transporta où Dieu vouloit, comme il paroît souvent dans Ezéchiel, II, 2; III, 12; VIII, 3; XI, 1, etc.; ou si c'est seulement, comme il semble plus naturel, que son esprit ravi en extase voit ce qu'il plaît à Dieu de lui montrer : et en ce cas, s'il est ravi de cette sorte « dans le corps ou hors du corps, » comme parle saint Paul[1].

Mais le plus sûr en ces matières est de répondre humblement qu'on ne le sait pas, et qu'il est peu important de le savoir : car pourvu qu'on sache que c'est Dieu qui parle, qu'importe de savoir comment et par quel moyen, puisque même ceux qu'il honore de ces célestes visions ne le savent pas toujours? « Je sais un homme, dit saint Paul, qui a été ravi au troisième ciel; mais si ç'a été dans le corps, je ne le sais pas; ou si ç'a été hors du corps, je ne le sais pas : Dieu le sait. » Et encore : « Je sais que cet homme a été ravi jusqu'au paradis; je ne sais si c'est dans le corps, ou hors du corps : Dieu le sait[2]. » Voyez combien de fois et avec quelle force un si grand apôtre nous déclare qu'il ne savoit pas ce qui se passoit en son propre esprit, tant il étoit possédé de l'esprit de Dieu

---

[1] I *Cor.*, XII, 2, 3. — [2] *Ibid.*

et ravi hors de lui-même dans cette extase. Que si Dieu fait dans ses serviteurs ce qu'eux-mêmes ne savent pas, qui sommes-nous pour dire que nous le savons? Disons donc ici de saint Jean ce que saint Paul disoit de lui-même : Je sais que le Saint-Esprit l'a ravi d'une manière admirable, pour lui découvrir les secrets du ciel : de quelle sorte il l'a ravi, « je ne le sais pas : Dieu le sait ; » et il me suffit de profiter de ses lumières. Mais après ces réflexions que nous avons faites en général sur l'*Apocalypse*, il est temps de venir avec crainte et humilité à l'explication particulière des mystères que contient ce divin Livre.

# L'APOCALYPSE

OU

# RÉVÉLATION DE S. JEAN

APOTRE.

## CHAPITRE PREMIER.

*Le titre de ce divin Livre : le salut et l'adresse de la prophétie aux sept Eglises d'Asie : l'apparition de Jésus-Christ, auteur de la prophétie, et ses paroles à saint Jean.*

1. La révélation de Jésus-Christ, que Dieu lui a donnée pour découvrir à ses serviteurs les choses qui doivent arriver bientôt : et il l'a fait connoître, en envoyant son ange à Jean son serviteur :

2. Qui a rendu témoignage à la parole de Dieu, et de tout ce qu'il a vu de Jésus-Christ.

3. Heureux celui qui lit (*a*) et écoute les paroles de cette prophétie, et garde les choses qui y sont écrites : car le temps est proche.

4. Jean aux sept églises qui sont en Asie : La grace et la paix soit avec vous, de la part de celui qui est, qui étoit, et (*b*) qui doit venir; et de la part des sept Esprits qui sont devant son trône :

5. Et de la part de Jésus-Christ, qui est le témoin fidèle, le premier-né d'entre les morts et le prince des rois de la terre; qui nous a aimés (*c*) et nous a lavés de nos péchés dans son sang :

6. Et nous a faits le royaume et les sacrificateurs (*d*) de Dieu et de son Père : à lui soit la gloire et l'empire dans les siècles des siècles. Amen.

7. Il viendra sur les nuées; et tout œil le verra, et même ceux qui l'ont percé. Et toutes les tribus de la terre se frapperont la poitrine en le voyant : certainement. Amen.

(*a*) *Grec :* Et ceux qui écoutent et gardent. — (*b*) Qui vient. — (*c*) A lui, qui nous a aimés. — (*d*) Rois et sacrificateurs.

8. Je suis l'alpha et l'oméga, le commencement et la fin, dit le Seigneur Dieu, qui est, qui étoit, et qui doit venir, le Tout-Puissant.

9. Moi Jean, votre frère, qui ai part (*a*) à la tribulation, et au règne, et à la patience de Jésus-Christ : j'ai été (*b*) dans l'île nommée Patmos, pour la parole de Dieu et pour le témoignage que j'ai rendu à Jésus (*c*).

10. Un jour de dimanche je fus ravi en esprit, et j'entendis derrière moi une voix éclatante comme une trompette :

11. Qui disoit (*d*) : Ecris dans un livre ce que tu vois et l'envoie aux sept Egl'ses (*e*) qui sont en Asie, à Ephèse, à Smyrne, à Pergame, à Thyatire, à Sardes, à Philadelphie et à Laodicée.

12. Je me tournai pour voir quelle étoit la voix qui me parloit. Et en même temps je vis sept chandeliers d'or.

13. Et au milieu des sept (*f*) chandeliers d'or, quelqu'un qui ressembloit au Fils de l'homme, vêtu d'une longue robe et ceint sur les mamelles d'une ceinture d'or (*g*).

14. Sa tête et ses cheveux étoient blancs comme de la laine blanche et comme de la neige; et ses yeux paroissoient comme une flamme de feu ;

15. Ses pieds étoient semblables à l'airain fin quand il est dans une fournaise ardente (*h*); et sa voix égaloit le bruit des grandes eaux.

16. Il avoit sept étoiles en sa main droite : de sa bouche sortoit une épée à deux tranchans (*i*); et son visage étoit aussi lumineux que le soleil dans sa force.

17. Dès que je le vis, je tombai à ses pieds comme mort : mais il mit la main droite sur moi, en disant (*j*) : Ne crains point; je suis le premier et le dernier :

18. Celui qui vis : j'ai été mort, mais je suis vivant dans les siècles des siècles (*k*) : et j'ai les clefs de la mort et de l'enfer.

19. Ecris donc les choses que tu as vues, celles qui sont, et celles qui doivent arriver ensuite.

(*a*) Comme vous. — (*b*) J'ai été relégué. — (*c*) A Jésus-Christ. — (*d*) Je suis l'alpha et l'oméga, le premier et le dernier : — (*e*) Et envoie aux Eglises d'Asie. — (*f*) *Sept* n'y est pas. — (*g*) D'*or* n'y est pas. — (*h*) Pénétrés de feu comme dans une fournaise. — (*i*) Bien affilés. — (*j*) En me disant. — (*k*) *Amen.*

20. Voici le mystère des sept étoiles que tu as vues dans ma main droite, et des sept chandeliers d'or. Les sept étoiles sont les sept anges des sept églises, et les sept chandeliers (a) sont les sept églises.

*Remarques générales sur tout le livre : les fonctions prophétiques divisées en trois : les trois parties de ce livre : les Avertissemens : les Prédictions : les Promesses.*

Les prophètes ont trois fonctions principales : ils instruisent le peuple et reprennent ses mauvaises mœurs; ils lui prédisent l'avenir; ils le consolent et le fortifient par des promesses : voilà les trois choses qu'on voit dans toutes les prophéties. Saint Jean les accomplit toutes trois : il avertit les églises aux chapitres II et III. Il prédit l'avenir depuis le chapitre IV jusqu'au chapitre XX. Enfin il promet la félicité du siècle à venir, et en fait la description dans les chapitres XXI et XXII. Ainsi nous diviserons ce divin Livre en trois parties, dont la première contiendra les avertissemens; la seconde, les prédictions; et la troisième, les consolations et les promesses. Il faut néanmoins observer que ces trois choses sont répandues dans tout l'ouvrage, encore que chacune d'elles ait ses chapitres qui lui sont particulièrement consacrés selon l'ordre qu'on vient de marquer.

### EXPLICATION DU CHAPITRE PREMIER.

*Apocalypse :* c'est la même chose en grec que *révélation* en françois.

*De saint Jean, apôtre :* le grec l'appelle ici le *Théologien,* qui est le titre ordinaire que les saints docteurs de l'Eglise d'Orient donnent à cet apôtre, à cause de la sublimité de la doctrine de son Evangile, où plus que dans tous les autres, et dès le commencement, est proposée la théologie de la naissance éternelle de Jésus-Christ.

1. *La révélation de Jésus-Christ :* on voit ici que Jésus-Christ est le véritable auteur de cette prophétie, selon qu'il est remar-

(a) *Grec.* : Que tu as vus.

qué, *préf.*, n. 1. C'est donc ici la prophétie de Jésus-Christ même; ce qui donne beaucoup de dignité à ce livre.

*Que Dieu lui a donnée :* à Jésus-Christ, qui en effet parle et ordonne presque partout : qui apparoît à saint Jean et lui parle dès le commencement de ce chapitre, verset 13, et qui dit encore à la fin du livre : « Moi Jésus, j'ai envoyé mon ange pour vous rendre témoignage de ces choses dans les Eglises, » xxii, 16.

*Qui doivent arriver bientôt :* c'est ce que saint Jean répète souvent, comme dans ce chapitre, vers. 3, où il dit : « Le temps est proche; » et encore plus expressément, xxii, 10 : « Ne scelle point les paroles de la prophétie de ce livre, car le temps est proche; » au lieu qu'il est dit à Daniel, viii, 26; xii, 4, 9 : « Scelle la prophétie, car le temps est éloigné : » par où le Saint-Esprit nous fait entendre que si les choses qu'il révéloit à Daniel devoient arriver longtemps après, il n'en étoit pas ainsi de celles qu'il révèle à saint Jean. Nous verrons en effet que ce saint apôtre prédit la suite des événemens qui alloient commencer à paroître incontinent après lui.

*En envoyant son ange :* c'est Jésus-Christ qui envoie l'ange à saint Jean pour lui annoncer l'avenir. Ainsi Jésus-Christ est le prophète, l'ange est son interprète et le porteur de ses ordres à saint Jean; et saint Jean est l'écrivain sacré choisi pour recueillir cette prophétie et l'envoyer aux églises.

2. *Qui a rendu témoignage à la parole de Dieu :* par la prédication, comme les autres apôtres; car il n'avoit point encore écrit son Evangile.

*De tout ce qu'il a vu :* c'est l'ordinaire de saint Jean, d'avertir toujours qu'il écrit de Jésus-Christ ce qu'il en a vu. « Nous avons vu sa gloire, » *Jean, I,* 14. Et encore : « Celui qui l'a vu, en a rendu témoignage, » *Ibid.,* xix, 35, et dans la I<sup>re</sup> épître : « Ce que nous avons vu de nos yeux, ce que nous avons considéré attentivement et que nous avons touché de nos mains, touchant la parole de vie, » c'est ce que « nous vous annonçons, » *I Jean,* i, 1. Saint Jean se désigne donc dans son *Apocalypse* par son caractère le plus ordinaire, afin qu'on ne doute pas qu'il ne soit l'auteur de cette prophétie.

3. *Heureux celui qui lit :* on ne pouvoit rien dire de plus fort pour concilier l'attention et attacher le chrétien à la lecture de ce livre, où il trouvera en effet de sensibles consolations.

*Et garde les choses qui y sont écrites :* principalement contre l'idolâtrie.

*Car le temps est proche :* le temps de la tentation et des grandes persécutions va arriver, et il est temps que les églises s'y préparent.

4. *La grace et la paix soient avec vous.* C'est une manière de saluer très-familière aux Hébreux : mais d'une force particulière parmi les fidèles, parce que la vraie grace et la vraie paix leur est donnée par Jésus-Christ.

*De la part de celui qui est,* grec : ἀπὸ τοῦ ὁ ὤν, dont le nom est : « Celui qui est, » *Exod.,* III, 14; et saint Jean ajoute : « Qui étoit, et qui doit venir : » pour spécifier davantage toutes les différences des temps. « Qui étoit : » c'est la marque de l'éternité qui n'a pas de commencement, où, quelque temps qu'on marque, il étoit : c'est ainsi qu'est désignée l'éternité du Verbe : « Au commencement le Verbe étoit, » *Jean,* I, 1; où, si l'on disoit qu'il a été, il sembleroit qu'il ne fût plus. « Qui doit venir; » grec : *qui vient :* pour marquer que c'est bientôt. Ainsi la Samaritaine : « Le Christ vient, » *Jean,* IV, 25, c'est-à-dire il va venir. Saint Jean ne dit point « qui sera, » mais « qui vient; » car il n'y a de futur en Dieu que par rapport à ses œuvres.

*De la part des sept esprits :* les interprètes et les Pères mêmes sont partagés sur ce passage : quelques-uns entendent le Saint-Esprit, par rapport à ce qui est écrit dans Isaïe, XI, 2 : « L'esprit du Seigneur, l'esprit de sagesse, d'entendement, » etc.; où le Saint-Esprit, un dans sa substance, est comme multiplié en sept, à cause qu'il se distribue par sept dons principaux. D'autres entendent sept anges qui sont représentés comme les premiers, *Tob.,* XII, 15, par rapport aux sept principaux seigneurs du royaume de Perse, *Esth.,* I, 14. Et on voit dans ce livre-ci même, « les sept lampes brûlantes, qui sont les sept esprits de Dieu, » IV, 5; « les sept cornes et les sept yeux de l'Agneau, qui sont encore les sept esprits de Dieu envoyés par toute la terre, » V, 6; et plus expressément « les sept anges qui sont devant Dieu, » VIII, 2.

En faveur de la première interprétation, on dit qu'il est malaisé d'entendre que sept anges soient *les sept cornes,* c'est-à-dire la force; et *les sept yeux,* c'est-à-dire la lumière de l'Agneau : au lieu qu'en parlant du Saint-Esprit par rapport à ses sept dons, tout semble mieux convenir; et on entend très-bien que ces sept esprits, c'est-à-dire ces sept dons, sont envoyés par l'Agneau dans toute la terre, parce que c'est par Jésus-Christ que les dons du Saint-Esprit sont répandus.

Il y a pourtant ici un grand inconvénient. Car, outre que c'est sans exemple qu'on personnifie en cette sorte les dons de Dieu, en saluant de leur part comme d'une personne distincte les fidèles et les églises, on voit encore que ces sept esprits sont mis ici « devant le trône de Dieu, » VIII, 2, et qu'ils sont comme « sept lampes brûlantes devant le trône de Dieu, » IV, 5. Or il convient au Saint-Esprit d'être dans le trône et non pas devant le trône, comme un simple ornement du temple de Dieu. Et on pourroit dire que les sept anges sont les cornes et les yeux de l'Agneau, au même sens que les magistrats principaux sont les yeux du prince et les instrumens de sa puissance; ce qui même convient à des anges plutôt qu'au Saint-Esprit, égal au Fils.

On a pu voir dans la réflexion après la préface, ce que saint Jean nous a enseigné de la grande part qu'ont les anges à notre salut : c'est ce qui lui a donné lieu de nous saluer en leur nom, et de nous souhaiter de si grands biens de leur part. *Voyez* encore sur ces sept esprits, chap. III, 1.

Ceux qui ne trouvent pas bon qu'on mette les anges avec Dieu et avec Jésus-Christ, ont oublié ce passage de saint Paul : « Je vous conjure devant Dieu, devant Jésus-Christ et les saints anges, » I *Tim.*, V, 21.

Que si l'on met Jésus-Christ après, ce peut être en le regardant selon sa nature humaine, par laquelle il est mis « un peu plus bas que les anges, » selon le psaume VIII, et selon saint Paul, *Hebr.*, II, 7, 9; et néanmoins en le relevant aussitôt après par des éloges dignes de lui. Mais il y a, outre cela, dans cet endroit de l'*Apocalypse,* une raison particulière de mettre Jésus-Christ le dernier pour mieux continuer le discours.

6. *Et nous a faits le royaume et les sacrificateurs de Dieu :* selon ce que dit saint Pierre : « Vous êtes le sacerdoce royal, » I *Petr.*, ii, 9. Et encore : « Vous êtes le saint sacerdoce pour offrir à Dieu des sacrifices spirituels agréables par Jésus-Christ, » *Ibid.*, 5. C'est ce que saint Jean répète souvent, *Apoc.*, v, 10; xx, 6. Le grec : *Vous a faits rois et sacrificateurs :* c'est le même sens; car nous sommes le royaume de Dieu, parce qu'il règne sur nous : et par là nous régnons non-seulement sur nous-mêmes, mais encore sur toutes les créatures que nous faisons servir à notre salut. Et comme saint Pierre entend que nous sommes sacrificateurs, lorsqu'il nous appelle sacerdoce; ainsi quand saint Jean dit que nous sommes le règne ou le royaume de Dieu, il entend aussi par là qu'il nous fait rois.

7. *Et ceux qui l'ont percé*, selon ce qui est dit par le prophète : « Ils verront celui qu'ils ont percé, » *Zach.*, xii, 10. Ce passage de Zacharie est rapporté par saint Jean dans son Evangile, *Joan.*, xix, 37. Ceci regarde son second avénement.

*Amen :* Manière d'assurer parmi les Hébreux, très-commune dans l'Evangile et dans la bouche du Fils de Dieu.

8. *Je suis l'alpha et l'oméga, le commencement et la fin :* celui par qui tout commence, celui à qui tout se termine, que nul ne précède, à qui nul ne succède : ce qui est encore répété, *Apoc.*, xxi, 6; xxii, 13. L'alpha et l'oméga sont la première et la dernière lettre de l'alphabet grec, comme tout le monde sait.

9. *Moi Jean, votre frère, qui ai part à la tribulation...* Le martyre de saint Jean, lorsqu'il fut jeté dans une chaudière d'huile bouillante, n'est ignoré de personne, et on en trouve l'histoire dans Tertullien et dans les autres Pères[1]. « J'ai été en l'île nommée Patmos; » incontinent après qu'il eut été jeté dans l'huile bouillante, comme le même Tertullien et les autres l'ont raconté. Saint Irénée marque distinctement le temps de l'*Apocalypse* par ces paroles précises : « Il n'y a pas longtemps que l'*Apocalypse* ou la révélation a été vue (par saint Jean), et cela est arrivé

---
[1] *De Præsc.*, xxxvi; Iren., V, xxx.

presque de notre temps sur la fin du règne de Domitien ¹;» ce qui rend cette date très-certaine, à cause que saint Irénée en étoit très-proche, comme il le remarque lui-même, et d'ailleurs très-bien instruit des actions de saint Jean par saint Polycarpe, disciple de cet apôtre, avec qui saint Irénée avait conversé, comme il le raconte ².

Saint Clément d'Alexandrie ³, très-ancien auteur, s'accorde parfaitement avec lui, aussi bien que Tertullien, qui met clairement l'exil de saint Jean après qu'il eut été jeté dans la chaudière bouillante ⁴. Or cela ne peut être arrivé que dans la persécution de Domitien, la précédente, qui fut celle de Néron, n'étant signalée par le martyre d'aucun autre apôtre que par celui de saint Pierre et de saint Paul.

Quant à ce que saint Epiphane met l'exil de saint Jean à Patmos au temps de Claudius ⁵, il est seul de son avis : il ne le soutient par aucune preuve; son autorité ne peut être considérable à comparaison des auteurs beaucoup plus anciens que lui, dont nous avons vu le témoignage, et surtout à comparaison de saint Irénée, qui est presque contemporain de saint Jean. Aussi Eusèbe, saint Jérôme et tous les autres anciens et modernes ont-ils suivi saint Irénée ⁶. On sait d'ailleurs que saint Epiphane est peu exact dans l'histoire et pour les temps. Ce qui pourroit l'avoir trompé, c'est ce qui est écrit dans les *Actes,* que Claudius chassa de Rome les Juifs ⁷ : mais cela même fait contre lui, parce que si on écrit que Claudius chassa les Juifs de Rome, on n'écrit pas qu'il leur fit souffrir aucun supplice, et encore moins celui de la mort, comme il faudroit qu'il eût voulu faire à saint Jean, puisque constamment c'est après cette chaudière bouillante qu'il fut relégué à Patmos; outre qu'il y a grande différence entre une simple relégation hors de Rome, telle qu'on la voit dans Aquila ⁸, et une déportation dans une île, comme elle arriva à saint Jean; et il n'y auroit pas de raison qu'Aquila fût avec saint Paul tranquillement à Éphèse dans une si belle ville, pendant que saint Jean auroit été banni dans

---

¹ Iren., V, III. — ² Idem., *Epist. ad Florin.,* apud Euseb., V, XIX, et in op. S. Iren., p. 340. — ³ Clem. Alex., *Quis dives salvetur,* n. 42. — ⁴ *De Præsc.,* XXXVI. — ⁵ Epiph., hær. LI; *Alog.,* XII, 33. — ⁶ Euseb. III, XVIII; Hieronym., *De Scrip. Eccl., in Joan.,* etc. — ⁷ *Act.,* XVIII, 2. — ⁸ *Ibid.*

une île aussi misérable et aussi éloignée de tout commerce que celle de Patmos.

10. *Un jour de dimanche :* saint Jean remarque soigneusement qu'il a reçu la révélation étant dans la souffrance et en un jour de dimanche, au jour consacré à Dieu et à la dévotion publique.

*Une voix :* les voix que saint Jean entend viennent de divers endroits. Il en vient de Jésus-Christ même, comme ici, et encore IV, 1, il en vient des anges, et c'est ce qu'on voit presque partout. Il en vient des quatre animaux ou des vieillards en divers endroits; mais très-souvent il en vient dont saint Jean dit en général qu'elles partent du trône, ou du temple, ou de l'autel, ou du ciel, sans l'intervention d'aucun ange ou d'aucune autre créature, comme VI, 6; IX, 13; X, 4, 8; XI, 12; XII, 10; XIV, 13; XVI, 1, 17; XVIII, 4; XIX, 5; et là il faut remarquer quelque chose qui part de Dieu d'une manière en quelque façon plus immédiate et plus spéciale.

13. *Au milieu des sept chandeliers d'or, quelqu'un qui ressembloit au Fils de l'homme :* Jésus-Christ paroît dans cette prophétie en diverses formes qui ont toutes leurs raisons particulières. Entre autres, il paroît deux fois sur un cheval, VI, 2, et XIX, 11, c'est quand il va combattre. Ici il marche au milieu des sept chandeliers, qui sont les sept églises pour les gouverner. Voyez aussi II, 1. *Qui ressembloit au Fils de l'homme :* ce n'étoit pas lui-même, mais un ange sous sa figure et envoyé par son ordre; ainsi *Dan.*, X, 16 : au contraire saint Etienne dit : « Je vois.... le Fils de l'homme, » *Act.*, VII, 55, « vêtu d'une longue robe et ceint sur les mamelles d'une ceinture d'or. » Cette apparition est toute semblable à celle que vit Daniel sur le Tigre, *Dan.*, X, 5, par où le Saint-Esprit nous montre le rapport des prophéties du Nouveau Testament avec celles de l'Ancien. *Ceint d'une ceinture d'or :* l'Eglise interprète cette ceinture d'or de la troupe des Saints [1], dont Jésus-Christ est environné et comme ceint; et cette interprétation est aussi d'un ancien auteur, qu'on croit être Tyconius, dont saint Augustin loue beaucoup les interprétations, encore qu'il fût donatiste [2].

---

[1] *Pontif.*, in *Admonit. ad Subd.* — [2] *Expl. Apoc.*, hom. I, apud Aug., Append., tom. IX (nunc in Append., tom. III.)

14. *Ses cheveux étoient blancs comme la laine blanche et comme de la neige.* Ainsi paroît « l'Ancien des jours, » *Dan.*, vii, 9. Saint Jean exprime que le Fils est coéternel à son Père, à qui aussi il disoit : « Glorifiez-moi de la gloire que j'ai eue avec vous, avant que le monde fût, » *Joan.*, xvii, 5.

*Ses yeux.... comme une flamme de feu,* terribles, pénétrans.

15. *Ses pieds étoient semblables à l'airain fin ;* ils étoient fermes, ils étoient lumineux et éclatans. Les pieds de Jésus-Christ signifient son avénement, selon cette parole : « Que les pieds (c'est-à-dire l'avénement) de ceux qui nous annoncent la paix sont agréables ! » *Isa.*, lii, 7.

16. *De sa bouche sortoit une épée à deux tranchans....* C'est sa parole, « plus pénétrante qu'une épée à deux tranchans, » *Hebr.*, iv, 12, par laquelle, comme dans une anatomie, les plus secrètes pensées sont découvertes pour ensuite être jugées.

17. *Je suis le premier et le dernier :* celui par qui tout a été créé au commencement, et tout renouvelé dans la fin des temps, *Bède.* Comme il a été dit de Dieu : « Je suis l'alpha et l'oméga, le commencement et la fin, » verset 8 ; et encore en *Isa.*, xli, 4 : « Moi le Seigneur, je suis le premier et le dernier ; » et encore : « Je suis le premier et le dernier, et il n'y a de Dieu que moi, » *Ibid.*, xliv, 6. Ainsi c'est une qualité manifestement divine que Jésus-Christ s'attribue ici.

18. *J'ai été mort, mais je suis vivant...; et j'ai les clefs de la mort ;* parce que j'ai vaincu la mort en ressuscitant, j'en suis le maître ; je renferme qui je veux, et je tire qui je veux de son empire. Jusqu'ici saint Jean a comme ouvert le théâtre et préparé les esprits à ce qu'on doit voir : l'exercice des fonctions prophétiques va commencer dans le chapitre suivant.

PREMIÈRE PARTIE DE LA PROPHÉTIE.
# LES AVERTISSEMENS.

### CHAPITRE II.

*Saint Jean reçoit ordre d'écrire aux évêques d'Ephèse, de Smyrne, de Pergame et de Thyatire, les raisons du blâme ou des louanges que méritent leurs églises.*

1. Ecris à l'ange de l'église d'Ephèse : Voici ce que dit celui qui tient les sept étoiles dans sa main droite, qui marche au milieu des sept chandeliers d'or :

2. Je sais tes œuvres, et ton travail, et ta patience ; et que tu ne peux supporter les méchans : tu as éprouvé ceux qui se disent apôtres, et ne le sont point ; et les as trouvés menteurs :

3. Tu es patient (*a*), et tu as souffert pour mon nom, et tu ne t'es point découragé.

4. Mais j'ai à te reprocher que tu es déchu de ta première charité.

5. Souviens-toi donc d'où tu es tombé, et fais pénitence, et reprends tes premières œuvres : sinon je viendrai bientôt à toi ; et si tu ne fais pénitence, j'ôterai ton chandelier de sa place.

6. Tu as toutefois cela de bon, que tu hais les actions des Nicolaïtes, comme moi-même je les hais.

7. Que celui qui a des oreilles, écoute ce que l'Esprit dit aux églises : Je donnerai au vainqueur à manger du fruit de l'arbre de vie, qui est dans le paradis de mon Dieu (*b*).

8. Ecris aussi à l'ange de l'église de Smyrne : Voici ce que dit celui qui est le premier et le dernier, qui a été mort, et qui est vivant.

9. Je sais ton affliction et ta pauvreté (*c*) ; tu es toutefois riche,

---

(*a*) Et tu as été dans la peine. — (*b*) *Grec :* Qui est au milieu du paradis. — (*c*) Tes œuvres.

## CHAPITRE II.

et tu es calomnié par ceux qui se disent Juifs (a), et ne le sont pas, mais qui sont la synagogue de Satan.

10. Ne crains rien de ce que tu auras à souffrir. Le diable mettra bientôt quelques-uns de vous en prison, afin que vous soyez éprouvés, et vous aurez à souffrir pendant dix jours. Sois fidèle jusqu'à la mort, et je te donnerai la couronne de vie.

11. Que celui qui a des oreilles, écoute ce que l'Esprit dit aux églises : Celui qui sera victorieux ne souffrira rien de la seconde mort.

12. Ecris à l'ange de l'église de Pergame : Voici ce que dit celui qui porte l'épée à deux tranchans (b).

13. (c) Je sais que tu habites où est le trône de Satan : tu as conservé mon nom, et tu n'as point renoncé ma foi, lorsqu'Antipas, mon témoin fidèle, a souffert la mort parmi vous, où Satan habite.

14. Mais j'ai quelque chose à te reprocher; c'est que tu souffres parmi vous qu'on enseigne la doctrine de Balaam, qui apprenoit à Balac à jeter des pierres de scandale devant les enfans d'Israël, afin qu'ils mangeassent (d), et qu'ils tombassent dans la fornication.

15. Tu souffres aussi qu'on enseigne la doctrine des Nicolaïtes (e).

16. Fais pareillement pénitence; sinon je viendrai bientôt à toi, et je combattrai contre eux avec l'épée de ma bouche.

17. Que celui qui a des oreilles, écoute ce que l'Esprit dit aux églises : Je donnerai au vainqueur (f) la manne cachée; je lui donnerai une pierre blanche, et un nom nouveau écrit sur la pierre, lequel nul ne connoît que celui qui le reçoit.

18. Ecris encore à l'ange de l'église de Thyatire : Voici ce que dit le Fils de Dieu, qui a les yeux comme une flamme de feu et les pieds semblables à l'airain fin :

19. Je sais tes œuvres, ta foi, ta charité, le soin que tu prends des pauvres, ta patience et tes dernières œuvres plus abondantes que les premières.

(a) *Grec* : Je connois les calomnies que tu souffres de ceux qui se disent Juifs. — (b) Affilée. — (c) Je connois tes œuvres. — (d) Des viandes immolées aux idoles. — (e) Ce que je hais. — (f) A manger la.

20. Mais j'ai quelque chose à te reprocher : Tu permets que Jézabel, cette femme qui se dit prophétesse, enseigne et séduise mes serviteurs, afin de les faire tomber dans la fornication et de leur faire manger des viandes immolées aux idoles.

21. Je lui ai donné du temps pour faire pénitence (*a*), et elle ne veut point se repentir de sa prostitution.

22. Je la jetterai dans le lit (*b*); et ceux qui commettent adultère avec elle, seront dans une très-grande affliction, s'ils ne font pénitence de leurs œuvres.

23. Je frapperai ses enfans de mort; et toutes les églises connoîtront que je suis celui qui sonde les reins et les cœurs; et je rendrai à chacun de vous selon ses œuvres : mais je vous dis,

24. Et aux autres qui sont à Thyatire, à tous ceux qui ne tiennent point cette doctrine, et qui, comme ils disent, ne connoissent point les profondeurs de Satan : je ne mettrai point d'autre poids sur vous.

25. Toutefois gardez fidèlement ce que vous avez, jusqu'à ce que je vienne.

26. Celui qui sera victorieux et gardera mes œuvres jusqu'à la fin, je lui donnerai puissance sur les nations.

27. Il les gouvernera avec un sceptre de fer, et elles seront brisées comme un vase d'argile.

28. Tel est ce que j'ai reçu de mon Père : et je lui donnerai l'étoile du matin.

29. Que celui qui a des oreilles, écoute ce que l'Esprit dit aux églises.

### EXPLICATION DU CHAPITRE II.

1. *Ecris.* La fonction prophétique commence ici dans les admirables avertissemens que Jésus-Christ fait écrire aux églises par saint Jean. Dans ces avertissemens il fait voir qu'il sonde le secret des cœurs, verset 23, qui est la plus excellente partie de la prophétie, selon ce que dit saint Paul, I *Cor.*, xiv, 24, 25 : « Les secrets des cœurs sont révélés » par ceux qui prophétisent dans les assem-

---

(*a*) *Grec :* De sa prostitution, et elle ne l'a pas voulu faire. — (*b*) Et je jetterai dans une très-grande affliction ceux qui.

blées, et celui qui les écoute « prosterné à terre, reconnoît que Dieu est en vous. »

*A l'ange de l'église d'Ephèse :* à son évêque, selon la commune interprétation de tous les Pères. Il ne faut pourtant pas croire que les défauts qui sont marqués dans cet endroit et dans les autres semblables soient les défauts de l'évêque; mais c'est que le Saint-Esprit désigne l'église par la personne de l'évêque qui y préside, et dans laquelle pour cette raison elle est en quelque façon renfermée; et aussi parce qu'il veut que le pasteur qui voit des défauts dans son troupeau, s'humilie et les impute à sa négligence.

*De l'église d'Ephèse.* On croit que c'étoit alors saint Timothée, très-éloigné sans doute des défauts que saint Jean va reprendre dans les fidèles d'Ephèse. D'autres disent que c'étoit saint Onésime, à qui je ne voudrois non plus les attribuer, après le témoignage que lui rend saint Paul dans l'*Epitre à Philémon :* mais il y a plus d'apparence que c'étoit saint Timothée, qui fut établi par saint Paul évêque d'Ephèse, et qui gouverna cette église durant presque toute la vie de saint Jean.

*Celui qui tient les sept étoiles.... qui marche au milieu des sept chandeliers :* Tout cela signifie les sept églises, 20. Le Saint-Esprit va reprendre toutes les diverses qualités qui viennent d'être attribuées à Jésus-Christ les unes après les autres. Voyez ci-dessus, I, 13, 16.

2. *Qui se disent apôtres, et ne le sont point :* le nombre de ces faux apôtres étoit grand. Saint Paul en parle souvent, et principalement II *Cor.* XI, 13, et saint Jean lui-même, III<sup>e</sup> *Epit.* 9, lorsqu'il parle de Diotréphès qui ne vouloit pas le reconnoître.

5. *J'ôterai ton chandelier de sa place :* Je t'ôterai le nom d'église, et je transporterai ailleurs la lumière de l'Evangile. Lorsqu'elle cesse quelque part, elle ne s'éteint pas pour cela, mais elle est transportée ailleurs, et passe seulement d'un peuple à un autre.

6. *Des Nicolaïtes :* hérétiques très-impurs qui condamnoient le mariage, et lâchoient la bride à l'intempérance, ci-dessous, 14, 15.

7. *A manger du fruit de l'arbre de vie qui est dans le paradis*

*de mon Dieu :* dont quiconque mangeoit ne mouroit point, dont Adam fut éloigné, de peur qu'en mangeant de son fruit, il ne vécût éternellement, *Gen.*, ii, 9; iii, 22. Jésus-Christ nous le rend lorsqu'il dit : « Voici le pain qui descend du ciel, afin que celui qui en mange ne meure point. » *Joan.*, vi, 50. C'est le fruit de l'arbre de vie, c'est-à-dire Jésus-Christ attaché à la croix pour notre salut, *Prim. Amb.*

8. *A l'ange de l'église de Smyrne :* c'étoit alors saint Polycarpe, « établi par les apôtres évêque de Smyrne, » comme le raconte saint Irénée [1], et, selon Tertullien [2], par saint Jean même, homme apostolique, dont le martyre arrivé très-longtemps après dans son âge décrépit, a réjoui toutes les églises du monde.

*Qui est le premier et le dernier :* repris du chapitre i, 17, 18.

9. *Tu es calomnié par ceux qui se disent Juifs.* On voit ici la haine des Juifs contre les églises, et en particulier contre l'église de Smyrne, et on en vit les effets jusqu'au temps du martyre de saint Polycarpe, contre lequel ils animèrent les gentils, comme il paroît par la lettre de l'église de Smyrne à celle de Vienne [3]. Voyez *Apoc.*, iii, 9, et remarquez que les persécutions des églises chrétiennes étoient suscitées par les Juifs, comme il sera dit ailleurs.

10. *Le diable mettra bientôt quelques-uns de vous en prison :* sur la fin de Domitien, lorsque saint Jean écrivoit, la persécution étoit encore languissante : c'est pourquoi il ne parle ici que de « quelques-uns mis en prison, » et d'une souffrance « de dix jours, » c'est-à-dire courte, surtout en comparaison de celles qui devoient venir bientôt après, comme on verra.

11. *De la seconde mort :* c'est l'enfer et la mort éternelle, comme il sera expliqué, xx, 6, 14. C'est cette seconde mort qu'il faut craindre seule, et qui l'aura évitée ne doit point appréhender la mort du corps : ce que saint Jean remarque ici, afin qu'on ne craignît point de souffrir la mort dans la persécution qui alloit venir.

12. *Celui qui porte l'épée à deux tranchans*, repris du chapitre i, 16.

---

[1] Iren., III, iii. — [2] *De Præsc.*, xxxii. — [3] Euseb., III, xiv.

13. *Antipas mon témoin fidèle.* Le supplice de ce saint martyr est raconté dans les *Martyrologes*, et il y est dit qu'il fut jeté dans un taureau d'airain brûlant; ce que je laisse à examiner aux critiques.

14, 15. *La doctrine de Balaam.* Balaam après avoir béni les Israélites malgré lui, donne des conseils pour les corrompre par des festins où ils mangeoient des viandes immolées aux idoles, et par des femmes perdues. L'histoire en est racontée, *Num.*, XXIV, 14; XXV, 1, 2, etc. Ainsi les Nicolaïtes enseignoient à participer aux fêtes et aux sacrifices des gentils et à leurs débauches. Voyez aussi verset 20.

17. *La manne cachée :* dont le monde ne connoît point la douceur, et que nul ne sait que celui qui la goûte. La manne, c'est la nourriture dans le désert et la secrète consolation dont Dieu soutient ses enfans dans le pèlerinage de cette vie. *Ambr.* Celui qui méprisera les appas des sens, est digne d'être nourri de la céleste douceur du pain invisible. *Bed.*

*Une pierre blanche :* une sentence favorable. *And. Cæsar.* Dans les jugemens on renvoyoit absous, et dans les combats publics on adjugeoit la victoire avec une pierre blanche; ainsi Dieu nous donnera dans le fond du cœur, par la paix de la conscience, un témoignage secret de la rémission de nos péchés et de la victoire remportée sur nos sens.

*Et un nom nouveau écrit sur la pierre,* c'est que « nous soyons appelés, et que nous soyons en effet enfans de Dieu, » selon ce que dit saint Jean, I *Joan.*, III, 1; et parce que, comme dit saint Paul, « l'Esprit rend témoignage à notre esprit que nous sommes enfans de Dieu, *Rom.*, VIII, 16.

*Un nom que nul ne connoît que celui qui le reçoit :* l'hypocrite ne connoît pas combien Dieu est doux, et il faut l'avoir goûté pour le bien savoir.

18. *A l'ange de l'église de Thyatire.* Cette église fut pervertie par les Montanistes, au rapport de saint Epiphane[1], qui semble avouer aux Alogiens qu'il n'y a point eu d'église à Thyatire du temps de saint Jean, et qui veut pour cette raison que la prophétie

[1] *Hær.* LI, *Alog.*, n. 33.

des versets suivans regarde Montan et ses fausses prophétesses; mais le rapport paroît foible. On ne voit pas non plus pourquoi saint Jean auroit adressé une lettre à une église qui ne fût pas, en la joignant avec les autres si bien établies à qui il écrit. On pourroit attribuer le commencement de l'église de Thyatire à Lydie qui étoit de cette ville-là, et qui paroît si zélée pour l'Evangile à Philippes, où saint Paul la convertit avec toute sa famille, *Act.*, XVI, 14, 40.

*Qui a les yeux comme une flamme :*... repris du chapitre I, vers. 14, 15.

20. *Tu permets que Jézabel :* c'est, sous le nom de Jézabel, femme d'Achab, quelque femme considérable, vaine et impie, qui appuyoit les Nicolaïtes, comme l'ancienne Jézabel appuyoit les adorateurs de Baal. Le rapport de ce verset avec les précédens, 14, 15, ne permet pas de douter qu'il ne s'agisse ici des Nicolaïtes. *Qui se dit prophétesse :* elle se servoit de ce nom pour autoriser les plus grandes impuretés. Tout ceci ne revient guère aux prophétesses de Montan, et sent plutôt les Nicolaïtes et les gnostiques que les Montanistes.

23. *Toutes les églises connoîtront que je sonde les reins.* Où sont ceux qui disent que dans le gouvernement de l'Eglise, Jésus-Christ ne doit pas agir comme scrutateur des cœurs? Dans les reins sont marquées les secrètes voluptés, et dans le cœur les secrètes pensées. *Bède.*

24. *Qui, comme ils disent, ne connoissent point les profondeurs de Satan :* qui ne se laissent point séduire à sa profonde et impénétrable malice, lorsqu'il tâche de tromper les hommes par une apparence de piété, et qu'il couvre de ce bel extérieur les plus grossières erreurs.

*Je ne mettrai point d'autre poids sur vous.* Je ne vous donnerai point d'autre combat à soutenir, et ce sera beaucoup si vous pouvez échapper ce mystère d'iniquité et d'hypocrisie.

26. *Quiconque..... gardera mes œuvres jusqu'à la fin :* il marque ici clairement ceux qui auront reçu le don de persévérance.

*Je lui donnerai puissance sur les nations.* 27. *Il les gouver-*

nera : ... On voit ici le règne de Jésus-Christ avec ses Saints qu'il associe à son empire : c'est pourquoi il les met sur son trône, III, 21, 22. Il faut aussi comparer ce passage avec XIX, 15, où Jésus-Christ s'attribue à lui-même ce qu'il donne ici à ses Saints. On voit encore les Saints assesseurs de Jésus-Christ, XX, 4, et on a pu remarquer sur ce sujet un beau passage de saint Denys d'Alexandrie chez Eusèbe, lib. VI, c. XLII. *Voyez* la réflexion après la préface, n. 29.

28. *Et je lui donnerai l'étoile du matin.* Je lui ferai commencer un jour éternel, où il n'y aura point de couchant et qui ne sera suivi d'aucune nuit. *Bède.*

## CHAPITRE III.

*Saint Jean écrit aux évêques de Sardes, de Philadelphie et de Laodicée, comme il avoit fait aux autres.*

1. Ecris à l'ange de l'église de Sardes : Voici ce que dit celui qui a les sept Esprits de Dieu et les sept étoiles : Je connois tes œuvres ; tu as la réputation d'être vivant, mais tu es mort.

2. Sois vigilant et confirme les restes qui étoient prêts de mourir : car je ne trouve pas tes œuvres pleines devant mon Dieu (*a*).

3. Souviens-toi donc de ce que tu as reçu et de ce que tu as ouï, et garde-le, et fais pénitence : car si tu ne veilles, je viendrai à toi comme un larron, et tu ne sauras à quelle heure je viendrai.

4. Tu as toutefois quelques personnes à Sardes qui n'ont point souillé leurs vêtemens ; et ils marcheront avec moi revêtus de blanc, parce qu'ils en sont dignes.

5. Celui qui sera victorieux, sera ainsi vêtu de blanc, et je n'effacerai point son nom du livre de vie, et je confesserai son nom devant mon Père et devant ses anges.

6. Que celui qui a des oreilles, écoute ce que l'Esprit dit aux églises.

7. Ecris aussi à l'ange de l'église de Philadelphie : Voici ce que

(*a*) *Grec :* Devant Dieu.

dit le Saint et le Véritable, qui a la clef de David ; qui ouvre, et personne ne ferme ; qui ferme, et personne n'ouvre.

8. Je connois tes œuvres. J'ai ouvert une porte devant toi, que personne ne peut fermer, parce que tu as peu de force, et que toutefois tu as gardé ma parole, et que tu n'as point renoncé mon nom.

9. Je te donnerai quelques-uns de ceux de la synagogue de Satan, qui se disent Juifs, et ne le sont point, mais qui sont des menteurs : je les ferai venir se prosterner à tes pieds, et ils connoîtront que je t'aime :

10. Parce que tu as gardé la parole de ma patience, et moi je te garderai de l'heure de la tentation qui doit venir dans tout l'univers éprouver ceux qui habitent sur la terre.

11. Je viendrai bientôt : garde ce que tu as, de peur que quelque autre ne prenne ta couronne.

12. Quiconque sera victorieux, j'en ferai une colonne dans le temple de mon Dieu, et il n'en sortira plus : et j'écrirai sur lui le nom de mon Dieu, et le nom de la ville de mon Dieu, de la nouvelle Jérusalem, qui descend du ciel d'auprès de mon Dieu, et mon nouveau nom.

13. Que celui qui a des oreilles, écoute ce que l'Esprit dit aux églises.

14. Ecris à l'ange de l'église de Laodicée : Voici ce que dit celui qui est la vérité même : Le témoin fidèle et véritable, qui est (a) le principe de la créature de Dieu.

15. Je connois tes œuvres : tu n'es ni froid ni chaud : plût à Dieu que tu fusses froid ou chaud !

16. Mais parce que tu es tiède, et ni froid ni chaud, je te vomirai de ma bouche.

17. Tu dis : Je suis riche et opulent, et je n'ai besoin de rien : et tu ne sais pas que tu es malheureux, misérable, pauvre, aveugle et nu.

18. Je te conseille d'acheter de moi de l'or éprouvé au feu pour t'enrichir, et des habits blancs pour te vêtir, de peur que la honte de ta nudité ne paroisse ; et un collyre pour appliquer sur tes yeux, afin que tu voies.

(a) *Grec : Qui est* n'y est pas.

19. Je reprends et je châtie ceux (a) que j'aime. Rallume donc ton zèle, et fais pénitence.

20. Je suis à la porte, et je frappe : si quelqu'un entend ma voix et m'ouvre la porte, j'entrerai chez lui, et je souperai avec lui, et lui avec moi.

21. Celui qui sera victorieux, je le ferai asseoir avec moi sur mon trône; comme j'ai vaincu moi-même et me suis assis avec mon Père sur son trône.

22. Que celui qui a des oreilles, écoute ce que l'Esprit dit aux églises.

### EXPLICATION DU CHAPITRE III.

1. *Les sept Esprits de Dieu.* Ce titre ne se trouve pas comme les autres parmi les choses qui sont montrées à saint Jean dans la personne de Jésus-Christ; mais il faut entendre qu'il a aussi en sa puissance les sept Esprits au nom desquels saint Jean salue les églises, verset 4.

*Et les sept étoiles,* repris du verset 16. La liaison qu'on voit ici des sept Esprits avec les sept étoiles, qui sont les sept églises, semble confirmer que les sept Esprits au nom desquels saint Jean salue, sont sept anges principaux qui gouvernent les églises, et par la ressemblance desquels les sept évêques sont aussi appelés des anges; et il est très-convenable que saint Jean ait salué les églises de la part des sept anges à qui elles étoient confiées.

*Tu es mort :* dans la plus grande partie de tes membres; car quelques-uns étoient demeurés sains et vivans, verset 4, quoiqu'ils fussent foibles et prêts à mourir par la contagion du mauvais exemple. *Voyez* verset 8.

2. *Je ne trouve pas tes œuvres pleines :* ce n'est pas tant que ses œuvres fussent mauvaises; mais c'est qu'elles n'étoient *pas pleines :* il ne faisoit pas le bien tout entier, et c'en est assez pour mourir.

4. *Revêtus de blanc :* chacun sait assez que la couleur blanche signifie la sainteté, la gloire éternelle et le triomphe.

7. *Qui a la clef de David :* cette qualité n'est point rapportée

(a) *Grec :* Tous ceux.

avec celle dont il est parlé au chapitre I. *La clef de David* entre les mains de Jésus-Christ, c'est la puissance royale et le trône de David son père, *Bède*, suivant ce qui fut prédit par l'ange saint Gabriel à la bienheureuse Vierge, *Luc.*, I, 32, 33.

*Qui ouvre, et personne ne ferme.....:* Il a la puissance souveraine, et nul ne peut toucher à ses jugemens.

9. *Je les ferai venir se prosterner... :* on verra les Juifs, maintenant si superbes, bientôt humiliés, comme il sera dit ci-dessous, *Hist. abrégée des Evén.*, n. 5.

*Ils connoitront que je t'aime :* tout foible que tu es; tant Jésus-Christ aime les restes de la piété dans ses fidèles, et ne songe pour ainsi dire qu'à rallumer leur feu presque éteint.

10. *Je te garderai de l'heure de la tentation, qui doit venir dans tout l'univers :* je t'en garderai, de peur que tu n'y succombes. Les persécutions qui devoient suivre bientôt, à commencer par celle de Trajan, furent plus grandes et plus étendues que les précédentes sous Néron et Domitien, comme on verra. On voit ici des traits de prophétie répandus chap. II, 10; III, 9, 10.

11. *Je viendrai bientôt :* te visiter par la persécution, comme il vient de dire : « Garde ce que tu as; » ne te fie pas tellement à la protection que je te promets, que tu négliges de veiller sur toi-même.

*Ne prenne ta couronne :* la couronne du martyre, dans la persécution dont il vient de l'avertir, et qu'il avoit appelée auparavant « la couronne de vie, » II, 10. Dieu substitue d'autres fidèles à ceux qui tombent, pour montrer que sa grace est toujours féconde et que son Eglise ne perd rien.

12. *Une colonne :* par sa fermeté : c'est pourquoi « il ne sortira plus du temple; il y sera » affermi éternellement par la grace de la prédestination et de la persévérance.

*Et j'écrirai sur lui :* on met des inscriptions sur les colonnes. *Le nom de mon Dieu :* il y paroîtra écrit comme sur une colonne par une haute et persévérante profession de l'Evangile. Ainsi il sera marqué à la bonne marque qui paroît dans tous les élus, qui portent le nom de Dieu et de Jésus-Christ sur leurs fronts, *Apoc.*, XIV, 1.

## CHAPITRE III.

*Et le nom de la ville de mon Dieu :* la ville où Dieu est, dont il est écrit : « En ce jour le nom de la ville sera : Le Seigneur est ici, » *Ezech.*, XLVIII, 35. Cette ville, c'est l'Eglise catholique, dont les martyrs confessent la foi.

*De la nouvelle Jérusalem qui descend du ciel :* l'origine de l'Eglise est céleste, comme il sera expliqué, XXI, 2. *Et mon nouveau nom :* le nom de Jésus, le nom de Christ, que j'ai pris en me faisant homme; ou encore : Il sera appelé chrétien de mon nom de Christ, et fils de Dieu à sa manière et par adoption, comme je le suis par nature. *Prim. Ambr.* Tout cela signifie une haute et courageuse confession de l'Evangile.

*Celui qui est la vérité même :* le texte : *Voici ce que dit, Amen:* celui dont toutes les paroles sont la règle de la foi.

*Le principe de la créature de Dieu :* de la création : celui par qui tout a été créé, *Joan.*, I, 3. D'autres traduisent : *Le commencement de la créature de Dieu :* Jésus-Christ qui par sa nature divine est la vérité même, rappelle en notre mémoire que par son incarnation il a été fait le commencement de la créature nouvelle, afin de nous apprendre à nous renouveler en lui, et nous exhorter à l'imitation de sa patience. *Prim. Bed.*

15. *Tu n'es ni froid ni chaud.* Il marque ici les ames foibles qui ne sont bonnes à rien. Il y a plus à espérer de celles qui ont quelque force, encore qu'elles se portent au mal.

16. *Parce que tu es tiède :* ces tièdes que Jésus-Christ vomit, sont ceux qui marchent entre l'Evangile et le siècle, et ne savent jamais quel parti prendre.

17. *Tu dis : Je suis riche :* ces tièdes s'imaginent être gens de bien, parce qu'ils ne font point de mal, et même qu'ils font le bien où ils ne trouvent pas de difficulté; mais ils sont terriblement confondus par les paroles suivantes.

18. *D'acheter de moi de l'or éprouvé au feu :* la charité pour échauffer ta langueur.

*Un collyre :* remède pour les yeux : *pour appliquer sur tes yeux, afin que tu voies* ta misère et ta pauvreté, que tu ne veux pas considérer.

19. *Je reprends et je châtie ceux que j'aime :* après cette forte

correction, Jésus-Christ console l'ame affligée, de peur qu'elle ne tombe dans le désespoir.

20. *Je suis à la porte, et je frappe :* je frappe à la porte du cœur par de secrètes inspirations : et si tu les écoutes, tu seras reçu dans mon festin éternel.

*Je souperai avec lui, et lui avec moi :* qu'un cœur qui a goûté cette douce et mutuelle communication dans le secret de son cœur, fasse le commentaire de cette parole.

C'est ainsi que finissent les avertissemens donnés aux sept églises : il reste à observer en général : premièrement, que sous le nom de ces églises et sous le nombre de sept, qui, comme on verra, signifie l'universalité dans cette prophétie, toutes les églises chrétiennes sont averties de leur devoir. Secondement, que c'est aussi pour cette raison qu'on trouve dans ces lettres de saint Jean des avertissemens pour tous les états : le Saint-Esprit y a entrelacé la confirmation dans le bien et l'exhortation à changer de vie ; et dans ceux qu'il reprend, c'est dans les uns le refroidissement de la charité, II, 4, 5; dans les autres, c'est de permettre le mal, encore qu'on ne le fasse pas, *ibid.* 20, et ainsi du reste, en réservant pour la fin le tiède, où il reconnoît les foiblesses et les misères de tous les autres ensemble.

## SECONDE PARTIE.
# LES PRÉDICTIONS.

### REMARQUES GÉNÉRALES.

Pour entendre les prédictions de saint Jean, il y a trois choses à faire. Premièrement il en faut prendre l'idée générale, qui n'est autre que la découverte du grand ouvrage de Dieu.

Secondement il faut regarder les événemens particuliers.

Troisièmement il faudra voir comment chaque chose est révélée à saint Jean, et expliquer toutes ses paroles.

## CHAPITRE III.

### DESSEIN DE LA PRÉDICTION DE SAINT JEAN.

I. — Desseins de Dieu sur son Eglise : L'Eglise avoit deux sortes d'ennemis, les Juifs et les Romains : Les Juifs châtiés les premiers.

Le dessein de la prédiction de saint Jean est en général de nous découvrir le grand ouvrage de Dieu qui alloit se développer incontinent après le temps de cet apôtre, pour faire connoître la puissance et la justice divine à tout l'univers, en exerçant de terribles châtimens sur les ennemis de son Eglise, et en la faisant triompher, non-seulement dans le ciel où il donnoit une gloire immortelle à ses martyrs, mais encore sur la terre où il l'établissoit avec tout l'éclat qui lui avoit été promis par les prophètes.

L'Eglise avoit deux sortes d'ennemis, les Juifs et les gentils; et ceux-ci avoient à leur tête les Romains, alors les maîtres du monde. Ces deux genres d'ennemis s'étoient réunis contre Jésus-Christ, conformément à cette parole des *Actes* : « Car vraiment Hérode et Ponce-Pilate avec les gentils et le peuple d'Israël, se sont unis dans Jérusalem contre votre saint Fils Jésus que vous avez oint [1]. » Mais les Juifs avoient commencé, et c'étoit eux qui avoient livré Jésus-Christ aux Romains. Ce qu'ils avoient commencé contre le Chef, ils le continuèrent contre les membres. On voit partout les Juifs animer les gentils contre les disciples de Jésus-Christ et susciter les persécutions [2]. Ce furent eux qui accusèrent saint Paul et les chrétiens devant Gallion, proconsul d'Achaïe, et devant les gouverneurs de Judée, Félix et Festus, avec de telles violences, que cet Apôtre fut contraint d'appeler à l'empereur : ce qui le fit dans la suite conduire à Rome, où il devoit mourir pour l'Evangile dans la persécution de Néron [3].

Comme les Juifs avoient été les premiers à persécuter Jésus-Christ et son Eglise, ils furent les premiers punis, et le châtiment commença dans la prise de Jérusalem, où le temple fut mis en cendres sous Vespasien et sous Tite.

Mais malgré cette grande chute, les Juifs se trouvèrent encore en état de se rendre terribles aux Romains par leurs révoltes; et

---

[1] *Act.*, IV, 27. — [2] *Act.*, XIII, 45, 50; XIV, 2. — [3] *Act.*, XVIII, 12; XXI, XXII, XXIV, XXV.

ils continuoient à exciter, autant qu'ils pouvoient, la persécution contre les chrétiens, comme nous l'avons remarqué sur ces paroles de saint Jean : « Tu es calomnié par ceux qui se disent Juifs, et ne le sont pas [1]. » Notre apôtre nous a dit aussi qu'ils devoient être de nouveau humiliés aux pieds de l'Eglise, afin d'accomplir en tous points cet oracle de Daniel : « Et leur désolation durera jusqu'à la fin [2]. »

II. — Pourquoi Rome persécuta l'Eglise.

Dieu qui s'étoit servi des Romains pour donner le premier coup aux Juifs, devoit employer le même bras pour les abattre; et cela devoit arriver, comme nous verrons, incontinent après la mort de saint Jean. Cet apôtre vit en esprit ce mémorable événement, et Dieu ne voulut pas qu'il ignorât la suite de ses conseils sur ce peuple, autrefois si chéri. Mais les Romains, exécuteurs de la vengeance divine, la méritoient plus que tous les autres par leurs idolâtries et leurs cruautés. Rome étoit la mère de l'idolâtrie : elle faisoit adorer ses dieux à toute la terre; et parmi ses dieux, ceux qu'elle faisoit le plus adorer, c'étoient ses empereurs. Elle se faisoit adorer elle-même, et les provinces vaincues lui dressoient des temples : de sorte qu'elle étoit en même temps, pour ainsi parler, idolâtre et idolâtrée, l'esclave et l'objet de l'idolâtrie. Elle se vantoit d'être par son origine une ville sainte, consacrée avec des augures favorables et bâtie sous des présages heureux. Jupiter, le maître des dieux, avoit choisi sa demeure dans le Capitole, où on le croyoit plus présent que dans l'Olympe même et dans le ciel où il régnoit. Romulus l'avoit dédiée à Mars, dont il étoit fils : c'est ce qui l'avoit rendue si guerrière et si victorieuse. Les dieux qui habitoient en elle, lui avoient donné une destinée sous laquelle tout l'univers devoit fléchir. Son empire devoit être éternel : tous les dieux des autres peuples et des autres villes lui devoient céder : et elle comptoit le Dieu des Juifs parmi les dieux qu'elle avoit vaincus.

Au reste comme elle croyoit devoir ses victoires à sa religion, elle regardoit comme ennemis de son empire ceux qui ne vou-

[1] *Apoc.*, II, 9; III, 9. — [2] *Dan.*, IX, 27.

loient pas adorer ses dieux, ses césars et elle-même. La politique s'y mêloit. Rome se persuadoit que les peuples subiroient plus volontiers le joug qu'une ville chérie des dieux leur imposoit; et combattre sa religion, c'étoit attaquer un des fondemens de la domination romaine.

Telle a été la cause des persécutions que souffrit l'Eglise durant trois cents ans : outre que c'étoit de tout temps une des maximes de Rome, de ne souffrir de religion que celle que son sénat autorisoit[1]. Ainsi l'Eglise naissante devint l'objet de son aversion. Rome immoloit à ses dieux le sang des chrétiens dans toute l'étendue de son empire, et s'en enivroit elle-même dans son amphithéâtre plus que toutes les autres villes. La politique romaine et la haine insatiable des peuples le vouloit ainsi.

III.— La chute de Rome et de son empire avec celle de l'idolâtrie, résolues dans les conseils éternels de Dieu : prédites par les prophètes et plus particulièrement par saint Jean.

Il falloit donc que cette ville impie et cruelle, par laquelle Dieu avoit épuré les siens et tant de fois exercé sa vengeance sur ses ennemis, la ressentît elle-même à son tour ; et que, comme une autre Babylone, elle devînt à tout l'univers qu'elle avoit assujetti à ses lois, un spectacle de la justice divine.

Mais le grand mystère de Dieu, c'est qu'avec Rome devoit tomber son idolâtrie ; ces dieux soutenus par la puissance romaine devoient être anéantis, en sorte qu'il ne restât pas le moindre vestige de leur culte, et que la mémoire même en fût abolie. C'étoit en cela que consistoit la victoire de Jésus-Christ : c'est ainsi « qu'il devoit mettre ses ennemis à ses pieds[2], » comme le Psalmiste l'avoit prédit : c'est-à-dire qu'il devoit voir non-seulement les Juifs, mais encore les Romains et tous leurs faux dieux détruits, et le monde à ses pieds d'une autre sorte, en se soumettant à son Evangile et en recevant ses graces avec humilité.

Toutes ces merveilles avoient été prédites par les prophètes dès les premiers temps. Moïse nous avoit fait voir l'Empire romain comme dominant dans la Judée et « comme devant périr à la fin[3], »

---

[1] Tit. Liv., lib. XXXIX; *Orat. Mæcen.*, ap. Dion., lib. LII, etc. — [2] *Psal.* CIX, 2. — [3] *Num.*, XXIV, 24.

ainsi que les autres empires. Daniel avoit prédit la dispersion et la désolation des Juifs[1]. Isaïe avoit vu les persécutions des fidèles et la conversion de l'univers par leurs souffrances[2]. Le même prophète, sous la figure de Jérusalem rétablie, a vu la gloire de l'Eglise : « Les rois devenus ses nourriciers et les reines ses nourrices, leurs yeux baissés devant elle, et leur majesté abaissée à ses pieds[3]. » Daniel a vu « la pierre arrachée de la montagne sans le secours de la main des hommes[4], » qui devoit briser un grand empire. Il a vu l'empire « du Fils de l'homme, » et dans l'empire du Fils de l'homme, « celui des Saints du Très-Haut[5]; empire auquel Dieu n'avoit donné aucunes bornes, ni pour son étendue, ni pour sa durée. Tous les prophètes ont vu comme Daniel la conversion des idolâtres et le règne éternel de Jésus-Christ sur la gentilité convertie, en même temps que le peuple juif seroit dispersé : et tout cela pour accomplir l'ancien oracle de Jacob[6], qui faisoit commencer l'empire du Messie sur tous les peuples, en même temps qu'il ne resteroit parmi les Juifs aucune marque de magistrature ni de puissance publique.

Comme ce grand ouvrage de la victoire de Jésus-Christ dans la dispersion des Juifs, dans la punition de Rome idolâtre et dans le glorieux établissement de l'Eglise, alloit se déclarer plus que jamais au temps qui devoit suivre saint Jean, c'est aussi ce grand ouvrage que Dieu lui fit connoître : et c'est pourquoi nous verrons un ange resplendissant comme le soleil, qui levant la main au ciel, jurera par Celui qui vit aux siècles des siècles, « que le temps étoit venu, et que Dieu alloit accomplir son grand mystère, qu'il avoit évangélisé et annoncé par les prophètes, ses serviteurs[7]. » Saint Jean, qui étoit plus près de l'accomplissement du mystère, le voit aussi dans tout son ordre. Sa prophétie est comme une histoire où l'on voit premièrement tomber les Juifs dans le dernier désespoir : mais où l'on voit bien plus au long et bien plus manifestement tomber les Romains, dont la chute devoit aussi être bien plus éclatante. Saint Jean voit toutes ces choses : il voit les grands caractères qui ont marqué le doigt de Dieu, et

---

[1] *Dan.*, IX, 26, 27. — [2] *Isa.*, LIX, 19. — [3] *Isa.*, XLIX, 23. — [4] *Dan.*, II, 34, 44. — [5] *Dan.*, VII, 13, 14, 18, 27. — [6] *Gen.*, XLIX, 10. — [7] *Apoc.*, X, 5, 6, 7.

il pousse sa prophétie jusqu'à la chute de Rome, par laquelle Dieu vouloit donner le dernier coup à l'idolâtrie romaine.

IV. — Pourquoi Rome marquée sous la figure de Babylone : L'empire de Satan détruit, vrai sujet de l'*Apocalypse*.

Il ne pouvoit pas marquer Rome par une figure plus convenable que par celle de Babylone, superbe et dominante comme elle ; comme elle, attachée à ses faux dieux et leur attribuant ses victoires ; comme elle, persécutrice du peuple de Dieu et le tenant sous le joug de la captivité ; comme elle enfin, foudroyée et déchue de sa puissance et de son empire par un coup visible de la main de Dieu.

Mais en même temps qu'à la manière des prophètes il cache Rome sous cette figure mystérieuse, il veut si bien qu'on la reconnoisse, qu'il lui donne, comme on a vu [1], tous les caractères par où elle étoit connue dans tout l'univers, et en particulier celui d'être la ville aux sept montagnes, et celui d'être la ville qui avoit l'empire sur tous les rois de la terre [2] : caractères si particuliers et si remarquables, que personne ne s'y est mépris, ainsi qu'il a été dit [3]. Il pénètre encore plus avant, et le chapitre xx de l'*Apocalypse* nous montre en confusion et comme de loin de grandes choses, que je ne sais si nous pouvons démêler. Mais comme le principal dessein étoit de nous faire voir les persécuteurs, et surtout les Romains punis, et l'Eglise victorieuse au milieu de tous les maux qu'ils lui faisoient, c'est aussi ce qui nous paroît plus certainement et plus clairement que le reste.

Mais tout ce que nous venons de dire, quoique très-important, n'est encore pour ainsi parler que l'écorce et le dehors de l'*Apocalypse*. Ce n'est pas la chute de Rome, ni de l'empire idolâtre et persécuteur que Jésus-Christ veut découvrir principalement à saint Jean ; c'est dans la chute de cet empire, celle de l'empire de Satan qui régnoit dans tout l'univers par l'idolâtrie que l'Empire romain soutenoit ; et Jésus-Christ avoit prédit la ruine de cet empire de Satan, lorsqu'à la veille de sa passion il avoit dit ces paroles : « Maintenant le monde va être jugé : maintenant le prince

---

[1] *Préf.*, n. 8. — [2] *Apoc.*, XVII, 9, 18. — [3] *Préf.* n. 8.

du monde va être chassé dehors; et lorsque j'aurai été élevé de terre, je tirerai tout à moi, » *Joan.*, xii, 31, 32.

On entend bien qui est ici le prince du monde : c'est Satan qui le tenoit sous son joug et s'y faisoit adorer. On voit cette tyrannie renversée et le monde converti par la passion du Sauveur, c'est-à-dire, avec la ruine de l'empire de Satan, le parfait établissement du règne de Jésus-Christ et de son Eglise.

L'accomplissement de cette parole de Notre-Seigneur, si soigneusement remarquée par saint Jean, fait encore le vrai sujet de son *Apocalypse* : c'est pourquoi on y voit le dragon, c'est-à-dire le diable et ses anges comme tenant l'empire du monde[1]. On y voit les combats qu'ils rendent pour le conserver, leur fureur contre l'Eglise naissante, et tout ce qu'ils font pour la détruire. Les démons agissent partout, et remuent tout contre l'Eglise qui vient abattre leur puissance[2]. Tous leurs efforts sont inutiles, et ce règne infernal qui devoit périr, devoit aussi entraîner dans sa chute tous ceux qui se laisseroient entraîner à ses sacriléges desseins.

On voit donc ici d'un côté les entreprises de Satan contre l'Eglise; et de l'autre, que ce qu'on emploie contre elle sert à son triomphe, et que seconder les désirs de l'enfer, comme faisoit l'Empire romain, c'étoit courir à sa perte.

Ainsi donc fut exécuté le jugement que le Fils de Dieu avoit prononcé contre le prince du monde : c'est pourquoi on voit le dragon atterré, tous ses prestiges découverts, et à la fin de ce divin Livre, « le démon avec la bête et le faux prophète » qui le soutenoient, « jetés dans l'étang de feu et de soufre, pour y être tourmentés aux siècles des siècles. » *Apoc.*, xix, 20; xx, 9, 10.

On voit aussi dans le même temps Jésus-Christ vainqueur et tous les royaumes du monde composant le sien : ainsi il attire à lui tout le monde; ses martyrs sont les juges de l'univers, et c'est à quoi se termine la prophétie[3].

En voici donc en un mot tout le sujet. C'est Satan, le maître du monde, détruit avec l'empire qui le soutenoit, après avoir livré de vains combats à l'Eglise toujours victorieuse, et à la fin dominante sur la terre.

[1] *Apoc.*, xii. 3 et seq. — [2] *Apoc.*, xii, xiii. — [3] *Apoc.*, xi, xix.

On voit à la fin du livre de nouveaux combats [1] où je ne veux pas encore entrer. Je me contente d'avoir ici donné l'idée générale de la principale prédiction : pour en pénétrer le détail, il faut encore s'instruire des événemens particuliers qui se devoient développer dans l'exécution de ce grand ouvrage de Dieu.

*Histoire abrégée des événemens depuis la mort de saint Jean sous Trajan, en l'an 101, jusqu'à l'an 410, où Rome fut prise par Alaric.*

I. — Etat des Juifs depuis la ruine de Jérusalem et du temple sous Vespasien : leur désastre sous Trajan et leur désolation sous Adrien.

Les Juifs n'étoient pas entièrement chassés de Jérusalem par la ruine de cette ville, et par l'incendie de son temple sous Vespasien et sous Tite. Ils s'étoient bâti des maisons dans Jérusalem, et ils s'étoient fait un honneur de conserver le lieu saint où le temple avoit été posé : ce qui fit que les chrétiens y eurent aussi dans le même temps, sous quinze évêques consécutifs tirés des Juifs, une église florissante, où ils recueilloient beaucoup de fidèles de cette nation : mais le gros du peuple persista dans la haine qu'il avoit conçue pour Jésus-Christ et ses disciples, ne cessant d'animer contre eux les gentils par leurs calomnies [2]. Jamais ils n'avoient été plus remuans ; et devenus comme furieux par leur malheur, ils sembloient être résolus à se relever de leur chute ou à périr tout à fait, et envelopper le plus qu'ils pourroient de leurs ennemis dans leur ruine.

Saint Jean les avoit laissés dans cette funeste disposition lorsqu'il mourut. Ce fut sous Trajan et dans la seconde année de son empire que l'Eglise perdit ce grand apôtre, que Dieu avoit conservé jusqu'à une extrême vieillesse, pour affermir par son témoignage et par sa doctrine la foi de l'Eglise naissante. Un peu après, sous le même prince, les Juifs reprirent les armes avec une espèce de rage [3] : ils espérèrent peut-être profiter du temps où il étoit occupé contre les Parthes. Mais Lysias, qu'il envoya contre eux, tailla en pièces leurs armées, en fit périr un nombre infini, et les mit de nouveau sous le joug. Leur défaite fut encore plus

[1] *Apoc.*, XX. 7 et seq. — [2] *Apoc.*, II, 9. — [3] An. Ch. 115, 117.

sanglante dans la Libye et dans l'île de Chypre, où ils avoient fait des carnages inouïs ; et il sembloit que Trajan ne leur avoit laissé aucune ressource [1].

Ils furent mis en cet état dans la dix-neuvième année de ce prince, qui fut aussi la dernière de son empire : mais ils reçurent comme un second coup bien plus terrible sous Adrien [2], lorsque ces désespérés ayant repris les armes avec une furie dont on ne voit guère d'exemples, cet empereur tomba sur eux par ses généraux avec toutes les forces de l'Empire. Alors tout ce qui restoit de gloire à Jérusalem fut anéanti : elle perdit jusqu'à son nom ; Adrien ne lui laissa plus que le sien qu'il lui avoit donné. Pour les Juifs, il en périt près de six cent mille dans cette guerre, sans compter ceux qui furent consumés par la famine et par le feu, et les esclaves sans nombre qu'on vendit par toute la terre : ce qui, dans toute la suite, leur fit regarder un marché fameux, qu'on appeloit le marché de Térébinthe, avec horreur, comme si on eût dû encore les y vendre tous à aussi vil prix qu'on avoit fait après leur défaite entière sous Adrien [3].

II. — Cette révolte excitée par le faux messie Barcochébas : horrible désolation des Juifs : leur défaite coûta beaucoup de sang aux Romains.

L'auteur de cette révolte fut Cochébas ou Barcochébas, dont le nom signifioit l'Etoile ou le fils de l'Etoile [4]. Les Juifs trompés par Akiba, le plus autorisé de tous leurs rabbins, le prirent pour le Messie. Son nom même aidoit à la séduction, et lui donna occasion de s'approprier cette ancienne prophétie du livre des *Nombres* : « Il s'élèvera une étoile de Jacob [5]. » Selon cette prophétie, Barcochébas se disoit un astre descendu du ciel pour le salut de sa nation opprimée : mais au contraire, elle fut exterminée pour jamais de sa patrie [6].

Les Juifs ont regardé ce désastre comme le plus grand qui leur fût jamais arrivé, plus grand même que celui qui leur étoit arrivé

---

[1] Paul. Oros., VII, XII; Dio, *in Traj.*; Euseb., IV, VI ; *Chron.*, ad an Traj., 15.
[2] An. 119, 135. — [3] Hieronym. *in Ezech.*, I, IV, et VIII, XXIV; Dio, *in Adrian.*; Paul. Oros., XIII; Euseb., *Chron.*, in Adrian., 18; Euseb., IV, II, VI, VIII; Hieronym., *in Jerem.*, IV, XX ; *in Zach.*, XI ; *in Joel.*, I; *in Isa.*, VI, etc. — [4] Euseb., *Chron.*, ad an. 134. — [5] *Num.*, XXIV, 17. — [6] Euseb., IV, VI.

sous Tite. L'auteur du livre nommé Juchasin dit qu'il périt deux fois plus d'hommes dans cette guerre qu'il n'en étoit sorti d'Egypte, c'est-à-dire qu'il en périt plus de douze cent mille, puisqu'il en étoit sorti d'Egypte six cent mille, sans compter les enfans ; et un autre auteur juif, rapporté par Drusius[1], dit que « ni Nabuchodonosor, ni Tite, n'avoient tant affligé les Juifs qu'avoit fait Adrien, » soit qu'il faille prendre ces termes à la rigueur, ou que le dernier coup, qui ne laisse aucune espérance, soit toujours le plus sensible.

Depuis ce temps leur douleur n'eut plus de bornes. Ils se crurent entièrement exterminés de leur terre ; à peine leur fut-il permis de la regarder de loin ; et ils achetoient bien cher la liberté de venir seulement un jour de l'année au lieu où étoit le temple pour l'arroser de leurs larmes[2]. Leur grande douleur étoit de voir cependant les chrétiens, que leur faux messie Barcochébas avoit cruellement persécutés, demeurer à Jérusalem en assez grande paix sous Adrien et sous leur évêque Marc, le premier qui gouverna dans cette ville les fidèles convertis de la gentilité[3]. Alors donc put s'accomplir parfaitement ce que saint Jean avoit prédit aux chrétiens, que ces Juifs superbes qui les avoient tant méprisés et tant affligés seroient abattus à leurs pieds[4] et contraints de confesser qu'ils étoient plus heureux qu'eux, puisqu'ils pouvoient demeurer dans la sainte Cité d'où les Juifs se voyoient éternellement bannis.

La victoire coûta tant de sang aux Romains, que dans les lettres que l'empereur écrivit selon la coutume au sénat pour lui en donner avis, il n'osa mettre à la tête cette manière ordinaire de saluer : « Si vous et vos enfans êtes en bonne santé, moi et l'armée y sommes aussi, » n'osant dire qu'une armée si étrangement affoiblie par cette guerre fût en bon état[5]. Ainsi Dieu punissoit les Juifs par les Romains, et en quelque façon aussi les Romains par les Juifs, pendant que les chrétiens avoient le loisir dans un état assez paisible de considérer avec une profonde admiration les jugemens de Dieu.

[1] Drus., *in Præterm.* — [2] Tertul., *Advers. Jud.*, XIII; Hieron., *in Dan.*, IX; *Jerem.*, XXXI; Greg. Naz., *Orat.* XII. — [3] Euseb., IV, VI. — [4] *Apoc.*, III, 9. — [5] Dio, *in Adrian*

III. — **Les prophéties obscurcies par les interprétations et les traditions des Juifs : leurs opinions se répandent dans l'Eglise.**

Ce fut durant ce temps que les Juifs s'occupèrent plus que jamais à détourner le vrai sens des prophéties qui leur montroient Jésus-Christ. Akiba, le plus renommé de tous leurs rabbins, les leur faisoit appliquer à Barcochébas. Le recueil de leur Talmud fut fait alors, et à ce qu'on croit, à peu près dans le temps qu'Adrien les dispersa. C'est là qu'ils ont ramassé leurs *Deutéroses*, ou leurs fausses traditions, où la loi et les prophéties sont obscurcies en tant d'endroits, et qu'ils ont posé les principes pour éluder les passages qui regardoient Jésus-Christ : ce qui faisoit en un certain sens une notable diminution de leur lumière, non-seulement à l'égard des Juifs à qui Dieu la retiroit, mais encore à l'égard des gentils, puisqu'ils étoient d'autant moins touchés de ces divines prophéties, que les Juifs à qui elles étoient adressées ne les entendoient pas comme nous.

Mais ce fut une chose encore plus douloureuse pour l'Eglise, et une espèce de nouvelle persécution qu'elle eut à souffrir de la part des Juifs, lorsqu'elle vit les opinions judaïques se répandre jusque dans son sein. Dès l'origine du christianisme il s'étoit mêlé parmi les fidèles des Juifs mal convertis, qui tâchoient d'y entretenir un levain caché du judaïsme, principalement en rejetant le mystère de la Trinité et celui de l'Incarnation. Tels étoient un Cérinthe et un Ebion, qui nièrent la divinité de Jésus-Christ et ne vouloient reconnoître en Dieu qu'une seule personne. Saint Jean les avoit condamnés dès les premières paroles de son Evangile, en disant : « Au commencement étoit le Verbe, et le Verbe étoit en Dieu, et le Verbe étoit Dieu [1]. » Par là il montroit clairement qu'il y avoit en Dieu plus d'une personne; et il ne montroit pas moins évidemment, que le Verbe, cette autre personne qu'il reconnoissoit pour Dieu, s'étoit fait homme [2]; en sorte que le Verbe et l'homme n'étoient, comme il ajoutoit, dans la vérité, que le « même Fils unique de Dieu [3]. » On ne pouvoit, ni plus clairement, ni plus fortement condamner les opinions judaïques : mais elles ne laissèrent pas de sortir de temps en temps de l'enfer,

[1] *Joan.*, I, 1. — [2] *Ibid.*, 14. — [3] *Ibid.*

où l'Evangile de saint Jean sembloit les avoir renfermées. Sur la fin du second siècle[1], il s'éleva, sans auteur connu, une secte nommée des *Alogiens*[2], ainsi appelés, parce qu'ils ne reconnoissoient pas le Verbe. Ceux-ci en haine du Verbe que saint Jean avoit annoncé, rejetèrent son Evangile, et même son *Apocalypse*, où Jésus-Christ étoit aussi appelé le Verbe de Dieu. Ils ne demeurèrent pas longtemps sans chef, et Théodote de Byzance, qui vivoit alors, se mit à leur tête[3]. C'étoit un homme savant et connu pour tel, comme le remarque saint Épiphane[4]; et d'ailleurs, dit-il, très-bien instruit des arts de la Grèce, c'est-à-dire très-poli et très-éloquent, quoiqu'il fût marchand de cuir. Ce fut dans Rome même, et sous le pape saint Victor, qu'il commença à semer son hérésie[5]. L'occasion en est mémorable. Durant la persécution il avoit été pris pour la foi, et seul il l'avoit abandonnée, pendant que les compagnons de sa prison étoient allés au martyre. Comme ceux qui « connoissoient son savoir, » lui reprochoient une chute si honteuse à « un homme si savant, » il leur répondit pour toute raison qu'en tout cas s'il avoit renié Jésus-Christ, c'étoit un pur homme, et non pas un Dieu qu'il avoit renié : détestable excuse qui couvroit une lâcheté par un blasphème. Une autre secte sortie de celle-là ravaloit si fort Jésus-Christ, qu'elle le mettoit au-dessous de Melchisédech[6]. C'étoit une suite de ces opinions judaïques de réduire la Trinité à de simples noms, comme fit dans le même temps[7] un Praxéas, contre qui Tertullien a écrit. Noétus suivit cette erreur, que Sabellius releva encore, et se fit beaucoup de disciples, non-seulement dans la Mésopotamie, mais encore dans Rome même. Ces hérésies venoient toutes d'un même principe, qui étoit de mettre l'unité de Dieu, comme les Juifs, dans une seule personne divine : ce qui obligeoit à dire, ou que Jésus-Christ étoit la même personne que le Père, qui seul étoit Dieu; ou ce qui étoit plus naturel, qu'il n'étoit pas Dieu lui-même, et qu'il n'étoit qu'un pur homme; et en quelque manière que ce fût, c'étoit ou nier la di-

---

[1] An. 196. — [2] Epiph., *Hæres.* LI. — [3] Ibid., *Hæres.* LIV. — [4] *Ibid.* et *in Synops.*, tom. II. — [5] Theodor., *Hær. Fab.*, II, *in Theod.* — [6] Epiph., *Hær.* LV, LVII, LXII. — [7] An. 190.

vinité du Fils de Dieu, ou en supprimer la personne même.

On voit clairement que ces hérésies étoient un reste de ce levain judaïque, dont les disciples de Jésus-Christ devoient se garder selon la parole de Notre-Seigneur, et que les chrétiens qui les embrassoient, étoient sous le nom de chrétiens, des pharisiens ou des Juifs, comme saint Epiphane[1] et les autres Pères les appeloient.

Mais jamais il ne parut tant que ces opinions venoient des Juifs que du temps de Paul de Samosate, évêque d'Antioche[2], puisqu'Artémon ayant renouvelé l'hérésie de Cérinthe et de Théodote, qui ne faisoit de Jésus-Christ qu'un pur homme, Paul embrassa son parti en faveur de Zénobie, reine de Palmyre, qui, comme on sait, étoit attachée à la religion judaïque[3]. Les Juifs étoient donc, à vrai dire, les auteurs de cette impiété, puisqu'ils l'inspiroient à cette reine, et tâchèrent de l'établir par ce moyen dans le troisième siége de l'Eglise et dans la ville où le nom de chrétien avoit pris naissance[4] : comme si pour étouffer à jamais un si beau nom, le démon eût voulu porter la corruption jusques dans la source où il étoit né. Les suites de cette erreur ont été effroyables dans l'Eglise, puisque non-seulement Photin évêque de Sirmich la renouvela, mais qu'à vrai dire les ariens, les nestoriens et toutes les autres sectes qui attaquèrent dans la suite la divinité ou l'incarnation du Fils de Dieu, n'étoient que des rejetons de cette hérésie judaïque.

L'Eglise souffrit donc longtemps une espèce de persécution de la part des Juifs par la contagion de ces doctrines pharisaïques; et Dieu le permettoit ainsi, non-seulement, comme dit saint Paul[5], pour éprouver les vrais fidèles, mais encore pour frapper d'aveuglement ceux que leur haine volontaire contre l'Evangile avoit livrés à l'esprit d'erreur.

De tout temps les hérésies ont été un grand scandale aux infidèles et un grand obstacle à leur conversion. Il n'y a personne qui ne sache que Celse et tous les païens, aussi bien que depuis

---

[1] *Hæres.*, LXV, LXIX; *Ancor.*, tom. II, p. 120. — [2] An. 260, 264, 265. — [3] Athan., *Epist. ad Solit.*; Theodor., II, *Hæres. Fabul., in Paul. Samos.* — [4] *Act.*, XI, 26. — [5] I *Cor.*, XI, 19.

leur temps Mahomet et ses sectateurs, les ont objectées aux chrétiens comme le foible du christianisme. Les païens en concluoient que l'Eglise chrétienne, qui se glorifioit de son institution divine, étoit une invention humaine comme les autres sectes, divisée comme elles en plusieurs factions, qui n'avoient rien de commun que le nom. Outre cela ils attribuoient aux vrais chrétiens les dogmes des hérétiques : ainsi la doctrine chrétienne étoit méprisée et haïe : méprisée comme affoiblie par ses divisions ; haïe comme chargée des dogmes impies des sectes qui portoient son nom. C'est assurément un des moyens des plus dangereux dont se soit servi le démon pour obscurcir l'Evangile [1] et empêcher que la gloire ne s'en fît sentir aux infidèles, Dieu le permettant ainsi par un juste jugement, et punissant les impies par une espèce de soustraction de la lumière qu'ils ne vouloient pas recevoir.

IV.— Le règne de Valérien : Malheur de ce prince, et dispositions à la chute de l'Empire romain.

Il leur préparoit en même temps des châtimens plus sensibles. Comme les Romains aveuglés ne profitoient pas de la prédication de l'Evangile, et que Rome au contraire s'opiniâtroit depuis deux cents ans à soutenir l'idolâtrie par toute la terre, Dieu résolut d'ôter l'empire à cette ville impie, qui avoit entrepris d'éteindre la race et le nom des Saints. Les guerres d'Orient furent constamment la première cause de sa chute, et ce fut de ce côté-là que l'empire persécuteur reçut ses premières plaies par la défaite et la prise de Valérien [2]. Les Perses avoient repris l'empire de l'Orient sous un Artaxerxe, qui envahit le royaume des Parthes, anciens et implacables ennemis du nom romain. Ces peuples étoient renfermés au delà de l'Euphrate ; et s'ils le passoient quelquefois pour envahir les provinces de l'Empire, ils se voyoient bientôt repoussés par la puissance romaine, qui leur portoit la guerre et la désolation jusque dans le sein. Les choses changèrent sous Valérien, grand prince d'ailleurs, mais l'un des plus cruels persécuteurs que l'Eglise eût encore éprouvés. C'est dans cette sanglante persé-

[1] II *Cor.*, IV, 3, 4. — [2] Ce prince régna de 260 à 269.

cution que saint Cyprien et saint Laurent souffrirent le martyre. Depuis que Valérien l'eut commencée, il fut le plus malheureux de tous les empereurs [1]. On sait la défaite honteuse de ce prince par Sapor, roi de Perse, sa prise, son long esclavage, le triste état de l'Empire romain, les trente tyrans auxquels il fut donné en proie ; en même temps l'inondation des Barbares qui le ravageoient, c'est-à-dire à la fois la guerre civile et la guerre étrangère, et une terrible agitation, non-seulement dans les provinces, mais encore dans tout le corps de l'Empire. Alors il sembla que tous les peuples perdissent en même temps le respect pour la majesté romaine. On vit entrer de tous côtés, dans toutes les terres de l'Empire, ceux qui le devoient mettre en pièces : les Suèves, les Alains, les Germains, les Allemands, peuple particulier de la Germanie, qui a depuis donné parmi nous le nom à la nation ; les Hérules, les Vandales, les Francs, les Gépides, noms presque inconnus jusqu'alors ; et comme à la tête de tous, les Goths qui les animoient et qu'on nommoit presque seuls parmi tant d'ennemis, à cause qu'ils se signaloient au-dessus des autres [2]. Il est vrai qu'ils furent vaincus par mer et par terre, car leur temps n'étoit pas encore venu. La justice divine, qui marche à pas lents, se contenta d'avoir marqué alors les destructeurs futurs de Rome, et de lui avoir montré la verge dont elle devoit être frappée.

Tous ces malheurs commencèrent à la défaite et à la prise de Valérien ; et on reconnut si bien que la persécution en étoit la cause, que Gallien, fils et successeur de ce prince, la fit cesser aussitôt qu'il fut élevé à l'Empire : mais Dieu ne laissa pas de continuer ses justes vengeances [3]. Car outre que Gallien, le plus infâme de tous les hommes, n'étoit pas propre à l'apaiser, les peuples ne se corrigèrent pas, et leur haine fut plus que jamais envenimée contre l'Eglise. Dieu aussi multiplia ses fléaux : la guerre, la peste, la famine, ravagèrent le monde comme à l'envi, et jamais on n'avoit vu de si grand maux, ni si universels, ni tant à la fois. L'Empire se rétablit sous Claude II et sous les princes suivans.

[1] Euseb., VIII, x; Lact., *De Mort. persec.* — [2] Trebell., *in Claud.*; Vopisc., *in Aurel.*; Paul Oros., VIII, xxii, xxiii. — [3] Euseb.; Paul Oros., *ibid.*

Mais les suites des malheurs de Valérien ne finirent pas. Depuis ce temps il fallut tourner vers l'Orient toutes les forces de l'Empire : c'est par là que l'Occident demeura découvert aux barbares. Le grand nombre de césars et d'empereurs qu'il fallut faire, chargea extraordinairement l'Empire et diminua la majesté d'un si grand nom.

V. — La dernière persécution sous Dioclétien, et la paix de l'Eglise.

Rome cependant devenoit toujours plus impitoyable envers les chrétiens. La persécution de Dioclétien et de Maximien fut la plus violente de toutes[1]. Encore que ces empereurs et surtout Maximien eussent déjà beaucoup affligé les Saints et fait beaucoup de martyrs, on ne compte leur persécution que depuis que par un édit exprès ils firent renverser les églises, et contraignirent par des morts cruelles, premièrement le clergé, et ensuite tout le peuple, à sacrifier aux idoles. Après que ces empereurs eurent renoncé à l'empire, leurs successeurs continuèrent la persécution avec un pareil acharnement durant dix ans : et cette persécution est appelée du nom de Dioclétien, parce qu'elle fut commencée par son autorité. Jamais l'Eglise n'avoit tant souffert. Il sembloit que les démons, qui sentoient par le nombre immense des conversions que leur empire alloit tomber, fissent alors les derniers efforts pour le soutenir : mais au contraire ce fut alors et au milieu de cette effroyable persécution, que Constantin choisi de Dieu pour donner la paix à son Eglise et triompher par la croix, en érigea le trophée au milieu de Rome[2].

VI.— L'idolâtrie ressuscitée par Julien l'Apostat : Rome attachée à l'idolâtrie sous les princes chrétiens.

Les sacrifices des démons furent abolis, leurs temples furent fermés, et l'idolâtrie sembloit avoir reçu le coup mortel[3]. Mais environ cinquante ans après, Julien l'Apostat la fit revivre, et lui rendit son premier lustre pour un peu de temps[4]. La défaite de ce prince et sa mort dans un combat contre les Perses, en relevant

---

[1] An. 303. — [2] An. 306, 307. — [3] Euseb., *De Vit. Const.*, II, XLV; Theodor., I, II. — [4] An 360, 361.

l'Eglise, donna un grand coup à l'Empire romain, et le temps de sa chute sembloit approcher.

Les violences et les cruautés qu'on exerça dans les villes contre les chrétiens aussitôt que Julien se fut déclaré leur ennemi, firent bien voir que l'idolâtrie n'étoit pas morte, même sous les princes chrétiens[1]. Rome ne pouvoit revenir de ses erreurs ni de ses faux dieux. Elle continuoit à imputer aux chrétiens tous les malheurs de l'Empire, toujours prête à les traiter avec les mêmes rigueurs qu'elle avoit fait autrefois, si les empereurs l'eussent souffert. La cause même de l'idolâtrie y étoit si favorable, que les tyrans qui s'élevoient, ou ceux qui aspiroient à la tyrannie, un Maxime, un Eugène, un Eucher, gagnoient Rome en faisant croire qu'ils seroient plus favorables au culte des dieux que les empereurs, ou en promettant ouvertement de le rétablir[2]. En effet il paroît par toute l'histoire que le sénat, le premier corps de l'Empire et celui qui avoit toujours le plus excité la persécution contre l'Eglise, ne s'étoit point relâché de ses premiers sentimens. La relation de Symmaque, préfet de la ville[3], aux empereurs Valentinien, Théodose et Arcade, le fait bien voir, puisque ce fut au nom du sénat qu'il demanda à ces empereurs le rétablissement des gages retranchés aux vestales, et celui de l'autel de la Victoire dans le lieu où ce corps auguste s'assembloit. On voit par la réponse de saint Ambroise que ce n'étoit pas à tort que Symmaque prenoit le nom de cette compagnie, puisqu'en effet le nombre des idolâtres y prévaloit. Cette relation de Symmaque avoit été précédée par une semblable délibération, deux ans auparavant, sous l'empire de Gratien[4]. Tout ce que pouvoient faire les sénateurs chrétiens en ces occasions étoit de s'absenter du sénat, pour ne point participer à un décret plein d'idolâtrie, ou de souscrire une requête particulière pour faire connoître leurs sentimens à l'empereur. Ainsi l'idolâtrie avoit encore pour elle le suffrage des Pères Conscrits, c'est-à-dire de cet auguste sénat, autrefois si révéré des nations et des rois, et où il y avoit encore une si grande partie de la

---

[1] An. 362, 363 ; Sozom. V, IX et seq. XV; Socrat., III, XII, XIII; Theod., III, VII. — [2] Zoz., IV; Oros., VIII, XXXV, XXXVIII. — [3] *Relat.* Symm., ap. Ambros., V; *Epist. post. Epist.,* XXX, *ibid., Epist.* XXXI. — [4] *Ibid.*

puissance publique, puisqu'on y confirmoit et les lois et les princes mêmes.

Il ne faut donc pas s'imaginer que Rome fût chrétienne, ni que la colère de Dieu dût être apaisée à cause que les empereurs s'étoient convertis. Les temples rouverts par Julien n'avoient pu être refermés : les païens même trouvoient moyen de continuer leur culte malgré les défenses des empereurs. Ils regardoient le culte des chrétiens comme la dévotion particulière des princes, et le culte des anciens dieux comme celui de tout l'Empire[1]. Tout étoit infecté dans Rome, dit saint Ambroise[2], de la fumée des sacrifices impurs, et on y voyoit de tous côtés les idoles qui provoquoient Dieu à jalousie. Ainsi Rome attiroit toujours sa vengeance. Il en arriva comme du temps de Josias : encore que la piété de ce prince eût remis en honneur le vrai culte, Dieu n'oublia pas pour cela les impiétés du règne d'Achaz et de Manassès, et il attendoit seulement à perdre Juda, lorsqu'il auroit retiré du monde le pieux Josias[3]. Le Josias que Dieu sembloit avoir épargné, étoit Théodose le Grand : mais il détruisit sous son fils Rome et son empire. Ce n'étoit pas qu'Honorius n'eût hérité de la piété de son père : mais Rome se rendoit d'autant plus inexcusable, que l'exemple et l'autorité de ses empereurs n'étoit pas capable de la convertir. L'année séculaire de Rome arriva sous le règne de ce prince[4] ; et pour contenter le peuple, qui attribuoit les malheurs du siècle précédent au mépris qu'on y avoit fait des jeux séculaires au commencement de ce siècle-là, on les laissa célébrer avec beaucoup de superstitions et d'idolâtries.

VII. Rome prise par Alaric avec une marque visible de la vengeance divine sur le paganisme.

Ne voilà que trop de sujets de perdre Rome, et Dieu avoit déjà appelé les Goths pour exercer sa vengeance. Mais la manière dont il accomplit ce grand ouvrage, y fit bien connoître sa main toute-puissante.

Deux rois goths menaçoient en même temps Rome et l'Italie,

[1] *Relat.* Symm., *ibid.* — [2] *Ibid.*, *Epist.* XXXI. — [3] IV *Reg.*, XXII, 20 ; XXIII, 26, 27. — [4] An. 404 ; Zoz., II.

Radagaise et Alaric; le premier païen, le second chrétien, quoiqu'attaché à l'arianisme. Radagaise marchoit avec deux cent mille hommes, et selon la coutume des barbares il avoit voué à ses dieux le sang des Romains[1]. Les païens publioient à Rome qu'il venoit un ennemi vraiment redoutable, que le culte des dieux rendroit puissant contre Rome, où leurs autels étoient méprisés; et ils disoient que les sacrifices de ce roi païen étoient plus à craindre que ses troupes, quoiqu'innombrables et victorieuses. « Les blasphèmes se multiplioient dans toute la ville, » dit un historien du temps; « et le nom de Jésus-Christ étoit regardé plus que jamais comme la cause de tous les maux[2]. » Si Dieu résolu à la vengeance eût livré la ville à ce païen, ceux de la même religion n'auroient pas manqué d'attribuer la victoire aux dieux qu'il adoroit. Mais son armée fut taillée en pièces, sans qu'il en restât un seul, pas même le roi[3].

Dans le même temps Alaric, l'autre roi des Goths, s'étoit rendu redoutable aux Romains[4] : tantôt reçu dans leur alliance et combattant avec eux, tantôt indignement traité, enfin il assiége Rome. On y cherche de vains secours, en appelant des devins toscans[5], selon l'ancienne coutume; et on se portoit avec tant d'ardeur aux cérémonies païennes, qu'un païen a bien osé écrire que le pape saint Innocent fut obligé d'y consentir. Personne n'en a cru Zozime, un si grand calomniateur des chrétiens : mais son récit ne laisse pas de faire sentir dans Rome un prodigieux attachement à l'idolâtrie. Car il est bien constant par tous les auteurs que les Etruriens ou Toscans furent appelés par le gouverneur ou le préfet de la ville, et que les sénateurs païens demandoient qu'on offrît des sacrifices dans le Capitole et dans les autres temples[6]. C'est ainsi que Rome assiégée vouloit recourir à ses anciens dieux (a). Approchant le temps de sa perte, on y établit pour empereur Attale, païen d'inclination, qui aussi faisoit espérer le réta-

---

[1] Oros., VII, XXXVII. — [2] Ibid. — [3] An. 406. — [4] Oros., ibid.; Zoz., V. — [5] Zoz., ibid. — [6] Zoz., VIII, VI.

(a) Le passage qu'on vient de lire, depuis ces mots : *Car il est bien constant par tous les auteurs*, jusqu'à ceux-ci : *Vouloit recourir à ses anciens dieux*, ne se trouve pas dans l'édition *princeps*; mais il a été consigné, pour y être inséré, à la fin des *Avertissemens aux protestans*, édition de 1689, dans la revue que Bossuet fit alors de plusieurs de ses ouvrages.

blissement du paganisme¹. En effet, dans la propre année que Rome fut prise, le tyran créa consul un Tertullus, zélé idolâtre, qui commença sa magistrature, selon la coutume des gentils, par les vains présages des oiseaux, et qui faisant valoir dans le sénat la qualité de pontife qu'il espéroit bientôt avoir, vouloit faire revivre avec elle toute la religion païenne². Ainsi l'idolâtrie étoit encore une fois devenue dans Rome la religion dominante, Dieu l'ayant ainsi permis pour ne point laisser douteux le sujet de ses justes vengeances³. Cette grande ville hâtoit son supplice : les propositions de paix qu'on faisoit à l'empereur furent inutiles; Rome fut prise par Alaric⁴, et tout y fut désolé par le fer et par le feu.

Mais Dieu, qui avoit enlevé à Radagaise, prince païen, une ville destinée à sa vengeance, pour la livrer à un chrétien dont la victoire ne pût pas être attribuée par les païens au culte des dieux, voulut encore faire voir d'une autre manière et avec beaucoup d'éclat, que le paganisme étoit le seul objet de sa colère : car il mit dans le cœur d'Alaric d'établir un asile assuré dans les églises, et principalement dans celle de Saint-Pierre⁵. Plusieurs païens s'y réfugièrent avec les chrétiens, et visiblement ce qui resta de la ville fut dû au christianisme.

VIII. — Tous les chrétiens reconnoissent le doigt de Dieu dans cet événement.

Tous les chrétiens reconnurent le doigt de Dieu dans ce mémorable événement; et saint Augustin, qui en fait souvent la réflexion, nous fait adorer en tremblant les moyens dont ce juste Juge sait faire connoître aux hommes ses secrets desseins. Au reste, il arriva au vainqueur choisi de Dieu pour exécuter ses décrets, ce qui a coutume d'arriver à ceux dont la puissance divine se veut servir : c'est que Dieu leur fait sentir par un secret instinct qu'ils ne sont que les instrumens de sa justice. Ainsi Tite répondit à ceux qui lui vantoient ses victoires sur les Juifs, qu'il n'avoit fait que prêter la main à Dieu irrité contre ce peuple⁶. Alaric eut

---

¹ Sozom., IX, IX. — ² *Salv. de Gub. Dei.*, VI; Oros., VII, XLII; Zoz., VI. — ³ Oros., *ibid.*; August., serm. *De Excid. Urb.*, etc. — ⁴ An. 410. — ⁵ Oros., *ibid.*, VII, XXX; August., *De Civ.*, I, II; V, XXIII. — ⁶ Philostr., *Vit. Ap.*, VI.

un semblable sentiment; et un saint moine d'Italie le priant d'épargner une si grande ville : « Non, dit-il, cela ne se peut : je n'agis pas de moi-même : quelqu'un me pousse au dedans sans me donner de repos ni jour ni nuit, et il faut que Rome soit prise [1]. » Elle le fut bientôt après. Alaric ne survécut guère, et il sembloit qu'il ne fût au monde que pour accomplir cet ouvrage.

IX. — Suite de la prise de Rome. Le paganisme entièrement ruiné avec l'Empire romain.

Depuis ce temps, la majesté du nom romain fut anéantie : l'Empire fut mis en pièces, et chaque peuple barbare enleva quelque partie de son débris; Rome même, dont le nom seul imprimoit autrefois de la terreur, quand on la vit une fois vaincue, devint le jouet et la proie de tous les barbares. Quarante-cinq ans après[2], le Vandale Genséric la pilla encore. Odoacre, roi des Erules, s'en rendit le maître, comme de toute l'Italie[3], presque sans combat; et la gloire de l'Empire romain, s'il lui en restoit encore après cette perte, fut transportée à Constantinople. Rome, autrefois la maîtresse du monde, fut regardée avec l'Italie comme une province, et encore en quelque façon comme une province étrangère, que l'empereur Anastase fut contraint d'abandonner à Théodoric, roi des Goths[4]. Vingt ou trente ans on vit Rome comme ballottée entre les Goths et les capitaines romains qui la prenoient tour à tour. Dieu ne cessa de poursuivre jusqu'à l'entière destruction les restes de l'idolâtrie dans cette ville. La vénération des dieux romains avoit laissé des impressions si profondes dans l'esprit du vulgaire ignorant, qu'on voit sous Justinien et sous les derniers rois goths qui régnèrent en Italie[5], de secrets adorateurs de Janus; et on crut encore trouver dans sa chapelle et dans ses portes d'airain, quoiqu'abandonnées depuis tant de siècles, une secrète vertu pour faire la guerre en les ouvrant[6]. C'étoient les derniers efforts de l'idolâtrie qui tomboit tous les jours de plus en plus avec l'empire de Rome. Mais le grand coup fut frappé par Alaric : ni

[1] Soz., IX, 6. — [2] An. 455. — [3] An. 476. — [4] An. 493. — [5] An. 538. — [6] Procop., *De Bell. Goth.*, I.

l'empire, ni l'idolâtrie n'en sont jamais relevés, et Dieu vouloit que l'un et l'autre pérît par un même coup.

C'est ce que célèbre saint Jean dans l'*Apocalypse;* c'est où il nous mène par une suite d'événemens qui durent plus de trois cents ans, et c'est par où se termine enfin ce qu'il y a de principal dans sa prédiction. C'est là aussi la grande victoire de l'Eglise. Mais, avant que d'y arriver, il faudra voir tous les obstacles qu'elle a surmontés, toutes les séductions qu'elle a dissipées, et toutes les violences qu'elle a souffertes. Satan a été vaincu en toutes manières, et Rome qui le soutenoit est tombée. Pendant que les chrétiens gémissoient sous la tyrannie de cette ville superbe, Dieu les tenoit dans cette attente, et leur faisoit mépriser l'empire et la gloire des impies. Saint Jean leur montroit aussi celle des martyrs, joignant, selon la coutume des prophètes, les consolations avec les vengeances et les menaces, sous des figures si admirables, qu'on ne se lasse point d'en contempler la variété et la magnificence. Nous en entendrons le détail, en appliquant les paroles de la prophétie aux événemens qu'on vient de voir, et selon l'idée générale que j'en ai donnée.

## CHAPITRE IV.

*La porte du ciel ouverte : la séance du juge et de ses assesseurs : les quatre animaux, leur cantique, le cantique et les adorations des vieillards.*

1. Après cela je regardai, et je vis une porte ouverte dans le ciel : et la première voix que j'avois ouïe, qui m'avoit parlé avec un son éclatant comme celui d'une trompette, me dit : Monte ici-haut, et je te montrerai les choses qui doivent arriver ci-après.

2. Je fus aussitôt ravi en esprit, et je vis un trône placé dans le ciel, et quelqu'un assis sur le trône.

3. Celui qui étoit assis paroissoit semblable à une pierre de jaspe et de sardoine : et il y avoit autour du trône un arc-en-ciel qui paroissoit semblable à une émeraude.

4. Autour du trône, il y avoit encore vingt-quatre trônes, et dans les trônes (*a*) vingt-quatre vieillards assis, revêtus

(*a*) *Grec :* Je vis vingt.

d'habits blancs, avec des couronnes d'or sur leurs têtes (a).

5. Il sortoit du trône des éclairs, des tonnerres et des voix ; et il y avoit sept lampes brûlantes devant le trône, qui sont les sept Esprits de Dieu.

6. Et devant le trône il y avoit une mer transparente comme le verre et semblable à du cristal : et au milieu du trône, et autour du trône, il y avoit quatre animaux pleins d'yeux devant et derrière.

7. Le premier animal étoit semblable à un lion ; le second, à un veau ; le troisième avoit un visage comme celui d'un homme, et le quatrième étoit semblable à un aigle qui vole.

8. Les quatre animaux avoient chacun six ailes ; et alentour et au dedans (b) ils étoient pleins d'yeux ; et ils ne cessoient de dire jour et nuit : Saint, Saint, Saint, le Seigneur Dieu tout-puissant, qui étoit, qui est, et qui doit venir.

9. Et lorsque ces animaux donnoient (c) gloire, honneur et bénédiction (d) à celui qui est assis sur le trône, qui vit dans les siècles des siècles,

10. Les vingt-quatre vieillards se prosternoient (e) devant celui qui est assis sur le trône, et ils adoroient (f) celui qui vit dans les siècles des siècles, et ils jetoient (g) leurs couronnes devant le trône, en disant :

11. Vous êtes digne, ô Seigneur notre Dieu, de recevoir gloire, honneur et puissance, parce que vous avez créé toutes choses, et que c'est par votre volonté qu'elles étoient (h), et qu'elles ont été créées.

#### EXPLICATION DU CHAPITRE IV.

*La révélation des secrets de Dieu : l'éclat et la douceur de sa majesté sainte : l'union des Saints de l'Ancien et du Nouveau Testament : les quatre Evangélistes et les Ecrivains sacrés.*

1. *Et je vis une porte ouverte dans le ciel :* la porte ouverte dans le ciel signifie que les grands secrets de Dieu vont être révélés.

(a) *Grec.* : Et ils avoient des couronnes, etc. — (b) Chacun jusqu'à six ailes à l'entour et au dedans. — (c) Donneront. — (d) Actions de graces. — (e) Prosterneront. — (f) Adoreront. — (g) Jetteront. — (h) Et c'est par votre volonté qu'elles sont.

*Et la première voix que j'avois ouïe :* cette voix du Fils de l'homme qui m'avoit parlé avec un son éclatant comme celui d'une trompette, I, 10. Cette voix me dit : *Monte ici-haut :* entre dans le secret de Dieu que je te vais découvrir, et je te montrerai les choses qui doivent arriver ci-après. Remarquez que c'est toujours Jésus-Christ qui explique tout au prophète : de sorte que c'est toujours la révélation et la prophétie de Jésus-Christ même, ainsi qu'il a été dit au commencement.

*Qui doivent arriver ci-après :* incontinent après cette prophétie, comme il a été souvent remarqué : car encore que saint Jean aille raconter une suite de choses qui nous mènera bien avant dans l'avenir, le commencement, comme on a vu, en étoit proche.

2. *Je vis un trône placé dans le ciel :* comme il s'agit de juger les Juifs et les Romains persécuteurs, on montre avant toutes choses à saint Jean le Juge et ses assesseurs, en un mot toute la séance où la sentence se doit prononcer. Ainsi comme Daniel alloit expliquer le jugement prononcé contre Antiochus, la séance est d'abord représentée : « Je regardois jusqu'à ce que l'on plaçât les trônes : et l'Ancien des jours s'assit. » Et ensuite : « Les juges prirent séance, et les livres furent ouverts. » *Dan.,* VII, 9, 10.

3. *Celui qui étoit assis paroissoit semblable à une pierre de jaspe et de sardoine, et il y avoit un arc-en-ciel autour du trône...* Ainsi Moïse, Aaron et les anciens d'Israël virent Dieu, « et sous ses pieds comme un ouvrage de saphir, et comme le ciel quand il est serein. » *Exod.,* XXIV, 10 ; et dans Ezéchiel, ch. I, 26, 28, le trône de Dieu ressemble à « un saphir, et il est environné de l'arc-en-ciel. » Dans toutes les douces couleurs de ces pierreries et de l'arc-en-ciel, on voit Dieu revêtu d'une majesté douce et d'un éclat agréable aux yeux.

4. *Autour du trône... vingt-quatre trônes, et dans les trônes vingt-quatre vieillards :* voilà donc toute la séance : le Juge assis au milieu, et autour, dans des siéges posés deçà et delà en nombre égal, les vingt-quatre vieillards qui composent ce sacré sénat.

*Vingt-quatre vieillards :* c'est l'universalité des Saints de l'Ancien et du Nouveau Testament, représentés par leurs chefs et leurs conducteurs. Ceux de l'Ancien paroissent dans les douze patriarches, et ceux du Nouveau dans les douze apôtres. Ils sont tous de même dignité et de même âge, parce que ce qui s'accomplit dans le Nouveau Testament, est figuré et commencé dans l'Ancien. Cette même universalité des Saints est représentée ci-dessous « dans les douze portes de la cité sainte, où sont écrits les noms des douze tribus, et dans les douze fondemens de cette même cité, où sont écrits les noms des douze apôtres, » *Apoc.*, xxi, 12, 14. On doit ici regarder principalement dans les chefs de l'ancien et du nouveau peuple, les pasteurs et les docteurs; et en un mot, on voit dans ces vingt-quatre vieillards toute l'Eglise représentée dans ses conducteurs.

Pourquoi donner à Dieu des assesseurs? C'est que Dieu associe ses Saints à son ouvrage, *Apoc.*, ii, 26. Ainsi, *Daniel*, iv, 14 : « Il a été résolu par la sentence de ceux qui veillent, et c'est le discours et la demande des Saints. » Tout se fait avec les Saints et par la prière que Dieu lui-même leur inspire. C'est ce qui paroîtra souvent dans l'*Apocalypse*.

5. *Il sortoit du trône des éclairs, des tonnerres et des voix :* ce sont les marques de la majesté et de la justice de Dieu.

*Sept lampes brûlantes devant le trône, qui sont les sept Esprits de Dieu :* les sept anges exécuteurs de ses décrets, *Apoc.*, i, 4; viii, 2.

6. *Et devant le trône il y avoit une mer transparente comme le verre et semblable à du cristal :* la mer signifie ordinairement dans l'Ecriture l'agitation et le trouble : mais ici l'idée est changée et adoucie par la transparence et par la ressemblance du cristal. Ainsi il semble que le Saint-Esprit veut signifier seulement que le trône de Dieu est inaccessible, comme un lieu séparé des autres par des eaux immenses.

*Et au milieu du trône et autour du trône... quatre animaux.* Le premier animal étoit devant le trône et vis-à-vis du milieu, et les autres étoient placés alentour à égale distance. Par ces quatre animaux mystérieux on peut entendre les quatre Evangélistes; et on trouvera au verset suivant la figure des quatre animaux, par où les Pères ont estimé que le commencement de leur Evangile étoit désigné. Dans les quatre Evangélistes, comme dans les principaux écrivains du Nouveau Testament, sont compris tous les apôtres et les saints docteurs qui ont éclairé l'Eglise par leurs écrits.

*Quatre animaux pleins d'yeux devant et derrière :* cela signifie leur pénétration. Ils racontent ce qui s'est passé, et sont pleins des prophéties de l'avenir.

7. *Le premier animal étoit semblable à un lion....* La même chose paroît dans Ezéchiel, I, 10, excepté que dans Ezéchiel chacun des animaux a les quatre faces, et ici chaque animal n'en a qu'une. Les Pères ont cru que le commencement de chaque Evangile étoit marqué par chaque animal, et cette tradition paroît dès le temps de saint Irénée[1]. La figure humaine est attribuée au commencement de saint Matthieu, où la race de Jésus-Christ en tant qu'homme est exposée. Le commencement de saint Marc est approprié au lion, à cause de la voix qui se fait entendre dans le désert, *Marc.*, I, 2. On a donné le veau au commencement de saint Luc à cause du sacerdoce de saint Zacharie, par lequel cet Evangéliste commence, et on a cru que le sacerdoce étoit désigné par la victime qu'il offroit. Pour saint Jean, il n'y a personne qui n'y reconnoisse la figure d'aigle à cause que d'abord il porte son vol et qu'il arrête ses yeux sur Jésus-Christ dans le sein de son Père. On voit aussi dans les quatre animaux quatre principales qualités des Saints : dans le lion, le courage et la force ; dans le veau qui porte le joug, la docilité et la patience ; dans l'homme, la sagesse ; et dans l'aigle, la sublimité des pensées et des désirs.

8. *Six ailes :* comme les séraphins d'Isaïe, VI, 2. Car ceux d'Ezéchiel n'en ont que quatre, I, 6.

*Alentour et au dedans ils étoient pleins d'yeux.* Dans le grec, *alentour* se rapporte aux ailes qui sont posées autour du corps ; et c'est ainsi qu'ont lu André de Césarée, Primase, Bède et Tycon, *Hom.* III.

*Et ils ne cessoient de dire jour et nuit : Saint, Saint, Saint :...* comme les séraphins d'Isaïe, VI, 3.

*Qui étoit, et qui est...* Voyez *Apoc.*, I, 4.

10. *Les vingt-quatre vieillards se prosternoient :...* à la publi-

[1] Iren., III, III.

cation de l'Evangile, où la sainteté de Dieu est déclarée, tous les Saints adorent Dieu avec une humilité profonde.

*Et ils jetoient leurs couronnes devant le trône :*... ils reconnoissent que c'est Dieu qui leur a donné la victoire et la gloire dont ils jouissent, et ils lui en rendent hommage.

11. *Elles étoient par votre volonté :*... dans vos décrets éternels. Grec : *Elles sont,* au lieu d'*elles étoient.* La leçon de la Vulgate est ancienne.

## CHAPITRE V.

*Le livre fermé de sept sceaux : l'Agneau devant le trône : lui seul peut ouvrir le livre : les louanges qui lui sont données par toutes les créatures.*

1. Je vis ensuite dans la main droite de celui qui étoit assis sur le trône, un livre écrit dedans et dehors, scellé de sept sceaux.

2. Et je vis un ange fort, qui crioit à haute voix : Qui est digne d'ouvrir le livre et d'en lever les sceaux?

3. Et nul ne pouvoit, ni dans le ciel, ni sur la terre, ni sous la terre, ouvrir le livre ni le regarder.

4. Je fondois en larmes de ce que personne ne s'étoit trouvé digne d'ouvrir (*a*) le livre ni de le regarder.

5. Mais l'un des vieillards me dit : Ne pleure point; voici le lion de la tribu de Juda, le rejeton de David, qui a obtenu par sa victoire le pouvoir d'ouvrir le livre et d'en lever les sept sceaux.

6. Je regardai : et je vis au milieu du trône et des quatre animaux, et au milieu des vieillards, un Agneau debout comme égorgé, ayant sept cornes et sept yeux, qui sont les sept Esprits de Dieu envoyés par toute la terre.

7. Il vint, et il prit le livre de la main droite de celui qui étoit assis sur le trône.

8. Et l'ayant ouvert (*b*), les quatre animaux et les vingt-quatre vieillards se prosternèrent devant l'Agneau, ayant chacun des harpes et des coupes d'or pleines de parfums, qui sont les prières des Saints.

9. Ils chantoient (*c*) un cantique nouveau, en disant : Vous êtes

---

(*a*) *Grec :* Ni de lire. — (*b*) Et l'ayant pris, les quatre, etc. — (*c*) Chantent (Seigneur) n'est pas dans le grec.

## CHAPITRE V.

digne, Seigneur, de prendre le livre et d'en lever les sceaux, parce que vous avez été mis à mort et que vous nous avez rachetés pour Dieu par votre sang, de toute tribu, de toute langue, de tout peuple et de toute nation.

10. Et vous nous avez faits rois et sacrificateurs à notre Dieu ; et nous régnerons sur la terre.

11. Je regardai encore, et j'entendis autour du trône, et des animaux, et des vieillards, la voix de plusieurs anges, dont le nombre alloit jusqu'à des milliers de milliers (*a*) :

12. Qui disoient à haute voix : L'Agneau qui a été égorgé, est digne de recevoir la vertu, la divinité (*b*), la sagesse, la force, l'honneur, la gloire et la bénédiction.

13. Et j'entendis toutes les créatures qui sont dans le ciel, sur la terre, sous la terre, et celles qui sont dans la mer, et tout ce qui y est (*c*) : je les entendis toutes qui disoient : Bénédiction, honneur et gloire, et puissance soient à celui qui est assis sur le trône, et à l'Agneau, dans les siècles des siècles.

14. Et les quatre animaux disoient : Amen. Et les vingt-quatre vieillards se prosternèrent sur le visage (*d*), et adorèrent celui qui vit dans les siècles des siècles.

### EXPLICATION DU CHAPITRE V.

*Le livre scellé, ce que c'est : le mystère du nombre de sept dans l'Apocalypse.*

1. *Je vis ensuite... un livre écrit dedans et dehors, scellé de sept sceaux :* c'étoit un rouleau à la manière des anciens. *Scellé de sept sceaux :* ce sont les secrets jugemens de Dieu. Saint Ambroise appelle ce livre *le Livre prophétique*[1], le livre où étoient comprises les destinées des hommes que Jésus-Christ va révéler à saint Jean. Le livre est scellé, quand les jugemens ne sont pas encore déclarés. « La vision vous sera comme les paroles d'un livre scellé, où personne ne peut lire. » *Is.*, XXIX, 11. *Ecrit dedans*

---

[1] Ambr., III *De Fid.*, VII.

(*a*) *Grec* : Des millions de millions, et des milliers de milliers. — (*b*) Les richesses. — (*c*) *In eo*, dans notre Vulgate ; *in eis*, en eux, dans le grec. — (*d*) Se prosternèrent (sans ajouter *sur leur visage*).

*et dehors :* on n'écrivoit ordinairement que d'un côté, si ce n'est quand il y avoit beaucoup de choses à écrire. Ainsi dans Ezéchiel, ch. II, 9, le livre présenté au prophète « est écrit dedans et dehors, et contient les malédictions et les malheurs. »

*Sept sceaux :* les saints docteurs ont remarqué que le nombre de *sept* étoit consacré dans ce livre pour signifier une certaine universalité et perfection : c'est pourquoi on a vu d'abord les sept esprits qui sont devant le trône, I, 4 ; sept chandeliers, sept étoiles, sept églises, pour désigner toute l'unité catholique, comme il a été remarqué, là même, vers. 4, 12, 16, 20, etc. On a vu ensuite les sept lampes brûlantes, qui sont encore les sept esprits, IV, 5. Dans le chapitre que nous expliquons, on signifie ces mêmes sept esprits par les « sept cornes et les sept yeux de l'Agneau, » v, 6. C'est que dans le nombre de *sept* on entend une certaine perfection, soit à cause des sept jours de la semaine marqués dès la création, où la perfection est dans le septième, soit pour quelqu'autre raison. Ici il y a sept sceaux ; on entendra dans la suite sept anges avec leurs trompettes, et sept tonnerres. Sept anges porteront les fioles, ou les coupes pleines de la colère de Dieu. Le dragon et la bête qu'il animera, auront sept têtes ; enfin tout ira par sept dans ce divin Livre, jusqu'à donner à l'Agneau, en le bénissant, sept glorifications, v, 12, et autant à Dieu, chap. VII, 12 ; ce qu'il faut observer d'abord, de peur qu'on ne croie que ce soit partout un nombre préfix : mais qu'on remarque au contraire que c'est un nombre mystique, pour signifier la perfection. On sait aussi que c'est une façon de parler de la langue sainte, de signifier un grand nombre et indéfini par le nombre défini de sept.

4. *Je fondois en larmes :* ... il voit qu'on lui veut ouvrir le livre, mais que personne *n'est digne de l'ouvrir,* 2, 3 ; et il déplore tout ensemble la perte qu'il fait et l'indigne disposition du genre humain.

5. *Le lion de la tribu de Juda, le rejeton de David :* ... selon ce qui est écrit dans la prophétie de Jacob : *Juda est un jeune lion,* etc., *Gen.,* XLIX, 9. On entend bien que c'est Jésus-Christ, fils de David, que saint Jean appelle un lion à cause de sa force invincible, et qui va paroître comme un agneau, à cause qu'il a été immolé.

C'est ainsi que le Saint-Esprit relève les idées de la foiblesse volontaire de Jésus-Christ par celle de sa puissance.

*Qui a obtenu par sa victoire le pouvoir d'ouvrir le livre :* Jésus-Christ, vainqueur du démon et de la mort, a mérité par cette victoire d'entrer dans tous les secrets de Dieu.

6. *Et je vis un Agneau debout comme égorgé :* ἑστηκὼς : il est debout et vivant; mais il paroît comme mort et comme immolé, à cause de ses plaies qu'il a portées dans le ciel. *Au milieu du trône :* cela marque la médiation de Jésus-Christ, qui empêche les éclairs et les tonnerres qui sortent du trône (*Apoc.*, IV, 5), de venir jusqu'à nous.

*Qui sont les sept esprits.* Voyez Apoc., I, 4.

8. *Et l'ayant ouvert.* Le grec : *L'ayant pris :* ainsi ont lu André de Césarée, Ticonius, *Hom.* IV. Primase l'interprète sous le nom de saint Ambroise, et Bède. Il semble naturel qu'on prenne le livre devant que de l'ouvrir, et l'ouverture qui se fait des sceaux l'un après l'autre est marquée au chap. VI. Mais il se peut faire aussi que l'Ecriture propose d'abord en gros ce qui s'explique après dans le détail. On voit ici que c'est Jésus-Christ qui est le dépositaire et l'interprète des desseins de Dieu.

*Les quatre animaux et les vingt-quatre vieillards se prosternèrent :*... ils adorent l'Agneau de la même sorte qu'ils avoient adoré Dieu et en sa présence : marque de sa divinité.

*Des harpes et des coupes d'or :*... les vieillards paroissent ici avec des instrumens de musique, dont on n'avoit point parlé au chapitre IV. Les harpes signifient la joie céleste, et le parfait accord des passions avec la raison dans les Saints. Les coupes d'or pleines de parfums, qui sont les prières des Saints, entre les mains des vieillards, signifient qu'ils sont chargés de les présenter à Dieu.

11, 12. *J'entendis la voix de plusieurs anges... qui disoient :... L'Agneau... est digne de recevoir la vertu, la divinité...* Le grec, comme aussi Primase et les autres anciens : πλοῦτον, *divitias :* d'où il se peut qu'on ait fait *divinitas,* et puis *divinitatem,* quoiqu'on peut dire dans un très-bon sens que le Fils reçoit la divinité, quand la gloire en est manifestée en sa personne. Il faut ici observer que les Saints disent que l'Agneau les a rachetés et qu'ils lui doivent ce qu'ils sont, *Apoc.*, v, 9, 10; ce que les anges ne disent pas.

13, 14. *Et j'entendis toutes les créatures :*... toutes les créatures joignent leurs voix à celles des vieillards et des anges, et les quatre animaux chantent *amen;* il se fait un concert de tous les esprits pour louer Dieu. Il faut aussi remarquer qu'après avoir loué Dieu le Créateur, *Apoc.*, iv, 10, 11, et Jésus-Christ, v, 9, 11, tout le chœur loue ensemble le Père et le Fils.

## CHAPITRE VI.

*Les six premiers sceaux ouverts : le Juge avec ses trois fléaux, la guerre, la famine et la peste: le cri des martyrs : le délai, la vengeance enfin venue et représentée en général.*

1. Et je vis que l'Agneau avoit ouvert l'un des sept sceaux, et j'entendis l'un des quatre animaux qui dit avec une voix comme d'un tonnerre : Viens et vois.

2. Je regardai, et je vis un cheval blanc. Celui qui étoit monté dessus avoit un arc, et on lui donna une couronne; et il partit en vainqueur qui va remporter victoire sur victoire.

3. A l'ouverture du second sceau, j'entendis le second animal qui dit : Viens et vois.

4. Il partit aussitôt un autre cheval qui étoit roux : et il fut donné à celui qui étoit monté dessus, d'ôter la paix de dessus la terre et de faire que les hommes s'entretuassent; et on lui donna une grande épée.

5. Quand il eut levé le troisième sceau, j'entendis le troisième animal qui dit : Viens et vois. (*a*) Et je vis un cheval noir, et celui qui le montoit avoit en sa main une balance.

6. Et j'entendis une voix comme (*b*) du milieu des quatre animaux, qui dit : Le litron de blé se vend un denier, et trois litrons d'orge un denier. Ne gâtez point le vin et l'huile.

7. Lorsqu'il eut levé le quatrième sceau, j'entendis la voix du quatrième animal qui dit : Viens et vois.

(*a*) *Grec :* Je regardai, et je vis un. — (*b*) *Comme* n'y est pas.

## CHAPITRE VI.

8. (*a*) Et je vis un cheval pâle, et celui qui étoit monté dessus s'appeloit la Mort, et l'enfer le suivoit : et on lui donna (*b*) puissance sur les quatre parties de la terre (*c*), pour faire mourir les hommes par l'épée, par la famine, par la mortalité et par les bêtes sauvages.

9. A l'ouverture du cinquième sceau, je vis sous l'autel les ames de ceux qui ont donné leur vie pour la parole de Dieu et pour lui rendre témoignage.

10. Et ils jetoient un grand cri, en disant : Seigneur, qui êtes saint et véritable, jusqu'à quand différez-vous à faire justice et à venger notre sang de ceux qui habitent sur la terre?

11. Et on leur donna à chacun une robe blanche. Il leur fut dit qu'ils attendissent en repos encore un peu de temps, jusqu'à ce que le nombre de ceux qui servoient Dieu comme eux fût accompli, et celui de leurs frères qui devoient souffrir la mort aussi bien qu'eux.

12. A l'ouverture du sixième sceau, je vis qu'il se fit un grand tremblement de terre; le soleil devint noir comme un sac de poil, la terre devint comme du sang.

13. Et les étoiles tombèrent du ciel en terre, comme lorsque le figuier agité par un grand vent laisse tomber ses figues vertes.

14. Le ciel disparut comme un livre roulé, et toutes les montagnes et les îles furent ébranlées de leurs places.

15. Les rois de la terre, les princes, les officiers de guerre, les riches, les puissans et tout homme esclave ou libre se cachèrent dans les cavernes et dans les rochers des montagnes.

16. Et ils dirent aux montagnes et aux rochers : Tombez sur nous, et cachez-nous de devant la face de celui qui est assis sur le trône, et de la colère de l'Agneau :

17. Parce que le grand jour de leur colère est arrivé : et qui pourra subsister?

(*a*) *Grec* : Et je regardai, etc. — (*b*) On leur donna. — (*c*) Sur la quatrième partie.

### EXPLICATION DU CHAPITRE VI.

*Le cri des Saints dans le ciel, ce que c'est : la volonté de Dieu leur est révélée.*

1. *Et je vis que l'Agneau avoit ouvert,...... et j'entendis l'un des quatre animaux...* Remarquez que ce sont les auteurs sacrés et surtout les Evangélistes, qui nous font ouvrir les yeux aux objets qui se présentent et nous y rendent attentifs : c'est-à-dire qu'il faut entendre toute l'exécution des secrets conseils de Dieu selon les règles qui sont proposées par Jésus-Christ dans l'Evangile.

2. *Et je vis un cheval blanc*, tel qu'en avoient les vainqueurs aux jours de leur entrée et de leur triomphe.

*Et celui qui étoit monté dessus :* c'est Jésus-Christ victorieux (voy. *Apoc.*, XIX, 11, 13,) où celui qui est sur le cheval blanc s'appelle le Verbe de Dieu. Ici on lui donne un arc pour marquer qu'il atteint de loin. Les prophéties l'arment tout ensemble et de l'épée pour frapper de près, et de flèches pour atteindre de loin, *Ps.* XLIV, 4, 6. Voilà donc ce qui paroît d'abord et à l'ouverture du premier sceau : Jésus-Christ vainqueur. On va faire marcher à sa suite les trois fléaux de la colère de Dieu, comme ils furent présentés à David, II *Reg.*, XXIV, 13, la guerre, la famine et la peste.

4. *Il partit aussitôt un autre cheval qui étoit roux :* d'une couleur approchante du sang : c'est manifestement la guerre, comme les caractères qu'on lui donne le font assez voir.

5. *Et je vis un cheval noir :...* c'est la famine marquée par la couleur noire : « Tous les visages seront noirs comme des chaudrons noircis au feu. » *Joël* dans la description d'une famine, ch. II, 6.

6. *Le litron de blé :* petite mesure. On donne le pain à la mesure : la mesure est petite et on l'achète bien cher. *Ne gâtez point le vin et l'huile :* Conservez-les avec soin, car on en aura besoin. On ne pouvoit pas peindre la famine avec de plus vives couleurs, ni la rendre plus sensible. Mais voici la mortalité et la peste aussi bien dépeintes à l'ouverture du quatrième sceau.

## CHAPITRE VI.

8. *Et je vis un cheval pâle :*... c'est la peste et la mortalité. *Et l'enfer le suivoit :* c'est en général le lieu des morts. *Et on lui donna puissance :* ainsi lisent les anciens. Le grec est plus clair : *Et on leur donna puissance,* c'est-à-dire à ces trois cavaliers, de frapper les hommes par ces trois fléaux. On peut entendre aussi : *On lui a donné,* en le rapportant au vainqueur dont il est parlé verset 2, et que les trois fléaux de Dieu, la guerre, la famine et la peste suivent pour partir à son ordre. *Sur les quatre parties de la terre :* le grec dit : *Sur la quatrième partie.*

9. *A l'ouverture du cinquième sceau :* après que le Juge a paru avec ses trois fléaux, il restoit à voir qui il frapperoit. Les ames des martyrs semblent le déterminer à venger leur mort sur leurs persécuteurs : mais on leur ordonne d'attendre, comme on va voir.

*Je vis sous l'autel les ames de ceux :*..... l'autel représente Jésus-Christ[1], « où notre vie est cachée jusqu'à ce qu'il apparoisse, » *Coloss.,* III, 3, 4. Et c'est ainsi que l'entend l'Eglise aussi bien que tous les anciens.

10. *Jusqu'à quand différez-vous :*... Remarquez que les ames saintes savoient bien que Dieu n'avoit pas encore vengé leur sang, contre ceux qui les veulent comprendre dans la loi générale des morts, dont il est écrit qu'ils ne savent pas ce qui se passe sur la terre.

*A venger notre sang :* les Saints désirent la manifestation de la justice de Dieu, afin qu'on le craigne et qu'on se convertisse. « C'est là, dit saint Augustin, la juste et miséricordieuse vengeance des martyrs, que le règne du péché qui leur a été si rigoureux soit détruit. »

11. *Une robe blanche :* c'est la gloire des saintes ames, en attendant la résurrection. Par le blanc est représentée la gloire de Jésus-Christ ; et il dit lui-même des bienheureux, « qu'ils marcheront avec lui revêtus de blanc, parce qu'ils en sont dignes, » *Apoc.,* III, 4.

*Qu'ils attendissent en repos encore un peu de temps :* Dieu fait connoître trois choses à ses Saints : le délai de la vengeance, la brièveté de ce délai, et les raisons de son conseil éternel.

[1] *Pontif., in Admonit. ad subd.*

*Jusqu'à ce que le nombre... fût accompli :...* les peuples persécuteurs étoient nécessaires pour accomplir le nombre prédestiné des martyrs : c'est pourquoi Dieu les épargne en attendant que ce nombre soit parfait; joint qu'en détruisant les infidèles avant qu'on en eût tiré tous les Saints qui étoient encore renfermés parmi eux, on auroit empêché l'œuvre de Dieu.

12. *A l'ouverture du sixième sceau, je vis :* ... ce qui suit, c'est la vengeance divine, dernière et irrévocable, premièrement sur les Juifs, et ensuite sur l'empire persécuteur; mais c'est la vengeance encore représentée en confusion et en général. Les grandes calamités publiques sont décrites dans les prophètes comme si c'étoit un renversement de toute la nature; la terre tremble, le soleil s'obscurcit, la lune paroît toute sanglante, les étoiles tombent du ciel : c'est qu'il semble que tout périt pour ceux qui périssent. Les images dont se sert ici notre apôtre sont tirées de divers endroits des prophètes, et surtout d'Isaïe, xxxiv, 4.

13. *Les étoiles tombèrent du ciel en terre comme lorsque le figuier,...* avec la même abondance, avec la même facilité. Dieu secoue toute la nature aussi aisément qu'un grand vent secoue un arbre.

14. *Et toutes les montagnes et les îles :...* ce qui étoit de plus ferme sur la terre et tout ensemble ce qui en étoit le plus séparé par les eaux, tout fut ébranlé.

15. *Les rois de la terre, les princes, les officiers de guerre :* ...... c'est ce qu'il avoit figuré auparavant par les étoiles qui tomboient, verset 13. Tout l'univers fut effrayé d'une si grande vengeance que Dieu tiroit de ses ennemis et du renversement d'un si grand empire.

16. *Aux montagnes et aux rochers : Tombez sur nous.* Ces paroles sont prises d'Osée, x, 8, et Notre-Seigneur les applique à la désolation envoyée aux Juifs en vengeance de sa passion, *Luc.*, xxiii, 30. On en peut faire encore l'application à la chute de l'Empire romain. Mais et ces paroles, et tout le reste qu'on vient de voir, regardent aussi le dernier jugement que le Saint-Esprit joint souvent aux grandes calamités qui en sont l'image, comme a fait Notre-Seigneur lorsqu'il mêle ce dernier et terrible juge-

ment avec la ruine de Jérusalem, qui en étoit la figure, *Matth.*, XXIV, etc.

## CHAPITRE VII.

*La vengeance suspendue : les élus marqués avant qu'elle arrive, et tirés des douze tribus d'Israël : la troupe innombrable des autres martyrs tirés de la gentilité : la félicité et la gloire des Saints.*

1. Après cela je vis quatre anges qui étoient aux quatre coins de la terre, et en retenoient les quatre vents, pour les empêcher de souffler sur la terre, ni sur la mer, ni sur aucun arbre.

2. Je vis encore un autre ange qui montoit du côté de l'Orient, et portoit le signe du Dieu vivant; et il cria à haute voix aux quatre anges qui avoient le pouvoir de nuire à la terre et à la mer,

3. En disant : Ne nuisez point à la terre, ni à la mer, ni aux arbres, jusqu'à ce que nous ayons marqué au front les serviteurs de notre Dieu.

4. Et j'entendis que le nombre de ceux qui avoient été marqués étoit de cent quarante-quatre mille de toutes les tribus des enfans d'Israël.

5. Il y en avoit douze mille de marqués de la tribu de Juda; douze mille de la tribu de Ruben; douze mille de la tribu de Gad.

6. Douze mille de la tribu d'Aser; douze mille de la tribu de Nephthali; douze mille de la tribu de Manassès.

7. Douze mille de la tribu de Siméon; douze mille de la tribu de Lévi; douze mille de la tribu d'Issachar.

8. Douze mille de la tribu de Zabulon; douze mille de la tribu de Joseph; douze mille de la tribu de Benjamin.

9. Après cela, je vis (*a*) une grande troupe que personne ne pouvoit compter, de toute nation, de toute tribu, de tout peuple et de toute langue, qui étoient debout devant le trône et devant l'Agneau, revêtus de robes blanches, avec des palmes en leurs mains.

10. Ils jetoient un grand cri, en disant : La gloire de nous avoir sauvés soit rendue à notre Dieu, qui est assis sur le trône et à l'Agneau.

(*a*) *Grec :* Je regardai, et je vis une.

11. Et tous les anges étoient debout autour du trône, et des vieillards, et des quatre animaux : et ils se prosternèrent sur le visage devant le trône, et ils adorèrent Dieu.

12. En disant : Amen : bénédiction, gloire, sagesse, action de graces, honneur, puissance et force soient à notre Dieu, dans les siècles des siècles. Amen.

1. Alors un des vieillards prenant la parole, me dit : Qui sont ceux-ci qui paroissent revêtus de robes blanches, et d'où viennent-ils?

14. Je lui répondis : Seigneur, vous le savez. Et il me dit : Ce sont ceux qui viennent de souffrir de grandes afflictions, et qui ont lavé et blanchi leurs robes (a) dans le sang de l'Agneau.

15. C'est pourquoi ils sont devant le trône de Dieu, et ils le servent jour et nuit dans son temple; et celui qui est assis sur le trône, demeurera sur eux (b).

16. Ils n'auront plus ni faim, ni soif; et le soleil, ni aucune autre chaleur ne les incommodera plus.

17. Parce que l'Agneau, qui est au milieu du trône, sera leur pasteur, et il les conduira aux fontaines des eaux vivantes; et Dieu essuyera de leurs yeux toutes les larmes.

### EXPLICATION DU CHAPITRE VII.

*Que la dernière désolation qui devoit tomber sur les Juifs est différée jusqu'à ce que le nombre des élus qui en devoient être tirés, fût accompli : le nombre des autres martyrs innombrable et infini : mystère du nombre de douze.*

1. *Après cela....* C'est une chose ordinaire dans l'*Apocalypse*, comme dans les autres prophéties, de montrer premièrement les choses en général et plus confusément, comme de loin, pour ensuite les déclarer par ordre et dans un plus grand détail, comme si on les avoit sous les yeux. C'est pour cela que saint Jean, après nous avoir fait voir la vengeance divine en confusion à la fin du chapitre précédent, va commencer à entrer dans le détail. La pre-

---

(a) *Grec :* Lavé leurs robes, et qui ont blanchi leurs robes, etc. — (b) Σκηνώσει ἐπ' αὐτούς, habitera sur eux; ou les couvrira comme un pavillon, comme une tente.

mière chose qu'il explique, c'est la raison du délai dont il est parlé au chapitre vi, verset 11. On avoit répondu aux ames qui demandoient la vengeance de leur sang, qu'elles attendissent que le nombre des élus fût accompli. Dieu maintenant va faire connoître qu'une grande partie de ses élus, dont le nombre devoit être accompli, étoient parmi les Juifs et en devoient être tirés.

*Je vis quatre anges... qui retenoient les quatre vents:* ... les vents lâchés signifient l'agitation des choses humaines. « J'ai vu quatre vents qui combattoient sur une grande mer, » *Dan.*, vii, 2. C'étoit-à-dire j'ai vu une grande agitation. Par une raison contraire Dieu retient les vents, quand il tient les choses en état.

*Pour les empêcher de souffler :* Les anges qui avoient le pouvoir de retenir les vents, avoient aussi le pouvoir de les lâcher, comme il paroît par la suite.

*Pour les empêcher de souffler sur la terre, ni sur la mer, ni sur aucun arbre :* ces paroles sont très-remarquables pour entendre le chapitre suivant, avec lequel elles ont un rapport manifeste, comme on va voir.

2. *Je vis encore un autre ange... qui portoit le signe du Dieu vivant :* pour l'appliquer à ses élus comme la suite l'explique.

*Et il cria aux anges :* ... ce cri des anges les uns aux autres lorsqu'ils portent les ordres de Dieu, montre l'ardeur qu'ils ont à les faire entendre, comme un messager envoyé en diligence déclare ses ordres dès qu'il peut faire entendre sa voix en criant.

*Aux anges qui avoient le pouvoir de nuire à la terre et à la mer :* voilà encore ici la terre et la mer, et ce n'est pas en vain que je le remarque.

3. *Ne nuisez point à la terre, ni à la mer, ni aux arbres :* car l'heure de lâcher les vents pour les affliger n'est pas encore venue, ainsi qu'on vient de le voir, verset 1. Le Saint-Esprit marque ici manifestement le rapport de ce chapitre avec le suivant, où l'on verra verset 7, au son de la première trompette, « une grêle de feu tombée sur la terre, qui en brûle les arbres; » et au verset 8, « une montagne brûlante tombée sur la mer. » Ce sera donc à ce coup la terre avec les arbres et la mer frappée :

mais ici l'ange l'empêche et les deux malheurs qui devoient venir sont arrêtés pour un temps.

*Jusqu'à ce que nous ayons marqué au front les serviteurs de notre Dieu :* c'est la cause du délai expliquée. Marquer les serviteurs de Dieu sur le front, c'est les séparer d'avec les réprouvés par la profession de l'Evangile, confirmée jusqu'à la fin par les bonnes œuvres, conformément à cette parole de saint Paul : « Le fondement que Dieu pose est ferme, ayant pour sceau cette parole : Le Seigneur connoît ceux qui sont à lui ; et que celui qui invoque le nom du Seigneur se retire de l'iniquité. » II *Tim.,* II, 19.

*Sur le front :* ainsi dans *Ezéchiel,* IX, 4, après l'ordre donné pour exterminer ceux qui étoient destinés à la vengeance, il est ordonné de marquer sur le front à la marque *Thau* ceux qui devoient être épargnés.

*La marque Thau,* qui étoit un *T,* figuroit la croix de Jésus-Christ : mais la marque de ce chapitre de l'*Apocalypse* est plus clairement expliquée au chapitre XIV, 1, où il est dit « que les cent quarante-quatre mille, » c'est-à-dire ceux qui sont marqués au verset 4 du chapitre VII, que nous expliquons, « avoient le nom de l'Agneau et celui de son Père écrit sur le front, » c'est-à-dire qu'ils avoient fait une haute et persévérante profession de l'Evangile. C'est la même chose que nous avons ouïe de la bouche de Jésus-Christ, *Apoc.,* III, 12 : « J'écrirai sur lui le nom de mon Dieu.... et mon nouveau nom. »

On voit maintenant le dessein de l'ange qui empêche les quatre anges exterminateurs de ruiner quelque peuple ou quelque contrée. C'est qu'il y avoit des élus à en tirer avant sa ruine, et l'ange veut qu'on attende qu'ils se soient rangés dans l'Eglise avec leurs autres frères, et que comme eux ils soient marqués à la bonne marque du troupeau élu. On n'aura pas de peine à entendre pourquoi cette marque est représentée comme imprimée par un ange, si l'on se souvient que les anges « sont esprits administrateurs, envoyés pour le salut des enfans de Dieu, » *Hebr.,* I, 14.

4. *Et j'entendis que le nombre de ceux qui avoient été marqués, étoit de cent quarante-quatre mille de toutes les tribus des enfans d'Israël.* Après ce qui nous avoit été expliqué, il ne res-

toit plus qu'à nous dire de quel peuple devoient être tirés ceux en faveur desquels la vengeance de Dieu étoit suspendue; et saint Jean nous apprend ici que ce sont ceux qui furent marqués, c'est-à-dire constamment les Juifs.

C'est qu'il y avoit dans Jérusalem une église sainte de cette nation, qui y avoit subsisté même depuis la ruine du temple, et qui y fut conservée jusqu'au temps d'Adrien, sous quinze évêques tirés des Juifs convertis, comme on a vu dans l'*Histoire abrégée*, n. 1. Il y venoit beaucoup de Juifs; et lorsque tous ceux que Dieu avoit élus pour y entrer furent venus, les Juifs alors furent dispersés et exterminés de la Judée. On voit donc les sceaux levés, et le livre ouvert, c'est-à-dire les conseils de Dieu révélés. On voit sur qui doit tomber d'abord la colère du juste Juge, et ce sont les Juifs. On voit pourquoi on diffère de venger le sang des martyrs, et d'où se devoit tirer un si grand nombre de leurs frères qu'il falloit remplir auparavant, *Apoc.*, vi, 9, etc.

*Cent quarante-quatre mille.* On doit voir avec beaucoup de consolation ce grand nombre de saints qui devoient sortir des Juifs; et cela s'accorde très-bien avec ce que saint Jacques disoit à saint Paul : « Vous voyez, mon frère, combien de milliers de Juifs ont cru, » *Act.*, xxi, 20. Ce qui fut continué dans la suite et tant que Dieu conserva dans Jérusalem une Eglise formée de Juifs convertis. Ainsi comme dit saint Paul, la nation n'étoit pas tellement réprouvée, qu'elle ne dût recevoir dans un très-grand nombre d'élus l'effet des promesses faites à ses pères. *Rom.*, xi.

*Cent quarante-quatre mille :* ce seul endroit devroit faire voir combien se tromperoient ceux qui voudroient toujours s'imaginer un nombre exact et précis dans les nombres de l'*Apocalypse*. Car faudra-t-il croire qu'il y ait précisément dans chaque tribu douze mille élus, ni plus, ni moins, pour composer ce nombre total de cent quarante-quatre mille? Ce n'est pas par de telles minuties, ni avec cette scrupuleuse petitesse d'esprit, que les oracles divins doivent être expliqués. Il faut entendre dans les nombres de l'*Apocalypse* une certaine raison mystique, à laquelle le Saint-Esprit nous veut rendre attentifs. Le mystère qu'il veut ici nous faire entendre, c'est que le nombre de *douze,* sacré dans la Synagogue et dans l'Eglise, à cause des douze patriarches et des douze apôtres, se multiplie par lui-même, jusqu'à faire douze mille dans chaque tribu, et douze fois douze mille dans toutes les tribus ensemble, afin que nous voyions la foi des patriarches et des apôtres multipliée dans leurs successeurs; et dans la solidité d'un nombre si parfaitement carré, l'éternelle immutabilité de la vérité de Dieu et de ses promesses. C'est pourquoi nous verrons ensuite, *Apoc.*, xiv, 1, 3, ce même nombre de cent quarante-quatre mille, comme un nombre consacré à représenter l'universalité des Saints, dont aussi les Juifs « sont la tige, et le tronc béni sur lequel les autres sont entés, » *Rom.*, xi, 17.

5. *Il y en avoit douze mille de marqués de la tribu de Juda.* Il commence par la tribu de Juda comme par celle qui, selon les conseils de Dieu, avoit donné son nom à toutes les autres et les avoit recueillies comme dans son sein : celle qui avoit reçu des promesses spéciales touchant le Messie, et de la bouche de Jacob en la personne de Juda même, *Gen.*, xlix, 10, et de la bouche du prophète Nathan, en la personne de David, II *Reg.*, vii; celle enfin d'où le Sauveur venoit de sortir : c'est pourquoi on l'a nommé « le Lion de la tribu de Juda, » *Apoc.* v, 5.

Il n'y a plus rien à remarquer dans tout le reste du dénombrement, sinon que Dan y est omis, et que Joseph y paroît deux fois pour accomplir le nombre des douze tribus; une fois en sa personne, verset 8, et une autre fois en celle de Manassès, son fils, verset 6. Quelques Pères ont cru que Dan étoit omis exprès, parce que l'Antechrist devoit naître de sa race. Peut-être ne faut-il entendre ici autre chose, si ce n'est que saint Jean voulant remarquer la bénédiction de Joseph, dont les deux enfans, Ephraïm et Manassès ont été considérés dans le partage de la terre promise comme faisant chacun une tribu, il a fallu omettre Dan pour conserver le mystère du nombre de douze.

9. *Après cela, je vis une grande troupe que personne ne pouvoit compter :* cette troupe innombrable paroît être la troupe des saints martyrs, à cause des palmes qu'ils portent dans leurs mains, comme des combattans qui ont remporté la victoire, et à cause aussi qu'il est dit qu'ils viennent d'éprouver une grande affliction,

verset 14. Plusieurs raisons nous persuadent que saint Jean veut ici parler principalement des martyrs qui devoient souffrir dans l'Empire romain, et durant les persécutions qu'il décrira dans ce livre : c'est ce qu'on verra, *Apoc.*, xx, 4. Il ne faut pas hésiter à dire avec les saints Pères que le nombre de ces martyrs fut immense, surtout dans la dernière persécution, qui fut celle de Dioclétien : et c'est un soin superflu de se tourmenter avec quelques-uns à diminuer le nombre des martyrs et les trophées de l'Eglise, ou plutôt ceux de Jésus-Christ même.

*De toute nation, de toute tribu.* Ce n'étoit pas seulement des douze tribus d'Israël, comme ceux qu'on avoit comptés auparavant. Saint Jean après avoir vu les saints tirés des Juifs, voit ensuite ceux qui viendront des gentils : ce qui confirme que c'est à la lettre qu'il a pris les Juifs dans le dénombrement précédent. Savoir si les élus tirés des gentils sont aussi du nombre de ceux pour qui Dieu suspend sa vengeance, au chapitre vi, verset 11, je n'ai pas besoin de l'examiner. Il me suffit que les élus tirés des Juifs soient ceux que saint Jean nous montre d'abord, ou plutôt les seuls qu'il nous montre dans ce chapitre comme expressément marqués ; ce qui suffit pour nous faire voir que ce chapitre et le suivant, qui y est lié, regardent les Juifs : c'est aussi pour cette raison qu'il n'y est parlé ni d'idoles, ni d'idolâtrie ; ce qu'on ne manque pas de faire aussitôt qu'il s'agit des gentils, comme la suite de la prophétie le fera paroître, à commencer par le verset 20 du chapitre ix.

Au reste il est bien certain que le plus grand nombre des martyrs devoit dans la suite venir des gentils. C'est aussi une des raisons pourquoi saint Jean ne les réduit pas à un nombre certain et précis, comme il avoit fait les Juifs ; mais au contraire qu'il dit qu'on ne le pouvoit compter : ce qui toutefois n'empêche pas qu'en cet endroit il n'ait principalement les Juifs en vue, comme il nous l'a fait assez connoître.

12. *En disant : Amen :* comme avoient fait les quatre animaux, v, 14. Cet *Amen* répété deux fois par le chœur des anges, marque une éternelle complaisance de tous les esprits célestes dans l'accomplissement des œuvres de Dieu. Plus le reste du chapitre est

intelligible, plus il mérite d'être médité, pour se laisser pénétrer le cœur des bontés de Dieu et de la félicité de ses saints.

## CHAPITRE VIII.

*L'ouverture du septième sceau : les quatre premières trompettes.*

1. A l'ouverture du septième sceau, il y eut dans le ciel un silence d'environ une demi-heure.

2. Et je vis les sept anges qui assistent devant la face de Dieu; et on leur donna sept trompettes.

3. Alors il vint un autre ange qui se tint debout devant l'autel, portant un encensoir d'or; et on lui donna une grande quantité de parfums, afin qu'il présentât les prières de tous les Saints sur l'autel d'or qui est devant le trône :

4. Et la fumée des parfums composés des prières des Saints, s'éleva devant Dieu.

5. Et l'ange prit l'encensoir, il le remplit du feu de l'autel, et il le jeta sur la terre; et il se fit des tonnerres, des voix, des éclairs et un grand (a) tremblement de terre.

6. Aussitôt les sept anges qui avoient les sept trompettes, se préparèrent pour en sonner.

7. Le premier ange sonna de la trompette, et il tomba sur la terre de la grêle et du feu mêlés de sang; et la troisième partie de la terre et des arbres fut brûlée, et toute l'herbe verte fut consumée.

8. Le second ange sonna de la trompette, et il tomba sur la mer comme une grande montagne brûlante; et la troisième partie de la mer devint du sang;

9. Et la troisième partie des créatures qui vivent dans la mer mourut, et la troisième partie des navires périt.

10. Le troisième ange sonna de la trompette, et une grande étoile ardente comme un flambeau, tomba du ciel sur la troisième partie des fleuves et sur les fontaines.

11. Le nom de l'étoile étoit *Absinthe*, et la troisième partie des

(a) *Grec : Grand* n'y est pas.

eaux fut changée en absinthe; et plusieurs hommes moururent dans les eaux, parce qu'elles étoient amères.

12. Le quatrième ange sonna de la trompette; et la troisième partie du soleil fut frappée, et la troisième partie de la lune, et la troisième partie des étoiles; en sorte qu'ils furent obscurcis dans leur troisième partie, et que le jour perdit la troisième partie de sa lumière, et la nuit de même.

13. Alors je regardai : et j'entendis la voix d'un aigle (a) qui voloit au milieu de l'air, et disoit à haute voix : Malheur, malheur, malheur aux habitans de la terre, à cause des autres voix des trois anges qui doivent sonner de la trompette!

### EXPLICATION DU CHAPITRE VIII.

*Désastre des Juifs sous Trajan : leur dernière désolation sous Adrien : révolte du faux messie Barcochébas : obscurcissement de la loi et des prophéties par les fausses traditions et interprétations des Juifs.*

1. *A l'ouverture du septième sceau.....* Ce chapitre contient l'exécution de la vengeance préparée contre les Juifs au chapitre précédent, et l'union manifeste des sceaux avec les trompettes dans la prophétie de saint Jean, comme on verra, verset 2.

Il faut donc se souvenir que les Juifs nous ont été représentés par notre apôtre comme des ennemis dangereux, qui devoient de nouveau être abattus[1]; et au reste que les élus qui étoient encore parmi eux dans la Judée en étant tirés, il n'y avoit plus rien qui empêchât la dernière dispersion que Dieu préparoit à cette déloyale nation : c'est ce qu'on va déclarer à notre apôtre, quoiqu'avec des couleurs moins vives que ce qui regardera l'Empire romain, Dieu ayant voulu réserver les images les plus éclatantes à la destinée de Rome, où sa puissance devoit aussi paroître avec plus d'éclat.

*Il y eut dans le ciel un silence d'environ une demi-heure :* c'est un silence d'étonnement, dans l'attente de ce que Dieu alloit décider, comme lorsqu'on attend en silence les juges qui vont se résoudre et enfin prononcer leur jugement; et pour marquer aussi

[1] *Apoc.*, II, 9; III, 9.
(a) *Grec. :* D'un ange.

le commencement d'une grande action et la soumission profonde de ceux qu'on doit employer à l'exécution, qui attendent en grand silence l'ordre de Dieu et se préparent à partir au premier signal.

2. *Et je vis les sept anges qui assistent devant la face de Dieu :* c'est-à-dire ces sept esprits principaux dont nous avons si souvent parlé.

*Et on leur donna sept trompettes :* elles signifient le son éclatant de la justice de Dieu et le bruit que vont faire ses vengeances par tout l'univers.

3. *Il vint un autre ange qui se tint debout devant l'autel :* l'autel, c'est Jésus-Christ; et c'est là que l'ange apporte comme des parfums les prières qui ne sont reçues que par lui. Ainsi ce ministère angélique loin d'affoiblir celui de Jésus-Christ, le reconnoît et l'honore : cependant les protestans offensés de voir l'intercession angélique si clairement établie dans ce passage, voudroient que cet autre ange fût Jésus-Christ même : mais quand Jésus-Christ paroît, il est bien marqué d'une autre sorte et avec une bien autre majesté, comme on a vu et comme on verra dans toute la suite. Aussi saint Jean se contente-t-il d'appeler cet ange *un autre ange,* comme les sept dont il venoit de parler et à qui on avoit mis en main les trompettes.

4. *Et la fumée des parfums...... s'éleva devant Dieu,* parce que l'ange les offroit sur l'autel, qui est Jésus-Christ.

5. *Et l'ange prit l'encensoir, il le remplit du feu de l'autel,* des charbons qui paroissoient allumés dessus. Les charbons marquent la colère de Dieu : « Il alluma ses charbons, » *Psal.* xvii, 14. Les tonnerres, les éclairs et le tremblement de terre en marquent l'effet dans le même psaume, verset 8. Tout cela signifie de grands changemens et de grands renversemens sur la terre.

C'est après que la prière des Saints qui gémissoient sur la terre est montée devant Dieu, que les charbons de sa colère tombent comme un tonnerre. Les prières des Saints sont toutes-puissantes, à cause que c'est Dieu même qui les forme, et c'est par là que les Saints entrent dans l'accomplissement de tous ses ouvrages.

## CHAPITRE VIII.

7. *Le premier ange sonna de la trompette, et il tomba sur la terre de la grêle et du feu mêlés de sang: et la troisième partie de la terre et des arbres fut consumée.* Voilà donc la terre frappée avec les arbres : la mer le sera au verset suivant, et on ne peut douter par le rapport de ces deux versets avec les versets 1, 2 et 3 du chapitre précédent, que ce ne soient les Juifs qui sont ici frappés, puisque c'étoient eux qui étoient épargnés pour un temps, comme on a vu.

*La grêle et le feu mêlés de sang,* signifient le commencement de la désolation des Juifs sous Trajan, dont il a été parlé dans l'*Histoire abrégée,* n. 2. *La troisième partie de la terre :* on marque seulement la troisième partie, quand la menace ne regarde ni la totalité, ni la plus grande partie. *Et toute l'herbe verte fut consumée :* « l'herbe, c'est le peuple, » *Is.,* XL, 7, principalement la jeunesse, où consiste l'espérance de la nation, et c'est ce qui périt dans les guerres. On voit ici la désolation des Juifs vivement représentée par la comparaison d'une belle et riche campagne que la grêle auroit désolée : mais on va voir quelque chose de plus affreux.

8. *Le second ange... et une grande montagne brûlante...* c'est la seconde et dernière désolation des Juifs sous Adrien : Voy. *Histoire abrégée,* n. 3. La grande montagne, c'est une grande puissance; c'est pourquoi l'empire du Fils de Dieu est désigné « par une grande montagne, » *Dan.,* II, 35. Et en parlant de l'empire de Babylone : « Qui es-tu, ô grande montagne ? » *Zachar.,* IV, 7. « Je parle à toi, montagne pernicieuse, » *Jerem.,* LI, 25.

*Une grande montagne brûlante.* Il faut ici se représenter de ces montagnes qui vomissent du feu. Une grande montagne ainsi brûlante est une grande puissance, qui accable et qui consume tout ce sur quoi elle tombe. Mais nous avons vu dans l'*Histoire abrégée,* n. 6, combien de sang coûta aux Romains cette défaite des Juifs. Saint Jean ne pouvoit pas mieux représenter ces pertes de l'armée romaine dans ses sanglantes victoires, qu'en nous représentant toute cette guerre comme la chute d'une montagne brûlante dans la mer, parce qu'il paroît ici par ce moyen comme entre le feu et l'eau une action réciproque et un grand effort de part et d'autre, avec une perte mutuelle : mais le poids d'une si grande montagne l'emporte, et la mer n'y peut résister, non plus que les Juifs aux Romains.

*Il tomba sur la mer comme une grande montagne :* toute la puissance romaine tombe sur les Juifs. La désolation sous Trajan fut sanglante; et c'est ce que vouloit dire cette grêle mêlée de sang, verset 7. Mais la guerre d'Adrien fut bien plus cruelle : aussi n'est-ce plus ici des arbres ni des herbes brûlées ; ce sont des créatures vivantes, et dans les navires les hommes mêmes : c'est ce qui met la mer en sang. Ce n'est pourtant que la troisième partie, pour marquer que tous les Juifs ne furent pas tués; car encore qu'ils fissent tout ce qu'il falloit pour ne se laisser aucune ressource, Dieu, qui sait à quoi il les réserve, empêcha leur perte totale.

10. *Le troisième ange... et une grande étoile tomba du ciel...* C'est le faux messie Cochébas, la seule cause du malheur que saint Jean vient de décrire. Le nom y convient, puisque le nom de Cochébas signifie *étoile;* mais la chose y convient encore mieux, comme il paroît dans l'*Histoire abrégée,* n. 4, où l'on voit que Barcochébas se vantoit d'être un astre descendu du ciel pour le secours de sa nation. Saint Jean fait voir pour le confondre, qu'il n'en descend pas, mais qu'il en tombe, comme ces feux qui se consument en tombant.

Eusèbe rapporte qu'il fit beaucoup souffrir les chrétiens[1], à cause qu'ils ne vouloient pas, quoiqu'ils fussent venus des Juifs, se joindre à leur rébellion, et il acheva par ce moyen d'accomplir e nombre des Saints dont il est parlé *Apoc.,* vi, 11.

*Une étoile ardente comme un flambeau :* à cause des guerres que cet imposteur alluma.

Les étoiles, dans les saintes Lettres, signifient les docteurs, *Dan.,* viii, 10; xii, 3. Les faux docteurs sont appelés par saint Jude des étoiles errantes, des feux errans, *Judæ,* 13 ; et ces feux qui tombent du ciel, ne les représentent pas moins bien.

*L'étoile :* cette étoile ainsi allumée, qui portoit la guerre avec

[1] Euseb., *Chron.,* ad an. 134.

elle, *tomba sur la troisième partie des fleuves et sur les fontaines ;* sur les peuples, qu'elle remplit d'un esprit de rébellion, et tôt après par leur défaite de confusion et de deuil, comme on va voir.

*Son nom est Absinthe :* ce n'est pas à dire que ce fût son nom véritable ; mais l'Ecriture a accoutumé de marquer par cette façon de parler ce qui convient à chacun et comme son caractère particulier. « Appelez son nom Jesraël : appelez son nom Sans miséricorde, » *Osée,* i, 4, 6. De même *Is.,* viii, 3 : « Donnez-lui pour nom, Dépêchez-vous de faire du butin ; Hâtez-vous d'aller au pillage. » Ainsi Samarie et Jérusalem sont appelées *Oolla* et *Ooliba,* pour désigner ce qu'étoient à Dieu ces deux villes, *Ezech.,* xxiii. Cela se tourne en bien comme en mal. « On appellera son nom Emmanuel, Dieu avec nous : » on appellera son nom « l'Admirable, le Conseiller, le Dieu fort, » *Is.,* vii, 14 ; ix, 6. « Son nom sera Orient, » *Zach.,* vi, 12, etc. Cochébas est appelé Absinthe en ce sens, comme on a vu.

11. *Le nom de l'étoile étoit* Absinthe : ce n'est pas ici un astre bénin, dont la favorable lumière dût réjouir sa nation : c'est de l'absynthe qui la plonge dans une profonde et amère douleur. Après les victoires de Tite, les Juifs vaincus devinrent furieux : après celle d'Adrien, c'est une détresse irrémédiable et un entier abattement de courage. On a vu ce qu'ont dit les Juifs de ce malheur sous Adrien. Cette horreur, en voyant les marchés, dans le souvenir des lieux où ils avoient été vendus, et cette triste liberté achetée si cher de venir pleurer dans la ville, montrent assez qu'il ne leur restoit qu'un deuil éternel et une lamentation sans bornes. Voyez l'*Histoire abrégée,* n. 3, 5.

*Et la troisième partie des eaux fut changée en absinthe, et plusieurs hommes moururent dans les eaux, parce qu'elles étoient amères.* La désolation ne fut pas égale partout. Plusieurs, et non pas tous, moururent dans la douleur et dans l'amertume. Mais les fontaines sont marquées indéfiniment. Les fontaines, c'étoit la Judée, où étoit la source de la nation : et ce fut là qu'on sentit le plus grand mal. Les fleuves sont les provinces, où la révolte ne fut pas si grande, non plus que la perte.

12. *Le quatrième ange sonna,... et la troisième partie du soleil*

*fut frappée :* c'est l'obscurcissement des prophéties par la malice des Juifs dans ce même temps. Akiba en détourna le sens pour les appliquer à son faux messie. Tous les Juifs entrèrent plus que jamais dans le même dessein. Ils firent alors la compilation de leur *Deutérose*, c'est-à-dire de leurs traditions, ou de leur *Talmud*, comme il a été raconté *Histoire abrégée*, n. 7. Plusieurs Pères estiment qu'ils corrompirent le texte même de l'Ecriture, et il est certain qu'ils en pervertirent le sens plus que jamais. Aquila fit sa version exprès pour contredire celle des Septante dont les églises se servoient à l'exemple des apôtres, et pour affoiblir les témoignages qui regardoient Jésus-Christ. Tout cela est arrivé sous Adrien et vers les temps de cette dernière désolation des Juifs. Le voile mis sur leur cœur s'épaissit [1]. Dieu sembloit en avoir tiré tout ce qu'il avoit d'élus parmi eux. La source des conversions de ce peuple fut comme tarie par l'extinction de l'église qu'ils formoient à Jérusalem. L'église qui y demeura ne fut plus recueillie que des gentils, et les évêques en furent tirés de la gentilité, comme on a vu *Histoire abregée*, n. 5.

*La troisième partie du soleil :*... quand les astres sont obscurcis, tout l'univers s'en ressent. Ce n'est donc pas seulement ici une plaie envoyée aux Juifs; c'est la plaie de tout l'univers, ainsi qu'il a été dit dans l'*Histoire abrégée*, n. 7. Il ne faut pas s'étonner que saint Jean parle dans sa prophétie de toute sorte de plaies, et aussi bien des spirituelles que des temporelles, qui au fond sont beaucoup moindres : c'est ce qu'on verra dans la suite.

*La troisième partie du soleil, de la lune et des astres :* outre l'obscurcissement de la vérité en général, on peut encore entendre en particulier que les Juifs obscurcirent dans les prophéties ce qui regardoit le soleil, c'est-à-dire Jésus-Christ; ce qui regardoit la lune, c'est-à-dire son Eglise; les astres, c'est-à-dire les apôtres, et la prédication apostolique qui devoit opérer la conversion des gentils. Toutes ces choses furent obscurcies par les Juifs, et le voile qui étoit sur leur cœur s'épaissit, II *Cor.*, III, 14. Mais il n'y eut que la troisième partie obscurcie; et il y avoit beaucoup plus de lumière qu'il n'en falloit pour confondre les incré-

---

[1] II *Cor.*, III, 15.

dules, non-seulement dans les Ecritures, mais encore dans les propres traditions des Juifs, comme le savent ceux qui y sont versés.

Au reste en considérant ces troisièmes parties tant de fois répétées dans ce seul chapitre, versets 7, 8, 9, 10, 11 et 12, on doit voir plus que jamais que ces nombres de l'*Apocalypse* ne sont pas un compte précis, mais une expression en gros du plus ou du moins, en comparant l'un avec l'autre.

13. *J'entendis la voix d'un aigle.* C'est ainsi que lit la *Vulgate*, comme font aussi Primase et Tyconius, *Hom.* vi, et cette leçon est très-ancienne : mais le grec d'à présent porte : « D'un ange qui voloit au milieu de l'air, et disoit à haute voix : *Væ, væ, væ!* Malheur!... » Ici commencent les trois *Væ* qui dans la suite nous feront voir les sept fioles engagées avec les sept trompettes, comme les sept trompettes le sont avec les sept sceaux. Par ce *Væ*, il faut entendre un cri terrible répandu dans l'air, qui dénonce le malheur aux hommes, comme dans Ezéchiel, II, 9 : « On y voit écrit des lamentations, et un chant lugubre, et *Væ!* Malheur! »

## CHAPITRE IX.

*Une autre étoile tombée du ciel : le puits de l'abîme ouvert : les sauterelles : l'Euphrate ouvert, et les rois d'Orient lâchés.*

1. Le cinquième ange sonna de la trompette, et je vis une étoile qui étoit tombée du ciel sur la terre ; et la clef du puits de l'abîme lui fut donnée.

2. Elle ouvrit le puits de l'abîme, et il s'éleva du puits une fumée comme la fumée d'une grande fournaise ; et le soleil et l'air furent obscurcis de la fumée du puits :

3. Et des sauterelles, sorties de la fumée du puits, se répandirent sur la terre ; et il leur fut donné une puissance comme celle qu'ont les scorpions de la terre.

4. Et il leur fut défendu de nuire à l'herbe de la terre, ni à out ce qui étoit vert, ni à tous les arbres, mais seulement aux hommes qui n'auroient pas le signe de Dieu sur le front :

5. Et il leur fut donné, non de les tuer, mais de les tourmenter

durant cinq mois : et le tourment qu'elles font souffrir est semblable à celui que fait le scorpion, lorsqu'il pique l'homme.

6. En ce temps les hommes chercheront la mort, et ils ne la trouveront pas : ils souhaiteront de mourir, et la mort s'enfuira d'eux.

7. La figure des sauterelles étoit semblable à des chevaux préparés au combat : elles portoient sur leurs têtes comme des couronnes qui paroissoient d'or, et leurs visages étoient comme des visages d'hommes.

8. Et leurs cheveux étoient comme ceux des femmes, et leurs dents étoient comme des dents de lions.

9. Elles portoient des cuirasses comme des cuirasses de fer, et le bruit de leurs ailes étoit comme un bruit de chariots à plusieurs chevaux (*a*), courant au combat.

10. Leurs queues étoient semblables à celles de scorpions : elles y avoient un aiguillon, et leur pouvoir étoit de nuire aux hommes durant cinq mois.

11. Elles avoient au-dessus d'elles pour roi l'ange de l'abîme, dont le nom en hébreu est *Abaddon,* et en grec *Apollyon,* c'est-à-dire l'*Exterminateur.*

12. Le premier malheur a passé, et voici deux autres malheurs qui viennent après.

13. Et le sixième ange sonna de la trompette, et j'entendis une voix qui sortoit des quatre coins de l'autel d'or, qui est devant Dieu,

14. Qui disoit au sixième ange qui avoit la trompette : Déliez les quatre anges qui sont liés sur le grand fleuve d'Euphrate.

15. Et aussitôt furent déliés les quatre anges, qui étoient prêts pour l'heure, le jour, le mois et l'année, où ils devoient tuer la troisième partie des hommes.

16. Et le nombre de cette armée de cavalerie (*b*) étoit de deux cent millions ; car je l'entendis nombrer.

17. Et les chevaux me parurent de cette sorte dans la vision. Ceux qui les montoient avoient des cuirasses de feu, d'hyacinthe et de soufre ; et les têtes des chevaux étoient comme des têtes de

(*a*) *Grec :* De chariots et plusieurs chevaux. — (*b*) Des armées de cavalerie.

lions ; et de leur bouche il sortoit du feu, de la fumée et du soufre.

18. Et par ces trois plaies, le feu, la fumée et le soufre qui sortoient de leur bouche, la troisième partie des hommes fut tuée.

19. Car la puissance de ces chevaux est dans leur bouche et dans leurs queues, parce que leurs queues ressemblent à des serpens, et qu'elles ont des têtes dont elles blessent.

20. Et les autres hommes qui ne furent point tués par ces plaies, ne se repentirent point des œuvres de leurs mains, pour n'adorer plus les démons et les idoles d'or, d'argent, d'airain, de pierre et de bois, qui ne peuvent ni voir, ni entendre, ni marcher.

21. Et ils ne firent point pénitence de leurs homicides, de leurs empoisonnemens, de leurs impudicités et de leurs voleries.

#### EXPLICATION DU CHAPITRE IX.

*Les hérésies judaïques qui s'élèvent contre la sainte Trinité et contre la divinité de Jésus-Christ : le caractère de ces hérésies et de l'hérésie en général : les Perses : l'Empire romain ébranlé, et le commencement de sa chute venu du côté de l'Orient.*

1. *Le cinquième ange.* Voici quelque chose de plus terrible que ce qu'on a vu jusqu'ici : l'enfer va s'ouvrir, et le démon va paroître pour la première fois, suivi de combattans de la plus étrange figure que saint Jean ait marqués dans tout ce Livre. Il faut tâcher de les bien connoître, et c'est peut-être l'endroit le plus difficile de la prophétie, parce que saint Jean nous y montre une persécution de l'Eglise et un fléau de Dieu bien différent de ceux dont il parle dans tout le reste. Dans les quatre trompettes précédentes, il nous a fait voir la dernière désolation arrivée aux Juifs pour avoir persécuté l'Eglise : maintenant le Saint-Esprit lui découvre un nouveau genre de persécution qu'elle aura encore à souffrir, où Satan se mêlera bien avant pour la détruire tout à fait ; et cette nouvelle persécution lui doit encore venir de la part des Juifs par la contagion des opinions judaïques dont nous avons parlé [1]. C'étoient sans difficulté les plus importantes, à cause qu'elles attaquoient la personne même et la divinité du Fils de

[1] *Hist. abr.*, n. 8.

Dieu. Le fondement de ces hérésies étoit de dire avec les Juifs qu'il n'y avoit en Dieu qu'une personne, et c'est l'erreur que saint Jean a foudroyée dès le commencement de son Evangile, comme on a vu[1] : mais le Saint-Esprit lui fait connoître qu'elle sortiroit de nouveau de l'enfer après sa mort, et feroit souffrir à l'Eglise un nouveau genre de persécution, qui lui seroit plus insupportable que toutes les autres.

Cette persécution pour être spirituelle et plus cachée, n'en étoit que plus digne de la considération de saint Jean. Puisqu'il avoit à nous découvrir Satan vaincu et son empire renversé par l'Eglise, après tous les vains efforts qu'il auroit faits pour la détruire, il ne devoit pas oublier le plus dangereux de tous les combats, qui est celui des hérésies, principalement de celles que nous avons appelées judaïques. Car au reste à l'occasion de celles-là, il nous donne le caractère de toutes les autres; et afin de ne nous laisser aucun doute de son dessein, il nous met d'abord devant les yeux l'idée d'une guerre et d'un malheur spirituel, comme on va voir.

*Et je vis une étoile qui étoit tombée.* Si l'étoile tombée ci-dessus, VIII, 10, étoit une fausse étoile, un faux docteur, un Cochébas, l'analogie demande que ce soit encore ici la même chose; c'est-à-dire encore un faux docteur, n'y ayant rien d'ailleurs, comme on vient de voir, qui convienne mieux à cette idée qu'une étoile qui tombe. Ce docteur, dont le faux brillant trompa les hommes et qui ramena le premier de l'enfer l'hérésie que saint Jean avoit étouffée, c'est Théodote de Byzance, dont nous avons vu l'histoire[2].

*Une étoile qui tombe.* Ceux qui renioient la foi dans la crainte des tourmens, s'appeloient, dans le style de l'Eglise, *les Tombés*. On a vu que Théodote fut de ce nombre; et de tous les compagnons de sa prison, il fut le seul qui renonça Jésus-Christ. Ce fut la chute d'une étoile fort brillante, non-seulement à cause de la politesse, du grand savoir et du beau génie de cet homme, mais encore beaucoup davantage, parce qu'il étoit du nombre de ceux qu'on appeloit alors les *Confesseurs*, qui étoit dans l'Eglise le second

[1] *Hist. abr.*, n. 8. — [2] *Ibid.*

degré de gloire et le premier après celui du martyre. Ce fut un grand scandale dans l'Eglise, quand toute cette sainte troupe de confesseurs allant à la mort pour Jésus-Christ, celui qui brilloit le plus par son bel esprit et par son savoir, fut le seul qui le renia. Quelques-uns croient que ce Théodote est le même qu'un Théodote, principal disciple de Montan [1], dont Eusèbe écrit que le bruit courut que s'étant abandonné à un démon qui faisoit semblant de le vouloir enlever au ciel, il fut tout d'un coup précipité contre terre [2]. Le temps y convient, et le lecteur pourra faire tel usage qu'il lui plaira de cette histoire.

*La clef du puits de l'abîme lui fut donnée.* Ce fut après sa chute, après qu'il eut renié la foi, que cette clef lui fut donnée [3] : l'enfer ne s'ouvre pas tout seul, c'est toujours quelque faux docteur qui en fait l'ouverture ; et celui-ci devenu par sa chute et par son orgueil un digne instrument de l'enfer, fut choisi pour en faire sortir de nouveau l'hérésie que saint Jean y avoit précipitée.

2. *Et il s'éleva une fumée comme la fumée d'une grande fournaise :* un tourbillon de fumée noir et épais sorti de l'enfer, est l'image la plus naturelle qu'on puisse donner d'une grande et dangereuse hérésie.

*Et le soleil et l'air furent obscurcis.* Le soleil, c'est Jésus-Christ même, et dans Jésus-Christ ce qu'il y a de principal, c'est-à-dire sa divinité, que Théodote obscurcit : ou, ce qui est la même chose, le soleil obscurci par cet hérétique, c'est ce beau commencement de l'Evangile de saint Jean : « Le Verbe étoit en Dieu, et le Verbe étoit Dieu : » Paroles plus lumineuses que le soleil, mais que ce malheureux et tous ceux qui suivirent après lui les opinions judaïques, ne cessèrent d'obscurcir autant qu'il leur fut possible.

*Le soleil et l'air furent obscurcis.* Le démon est appelé par saint Paul « le prince de la puissance de cet air, l'esprit qui agit dans les enfans d'incrédulité, » *Eph.*, II, 2. L'air est obscurci quand le père du mensonge et cet esprit qui agit dans les incrédules répand de fausses doctrines par ses ministres. Voilà déjà un terrible effet de l'hérésie : mais la suite en représente bien mieux le caractère.

3. *Et des sauterelles sorties de la fumée du puits.* Tout est af-

[1] Baron., tom. II, n. 10. — [2] Euseb., V, xv. — [3] *Hist. abr.*, n. 8.

freux dans ce spectacle : l'enfer ouvert comme un puits et comme un abîme immense, une noire fumée qui offusque l'air, et du milieu de cette fumée des sauterelles d'une nouvelle et étonnante figure, que saint Jean nous fera paroître d'autant plus terribles, que leurs blessures ne nuisent qu'à l'ame, comme nous le verrons bientôt : mais il faut voir auparavant dans ces sauterelles mystiques le premier caractère des hérétiques.

*Et des sauterelles.* Ce premier caractère des hérétiques, est celui de n'avoir pas la succession apostolique et de « s'être séparés eux-mêmes, » *Judæ*, vers. 19. Ce caractère ne pouvoit être marqué plus expressément que par des insectes dont la génération est si peu connue, qu'on croit qu'ils se forment de pourriture. Ce qui aussi est vrai en partie, parce que la corruption de l'air ou de la terre les fait éclore : ainsi la corruption de l'esprit et des mœurs fait éclore les hérésies. Mais les sauterelles représentent parfaitement le génie des hérésies, qui ne sont propres ni à s'élever comme les oiseaux, ni à avancer sur la terre par des mouvemens et des démarches réglées, comme les animaux terrestres, mais qui vont toujours comme en sautillant d'une question à une autre, et ruinant la moisson de l'Eglise. « Les sauterelles, dit Salomon, n'ont pas de roi, et néanmoins elles vont comme des bataillons, » *Prov.*, xxx, 27; c'est-à-dire qu'il n'y a point de gouvernement réglé; chacun innove à sa fantaisie, et tout s'y fait par cabale. C'est un caractère de l'hérésie bien marqué par Tertullien. Les sauterelles ne sont pas des animaux qui vivent longtemps : à peine vivent-elles la moitié de l'année, quatre ou cinq mois, comme il est dit de ces sauterelles mystiques[1], vers. 5, 10. Ainsi les hérésies n'achèvent pas l'année, c'est-à-dire qu'elles n'ont pas une vie parfaite, ni un temps complet comme l'Eglise. Elles périssent, elles reviennent, elles périssent encore. Théodote fait revivre Cérinthe; il seroit lui-même oublié sans Artémon : il en est de même des autres hérésies; et on les voit toutes se dissiper comme d'elles-mêmes, selon ce que dit saint Paul : « Ils n'iront pas plus avant, car leur folie sera connue de tout le monde[2]. »

*Il leur fut donné une puissance comme celle des scorpions de la*

[1] *De Præsc.*, XLI, XLII ; Ed. Rig., 1675, p. 217. — [2] II *Tim.*, III, 9.

*terre.* C'est un autre caractère de l'hérésie, de nuire par un venin secret, comme la suite nous donnera lieu de le faire mieux entendre. *Des scorpions de la terre.* Il y a des scorpions d'eau; mais ceux-là n'affligent guère le genre humain, ce qui fait que saint Jean se restreint aux autres.

4. *Et il leur fut défendu de nuire à l'herbe,... ni à tout ce qui est vert, ni aux arbres, mais seulement aux hommes qui n'auroient pas le signe de Dieu,* 5. *Et il leur fut donné, non de les tuer.* Remarquez ici avec attention comme saint Jean éloigne d'abord l'idée d'une guerre et d'un ravage temporel, afin qu'ayant pris une fois celle d'une contagion et d'un ravage spirituel, nous tournions toutes nos pensées de ce côté-là. Ces sauterelles, dit-il, sont d'une espèce particulière. Ce n'est pas l'herbe, ni la campagne, et les moissons qu'elles ravagent, ce sont les hommes; et ce ne sont pas tous les hommes, mais seulement ceux qui n'ont pas la marque de Dieu, qui ne sont pas du nombre de ses élus; et ce n'est pas tant par la violence que par un venin qu'elles nuisent, et ce n'est pas à la vie humaine, ni à nos biens temporels : leur venin se porte à l'endroit où réside principalement la marque de Dieu, c'est-à-dire à l'ame, où elles coulent ce poison secret; car elles ressemblent « à des scorpions, » qui ont leur venin dans la queue, vers. 3. Les hérésies ont une belle apparence et semblent d'abord ne faire aucun mal; mais le venin est dans la queue, c'est-à-dire dans la suite. On n'a plus qu'à faire l'application de tout ceci à chaque verset, et on verra la justesse de cette similitude.

*Et il leur fut défendu.* Les hérétiques, tout rebelles qu'ils sont contre Dieu, sont assujettis à ses ordres. Dieu qui permet qu'ils s'élèvent, sait et ordonne ce qu'il en veut faire et jusqu'où il leur veut permettre de nuire; c'est pourquoi saint Paul disoit : « Mais ils n'iront pas plus avant, » comme on vient de voir, II *Timoth.,* III, 9.

*Mais seulement aux hommes qui n'ont pas le signe de Dieu sur le front,* qui n'ont pas la marque des vrais chrétiens et des élus dont il est parlé *Apoc.,* II, 17; III, 12; VII, 14, etc., c'est-à-dire à ceux qui n'ont pas cette foi constante et persévérante, pour en faire profession jusqu'à la fin. L'hérésie ne nuit qu'aux réprouvés, soit dans l'Eglise, soit hors de l'Eglise; et ceux des chrétiens à qui elle nuit, sont ceux dont il est écrit : « Ils sont sortis du milieu de nous, mais ils n'étoient pas des nôtres : car s'ils eussent été des nôtres, ils seroient demeurés parmi nous, » I *Joan.*, II, 19. Il ne faut pas oublier que saint Jean marque clairement la victoire de l'Eglise sur les hérésies; car comme il dit *Apoc.*, XI, 1, 2 : « Mesure le temple, mais ne mesure point le parvis, qui est abandonné aux gentils, » pour montrer qu'outre ce parvis abandonné aux gentils, il y auroit un endroit que Dieu se réserveroit, où les mains profanes ne pourroient atteindre : ainsi il paroît en ce lieu que malgré tout le ravage que feront ces effroyables sauterelles, Dieu saura bien conserver ceux qui sont à lui.

5. *Il leur fut donné de tourmenter les hommes.* Le tourment que les hérésies font sentir aux hommes, c'est leurs jalousies, leurs haines secrètes, un prodigieux affoiblissement par l'extinction de la charité, le remords de la conscience qui revient de temps en temps, quoiqu'étouffé par l'orgueil; plus que tout cela, ce même orgueil toujours insatiable qui fait leur supplice, comme celui des démons, lorsqu'ils séduisent les hommes.

*Et le tourment qu'elles font souffrir est semblable à celui que fait le scorpion.* La piqûre du scorpion, à laquelle Tertullien compare l'hérésie, « pénètre d'abord, comme il dit[1], dans les entrailles; les sens s'appesantissent, le sang se gèle, les esprits n'animent plus les chairs; on sent un dégoût extrême et une continuelle envie de vomir. » On change souvent de disposition; le chaud et le froid nous affligent tour à tour. Il est bien aisé d'appliquer tout cela à l'hérétique, qui perd le goût de la vérité, et peu à peu tout celui de la religion; qui ne peut ni digérer, ni souffrir une nourriture solide; toujours ou transporté par un zèle amer, ou froid et insensible, sans se soucier dans le fond de la religion, n'en aimant que ce qu'on fait servir à la secte et à ses opinions particulières.

6. *En ce temps :* du temps que les hérésies régneront, *les hommes chercheront la mort, et la mort s'enfuira d'eux.* Cette façon de parler signifie des temps fâcheux, ennuyeux, pesans, de ceux où

[1] *Scorp.*, cap. I.

l'on est dégoûté de la vie, où selon la phrase grecque et la latine, on mène une vie qui n'est point une vie : tels sont les temps où règnent les hérésies ; car premièrement, et les chefs, et les sectateurs des hérésies sont tourmentés par leur esprit inquiet, par leur vaine et fatigante curiosité, qui les engage dans des études laborieuses et dégoûtantes, pleines de chicane et destituées de bon sens : il faut s'épuiser l'esprit à gagner des sectateurs, à les maintenir par mille sortes d'artifices et de séductions ; toutes choses par elles-mêmes tristes et pesantes, que le seul amour de la gloire fait supporter. Joignez à cela dans l'hérésie cette triste et obscure malignité, et les autres peines marquées sur le verset 5. La vie de telles gens est malheureuse, et ils ressemblent à ceux qui, attaqués par quelque venin, ne savent s'ils veulent vivre ou mourir. Mais comme cette parole de saint Jean : *En ce temps,* semble marquer, non-seulement le triste état de ceux qui sont attaqués par le venin, mais encore un grand ennui causé aux autres ; c'est ce qui arrive dans les hérésies : on est las de tant de malices couvertes du nom de la piété, de tant de déguisemens et d'une si dangereuse hypocrisie ; de tant de contentions et de disputes outrées, où il n'y a nulle bonne foi ; de tant de chicanes sur la religion, où, comme dit saint Grégoire de Nazianze, « l'on ne voit que cette science faussement nommée telle ; et au lieu des combats et des exercices qui contentent les spectateurs dans les jeux publics, des questions où il n'y a qu'un jeu de paroles et une vaine surprise des yeux ; où toutes les assemblées, tous les marchés, tous les festins sont troublés d'un bruit importun par des disputes continuelles, qui ne laissent ni la simplicité aux femmes, ni la pudeur aux vierges, » dont elles font des parleuses et des disputeuses ; « en sorte que les fêtes ne sont plus des fêtes, mais des jours pleins de tristesse et d'ennui ; où l'on ne trouve de consolation aux maux publics que dans un mal encore plus grand, qui est celui des disputes ; et où enfin on ne travaille qu'à réduire la religion à une triste et fatigante sophistiquerie [1]. » Quelques-uns veulent que par ces mots : *En ce temps,* il faut entendre simplement que les temps où les erreurs dont parle saint Jean auront la vogue, seront tristes ; et

[1] *Orat.* 33, quæst. I, *De Theol.*

c'est ainsi que Bullinger, qui tourne tout à ses prétendues erreurs papistiques, a dit que les temps où les papes ont dominé en général ont été tristes. Mais on voit bien sans avoir recours à ces chimères d'erreurs papistiques, que les véritables erreurs de Théodote et des autres qui ont réveillé les hérésies judaïques, sont arrivées du temps de Sévère et des autres empereurs, dont les temps sont les plus fâcheux de toute l'histoire romaine.

7. *Semblables à des chevaux préparés au combat...* Cela marque l'esprit de dispute dans les hérétiques et leur acharnement à soutenir leurs opinions. *Sur leurs têtes comme des couronnes qui paroissoient d'or.* Dans le chapitre IV, verset 4, il est dit distinctement des vieillards « qu'ils ont sur la tête des couronnes d'or, » et de même du Fils de l'homme, ch. XIV, 14; mais les hérésies portent sur la tête *comme des couronnes qui paroissent d'or*. Ce n'est qu'un faux or et une vaine imitation de la vérité, comme Bède et les autres interprètes le remarquent sur ce verset.

*Et leurs visages étoient comme des visages d'hommes...* 8. *Et leurs cheveux étoient comme ceux des femmes.* C'est encore cette apparence trompeuse des hérésies dont néanmoins après tout la face est d'un homme, et la doctrine toute humaine. Les cheveux de femmes signifient une foiblesse de courage qu'on a remarquée dans les hérétiques, où peu ont eu la résolution de souffrir le martyre. On a vu la chute de Théodote, qui est un de ceux dont il s'agit en ce lieu. Nous pouvons encore entendre ici la mollesse et le relâchement de la discipline : caractère que Tertullien a remarqué dans les hérésies [1], leur attribuant précisément le renversement de la discipline, *prostrationem disciplinæ*. Ce caractère est commun presque à toutes les hérésies, comme il seroit aisé de le faire voir; et convient en particulier à ces hérésies judaïques en la personne de Paul de Samosate, dont la vanité et la superbe parure est expressément marquée dans la lettre du concile d'Antioche [2], où il est aussi rapporté que les prêtres et tous les disciples de cet hérétique étoient nourris dans une semblable mollesse.

*Leurs dents étoient comme des dents de lions,* par la force qu'ils

---

[1] *De Præsc.*, XLI, XLIII. — [2] Euseb., VII, XXX.

ont à tout ravager, et parce qu'ils déchirent et mettent en pièces l'Eglise et les catholiques par leurs calomnies.

9. *Des cuirasses comme des cuirasses de fer.* Si saint Paul, dans un discours dogmatique, donne au chrétien des armes, « une cuirasse de justice, un bouclier, un casque et une épée, » *Eph.*, vi, 14, 16, 17, on peut bien donner ici aux hérétiques une cuirasse comme de fer, pour signifier leur dureté impénétrable aux enseignemens de l'Eglise et leur opiniâtreté dans leur propre sens. *Et le bruit de leurs ailes comme un bruit de plusieurs chariots :* ce sont leurs disputes éclatantes et la réputation qu'ils se donnent. Ils ont des ailes, non pour s'élever, quoiqu'ils en fassent le semblant, mais à la manière des sauterelles, pour passer d'un côté à un autre sans jamais rien approfondir, et pour aller plus promptement ravager la terre.

10. *Et leurs queues étoient semblables à celles des scorpions,* comme ci-dessus, verset 3, 5. Le seul moyen de se guérir du venin des hérésies, est de les écraser promptement sur la plaie, comme on fait des scorpions.

11. *Elles avoient... pour roi l'ange de l'abîme...* Car encore que les hérésies aillent sans ordre et qu'elles fassent peu de cas de leurs auteurs, qu'elles désavouent le plus souvent, en effet elles sont dominées par l'ange de l'abîme qui les conduit secrètement, et cet ange s'appelle *l'Exterminateur, Apollyon* dans le grec, c'est-à-dire celui qui tue, qui fait périr ; celui qui est appelé par le Fils de Dieu, *Joan.*, viii, 44, « homicide dès le commencement, » parce que sa séduction a fait mourir nos premiers parens : de sorte que c'est principalement par la séduction qu'il est exterminateur, ainsi que les hérétiques qu'il anime. Et ce nom d'*exterminateur* lui est donné en ce lieu, pour montrer que ce qui est dit de ces sauterelles qu'il mène au combat, « qu'elles ne font pas mourir les hommes, » s'entend seulement de la vie du corps, et qu'elles donnent la mort à l'ame. Ce verset convient parfaitement avec celui de saint Paul qu'on a déjà vu, où parlant des hérétiques et de leurs docteurs : « comme, dit-il, Jannès et Mambré, » ces enchanteurs des Egyptiens, « résistèrent à Moïse, ceux-ci de même résistent à la vérité, » en cela semblables à ces magiciens ; que ce

sera par l'instigation et la puissance du démon qu'ils combattront la saine doctrine : mais aussi le succès en sera-t-il pareil, « et leur folie sera connue de tous, comme le fut celle de ces enchanteurs, » continue le même saint Paul, II *Tim.*, III, 8, 9.

Les sauterelles de l'*Apocalypse* sont prises sur celles que Joël décrit, I et II, qui en effet ravagèrent toute la Judée du temps de ce prophète, et qui figuroient les Assyriens, moissonneurs cruels que Dieu devoit bientôt envoyer. Les dents de lion paroissent, *Joël*, I, 6, et dans ce chapitre de l'*Apocalypse*, verset 8, la ressemblance des chevaux, *Joël*, II, 4, et ici, vers. 7, le bruit de leurs ailes comme des chariots, *Joël*, II, 5, et ici 9, le tourment des hommes dans *Joël*, II, 6, et ici 10.

Selon cette idée de Joël, on pourroit penser que les sauterelles de saint Jean sont de vrais soldats, comme ceux que le prophète Joël représentoit par cette figure. Et en effet il y a des caractères qui y conviennent; mais nous avons vu que saint Jean a banni d'abord cette idée, en nous disant que ces sauterelles, ni ne pillent, ni ne ravagent, ni ne tuent. Elles blessent seulement les hommes, mais à la manière des scorpions, par un venin, et non par des armes; et au lieu que dans les guerres ordinaires personne n'est épargné, et que les Saints ne le sont pas plus que les autres, comme il sera remarqué *Apoc.*, XVI, 2, 3, 4, ici ce ne sont pas tous les hommes qui peuvent être blessés, mais seulement ceux qui n'ont point la marque de Dieu et le caractère de son élection éternelle. Ces caractères que saint Jean a donnés à ces sauterelles, impriment d'abord l'idée d'une guerre spirituelle, de la blessure de l'ame et du venin de l'hérésie. Les ténèbres et l'épaisseur effroyable d'une fumée sortie de l'enfer conduit encore à cette pensée; aussi, ni dans saint Jean, ni dans les prophètes, en aucun endroit, on ne voit les vrais soldats sortir de l'enfer, ni conduits par le démon. A la fin de l'*Apocalypse*, l'idée de l'enfer revient encore avec celle du démon déchaîné, sous la même figure du puits de l'abîme, *Apoc.*, XX. Et nous voyons aussi très-clairement qu'il s'agit là de séduction; car on renferme Satan dans l'abîme, « afin qu'il ne séduise plus les nations, » verset 3; et lorsqu'il est délié, c'est « pour les séduire, » verset 7. On le voit à la fin puni de « ses séductions, » verset 9. Ce qui montre qu'où l'on fait paroître le démon sorti de l'abîme, c'est la séduction qu'il y faut entendre; et l'idée des armes et des soldats ne combat point celle-là, puisque dans ce même chapitre xx, le démon délié pour séduire est représenté comme assemblant « ses troupes pour le combat, et assiégeant la cité sainte et le camp des Saints, » verset 7, 8. Dans le verset 17 du chapitre que nous expliquons, où l'on voit de vrais soldats, on y voit aussi de vraies cuirasses; mais c'est ici comme des cuirasses : et le *comme* règne partout; ce qui n'étant pas ailleurs, ne peut être si constamment employé en cet endroit que pour y montrer partout une allégorie.

Saint Jérôme remarque encore sur les sauterelles de Joël qu'après qu'elles sont mortes, « on les ramasse et on les met en tas dans des fosses, » comme on le voit dans Isaïe, ch. xxxiii, 4. « Cet amas, dit saint Jérôme, corrompt l'air et excite la peste. » Cela convient encore aux hérésies, qui lors même qu'elles périssent, infectent l'air et y laissent une sorte de pestilence spirituelle, dont tout le genre humain est infecté.

Si l'on dit après tout cela que saint Jean nous montre ici dans ces sauterelles mystiques plutôt les ravages que la défaite des hérésies, on n'aura pas fait assez de réflexion sur les paroles de ce grand apôtre, puisqu'enfin il nous a montré très-expressément que les vrais fidèles dont l'Eglise est principalement composée, sont un peuple contre lequel ces animaux si cruels et si venimeux ne peuvent rien : et d'ailleurs il fait les hérétiques du genre de ces animaux, qu'on voit périr par eux-mêmes sans pouvoir achever l'année, verset 4, 5. A quoi encore nous conduit l'idée d'une fumée qui s'élève contre le soleil, et dont on voit la dissipation assurée dans sa propre élévation, sans que le soleil ait besoin d'employer contre elle autre chose que sa lumière, verset 2. C'est enfin nous avoir montré la défaite de ces animaux monstrueux, que de nous les faire bien connoître et de nous avoir appris par quel esprit ils sont poussés : car tout ce qui est conduit par l'ange de l'abîme, doit avec lui être replongé dans l'abîme, d'où il ne sort que pour un temps, et comme nous a dit saint Paul, avoir le sort de Jannès et de Mambré, lorsque par le même secours ils résistèrent à Moïse, *sup.*, verset 11. Par où saint Jean nous fait voir l'Eglise invincible et nous prépare à entendre ce qu'il dira dans la suite, qu'elle verra tous ses ennemis tombés à ses pieds, n'y ayant point à craindre qu'elle périsse après la victoire qu'elle a remportée contre des ennemis furieux, qui animés par toute la puissance de l'enfer, attaquoient le fondement de sa doctrine, c'est-à-dire la divinité de Jésus-Christ, et tâchoient de lui ravir jusqu'à son soleil.

12. *Le premier malheur a passé :* malheur public, non-seulement de l'Eglise, mais encore de tout le genre humain, comme ce seroit un malheur public d'éteindre le soleil. C'est aussi ce que saint Jean nous a mis d'abord devant les yeux, en disant que « le soleil et tout l'air furent obscurcis, » c'est-à-dire que la lumière de la vérité est obscurcie, non-seulement pour ainsi parler dans son propre globe, mais encore par rapport aux hommes, et même aux infidèles pour qui elle luisoit, comme Primase l'interprète sur le verset 12 du chapitre précédent [1]. Nous avons aussi remarqué que les hérésies nuisoient beaucoup aux infidèles, *Hist. abrég.*, n. 8 ; ce qui sans doute n'arrivoit pas sans une secrète permission de Dieu : car c'est par un secret jugement qu'il permet « au dieu de ce siècle, » au démon qui y préside, « au prince de cet air, » que Jésus-Christ doit chasser, « d'agir dans les incrédules et de répandre l'aveuglement dans leur esprit, en sorte que la lumière de l'Evangile de Jésus-Christ ne les éclaire pas, » II *Cor.*, iv, 4 ; *Eph.*, ii, 2. Ainsi tout ce qui empêche que la vérité ne se fasse sentir, est un malheur envoyé de Dieu à sa manière, comme les guerres, comme la peste, comme la famine, conformément à cette parole de saint Paul : « Parce qu'ils n'ont pas reçu l'amour de la vérité pour être sauvés, Dieu leur enverra une opération d'erreur, » II *Thess.*, ii, 10, 11 ; « en sorte qu'ils errent eux-mêmes, et qu'ils jettent les autres dans l'erreur, » II *Tim.*, iii, 13 ; et non-seulement dans l'Eglise, mais encore hors de l'Eglise, dont ils empêchent les infidèles de voir la lumière, « en leur faisant blasphémer le nom et la doctrine de Notre-Seigneur, » *Rom.*, ii, 24 ; I *Tim.*, vi, 1 ; *Tit.*, ii, 5, etc.

Au reste saint Jean ne pouvoit placer ces malheurs de la séduc-

[1] Lib. II *in Apoc.*

tion dans une place plus convenable qu'en les mettant, comme il a fait, à la suite d'autres erreurs et d'autres séductions, c'est-à-dire de celles des Juifs, et après la chute de Cochébas. Les vraies guerres et les vrais soldats qui devoient ravager dans le temporel l'empire persécuteur, se trouveront en d'autres endroits, et surtout dans les chapitres XVI et XVII, même dès la fin de celui-ci, et au son de la sixième trompette. Mais il étoit à propos que saint Jean n'oubliât pas les hérésies, qui comme les autres malheurs annoncés dans cette prophétie, sont des exercices que Dieu envoie à ses fidèles « pour les éprouver, » I *Cor.*, XI, 19, et un supplice qu'il envoie aux ennemis de la vérité pour les punir. La doctrine de cette remarque sera fortifiée par celle du chapitre XI, versets 6, 14, et du chapitre XII, verset 12, où il paroîtra que les maux de l'Eglise et ceux-là même qu'elle souffrira par la violence des persécuteurs, sont les maux de tout l'univers, et même des persécuteurs, tant à cause que la justice divine les fera bientôt retomber sur eux qu'à cause que c'est en soi-même le plus grand de tous les maux, de persécuter vérité.

Je ne dois pas omettre ici que presque tous les interprètes anciens et modernes, et les protestans comme les autres, entendent ici les hérétiques. Mais les protestans toujours entêtés de leurs prétendues erreurs papistiques, ne trouveront pas mauvais que nous leur en fassions voir de plus réelles et tout ensemble de plus dignes d'être reprises par saint Jean, puisque ce sont les mêmes qu'il avoit d'abord étouffées.

*Le premier malheur a passé.* Il commence par Théodote de Byzance, environ l'an 196 de Notre-Seigneur, sous l'empire de Sévère, et se continue dans ce règne-là et dans les règnes suivans, par les melchisédéciens, par Praxéas, par Noëtus, par Artémon, par Sabellius et par Paul de Samosate, en la personne duquel l'hérésie judaïque fut condamnée de la manière la plus solennelle qu'on eût jamais pratiquée dans l'Eglise catholique, puisqu'elle le fut par ce fameux concile d'Antioche, et pour parler avec un des Pères du concile de Nicée, par « le concile et le jugement de tous les évêques du monde [1]. » Le mal se reposa pour lors : ce fut dans

---

[1] Epist. Alex. Episc. Alex. *ad Alex.* CP, Conc. Nic.

les environs de l'an 260 et 270, et à peu près dans le même temps, que commence le second *Væ* que nous allons voir.

13. *Et le sixième ange;... et j'entendis une voix qui sortoit des quatre coins de l'autel d'or.* C'est ici une de ces voix qui marquent quelque ordre important plus spécialement venu de Dieu, ainsi qu'il a été dit sur le verset 10 du chapitre I, et on en va voir la conséquence.

14. *Déliez les quatre anges qui sont liés sur le grand fleuve d'Euphrate.* Saint Jean suit exactement l'ordre des temps. Les Perses, qui avoient succédé aux Parthes, jusqu'ici n'avoient point passé l'Euphrate impunément, et ils avoient toujours été glorieusement repoussés par les Romains, qui avoient même poussé leurs conquêtes au delà de ce fleuve. Ce fut sur la fin du second *Væ*, et pendant que Paul de Samosate troubloit l'Eglise, que ces peuples si souvent vaincus passèrent l'Euphrate et inondèrent l'Empire. Cet endroit méritoit bien d'être marqué comme venu spécialement de Dieu ; car c'est un des plus importans secrets de cette prophétie, parce que c'est dans le malheur de Valérien qu'on voit commencer la décadence de l'Empire romain, par les raisons remarquées dans l'*Histoire abrégée*, n. 9, 10.

*Déliez les anges...* Il n'est pas besoin d'avertir que ce qui lie les anges, ce sont les ordres suprêmes de Dieu. Ces anges liés, soit bons ou mauvais, sont ceux qui avoient en main ces bornes fatales entre la puissance romaine et le fier empire des Perses, que Dieu sembloit jusqu'alors avoir renfermé dans les bornes de l'Euphrate. C'étoit aussi sur l'Euphrate qu'étoient établies les légions qui gardoient l'Empire de ce côté-là, comme tout le monde sait.

15. *Les... anges qui étoient prêts pour l'heure, le jour, le mois et l'année.* Ils n'attendoient que le signal. Le temps marqué si particulièrement par le prophète, fait voir combien précisément Dieu décide des momens.

*La troisième partie des hommes :* c'est la façon de parler ordinaire de ce livre, pour montrer que ce n'est pas une entière extermination.

16. *Et le nombre... de la cavalerie,... deux cent millions.* L'armée des Perses consistoit en cavalerie, et le nombre en étoit pro-

digieux. C'est en gros ce que veulent dire les deux cent millions, et ce seroit une erreur grossière de s'imaginer ici des nombres précis.

17. *Des cuirasses de feu, d'hyacinthe et de soufre.* Hyacinthe, c'est la couleur violette et celle du fer poli. Le feu du soufre approche de cette couleur; et lorsque la lumière du soleil bat dessus, on croit voir des escadrons enflammés [1]. Les Perses étoient armés de fer, de pied en cap, eux et leurs chevaux.

*Les têtes des chevaux, comme des têtes de lions.* Cette redoutable cavalerie marchoit au combat avec l'ardeur et la force des lions.

*De leur bouche il sortoit du feu.* On voit ici des chevaux ardens et courageux qui semblent jeter le feu par les narines.

Collectumque premens volvit sub naribus ignem. III *Georg.*

18. *Et par ces trois plaies, le feu, la fumée et le soufre;* par l'impétuosité des soldats armés de cette sorte. La force des armées est représentée par le feu : « Le bouclier de ces braves soldats est enflammé ; les brides de leurs chevaux sont tout en feu, » *Nah.,* II, 3.

19. *La puissance de ces chevaux est dans leur bouche et dans leurs queues, qui ressemblent à des serpens.* Les Parthes qui composoient ces armées, puisque les Perses, comme on a vu, n'avoient fait que changer le nom de cet empire, combattoient par devant et par derrière, et ils tiroient même en fuyant; et ces serpens sont les traits dont ils perçoient leur ennemis, la tête tournée.

20. *Et les autres hommes..... ne se repentirent point,.... pour n'adorer plus les démons et les idoles d'or et d'argent...* Cela fait voir que le prophète a passé des Juifs aux idolâtres. Car on ne peut assez remarquer que comme les afflictions des chapitres VII et VIII regardoient les Juifs, il n'y est point parlé d'idolâtrie.

21. *De leurs homicides, de leurs empoisonnemens...* Il est aisé de faire voir que les violences, les impuretés et les empoisonnemens des idolâtres étoient allés à l'extrémité.

[1] *Hist. Aug., in Alex. Sev.,* Edit. Salm., p. 133 ; Heliod., *Hist. Æthiop.,* VIII.

## CHAPITRE X.

*L'ange menaçant : le livre ouvert : les sept tonnerres : le livre mangé.*

1. Je vis un autre ange fort qui descendoit du ciel, revêtu d'une nuée et ayant un arc-en-ciel sur la tête : son visage étoit comme le soleil, et ses pieds comme des colonnes de feu.

2. Il avoit à la main un petit livre ouvert; et il mit le pied droit sur la mer, et le pied gauche sur la terre.

3. Et il cria à haute voix comme un lion qui rugit. Et après qu'il eut crié, sept tonnerres firent éclater leurs voix.

4. Et les sept voix des sept tonnerres ayant éclaté, je me mis à écrire : mais j'entendis une voix du ciel qui me dit : Scelle ce qu'ont dit les sept tonnerres, et ne l'écris point.

5. Alors l'ange que j'avois vu qui se tenoit debout sur la mer et sur la terre, leva la main au ciel :

6. Et il jura par celui qui vit dans les siècles des siècles, qui a créé le ciel et ce qui est dans le ciel, la terre et ce qui est dans la terre, la mer et ce qui est dans la mer, qu'il n'y auroit plus de temps :

7. Mais qu'au jour que le septième ange feroit entendre sa voix, et qu'il sonneroit de la trompette, le mystère de Dieu seroit accompli, ainsi qu'il l'a annoncé par les prophètes (a) ses serviteurs.

8. Et j'entendis la voix qui me parla encore du ciel, et me dit (b) : Va, et prends le livre ouvert de la main de l'ange qui se tient debout sur la mer et sur la terre.

9. Je m'approchai de l'ange, en lui disant qu'il me donnât le livre (c). Et il me dit : Prends le livre et le dévore : et il te causera de l'amertume dans le ventre, mais dans ta bouche il sera doux comme du miel.

10. Je pris le livre de la main de l'ange, et je le dévorai : il étoit dans ma bouche doux comme du miel; mais après que je l'eus dévoré, il me causa de l'amertume dans le ventre.

(a) *Grec :* Aux prophètes. — (b) Et la voix que j'avois entendue du ciel me parla encore, et me dit : — (c) Donnez-moi le petit livre.

11. Alors il me dit : Il faut encore que tu prophétises aux nations, aux peuples, aux hommes de diverses langues, et à plusieurs rois.

#### EXPLICATION DU CHAPITRE X.

*Les jugemens cachés, et les jugemens découverts : la douceur et l'amertume du livre.*

1. *Je vis un autre ange...* La dernière vengeance va être ici proposée comme prochaine par des menaces terribles. C'est un *ange fort*, qui va frapper fortement ; et *sa face qui éclate comme le soleil*, marque une vengeance éclatante.

2. *Il avoit à la main un petit livre ouvert.* Notez que ce n'est plus ici le livre fermé de sceaux dont le mystère est caché : les sceaux sont levés, et les six premières trompettes ont révélé une grande partie de cet admirable secret. L'ange paroît donc ici avec un petit écrit ouvert en sa main : c'est la sentence déjà prononcée et prête à s'exécuter.

*Le pied droit sur la mer...* L'Empire est foulé aux pieds et affoibli par mer et par terre.

3. *Et il cria...* Le rugissement du lion, dans le style prophétique, est partout la menace d'une vengeance prochaine.

*Sept tonnerres firent éclater leurs voix...* C'est encore la vengeance plus prochaine.

4. *Scelle ce qu'ont dit les sept tonnerres.* Outre les jugemens que Dieu nous découvre par ses prophètes, il y en a de cachés, qui souvent sont les plus terribles.

5. *L'ange...leva la main...* 6. *Et il jura...* Dans Daniel, ch. XII, 7, l'ange qui jure, lève les deux mains ; mais celui-ci en avoit une occupée à tenir la sentence. *Qu'il n'y auroit plus de temps.* Ce n'est plus comme auparavant, *Apoc.*, VI, 11 ; VII, 1, 2, 3, où la vengeance est différée : ici tout est accompli, tout est prêt.

7. *Mais qu'au jour que le septième ange..., le mystère de Dieu seroit accompli.* Ce mystère, c'est la glorification de l'Eglise et la fin des persécutions par de terribles châtimens des persécuteurs.

8. *Va, et prends le livre ouvert.* 9. *Prends le livre et le dévore.* Le même en Ezéchiel, III, 1.

10. *Il étoit doux dans ma bouche...* Ce livre doux à la bouche et qui fait dans l'estomac l'effet des choses amères, c'est la dernière sentence que l'ange tenoit. Saint Jean s'en devoit remplir pour en annoncer l'effet. D'abord elle est douce, comme le fut à Ezéchiel ce livre qu'il dévora. C'est une consolation de voir la puissance de Dieu exercée sur ses ennemis : mais dans la suite on est affligé de voir tant d'hommes perdus : et il y a ici un sujet d'affliction particulière, en ce qu'on y va voir les souffrances de l'Eglise persécutée.

11. *Alors il me dit : Il faut encore que tu prophétises :* il faut que tu expliques le détail de cette sentence aux rois et aux peuples, et c'est ce que saint Jean va commencer dans le chapitre suivant : mais il faut avant toutes choses, pour le bien entendre, que nous prenions quelque idée des persécutions de l'Eglise que saint Jean nous va proposer dans les visions suivantes.

*Réflexions sur les persécutions, où l'on en voit l'idée générale et quatre de leurs caractères marqués par saint Jean.*

I.— Quatre caractères des persécutions marqués par saint Jean, au chapitre xi de l'*Apocalypse*.

Saint Jean ayant à nous exposer dans la suite les grands châtimens de Dieu sur Rome persécutrice, il commence par expliquer les persécutions qui les ont attirés, et s'arrête principalement à celle de Dioclétien, qui fut la dernière comme la plus violente. Il nous donne donc d'abord dans ce chapitre une idée générale de ces persécutions, et il en remarque quatre choses les plus propres à soutenir le courage des chrétiens, qu'on pût jamais imaginer.

Premièrement, afin qu'on ne s'étonnât pas de voir tant de sang répandu, et ce qui étoit le plus à déplorer, tant d'apostasies durant les persécutions, il fait voir qu'il ne faut pas craindre que le temple de Dieu, c'est-à-dire son Eglise, soit renversée; et qu'au contraire elle demeurera toujours invincible dans ceux qui sont vraiment à Dieu, c'est-à-dire dans ses élus, versets 1, 2.

Secondement il fait voir que quelque grande que soit la haine et la puissance des persécuteurs, il ne leur seroit pas permis de nuire aux chrétiens autant qu'ils voudroient ; mais que Dieu donneroit des bornes à leur fureur, et renfermeroit les persécutions dans un certain temps limité, versets 2, 3.

Troisièmement le même saint Jean fait connoître que nulle persécution, quelque violente qu'elle soit, n'aura le pouvoir d'empêcher ou d'affoiblir le témoignage que l'Eglise doit rendre éternellement à la vérité de l'Evangile, et c'est ce qu'il nous explique par ces deux témoins dont il sera tant parlé dans ce chapitre, versets 3, 4, etc.

La quatrième chose qui devoit paroître dans la souffrance de l'Eglise, c'est que la persécution loin de l'éteindre et de l'affoiblir, en devoit toujours augmenter la force et la gloire : de sorte que par la suite des conseils de Dieu, il devoit être réservé à celle de Dioclétien, comme à la plus violente, d'élever l'Eglise au comble de la gloire. C'est aussi ce qui est arrivé, et saint Jean nous le fait entendre dans la glorieuse résurrection de deux témoins, aux versets 12, 13, de ce chapitre.

De ces quatre caractères des persécutions, celui qui est le plus consolant pour les chrétiens, c'est le second, c'est-à-dire celui qui leur fait voir que Dieu préside secrètement aux conseils des persécuteurs, dont il retient et lâche le bras autant qu'il lui plaît : car c'est ce qui fait sentir aux enfans de Dieu que celui qui leur envoie les persécutions, c'est Dieu même leur bon Père ; en sorte que leurs souffrances venues de cette main leur deviennent chères.

Dieu avoit commencé à faire paroître cette vérité à ses fidèles dès le temps de l'Ancien Testament par plusieurs exemples, mais principalement dans la persécution d'Antiochus. Elle fut d'une violence extraordinaire, et il sembloit d'abord que Dieu ne voulût plus donner de bornes aux souffrances de son peuple. Mais en même temps il marqua sensiblement le contraire par deux effets surprenans : l'un fut le terme très-court qu'il voulut donner aux fureurs d'Antiochus, puisque la persécution dura seulement trois ans et demi, ainsi qu'il étoit prédit, *Dan.*, XII, 7, 11, et qu'il est aisé de le recueillir, tant des livres des *Machabées* que de l'histoire de Josèphe ; l'autre qui n'étoit pas moins considérable, c'est que Dieu finiroit la persécution par la punition éclatante de son auteur.

C'étoit le conseil de Dieu d'en user à peu près de même avec ses fidèles. Car encore qu'après la croix de Jésus-Christ, son Eglise dût être plus fortement et plus longuement exercée qu'elle ne l'avoit dû être dans le judaïsme, où les promesses temporelles étoient en vigueur : néanmoins il plaisoit à Dieu que les persécutions qu'il faudroit soutenir pour l'Evangile, eussent à peu près les mêmes caractères que celle d'Antiochus, où elles étoient comme dessinées par la main de Dieu, c'est-à-dire premièrement qu'elles fussent courtes et que Dieu y donnât de temps en temps quelque relâche à son peuple; et ce qui n'est pas moins remarquable, qu'elles finissent pour l'ordinaire par un châtiment public des persécuteurs.

On voit en effet ces deux marques du doigt de Dieu presque dans toutes les persécutions. Dieu faisoit sentir à ses enfans affligés, par le repos qu'il leur procuroit de temps en temps, qu'il savoit mesurer leurs souffrances à leurs forces, et comme Jésus-Christ l'avoit dit lui-même, « qu'il en abrégeoit le temps pour l'amour des élus, » *Matth.*, XXIV, 22.

Les chrétiens ont bien connu ce secours de Dieu durant les persécutions; et comme on leur objectoit que Dieu les abandonnoit à leurs ennemis, Origène répondoit pour toute l'Eglise, « que ce n'étoit pas les abandonner, mais plutôt leur rendre sensible sa protection, que de leur donner de temps en temps le loisir de respirer, en réprimant de telle sorte leurs persécuteurs, qu'on voyoit bien qu'il ne vouloit pas qu'on pût éteindre la race des saints, ni qu'il fût permis à leurs ennemis et aux princes mêmes de les affliger au delà d'un certain point, ou d'un certain temps. » Orig., III, *Cont. Cels.* (Edit. Bened., t. I, n. 8, p. 452.)

II. — Histoire abrégée des persécutions de l'Eglise, qui fait voir que Dieu y mettoit des bornes.

Tout est plein de ces sentimens dans les écrits des saints Pères, et l'expérience en justifioit la vérité. La persécution de Néron, où saint Pierre et saint Paul furent couronnés, finit par sa mort environ quatre ans après qu'il l'eut commencée[1] : celle de Domi-

[1] An. Chr. 64, 65, 68.

tien, où saint Jean souffrit, fut à peu près de même durée. Le massacre de Domitien tué par les siens, y mit fin [1]; et avant ce dernier coup, lui-même, tout inhumain qu'il étoit, il avoit donné des bornes à sa fureur, en rappelant jusqu'à ceux qu'il avoit bannis et réprimant par un édit les persécutions suscitées contre l'Eglise : ainsi les deux premières persécutions eurent manifestement les deux caractères de celle d'Antiochus. Dieu les finit par le châtiment manifeste de leurs auteurs [2], et voulut les renfermer à peu près dans le même temps de trois ans et demi, que celle d'Antiochus avoit eu. Saint Jean apprend aux fidèles que les persécutions des siècles suivans auroient à peu près le même succès, et que Dieu leur sauroit donner de secrètes bornes, quoique non, peut-être, toujours dans le même temps précis. On sait la lettre de Trajan à Pline le Jeune, où encore que cet empereur lui ordonnât de punir les chrétiens qui lui seroient déférés, il lui défendit néanmoins d'en faire aucune recherche [3]. On sait celle d'Adrien à Minutius Fundanus [4], et celle de Marc-Aurèle après le célèbre effet de la prière d'une légion chrétienne [5]. Ces ordres des empereurs étoient autant de barrières que Dieu mettoit pour un temps aux persécutions. On prétend que celle de Sévère s'adoucit bientôt par la mort de Plautien [6], qui en étoit l'instigateur : et on sait d'ailleurs que ce prince modéroit lui-même ses rigueurs, en sorte qu'il a semblé ne persécuter les chrétiens qu'à regret et par considération, comme Tertullien nous le fait entendre [7]. Quoi qu'il en soit, c'est après avoir vu sa persécution qu'Origène a remarqué le relâchement que nous avons vu dans les supplices des chrétiens et les bornes que Dieu y mettoit [8]. La persécution de Maximin et celle de Dèce passèrent rapidement avec leur vie. Gallus, qui suivit les voies de Dèce son prédécesseur, eut bientôt après le même sort [9]. Les souffrances des Saints furent extrêmes sous Valérien : mais nous apprenons dans Eusèbe, par une lettre de saint Denys d'Alexandrie [10], qu'elles ne durèrent précisément que trois

---

[1] An. Chr. 93, 95, 96. — [2] Tert., *Apol.*, v; Lact., *De Mort. persec.*, iii; Euseb., III, xviii, xx. — [3] Plin., X, *Epist.* xcvii, xcviii; An. 104. — [4] An. 128. — [5] An. 176. — [6] An. 204, 206; Baron., tom. II, an. 206. — [7] Tertul., *advers. Scap.* iv. — [8] Orig., iii, *cont. Cels.*, n. 8. — [9] An. 238, 240, 253, 254; Lact., *De Mort.*, iv. — [10] An. 259, 260, 261, 262; Dion. Alex., ap. Euseb., VII, v, 23; Lact., *ibid.*, 5.

ans et demi. Le massacre d'Aurélien prévint l'exécution du sanglant édit qu'il venoit de donner contre les fidèles[1], et il n'y eut pas jusqu'à la dernière persécution, c'est-à-dire jusqu'à celle de Dioclétien, encore qu'elle ait été la plus violente et la plus longue, qui n'eût ses temps de relâchement.

### III. — La persécution de Dioclétien.

Elle commença en l'an 303, le 19 de l'empire de Dioclétien, par le renversement des églises vers la fête de la passion de Notre-Seigneur, date mémorable pour l'Eglise souffrante[2]. L'année d'après la persécution fut très-violente : mais dans le temps qu'on y commença par tout l'Empire des fêtes solennelles pour la vingtième année de l'empereur, les prisons furent ouvertes; et les chrétiens participèrent à la grace comme les autres, puisqu'il est expressément marqué que le célèbre martyr d'Antioche, saint Romain, demeura seul dans les fers et seul acheva son glorieux martyre[3]. Quelque temps après, et dans la plus grande ardeur de la persécution, las de verser du sang, les persécuteurs se relâchèrent d'eux-mêmes par deux fois, et à la fin on changea la peine de mort en d'autres supplices[4]. En Occident la grande furie de la persécution ne dura que deux ans : mais encore que l'Orient eût plus à souffrir, il paroît que dès le commencement, Maximin se relâcha durant quelque temps, et en général que les tyrans se ralentissoient et se réchauffoient comme à diverses reprises[5]. Dans la huitième année fut publiée la célèbre rétractation de Galère Maximien, un peu avant sa mort[6]. Les églises jouirent de la paix, même en Orient et sous Maximin. Un peu après, Maxence fut vaincu par Constantin, la croix érigée dans Rome et la paix donnée par le vainqueur[7]. Encore que Maximin, qui avoit été contraint d'abord à se relâcher de ses rigueurs, les ait redoublées un peu après, elles ne durèrent pas longtemps; et Licinius, alors uni à Constantin, entreprit bientôt la guerre où le tyran perdit

---

[1] An. 276; Lact., *ibid.*, 6; Euseb., VII, xxx. — [2] An. 303; Lact., *De Mort.*, xi, xii; Euseb., VIII, edit. Valent, ii, *id.*, *in Chron.* — [3] Euseb., lib. *De Mort.*, ii. — [4] Id., lib. *De Martyr.*, ix, xiii; lib. VIII, xii; lib. *De Martyr.*, iii. — [5] *Ibid.*, iv, xiii, lib. VIII, xiv; *Ibid.*, xvi, xvii. — [6] An. 311, 312; Euseb., IX 1 et seq. — [7] *Ibid.*, ix, 9; An. 313.

la vie. A son tour Licinius devint lui-même persécuteur, et tôt après il périt, après avoir été souvent vaincu [1].

Voilà en gros le cours des persécutions, et je n'ai pas ici besoin d'une discussion plus scrupuleuse des années. Cela suffit pour faire voir qu'encore que Dieu n'épargnât pas le sang de ses saints, il leur donnoit de temps en temps un peu de repos, c'est-à-dire qu'il donnoit aux forts le temps de respirer, aux foibles celui de s'affermir, à ceux qui étoient tombés celui de se relever, et enfin aux saints pasteurs celui de recueillir leurs brebis dissipées.

IV. — Seconde circonstance des persécutions : qu'elles finissoient ordinairement par un châtiment exemplaire des persécuteurs, comme celle d'Antiochus.

C'est ainsi que Dieu mesuroit les souffrances à son peuple selon sa bonté et sa sagesse, comme il avoit fait autrefois du temps d'Antiochus. Mais il ne fit pas moins éclater dans les persécutions de son Eglise, la seconde circonstance de la persécution d'Antiochus, qui fut celle d'avoir fini par le supplice du persécuteur : car pour ne point ici parler des princes persécuteurs que Dieu peut avoir épargnés, ou pour leurs autres bonnes qualités, comme un Trajan ou un Marc-Aurèle, ou enfin pour des raisons qu'il n'est pas permis de rechercher : pour peu qu'on sache la fin d'un Néron, d'un Domitien, d'un Maximin, d'un Dèce, d'un Valérien, des deux Maximiens, du dernier Maximin et des autres, et qu'on en pèse le temps et les circonstances, on y verra la main de Dieu clairement marquée, et un livre admirable de Lactance que Dieu a rendu à nos jours [2], nous met cette vérité sous les yeux.

Nous y voyons entre autres choses que Dioclétien n'eut pas plutôt consenti à la persécution, que son bonheur l'abandonna. Frappé d'une maladie où il perdit le sens, il tomba dans un si grand affoiblissement, qu'il ne put résister à Galère, qui le contraignit secrètement à quitter l'empire. Cette abdication tant vantée et qui parut au dehors si volontaire, fut l'effet de sa foiblesse et de la secrète violence que lui fit son gendre, Lact., *de Mort. persecut.*, XVII, XVIII. La fin des autres princes fut encore plus

[1] An 319, 323. — [2] Lact., lib. *De Mort. persec.*

manifestement funeste : on n'y voit rien que de tragique [1]. Dieu pour ainsi dire voulut marquer les persécuteurs à la marque d'Antiochus ; et afin qu'il n'y manquât aucun trait, il voulut dans cette dernière persécution que les deux dont le peuple saint avoit le plus long-temps éprouvé la rage, c'est-à-dire Galère Maximien et Maximin, en périssant comme Antiochus et par un supplice semblable, fissent aussi, à son exemple, des déclarations favorables aux chrétiens qu'ils avoient tant haïs, et laissassent à la postérité un témoignage immortel d'un repentir autant inutile que forcé.

V. — Une autre circonstance des persécutions : l'Eglise plus glorieuse après les avoir souffertes, et la même chose arrivée après la persécution d'Antiochus.

La persécution d'Antiochus fit voir encore une vérité qui parut avec éclat dans les persécutions de l'Eglise. C'est que bien loin que le peuple juif ait été détruit, comme ses ennemis l'avoient espéré, il devint plus illustre que jamais, non-seulement par les victoires de Judas le Machabée, mais encore en s'affranchissant du joug des gentils et rétablissant sous la famille des Asmonéens le royaume de Judée. Ainsi l'Eglise de Jésus-Christ, loin de tomber sous le poids de tant de persécutions, alloit croissant sous le fer et parmi les tourmens. Les victoires de ses martyrs, plus éclatantes que le soleil, lui donnoient tous les jours une nouvelle gloire. Ce fut après les derniers efforts qu'on eut faits sous Dioclétien pour la détruire entièrement, et lorsqu'on se flattoit le plus, comme on verra, de la pensée de l'avoir éteinte, qu'elle se releva plus que jamais ; et que libre de la tyrannie des gentils, elle régna sur la terre dans la personne de Constantin et de ses successeurs, comme saint Jean le célèbre dans toute sa prophétie, et en particulier dans le chapitre XI, qu'on va entendre aisément après ces remarques.

[1] Lact., *De Mort. persecut.*, XXXIV, XLIX ; Euseb., VIII, XVI, XVII ; IX, X.

## CHAPITRE XI.

*Le temple mesuré : le parvis abandonné aux Gentils : les deux témoins : leur mort : leur résurrection et leur gloire : la septième trompette : le règne de Jésus-Christ et ses jugemens.*

1. On me donna une canne semblable à une perche et il me fut dit (*a*) : Lève-toi, et mesure le temple de Dieu, et l'autel, et ceux qui y adorent.

2. Mais laisse le parvis qui est hors du temple, et ne le mesure point, parce qu'il a été abandonné aux gentils, et ils fouleront aux pieds la sainte Cité pendant quarante-deux mois :

3. Et je donnerai à mes deux témoins, et ils prophétiseront mille deux cent soixante jours revêtus de sacs.

4. Ceux-ci sont deux oliviers et deux chandeliers qui sont dressés en présence du Seigneur de la terre (*b*).

5. Que si quelqu'un veut leur nuire, le feu sortira de leur bouche, qui dévorera leurs ennemis : et celui qui les voudra offenser, il faut qu'il soit tué de cette sorte.

6. Ils ont la puissance de fermer le ciel, pour empêcher la pluie de tomber durant le temps qu'ils prophétiseront : et ils ont le pouvoir de changer l'eau en sang et de frapper la terre de toutes sortes de plaies, toutes les fois qu'ils le voudront.

7. Quand ils auront achevé leur témoignage, la bête qui s'élève de l'abîme leur fera la guerre, les vaincra et les tuera.

8. Et leurs corps seront étendus dans les places (*c*) de la grande ville, qui est appelée spirituellement *Sodome*, et l'*Egypte*, où même leur (*d*) Seigneur a été crucifié.

9. Et les tribus, les peuples, les langues et les nations verront leurs corps étendus trois jours et demi; et ils ne permettront pas qu'on les mette dans le tombeau.

10. Les habitans de la terre se réjouiront de leur mort : ils en feront des fêtes, et s'enverront des présens les uns aux autres, parce que ces deux prophètes tourmentoient ceux qui habitoient sur la terre.

(*a*) *Grec :* Et l'ange se tint debout, disant : — (*b*) Du Dieu de la terre. — (*c*) La place. — (*d*) Notre.

11. Mais après trois jours et demi, l'esprit de vie entra en eux de la part de Dieu. Ils se relevèrent sur leurs pieds, et ceux qui les virent furent saisis d'une grande crainte.

12. Alors ils entendirent une voix forte, qui leur dit du ciel : Montez ici. Et ils montèrent au ciel dans une nuée, à la vue de leurs ennemis.

13. A cette même heure il se fit un grand tremblement de terre : la dixième partie de la ville tomba, et sept mille hommes périrent dans le tremblement de terre : le reste fut saisi de crainte et donna gloire à Dieu.

14. Le second malheur est passé, et voilà le troisième qui le suit de près.

15. Le septième ange sonna de la trompette, et le ciel retentit de grandes voix, qui disoient : Le royaume de ce monde est devenu le royaume (a) de Notre-Seigneur et de son Christ, et il régnera aux siècles des siècles, amen (b).

16. Alors les vingt-quatre vieillards qui sont assis sur leurs siéges devant la face de Dieu, se prosternèrent sur le visage, et ils adorèrent Dieu, en disant :

17. Nous vous rendons graces, Seigneur Dieu tout-puissant, qui êtes, qui étiez, et qui devez venir, parce que vous vous êtes revêtu de votre grande puissance et que vous régnez.

18. Les nations se sont irritées, et le temps de votre colère est arrivé, et le temps des morts pour être jugés, et pour donner la récompense aux prophètes vos serviteurs, et aux saints, et à ceux qui craignent votre nom, aux petits et aux grands, et pour exterminer ceux qui ont corrompu la terre.

19. Alors le temple de Dieu fut ouvert dans le ciel, et l'arche de son alliance y parut ; et il se fit des éclairs, des voix, un tremblement de terre et une grosse grêle.

(b) *Grec :* Les royaumes sont devenus les royaumes. — (b) *Amen* n'y est pas.

## CHAPITRE XI.

#### EXPLICATION DU CHAPITRE XI.

*Les caractères des persécutions en général : ils sont appliqués en particulier à celle de Dioclétien : saint Jean nous en donne un premier crayon, qui sera perfectionné dans le chapitre suivant.*

1. *Lève-toi, et mesure le temple...* Le commencement de la persécution de Dioclétien est marqué dans tous les auteurs par le renversement des églises que les chrétiens avoient bâties dans une longue paix [1]. Afin qu'on ne s'en étonne pas, saint Jean nous montre un temple et un autel que les hommes ne peuvent abattre.

*Et ceux qui y adorent.* Dans cette même persécution de Dioclétien, il devoit arriver aussi beaucoup de chutes et d'apostasies : mais saint Jean fait voir que tout ce qui est parfaitement au dedans selon l'élection éternelle, ne périt point.

*Mesure le temple de Dieu, et l'autel, et ceux qui y adorent.* Ceci représente la société des élus, où tout est mesuré et compté, parce que Dieu ne veut pas que rien y périsse.

2. *Mais laisse le parvis qui est hors du temple...* Il n'y a point de mesure prise pour ce qui est hors de cette société.

*Il a été abandonné aux gentils.* La sainte société des élus est inaccessible aux gentils, qui ne peuvent la diminuer : mais l'extérieur de l'Eglise leur est en quelque sorte abandonné, et ils y feront d'étranges ravages. Ne croyez donc pas que tout soit perdu quand vous en verrez la profanation. On renversera les églises matérielles; mais il y a un sanctuaire qui n'est pas bâti de main d'homme, et sur lequel aussi la main des hommes ne peut rien.

Les tourmens feront tomber plusieurs chrétiens : mais le fondement de Dieu demeurera ferme. « Et voici le sceau qu'il a : Le Seigneur connoît ceux qui sont à lui, et bienheureux celui qui invoque le nom du Seigneur ! » II *Tim.*, II, 19.

*Ils fouleront aux pieds la sainte Cité.* Les chrétiens seront sous la tyrannie des infidèles : mais si les infirmes tombent, l'Eglise subsistera dans les forts. C'est la première chose que saint Jean remarque dans les persécutions : l'Eglise toujours subsistante.

*Quarante-deux mois.* Voici la seconde chose qu'il faut remar-

---
[1] V. sup., *Réflex.*, n. 6.

quer : les persécutions de l'Eglise, et même celle de Dioclétien, quoique la plus longue de toutes, auront un terme préfix et marqué de la main de Dieu.

Pourquoi *quarante-deux mois?* Ne retombons pas ici dans la petitesse de vouloir toujours trouver des nombres précis : c'est ici un nombre mystique ; et pour nous en faire connoître l'importance, saint Jean le répète souvent, comme on va voir.

*Et je donnerai à mes deux témoins, et ils prophétiseront.* C'est moi qui leur donnerai de prophétiser, c'est-à-dire je leur en donnerai l'ordre et la grace. *Mille deux cent soixante jours :* c'est les quarante-deux mois dont il vient de parler, à composer les mois de trente jours selon l'ancienne supputation. Ce nombre mystérieux se trouve encore dans le temps où la femme, c'est-à-dire l'Eglise sera nourrie dans le désert, c'est-à-dire dans la persécution. « Elle y sera, dit saint Jean, mille deux cent soixante jours, » XII, 6. Et un peu après : « Elle y sera un temps, des temps, et la moitié d'un temps, » *ibid.*, 14. C'est au style de l'Ecriture, une année, deux années, et une demi-année, en tout trois ans et demi. Et encore au chapitre XIII, verset 5, la guerre qu'on fera aux saints doit durer *quarante-deux mois.* Tout cela sous de différentes expressions, fait le même nombre d'années, de mois et de jours : car les quarante-deux mois et les mille deux cent soixante jours composent trois ans et demi, et le tout ensemble se réduit au nombre rond de douze fois trente jours. Saint Jean retourne ce nombre en tant de façons par années, par mois et par jours, afin que le lecteur attentif en faisant sa supputation et trouvant toujours le même nombre, sente enfin que c'est un nombre mystique consacré aux persécutions de l'Eglise, à cause que c'est celui où fut renfermée celle d'Antiochus, qui les figuroit. Et en effet tout ceci est visiblement tiré de la prophétie de Daniel, où l'ange détermine la persécution d'Antiochus à un temps, deux temps, et un demi-temps, *Dan.*, VII, 25, c'est-à-dire, comme tout le monde en convient, un an, deux ans, et un demi-an, conformément à ce qui est dit de Nabuchodonosor dans le même Daniel : « Sept temps passeront sur lui, » c'est-à-dire il passera sept années, *Dan.*, IV, 13, 22. Selon cette explication du mot de *temps*, familière à l'Ecriture et à Daniel, ce prophète détermine le temps donné à Antiochus pour persécuter les enfans de Dieu à trois ans et demi en tout : ce qui fut en effet le temps précis de cette persécution, ainsi qu'il a été dit, *Réflex. sur les perséc.*, n. 3.

Nous voilà donc très-distinctement renvoyés par saint Jean à la prophétie de Daniel et à la persécution d'Antiochus, pour y trouver le vrai caractère des persécutions de l'Eglise, c'est-à-dire pour y entendre un terme arrêté de Dieu, un terme abrégé exprès pour le salut des élus, un terme qui finisse ordinairement par le châtiment éclatant des persécuteurs, et souvent même par un aveu public de leur faute avant leur supplice, comme en effet il est arrivé presque toujours, et constamment de la dernière persécution que saint Jean avoit principalement en vue [1].

Il ne faut pas ici s'émouvoir de ce que trois ans et demi excèdent de quelques jours le nombre de mille deux cent soixante jours. On sait assez que l'Ecriture arrondit les nombres. On a vu que saint Jean règle celui-ci, dont il fait le caractère de la persécution, sur le pied de douze fois trente jours; et au surplus la justesse des prophéties se doit trouver dans les grands caractères, et non pas dans les minuties.

Dieu a voulu que quelques-unes des persécutions, par exemple celle de Valérien, eût précisément le nombre de trois ans et demi, comme on a dit [2]. Les autres, qui durèrent ou un peu plus ou un peu moins, n'eurent pas moins un terme abrégé et fixé par le doigt de Dieu, et n'en finirent pas moins par une conclusion pareille.

Ce temps de trois ans et demi est encore celui de la mémorable sécheresse qui arriva sous Elie, III *Reg.*, XVII, XVIII; *Luc.*, IV, 25; *Jac.*, V, 17; sécheresse qui revient assez à la persécution, comme il sera remarqué sur le verset 6.

C'est donc à dire, en un mot, que l'Eglise sera réduite au même état où fut autrefois le peuple de Dieu trois ans et demi, et durant cette effroyable famine, et depuis encore sous la tyrannie d'Antiochus; et s'il faut aller plus avant, comme on voit dans toute

---

[1] *Réflex.*, n. 3 et suiv. — [2] *Réflex.*, n. 5.

cette prophétie le nombre de sept consacré pour signifier quelque chose de complet, ainsi qu'on l'a remarqué chapitre v, verset 1, le temps de trois ans et demi, qui fait justement la moitié de sept ans, et partage par le milieu une semaine d'années, doit marquer un temps imparfait qui n'arrive pas à son terme : de cette sorte on le prend pour le temps mystique auquel les persécutions sont fixées, pour marquer qu'étant resserrées par la main de Dieu, elles ne parviendront jamais au terme complet que se proposoient les persécuteurs, comme il paroîtra encore mieux par les remarques sur les versets 9 et 11.

*Et ils prophétiseront revêtus de sacs*, dans l'affliction, dans la pénitence. Ceci marque la persécution; et remarquez que les deux témoins ne cesseront de prophétiser durant tout le temps de la persécution : car la persécution dure quarante-deux mois, verset 2, et la prophétie dure douze cent soixante jours, verset 3, afin qu'on ne pense pas que l'Eglise soit réduite à un état invisible, ou que les persécuteurs viennent à bout, comme ils le prétendoient, « de fermer la bouche de ceux qui louent Dieu[1]. »

*Ils prophétiseront.* Le ministère prophétique ne consiste pas seulement dans la prédiction de l'avenir, mais encore dans l'exhortation et dans la consolation; et qui veut voir que toutes ces graces et les dons tant ordinaires qu'extraordinaires, même celui de la prophétie dans sa partie la plus éminente, qui est la prédiction de l'avenir, ne manquoient pas à l'Eglise durant la persécution, n'a qu'à lire les lettres de saint Cyprien, où l'on voit les merveilleux avertissemens par lesquels Dieu préparoit son Eglise aux maux qu'il lui envoyoit, et l'esprit de force qu'il y conservoit pour la soutenir : c'est aussi ce qu'on peut voir dans toute l'histoire ecclésiastique.

*Mes deux témoins.* Témoin, c'est *martyr*, comme on sait. Saint Jean marque ici le vrai caractère de ces temps où l'Eglise éclatoit principalement dans ses martyrs, pendant qu'elle étoit contrainte de cacher son culte et ses assemblées dans des lieux obscurs et souterrains.

[1] *Esth.*, XIV, 9.

Pour ce qui regarde le nombre de deux, les Pères et les interprètes sont féconds à nous en représenter le mystère. Il y a les deux Testamens, les deux Tables de la loi, les deux préceptes de la charité, le témoignage de deux suffisant pour établir la vérité, conformément à cette parole : «Toute affaire sera décidée par le témoignage de deux ou de trois témoins, » *Deut.*, xix, 15. Primase rapporte ici un bel endroit de saint Cyprien, où il reconnoît deux sortes de témoins ou de martyrs : les uns en sacrifiant leur vie, les autres en abandonnant leurs biens, Prim., lib. III; Cypr., *de Laps.* Plus simplement, il faut entendre par les deux témoins les consolateurs du peuple de Dieu, tirés des deux ordres de l'Eglise, et tant du clergé que du peuple : les premiers représentés par Jésus, fils de Josédec, souverain pontife; et les autres par Zorobabel, capitaine du peuple de Dieu, comme on verra au verset suivant.

4. *Ceux-ci sont deux oliviers et deux chandeliers :* ceci est manifestement tiré de Zacharie, iv, 3, 14, où Jésus, fils de Josédec, souverain pontife, et Zorobabel, qui soutinrent le peuple pauvre et affligé au retour de la captivité de Babylone, sont désignés par deux oliviers, à cause des consolations que le peuple reçut par leur ministère, durant que tous leurs voisins s'unissoient pour achever de les opprimer. Alors Dieu leur envoya ces deux grands consolateurs; et le Saint-Esprit qui montre partout à saint Jean l'Eglise figurée dans la synagogue, a encore tiré cet exemple de l'ancien peuple, pour signifier dans ces deux oliviers mystiques la céleste onction dont l'Eglise seroit pleine durant les persécutions.

*Et deux chandeliers.* Cette figure est encore tirée du même endroit de Zacharie, iv, 11, 12. Elle signifie que les lumières de l'Eglise ne seront pas moins vives que ses consolations seront abondantes : ainsi le nombre de deux est encore ici un nombre mystique, comme les trois ans et demi. Les consolateurs des fidèles, par les graces tant ordinaires qu'extraordinaires, étant tirés de deux ordres, c'est-à-dire du clergé et du peuple, et d'ailleurs étant figurés par ces deux hommes de Zacharie, par Jésus fils de Josédec, et par Zorobabel, sont aussi pour cette raison représentés au nombre de deux : ce qui signifie que l'Eglise aura en effet les graces qui sont figurées par ces deux hommes.

*En présence du Seigneur de la terre.* Ce sont les propres paroles de Zacharie, iv, 14, qui continuent à nous faire voir qu'il faut chercher dans ce prophète le dénouement de cet endroit de l'*Apocalypse.*

5. *Le feu sortira de leur bouche.* Imité d'Elie qui fit tomber le feu du ciel par son commandement, III *Reg.*, xviii, 38 ; IV *Reg.*, i, 10 et suiv. Ce feu sorti de la bouche des deux témoins de l'Eglise, c'est l'efficace de sa parole, qui confond ses adversaires et finalement les détruit. *Et celui qui les voudra offenser, il faut qu'il soit tué de cette sorte :* il faut que les persécuteurs périssent, et qu'après une mort cruelle ils soient encore envoyés au feu éternel.

6. *Ils ont la puissance de fermer le ciel pour empêcher la pluie de tomber.* A la lettre fermer le ciel, c'est envoyer la stérilité, et ce pouvoir fut donné à Elie, III *Reg.*, xvii, 1. Dieu aussi a souvent puni l'empire persécuteur en lui envoyant la stérilité, comme on le verra au chapitre xvi, verset 8. Mais pour s'élever à un sens plus haut et plus convenable à ce lieu, par la pluie il faut entendre la parole de Dieu, selon ce que dit Moïse dans son cantique, « que ma parole coule comme une rosée, *Deut.*, xxxii, 2. Durant la persécution la prédication n'avoit pas un cours si libre, et elle étoit justement soustraite aux infidèles, qui non-seulement ne l'écoutoient pas, mais encore en persécutoient les ministres. C'étoit donc avec justice que Dieu accomplissoit alors cette menace autrefois prononcée dans Isaïe : « Je défendrai à mes nuées de pleuvoir, » v, 6. J'empêcherai mes prédicateurs de prêcher si librement.

*Changer l'eau en sang :* comme fit Moïse en Egypte sous la persécution de Pharaon, *Exod.*, vii, 19, 20 ; c'est envoyer la guerre aux ennemis de l'Eglise, comme on verra au chapitre xvi, versets 3, 4, 5, 6.

Remarquez que saint Jean remplit ici ces deux témoins de ce qu'il y a tout ensemble de plus doux et de plus efficace dans les anciens prophètes, pour consoler le peuple de Dieu et pour en châtier les ennemis. La douceur est marquée dans les deux oliviers et dans les deux chandeliers, dont la lumière consolera les enfans de Dieu, et l'efficace de la vengeance paroît dans toute la suite. Au reste pour peu qu'on entende le style de l'Ecriture, on ne s'étonnera pas que ces grands effets de la justice divine soient attribués aux deux témoins, puisque c'est pour l'amour d'eux que Dieu les envoie.

7. *Quand ils auront achevé leur témoignage :* après qu'ils auront beaucoup souffert et qu'ils auront accompli le temps de ce témoignage laborieux, qu'ils devoient rendre dans l'affliction et dans la peine : remarquez ce terme *achevé*, qui désigne la fin des persécutions.

*La bête qui s'élève de l'abîme :* il n'en a point encore été parlé, et elle ne paroîtra que dans les chapitres XIII et XVII. Mais saint Jean nous y renvoie dès ici pour montrer la liaison de ce chapitre avec les suivans, où nous trouverons l'explication de tout le mystère.

*Les vaincra et les tuera :* en apparence et selon le corps. Les choses viendront à un point, qu'à force de faire la guerre aux chrétiens, les gentils croiront en avoir aboli le nom. C'est ici un des caractères de la persécution de Dioclétien. On avoit vu jusqu'alors les persécutions se ralentir de temps en temps, et on attribuoit à ce relâchement la subsistance de l'Eglise. On résolut donc sous Dioclétien de faire un dernier effort, et de s'acharner contre les chrétiens jusqu'à ce qu'on en eût éteint toute la race. On flatta même les empereurs de la gloire d'avoir accompli ce grand ouvrage vainement tenté par leurs prédécesseurs. Il faut ici se ressouvenir des colonnes trouvées en Espagne avec ces inscriptions dont voici l'abrégé :

*Aux empereurs Dioclétien et Maximien : pour avoir étendu l'Empire romain, éteint le nom des chrétiens qui détruisoient l'Etat, aboli leur superstition par toute la terre, et augmenté le culte des dieux.* Ces inscriptions trouvées en Espagne, étoient sans doute répandues de même dans tout l'Empire. On n'avoit point encore flatté les empereurs de la gloire d'avoir tout à fait éteint le nom odieux des chrétiens. C'est ce que saint Jean appelle ici *avoir fait mourir les deux prophètes :* et il ne pouvoit représenter la persécution de Dioclétien par un caractère qui lui fût plus propre.

8. *Leurs corps seront étendus dans les places de la grande ville.* Le grec : *Dans la place,* au singulier. Saint Jean représente ici les martyrs comme privés par les lois de tous les honneurs, et même de ceux qu'on rend aux morts. On voit partout dans les actes des martyrs, et en particulier dans ceux de saint Taraque, le grand péril où il falloit se mettre pour donner la sépulture aux Saints, dont même on laissoit souvent les corps mêlés avec ceux des scélérats, afin qu'on ne les pût distinguer : ce qui paroît principalement durant la persécution de Dioclétien.

*Dans les places de la grande ville, qui est appelée spirituellement* Sodome *et l'*Egypte. C'est Rome et l'Empire romain : Sodome, par son impureté; Egypte, par sa tyrannie et ses abominables superstitions, où le peuple de Dieu étoit captif comme autrefois en Egypte, où les chrétiens et les chrétiennes avoient souvent plus à souffrir pour la chasteté que pour leur foi, comme « l'ame juste de Lot étoit tourmentée à Sodome par les actions détestables de ses habitans, » II *Petr.,* II, 8.

*Où même leur Seigneur a été crucifié :* en prenant la grande cité pour Rome avec son empire, il est vrai au pied de la lettre que Jésus-Christ y a été crucifié, même par la puissance romaine : et il est vrai encore que cette même Rome qui avoit crucifié Jésus-Christ en sa personne, le crucifioit tous les jours dans ses membres, comme dans le chapitre suivant nous le verrons enfanté dans ses membres par son Eglise, *Apoc.* XII, 5.

9. *Leurs corps étendus trois jours et demi.* Ce même nombre de jours est encore répété verset 11. On voit donc ici clairement, et pour les jours comme pour les années, un nombre mystique et justement la moitié d'une semaine. Mais ici *trois jours et demi,* c'est-à-dire la moitié de la semaine de jours signifie un temps très-court, et beaucoup plus court encore que celui de la persécution. Car si la persécution ne parvient pas jusqu'à la semaine d'années et n'en passe pas la moitié, le temps où les gentils se persuadèrent que le christianisme étoit éteint, n'arrive qu'à la moitié de la semaine de jours ; et ni dans l'un ni dans l'autre cas,

on ne vient point à un temps complet, ni au but que les persécuteurs avoient espéré, comme il a été dit verset 3.

10. *Les habitans de la terre se réjouiront :* en faisant entre eux des fêtes, comme il est porté dans le texte, et des festins, des réjouissances. Ces inscriptions qu'on vient de voir, ne permettent pas de douter que l'extinction du christianisme, dont les gentils se vantoient, ne fût un sujet de joie et de triomphe dans tout l'univers.

*Et s'enverront des présens :* ce signe de conjouissance mutuelle est marqué parmi les fêtes et les festins, *Esth.*, ix, 18, 19, 22. *Parce que les deux prophètes les tourmentoient.* La prédication de l'Evangile tourmentoit ceux qui vouloient mener une vie sensuelle; témoin le tremblement de Félix, gouverneur de Judée, pendant que saint Paul traitoit devant lui de la justice, de la chasteté et du jugement futur, *Act.*, xxiv, 25. D'ailleurs les gentils attribuoient aux chrétiens tous les malheurs de l'Empire, et ils étoient ravis d'en être défaits.

11. *Après trois jours et demi.* Les gentils ne jouirent que trèspeu de temps du plaisir de s'imaginer l'Eglise morte et son témoignage éteint; car on la vit se relever plus glorieusement que jamais.

*L'esprit de vie entra en eux :* le rétablissement d'un peuple abattu est figuré par une résurrection, *Ezech.*, xxxvii.

12. *Alors ils entendirent une voix : Montez ici. Et ils montèrent dans le ciel...* C'est la grande gloire de l'Eglise sous Constantin, incontinent après la grande persécution.

13. *A cette même heure il se fit un grand tremblement de terre...* Dans le temps qu'il plaisoit à Dieu de relever son Eglise, que les païens croyoient à bas, tout l'Empire fut ébranlé par les guerres des empereurs les uns contre les autres. Maxence, fils de Maximien, établi à Rome et soutenu par Maximin en Orient, est attaqué par Galère et bat Sévère, un autre empereur que Galère envoyoit contre lui. Toute l'Italie est ravagée par les vainqueurs et par les vaincus. Galère court à la vengeance avec une armée immense. Maximien rappelé à l'empire, se brouille avec son fils et avec son gendre, qu'il arme l'un contre l'autre : son gendre, c'é-

toit Constantin, qui marche contre Maxence et le taille en pièces, ce qui le rend maître de Rome et tôt après de tout le monde. *La dixième partie de la ville tomba.* Cela signifie de grands ravages et de grandes ruines dans tout le corps de l'Empire par ces effroyables mouvemens.

*Et sept mille hommes y périrent :* c'est dans le nombre parfait la victoire parfaite de Constantin sur Maxence.

*Et le reste fut saisi de crainte :* quand on vit Constantin victorieux par la croix, en ériger le trophée dans Rome et faire publiquement profession du christianisme.

*Et ils donnèrent gloire au Dieu du ciel.* Voilà les grandes conversions dont la victoire de l'Eglise fut suivie par tout l'univers. On voit souvent dans l'histoire[1] durant la dernière persécution, et dans quelques actes des martyrs, ces acclamations du peuple étonné de leur constance : « Le Dieu des chrétiens est grand : » ces cris de joie s'augmentèrent quand on vit l'Eglise victorieuse par sa patience et par tant de miracles qui arrivoient tous les jours au tombeau des Saints.

14. *Le second malheur est passé.* C'est celui des persécutions, et surtout de la dernière, qui fut si sanglante; et ce sont en même temps tous les maux que Dieu envoyoit au monde pour punir son impiété, à commencer depuis le temps de Valérien jusqu'à celui de Maxence, et de la paix de l'Eglise, comme il paroît, ix, 14; xi, 5, 6, 13. Mais ce qu'il faut le plus remarquer, c'est que les persécutions dont saint Jean parle tant ici, sont comprises parmi les malheurs publics de tout l'univers, n'y en ayant point de plus grand ni qui en attire tant d'autres que de ne pouvoir souffrir la vérité, comme on le verra encore plus expressément, xii, 12.

*Et voilà le troisième qui le suit de près.* C'est celui où sera comprise la ruine de Rome idolâtre, comme on verra dans la suite; mais saint Jean donnera encore quelques chapitres à décrire plus particulièrement les persécutions qui ont attiré à l'Empire un si terrible châtiment,

15. *Le septième ange... Le ciel retentit de grandes voix qui disoient : Le royaume de ce monde est devenu le royaume de notre*

---

[1] Euseb., IX, 1, 8.

*Seigneur et de son Christ.* Voilà la conversion universelle des peuples et la destruction de l'idolâtrie.

*Et il régnera aux siècles des siècles :* son règne est éternel dans le ciel, et il va commencer à éclater même sur la terre.

18. *Les nations se sont irritées :* Rome frémira encore, et tout le paganisme sera en fureur de voir le christianisme dans la gloire et les princes mêmes devenus chrétiens.

*Et le temps de votre colère est arrivé :* le temps où Rome périra : ce qu'on verra dans la suite exprimé plus clairement.

*Et le temps des morts pour être jugés...* Saint Jean joint le jugement dernier à celui qu'on alloit voir exercé sur Rome, comme avoit fait Jésus-Christ en prédisant la ruine de Jérusalem, Matth., XXIV. C'est la coutume de l'Ecriture de joindre les figures à la vérité.

19. *Le temple de Dieu fut ouvert :* c'est le grand éclat de l'Eglise ouverte à tous les gentils. *Et l'Arche d'alliance y parut :* à la différence de l'ancien peuple, où l'Arche étoit cachée : dans l'Eglise, tous les mystères sont découverts et la présence de Dieu est manifestement déclarée.

*Et il se fit des éclairs...* C'est la main de Dieu manifeste sur les ennemis de son Eglise. Au reste je ne parle point ici de l'application de ce chapitre à la venue d'Enoch et d'Elie, dont je me suis assez expliqué dans la *Préface*, n. 13 et suiv.

*Abrégé des prédictions depuis le chapitre IV jusqu'au XII$^e$, et la liaison de ce qui précède avec ce qui suit, depuis le XII$^e$ jusqu'au XIX$^e$.*

Les choses que nous avons vues méritent bien d'être repassées, afin qu'on en voie la suite comme d'un coup d'œil, depuis le chapitre IV jusqu'à celui qui va suivre.

On a vu d'abord le livre scellé, c'est-à-dire les décrets encore cachés du conseil de Dieu, chap. IV.

Ce livre est entre les mains de l'Agneau pour en rompre les sceaux et en révéler les secrets, chap. V.

A la rupture des sceaux, on a vu paroître le Juge avec ses trois fléaux, et la vengeance qui devoit être appliquée par la prière des Saints est suspendue pour un peu de temps, mais ensuite représentée avec de terribles couleurs, quoiqu'encore en confusion, chapitre VI.

On entre dans l'explication du détail, où le premier secret qui se déclare, c'est que la vengeance dont on alloit découvrir les effets, étant suspendue en faveur des Juifs, dans la suite devoit commencer par cette nation selon le dessein de la prophétie : ce qui se déclare encore par les autres circonstances des chapitres VII et VIII.

Les sept trompettes commencent, et les quatre premières nous découvrent les deux coups frappés sur les Juifs sous Trajan et sous Adrien, tous deux terribles, mais le dernier le plus désolant, où l'on marque aussi l'horrible amertume où ils se virent plongés pour avoir suivi leur faux messie Cochébas ; et on voit en même temps les vains efforts qu'ils firent pour obscurcir les prophéties : c'est ce que contient le chapitre VIII. Le dernier verset de ce chapitre marque les trois *Væ*, dont l'effet devoit regarder les trois dernières trompettes, VIII, 13, et dont la suite, comme on verra, fait la liaison de toute cette prophétie.

Entre la fin des prédictions qui regardent les Juifs et le commencement de celles qui regardent les gentils, le Saint-Esprit découvre à saint Jean cet affreux obscurcissement du soleil et ces sauterelles mystiques ; c'est-à-dire, à l'occasion de la chute des Juifs, auteurs des persécutions de l'Eglise, un nouveau genre de persécuteurs dans les hérésies judaïques qui se glisseront dans son sein : là, au bruit de la cinquième trompette, on les voit sortir de l'enfer ; et saint Jean se sert de cette occasion pour donner à tous les siècles une vive image du génie de l'hérésie, dont l'effet est si funeste à tout l'univers, mais dont la chute présage à l'Eglise une victoire certaine de tous ses autres ennemis. Le premier *Væ* se termine à cet endroit, verset 12. Et comme il nous mène au temps de Valérien, où la chute de l'Empire devoit commencer, saint Jean y entre incontinent : mais afin de distinguer cet événement de ceux qui avoient regardé plus particulièrement les Juifs, il marque ici expressément que cet endroit regardoit en particulier les idolâtres, IX, 20. Et voilà tout ce qui paroît au chapitre IX, au son de la cinquième et de la sixième trompette.

## CHAPITRE XI.

Il ne restoit plus après cela, pour nous marquer toute la suite de la vengeance de Dieu sur ses ennemis, qu'à nous représenter le dernier coup donné tout ensemble à l'idolâtrie et à Rome persécutrice : mais comme il devoit être la punition de ses cruautés contre l'Eglise, saint Jean, après l'avoir annoncé en général au chapitre x, nous y est encore montré comme le prophète destiné de Dieu à nous en décrire les causes et toute la suite dans les chapitres suivans.

Il paroît par toutes ces choses que l'*Apocalypse* est comme une histoire suivie des jugemens que Dieu exerce sur les ennemis de son Eglise, en commençant par les Juifs et finissant par les gentils, sans oublier entre deux les hérétiques, à cause des secrets rapports qu'ils ont avec les uns et avec les autres, aussi bien qu'avec l'Eglise elle-même, pour en exercer et éprouver les vrais fidèles; et cette histoire est suivie, non-seulement par l'ordre des choses, mais encore en quelque façon par celui des temps.

Au chapitre xi commence l'histoire des persécutions romaines, dont nous voyons d'abord quatre caractères. Nous voyons aussi la raison pourquoi saint Jean s'arrête principalement à celle de Dioclétien, qui par la même suite des conseils de Dieu, devoit tout ensemble et ravager l'Eglise avec le plus de fureur, et en même temps la porter au plus haut point de sa gloire.

On voit en même temps la grande cité qui persécutoit les Saints, c'est-à-dire Rome, dans une commotion si violente, que tout son empire en est ébranlé. Les guerres contre Maxence nous sont ici figurées, et cette suite de choses nous mène au verset 14, où se voit aussi l'accomplissement du second *Væ*.

On entend aussitôt après le son de la septième trompette, où autant qu'on est consolé par le règne de Jésus-Christ, autant est-on saisi de frayeur par les menaces qu'on y entend mêlées en confusion avec celles du jugement dernier. Mais des choses si importantes y sont dites encore tellement en général, qu'elles doivent dès là nous faire attendre un plus grand éclaircissement dans les chapitres suivans, selon le génie des prophéties et en particulier de celle-ci, où Dieu nous mène comme par degrés dans une plus grande lumière et tout ensemble dans une considération plus profonde de ses jugemens.

Tout ceci démontre donc que la prophétie de saint Jean, depuis le chapitre iv jusqu'au xviii°, où la chute de Rome est marquée avec des traits si perçans et si vifs, n'est qu'un seul et même tissu ; et saint Jean le marque très-expressément, lorsque dans ce chapitre xi, verset 7, il attribue le massacre des deux témoins à la bête qui s'élèvera de l'abîme. On n'en avoit point encore ouï parler, et on ne la verra paroître qu'aux chapitres xiii et xvii. On ne peut donc pas douter que le chapitre xi n'ait sa relation avec les suivans, et que ce ne soit de là qu'il en faut attendre la parfaite explication.

Les trois *Væ* sont encore un signe certain pour faire comprendre à un lecteur attentif la liaison de tous ces chapitres, c'est-à-dire des précédens et des suivans. Car évidemment le premier *Væ* finit au verset 12 du chapitre ix, où finit en même temps ce qui avoit une relation plus particulière avec les Juifs ; et le second *Væ* qui finit au chapitre xi, verset 14, comprend ce qui devoit arriver aux gentils, à commencer au verset 13 du chapitre ix, depuis les malheurs de Valérien jusqu'à ceux de Maxence, chapitre xi, verset 14. On nous avertit dans le même verset que le troisième *Væ* viendra bientôt. Il faut donc l'attendre encore ; et nous n'en verrons nulle mention que vers la fin de la prophétie, où nous l'entendrons retentir avec un cri si terrible et si perçant, que les plus sourdes oreilles en seront émues.

Il paroît donc encore un coup par tout ceci que toute la prophétie est liée ensemble depuis le chapitre iv jusqu'aux chapitres xviii et xix. Les sceaux nous engagent dans les trompettes. A la quatrième trompette commencent les trois *Væ*, dont les deux premiers achèvent dans la cinquième et dans la sixième trompette ; et le dernier est réservé à l'explication de l'effet de la septième, qui ne paroîtra tout entier qu'au chapitre xviii, dont le xix° est la suite, où aussi nous prendrons soin de le faire entendre.

## CHAPITRE XII.

*La femme en travail, et la fureur du dragon : la femme en fuite dans la solitude : le grand combat dans le ciel : second effort du dragon, et seconde retraite de la femme : troisième effort du dragon ; son effet.*

1. Un grand prodige parut aussi dans le ciel. Une femme revêtue du soleil, qui a la lune sous ses pieds, et sur sa tête une couronne de douze étoiles.

2. Elle étoit grosse, et elle crioit étant en travail et ressentant les douleurs de l'enfantement.

3. Un autre prodige parut dans le ciel : un grand dragon roux, ayant sept têtes et dix cornes et sept diadèmes sur ses têtes.

4. Il entraînoit avec sa queue la troisième partie des étoiles du ciel, et il les jeta sur la terre. Et ce dragon s'arrêta devant la femme qui alloit enfanter, afin de dévorer son fils aussitôt qu'elle en seroit délivrée.

5. Elle enfanta un enfant mâle qui devoit gouverner toutes les nations avec un sceptre de fer ; et son fils fut enlevé à Dieu et à son trône.

6. Et la femme s'enfuit dans le désert, où elle avoit une retraite que Dieu lui avoit préparée, pour y être nourrie mille deux cent soixante jours.

7. Il y eut alors un grand (*a*) combat dans le ciel : Michel et ses anges combattoient contre le dragon, et le dragon combattoit avec ses anges.

8. Mais ceux-ci furent les plus foibles ; et leur place ne se trouva plus dans le ciel.

9. Et ce grand dragon, l'ancien serpent appelé *le Diable* et *Satan*, qui séduit toute la terre habitable, fut précipité en terre, et ses anges avec lui.

10. Et j'entendis une grande voix dans le ciel, qui dit : Maintenant le salut de notre Dieu est affermi, et sa puissance et son règne, et la puissance de son Christ, parce que l'accusateur de nos frères, qui les accusoit jour et nuit devant notre Dieu, a été précipité.

(*a*) Grec : *Grand* n'y est pas.

11. Et ils l'ont vaincu par le sang de l'Agneau et par le témoignage qu'ils ont rendu à sa parole ; et ils ont méprisé leurs vies (*a*) jusqu'à souffrir la mort.

12. C'est pourquoi, cieux, réjouissez-vous, et vous qui y habitez. Malheur à la terre et à la mer (*b*), parce que le diable est descendu vers vous, plein d'une grande colère, sachant qu'il lui reste peu de temps.

13. Mais le dragon se voyant précipité en terre, poursuivit la femme qui avoit enfanté un mâle.

14. Et on donna à la femme deux ailes d'un grand aigle, afin qu'elle s'envolât au désert, au lieu de sa retraite, où elle est nourrie un temps, des temps et la moitié d'un temps, hors de la présence du serpent.

15. Alors le serpent jeta de sa gueule comme un grand fleuve après la femme, pour l'entraîner dans ses eaux.

16. Mais la terre aida la femme : elle ouvrit son sein, et elle engloutit le fleuve que le dragon avoit jeté de sa gueule.

17. Et le dragon s'irrita contre la femme, et alla faire la guerre à ses autres enfans qui gardent les commandemens de Dieu et qui rendent témoignage à Jésus-Christ.

18. Et il s'arrêta (*c*) sur le sable de la mer.

### EXPLICATION DU CHAPITRE XII.

*Autres caractères de la persécution de Dioclétien : son triple renouvellement.*

1. *Un grand prodige parut.* Saint Jean continue à nous expliquer la persécution de Dioclétien ; mais à mesure qu'il avance, il le fait toujours sous de plus claires idées et avec des circonstances plus particulières. *Une femme revêtue du soleil :* c'est l'Eglise toute éclatante de la lumière de Jésus-Christ : *Qui a sous ses pieds la lune :* les lumières douteuses et changeantes de la sagesse humaine : *Une couronne de douze étoiles,* les douze apôtres.

2. *Elle crioit en travail et ressentant les douleurs de l'enfantement.* Primase remarque ici le caractère de l'Eglise, qui sem-

(*a*) *Grec :* Leur vie. — (*b*) Aux habitans de la terre et de la mer. — (*c*) Et je m'arrêtai.

blable à la sainte Vierge, en demeurant toujours vierge, devoit à sa manière enfanter le Fils de Dieu, mais avec cette différence, que la sainte Vierge a enfanté sans douleur, et le caractère de l'Eglise est de ressentir les douleurs de l'enfantement, parce qu'elle enfante par ses souffrances, et que le sang de ses martyrs la rend féconde.

3. *Un autre prodige.... dans le ciel :* au milieu de l'air où il parut à saint Jean. *Un grand dragon roux :* le démon cruel et sanguinaire. *Ayant sept têtes.* Comme on donne à Dieu sept anges pour être les principaux exécuteurs de ses volontés, saint Jean donne aussi au diable sept démons principaux, qui président chacun à quelque vice capital, comme le dragon préside à tous : à quoi on peut aussi rapporter ces paroles de l'Evangile, *Luc.,* xi, 26 : « Il prend avec lui sept autres esprits plus méchans que lui. » *Et dix cornes :* après avoir marqué les esprits qui agissent sous les ordres du diable, l'Apôtre marque encore la puissance des rois dont il se sert. Les dix cornes peuvent figurer les dix principaux auteurs des persécutions, par le secours desquels le démon espéroit d'engloutir l'Eglise.

*Et sept diadèmes sur ses têtes.* Les démons s'érigent en rois par l'empire qu'ils usurpent sur les hommes, et Jésus-Christ même appelle Satan « le prince de ce monde, » *Joan.,* xii, 31. Le démon enorgueilli d'avoir eu tant de rois pour instrumens de sa tyrannie et de s'être érigé à lui-même un trône si redoutable, menace la femme.

Remarquez qu'il paroît ici en la même forme qu'aura la persécution de Dioclétien, ci-dessous, xiii, xvii. Nous en verrons les raisons, et nous y remarquerons quelque chose de plus particulier. Ici nous avons à considérer ce qui convient en général à la puissance du démon.

4. *Il entrainoit avec sa queue la troisième partie des étoiles.* C'est avec les anges qu'il a séduits, les fidèles qu'il a renversés dans les persécutions, et surtout les docteurs, comme l'applique saint Pionius dans ses *Actes,* ap. Bar., tome II, an. 254, n. 13. *Le dragon s'arrêta devant la femme....* » Il faut se le figurer la gueule béante, prêt à dévorer l'enfant qui alloit naître.

5. *Elle enfanta un enfant mâle :* robuste, courageux, puissant. Isaïe nous représente la fécondité de la Synagogue prête à sortir de la captivité en disant qu'elle « a enfanté un mâle, » *Isa.*, LXVI, 7. C'étoit la figure de l'Eglise, qui ne met au nombre de ses enfans que ceux qui sont pleins de vigueur. A la veille de son martyre, sainte Perpétue se trouve changée en mâle dans sa vision, *Actes de la Sainte.* Grec et Vulg. : *Un fils mâle,* pour appuyer davantage. *Qui devoit gouverner toutes les nations....* Comme cela est dit de Jésus-Christ, *Psal.* II. Jésus-Christ le dit aussi de ses serviteurs, *Apoc.,* II, 26, 27. Et en effet les chrétiens alloient avoir dans huit ou dix ans la souveraine puissance sur les gentils, en la personne de Constantin et des autres empereurs chrétiens. Il faut bien remarquer ce temps, et que l'Eglise alloit enfanter un fils régnant, comme on vient de voir. *Et son fils fut enlevé à Dieu et à son trône :* Dieu le prend dans sa protection particulière, et lui fait part de sa puissance.

6. *Et la femme s'enfuit dans le désert.* L'Eglise cache son service dans des lieux retirés : c'est une imitation de l'état où se trouva la Synagogue dans la persécution d'Antiochus, I *Mach.*, II, 31. *Pour y être nourrie mille deux cent soixante jours :* c'est une suite de l'imitation. *Voyez* ci-dessus, XI, 2.

*Nourrie,* sous les ordres de Dieu par les pasteurs ordinaires, comme le peuple dans le désert par Moïse et Aaron ; et sous Antiochus, par Mathathias et ses enfans sacrificateurs, afin qu'on ne se figure pas ici une église invisible et sans pasteurs.

7. *Il y eut alors un grand combat dans le ciel....* Comme le démon prévoyoit « qu'il lui restoit peu de temps, » verset 12, et que les gentils qui se convertissoient en foule lui feroient bientôt perdre l'Empire romain, il fait ses derniers efforts contre l'Eglise; les anges de leur côté combattent aussi avec plus de force. *Michel et ses anges ; le dragon avec ses anges :* chaque troupe avoit son chef, *Dan.,* XII, 1, et X, 13, 21 : « Michel, un grand prince qui est le défenseur de votre peuple. » On voit donc ici que saint Michel est le défenseur de l'Eglise, comme il l'étoit de la Synagogue.

8. *Ceux-ci furent les plus foibles, et leur place ne se trouva*

*plus dans le ciel.* La gloire des démons fut abattue avec l'idolâtrie, qui en faisoit des dieux et les mettoit dans le ciel. Cette chute leur arriva lorsque Galère Maximien, qui étoit le premier auteur de la persécution, fut contraint lui-même au lit de la mort par une horrible maladie, où l'impression de la vengeance divine paroissoit toute manifeste, de faire un édit pour donner la paix à l'Eglise, l'an 311 de Notre-Seigneur, et que cet édit fut appuyé par Constantin, qui croissoit tous les jours en puissance, Euseb., lib.VIII, XVI, XVII, *de Vit. Const.*, I, LVII; Lactant., *de Mortib. persecut.*, XXXIII, XXXIV, XXXV. Ce fut un exemple pareil à celui qu'on avoit vu dans Antiochus, comme on l'a souvent remarqué.

9. *L'ancien serpent :* celui qui avoit séduit nos premiers parens et toute la terre.

10. *Et j'entendis une grande voix dans le ciel.* C'étoit un chant d'action de graces des Saints pour la victoire remportée sur l'idolâtrie et la paix donnée à l'Eglise par Constantin. *L'accusateur de nos frères, qui les accusoit.... devant.... Dieu.* On peut entendre ici les calomnies que le démon inspiroit aux païens contre les fidèles : mais ce mot : *devant... Dieu*, nous renvoie à ce qui se passa en la personne de Job, lorsqu'il fut livré à Satan, qui se vantoit de venir à bout de sa constance, *Job.*, I. Ainsi pour éprouver la patience de son Eglise, Dieu permettoit aux démons de lui susciter des persécuteurs.

12. *Malheur à la terre et à la mer!* Malheur à tout l'univers et à tous les hommes! Et la cause de ce malheur de toute la terre, c'est, poursuit saint Jean, *que le diable y est descendu plein d'une grande colère* contre l'Eglise, qu'il va persécuter avec une nouvelle fureur, comme on verra, verset 13. *Sachant qu'il lui reste peu de temps :* ce qu'il jugeoit aisément par les conversions qui se multiplioient, par les acclamations mêmes des gentils à l'honneur des chrétiens et de leur Dieu; et enfin parce que Constantin, si favorable à l'Eglise, s'avançoit manifestement à la souveraine puissance plus que tous les autres empereurs qui étoient alors [1]. Saint Jean nous déclare ici très-expressément que cette implacable colère qui fait faire au démon les derniers efforts

---

[1] Euseb., IX, I, VIII.

contre l'Eglise, est un malheur de tout l'univers, et plus encore des persécuteurs que de l'Eglise persécutée : car encore qu'elle ait beaucoup à souffrir, à cause que le démon déchargera sur elle cette *grande colère* dont il est plein, ceux dans lesquels il opère et dont il fait des instrumens de sa fureur, sont dans un état sans comparaison plus déplorable, puisqu'il n'y a rien en toutes manières de plus malheureux que de haïr la vérité et de travailler, comme ils font avec le démon, à l'éteindre dans le monde. Par conséquent, malheur à eux, et malheur à la terre et à la mer, à cause de la furie que Satan y va exercer par leurs mains contre l'Eglise ! Ce n'est pourtant pas encore ici ce troisième et dernier *Væ* que saint Jean nous a fait attendre depuis le chapitre XI, 14 ; ce n'en est qu'un préparatif et un acheminement : quand il viendra ce troisième *Væ,* où paroîtra la dernière et irrévocable sentence contre l'empire persécuteur, il se fera bien remarquer d'une autre sorte, comme on verra vers la fin de la prophétie.

13. *Il poursuivit la femme.* Maximin renouvela la persécution en Orient avec plus de fureur que jamais. *Et la femme* est contrainte de se retirer encore *dans le désert,* comme elle avoit fait, verset 6.

14. *Au désert:* au lieu de sa retraite, qu'elle connoissoit déjà comme venant de s'y retirer, et d'où il faut supposer qu'elle étoit sortie quand le dragon fut vaincu.

Il faut ici bien entendre que saint Jean racontoit les choses dans l'ordre qu'il les voyoit. Il a vu premièrement le dragon tâchant d'engloutir la femme ; ensuite l'enfant enlevé, la femme fuyant dans le désert, et le combat où le dragon est vaincu. Là saint Jean voit la colère du dragon plus enflammée par sa défaite : de là vient qu'il ne présente pas seulement la gueule, comme il faisoit auparavant (verset 4), mais encore qu'il poursuit la femme, qui, dans une semblable persécution, cherche un semblable refuge. Ainsi on ne doit pas regarder cette fuite répétée comme l'explication de ce qui avoit été dit, mais comme une action différente, qui a son caractère particulier, et que saint Jean raconte aussi très-distinctement.

*On donna deux ailes d'aigle à la femme :* pour marquer la vitesse de sa fuite, comme *Isa.,* XL, 31.

**15.** *Alors le serpent jeta de sa gueule comme un grand fleuve pour l'entraîner...* La persécution est signifiée par les eaux, selon le style ordinaire de l'Ecriture.

**16.** *La terre aida la femme.* Alors pour la première fois les puissances du monde secoururent l'Eglise. Constantin et Licinius réprimèrent la persécution de Maximin. Ce tyran battu par Licinius, sentit la main de Dieu, fit un édit favorable, et périt comme Antiochus et comme Galère Maximien, avec une aussi fausse pénitence, Euseb., lib. IX, x; *de Vit. Const.*, I, LVIII, LIX ; Lactant., *de Mort. persecut.*, XLV, XLVI, XLIX.

**17.** *Et le dragon s'irrita contre la femme, et alla faire la guerre...* Il renouvela encore, et pour la dernière fois, la persécution par le moyen de Licinius, mais qui tôt après fut éteinte par Constantin, Euseb., lib. X, VIII; *de Vit Const.*, I, L et seq.; II, I et seq. Saint Jean fait entendre le peu d'effet de cette persécution en la marquant seulement, sans en expliquer aucune particularité.

On ne peut s'empêcher de voir ici dans la prophétie de saint Jean, sous trois princes persécuteurs, trois temps principaux de la dernière persécution que souffrit l'Eglise, aussi distinctement marqués qu'ils sont dans l'histoire même. Le premier temps, depuis le commencement en 303 jusqu'à l'édit favorable de Galère Maximien en 311. Le second, dans les nouveaux efforts de Maximin repoussés par Constantin et Licinius, et finis enfin tant par la victoire de Constantin sur Maxence que par la mort et la rétractation de Maximin, an 312, 313. Le troisième, quand Licinius jusqu'alors très-uni avec Constantin, attaqua l'Eglise et périt, an 319, 323. *Et il alla faire la guerre :* le dragon fit quelque mouvement, qui fit connaître à saint Jean le dessein qu'il eut de poursuivre encore les fidèles ; car il ne disparoît pas et il demeure présent dans toute la suite de cette vision, comme on le verra, XIII, 4; XVI, 13.

**18.** *Et il s'arrêta sur le sable de la mer.* C'est le dragon qui s'arrête, selon la Vulgate: c'est-à-dire, qu'il ne remue plus rien et cesse de persécuter l'Eglise. Le grec porte : *Je m'arrêtai sur le sable de la mer.* La leçon de la Vulgate est ancienne, et la chose en elle-même est indifférente pour la suite de la prophétie.

## CHAPITRE XIII.

*La bête qui s'élève de la mer : ses sept têtes et ses dix cornes : sa blessure mortelle : sa guérison surprenante. Seconde bête avec ses prestiges et ses faux miracles : l'image de la bête : le caractère et le nombre de la bête.*

1. Et je vis une bête s'élever de la mer, ayant sept têtes et dix cornes, et dix diadèmes sur ses cornes, et des noms (*a*) de blasphème sur ses têtes.

2. La bête que je vis étoit semblable à un léopard : ses pieds ressembloient aux pieds d'un ours, et sa gueule à la gueule d'un lion. Et le dragon lui donna sa force et sa grande puissance (*b*).

3. Et je vis une de ses têtes comme blessée à mort : mais cette plaie mortelle fut guérie ; et toute la terre en étant émerveillée, suivit la bête.

4. Ils adorèrent le dragon, qui avoit donné puissance à la bête ; et ils adorèrent la bête, en disant : Qui est semblable à la bête, et qui pourra combattre contre elle ?

5. Et il lui fut donné une bouche qui se glorifioit et prononçoit des blasphèmes : et le pouvoir lui fut donné de faire la guerre (*c*) quarante-deux mois.

6. Elle ouvrit la bouche pour blasphémer contre Dieu, pour blasphémer son nom et son tabernacle, et ceux qui habitent dans le ciel.

7. Il lui fut donné de faire la guerre aux Saints et de les vaincre : et la puissance lui fut donnée sur toute tribu, sur tout peuple (*d*), sur toute langue et sur toute nation.

8. Tous les habitans de la terre l'adorèrent (*e*), ceux dont les noms ne sont pas écrits dans le livre de vie de l'Agneau immolé dès la création du monde.

9. Si quelqu'un a des oreilles, qu'il écoute.

10. Celui qui mènera (*f*) en captivité, ira (*g*) en captivité : celui qui tuera de l'épée, il faut qu'il meure de l'épée. C'est ici la patience et la foi des Saints.

(*a*) *Grec :* Un nom. — (*b*) Force, son trône et sa... — (*c*) *La guerre* est dans le grec, et non dans la Vulgate. — (*d*) *Peuple* n'est pas dans le grec. — (*e*) L'adoreront. — (*f*) Qui mène. — (*g*) Va en...

11. Je vis une autre bête s'élever de la terre, qui avoit deux cornes semblables à celles de l'Agneau, et qui parloit comme le dragon.

12. Elle exerçoit (a) toute la puissance de la première bête en sa présence; et elle fit (b) que la terre et ceux qui l'habitent adorèrent la première bête, dont la plaie mortelle avoit été guérie.

13. Elle fit (c) de grands prodiges, jusqu'à faire tomber le feu du ciel sur la terre devant les hommes.

14. Et elle séduisit (d) les habitans de la terre par des prodiges qu'elle eut le pouvoir de faire en présence de la bête, en ordonnant aux habitans de la terre de dresser une image à la bête, qui avoit reçu un coup d'épée, et qui néanmoins étoit en vie.

15. Il lui fut donné pouvoir d'animer l'image de la bête, et de la faire parler, et de faire tuer tous ceux qui n'adoreroient pas l'image de la bête.

16. Elle fera (e) que les petits et les grands, les riches et les pauvres, les hommes libres et les esclaves portent le caractère de la bête en leur main droite et sur leur front ;

17. Et que personne ne puisse acheter ni vendre, que celui qui aura (f) le caractère de la bête, ou le nombre de son nom.

18. C'est ici la sagesse : Que celui qui a de l'intelligence, compte le nombre de la bête : car c'est le nombre d'un homme, et son nombre est six cent soixante-six.

### EXPLICATION DU CHAPITRE XIII.

*Suites des caractères de la persécution de Dioclétien. Sept empereurs idolâtres sous l'empire desquels elle a été exercée. La plaie mortelle de l'idolâtrie par la mort de Maximin. Elle revit sous Julien l'Apostat, qui rentre dans le dessein conçu par Dioclétien, de détruire entièrement l'Eglise. La philosophie pythagoricienne au secours de l'idolâtrie dès le temps de Dioclétien, et de nouveau sous Julien. Cruelle défense de Dioclétien, imitée par Julien. Le nombre fatal de la bête dans le nom de Dioclétien.*

1. *Et je vis une bête.* Daniel a représenté quatre grands empires sous la figure de quatre bêtes indomptables, vii. Un grand

---

(a) Grec : Exerce. — (b) Elle fait. — (c) Fait. — (d) Séduit. — (e) Fait. — (f) Qui a.

empire est ici représenté à saint Jean sous la figure d'une bête : et c'est l'Empire romain ; ou pour mieux dire, c'est Rome même, maîtresse du monde, païenne et persécutrice des Saints, qui veut répandre son idolâtrie dans toute la terre; ou, ce qui est au fond la même chose, c'est l'idolâtrie romaine, comme étant la religion du plus grand empire et de la ville la plus redoutable qui fût jamais. *Qui s'élevoit de la mer :* Daniel fait aussi sortir de la mer les quatre bêtes, qui signifient quatre empires. Ces empires sortent de la mer, c'est-à-dire de l'agitation des choses humaines, qui est figurée par « la mer, sur laquelle soufflent tous les vents, » *Dan.*, VII, 2. De là vient aussi qu'en parlant de la tranquillité du siècle futur, saint Jean dit qu'il n'y aura plus de mer, XXI, 1. *Qui avoit sept têtes :* saint Jean explique lui-même ces sept têtes dans le chapitre XVII, qui fait tout le dénoûment des prédictions de l'*Apocalypse*. Il faut donc soigneusement conférer ces deux chapitres, et remarquer avant toutes choses que ces sept têtes, selon saint Jean, XVII, 9, « sont les sept montagnes de Rome et sept de ses rois, » ou, comme on parloit en latin, de ses empereurs. La ville de Rome est manifestement désignée par le caractère des sept montagnes, mais encore en général et sans s'attacher à aucun temps déterminé. Mais saint Jean qui nous veut mener à la dernière persécution, qui fut celle de Dioclétien, où arrivèrent les grands combats et le grand triomphe des chrétiens, la désigne par son caractère particulier, qui est celui d'avoir été exercée sous l'empire et l'autorité de sept empereurs idolâtres, qui furent Dioclétien, Maximien surnommé Herculius, Constantius Chlorus, père de Constantin le Grand, Galère Maximien, Maxence, fils du premier Maximien, Maximin et Licinius.

De ces sept empereurs, Dioclétien est celui qui est le plus expressément marqué dans la prophétie, comme on verra vers la fin de ce chapitre, à cause que son nom étoit le premier à la tête de l'édit où la persécution fut ordonnée. Aussi étoit-il le premier des empereurs, celui à qui l'empire avoit été donné d'abord, qui avoit été au commencement le seul empereur, qui avoit fait tous les autres, et qui en fut comme le père et la source, à qui même après qu'il eut quitté l'empire, on avoit en quelque sorte conservé l'autorité de créer les autres, comme il parut lorsque Galère Maximien l'appela auprès de lui en l'an 307, pour donner à Licinius le titre d'*auguste* [1]. Il crut autoriser cette nomination par la présence de Dioclétien, d'où l'empire leur étoit venu à tous : de sorte qu'il ne faut pas s'étonner qu'on le marque plus que tous les autres dans la suite, comme celui qui a commencé la persécution, et du nom duquel elle est nommée par tous les auteurs.

Le Saint-Esprit fait donc voir ici à saint Jean la persécution de Dioclétien par le caractère qui lui est propre, qui est d'avoir été exercée successivement sous le nom et l'autorité de sept empereurs, que l'Apôtre appelle sept rois, selon l'usage de la langue grecque : par où il faut entendre sept augustes, ou comme parle Eusèbe, sept rois parfaits, τελειότατος βασιλεύς, *Hist.*, lib. VIII, XIII.

Il est vrai qu'à compter tous ceux qui furent alors élevés à la suprême dignité d'augustes ou d'empereurs, on en trouvera neuf, puisqu'il faut encore ajouter Constantin le Grand et Sévère aux sept qu'on a déjà nommés. Mais il y a des raisons particulières pour lesquelles saint Jean, qui se plaît dans cette prophétie à réduire tout au nombre de sept, n'a point fait mention de Constantin et de Sévère : car déjà pour ce qui regarde Constantin, on voit bien qu'il ne devoit pas servir à marquer le caractère de la persécution de Dioclétien, lui qui la fit cesser dès qu'il parvint à l'Empire, « puisque sa première action, quand il y fut élevé, fut de rendre aux chrétiens la liberté de leur culte, » comme le rapporte Lactance. « Voilà, continue-t-il, son premier décret et sa première ordonnance, » Lact., *De Mortib. persecut.*, XXIV.

Pour Sévère, il est vrai qu'il a été empereur, et on peut présumer qu'il aura été ennemi des chrétiens, puisqu'il étoit créature de Galère Maximien, leur plus ardent persécuteur ; mais son empire est à peine marqué dans l'histoire. Nous apprenons de Lactance [2] qu'il ne fut fait empereur que pour la guerre contre Maxence, où il fut d'abord abandonné de ses soldats et même contraint de quitter la pourpre, c'est-à-dire de se réduire à la vie privée incontinent après sa promotion ; ce qui pourtant, après tout, ne lui valut qu'une mort plus douce. Comme donc il perdit

---

[1] Lact., *De Mort.*, XXIX. — [2] *De Mort.*, XXV, XXVI.

l'Empire presque aussitôt qu'il l'eut reçu, et qu'il mourut particulier, non pas à la manière de Dioclétien, qui parut se déposer de lui-même, et qui aussi conserva toujours beaucoup de dignité, comme on a vu, mais d'une manière si basse et si honteuse, il ne faut pas s'étonner que saint Jean toujours attaché aux grands caractères et aux traits marqués dans l'histoire, selon le génie des prophètes, ne compte pas un si misérable empereur, pour se réduire plus précisément au nombre de sept, si solennel d'ailleurs dans tout le cours de sa prophétie : d'autant plus qu'un règne si court et toujours occupé ailleurs, n'eut pas le temps de se faire sentir à l'Eglise, contre laquelle on ne voit pas qu'il ait rien fait, ni en général rien de mémorable.

Saint Jean a donc eu raison de nous montrer sept empereurs sous le nom et l'autorité desquels l'Eglise a été persécutée par toute la terre. On sait que les empereurs, quoiqu'ils partageassent entre eux les provinces, les gouvernoient néanmoins comme faisant un même corps d'empire. Les noms de tous les empereurs étoient inscrits à la tête de tous les actes publics, en quelque endroit qu'ils se fissent : les ordres généraux se donnoient aussi au nom de tous, et pour venir en particulier à la persécution, en quelque endroit qu'elle s'exerçât, on y faisoit adorer tous les empereurs, quoiqu'ils fussent dans d'autres provinces, comme il paroît par les actes du martyre de saint Procope, qui encore qu'il ait souffert dans la Palestine, reçut ordre « de sacrifier aux quatre rois [1], » c'est-à-dire à Dioclétien, à Maximien, à Galère Maximien et à Constantius Chlorus ; ce qui justifie parfaitement que la persécution s'exerçoit au nom de tous les princes.

On pourroit ici objecter ce qu'Eusèbe écrit de Maxence, qu'il fit d'abord cesser la persécution à Rome et dans les terres où il commandoit, et même qu'il fit semblant d'être favorable aux chrétiens au commencement de son empire, dans le dessein de gagner le peuple romain, dont une grande partie avoit déjà embrassé le christianisme, Euseb., VIII, xiv. Mais après tout ce ne fut ici qu'un faux semblant; et Eusèbe ayant remarqué la douceur trompeuse de ce prince envers ses sujets chrétiens au commencement de son

---

[1] Euseb. *de Mart.*, I; *Act. Procop.*, in not. Val., *ibid.*

règne, il fait bien entendre qu'à la fin et lorsqu'il se crut entièrement établi, il ne les épargna pas davantage que tout le reste des citoyens romains. Au reste il est constant par tous les auteurs que Maxence a été des plus attachés à toutes les impiétés de l'idolâtrie, à ses sacrifices impurs et à ses cruelles divinations, où l'on voit qu'il n'épargnoit pas le sang humain, croyant comme tous les autres, trouver des présages plus exquis dans les entrailles des enfans que dans celles des animaux, Euseb., *de Vit. Const.*, I, III; Zoz., II. Et encore qu'en apparence il ait arrêté la persécution en quelques endroits, comme l'assurent des auteurs irréprochables, l'Eglise ne laissoit pas de souffrir beaucoup, puisqu'on renioit Jésus-Christ dans la paix même, et que le pape saint Marcel ayant soutenu la vigueur de la discipline contre une si lâche apostasie, le tyran prit de là occasion de l'envoyer en exil. C'est ce qu'on voit dans l'épitaphe de ce saint pontife, composée par saint Damase, un de ses plus saints successeurs. Saint Marcel fut donc sous Maxence le martyr de la discipline, en quoi l'Eglise ne se tient pas moins persécutée que lorsqu'on l'attaque dans la foi; et quand tout cela auroit manqué à la cruauté de Maxence, ce que ses désirs impudiques firent souffrir aux femmes chrétiennes lui peut donner rang parmi les plus infâmes persécuteurs [1]. Aussi fut-il ce grand ennemi que Dieu abattit au pied de sa croix, par les armes et par la victoire de Constantin.

On ne peut ici s'empêcher de dire un mot de Constantius Chlorus, dont l'empire fut si doux aux chrétiens, que loin de faire souffrir aucun d'eux, il épargna autant qu'il put jusqu'aux églises, Euseb., VIII, XIII. Aussi n'est-ce pas tant ses dispositions particulières qu'il faut ici regarder, que le personnage qu'il faisoit dans le monde au temps de cette dernière persécution. Il étoit constamment un des empereurs au nom desquels on l'exerçoit.

Nous avons vu qu'on obligeoit à lui sacrifier par tout l'univers, comme aux autres princes. Il est mort très-constamment dans l'idolâtrie comme dans l'empire, et il a été mis par les Romains au rang de leurs dieux, Euseb., VII, XIII. Il n'a jamais révoqué les cruels édits, qui subsistoient par conséquent de son consentement

[1] Euseb., I, VIII, XIV; *De Vit. Const.*, XXXIII, XXXIV.

et de son autorité dans tout l'Empire ; et la première révocation qui en est marquée dans l'histoire, est celle de 311 de Galère Maximien, de Constantin et de Licinius, après la mort de Constantius Chlorus. Jusque-là les sanglans édits subsistoient par tout l'Empire dans toute leur force, de l'autorité de tous les empereurs, sans en excepter Constantius ; et même nous apprenons de Lactance, auteur du temps et de l'intime familiarité de ce prince, qu'étant encore césar, pour se conformer aux ordres publics dont il étoit l'exécuteur naturel en cette qualité, « il laissa abattre les églises » dans ses provinces, et même dans les Gaules : ce qui emportoit avec soi la suppression du culte et des assemblées : malheur que Constantius auroit pu sauver à l'Eglise, comme il lui sauva les martyrs, s'il n'avoit jugé à propos de rendre quelque obéissance, quoique non pas jusqu'à l'extrémité, aux ordres des persécuteurs, Lact., *de Mort. persecut.*, xv. Tout cela étoit plus que suffisant pour obliger notre apôtre à mettre cet empereur au nombre des sept sous lesquels l'Eglise souffrit et par qui il a voulu caractériser la persécution de Dioclétien.

Si maintenant on demande pourquoi, contre notre coutume, nous prenons ici le nombre de sept pour un nombre fixe et précis, ce n'est pas seulement à cause d'une si heureuse rencontre, quoiqu'après tout il n'en faudroit pas rejeter la circonstance favorable ; mais c'est à cause que saint Jean nous donnera en termes formels ce nombre de sept comme précis, et qu'il en fera un caractère particulier du temps qu'il veut désigner, comme on le verra, xvii, 9, 10, 11.

*Et dix cornes.* Nous verrons ce que c'est dans le chapitre xvii, versets 3, 12, où saint Jean en explique le mystère.

On demandera, pour entendre la figure de la bête, comment ces dix cornes étoient distribuées sur les sept têtes. On peut ici se représenter comme trois têtes principales, qui auroient chacune deux cornes, et les quatre autres chacune une : mais il faut bien que cela soit indifférent, puisque saint Jean n'en a rien dit. Il est certain néanmoins que parmi les sept empereurs, il y en eut trois plus remarquables que les autres, comme on verra verset 2.

*Dix diadèmes sur ses cornes :* à cause que ses cornes signifient des rois, comme saint Jean l'expliquera, xvii, 12. Une des bêtes de Daniel a aussi dix cornes, *Dan.*, vii, 7, et ces cornes sont aussi des rois, *la même*, verset 24. Mais ce que font ces dix cornes et ces dix rois dans saint Jean, lui-même nous l'expliquera dans le chapitre xvii.

*Des noms de blasphèmes sur ses têtes.* C'est sur ces sept montagnes des faux dieux à qui elles étoient dédiées, et dans ses empereurs les noms des dieux dont ils se faisoient honneur, Dioclétien ayant pris le nom de Jupiter, d'où il fut nommé Jovius, et Maximien celui d'Hercule, d'où il fut nommé Herculius. L'autre Maximien se disoit le fils de Mars, Lact., *de Mort. persecut.*, ix. Nous trouvons aussi que Maximin, un de nos sept empereurs, prit le nom de Jovius, Euseb., IX, ix. Et Lactance raconte que ces noms superbes de *Joviens* et d'*Herculiens*, que Dioclétien et Maximien avoient affectés, étoient passés à leurs successeurs, *de Mort. persecut.*, lii.

2. *La bête que je vis étoit semblable à un léopard.* Saint Jean ne voit qu'une seule bête, parce qu'il ne vouloit désigner qu'un seul empire, qui étoit celui de Rome païenne : au lieu que Daniel, qui en vit quatre, vit aussi quatre bêtes bien distinguées. Mais celle de saint Jean est composée de ce qu'il y avoit de plus terrible dans celle de Daniel. Une de ces bêtes de Daniel ressembloit à un lion, une autre à un ours, une autre à un léopard. Saint Jean laisse la quatrième, dont la figure n'a point de nom dans Daniel, vii, 4, 5, 6; et il compose la bête qu'il nous représente, du lion, de l'ours et du léopard. C'est encore un autre caractère de la persécution de Dioclétien; nous l'avons vu dans tout son cours sous sept empereurs : mais elle devoit seulement commencer par trois, c'est-à-dire par Dioclétien et par les deux Maximiens, Lact., *de Mort. persecut.*, xvi. *Ab Oriente usque ad Occasum tres acerbissimæ bestiæ sævierunt* : « Trois bêtes très-cruelles tourmentoient le monde depuis l'Orient jusqu'à l'Occident, » et y exerçoient une impitoyable persécution. Voilà donc les trois bêtes de saint Jean ; voilà son lion, son ours et son léopard : trois animaux cruels, mais qui, avec le caractère commun de la cruauté, en ont aussi de particuliers que nous allons voir.

*La bête..... étoit semblable à un léopard.* La figure du léopard faisoit le corps de la bête. Cet animal est le symbole de l'inconstance par la variété des couleurs de sa peau, et c'est pourquoi les interprètes l'attribuent dans Daniel aux mœurs inconstantes d'Alexandre : mais ce caractère ne convient pas moins à Maximien, surnommé Herculius, qui quitte l'empire et le reprend; qui dans ce retour s'accorde premièrement avec son fils, et incontinent après devient jaloux de sa gloire et le veut perdre; qui se fait ami de Galère Maximien, dont il machine la perte; qui en dernier lieu se rallie avec son gendre Constantin, qu'à la fin il veut encore faire périr, Lact., *de Mort. persecut.*, xxvi, xxviii, xxix, xxx. Voilà donc le léopard; et il faut bien remarquer que saint Jean en a voulu faire le corps de la bête, parce que, malgré son humeur changeante, il sembloit être le plus opiniâtre persécuteur de l'Eglise, ayant commencé avant tous les autres en Occident, où il régnoit, une persécution très-violente plusieurs années avant l'édit de la persécution générale. C'est là que périrent une infinité de martyrs, et entre autres, comme le raconte saint Eucher, cette fameuse légion thébaine avec son chef saint Maurice, l'an de Jésus-Christ 297, selon Baronius, plus tôt selon quelques autres, et constamment plusieurs années avant le cruel édit.

*Ses pieds ressembloient aux pieds d'un ours.* C'est Galère Maximien, animal venu du Nord, que son humeur sauvage et brutale, et même sa figure informe dans son énorme grosseur, avec sa mine féroce, rendoient semblable à un ours, Lact., *de Mort. persecut.*, ix. Ce que le même Lactance remarque en un autre endroit par ces paroles : « Il avoit, dit-il, coutume de nourrir des ours qui lui ressembloient par leur grandeur et par leur férocité : » *Habebat ursos ferociæ ac magnitudinis suæ simillimos,* ibid., xxi. Voilà donc l'ours de saint Jean bien marqué : mais il ressembloit principalement à l'ours par les pieds, à cause de son excessive et insatiable rapacité, ce prince ne songeant à autre chose qu'à tout envahir. Lact., *de Mort. persecut.*, xx, xxiii, xxvi.

*Et sa gueule à la gueule d'un lion.* C'est Dioclétien qui étoit dans ce corps monstrueux comme la première tête qui se présentoit d'abord; car c'étoit le premier empereur qui avoit adopté les autres, comme on a vu. On le nomme pourtant le dernier, parce qu'en effet il n'étoit pas le plus animé contre les chrétiens. Ce fut Galère Maximien qui le contraignit à donner le sanglant édit, aussi bien qu'à quitter l'empire, Lact., XI.

On lui attribue la gueule, et la gueule d'un lion, à cause de l'édit sanguinaire qui sortit de sa bouche, où son nom étoit à la tête comme celui du premier et principal empereur. Il ne faut pas regarder ici son humeur particulière, mais le personnage qu'il faisoit dans la persécution, qui étoit sans difficulté le premier; d'où vient aussi que cette persécution est intitulée de son nom, comme on a dit.

3. *Et je vis une de ses têtes.....* Saint Jean vit d'abord la bête avec toutes ses sept têtes : mais nous verrons dans la suite, XVII, 10, qu'elles disparoissoient les unes après les autres, comme firent aussi ces empereurs.

*Comme blessée à mort.* La blessure de cette tête attiroit après elle la mort de la bête : de là vient qu'on la représente dans la suite comme ayant « été blessée a mort » et comme « ayant repris la vie, » verset 14. Et en effet ces têtes disparoissant les unes après les autres, lorsque la bête en vint au point qu'elle n'en avoit plus qu'une et qu'elle y fut blessée à mort, il est clair qu'elle devoit paroître comme morte. Or nous verrons, XVII, 10, qu'il fut un temps que la bête n'avoit que la *sixième tête*, les cinq premières *étant passées*, et la septième *n'étant pas encore venue*. Quand donc cette sixième tête fut coupée, la bête devoit paroître comme morte; et c'est ce qui arriva du temps de Maximin, lorsque les cinq premiers tyrans étant morts et n'y ayant plus que lui qui persécutât l'Eglise, l'empire de l'idolâtrie sembloit mort en la personne de ce tyran : ce qui paroîtra plus clairement sur le chapitre XVII, verset 10.

*Mais cette plaie mortelle fut guérie.* La persécution de Licinius, quoique sanglante, fut trop légère en comparaison des autres, pour être ici regardée comme la résurrection de la bête, puisque même Sulpice Sévère a remarqué qu'il falloit à l'Eglise pleine de force quelque affliction plus violente pour mériter qu'elle la comptât parmi ses plaies : *Res levioris negotii, quàm ut ad Ecclesiæ vulnera pertineret,* lib. II, x. Mais on n'a pas beaucoup à chercher la résurrection de la bête, puisqu'elle paroît toute manifeste cinquante ans après sous Julien l'Apostat, lorsqu'il abjura le christianisme et qu'il rétablit l'empire de l'idolâtrie.

*Et toute la terre... suivit la bête.* C'est ce qui paroît dans la suite, lorsqu'il est dit : « Et la puissance lui fut donnée sur toute tribu, sur tout peuple, sur toute langue et sur toute nation, » 7 ; ce qui convient parfaitement à Julien l'Apostat, qui réunit tout l'Empire sous sa puissance. C'est donc à ce temps précis que nous est marquée la résurrection de la bête, et non pas dans les temps de Licinius, où il n'y eut qu'une très-petite partie de l'Empire qui eut à souffrir.

4. *Ils adorèrent le dragon :* les autels des démons furent rétablis. Au reste cet endroit donne à connoître que le dragon paroissoit encore, et que saint Jean voit ici quelque chose qui lui fait dire qu'on l'adora. *Voyez* xii, 17, 18, et xvi, 13. *Ils adorèrent le dragon, qui avoit donné puissance.....* Si la puissance de Dieu avoit paru admirable lorsque son Eglise, en apparence accablée et n'attendant plus que le tombeau, fut tout d'un coup relevée, xi, 11, 12, le diable sembloit avoir fait un semblable prodige en faveur de l'idolâtrie, puisqu'ayant été abattue par Constantin, tout à coup, cinquante après, elle sembla reprendre la vie sous Julien.

*Qui est semblable à la bête?* Les gentils disoient alors plus que jamais que la religion romaine étoit invincible, puisqu'elle revenoit de si loin ; et qu'après une telle résurrection, rien ne pourroit plus abattre les dieux qui avoient rendu les anciens Romains maîtres de la terre.

5. *Et il lui fut donné une bouche qui se glorifioit.* La vanité de Julien paroît de tous côtés, même dans Ammian Marcellin, son admirateur, lib. XXV ; et Julien même dans ses *Césars,* semble ne mépriser tous les autres empereurs que pour se mettre au-dessus d'eux tous, se glorifiant d'une protection spéciale des dieux, et finissant cet ouvrage par ces paroles que Mercure, le dieu de l'éloquence et le protecteur des hommes de génie, lui adresse : « Pour toi, dit-il, je t'ai fait connoître le Soleil, ton père : marche sous sa

conduite, et pendant cette vie, et après ta mort : » par où il lui promettoit une gloire immortelle et un éclat semblable à celui du soleil, *Jul. Cæs., in fine.*

*Et prononçoit des blasphèmes :* voyez le verset suivant.

*Et le pouvoir lui fut donné.* C'est la consolation des Saints, qu'on ne peut rien contre eux, non plus que contre leur chef Jésus-Christ, que le pouvoir « n'en soit donné d'en haut, » *Joan.*, xix, 11.

*Le pouvoir lui fut donné de faire...* Le pouvoir d'entreprendre tout, de faire ce qu'elle voudra, ou « le pouvoir de faire » la guerre aux Saints, comme verset 7. *Durant quarante-deux mois.* On ne nous demandera plus maintenant pourquoi ce nombre, dont la raison a déjà été expliquée. La persécution de Julien a eu ses bornes très-courtes, marquées de Dieu, comme celle d'Antiochus. Comme elle aussi, elle a fini par le prompt châtiment de son auteur; et si Julien se sentant blessé à mort, a dit, en s'adressant à Jésus-Christ, comme le rapporte Théodoret : « Tu as vaincu, Galiléen[1]; » ou, comme le raconte un autre historien, en s'adressant au soleil, qu'il avoit pris pour son protecteur : « Rassasie-toi de mon sang[2]; » c'est avec plus d'impiété qu'Antiochus, se reconnoître néanmoins vaincu comme lui et confesser qu'il s'étoit trompé dans la confiance qu'il avoit eue en ses dieux.

Il faut remarquer que saint Jean ne dit pas ici que l'Eglise se soit retirée dans le désert, comme elle avoit fait dans les persécutions précédentes, xii, 6, 14, parce que du temps de Julien il n'y eut aucune interruption dans son service public. Au reste il n'y a rien eu de plus dur à l'Eglise que les insultes de Julien, ses moqueries pleines de blasphèmes, ses artifices inhumains, sa sourde et impitoyable persécution : car en faisant semblant d'épargner aux chrétiens le dernier supplice, il les abandonnoit cependant à la fureur des villes, qui les mettoient en pièces impunément[3]. Il en faisoit aussi mourir lui-même un assez grand nombre sous de différens prétextes, tâchant de pousser à bout leur patience par de

---

[1] Theod., III, xxv. — [2] Philost., VII, n. 15. — [3] Soc., III, ix, x, xi, xiii, etc.; Theodor., III, vi, vii et seqq.; Soz., IV, iii, iv, v, viii, ix; x, xiv, etc.; Philost., VII; Greg. Naz., *Orat.*, 3, quæ est i *in Jul.*

continuelles et insupportables vexations. Cette affliction ne dura qu'environ deux ans, autant que l'empire de Julien ; mais elle ne fut pas moins pesante à l'Eglise qu'une plus longue souffrance, parce qu'elle la trouva fatiguée par les violences des ariens et de l'empereur Constance, leur protecteur, dont Julien profita.

6. *Pour blasphémer contre Dieu, pour blasphémer son nom et son tabernacle, et ceux qui habitent dans le ciel.* Les blasphèmes de Julien ne s'élevèrent pas seulement contre Jésus-Christ, mais encore contre son Eglise signifiée par le tabernacle, et contre les Saints signifiés par les habitans de ce tabernacle sacré : en particulier contre saint Pierre, contre saint Paul, contre saint Jean, contre les martyrs, qu'il appeloit des misérables punis par les lois et adorés par des insensés. Ses blasphèmes étoient exquis et ingénieux, parce qu'ils venoient d'un homme qui connoissoit le christianisme et qui tâchoit de le combattre par ses propres maximes, pour le rendre ridicule. C'est ce qu'on peut voir dans saint Cyrille, lib. II, III, VI, VII, VIII, p. 262 ; lib. X, p. 327, 335, *Cont. Jul.*, et dans les autres auteurs ecclésiastiques.

7. *Les vaincre :* en faire tomber et apostasier un grand nombre.

*La puissance... sur toute tribu.* La persécution de Julien fut universelle.

8. *Dans le livre de vie de l'Agneau immolé dès la création du monde.* Les uns entendent que l'Agneau est immolé dès la création du monde dans les victimes et dans les Saints qui en étoient les figures ; les autres entendent que ce sont les noms qui sont écrits dès la création du monde, suivant une parole toute semblable dans ce même livre de l'*Apocalypse :* « Les habitans de la terre, dont les noms ne sont pas écrits au livre de vie dès l'établissement du monde, » XVII, 8.

9. *Si quelqu'un a des oreilles, qu'il écoute :* manière de parler très-familière à Notre-Seigneur, pour attirer dans un avis important une attention particulière, *Matth.*, XI, 15, etc.

10. *Celui qui mènera en captivité, ira en captivité ; celui qui tuera de l'épée, il faut qu'il meure de l'épée :* conformément à ce qui est écrit, *Gen.*, IX, 6 ; *Matth.*, XXVI, 52. Saint Jean, affligé des longues souffrances des Saints, dont il est si occupé dans tous ces

chapitres, entre dans leur peine et les console par cette sentence. Elle a été accomplie à la lettre, même dans les empereurs. Valérien, qui avoit traîné tant de fidèles dans les prisons, est traîné lui-même dans celles du roi de Perse, et dans une plus dure servitude que celle qu'il avoit fait souffrir aux autres ; son sang fut versé ensuite, comme il avoit versé celui des fidèles. Ce châtiment lui a été commun avec beaucoup d'autres princes, et Julien l'Apostat n'en a pas été exempt. Nous verrons aussi dans la suite Rome souffrir à son tour ce qu'elle avoit fait souffrir aux Saints ; et alors on dira à ses ennemis : « Rendez-lui comme elle a rendu... » XVIII, 6.

*C'est ici la patience et la foi des Saints.* C'est ce qui les console de voir, comme dit le Prophète, « que la justice divine n'est pas endormie [1], » et que Dieu viendra bientôt à leur secours.

11. *Je vis une autre bête :* un autre personnage mystique, comme étoit la première bête, sous l'image de laquelle Rome tout entière avec son empire, qui étoit l'empire de l'idolâtrie, est représentée. Ainsi c'est ici un autre personnage mystique et une autre espèce d'empire, qui prétend par le moyen des démons, exercer sa puissance sur toute la nature, comme on le verra.

Cette bête, c'est la philosophie, et en particulier la philosophie pythagoricienne, qui venoit au secours de l'idolâtrie romaine avec des paroles et des raisonnemens pompeux, avec des prestiges et de faux miracles, avec toutes les sortes de divinations qui étoient en usage dans le paganisme. Ce qui fait aussi que saint Jean parlant ailleurs de cette bête, l'appelle le faux prophète, XVI, 13 ; XIX, 20 ; XX, 10. Vers les temps de Dioclétien, cette espèce de philosophie, dont la magie faisoit une partie, se mit en vogue par les écrits de Plotin et de son disciple Porphyre, qui fit alors ses livres contre la religion chrétienne, que saint Méthode a réfutés. Quelques-uns ont conjecturé qu'il fut un de ces deux docteurs dont parle Lactance [2], qui animoient tout le monde contre les chrétiens par leur séditieuse philosophie et leur trompeuse abstinence. Pour l'autre, il est bien constant que c'étoit Hiéroclès, quoique Lactance ne le nomme non plus que Porphyre. Celui-ci

---

[1] *Jer.*, I, 12; II *Petr.*, II, 9. — [2] *Lib.* V *Div. Instit.*, II, 3.

fit deux livres adressés aux chrétiens, où, comme Porphyre, il soutenoit l'idolâtrie par la philosophie pythagoricienne. L'abrégé de leur doctrine étoit qu'il y avoit certains esprits bienfaisans et malfaisans, dont il falloit honorer les uns et apaiser les autres par des sacrifices; qu'il y avoit des moyens de communiquer avec ces esprits, en se purifiant par certaines cérémonies et certaines abstinences, et que par là on pénétroit dans l'avenir. On vantoit beaucoup dans cette secte Apollonius de Tyane. Ce philosophe magicien, qui fut si célèbre du temps de Domitien et de Nerva, étoit de la secte pythagoricienne et du nombre de ces abstinens superstitieux. Hiéroclès fit deux livres pour opposer la sainteté prétendue et les faux miracles de cet imposteur à la sainteté et aux miracles de Jésus-Christ, comme le remarquent Lactance et Eusèbe [1]. Les auteurs païens de ce temps-là sont passionnés pour Apollonius Tyanæus, qu'ils adorent comme un homme d'une sainteté admirable, dont les miracles sont sans nombre, et comme un dieu [2]. Il nous reste quelques écrits de ces philosophes, où l'on peut voir, aussi bien que dans les écrits des Pères, les artifices dont on se servoit afin de rendre l'idolâtrie spécieuse. On peut voir aussi ce que dit saint Augustin de ces faux sages, que leur curiosité et leur orgueil jeta dans les pernicieux secrets de la magie, Porph., *de Abst.*; Aug., VIII, IX, *de Civit. Dei*; Euseb., *contraHieroc.*, etc.

C'étoient ces philosophes qui animoient Dioclétien et les autres princes contre les chrétiens. Un d'eux est marqué par Lactance [3], comme un des principaux instigateurs de la persécution : l'autre n'animoit pas moins le peuple par ses discours, et les princes persécuteurs par ses flatteries, en les louant comme défenseurs de la religion des dieux [4].

*Une autre bête s'élever de la terre.* Il a paru en d'autres endroits de cette prophétie des prodiges dans l'air, dans le ciel, dans la mer : en voici un qui s'élève de la terre, et toute la nature est animée d'objets merveilleux et surprenans. C'est une variété, et pour ainsi parler, une espèce de contraste dans le tableau de saint

---

[1] Lact., *Divin. Inst.*, lib. V, III; Euseb., *cont. Hieroc.* — [2] Vopisc., *in Aurel.* — [3] Lact., *Divin. Inst.* lib. V, III. — [4] *Ibid.* cap. II.

Jean, de faire qu'une de ces bêtes s'élève de la mer, et l'autre de la terre, et qu'elles viennent à la rencontre l'une de l'autre, afin de se prêter un mutuel secours. Si néanmoins on veut entendre quelqu'autre mystère dans cette bête qui s'élève de la terre, je dirai que la sagesse de ces philosophes, défenseurs de l'idolâtrie, étoit cette sagesse dont parle saint Jacques, « animale, terrestre, diabolique, » *Jac.*, III, 15.

*Qui avoit deux cornes semblables à celles de l'Agneau.* Les cornes signifient la force : celle de l'Agneau consistoit dans sa doctrine et dans ses miracles. La philosophie imitoit ces deux choses : la sublimité et la sainteté de la doctrine de Jésus-Christ, par ses contemplations et ses abstinences ; et les miracles de Jésus-Christ, par les prestiges dont ces philosophes, la plupart magiciens, tâchoient de soutenir leur doctrine. On sait que Julien l'Apostat attaché à ce genre de philosophie, tâcha d'imiter l'Agneau et d'introduire dans le paganisme une discipline semblable à la chrétienne dans l'érection des hôpitaux, dans la distribution des aumônes et dans la subordination et régularité des pontifes, Julian., Ep. 49 *ad. Arsac. pontif. Galat.;* Soz. V, xv ; Greg. Naz., *Orat. in Jul.*, etc.

Si je me croyois obligé, comme quelques-uns, à trouver deux personnes dans ces cornes, je nommerois Plotin et Porphyre comme les premiers qui joignirent dans leurs écrits la philosophie et la magie, gens d'ailleurs si célèbres parmi les païens, qu'on leur dressa des autels, comme nous le verrons de Porphyre et comme de célèbres auteurs l'ont dit de Plotin, Porph., *in Vit. Plot.;* Eunap., *in Clor.* Mais je crois la première explication plus naturelle : on n'est forcé de prendre les cornes pour des personnes que lorsqu'il est ainsi marqué, comme on l'a vu dans Daniel et dans saint Jean.

*Et qui parloit comme le dragon.* Sous toutes ces belles couleurs et ces belles allégories dont on couvroit l'idolâtrie, c'étoit au fond toujours elle, et toujours la Créature adorée à la place du Créateur : c'étoit toujours dans les écrits de ces philosophes et dans ceux de Julien, et Sérapis et la reine Isis, et Jupiter et les autres dieux, et tout le culte du paganisme sans en rien rabattre. Il y a une lettre de Julien, où consulté s'il falloit enseigner les dieux d'Homère et d'Hésiode, il répond qu'ou il ne faut pas lire ces divins poëtes, ou il faut dire comme eux ; et que si on ne veut pas le faire , « on n'a qu'à aller expliquer Luc et Matthieu dans les églises des Galiléens, » Jul., Ep. 42. Il faut voir aussi les paroles de cet apostat dans les livres de saint Cyrille, principalement dans le vi⁰ et le vii⁰, et on y trouvera partout la plus grossière idolâtrie fort peu déguisée.

12. *Elle exerçoit :* le grec, *Elle exerce*, comme dans toute la suite : *Elle séduit, elle fait*, etc. Saint Jean raconte en cette manière tout ce que fait cette seconde bête, c'est-à-dire la philosophie, tant sous Dioclétien que sous Julien, qui marchoit sur ses pas, comme on verra.

*Elle exerçoit toute la puissance de la première bête.* Rome idolâtre et ses empereurs autorisoient ces faux sages, qui animoient toutes les villes contre les chrétiens. Quelques-uns étoient magistrats, comme Hiéroclès, dont il a déjà été parlé, et Théotecnus sous Maximin [1] : c'étoient eux qui commençoient la persécution.

*Elle fit que la terre... et ceux qui l'habitent, adorèrent la première bête.* La bête, comme on a vu, c'est Rome idolâtre. Un des mystères de la religion romaine, c'est que Rome, qui forçoit toute la terre à l'idolâtrie, en étoit elle-même l'objet, comme on a dit. On sait qu'elle avoit ses temples où elle étoit adorée; mais ce qu'il y avoit de plus solennel, c'est qu'elle étoit adorée dans ses empereurs à qui elle avoit donné toute sa puissance. Personne n'ignore la lettre de Pline le Jeune à Trajan [2] ; et on y voit que pour éprouver les chrétiens, il leur présentoit « l'image de l'empereur » avec celle des dieux, « afin qu'ils l'adorassent en lui offrant de l'encens et des effusions. » On voit encore dans une lettre de saint Denys d'Alexandrie [3], qu'Æmilien, préfet d'Egypte, lui ordonne de sacrifier aux dieux et aux empereurs. Tout est plein d'actes semblables, où l'on voit ces deux cultes ensemble ; et on adoroit les empereurs avec d'autant plus de soumission, que c'étoient eux qui faisoient adorer les autres divinités. C'étoit là un des secrets

---

[1] Lact. lib. V, *Instit.* iii; *de Mort.*, xvi; Euseb., lib. IX, ii, iii. — [2] Lib. X, Epist. 97. — [3] Euseb., VII, xi.

de l'Empire, et un des moyens de graver plus profondément dans l'esprit des peuples la vénération du nom romain.

Il importe de se bien mettre dans l'esprit ce point essentiel de l'idolâtrie romaine, parce que le Saint-Esprit en a fait, pour ainsi parler, tout le fondement du chapitre que nous expliquons, se plaisant à réunir toute cette fausse religion dans le culte des empereurs qui en effet renfermoit tout, et par là nous en faisant voir le vrai caractère.

*Adorèrent la première bête, dont la plaie mortelle avoit été guérie.* On voit dans ces paroles que l'adoration regarde la bête comme guérie, c'est-à-dire Julien l'Apostat, dans lequel revivoit l'idolâtrie et l'esprit des persécuteurs : car ce prince reprit le premier dessein conçu sous Dioclétien, de ne donner aucun repos aux chrétiens, jusqu'à ce que le nom en fût entièrement éteint. Il est vrai que d'abord il n'approuvoit pas les cruautés de Dioclétien : mais il y entra dans la suite, et il résolut d'employer contre les chrétiens, au retour de la guerre de Perse, les mêmes supplices dont s'étoit servi cet empereur, Soc., III, xii, xix. Voilà donc manifestement la bête qui revit. C'est Julien qui fait revivre les desseins de Dioclétien contre l'Eglise; et c'est pourquoi nous verrons dans la suite de ce chapitre que saint Jean nous ramènera toujours au temps de Dioclétien.

Il n'est pas ici question de comparer en eux-mêmes les caractères de Dioclétien et de Julien, qui au fond sont fort dissemblables. Ici, par rapport à la prophétie de saint Jean, il suffit de regarder Julien comme semblable à Dioclétien, dans le dessein de ruiner le christianisme.

*Elle fit : elle,* c'est la philosophie pythagoricienne, assistée de la magie; c'est elle qui concilioit tant de sectateurs ou, pour mieux dire, tant d'adorateurs à Julien : car cet empereur, non content de faire revivre la cruauté de Dioclétien, fit revivre encore la doctrine de Porphyre, qui étoit venu sous Dioclétien au secours de l'idolâtrie. Jamblique, un des sectateurs de ce philosophe, fut respecté de Julien, jusqu'à en être adoré comme un de ses dieux, Jul., Epis. 31, 40, etc., *ad. Iambl.* Maxime, de la même secte, eut un pouvoir absolu sur son esprit. « L'empereur tomba, dit Socrate, dans la maladie de Porphyre, » c'est-à-dire dans ses erreurs, lib. III, xxiii. On ne célébroit que Porphyre, qui étoit le maître commun de toute la secte. Libanius, le panégyriste de Julien, mit ce philosophe parmi les dieux [1], et nous apprenons de saint Grégoire de Nazianze [2] qu'on écoutoit « ses paroles comme celles d'un dieu. » Enfin tous les auteurs unanimement, tant les païens que les chrétiens, assurent que ce prince ne se gouvernoit que par ses philosophes et par ses devins, Eunap., *in Max.;* Chrys., etc.; Amm. Marcell., lib. XXV; Greg. Naz., *Orat. in Jul.*

*Elle fit que la terre et ceux qui l'habitent adorèrent la bête dont la plaie mortelle avoit été guérie.* On voit ici un secret de l'histoire de Julien : c'est que Maxime et ses devins le poussèrent à usurper l'Empire, en lui promettant un heureux succès de ses entreprises, Soc., III, 1; Soz., V, ii; Eunap., *in Max.* Ce qui lui fait dire à lui-même que les dieux lui avoient donné ce qu'ils lui avoient promis [3]. A quoi aussi regardoit saint Augustin, lorsqu'il disoit « qu'une détestable et sacrilége curiosité, » c'est-à-dire celle de la magie, « où il chercha toute sa vie les choses futures, avoit flatté son ambition, » *De Civit.*, V, xxi. Outre cela il n'eut point de plus zélés partisans que les païens et les devins qui le conduisoient.

13. *Et elle fit de grands prodiges : elle,* c'est toujours la philosophie, soutenue de la magie, comme on a dit. Tous les écrits de Jamblique, tous ceux de Porphyre et des autres, tant estimés de Julien, sont pleins de ces prestiges trompeurs, que le peuple prenoit pour des miracles; et la foiblesse de Julien alloit encore au delà de celle des autres, Amm. Marcell., xxii, xxiii, xxv. On voit dans le même temps une infinité de prodiges de ces philosophes de Julien, et jusqu'à de fausses résurrections de morts, rapportées par Eunapius *in Porph.; Ædes. Max., Proœres.; Chrys.,* etc. Julien déclare lui-même la croyance qu'il avoit à *ces arts,* qu'il appelle *saints,* c'est-à-dire à la magie, ap. Cyrill., lib. VI *cont. Jul.,* p. 198.

*Jusqu'à faire tomber le feu du ciel...* Parmi tous les faux prodiges ou tous les prestiges que pouvoient faire les devins, c'étoit celui-ci qu'il falloit principalement remarquer, à cause que c'étoit

---

[1] Eunap., *in Porph.;* Soc., III, xix. — [2] *Orat.* iv, 2, *cont. Jul.* — [3] *Orat. ad Athen.*

par là que Julien s'étoit attaché à Maxime, son grand conducteur : l'histoire en est remarquable. Dans sa première jeunesse, pendant que Julien étudioit en Asie cette philosophie curieuse et cherchoit partout des maîtres qui la lui apprissent, un Eusèbe, jaloux de Maxime, dont la gloire effaçoit la sienne, entreprit de le décrier devant Julien en cette sorte : « Ce n'est, disoit-il, qu'un imposteur qui s'amuse à des choses indignes : car un jour avec un peu d'encens et quelques paroles, il fit rire la statue de la déesse Hécaté, et nous dit même qu'il alloit allumer les flambeaux éteints qu'elle tenoit à la main. A peine avoit-il achevé de parler, qu'une soudaine lumière alluma tous ces flambeaux. Lorsque Julien eut ouï ces discours, il donna congé à celui qui lui parloit ainsi contre Maxime, et le renvoya à ses livres : car pour lui, il disoit qu'il avoit enfin trouvé ce qu'il cherchoit; et il envoya querir Maxime, auquel il se livra, » Eunap., *in Max.* Au reste il n'importe pas que ces prodiges soient vrais ou faux; et pour leur attribuer de tels effets dans le style prophétique, il suffit que ces devins s'en vantassent et qu'on les crût.

*Le feu du ciel :* on peut encore entendre le foudre, selon le style de l'Ecriture, qui l'appelle « le feu tombé du ciel, » *Job,* 1, 16. C'étoit principalement dans l'explication des foudres et des éclairs que les devins faisoient valoir leurs présages. Ces feux, qu'ils appeloient leurs conseillers, *consiliarium fulmen,* sembloient venir à leur mandement pour leur découvrir les conseils des dieux. On croyoit que non-seulement ils interprétoient, mais encore qu'ils faisoient venir du ciel les présages favorables. C'étoit principalement de quoi se vantoit ce grand imposteur Maxime, le principal séducteur de Julien. Lorsque les présages ne venoient pas comme il souhaitoit, il ne laissoit pas de continuer ses opérations jusqu'à ce qu'il eût arraché des dieux ce qu'il vouloit, et en quelque façon forcé les destinées, Eunap., *in Chrys.*, etc.

14. *En ordonnant aux habitans de la terre de dresser une image à la bête :* dresser une image à la bête, c'est-à-dire aux empereurs idolâtres. C'est en ce lieu les adorer comme des dieux, ainsi que le démontre le verset suivant, et le 9ᵉ du chapitre xiv. Il faut se souvenir que tout le culte idolâtre se retrouvoit dans celui qu'on ren-

doit aux images de l'empereur, *sup.*, verset 12; et tout cela étoit figuré dans l'image d'or de Nabuchodonosor, que tout le monde adora, excepté les vrais fidèles, *Dan.*, III.

*A la bête, qui avoit reçu un coup d'épée, et qui néanmoins étoit en vie.* C'est à cette bête en quelque sorte ressuscitée après avoir été blessée à mort, comme il est porté, versets 3, 12, c'est-à-dire à Julien l'Apostat, qu'on dressa cette image. On lui dressa en effet une image où il étoit représenté avec tous les dieux, et on obligeoit à lui offrir de l'encens dans cet état. L'histoire en est rapportée dans saint Grégoire de Nazianze, *Orat.* 3, *quæ est* 1 *in Jul.*, et dans Sozomène, V, XVII, Julien paroissoit dans cette image avec un Jupiter qui le couronnoit comme du haut du ciel, avec un Mercure et un Mars, qui par les signes qu'ils faisoient, montroient que ce prince avoit reçu l'éloquence d'un de ces dieux, et la valeur de l'autre. S'il n'y eût eu que l'image seule de Julien, les chrétiens n'eussent point fait de difficulté de lui rendre de très-grands honneurs, parce qu'on n'eût fait par là qu'honorer Julien comme empereur, selon la coutume : mais y joindre les dieux, qu'on ne voyoit plus paroître depuis Constantin, avec les images des empereurs et y offrir de l'encens, c'étoit comme guérir la plaie de l'idolâtrie, c'étoit dresser une image à la bête ressuscitée. On en peut dire autant du *Labarum,* lorsque Julien en fit ôter la croix que Constantin y avoit mise, Soz., *ibid.*

15. *Il lui fut donné pouvoir d'animer l'image de la bête et de la faire parler.* Maxime qui se vantoit, comme on vient de voir, de faire rire la statue d'une déesse, pouvoit bien la faire parler. D'ailleurs Julien faisoit sans cesse consulter les oracles d'Apollon et des autres dieux, Theod., III, x. C'étoit à leurs statues que se faisoient ces consultations. Personne n'ignore celle que fit Julien à la statue d'Apollon en ce lieu célèbre auprès d'Antioche, appelé Daphné, Soz., V, XIX, etc. Il ne faut donc nullement douter que lorsqu'on lui faisoit entendre ces oracles, qui lui promettoient la victoire sur les Perses, on ne lui rapportât que les dieux avoient parlé en sa faveur, et c'étoit faire parler leurs statues, que l'on croyoit animées de la divinité même [1].

[1] Suid., verbo *Julian.*

## CHAPITRE XIII.

On lit aussi dans Ammian Marcellin un songe de Julien étant à Vienne, où une image resplendissante qui lui apparut lui expliqua en quatre vers grecs la mort prochaine de l'empereur Constance : ce qui suppose qu'on croyoit que les images des dieux parloient aux hommes, et que Julien vouloit qu'on crût qu'il étoit accoutumé à ces célestes entretiens, Amm. Marcell. lib. XXI, II.

C'en est assez pour faire voir que par les prestiges ou les illusions des magiciens, on regardoit les idoles et les statues des dieux comme parlantes. C'est ce que saint Jean appelle faire parler les images de la bête, parce qu'il renfermoit, comme on a vu, toute l'idolâtrie romaine dans celle qui regardoit le culte des empereurs et de leurs images ; et on pouvoit d'autant plus facilement confondre les images des dieux avec celles des princes, qu'on les mettoit ensemble, comme on a vu ; outre qu'il est certain d'ailleurs que les princes traitoient tellement d'égal avec les dieux, qu'ils leur donnoient leur figure et prenoient la leur ; ce qui fait qu'on voit souvent dans les médailles Julien même, sans aller plus loin, représenté en Sérapis.

Mais encore que cela soit vrai dans le littéral, le langage mystique de saint Jean nous doit faire porter la vue plus loin. C'étoit rendre en quelque sorte les statues vivantes, que de croire avec les philosophes celles des dieux animées par leur présence. C'étoit les faire parler que de prononcer tous les beaux discours qui en animoient le culte ; et comme on a vu que l'idolâtrie se trouvoit renfermée tout entière dans les images des empereurs, où l'on voyoit ordinairement les autres dieux ramassés, c'est dans la sublimité de ce style allégorique et figuré des prophètes, donner la parole à ces images que de faire voir les raisons spécieuses pour lesquelles les peuples se devoient porter à rendre des honneurs divins aux dieux qu'elles avoient autour d'elles et à elles-mêmes.

*Et de faire tuer tous ceux qui n'adoreroient pas l'image de la bête.* Il y avoit des ordres particuliers pour punir, comme ennemis de l'empereur, ceux qui refusoient d'adorer sa statue avec les dieux qui étoient autour, Soz., *ibid.*; Greg. Naz., *ibid.*, outre qu'on punissoit sous divers prétextes, et souvent même par la mort, ceux qui refusoient de sacrifier aux idoles ; et si Julien sembloit épargner la vie des chrétiens, ce n'étoit que pour un certain temps, puisqu'il en « voua le sang à ses dieux, » au retour de la guerre de Perse, Greg. Naz., *ibid.;* Paul. Oros., lib. VII, xxx; Chrys., *advers. Jud.*

16. *Elle fera que les petits et les grands... portent le caractère de la bête en leur main droite ou sur leur front :* elle fera qu'ils professeront l'idolâtrie et qu'ils en feront les œuvres. Les païens pour se dévouer à certains dieux, en portoient la marque imprimée avec un fer chaud sur le poignet ou sur le front; d'autres y mettoient les noms des dieux, ou les premières lettres de ces noms, ou le nombre que composoient les lettres numérales qu'on y trouvoit. Saint Jean faisant allusion à cette coutume, représente par les gens marqués de ces caractères ceux qui étoient dévoués à l'idolâtrie et aux idoles. Ceux qui veulent savoir les preuves de cette coutume peuvent consulter Grotius, Hammond et Possines sur ce passage de l'*Apocalypse.* Le fait est constant. On faisoit de la même sorte une marque sur les soldats. On cite aussi pour cette coutume de se dévouer à quelqu'un par l'impression de ces caractères, le passage du *Cantique* où il est dit : « Mettez-moi comme un sceau sur votre cœur, comme un sceau sur votre bras, » *Cant.*, vIII, 6. Et sans aller plus loin, on voit les élus « porter la marque de Dieu, » c'est-à-dire « son saint nom et le nom de l'Agneau gravé sur leur front, » *Apoc.*, vII, 3; xIV, 1.

17. *Et que personne ne puisse acheter ni vendre, que celui qui aura le caractère de la bête.* Ceci a un rapport manifeste à la persécution de Dioclétien, à laquelle saint Jean nous ramène pour les raisons qu'on a vues. Tous les interprètes, et autant les protestans que les catholiques, rapportent ici un hymne du Vénérable Bède à l'honneur de saint Justin martyr : ce n'étoit pas ce célèbre philosophe saint Justin, qui souffrit le martyre au second siècle : la passion de celui-ci arriva sous Dioclétien, et nous voyons dans cet hymne « qu'on ne permettoit d'acheter, ni de vendre, ni même de puiser de l'eau dans les fontaines, qu'après avoir offert de l'encens à des idoles rangées de tous côtés, » Bed., *Hymn. in Just.* C'est ce qu'on n'avoit jamais vu dans aucune persécution. Ceci est propre à Dioclétien : mais Julien, dans lequel il devoit revivre,

entreprit quelque chose de semblable, lorsqu'il fit jeter des viandes immolées dans les fontaines et fit jeter de l'eau consacrée au démon sur tout ce qui se vendoit au marché, pour forcer les chrétiens à participer aux sacrifices impurs, Théod., III, xv.

*Et que personne ne puisse acheter ni vendre.* On peut encore rapporter à cette défense la loi de Dioclétien, qui rendoit les chrétiens incapables de toute action en justice, à moins de sacrifier auparavant aux idoles : ce qui étoit dans le fond leur interdire le commerce et la société des hommes; et c'est ce que saint Jean avoit exprimé populairement par les termes d'acheter et de vendre. Nous apprenons de Lactance et de saint Basile [1] que Dioclétien fit cette défense, et Sozomène a écrit qu'en cela il fut suivi de Julien [2]. Saint Grégoire de Nazianze [3] semble dire qu'il n'en eut que le dessein; mais pour concilier ces deux auteurs, on peut dire que le dessein de Julien fut de le faire par une loi expresse, comme saint Grégoire de Nazianze le témoigne, et qu'en attendant que la loi fût publiée, la chose ne laissoit pas de s'exécuter par voie de fait : et toujours avoir conçu un tel dessein, est un caractère de Dioclétien digne d'être remarqué. On voit assez par toutes ces choses combien il y avoit de raison de faire paroître la persécution de Julien avec celle de Dioclétien, et à sa suite; et quand saint Jean revient de Julien à Dioclétien, il ne fait que nous rappeler à la source.

18. *C'est ici la sagesse : Que celui qui a de l'intelligence compte le nombre de la bête.* Saint Jean ne se contente pas de nous avoir désigné la bête que Julien avoit fait revivre, c'est-à-dire Dioclétien; il nous en va dire le nom dans ce langage mystique dont Dieu révèle le secret quand il lui plaît.

*Car c'est le nombre d'un homme :* c'est le nombre du nom d'un homme, car c'est du nom et non pas du nombre qu'il falloit dire la propriété; et d'ailleurs ce n'est rien dire d'un nombre, que de dire que ce soit un nombre d'homme, n'y en ayant point d'une autre nature. C'est donc le nombre du nom d'un homme qu'il falloit chercher, et ce devoit être le nombre du nom de Dioclétien :

---

[1] Lact. *De Mort. persecut.*, XIV ; Basil., *Orat. in Julit.* — [2] Soz., V, XVIII. — [3] *Orat.* III, 1, *in Jul.*

car ce devoit être le nombre du nom de la bête qu'on a fait revivre, et encore plus précisément le nom de celui dont il falloit porter le caractère pour acheter et pour vendre, dans le verset précédent. Celui-là très-constamment est Dioclétien.

*Et son nombre est six cent soixante-six.* Le nom de Dioclétien, avant qu'il fût empereur, étoit *Dioclès.* « Il s'appeloit *Dioclès* devant son empire, » Lact., *de Mort. persecut.*, ix. Et ensuite « il quitta la pourpre, et redevint Dioclès, » *Ibid.*, xix. Pour en faire un empereur, qui est ici ce que saint Jean a désigné par la bête, il ne faut qu'ajouter à son nom particulier *Dioclès,* sa qualité *Augustus,* que les empereurs avoient en effet accoutumé de joindre à leur nom : aussitôt on verra paroître d'un coup d'œil dans les lettres numérales des Latins, ainsi qu'il est convenable, s'agissant d'un empereur romain, le nombre 666 DIoCLEs aUgVstVs : DCLXVI. Voilà ce grand persécuteur que saint Jean a représenté en tant de manières; voilà celui que Julien a fait revivre : c'est pourquoi on marque son nom plutôt que celui de Julien.

*C'est ici la sagesse :* c'est-à-dire que c'est une chose qu'il faut pénétrer avec une soigneuse recherche. Car premièrement il faut trouver le nom d'un homme en qui ce nombre se rencontre; secondement il faut que cet homme soit un empereur, et encore un empereur sous lequel il n'ait pas été permis de vendre ni d'acheter, sans se souiller par l'adoration des faux dieux; troisièmement quand on a trouvé que c'est à Dioclétien seul que cela convient, pour trouver le nombre en question dans son nom, il faut savoir le prendre comme il le portoit lorsqu'il étoit particulier, et y joindre le mot qui signifie sa qualité d'empereur; quatrièmement il faut trouver que ce nombre doit être pris dans les lettres numérales latines, à cause qu'il s'agit d'un prince romain.

C'est une chose remarquable que Nicolas de Lérins[1] cherchant un nom artificiel où se trouvât, selon le chiffre latin, le nombre 666, n'en a point trouvé de plus propre que ce mot DICLVX, inventé exprès, où en effet ce nombre se trouve; et en même temps il est si conforme au nom véritable *Dioclès,* qu'on doit croire que c'étoit là qu'il falloit viser.

[1] *Ap. Gloss., Ord. Hier.*

Au reste si nous voulions appliquer ici le *Lateinos* de saint Irénée, où se trouve le même nombre dans les lettres grecques numérales, il nous seroit aisé de dire, selon la conjecture de ce Père [1], que par ce nombre saint Jean auroit désigné l'Empire romain et l'idolâtrie romaine : mais ce n'est pas de quoi il s'agit, puisque cet apôtre nous avertit expressément que le nom dont il s'agit étoit un nom d'homme qu'il falloit trouver, mais qu'on ne pouvoit trouver sans une grande attention.

Les interprètes protestans font ici deux fautes : la première, c'est de chercher le nombre de 666 dans le nom de la seconde bête [2] qu'ils veulent être le pape, au lieu que visiblement c'est dans le nom de la première qu'il le faut chercher; car ce n'est pas elle-même que la seconde bête fait adorer, c'est la première : ce n'est pas son caractère ou son nom d'elle-même qu'elle fait porter, mais celui de la première bête : ce nom mystérieux est donc le nom de la première bête, et non pas de la seconde. La seconde faute des protestans est de s'arrêter au nom *Lateinos*, qui dans le sens qu'ils le prennent, ne fut jamais le nom propre d'un homme.

Nous pouvons compter pour troisième faute des protestans, d'appliquer au Pape le verset 17, à cause des canons des conciles de Tours et de Latran sous Alexandre III, qui défendent « d'exercer aucun négoce avec les Vaudois et les Albigeois, ni d'avoir aucun commerce avec eux en vendant ou en achetant [3]; » mais il faudroit encore remonter plus haut, puisque ces canons, comme il est expressément déclaré dès les premiers mots de celui de Latran, ne sont que l'exécution *des anciennes lois*, qui déclarent l'hérésie un crime capital contre l'Etat, et qui ordonnent de punir les hérétiques par « confiscation de leurs biens, et leur ôtent tout pouvoir de donner, d'acheter, ni de vendre, ni de faire aucune sorte de contrat [4]. » Si donc il suffit, pour être Antechrist, de défendre aux hérétiques d'acheter ou de vendre, c'est Honorius et Théodose qui ont mérité ce titre. Et si les protestans répondent

---

[1] Iren., lib. V. — *Apoc.*, XIII, 12, 16, 17. — [2] Usser., *de succ. Ecc.*, p. 259; [3] Joseph. Med., ad cap. 13; *Apoc.* p. 509; *Concil. Tur., Can.* IV; *Concil. Later., Can.* XXXVII. — [4] *Cod. de Hær.*, lib. V, etc.

que le reste des caractères marqués par saint Jean ne conviennent pas à ces empereurs, c'est à eux à faire voir, non par de froides allégories, mais par des faits positifs et historiques, que ces caractères conviennent mieux à Alexandre III, un des meilleurs papes et des plus savans qui aient été depuis mille ans. Et afin de pousser plus loin cette remarque, il faut savoir que ces lois des empereurs contre les hérétiques regardent principalement les manichéens, et que c'est aussi contre les Albigeois (parfaits manichéens, comme nous l'avons démontré ailleurs[1]), que les canons de Tours et de Latran ordonnent l'exécution de ces lois impériales. Au reste c'est une ignorance insupportable à Joseph Mède, et une grossière illusion à Usser son auteur, d'avoir ici confondu les Vaudois et les Albigeois, qui sont des hérésies si distinguées. Celle des Vaudois est née à Lyon en l'an MCLX, et le concile de Tours fut tenu trois ans après, lorsque l'hérésie vaudoise étoit à peine connue. Elle ne l'étoit guère plus au temps du concile de Latran, c'est-à-dire en MCLXXIX, et ne fut condamnée que longtemps après par les papes Lucius III et Innocent III. Il n'y a donc aucun doute que les canons qu'on nous oppose ne regardent les Albigeois manichéens, qui aussi y sont les seuls dénommés ; et quand ils regarderoient les Vaudois, nous avons fait voir clairement qu'ils ne valent guère mieux que les Albigeois[2].

## CHAPITRE XIV.

*L'Agneau sur la montagne de Sion: les Saints l'accompagnent en le louant : le Fils de l'homme paroît sur une nuée : la moisson et la vendange.*

1. Je regardai encore, et je vis l'Agneau debout sur la montagne de Sion, et avec lui cent quarante-quatre mille qui avoient son nom (a) et le nom de son Père écrit sur le front.

2. Et j'entendis une voix du ciel comme le bruit de grandes eaux et comme le bruit d'un grand tonnerre; et le bruit que j'entendis étoit comme le son de plusieurs joueurs de harpes (b), qui touchent leurs harpes.

[1] *Hist. des Variat.*, lib. XI. — [2] *Ibid.*

(a) *Grec : Son nom* n'y est pas. — (b) Et j'entendis le son de plusieurs joueurs de harpes.

3. Ils chantoient comme un cantique nouveau devant le trône et devant les quatre animaux et les vieillards : et nul ne pouvoit chanter (*a*) ce cantique, que les cent quarante-quatre mille qui ont été rachetés de la terre.

4. Ceux-ci ne se sont pas souillés avec les femmes, parce qu'ils sont vierges. Ce sont eux qui suivent l'Agneau partout où il va : ils sont achetés d'entre les hommes pour être les prémices consacrées à Dieu et à l'Agneau.

5. Il ne s'est point trouvé de mensonge dans leur bouche, parce qu'ils sont purs devant le trône de Dieu.

6. Je vis un autre ange qui voloit par le milieu du ciel, portant l'Evangile éternel pour l'annoncer aux habitans de la terre, à toute nation, à toute tribu, à toute langue et à tout peuple.

7. Il disoit à haute voix : Craignez le Seigneur (*b*), et donnez-lui gloire, parce que l'heure de son jugement est venue; et adorez celui qui a fait le ciel et la terre, la mer et les fontaines.

8. Un autre ange suivit et dit : Babylone est tombée; elle est tombée cette grande ville qui a fait boire (*c*) à toutes les nations du vin de la colère de sa prostitution.

9. Et un troisième ange suivit ceux-ci, criant à haute voix : Celui qui adorera (*d*) la bête et son image, et qui portera (*e*) son caractère sur son front ou dans sa main :

10. Celui-là boira du vin de la colère de Dieu, qui est préparé pur dans le calice de sa colère; et il sera tourmenté dans le feu et dans le soufre, devant les saints anges et en présence de l'Agneau.

11. Et la fumée de leurs tourmens s'élèvera (*f*) dans les siècles des siècles; et il n'y aura (*g*) de repos ni jour ni nuit pour ceux qui auront adoré (*h*) la bête et son image, et qui auront porté (*i*) le caractère de son nom.

12. Ici est la patience des Saints (*j*) qui gardent les commandemens de Dieu et la foi de Jésus.

13. Alors j'entendis du ciel une voix qui me dit : Ecris : Heu-

---

(*a*) *Grec :* Apprendre. — (*b*) Dieu. — (*c*) Parce qu'elle a donné à boire. — (*d*) Adore. — (*e*) Porte. — (*f*) S'élève. — (*g*) Il n'y a. — (*h*) Qui adorent. — (*i*) Portent. — (*j*) Ici sont ceux.

reux sont ceux qui meurent (a) dans le Seigneur! dès maintenant (b), dit l'Esprit, ils se reposeront de leurs travaux : car leurs œuvres les suivent.

14. Et je regardai, et je vis une nuée blanche, et quelqu'un assis sur la nuée, semblable au Fils de l'homme, ayant sur la tête une couronne d'or et en sa main une faulx tranchante.

15. Alors un autre ange sortit du temple, criant à haute voix à celui qui étoit assis sur la nuée : Jetez votre faulx et moissonnez ; car le temps de moissonner est venu, parce que la moisson de la terre est mûre.

16. Celui donc qui étoit assis sur la nuée, jeta sa faulx sur la terre, et la terre fut moissonnée.

17. Et un autre ange sortit du temple qui est dans le ciel, ayant aussi une faulx tranchante.

18. Il en sortit de l'autel encore un autre qui avoit pouvoir sur le feu ; et il cria à haute voix à celui qui avoit la faulx tranchante : Jetez votre faulx tranchante, et vendangez les raisins de la vigne de la terre, parce qu'ils sont mûrs.

19. Alors l'ange jeta sa faulx tranchante sur la terre, et vendangea la vigne de la terre ; et il en fit jeter les raisins dans la grande cuve de la colère de Dieu.

20. Et la cuve fut foulée hors de la ville ; et le sang sorti de la cuve, monta jusqu'aux brides des chevaux par l'espace de mille six cents stades.

### EXPLICATION DU CHAPITRE XIV.

*La vengeance après la prédication longtemps méprisée : la moisson et la vendange : deux coups sur Rome : Alaric et Attila.*

1. *Je regardai encore et je vis sur la montagne de Sion.* Après l'affreux spectacle des persécutions, saint Jean nous fait tourner les yeux vers un objet plus agréable, qui est celui de la gloire des Saints. *Cent quarante-quatre mille...* C'est le nombre consacré à l'universalité des Saints, encore qu'il semble ne comprendre que ceux des Juifs, *sup.*, chapitre VII. Mais c'est qu'on entend le tout

---

(a) *Grec :* Maintenant. — (b) Oui certainement.

par les premiers; et que le nombre de douze, racine de celui-ci, est également sacré dans la Synagogue et dans l'Eglise.

*Son nom et le nom de son Père, écrit sur le front :* en signe de la glorieuse servitude par laquelle ils lui ont été dévoués, comme on vient de voir. « Le nom de Dieu et de Jésus-Christ écrit sur leur front, » figure la profession de la piété chrétienne jusqu'à la fin; et c'est la marque des élus de Dieu.

2. *Comme le bruit des grandes eaux, et comme le bruit d'un grand tonnerre, et... comme le son de plusieurs joueurs de harpes.* Le bruit des eaux et du tonnerre marque une joie abondante; et celui des instrumens de musique, une joie réglée.

3. *Nul ne pouvoit chanter ce cantique;* le grec dit : *Apprendre.* La félicité des Saints « ne monte pas dans le cœur de l'homme, » I *Cor.*, II, 9, et il faut l'avoir expérimentée pour la comprendre.

4. *Ceux-ci ne se sont pas souillés avec les femmes, car ils sont vierges.* Ce sont des ames innocentes et courageuses, qui ne se sont pas mêlées dans les foiblesses humaines : ainsi parle l'Apôtre : « Je vous ai promis, dit-il, comme une vierge chaste à un seul Epoux, qui est Jésus-Christ, » II *Cor.*, XI, 2. Ce sens, qui est le littéral, n'empêche pas que saint Jean n'ait aussi voulu tracer quelque chose des prérogatives de ceux qui ont vécu dans une perpétuelle continence, parmi lesquels les saints Pères lui ont donné le premier rang. Saint Augustin leur applique ce passage : « Ils chantent un cantique particulier, comme ils, pratiquent une vertu au-dessus du commun : leur joie est d'autant plus abondante, qu'ils se sont plus élevés que les autres hommes au-dessus de la joie des sens[1]. » *Ils suivent l'Agneau partout où il va,* parce que non contens de le suivre dans la voie de ses préceptes, ils le suivent même dans la voie des conseils : « L'Agneau marche, dit saint Augustin, par un chemin virginal : sa chair, formée d'une vierge, est toute vierge; et il ne pouvoit pas n'être point soigneux de conserver en lui-même ce qu'il avoit conservé en sa sainte Mère, même en naissant de son sein[2]. »

6. *Je vis un autre ange qui voloit par le milieu du ciel, portant l'évangile éternel...* Après que l'Evangile de Jésus-Christ

---

[1] Aug. *De sanct. Virg.*, XXVII, XXVIII, XXIX. — [2] *Ibid.*

eut éclaté avec tant de force au milieu du monde, il étoit temps de punir ceux qui n'y avoient pas voulu croire. C'est aussi ce qui va paroître. *L'évangile éternel*, qui ne change plus, à la différence de la loi de Moïse, qui devoit être abrogée et ne pouvoit d'elle-même « mener les hommes à la perfection, » et à la vie éternelle, *Hebr.*, VII, 19.

7. *Il disoit à haute voix.* Un premier ange annonce en général les jugemens de Dieu : « L'heure est venue, » disoit-il, de les faire éclater sur Rome persécutrice, dont la punition sera une image du dernier jugement de Dieu.

8. *Un autre ange...* Cet autre ange explique en particulier la chute prochaine de Babylone, c'est-à-dire de l'Empire et de l'idolâtrie romaine.

*Babylone est tombée, elle est tombée...* Dans la lumière prophétique, on voit déjà comme fait ce qui doit être bientôt accompli.

9. *Un troisième ange...* Celui-ci emploie les menaces des deux autres pour détourner les hommes de l'idolâtrie, comme s'il disoit : Elle va tomber avec son empire, cette ville si redoutée ; elle va tomber : ne vous laissez pas séduire par ses illusions, ni effrayer par sa puissance.

10. *Celui-là boira du vin qui est préparé pur :* ce sont les paroles du psaume LXXIV, vers. 9, où le Psalmiste met dans la main de Dieu une coupe pleine de vin pur, qui signifie la vengeance divine, dont les méchans boiront jusqu'à la lie. *Devant les saints anges, et en présence de l'Agneau :* il n'y a rien de plus cruel que de se voir misérablement périr aux yeux de ceux qui ne demandoient que notre salut.

11. *Et la fumée de leur tourment s'élèvera,* comme un sacrifice éternel de la justice divine.

12. *Ici est la patience des Saints :* c'est ici qu'ils doivent apprendre à souffrir des supplices temporels pour éviter les éternels.

13. *Qui meurent dans le Seigneur :* c'est en général tous les Saints, et en particulier les saints martyrs, qui meurent pour l'amour de lui.

14. *Et je regardai, et je vis une nuée blanche.* Après la dé-

nonciation du jugement de Dieu sur l'Empire romain plein d'idolâtrie, en voici l'exécution, mais encore sous des idées générales de la moisson et de la vendange. « Jetez les faucilles, parce que la moisson est mûre; descendez, parce que le pressoir est plein, » *Joël*, III, 13, pour exprimer la vengeance de Dieu sur les ennemis de son peuple.

*Et quelqu'un assis sur la nuée, semblable au Fils de l'homme.* Le Fils de l'homme, c'est Jésus-Christ. Ceux qui veulent que ce soit ici un ange avec une figure humaine, seulement, ne songent pas que les anges qui paroissent dans tout ce Livre, ont pour la plupart la figure d'homme : mais pour montrer quelque chose d'extraordinaire, saint Jean ne dit pas, selon la coutume, que c'étoit un ange, mais il dit que c'étoit quelqu'un; ce qui joint avec le reste nous donne une idée plus haute.

*Semblable au Fils de l'homme :* c'est un caractère de Jésus-Christ dans cette prophétie, I, 13. On sait aussi que Notre-Seigneur se donne très-souvent ce nom dans son Evangile; ce qui a donné lieu à Daniel de parler de lui sous le même titre : c'est à l'endroit où il voit, comme saint Jean, « quelqu'un semblable au Fils de l'homme, qui paroît sur les nuées, et s'approche de l'Ancien des jours, qui lui donne l'empire souverain sur tous les peuples du monde, » *Dan.*, VII, 13, 14. Saint Jean regarde manifestement à cette prophétie. Au reste, je ne veux point révoquer en doute que dans Daniel et dans saint Jean, si quelque chose leur apparoissoit au dehors, ce ne fussent en effet des anges; mais je veux dire seulement qu'ils portoient un caractère plus haut que celui du ministère angélique, et représentoient la personne de Jésus-Christ.

Saint Jean lui donne en peu de mots et en deux ou trois grands traits, quelque chose de divin. Il est assis comme juge, *Joël,* ci-devant cité : « Je serai assis pour juger, » ch. III, 12, et Jésus-Christ se représente lui-même « assis sur le siége de sa majesté, » *Matth.*, XXV, 31 ; c'est-à-dire sur une nuée, conformément à ce qu'il dit « qu'il viendra sur les nuées avec grande puissance et majesté, » *Matth.*, XXIV, 30, comme aussi il vient de nous être représenté par Daniel.

*Sur la tête une couronne d'or :* c'est la marque de son empire souverain. *En sa main une faulx tranchante* : ce qui le fait voir prêt à la vengeance. Il faut ici remarquer que c'est Jésus-Christ lui-même qui va frapper : ce n'est point un ange comme ailleurs, c'est le Fils de l'homme; ce qui nous fait entendre le grand coup donné sur Rome avec toute la force d'une main divine.

15. *Un autre ange :... Jetez votre faulx... le temps... est venu.* Tout se fait en un temps certain et déterminé, et l'ange vient rendre compte au juge que tout est disposé.

16. *Et la terre fut moissonnée.* Rome, la reine des villes, est frappée : l'Empire romain est désolé par Alaric et les Goths.

17. *Et un autre ange :* un autre, par rapport à ceux dont il est parlé dans ce chapitre et dans toute cette prophétie. Ce n'est donc pas ici le Fils de l'homme, c'est un ange qui doit frapper ; et ce coup ne doit pas être si rude que le premier, encore qu'on y aille voir beaucoup de sang répandu.

18. *Encore un autre qui avoit pouvoir sur le feu,* qui allume les guerres et qui excite l'ardeur des combats. Il sort d'auprès de l'autel où étoient les charbons ardens, *sup.,* VIII, 5. *Et vendangez les raisins...* Ce pourroit être une autre peinture de la même action, comme ci-dessus, verset 14, dans Joël, si un autre exécuteur et un autre ordre que nous voyons ici paroître, ne nous montroit aussi une autre action.

20. *Et la cuve fut foulée hors de la ville.* Tantôt la ville se prend pour tout l'Empire romain, et tantôt pour Rome même, sans y comprendre son empire, XVII, 9, 18. J'entends ici Attila, qui ravageant l'Italie et beaucoup d'autres provinces, épargna Rome par respect pour saint Léon.

*Le sang... jusqu'aux brides des chevaux par l'espace de mille six cents stades,* c'est environ soixante-sept lieues communes : exagération qui représente la grande quantité de sang répandu et l'étendue des pays ravagés ; ce qui convient parfaitement au temps d'Attila. Voilà donc ici deux grands fléaux dont Rome est frappée comme coup sur coup : le premier et le plus rude sur elle-même, et il fait tomber son empire sous Alaric en l'an 410; le second, dans les provinces, où elle fut épargnée, mais tout le reste de l'Occident nageoit dans le sang sous Attila dans les années 451 et 452.

## CHAPITRE XV.

*Le séjour des bienheureux, d'où sortent sept anges portant les sept dernières plaies, et les sept coupes pleines de la colère de Dieu.*

1. Je vis dans le ciel un autre prodige grand et merveilleux, sept anges portant les sept dernières plaies, par lesquelles la colère de Dieu est arrivée à sa fin.

2. Et je vis comme une mer claire à la manière du verre, mêlée de feu, et ceux qui avoient vaincu la bête et son image (*a*), et le nombre de son nom, qui étoient debout sur cette mer claire comme du verre, tenant des harpes de Dieu.

3. Et ils chantoient le cantique de Moïse serviteur de Dieu, et le cantique de l'Agneau, en disant : Vos ouvrages sont grands et admirables, ô Seigneur Dieu tout-puissant! ô Roi des siècles (*b*), vos voies sont justes et véritables!

4. Qui ne vous craindra, ô Seigneur, et qui ne glorifiera votre nom? Car vous seul êtes miséricordieux (*c*) ; et toutes les nations viendront et se prosterneront en votre présence, parce que vos jugemens se sont manifestés.

5. Après cela je regardai, et je vis que le temple du tabernacle du témoignage s'ouvrit dans le ciel.

6. Et sept anges sortirent du temple, portant sept plaies : ils étoient vêtus d'un lin net et blanc (*d*), et ceints sur la poitrine de ceintures d'or.

7. Alors un des quatre animaux donna aux sept anges sept coupes d'or pleines de la colère de Dieu, qui vit dans les siècles des siècles.

8. Et le temple fut rempli de fumée à cause de la majesté et de la puissance de Dieu; et nul ne pouvoit entrer dans le temple, jusqu'à ce que les sept plaies des sept anges fussent accomplies.

(*a*) *Grec :* Et son caractère. — (*b*) O roi des Saints.— (*c*) Saint; *Vulg.* : Pius. (*d*) — Et éclatant.

## EXPLICATION DU CHAPITRE XV.

*Terrible préparation de la vengeance divine.*

1. *Je vis... un autre prodige.* Nous avançons dans la prophétie, et le grand secret de la destinée de Rome se va révéler. Saint Jean nous en va marquer tous les progrès, et représenter plus en détail ce qu'il en a dit en général. Ce chapitre prépare l'esprit, et le suivant commence l'exécution.

*Les sept dernières plaies :* les grandes calamités par où l'Empire romain fut enfin entraîné dans sa ruine. On va les voir commencer sous l'empire de Valérien, un des plus rudes pour l'Eglise; et on va voir jusqu'où en doit porter le contre-coup.

2. *Et je vis comme une mer claire à la manière du verre.* Il mêle ici selon sa coutume, aux tristes idées de la vengeance divine, le spectacle agréable de la gloire des martyrs.

*Une mer claire... mêlée de feu.* Le peuple saint, parfaitement pur et embrasé de l'amour de Dieu.

3. *Et ils chantoient le cantique de Moïse.* Le cantique d'action de graces après le passage de la mer Rouge, convient parfaitement aux martyrs après leur sang répandu. *Et le cantique de l'Agneau.* On peut ici entendre deux cantiques, ou dire que c'est le même composé à l'imitation de celui de Moïse.

4. *Toutes les nations viendront,... parce que vos jugemens se sont manifestés.* On voit que Dieu fait connoître aux saintes ames ce qu'il médite pour le châtiment de ses ennemis et pour la gloire de son Eglise, afin de donner encore cette matière aux louanges perpétuelles qu'elles rendent à son saint nom.

*Et je vis que le temple du tabernacle du témoignage s'ouvrit dans le ciel.* C'est une chose admirable de voir comme toutes les figures de l'Ancien Testament sont relevées dans cette prophétie. Nous avons vu dans le ciel l'arche d'alliance, xi, 19. Ici nous voyons ensemble, sous la même idée, et le temple et le tabernacle du témoignage : ce tabernacle étoit comme un temple portatif que Moïse fit construire dans le désert, *Exod.*, xxvi, et sur lequel Salomon bâtit son temple; et tout cela maintenant figure le ciel, où Dieu réside en sa gloire.

*Le temple... s'ouvrit dans le ciel :* pour laisser sortir les sept anges, dont on va parler au verset suivant.

6. *Et sept anges sortirent.* Voici un grand appareil, et tout nous prépare à quelque chose de grand.

7. *Un des quatre animaux donna aux sept anges sept coupes d'or.* On voit toujours ces quatre animaux intervenir dans les grands endroits où Dieu révèle ses secrets. Ce sont eux qui, à l'ouverture des sceaux, font approcher saint Jean et l'avertissent de se rendre attentif : ils veulent dire par là, comme on a vu, qu'il faut tout entendre selon l'Evangile. Ici, dans un dessein à peu près semblable, l'un des animaux distribue à chacun des anges les coupes d'or où sont les plaies, afin qu'on voie que c'est encore selon l'Evangile et selon les règles qui nous y sont révélées, que Dieu fait exécuter ses vengeances par ses anges.

*Sept coupes d'or, ou sept fioles.* Les fioles, selon le grec, sont une espèce de tasse où l'on buvoit.

*Pleines de la colère de Dieu.* On voit dans Isaïe que les pécheurs que Dieu punit « boivent la coupe de la colère de Dieu et l'avalent jusqu'à la lie, » *Isa.*, LI, 17. On voit aussi, *Psal.* LXXIV, 9, « que Dieu a une coupe à la main, dont il verse de çà et de là. » La vision de saint Jean est conforme à cette dernière idée : il faut se représenter ces coupes ou ces fioles des anges comme pleines d'une liqueur consumante, et d'une telle vertu que toute la nature en est émue. Nous n'avons pas vu encore la colère de Dieu rendue plus sensible, et ni les sceaux, ni les trompettes n'avoient rien de si terrible : car la vengeance divine va être immédiatement appliquée et comme répandue sur les objets de la colère de Dieu.

8. *Et le temple fut rempli de fumée.* C'est l'impression de la majesté de Dieu, comme à la dédicace du temple de Salomon, II *Paralip.*, V, 13, 14.

*Et nul ne pouvoit entrer dans le temple, jusqu'à ce que les sept plaies fussent accomplies.* Pendant que Dieu frappe, on prend la fuite et on se cache plutôt que d'entrer dans le lieu d'où partent les coups. Quand il a achevé de lancer ses fléaux, on entre en tremblant dans son sanctuaire pour y considérer l'ordre de ses jugemens.

## CHAPITRE XVI.

*Les sept coupes versées : et les sept plaies.*

1. Et j'entendis une voix forte qui sortit du temple et qui dit aux sept anges : Allez, et répandez sur la terre les sept coupes de la colère de Dieu.

2. Le premier ange partit et répandit sa coupe sur la terre ; et les hommes qui avoient le caractère de la bête, et ceux qui adoroient son image, furent frappés d'une plaie (a) maligne et dangereuse.

3. Le second ange répandit sa coupe sur la mer, et elle devint comme le sang d'un mort ; et tout ce qui avoit vie dans la mer mourut.

4. Le troisième ange répandit sa coupe sur les fleuves et sur les fontaines, et ce fut partout du sang.

5. Et j'entendis l'ange qui a pouvoir sur les eaux, qui dit : Vous êtes juste, Seigneur, qui êtes, et qui avez été; vous êtes saint, lorsque vous rendez de tels jugemens.

6. Parce qu'ils ont répandu le sang des Saints et des prophètes, vous leur avez aussi donné du sang à broire : car ils en sont dignes.

7. En même temps j'en entendis un autre qui disoit de l'autel : Oui, Seigneur Dieu tout-puissant, vos jugemens sont justes et véritables.

8. Le quatrième ange répandit sa coupe sur le soleil, et il lui fut donné de tourmenter les hommes par l'ardeur du feu.

9. Et les hommes furent brûlés d'une chaleur dévorante ; et ils blasphémèrent le nom de Dieu, qui tient ces plaies en son pouvoir; et ils ne firent point pénitence pour lui donner gloire.

10. Le cinquième ange répandit sa coupe sur le trône de la bête, et son royaume devint ténébreux, et les hommes se mordirent la langue dans leur douleur.

11. Ils blasphémèrent le Dieu du ciel, à cause de leurs douleurs et de leurs plaies, et ils ne firent point pénitence de leurs œuvres.

(a) *Grec :* Ulcère.

12. Le sixième ange répandit sa coupe sur ce grand fleuve d'Euphrate; et ses eaux furent séchées pour ouvrir un chemin aux rois d'Orient.

13. Et je vis sortir de la bouche du dragon, de la bouche de la bête et de la bouche du faux prophète, trois esprits impurs semblables à des grenouilles.

14. Ce sont les esprits des démons qui font des prodiges, et qui vont vers les rois de toute la terre pour les assembler au combat au grand jour (*a*) du Dieu tout-puissant.

15. Je viens comme un larron. Heureux celui qui veille et qui garde ses vêtemens, de peur qu'il ne marche nu et qu'il ne découvre sa honte.

16. Et il les assemblera (*b*) au lieu qui, en hébreu, s'appelle Armagedon.

17. Le septième ange répandit sa coupe dans l'air, et une voix forte se fit entendre du temple, venant du trône, qui dit : C'en est fait.

18. Aussitôt il se fit des éclairs, des bruits et des tonnerres, et un grand tremblement de terre; et ce tremblement fut si grand, que jamais les hommes n'en ont ressenti de pareil depuis qu'ils sont sur la terre.

19. Et la grande cité fut divisée en trois parties, et les villes des nations tombèrent; et Dieu se ressouvint de la grande Babylone, pour lui donner à boire le vin de l'indignation de sa colère.

20. Toutes les îles s'enfuirent, et les montagnes disparurent.

21. Et une grande grêle, comme du poids d'un talent, tomba du ciel sur les hommes; et les hommes blasphémèrent Dieu à cause de la plaie de la grêle, parce que cette plaie étoit très-grande.

#### EXPLICATION DU CHAPITRE XVI.

*Les calamités de l'empire de Valérien. Les rois d'Orient vainqueurs, et les batailles funestes aux empereurs romains. La chute de Rome proposée en gros. Economie de ce chapitre; son rapport avec le chapitre* ix *depuis le verset* 14.

1. *Et j'entendis une grande voix.* Saint Jean après avoir pro-

---

(*a*) Grec : De ce grand jour. — (*b*) Et ils les assemblèrent (*au pluriel*) en le rapportant aux esprits, vers. 14 : τὰ πνεύματα ἐκπορεύεται καὶ συνήγαγεν.

posé comme en gros la chute de Rome, la va expliquer plus en détail et sous des images plus claires : c'est ce qui paroîtra bientôt dans les chapitres xvii et xviii. Pour commencer ici à en expliquer les causes, il reprend les choses de plus haut, et revient au commencement du second *Væ*, dont il a parlé chapitre ix, verset 14. Mais ici il nous en apprend des particularités remarquables, et nous montre mieux le rapport qu'il a avec la chute de Rome. *Une grande voix qui sortit du temple :* la voix qui sort ici du temple sans qu'il y paroisse aucun ministère des anges, est de celles qui marquent un ordre venu plus immédiatement de Dieu même, selon la remarque du chapitre i, verset 10. On en entendra une semblable, verset 17, et il faudra bien prendre garde à ce qu'elle dira. *Une grande voix qui sortit du temple et qui dit aux sept anges.* Remarquez ici soigneusement que l'ordre vient en même temps à tous les sept anges; de sorte qu'il faut entendre qu'ils versèrent leurs coupes ensemble, à peu près dans le même temps et comme coup sur coup. Lorsque l'Agneau ouvre les sceaux, on les lui voit ouvrir successivement, et à chacune des quatre premières ouvertures, un des animaux avertit saint Jean de regarder, vi, 1, 3, 5, 7. On ne voit pas moins clairement dans les trompettes que les sept anges en sonnent l'un après l'autre : les trois *Væ*, qui sont réservés pour les trois dernières trompettes, viennent avec une manifeste succession, viii, 13; ix, 12; xi, 14; et un ange jure expressément qu'au temps de la septième trompette, le mystère de Dieu s'accompliroit, x, 6, 7. La succession nous est donc très-distinctement marquée dans tous ces endroits. On ne voit rien de semblable dans ce chapitre xvi, ni à l'effusion des sept coupes : au contraire on n'entend qu'une seule voix pour les sept anges : l'ordre part en même temps pour tous; et le Saint-Esprit, qui veut qu'on apporte une attention extrême dans la contemplation de ces mystères, nous avertit par là que ces sept plaies regardent un certain temps fort court, où Dieu devoit faire sentir tous ces fléaux à la fois. Cet état effroyable où tous les maux se rassemblent est l'empire de Gallien, incontinent après que l'empereur Valérien eut été pris par le fier Sapor, roi de Perse; car c'est alors que Dieu irrité des violences qu'on faisoit souffrir à son

Eglise depuis plus de deux cents ans, marqua sa juste colère par deux effets merveilleux : l'un, en faisant fondre ensemble sur l'Empire romain tout ce qu'on peut endurer de calamités sans périr tout à fait; l'autre, en les envoyant incontinent après la persécution et en changeant tout à coup l'état le plus heureux du monde au plus triste et au plus insupportable, comme la suite le fera paroître.

2. *Le premier ange partit.* L'ordre venu de Dieu ne regardoit pas plus ce premier ange que les autres, comme on a vu, verset 1. Comme donc il partit en même temps que l'ordre vint, il faut entendre que les six autres en firent autant et allèrent tous verser leurs fioles ou leurs coupes, l'un d'un côté, l'autre d'un autre, suivant que la justice divine les avoit distribués : de sorte que si saint Jean nous les peint l'un après l'autre, ce n'est qu'à cause qu'on ne peut pas tout dire à la fois.

*D'une plaie maligne et dangereuse.* Les interprètes entendent ici le charbon et la tumeur de la peste; et c'est aussi ce qui arriva du temps de Valérien, comme on va voir.

*Et les hommes qui avoient le caractère de la bête, et ceux qui adoroient son image.* Nous avons déjà parlé de ce caractère de l'idolâtrie romaine, qui consistoit à adorer les empereurs et leurs images; et nous en avons vu la pratique dès les premiers empereurs romains, et en particulier sous le règne de Valérien, XIII, 12.

*Les hommes qui avoient le caractère de la bête, et ceux qui adoroient son image, furent frappés.* Pourquoi ceux-ci en particulier? Est-ce que les chrétiens furent exempts de cette plaie? Une admirable lettre, où saint Denys d'Alexandrie, auteur du temps, nous représente cette peste, nous va expliquer ce mystère d'une manière à ne nous laisser aucun doute. « Après la persécution, nous eûmes, dit-il, la guerre et la famine, et ces maux nous furent communs avec les païens : mais lorsque tous ensemble nous eûmes goûté un peu de repos, cette grande peste vint tout à coup et fut pour eux le plus extrême et le plus terrible de tous les maux : mais pour nous, nous la regardâmes plutôt comme un remède ou comme une épreuve que comme une plaie; car encore qu'elle

attaquât davantage les gentils, nous n'en fûmes pas exempts [1]. »
Saint Denys raconte ensuite comme, pendant que les gentils chassoient jusqu'à leurs amis et à leurs parens, les chrétiens au contraire secouroient jusqu'aux plus indifférens et gagnoient le mal en assistant les malades. Par où nous apprenons trois choses, qui semblent faites pour expliquer ce passage de l'*Apocalypse :* la première, que par une bonté particulière de Dieu, la peste épargna les chrétiens plus que les autres; la seconde, que s'ils en souffrirent, ce fut plutôt en assistant ceux qui étoient frappés de ce mal qu'en étant directement frappés eux-mêmes; la troisième, qu'ils le regardoient, non pas comme un fléau de Dieu, mais comme une matière d'exercer leur charité et leur patience. Saint Cyprien, qui écrivoit dans le même temps, remarque soigneusement ce dernier point, Cypr., *de Mortal.* Et on voit clairement par ces passages toutes les raisons que saint Jean avoit de regarder cette peste comme envoyée principalement aux infidèles.

Cette peste est sans doute celle qui avoit commencé à ravager tout l'univers quelques années auparavant et dès le temps de la persécution de Gallus et de Volusien : mais elle reprenoit de temps en temps de nouvelles forces, et Zozime a remarqué qu'elle fut après la prise de Valérien, et sous son fils Gallien, la plus grande, comme la plus universelle qu'on eût jamais vue, Zoz., lib. I; Treb. Poll., *in Gallian.*

3. *Le second ange... sur la mer.* C'est les guerres dans tout le corps de l'Empire; et l'on voit *toute la mer changée en sang,* parce que tout nage dans le sang par tout l'Empire. *Comme le sang d'un corps mort :* cette parole explique encore plus vivement le déplorable état de l'Empire, lorsque destitué de l'autorité qui en est l'ame, il semble n'être plus qu'un grand cadavre.

4. *Le troisième ange... sur les fleuves.* Les fleuves changés en sang sont les provinces ensanglantées de guerres civiles. Saint Denys d'Alexandrie nous représente dans sa ville des fleuves de sang : c'est que le préfet Emylien s'y fit tyran. Il s'en éleva trente autres en divers endroits, et trente batailles ne suffirent pas pour

---

[1] Euseb., VII, XXII.

les détruire, Dion. Alex., ap. Euseb., VIII xxi; Treb. Poll., *in Triginta tyrannos*.

5. *Et j'entendis l'ange... Vous êtes juste, Seigneur...* On voit ici que les jugemens que Dieu exerce sur la terre, font le sujet des louanges que lui donnent les citoyens du ciel.

6. *Parce qu'ils ont répandu le sang des Saints.* On se rassasie du sang dont on est avide, principalement dans les guerres civiles, où chacun semble boire le sang de ses concitoyens.

7. *J'en entendis un autre qui disoit :... Oui, Seigneur....* Remarquez ici le consentement des anges à louer Dieu, et une manière admirable d'inculquer la vérité.

8. *Le quatrième ange.... sur le soleil.... par l'ardeur du feu :...* pour signifier les chaleurs excessives, la sécheresse et ensuite la famine. On voit dans saint Denys d'Alexandrie le Nil comme desséché par des chaleurs brûlantes. Saint Cyprien dans le même temps nous représente la famine dont le monde fut souvent affligé, *ad Demetr*.

9. *Et ils blasphémèrent le nom de Dieu.* Au lieu de se convertir, les idolâtres rejetoient tous ces maux sur les chrétiens, Cypr., *ibid.* C'étoit là le plus grand mal de la plaie, que les hommes, loin d'en profiter selon le dessein de Dieu, s'en endurcissoient davantage; ce qui paroît encore mieux, versets 10, 11.

10. *Le cinquième ange... sur le trône de la bête.* La bête, c'est, comme on a vu, Rome idolâtre : le fléau de Dieu sur le trône de la bête, c'est la grandeur et la majesté des empereurs ravilie; ce qui arriva lorsque Valérien, vaincu et devenu esclave des Perses, servit à leur roi de marche pied pour monter à cheval, lorsqu'après sa mort, sa peau arrachée de dessus son corps fut pendue dans leur temple, comme un monument éternel d'une si belle victoire; lorsque malgré toutes ces indignités qu'on fit souffrir à un si grand prince, la majesté de l'Empire étoit encore plus déshonorée par la mollesse et l'insensibilité de son fils Gallien, Lact., *de Mort. persecut.*, v, etc.

*Et son royaume devint ténébreux :* la dignité de l'empereur fut avilie par le grand nombre de ceux qui se l'attribuèrent. On en compta jusqu'à trente, et parmi eux beaucoup de gens de néant.

A la honte du nom romain, des femmes mêmes usurpèrent la domination ; le sénat honteux s'écrioit : « Délivrez-nous de Victoire et de Zénobie ; » et quelque excessifs que fussent les autres maux, l'opprobre les passoit tous, Trebell. Poll., *in Val. Gall., triginta. Tyr.*, etc. C'est ce qu'on appelle *un royaume ou un règne ténébreux*, et la majesté obscurcie. Tel est le coup que reçut Rome sous Valérien incontinent après la persécution. Le contre-coup fut encore plus funeste : car nous avons vu que c'est alors proprement que commença l'inondation des barbares. Pour résister à tant d'ennemis, il fallut sous Dioclétien multiplier les empereurs et les césars. Ainsi le nom de *César* est avili, la foiblesse de l'Empire montrée en ce qu'un seul prince ne suffisoit pas pour le défendre ; les charges publiques augmentées pour fournir aux dépenses immenses de tant d'empereurs, Lact., *de Mort. persecut.*, VII. Dioclétien accoutumé aux flatteries des Orientaux, fuit Rome et craint la liberté de ses citoyens, *là même*, XVII. Galère Maximien se met dans l'esprit de transporter l'empire en Dacie, d'où ce barbare étoit sorti, *là même*, XXVII. Voilà les maux qui vinrent à l'Empire, et dont la première cause commença dans le règne de Valérien. Voilà les degrés par où il devoit tomber dans sa dernière ruine. Remarquez que dans ce règne ténébreux, saint Jean regarde les ténèbres de l'Egypte, *Exod.*, x, 21.

11. *Ils blasphémèrent le Dieu du ciel.* Les blasphèmes augmentèrent avec les maux qu'on imputoit aux chrétiens, comme on a vu.

12. *Le sixième ange... sur ce grand fleuve d'Euphrate, et ses eaux furent séchées :* dessécher les rivières dans le style prophétique, c'est en ouvrir le passage, *Isa.*, XI, 15, 16 ; *Zach.*, X, 11. *Pour ouvrir un chemin aux rois d'Orient :* au roi de Perse et aux autres rois qui le suivoient à la guerre, Trebell. Poll. C'est de là que nous avons vu que devoit venir la ruine de l'Empire et cette sixième plaie se rapporte à la sixième trompette, ci-dessus, IX, 13, et suiv.

13. *Et je vis sortir de la bouche du dragon...* Remarquez que le dragon étoit toujours demeuré au lieu où saint Jean l'avoit vu, comme il a déjà été dit, XII, 18 ; XIII, 4, et non-seulement le dra-

gon, mais encore la bête et le faux prophète qui avoient paru au même chapitre XIII, 1, 11,

*De la bouche du faux prophète :* c'est la seconde bête du chapitre XIII, 11, où le mot de *bête* nous fait voir que c'est une espèce d'empire et non pas un homme particulier. La remarque en a déjà été faite, *là même.*

*Trois esprits impurs semblables à des grenouilles.* C'est-à-dire qu'il en sortit un de la bouche du dragon, un de la bouche de la bête et un de la bouche du faux prophète : ce qui nous marque trois temps, dont le premier est celui de Valérien, que ce chapitre regarde principalement. *Semblables à des grenouilles :* on remarque dans ces grenouilles quelque idée d'une des plaies de l'Egypte.

14. *Ce sont les esprits des démons qui font des prodiges ;* c'est-àdire, manifestement les devins et les magiciens qui animoient les princes contre les chrétiens par des prestiges et de faux oracles, et les engageoient à entreprendre des guerres, en leur promettant la victoire, pourvu qu'ils persécutassent l'Eglise. Saint Jean nous apprend ici une mémorable particularité du second *Væ,* auquel il remonte en ce lieu : c'est que les démons y agissent d'une manière terrible ; ce que saint Jean n'en avoit point dit, lorsqu'il en a parlé la première fois, IX, 12, 13 et suiv. Mais c'est qu'il importoit de faire voir l'opération du démon dans ce *Væ,* comme dans les autres, ainsi qu'il sera remarqué après qu'on aura tout vu, et dans un lieu plus propre à le faire entendre.

*Et qui vont vers les rois de toute la terre.* Remarquez que ces esprits impurs agissoient également sur tous les rois de la terre et pour ainsi parler dans toutes les cours. Je trouve trois temps remarquables où s'accomplit cette prophétie. Premièrement, sous Valérien, dont il s'agit principalement dans ce chapitre. Saint Denys d'Alexandrie fait mention d'un chef des magiciens, qui incita ce prince à persécuter les fidèles, comme si tout devoit bien réussir, pourvu qu'on les persécutât, Euseb., lib. VII, IX. Cet esprit impur qui trompa Valérien, sortit de la bouche du dragon, qui agissoit également dans toutes les persécutions. Secondement, dans le temps de la persécution de Dioclétien, un Tagès, ou quel que soit celui que Lactance nous a voulu signifier par ce nom : quoi qu'il en soit, un chef de devins de Dioclétien se servoit des divinations pour l'irriter contre les fidèles, Lact., *de Mort. persecut.*, x; *Divin. instit.*, IV, xxvii. Le même prince envoya un devin qui lui rapporta un oracle d'Apollon pour persécuter les chrétiens, *de Mort. persecut.*, xi. Et dans la même persécution, sous Maximin, un Théotecnus « érigea une idole de Jupiter qui préside aux amitiés, et fit par ses faux miracles et les faux oracles qui s'y rendoient, que Maximin fut animé contre les chrétiens, l'assurant que le dieu commandoit qu'il les exterminât, » Euseb., IX, ii, iii. Cet esprit sortit de la bouche de la bête qui, comme nous avons vu, représente bien en général l'Empire romain, mais plus particulièrement sous Dioclétien. Enfin en troisième lieu, Julien avoit à sa suite dans les guerres contre les Perses et toujours, un nombre infini de devins, et entre autres son magicien Maxime, dont Eunapius lui-même nous fait voir les tromperies, *in Max. et Chrys.* C'étoit lui qui promettoit à Julien une victoire assurée sur les Perses, en sorte que les chrétiens s'écrioient après sa perte : « Où sont maintenant tes prophéties, ô Maxime ! » Théod., III, cap. ult. Cet esprit sortit de la bouche du faux prophète, c'est-à-dire de la seconde bête, ou de la philosophie magicienne, dont le crédit éclata plus particulièrement sous Julien, comme il a été dit, xiii, 11 et suiv. Au reste il n'y a nul inconvénient qu'à l'occasion de ce que saint Jean voit arriver sous Valérien, le Saint-Esprit lui fasse voir encore des choses semblables qui devoient suivre dans les autres règnes.

Si les empereurs romains avoient leurs séducteurs, les Perses, dont les mages ont donné le nom aux magiciens, ne manquoient pas de leur côté de devins qui les excitoient en même temps à la guerre contre les Romains et à la persécution des fidèles. Sozomène raconte que les mages ne cessoient d'aigrir le roi de Perse contre les chrétiens, et que ce fut ce qui excita la persécution en Perse du temps de Constantin, Soz., II, ix-xii. Nous voyons quelque temps après, et du règne de Théodose le Jeune, que les mages trompoient Isdigerde, roi de Perse, par de faux prodiges, pour l'animer contre les chrétiens, et que son fils Varane, qui rompit avec les Romains, fut induit en même temps par les mêmes mages à une cruelle persécution. C'est ce que nous apprenons de Socrate, lib. VII, viii et xviii.

Il ne faut pas douter qu'il n'en soit arrivé autant dans les autres temps : mais nous n'avons pas l'histoire de cette nation. Il ne faut nullement douter qu'il n'y eût des chrétiens en Perse, où l'Evangile fut porté par les apôtres dès le commencement du christianisme, ni qu'ils ne s'y soient, comme ailleurs, multipliés par le martyre, ni qu'ils ne se soient attiré là, comme partout ailleurs, la haine des devins et des prêtres des faux dieux, dont ils venoient détruire l'empire. Quelques-uns veulent que, par les trois esprits impurs, on entende trois espèces de divinations, par les oiseaux, par les entrailles, par la magie ; ou trois manières de tromper les hommes, par les faux oracles, par les faux miracles, par les faux raisonnemens, à quoi je ne m'oppose pas : mais je préfère à tout cela trois démons, qui en trois temps différens font sentir aux chrétiens leur malignité par des divinations impies.

*Au grand jour de Dieu :* au jour du grand combat dont il va être parlé, verset 16.

15. *Je viens comme un larron :* c'est Jésus-Christ qui parle, conformément à la parabole où il se compare à un voleur qui surprend le père de famille, *Matth.*, xxiv, 43. Cette parole se doit entendre, non-seulement de l'heure de la mort, mais encore de tous les malheurs publics, qui presque tous surprennent les hommes, et du dernier jugement dont tous les malheurs publics sont des avant-coureurs et des images.

16. *Et il les assemblera.* Le grec : *Et il les assembla.* Il n'importe, puisque les prophètes voient souvent le futur comme passé, pour marquer la certitude de leur prédiction.

*Il les assemblera :* ce sont les rois que le dragon assemblera par ses esprits impurs qui sortiront de sa gueule, 13, 14.

*Au lieu qui en hébreu s'appelle Armagedon :* Armageddon, par deux *dd* dans le grec selon les Septante dont les apôtres suivent ordinairement la leçon, et selon l'étymologie de ce nom, qui est hébreu, c'est-à-dire la montagne de Mageddon. *Au lieu qui s'appelle Armagedon,* c'est-à-dire au lieu où les grandes armées sont défaites, au lieu où les rois périssent. Sisara et les rois de Canaan sont taillés en pièces en Mageddon, *Jud.*, iv, 7, 16; v, 19. Ochozias, roi de Juda, y périt, IV *Reg.*, ix, 27. Et Josias est tué dans le même lieu par Nécao, roi d'Egypte, IV *Reg.*, xxiii, 29. Il veut donc dire que les empereurs seront menés par leurs devins dans des guerres où ils périront, et que leur perte sera suivie d'une désolation publique, semblable à celle qui arriva à Mageddon, lorsque Josias y périt, *Zach.*, xii, 11. Ce passage de Zacharie fait voir que ce lieu, dans le style prophétique, est l'image des grandes douleurs.

Cette prophétie s'accomplit, lorsque Valérien fut taillé en pièces par les Perses, pris dans la bataille et écorché, comme on a vu, après avoir souffert toute sorte d'indignités. Les Perses enflés de cette victoire, s'acharnèrent de plus en plus contre les Romains, sur lesquels ils gagnèrent plusieurs batailles, et entre autres celle contre Julien, où cet empereur fut encore taillé en pièces, et tué, et l'Empire éternellement flétri par ces deux pertes. Nous avons parlé des maux qui suivirent la défaite de Valérien : celle de Julien fut encore plus funeste, puisque par une paix honteuse, il fallut abandonner aux Barbares beaucoup de terres de l'Empire comme tous les historiens le témoignent d'un commun accord.

Voilà donc deux empereurs tués par les Perses, comme il y avoit eu deux rois de Juda tués en Mageddon. Il n'est pas ici question de comparer les personnes avec les personnes, mais les événemens avec les événemens, et les suites avec les suites. Au reste il ne faut pas ici s'imaginer, comme font quelques protestans, des combats des fidèles contre les infidèles, puisque les rois dont parle saint Jean sont également menés au combat par les esprits impurs, 14, 16.

On ne doit pas s'étonner si le Saint-Esprit fait passer saint Jean du temps de Valérien à ceux de Julien, qui en sont si loin : il est ordinaire aux prophètes d'être transportés d'un objet à un autre, pour montrer de secrets rapports dans les événemens qu'ils racontent. Il y en a un assez grand entre la défaite de Valérien et celle de Julien, puisqu'elles arrivent toutes deux contre les mêmes ennemis : toutes deux pour punir et arrêter les persécutions de l'Eglise, et toutes deux pour amener Rome à sa chute irréparable.

Mais il faut toujours remarquer la coupe versée, c'est-à-dire la plaie commencée sous Valérien, qui est le temps dont saint Jean est occupé dans tout ce chapitre.

17. *Le septième ange répandit sa coupe dans l'air,* où il se fit une commotion universelle. Ce doit être la plus grande plaie, celle dont le bruit aussi bien que l'effet s'étend le plus loin. C'est de l'air que partent les foudres ; c'est là que se forment les tourbillons et les tempêtes : ici tout l'air est agité, et toute la terre est émue. C'est ce qui fut accompli, lorsqu'à la prise de Valérien toutes les nations barbares répandues dans l'Empire en ébranlèrent les fondemens, et portèrent le coup dont à la fin il fut renversé : c'est pourquoi

*Une voix forte se fit entendre du temple, venant du trône, qui dit : C'en est fait :* les Goths destinés de Dieu pour détruire l'Empire romain, y sont entrés à la tête de tous les barbares : c'est ce qui arriva sous Valérien, comme on a vu, *Histoire abrégée,* n. 9. Le Saint-Esprit qui voit les effets dans les causes et tout le progrès du mal dès son commencement, prononce : *C'en est fait;* Rome est perdue.

18. *Il se fit des éclairs, des bruits et des tonnerres, et un grand tremblement de terre.* Tout cela est l'effet d'une commotion universelle de l'air, et marque aussi une grande et universelle commotion dans les esprits, et un grand changement dans l'univers.

19. *La grande cité fut divisée en trois parties.* Nous voilà par la suite des choses transportés du temps de Valérien à celui de la chute de Rome. C'est au pied de la lettre que l'empire d'Occident fut alors divisé en trois, Honorius à Ravenne, Attalus à Rome, Constantin dans les Gaules, Oros., VII, xl, xlii; Zoz., V, VI. Quoiqu'il ne faille pas toujours s'attacher scrupuleusement aux nombres précis, il ne les faut pas refuser quand ils se présentent, et surtout quand ils font comme ici un caractère du temps.

*Et les villes des nations tombèrent.* Les Goths prirent plusieurs places; les provinces de l'Empire furent en proie, les Gaules, les Espagnes, la Grande-Bretagne et les autres.

*Dieu se ressouvint de la grande Babylone.* En ce même temps Rome fut prise par Alaric.

**20.** *Toutes les îles s'enfuirent, et les montagnes disparurent :* tout le monde sembloit aller en ruine. C'est ainsi que les prophètes nous représentent la chute des grands empires, *Ezech.*, XXVI, 15, 18 : « Les îles seront ébranlées, on les verra s'émouvoir dans le milieu de la mer. » Ailleurs : « Les montagnes se sont ébranlées comme de la cire, » *Psal.* XCVI, 5. Nous avons vu un passage de saint Jérôme, où il dit « qu'avec Rome on crut voir périr tout l'univers, » Hieron., *Proœm in I lib. Comm. Ezech.* Voyez *Préf.*, n. 8.

**21.** *Et une grande grêle, comme du poids d'un talent...* C'est le poids terrible de la vengeance de Dieu et les coups de sa main toute-puissante.

*Et les hommes blasphémèrent.* Les païens imputèrent encore ce dernier malheur aux chrétiens, et c'est ce qui donna lieu au livre de saint Augustin de la *Cité de Dieu; Retract. de Civ.*, lib. I. C'est ce qui devoit commencer du temps de Valérien, et s'achever entièrement à la chute de Rome : mais cette chute devoit encore être précédée et accompagnée des événemens que le Saint-Esprit va découvrir au saint apôtre dans le chapitre suivant.

On voit maintenant toute l'économie de celui-ci, et on peut entendre comment ces sept plaies sont appelées les *plaies dernières*, XV, 1, par le rapport qu'elles ont avec la chute prochaine de Rome. Il faut toujours se souvenir que le premier coup qui en ébranla l'Empire, vint des Perses et du côté d'Orient, et que la plus grande plaie que Rome eût reçue de ce côté-là lui arriva sous Valérien [1], puisque ce fut proprement à cette occasion que l'Occident commença à être inondé par les barbares, et qu'il fallut en quelque sorte leur abandonner cette partie de l'Empire où Rome étoit, en tournant vers l'Orient le fort des armes. Ce fut donc alors que fut frappé ce grand coup, dont le contre-coup porta si loin, et à la fin fit tomber Rome. C'est pourquoi nous avons vu que le Saint-Esprit, qui va toujours à la source, dès qu'il commence à parler des plaies arrivées à l'Empire idolâtre, met en tête les armées immenses qui passent l'Euphrate, *sup.*, IX, 14, 15. Or, que ce fût la première plaie qui dût frapper directement l'Empire

---
[1] Voyez *Hist. abr.*, n. 9.

idolâtre, le Saint-Esprit a voulu le déclarer, en ce que c'est aussi la première fois où il est parlé d'idoles dans toute la prédiction de saint Jean : « Et ils ne se repentirent pas, dit-il, d'avoir adoré les démons et les idoles d'or et d'argent, de pierre et de bois, qui ne peuvent ni voir ni entendre, » *ibid.*, 20, 21. Nous avons encore observé [1] que ceux dont les châtimens sont décrits dans les chapitres précédens étoient les Juifs, et qu'aussi il n'est point du tout parlé d'idoles, ni d'idolâtrie. Tout cela fait voir clairement que le dessein de saint Jean étoit de montrer la source des malheurs de l'Empire comme venue d'Orient ; et c'est pourquoi prêt à expliquer plus expressément la chute de Rome dans les chapitres XVII et XVIII, il en revient encore là ; il fait encore paroître les rois d'Orient et l'Euphrate traversé, XVI, 12, et il donne tout un chapitre à faire voir les effets de ce funeste passage et tous les autres fléaux de Dieu qui l'accompagnèrent : où le lecteur doit prendre garde qu'à mesure qu'on avance dans ce chapitre, on trouve toujours l'Empire enfoncé dans de plus grands malheurs et la cause de ces malheurs mieux expliquée : c'est pourquoi après avoir vu jusqu'au verset 10 et à la cinquième fiole, les trois fléaux ordinaires, la peste, la guerre et la famine, à la cinquième fiole on voit l'Empire attaqué dans sa tête, c'est-à-dire dans l'empereur même, et de là un horrible obscurcissement de tout le corps, verset 10. Ensuite on en voit la cause dans les succès prodigieux des rois d'Orient et dans les batailles funestes à l'Empire qui devoit périr, versets 12, 13, 14, 15, 16. C'est ce que montre la sixième fiole ; d'où suit enfin dans la septième cette commotion universelle de l'air par où saint Jean finit son chapitre, et où il voit la ruine de Rome enveloppée, en sorte qu'il ne lui reste plus qu'à l'exprimer clairement, comme il fait dans les deux chapitres suivans. Pour mieux marquer la liaison de ce chapitre avec le IX°, depuis le verset 10 et la sixième trompette, il a voulu que cette sixième trompette concourût avec la sixième fiole : d'où il ne faut point conclure que les fioles concourent toutes avec les trompettes, puisque, comme nous avons vu, les premières trompettes regardent les Juifs, dont il n'est plus nulle mention dans

[1] *Voyez* Explic. des ch. VII, VIII.

toute la suite, et qu'il y a succession dans les trompettes, ce qui n'est point dans les fioles : de sorte que c'est assez d'avoir marqué le concours de la sixième trompette avec une des fioles pour le marquer avec toutes les autres; et c'est peut-être aussi pour cette raison que comme l'endurcissement et l'impénitence des idolâtres est marquée dans la sixième trompette, ix, 20, 21, elle est aussi marquée dans tout ce chapitre, xvi, 9, 11, 21.

## CHAPITRE XVII.

### DIVISÉ EN DEUX PARTIES.

### PREMIÈRE PARTIE.

*La bête aux sept têtes et aux dix cornes : la prostituée qu'elle porte : sa parure : son mystère.*

1. Alors il vint un des sept anges qui portoient les sept coupes, il me parla et me dit : Viens, je te montrerai la condamnation de la grande prostituée, qui est assise sur les grandes eaux;

2. Avec laquelle les rois de la terre se sont corrompus, et les habitans de la terre se sont enivrés du vin de sa prostitution.

3. Il me transporta en esprit dans le désert ; et je vis une femme assise sur une bête de couleur d'écarlate, pleine de noms de blasphème, qui avoit sept têtes et dix cornes.

4. La femme étoit vêtue de pourpre et d'écarlate, parée d'or, de pierres précieuses et de perles, et tenoit en sa main un vase d'or plein de l'abomination (a) et de l'impureté de sa fornication.

5. Et ce nom étoit écrit sur son front : Mystère : la grande Babylone, la mère des fornications et des abominations de la terre.

6. Et je vis la femme enivrée du sang des Saints et du sang des martyrs de Jésus; et en la voyant, je fus surpris d'un grand étonnement.

7. L'ange me dit alors : Quel est le sujet de ta surprise ? Je te vais dire le mystère de la femme et de la bête qui la porte, et qui a sept têtes et dix cornes.

8. La bête que tu as vue étoit et n'est plus; elle s'élèvera de

(a) *Grec :* Des abominations.

l'abîme et sera précipitée dans la perdition : et les habitans de la terre, dont les noms ne sont pas écrits au livre de vie dès l'établissement du monde, seront dans l'étonnement lorsqu'ils verront la bête qui étoit et qui n'est plus (*a*).

9. Et en voici le sens plein de sagesse : Les sept têtes sont sept montagnes sur lesquelles la femme est assise.

10. Ce sont aussi sept rois, dont cinq sont tombés; l'un est encore, et l'autre n'est pas encore venu; et quand il sera venu, il faut qu'il demeure peu.

11. Et la bête qui étoit et qui n'est plus, est la huitième (*b*) : elle est une des sept, et elle tend à sa perte.

EXPLICATION DE LA PREMIÈRE PARTIE DU CHAPITRE XVII.

*Sept empereurs idolâtres sous qui la dernière persécution est exercée. Maximien Herculius est un des sept : pourquoi il est aussi en quelque façon le huitième ?*

1. *Un des sept anges.* Cet ange exécuteur de la justice de Dieu, en va faire entendre les secrets à saint Jean dans un plus grand détail et lui expliquer en même temps la vision du chapitre XIII.

*De la grande prostituée.* Il faut voir sur la prostituée ce qui est dit *Préf.*, n. 10, et sur le verset suivant, et encore à la fin de cet ouvrage dans l'*Avertissement aux protestans*, n. 9. *Qui est assise sur les grandes eaux :* qui domine sur plusieurs peuples, ci-dessous, 15.

2. *Avec laquelle les rois de la terre se sont corrompus.* Ils ont adoré, non-seulement les dieux romains, mais encore Rome elle-même et ses empereurs : c'est là aussi leur enivrement, ci-dessous, verset 4.

3. *Dans le désert.* Saint Jean est transporté dans un lieu où il ne voit d'autre objet que celui qu'il va décrire. *Une femme assise sur une bête de couleur d'écarlate, pleine de noms de blasphème :* c'est la bête qui est pleine de ces noms, comme il paroît par le grec.

(*a*) *Grec :* Quoiqu'elle soit, καὶ πάρεστιν. Une autre leçon du grec porte καὶ παρέσται, *et elle doit venir.* C'est ainsi qu'a lu saint Hippolyte, *Demonst. de Antich.*, de l'édition de Gudius; à Paris, 1660, p. 50. — (*b*) C'est le huitième, qui est de ces sept.

Cette bête, par les caractères qui lui sont donnés, est la même qui paroît au chapitre xiii. Elle a comme elle sept têtes, dix cornes avec dix diadèmes et des noms de blasphème, car on l'appeloit la ville éternelle : on l'appeloit dans les inscriptions Rome la déesse : on lui donnoit le titre de déesse de la terre et des nations, *Terrarum Dea Gentiumque Roma*, Martial., *Epigr.* xii, 8. Et sur tout cela il faut voir ce qui a été dit au chapitre xiii, verset 1. On ajoute ici l'écarlate comme la couleur de l'Empire et des princes, et aussi pour signifier le sang répandu et la cruauté.

*Une femme assise sur une bête.* Saint Jean explique clairement que la bête et la femme ne sont au fond que la même chose, et que l'une et l'autre c'est Rome avec son empire. C'est pourquoi la bête est représentée comme celle qui a sept montagnes, verset 9, et la femme « est la grande ville qui domine sur les rois de la terre, » verset 18. L'une et l'autre est donc Rome; mais la femme est plus propre à marquer la prostitution, qui est dans les Ecritures le caractère de l'idolâtrie. Il est dit de Tyr « qu'après son rétablissement elle se prostituera de nouveau aux rois de la terre, » *Isa.*, xxiii, 17. Ninive aussi est nommée « une prostituée, belle et agréable, pleine de maléfices, qui a vendu les nations dans ses prostitutions, » *Nah.*, iii, 4. Isaïe parle aussi à Babylone comme à une prostituée : « On découvrira ta honte, on verra ton ignominie, ô toi qui t'es plongée dans tes délices? » *Isa.*, xlvii, 3, 8.

En ce sens il n'y eut jamais une prostituée qui ait égalé la vieille Rome : car outre ses dieux particuliers, elle adora tous les dieux des autres nations, qui tous avoient leurs temples dans Rome; et tel étoit son aveuglement, qu'elle mettoit une partie de sa religion dans le culte qu'elle rendoit à tous les faux dieux. Non-seulement elle étoit abandonnée à ces faux dieux, mais encore elle provoquoit tous les peuples par son autorité et par son exemple à de semblables corruptions.

4. *La femme étoit vêtue de pourpre.* La couleur de son habit désigne Rome, ses magistrats et son empire, dont la pourpre étoit la marque : les pierres précieuses et ses richesses immenses paroissent sur elle comme les marques de sa vanité, et comme l'at-

trait de l'amour impur qu'elle vouloit inspirer. Les anges et les saints sont habillés avec dignité, mais plus simplement. L'Eglise est représentée par une femme revêtue du soleil, environnée de lumière et de gloire : elle a des ailes quand elle veut fuir; tout y est céleste : ici on voit proprement la parure d'une prostituée : *En sa main un vase d'or,* selon ce qui est écrit : « Babylone est une coupe d'or qui enivre toute la terre; toutes les nations ont bu de son vin, c'est pourquoi elles sont enivrées, » *Jerem.,* LI, 7. Par ce vin de Babylone, il faut entendre les erreurs et les vices dont elle empoisonnoit toute la terre.

5. *Sur son front : Mystère :* comme s'il disoit : C'est ici un personnage mystique : sous le nom de la prostituée, c'est Babylone; et sous le nom de Babylone, c'est Rome. C'est le sens le plus naturel : mais on peut encore entendre, si l'on veut, que Rome avoit ses mystères dans sa religion, sur lesquels sa domination étoit fondée. Elle étoit consacrée à Mars par sa naissance, ce qui la rendoit, disoit-on, victorieuse : dédiée par des auspices favorables, ce que les anciens appeloient *Urbem auspicatò conditam.* Elle avoit ses divinations, et surtout elle avoit les livres sibyllins, livres secrets et mystérieux où elle croyoit trouver les destinées de son empire. *La grande Babylone :* Babylone dans l'Ecriture, c'est « la terre des idoles; c'est la montagne empestée qui corrompt la terre, » *Jerem.,* LI, 25, 47, 52. Ses idoles, ses enchantemens, ses maléfices, ses divinations sont marqués dans tous les prophètes, et en particulier *Isa.,* XLVII, 9, 12. On voit donc bien pourquoi saint Jean représente Rome sous le nom de *Babylone,* dont elle avoit tous les caractères; dominante comme elle, comme elle pleine d'idoles et de divinations, et persécutrice des Saints qu'elle tenoit captifs.

6. *Je fus surpris d'un grand étonnement.* Il ne savoit ce que vouloit dire un si nouveau et si étrange spectacle. Peut-être aussi fut-il étonné de voir que celle qu'on lui montroit si riche et si dominante, alloit être en un moment précipitée.

8. *La bête que tu as vue étoit et n'est plus.* Ce n'est pas du temps de saint Jean que cela s'entend : on ne pouvoit pas dire alors que la bête n'étoit plus, puisqu'on dit au contraire « qu'elle devoit

s'élever de l'abîme, et ensuite aller à sa perte. » On voit donc bien que l'ange parloit à saint Jean, non par rapport au temps où il vivoit, mais par rapport à un certain temps où il le situe et auquel convient ce qu'il lui dit. Or le temps qui convient le mieux à toute l'analogie de la prophétie de cet apôtre, est celui que nous verrons verset 10, où le règne de l'idolâtrie commence à cesser. *La bête qui étoit et qui n'est plus :* cette bête, c'est, comme on a dit souvent et comme on va voir encore, Rome païenne avec son idolâtrie. Le grec ajoute : *Et toutefois elle est,* ou *quoiqu'elle soit :* ce qui sera examiné ci-dessous après le verset 10, lorsqu'on reprendra le verset 8.

9. *Les sept têtes sont sept montagnes...* 10. *Et sept rois.* Il faut voir sur tout ceci ce qui est dit chapitre XIII, 1.

10. *Cinq sont tombés.* Ainsi le nombre de sept est dans les sept têtes un nombre précis, puisque saint Jean les compte et les voit passer les unes après les autres.

*Cinq sont tombés : l'un est encore et l'autre n'est pas encore venu.* Voici un dénouement manifeste de la prophétie. Le Saint-Esprit situe saint Jean à l'endroit de la persécution où de sept empereurs idolâtres sous lesquels elle avoit été exercée, et que nous avons vus, XIII, 1, cinq étoient passés ou tombés, comme on voudra le traduire, c'est à savoir, Dioclétien, Maximien, Constantius Chlorus, Galère Maximien et Maxence. *Un étoit encore,* c'étoit Maximin. *Le septième n'étoit pas encore venu;* c'étoit Licinius, qui étoit bien déjà empereur, mais qui n'avoit pas pris encore ce caractère qui lui est propre, d'avoir exercé en particulier, après tous les autres, une persécution dont il fut le seul auteur. Alors donc, et dans le temps où saint Jean s'arrête ici, c'est-à-dire au temps de Constantin, de Licinius et de Maximin, Licinius étoit si éloigné de ce caractère particulier de persécuteur, qu'au contraire il étoit d'accord avec Constantin; et les édits qu'on publioit en faveur des chrétiens, se faisoient en commun par ces deux princes, Lact., *de Mort. persecut.*, XLVIII; Euseb., X, v, etc. Loin d'être persécuteur, Licinius fut honoré durant ce temps de la vision d'un ange. La prière que lui dicta ce bienheureux esprit pour invoquer le vrai Dieu, fut mise entre les mains de tous les soldats, et ce fut à ce même Dieu que Licinius rendit graces à Nicomédie de la victoire qu'il remporta sur Maximin, Lact., *de Mort. persecut.*, XLVII, XLVIII. Licinius demeura en cet état tant que Maximin fut au monde ; de sorte qu'il n'y a rien de plus précis que de dire, comme fait saint Jean, qu'alors les cinq premières têtes, c'est-à-dire les cinq premiers empereurs sous qui la persécution s'étoit exercée, étant passés, et Licinius le septième n'étant pas encore venu, il n'y avoit que le sixième, c'est-à-dire Maximin, en état de persécuter l'Eglise.

Ce temps étoit précisément l'an 312 de Notre-Seigneur, où Maxence fut défait par Constantin et la croix érigée au milieu de Rome par ce prince victorieux. Dieu, qui introduit ses prophètes dans les temps futurs, les y place en tel endroit qu'il lui plaît. Quand il est question de prédire la ruine de Babylone, les prophètes paroissent assister, tantôt à la marche de Cyrus son vainqueur, tantôt au siége, tantôt au pillage. En un endroit de sa prophétie, Isaïe voit marcher Sennachérib, et lui marque tous ses logemens ; en l'autre, il le voit défait dans la terre sainte, et la Judée délivrée de son joug [1]. Les prophètes voient Jésus-Christ tantôt naissant, tantôt dans sa passion et dans les souffrances, et tantôt aussi dans sa gloire [2]. Le Saint-Esprit qui les pousse, les situe comme il veut, et il nous faut mettre avec eux dans cette même situation pour les entendre. Mettre l'apôtre saint Jean au temps que nous venons de marquer, c'étoit justement le mettre dans le plus beau temps de la victoire de Jésus-Christ : dans le temps où Galère Maximien venoit de publier sa rétractation et son édit favorable aux chrétiens : dans le temps où Constantin et Licinius s'étoient déclarés en leur faveur : c'est le temps que saint Jean avoit si bien vu et si clairement marqué dans les chapitres précédens, dans le chapitre XI, lorsque les témoins qu'on croyoit morts pour jamais, avoient entendu cette voix d'en haut, qui leur disoit : « Montez ici, » montez au comble de la gloire ; dans le chapitre XII, lorsque Satan perdit la bataille contre les anges et que précipité du ciel en terre, une voix fut entendue, qui disoit :

---

[1] *Isa.*, X, 28 ; XIV, 25 ; XIII, XIV ; *Ser.* L, 51, etc. — [2] *Isa.*, IX, 6 ; LIII ; *Ps*, XXI, CIX, etc.

« C'est maintenant qu'est établi le règne de notre Dieu et la puissance de son Christ, » xii, 9, 10.

Il sera maintenant aisé d'entendre la partie du verset 8 de ce chapitre, que nous avons remis à expliquer jusqu'à ce que nous eussions vu celui-ci, c'est-à-dire le 10.

8. *La bête que tu as vue, étoit et n'est plus :* car saint Jean, qui avoit vu d'abord la bête entière avec ses sept têtes, les vit ensuite passer les unes après les autres, selon que les persécuteurs devoient paroître plus tôt ou plus tard. Il en vint donc au point où il n'y avoit qu'une tête, cinq autres étant tombées et la septième ne paroissant pas encore. La bête alors lui dut paroître comme *n'étant plus;* car à voir combien promptement étoient tombées les cinq autres têtes, il étoit aisé de juger que la sixième ne dureroit guère et que la bête tiroit à sa fin : c'est pourquoi aussi l'ange lui dit dans ce même verset, selon une leçon du grec : *Et elle va à sa perte;* ce qui convient aussi parfaitement à la fin de ce verset, selon le grec : car, au lieu que la Vulgate porte simplement que *la bête étoit et n'est plus,* le grec ajoute : *Quoiqu'elle soit,* ou, *elle est pourtant,* pour faire entendre à saint Jean que dans la langueur où elle lui paroissoit, si elle étoit en quelque façon par un reste de vie, il la pouvoit regarder comme n'étant plus, puisque même on lui déclaroit que la *septième tête,* c'est-à-dire le septième persécuteur qui devoit venir, dureroit peu, comme nous allons voir.

10. *Et quand il sera venu,* ce septième persécuteur, Licinius : *Il faut qu'il demeure peu :* il avoit été fait empereur en l'an CCCVII. Il avoit régné glorieusement dix ou douze ans. Quatre ou cinq ans après qu'il se fut élevé contre Constantin et contre l'Eglise, il fut battu et périt, et ce fut environ l'an CCCXXIII, Euseb., X, viii, ix, *de Vit. Const.,* xlix et seq.; II, i et seq.; *Chron.,* an. 320, 324. Cette persécution dura seulement trois ou quatre ans, et on la peut compter pour courte à comparaison de la grande qui avoit duré dix ans. Au reste il ne sert de rien de demander si Licinius avoit persécuté auparavant, car déjà on n'en voit rien : tout ce qui paroît de lui avant le temps dont nous parlons est favorable aux chrétiens; et le Saint-Esprit, pour ainsi parler, s'attache à

découvrir les grands caractères, c'est-à-dire les caractères marqués et particuliers.

11. *Et la bête qui étoit et qui n'est plus, est elle-même la huitième.* Le grec porte : *Le huitième roi, et il est des sept, et il va à sa perte.* Voici encore un admirable dénouement. Maximien Herculius, un des sept persécuteurs, quitta l'empire avec Dioclétien ; puis le reprit et fut appelé *Maximianus bis Augustus :* « Maximien deux fois empereur, » Lact., *de Mort. persecut.,* xxvi. Le voilà donc double et en état d'être compté comme le huitième, quoiqu'il eût été un des sept.

Reste la difficulté, pourquoi ce Maximien est ici appelé la bête ; mais elle demeure résolue par ce qui a été dit, xiii, 2, puisqu'on y voit que le léopard qui représente, comme on y peut voir, Maximien surnommé Herculius, fait en effet le corps de la bête, comme le lion et l'ours, c'est-à-dire Dioclétien et Galère Maximien en font la gueule et les pieds. Il est donc en un certain sens appelé la bête, parce qu'il est représenté comme en faisant le corps ; quoiqu'en un autre la bête entière soit la bête considérée toute ensemble, non-seulement avec son corps, mais encore avec ses têtes, sa gueule et ses pieds. Voilà donc pour ce qui regarde les sept têtes, et je ne crois pas qu'il y reste la moindre difficulté. Mais le dénouement des dix rois sera encore plus remarquable par les grands et singuliers événemens que l'ange nous y va découvrir.

### SECONDE PARTIE DU CHAPITRE XVII.

12. Les dix cornes que tu as vues sont dix rois, qui n'ont pas encore reçu leur royaume ; mais ils recevront comme rois la puissance à la même heure après la bête (*a*).

13. Ceux-ci ont un même dessein, et ils donneront leur force et leur puissance à la bête.

14. Ceux-ci combattront contre l'Agneau ; mais l'Agneau les vaincra, parce qu'il est le Seigneur des seigneurs et le Roi des rois, et ceux qui sont avec lui sont les appelés, les élus et les fidèles.

(*a*) *Grec :* Avec la bête.

15. Il me dit encore : Les eaux que tu as vues, où la prostituée est assise, sont les peuples, les nations et les langues.

16. Les dix cornes que tu as vues dans la bête, ce sont ceux qui haïront la prostituée, et ils la réduiront dans la dernière désolation : ils la dépouilleront, ils dévoreront ses chairs et ils la feront brûler au feu.

17. Car Dieu leur a mis dans le cœur d'exécuter ce qu'il lui plaît; de donner (a) leur royaume à la bête jusqu'à ce que les paroles de Dieu soient accomplies.

18. Et la femme que tu as vue, est la grande ville qui règne sur les rois de la terre.

### EXPLICATION DE LA SECONDE PARTIE DU CHAPITRE XVII.

*Les dix rois qui détruisent Rome; quatre caractères de ces rois.*

**Les dix cornes que tu as vues, sont dix rois.** L'auteur du *Commentaire sur l'Apocalypse* attribué à saint Ambroise, et que nous avons vu être Bérengaude, écrivain du septième siècle, *Préf.*, n. 7, dit clairement que par ces dix rois sont désignés dix royaumes, « par qui l'Empire romain » a été détruit, et il compte ces destructeurs au nombre de dix, qui sont « les Perses et les Sarrasins, devenus maîtres de l'Asie, les Vandales de l'Afrique, les Goths de l'Espagne, les Lombards de l'Italie, les Bourguignons de la Gaule, les François de la Germanie, les Huns de la Pannonie, les Alains et les Suèves de beaucoup d'autres pays qu'ils ont ravagés. » Il faut donc entendre par ces dix rois ceux qui ruinèrent Rome et en démembrèrent l'empire, principalement en Occident. Le nombre de dix est grand pour des rois, et il est vrai que l'Occident est déchiré presque en même temps par un grand nombre de rois qui composent de grands royaumes de ce débris de l'Empire. On voit paroître à peu près dans le même temps les Vandales, les Huns, les Francs, les Bourguignons, les Suèves, les Alains, les Hérules, à qui succèdent les Lombards, les Allemands, les Saxons; plus que tous ceux-là, les Goths, qui sont les vrais destructeurs de l'Empire. Rien ne force à se tourmenter pour les

---

(a) *Grec :* Et de conspirer à un même dessein, et de donner.

réduire précisément au nombre de dix, encore qu'on les y pût à peu près réduire par rapport aux royaumes fixes qu'ils ont établis. Mais un des secrets de l'interprétation des prophètes, est de ne pas chercher de finesse où il n'y en a point, et de ne se pas perdre dans les minuties, quand on trouve de grands caractères qui frappent la vue d'abord. Nous avons déjà vu souvent que rien n'oblige aux nombres précis, que lorsqu'ils sont marqués dans la prophétie comme un caractère particulier ou de la chose ou du temps. Ici sans qu'il soit besoin d'un plus grand détail, c'est un caractère assez remarquable que d'un seul empire il se forme tant de grands royaumes en diverses provinces d'Espagne, en Afrique, dans la Gaule Celtique, dans l'Aquitanique, dans la Séquanoise, dans la Grande-Bretagne, dans la Pannonie, dans l'Italie et ailleurs ; et que l'Empire romain soit abattu dans sa source, c'est-à-dire en Occident où il est né, non point par un seul prince qui commande en chef, comme il arrive ordinairement, mais par l'inondation de tant d'ennemis qui agissent tous indépendamment les uns des autres.

Ces rois qui démembrent l'Empire romain, ont quatre caractères marqués dans toutes les histoires ; et si nous les entendons, il n'y aura plus de difficulté dans la prophétie de saint Jean.

*Dix rois qui n'ont pas encore reçu leur royaume :* soit qu'on entende cet *encore* du temps où saint Jean écrivoit, ou de celui dans lequel nous l'avons vu situé, c'est-à-dire en l'an 312, et du temps que Constantin donna la paix, ces rois destructeurs n'avoient encore rien dans l'Empire : ainsi le royaume qu'ils y devoient avoir ne leur étoit pas encore donné ; même à vrai dire ils n'avoient aucun royaume fixe, mais ils sortoient tous de leur pays, ou en tout cas des lieux où ils étoient, pour chercher avec tout leur peuple à s'établir ailleurs et dans un empire étranger. C'est le premier caractère de ces rois : et il va être expliqué encore plus clairement.

*Mais ils recevront comme rois la puissance à la même heure après la bête,* comme s'il y avoit μετὰ τὸ θηρίον ; mais le grec porte : μετὰ τοῦ θηρίου, *cum bestiâ,* « avec la bête. » Saint Irénée, André de

Césarée avec Aréthas et Primase lisent comme le grec [1], et c'est une grande autorité pour l'antiquité de cette leçon. J'en trouve une autre dans saint Hippolyte [2] : car en lisant comme le grec, μετὰ τοῦ θηρίου, « avec la bête, » il le détache du verset 12, pour le mettre à la tête du verset 13 ; en sorte que les rois ne reçoivent pas la puissance avec la bête, mais ils ont avec elle un même dessein.

Outre cette diversité du texte, il y en a encore pour la version de ces paroles du grec : μίαν ὥραν; la Vulgate traduit *unâ horâ*, « à la même heure; en même temps; » d'autres traduisent : « Pour une heure, pour un peu de temps, » comme s'il y avoit πρὸς μίαν ὥραν. Chacune de ces versions a ses défenseurs, et parmi les catholiques et parmi les protestans. Toutes deux sont rapportées comme indifférentes dans la Bible des Elzevirs. Mais l'ancien traducteur de saint Irénée, qui est peut-être lui-même et qui en tout cas est devenu original, tourne *unâ horâ*, V, xxvi : et l'autorité d'un si grave et si ancien auteur confirme beaucoup la Vulgate. Primase tourne aussi de même, lib. *in Apocal.*

Je m'en tiendrois volontiers à la leçon, aussi bien qu'à la version de saint Irénée et de Primase, à cause de l'antiquité et de l'autorité de ces deux auteurs, et particulièrement du traducteur de saint Irénée.

Pour le sens, il importe peu de quelle manière on lise et on traduise. Ces dix rois viendront comme *en même temps* dans l'empire de l'Occident, pour y régner avec la bête, c'est-à-dire avec Rome, qui ne perdra pas tout à coup toute sa puissance ; et ce sens, qui est le plus autorisé, est en même temps le plus naturel : mais si l'on veut suivre la leçon : *Après la bête,* on dira qu'après que la bête, c'est-à-dire Rome, aura reçu le grand coup dans sa prise par Alaric, les rois se jetteront sur elle comme *en même temps* et par un commun effort, pour envahir ses provinces ; ce qui est très-véritable.

Il est vrai aussi que ces rois s'entendront avec Rome, comme la suite le fera paroître, et régneront avec elle; mais ce sera *pour*

---

[1] Iren., V, xxvi ; Prim., X *in Apoc.*; *hîc* And. Cæs., et Areth., *hîc*. — [2] Hipp. Gud., cap. xxxviii, p. 51.

*un peu de temps*, parce qu'ils se tourneront bientôt contre elle. Tout cela va être éclairci.

Enfin si nous lisons avec saint Hippolyte : *Avec la bête,* à la tête du verset suivant, en sorte que les dix rois aient un même dessein, non-seulement entre eux, mais encore avec la bête et avec l'Empire romain, il faudra rapporter cela au temps où ils étoient unis, comme on va voir.

13. *Ceux-ci ont un même dessein.* C'est le dessein de s'établir dans les terres de l'Empire romain, et c'est une suite du caractère que nous venons de remarquer. Les rois dont il s'agit ne sont pas des rois comme les autres, qui cherchent à faire des conquêtes sur l'Empire pour en agrandir leur royaume ; ce sont tous rois sans royaume, du moins sans aucun siége déterminé de leur domination, qui cherchent à s'établir et à se faire un royaume dans un pays plus commode que celui qu'ils ont quitté. On ne vit jamais à la fois tant de rois de ce caractère qu'il en parut dans le temps de la décadence de l'Empire romain, et voilà déjà un caractère bien particulier de ce temps-là : mais les autres sont beaucoup plus surprenans.

*Et ils donneront leur force et leur puissance à la bête :* leurs armées seront à la solde de Rome et dans l'alliance de ses empereurs. C'est le second caractère de ces rois destructeurs de Rome, et la marque de la décadence prochaine de cette ville autrefois si triomphante, de se trouver enfin réduite à un tel point de foiblesse, qu'elle ne puisse plus composer d'armées que de ces troupes de barbares, ni soutenir son empire qu'en ménageant ceux qui le venoient envahir.

Ce temps de foiblesse est très-bien marqué dans ces paroles de Procope : « Alors la majesté des princes romains étoit si affoiblie, qu'après avoir beaucoup souffert des barbares, elle ne trouvoit point de meilleur moyen de couvrir sa honte qu'en se faisant des alliés de ses ennemis et en leur abandonnant jusqu'à l'Italie, sous le titre spécieux de confédération et d'alliance. Procop., *de Bell. Goth.*, lib. I, *init.* Le même auteur a remarqué qu'il y avoit déjà longtemps qu'on étoit tombé dans cette foiblesse, « puisque dès le temps du roi des Goths Alaric, on avoit reçu dans l'alliance les

Syriens, les Alains et les Goths; ce qui fit, dit-il, qu'on eut beaucoup à souffrir d'Alaric, » *ibid.* En effet on fit avec lui divers traités, tous malheureux, pour l'empêcher de prendre Rome, Zoz., V, VI. On l'entretenoit encore d'espérances, pendant que la puissance romaine tomboit en morceaux. Saint Jérôme nous représentant les ennemis innombrables qui la déchiroient un peu avant la prise de Rome, n'osoit nommer les Goths, que l'on comptoit encore parmi les amis, *Epist.* ix *ad Ageruch.* Honorius avoit consenti qu'ils se missent en possession de la Gaule et de l'Espagne; et enfin faute d'avoir tenu ce traité, Rome périt, Jorn., *de Reb. Goth.*

Il étoit bien visible que par ces honteux, mais nécessaires ménagemens, Rome ne se sauvoit pas; elle ne faisoit qu'un peu différer sa perte, et mettoit cependant ses ennemis dans son sein. Valens ressentit le mauvais effet d'un si foible et si dangereux conseil. Les Goths qu'il avoit reçus dans une province romaine, le firent périr; cependant il est certain qu'on les y avoit mis pour le garder; et c'est pourquoi saint Ambroise écrivoit à l'empereur Gratien : « Comment a-t-on pu croire que l'Empire romain pût être en sûreté sous une telle garde ? » Ambr., *de Fid. ad Grat.,* lib. II, *sub fin.* Outre les Alains et les Goths, on trouve encore dans Procope, parmi les alliés des Romains, « les Hérules et les Lombards, » *ibid.,* II, III, c'est-à-dire les maîtres futurs de Rome et de l'Italie. Sous Théodose le Grand et sous ses enfans, nous voyons les Francs, nos ancêtres, tenir un rang considérable dans l'armée romaine sous la conduite d'Arbogaste, leur chef, qui pouvoit tout dans l'Empire, Zoz., IV, etc. Les Alains et les Huns servoient contre Radagaise dans l'armée d'Honorius, sous la conduite de Stilicon, *id.,* lib. V; Oros., VII, c. xxxix. Uldis, roi des Huns, est allié des Romains, Sozom. VIII, 5. (*a*) Les mêmes agirent encore contre Alaric, Zoz., VI. Les Vandales furent reçus par Constantin dans la Pannonie et y demeurèrent très-obéissans aux empereurs, Jorn., *de Reb. Goth.* Les Francs, les Bourguignons, les Saxons,

---

(*a*) La phrase qu'on vient de lire ne se trouve pas dans l'édition *princeps;* mais elle a été consignée, comme devant y être insérée, à la fin des *Avertissemens aux protestans,* dans la revue que Bossuet fit alors de plusieurs de ses ouvrages.

les Goths sont dans l'armée d'Aétius, général romain, au rang des troupes auxiliaires contre Attila, *id., ibid.* Et pour nous attacher aux Goths, à qui appartient principalement ou la gloire ou le déshonneur d'avoir vaincu Rome et désolé son Empire, on les voit dans les armées de Constantin, de Julien l'Apostat, de Théodose le Grand, de son fils Arcadius, Jorn., *de Reb. Goth.;* Oros., VII, xxxv; Zoz., III; Procop., *de Bell. Vand.,* lib. I, *init.* On les voit dans celles d'Honorius, dont ils détruisirent l'empire; et il n'y a rien de plus exprès que ce que dit Paul Orose, que Rome fut prise par « Alaric, qui étoit l'un de ses comtes, » c'est-à-dire l'un des principaux officiers de son Empire, Paul. Oros., II, III. Ce même Alaric, le vainqueur de Rome, qui commanda sous Honorius, dont il abattit l'empire, avoit déjà commandé sous Théodose dans la guerre contre Eugène. Ayant même été honoré en cette occasion des dignités romaines, Soz., VIII, xxv, il fut créé capitaine et général par Honorius, στρατηγὸς, Sozom. IX, IV. Ce qui montre que les armées de ce roi goth, aussi bien que celles des autres, étoient devenues romaines. (*a*) Synèse, dans son discours à Arcade, lui représente les inconvéniens d'avoir tant de barbares à la solde des Romains. Il étoit donc très-véritable que Rome, dans un certain temps marqué de Dieu, devoit être soutenue par ceux qui la devoient détruire à la fin, comme il sera dit versets 16, 17.

Prédire cet état de Rome de si loin, comme fait saint Jean, c'étoit après avoir vu les premières causes de sa chute dans la prise de Valérien, en pénétrer tous les progrès et voir enfin la disposition la plus prochaine de sa perte.

14. *Ceux-ci combattront contre l'Agneau; mais l'Agneau les vaincra.* L'auteur du septième siècle, dont nous avons déjà parlé, dit sur ce verset : « Ils ont combattu contre l'Agneau, parce qu'ils ont fait mourir le peuple de Dieu : mais l'Agneau les vaincra, parce que ces peuples se sont soumis pour la plupart au joug de Jésus-Christ. » Voici un troisième caractère de ces rois : d'abord

---

(*a*) Le passage commençant par ces mots : *Ayant même été honoré*, et finissant par ceux-ci : *Étoient devenues romaines*, a été ajouté à l'édition *princeps*, comme on l'a dit à la page précédente.

ils seront tous idolâtres, et à la fin ils deviendront chrétiens ; et les Goths, qu'il faut principalement regarder pour les raisons qu'on a vues, n'avoient pas seulement été idolâtres, mais encore de cruels persécuteurs : témoin cet Athanaric, roi des Goths, païen, sous qui un nombre infini de chrétiens reçut la couronne du martyre, comme le rapporte saint Augustin, *de Civit. Dei*, XVIII, LII, Paul Orose, VII, XXXIII.

Les voilà donc qui combattent l'Agneau. Apprenons des mêmes auteurs comme l'Agneau les a vaincus : c'est, dit Orose, « qu'en s'établissant dans l'Empire, ils ont appris le christianisme dans son sein, et qu'on a vu les églises de Jésus-Christ remplies de Huns, de Suèves, de Vandales, de Bourguignons et de tant de sortes de peuples, à la confusion de ceux des Romains qui demeuroient obstinés dans leur erreur au milieu des chrétiens, » Oros., *ibid.*, LXI. Saint Augustin dit souvent la même chose.

Il est vrai qu'une partie de ces barbares furent ariens : mais il y eut parmi eux une infinité de catholiques. Les Bourguignons l'étoient d'abord, quoiqu'après ils se soient pervertis. Pour les François, on sait combien véritable a été leur conversion. Celle des Saxons n'a pas été moins sincère en Angleterre. Tous les Goths se convertirent à la fin [1] ; et avant même qu'ils fussent catholiques, c'étoit déjà un commencement de la victoire de l'Agneau, de les avoir mis au nombre des chrétiens.

16. *Les dix cornes... haïront la prostituée :* c'est Rome, dit notre auteur du septième siècle, « qui étoit encore la prostituée dans les réprouvés qu'elle contenoit en son sein. » Ajoutons à cette raison qu'elle étoit encore la prostituée après même que Constantin y eut érigé l'étendard de la croix, puisqu'on y voyoit encore les idoles de tous côtés. Ce fut une des raisons de bâtir Constantinople, parce qu'après avoir détesté les idoles, Constantin voulut avoir une ville où il n'y en eût plus, Oros., VII, XXVIII ; Zoz., lib. II. C'étoit mériter plus que jamais le nom de prostituée, que d'aimer toujours ses idoles, malgré l'exemple et les défenses de ses empereurs ; que de s'y livrer de nouveau à la première occasion, comme il arriva sous Julien ; que de soupirer toujours

---

[1] Paul. Oros., VII, XIV ; *ibid.*, XXXII ; Soz., VII, XXX.

après ces amans impurs et d'en oser demander la jouissance à ses princes ; que de s'y abandonner à la dérobée, autant qu'elle pouvoit, et de persévérer dans ce dessein criminel jusque dans le temps de sa prise, comme on a vu.

*Ils haïront la prostituée :* ils la haïront d'abord, puisqu'ils viendront pour la piller et pour ravager son empire. Ils auront toujours cette haine dans leur cœur, puisqu'ils ne perdront jamais le dessein de profiter de ses pertes : néanmoins ils la soutiendront quelque temps pour les raisons qu'on a vues ; mais à la fin « ils la réduiront dans la dernière désolation, » lorsque Rome fut saccagée et tout l'Empire mis en proie. *Ils dévoreront ses chairs,* ses trésors et ses provinces. *Et ils la feront brûler dans le feu :* c'est le quatrième caractère de ces rois, d'avoir enfin mis sous le joug la ville la plus triomphante qui fut jamais, et d'en avoir désolé l'empire qui n'avoit jamais vu son pareil depuis l'origine du monde. Au reste on n'a pas besoin d'attendre Totila pour trouver l'embrasement de Rome, comme font quelques interprètes, Grot., *hic,* etc. Sans descendre plus bas qu'Alaric, il avoit menacé Rome du feu, Zoz., V. A la fin il tint parole. Saint Augustin, aussi bien qu'Orose, tous deux auteurs du temps, nous marquent trop clairement l'embrasement parmi les maux que souffrit Rome, pour nous en laisser aucun doute. S. Aug., serm. *de Excid. Urb.,* VII ; Oros., VII. C'est aussi ce qui fait dire à saint Jérôme : « La plus illustre des villes et la capitale de l'Empire romain a été consumée par un seul embrasement : ces Eglises, autrefois si saintes, sont tombées en cendres, » *Epist.* XII *ad Gaudent.* Il dit ailleurs que « les plus illustres de la noblesse de Rome virent alors leurs maisons pillées et brûlées ; que du milieu de la mer, sainte Probe, qui s'enfuyoit, contemploit sa patrie fumante, et que ses citoyens en virent les cendres, » *De Virgin., ad Demetr.* Notre auteur du septième siècle en expliquant ce verset, remarque « que ces rois haïrent Rome, parce qu'ils prirent les armes pour renverser son empire, qu'ils en pillèrent les trésors, et qu'ils en brûlèrent les villes. » Socrate écrit aussi qu'Alaric ayant pris Rome, les barbares brûlèrent une grande partie des admirables ouvrages de cette ville, en partagèrent les richesses et firent mourir un grand nombre de sénateurs par divers genres de supplice. Ce qui sert à expliquer tout ce verset 16 (a).

17. *Car Dieu leur a mis dans le cœur...* Voici le grand mot : c'est que Dieu gouverne les cœurs des hommes, en sorte qu'ils n'avancent qu'autant qu'il lui plaît. C'est lui qui retenoit les Goths durant tout le temps qu'il vouloit laisser aux Romains pour faire pénitence ; et quand ce temps fut écoulé, il lâcha la bride aux vainqueurs et marqua son doigt tout-puissant à la manière que nous avons vue. *Hist. abrég.*, n. 14.

18. *Et la femme que tu as vue...* Encore que l'ange ait fait voir assez clairement qu'il parloit de Rome, versets 9, 15, néanmoins après avoir montré clairement le supplice de cette ville superbe, il s'explique encore à la fin en paroles claires : « La femme, dit-il, est la grande ville qui règne sur les rois de la terre, » qui étoit du temps de saint Jean le caractère le plus manifeste et le plus certain de Rome.

La destinée en est donc marquée très-distinctement dans ce chapitre. On voit la cause de sa chute dans la persécution dont on nous marque les circonstances les plus particulières dans la première partie du chapitre. Voilà le crime pour lequel elle est condamnée au dernier supplice ; et on voit les moyens prochains de l'exécution dans les rois dont les caractères sont si bien marqués : rois qui viennent envahir l'Empire ; rois qui le soutiennent, lorsque Dieu ne veut pas encore qu'il tombe ; rois qui le font périr sans ressource, lorsque l'heure de Dieu est venue ; rois premièrement ennemis de Jésus-Christ, et enfin ses disciples. Qu'on dise maintenant qu'il n'y a point de Providence ni de prophétie.

Pour moi, en lisant celle de saint Jean, j'y vois le caractère de toutes les autres prédictions prophétiques ; je m'y sens conduire insensiblement du plus obscur au plus clair ; des idées les plus générales et les plus confuses aux plus nettes et aux plus distinctes. C'est ainsi qu'on trouve les vérités découvertes peu à peu,

---

(a) Le passage, depuis *Socrate écrit aussi qu'Alaric*, jusqu'à la fin de l'alinéa, a été ajouté par l'auteur à l'édition *princeps*, comme on l'a dit p. 530.

et de plus en plus dans Isaïe, dans Jérémie, dans Daniel. Saint Jean par la même voie, mais d'une manière, je l'oserai dire, encore plus nette, plus précise et plus ordonnée, est conduit au grand événement qu'il devoit annoncer ; surtout depuis le chapitre xi, où il commence à y entrer, on va de lumière en lumière. Là paroissent les persécutions, les victoires, les châtimens et toutes ces choses avec les grands traits qui les rendent reconnoissables. Ces grands traits sont des faits importans, des faits uniques, tels que ceux que nous avons remarqués dans toute la suite de ces prédictions ; et ces caractères marqués se découvrent à mesure qu'on avance. Quand on vient par tous ces progrès au chapitre xvii, on croit voir les cieux ouverts et tout le secret de la destinée de Rome révélé ; et en ramassant ensemble tous les traits et toute la suite, ce n'est plus une prophétie, mais une histoire.

## CHAPITRE XVIII.

*Chute de la grande Babylone : toute la terre dans l'effroi à la vue de sa désolation.*

1. Après cela je vis un autre ange qui descendoit du ciel, ayant une grande puissance ; et la terre fut éclairée de sa gloire.

2. Il cria de toute sa force, en disant : Elle est tombée, elle est tombée la grande Babylone ; et elle est devenue la demeure des démons, et la retraite de tout esprit impur et de tout oiseau impur, et qui donne de l'horreur.

3. Parce que toutes les nations ont bu du vin de la colère de sa prostitution ; et les rois de la terre se sont corrompus avec elle ; et les marchands de la terre se sont enrichis de l'excès de son luxe.

4. J'entendis aussi une autre voix du ciel, qui dit : Sortez de Babylone, mon peuple, de peur que vous n'ayez part à ses péchés, et que vous ne soyez enveloppés dans ses plaies.

5. Parce que ses péchés sont montés jusqu'au ciel (*a*), et Dieu s'est ressouvenu de ses iniquités.

6. Rendez-lui comme elle vous a rendu ; rendez-lui au double

(*a*) *Grec :* L'ont suivie.

selon ses œuvres : faites-la boire deux fois autant dans le même calice où elle vous a donné à boire.

7. Multipliez ses tourmens et ses douleurs à proportion de ce qu'elle s'est élevée dans son orgueil, et de ce qu'elle s'est plongée dans les délices; car elle dit en son cœur : Je suis reine, je ne suis point veuve, et je ne serai point dans le deuil.

8. C'est pourquoi ses plaies, la mort, le deuil et la famine viendront en un même jour, et elle sera brûlée par le feu, parce que c'est un Dieu puissant (*a*) qui la jugera.

9. Les rois de la terre qui se sont corrompus avec elle, et qui ont vécu avec elle dans les délices, pleureront sur elle, et se frapperont la poitrine en voyant la fumée de son embrasement.

10. Ils se tiendront loin d'elle dans la crainte de ses tourmens, en disant : Malheur, malheur! Babylone, grande ville, ville puissante, ta condamnation est venue en un moment.

11. Et les marchands de la terre pleureront et gémiront sur elle, parce que personne n'achètera plus leurs marchandises;

12. Ces marchandises d'or et d'argent, de pierreries, de perles, de fin lin, de pourpre, de soie, d'écarlate, de toute sorte de bois odoriférant, et de meubles d'ivoire, de pierres précieuses, d'airain, de fer et de marbre,

13. De cinnamome, de senteurs, de parfums, d'encens, de vin, d'huile, de fleurs de farine, de bled, de bêtes de charge, de brebis, de chevaux, de chariots, d'esclaves (*b*) et d'ames d'hommes.

14. Les fruits qui faisoient tes délices t'ont quittée; toute délicatesse et toute magnificence est perdue pour toi, et on ne les trouvera (*c*) plus jamais.

15. Ceux qui lui vendoient ces marchandises et qui s'en sont enrichis, s'éloigneront d'elle dans la crainte de ses tourmens; ils en pleureront, et ils en gémiront :

16. Ils diront : Malheur, malheur! cette grande ville, qui étoit vêtue de fin lin, de pourpre et d'écarlate, parée d'or, de pierreries de perles :

17. Elle a perdu en un moment ces grandes richesses : et tous les pilotes, ceux qui font voyage sur la mer, les mariniers et tous

(*a*) *Grec :* Le Seigneur. — (*b*) De corps et. — (*c*) Tu ne les trouveras.

ceux qui sont employés sur les vaisseaux, se sont arrêtés loin d'elle.

18. Et se sont écriés en voyant le lieu (a) de son embrasement, et ils ont dit Quelle ville a jamais égalé cette grande ville?

19. Ils se sont couvert la tête de poussière, et ils ont jeté des cris mêlés de larmes et de sanglots, en disant : Malheur, malheur! Cette grande ville, qui a enrichi de son abondance tous ceux qui avoient des vaisseaux sur la mer, a été ruinée en un moment.

20. Ciel, réjouissez-vous sur elle, et vous saints apôtres et prophètes, parce que Dieu vous a vengés d'elle.

21. Alors un ange fort leva en haut une pierre comme une grande meule, et la jeta dans la mer, en disant : Babylone, cette grande ville, sera ainsi précipitée, et elle ne se trouvera plus.

22. Et la voix des joueurs de harpes, des musiciens, des joueurs de flûtes et de trompettes, ne s'entendra plus en toi : nul artisan, nul métier ne se trouvera plus en toi ; et le bruit de la meule ne s'y entendra plus.

23. Et la lumière des lampes ne luira plus en toi, et la voix de l'époux et de l'épouse ne s'y entendra plus : car tes marchands étoient des princes de la terre, et toutes les nations ont été séduites par tes enchantemens.

24. Et on a trouvé dans cette ville le sang des prophètes et des Saints, et de tous ceux qui ont été tués sur la terre.

#### EXPLICATION DU CHAPITRE XVIII.

*Chute et désolation de Rome sous Alaric.*

1. *Je vis un ange... ayant une grande puissance; et la terre fut éclairée...* C'est celui qui va annoncer le grand ouvrage de la vengeance prochaine, qui éclatera comme le soleil par toute la terre.

2. *Elle est tombée la grande Babylone;* tiré d'Isaïe, xxi, 9, et de Jérémie, li, 8.

*Elle est devenue la demeure des démons.* Dans le style de l'Ecriture, les lieux désolés sont représentés comme abandonnés, non-seulement aux oiseaux de mauvais augure, mais encore aux

(a) *Grec :* La fumée.

spectres et aux démons, *Jerem.*, LI, 37; *Isa.*, XIII, 21, 22; XXXIV, 14; qui sont façons de parler tirées du langage populaire.

On dira que Rome ne fut pas si entièrement désolée par Alaric, qu'on ne la voie réparée bientôt après : mais Babylone elle-même, qui est choisie par le Saint-Esprit pour nous représenter la chute de Rome, aussi bien que son impiété et son orgueil, n'a pas été détruite d'une autre sorte. Après sa prise et son pillage sous Cyrus, on la voit encore subsister jusqu'au temps d'Alexandre avec quelque sorte de gloire, mais qui n'étoit pas comparable avec celle qu'elle avoit eue auparavant. Ce qui fait que les prophètes la regardent comme détruite, c'est à cause qu'elle fut en effet saccagée, et qu'il n'y eut jamais aucune ressource à la perte qu'elle fit de son empire. Rome a été poussée bien plus loin, puisqu'en perdant son empire, elle est devenue le jouet des nations qu'elle avoit vaincues, le rebut de ses propres princes et la proie du premier venu, comme on a vu, *Hist. abr.*, 14, 16.

Il est bon aussi de se souvenir combien grand fut le désastre de Rome ravagée par Alaric. Outre tout ce qu'on a rapporté de saint Augustin, de Paul Orose et de saint Jérôme, ce dernier nous la représente « comme devenue le sépulcre de ses enfans; comme réduite par la famine à des alimens abominables, et ravagée par la faim avant que de l'être par l'épée; de sorte qu'il ne lui restoit qu'un petit nombre de ses citoyens, et que les plus riches, réduits à la mendicité, ne trouvèrent de soulagement que bien loin de leur patrie dans la charité de leurs frères. » *Epist.* XVI, *ad Princip.*; *Proœm. Comm. in Ezech.*, lib. III, VII, etc. Voyez *Préf.*, n. 10, et sur le chap. XVII, 16.

3. *Toutes les nations ont bu du vin de la colère de sa prostitution.* Hébraïsme : c'est-à-dire, du vin de sa prostitution digne d'un châtiment rigoureux.

*Ont bu du vin :* ci-dessus, XVII, 2. Le vice et l'erreur enivrent comme un vin fumeux qui fait perdre la raison.

*Les marchands de la terre se sont enrichis de l'excès de son luxe.* Ce n'est pas seulement l'idolâtrie de Rome que Dieu punit, c'est son luxe et son orgueil.

4. *Sortez de Babylone, mon peuple.* Ainsi dans Jérémie : « Fuyez

du milieu de Babylone, et que chacun sauve son âme, » *Jerem.*, LI, 6. Tout cela ne signifie autre chose, sinon qu'il falloit sortir de Rome, ainsi qu'autrefois de Babylone, comme d'une ville pleine d'impiété et qui enfin alloit périr. *De peur que vous n'ayez part à ses péchés;* c'est-à-dire à la peine de ses péchés ou, si l'on veut, à sa corruption, à son luxe, à ses idolâtries, où elle tâchoit d'attirer tous ses habitans, comme on a vu, *Hist. abr.*, n. 13, 14.

*Et que vous ne soyez enveloppés dans ses plaies.* Il falloit que les anciens Juifs sortissent de Babylone pour n'être pas enveloppés dans son supplice. Saint Jean applique à Rome cette parole, comme les autres qui ont été dites pour Babylone.

Dieu en fit sortir son peuple en plusieurs manières. Premièrement, en retirant de cette vie ceux à qui il vouloit épargner la douleur de voir périr une telle ville. Ainsi saint Jérôme a dit du pape saint Anastase, que « Rome ne le put posséder longtemps, et que Dieu l'avoit enlevé du monde, de peur que la capitale de l'univers ne fût abattue sous un si grand évêque, » Hier., *Epist.* XVI.

Secondement, dans les approches de la prise de Rome, une secrète providence en éloigna plusieurs gens de bien, et entre autres le pape Innocent, « qu'elle fit sortir comme autrefois le juste Lot de Sodome, de peur qu'il ne vît la ruine d'un peuple livré au péché, » Aug., *de Excid. Urb.*, VII ; *Oros.*, VII, XXXIX. Nous avons vu aussi sainte Mélanie avec plusieurs grands de Rome, en sortir dans le même temps par une espèce de pressentiment de la ruine de cette grande ville, *Hist. Lausiac.*, c. 118; *Préface*, n. 8. Longtemps auparavant, Dieu avoit mis dans le cœur à sainte Paule et à beaucoup d'illustres Romains, de se retirer à Bethléem avec leur famille. Hieron., *Epist.* VII. Et en général nous apprenons de Paul Orose qu'un grand nombre de chrétiens se retirèrent de Rome, suivant ce précepte de l'Evangile : « Quand ils vous poursuivront dans une ville, fuyez en une autre : ce que ceux qui ne croyoient pas à l'Evangile ne firent point, et se trouvèrent accablés, » Paul. Oros., VII, XLI, XLIX.

Troisièmement dans le sac de la ville, Dieu prépara un asile hors de Rome, dans l'église de Saint Pierre, à tous ceux qui s'y réfugièrent, car Alaric l'avoit ainsi ordonné; et encore que les païens aient profité de cette ordonnance, on ne doute point qu'elle ne fût faite principalement pour les chrétiens. Aug., *de Civit.*, lib. I, IV; Oros., VII, XXX. L'Egypte, l'Afrique, tout l'Orient et principalement la Palestine, tout l'univers enfin fut rempli de chrétiens sortis de Rome, qui trouvèrent un refuge assuré dans la charité de leurs frères, comme le raconte saint Jérôme, *Epist.* XII, *ad Gaud;* Proœm. *in Ezech.*, lib. III, VII.

Quatrièmement pour ce qui est des élus de Dieu qui moururent dans cette guerre, ce fut ceux-là, dit saint Augustin, qui sortirent le plus glorieusement et le plus sûrement de Babylone, puisqu'ils furent éternellement délivrés du règne de l'iniquité, et furent mis en un lieu où ils n'eurent plus à craindre aucun ennemi, ni parmi les démons, ni parmi les hommes. Aug., *de Urb. excid.*, VI.

5. *Ses péchés sont montés jusqu'au ciel.* Le grec : *L'ont suivie jusqu'au ciel.* Ils l'ont poursuivie jusqu'au jugement de Dieu, comme nous lisons de Babylone : « Son jugement est monté aux cieux, » *Jerem.*, LI, 9.

6. *Rendez-lui comme elle vous a rendu.* Claudius II tailla en pièces trois cent vingt mille Goths, et coula à fond deux mille de leurs vaisseaux. Toutes les provinces furent remplies d'esclaves de cette nation, Trebell. Pol. *in Claud.;* et du temps même de la prise de Rome, après la défaite de Radagaise, le nombre des esclaves goths fut infini : « On les vendoit comme des bêtes, et on en avoit, dit Orose, des troupeaux entiers pour un écu, » Oros., VII, XXXVII. Ainsi c'est avec raison qu'on dit aux Goths : Faites à Rome comme elle vous a fait, outre qu'il les faut ici regarder comme les vengeurs de l'injure commune de toutes les nations.

7. *Elle dit en son cœur : Je suis reine...* C'est ce qu'Isaïe faisoit dire à Babylone : « Je dominerai éternellement : il n'y a que moi sur la terre, et je ne saurai jamais ce que c'est qu'affliction, » *Isa.* XLVII, 7, 8. Rome vantoit à son exemple l'éternité de son empire; et un des blasphèmes que les saints Pères lui reprochent, étoit de s'être appelée la ville éternelle[1] : titre qu'on trouve encore dans une inscription qui fut faite six ou sept ans avant sa prise, à l'occasion de ses murailles rebâties[2].

---

[1] Hier.; *Ep.* LI, *ad Alg.*, *qu.* XI. — [2] Ap. Bar. t. V, an. 403.

## CHAPITRE XVIII.

8. *Elle sera brûlée par le feu :* sous Alaric même, ci-dessus, xvii, 16.

9. *Les rois de la terre... pleureront sur elle :* la chute d'une si grande ville, qu'on regardoit comme la maîtresse de l'univers, étonnera tout le genre humain.

*Qui se sont corrompus avec elle, pleureront.* Tout ce qui restoit de rois alliés de Rome et de grands qui avoient pris part ou à ses idolâtries, ou à son ambition et à son luxe, s'affligera de sa perte.

10. *Malheur ! malheur ! Væ !* Le voilà, ce troisième et dernier *Væ* que nous attendions depuis si longtemps, et depuis le verset 14 du chapitre xi. Il retentit encore ci-dessous, verset 16 : *Væ ! væ ! Malheur, Malheur ! Hélas, helas ! la grande ville de Babylone !* Et encore au verset 19 : *Væ, Væ ! Malheur, malheur !* Ne le cherchons plus ce terrible *Væ ;* le voilà, sans qu'il soit besoin de nous le faire remarquer. Un cri si perçant et si souvent répété se fait assez remarquer lui-même.

13. *D'esclaves et d'ames d'hommes.* Le grec : σωμάτων, qui veut dire *corps :* ce que la Vulgate a très-bien rendu par le mot de *mancipia,* comme le prouve très-clairement Drusius, savant protestant, sur ce passage. On le trouve dans les critiques d'Angleterre. *D'ames d'hommes ;* c'est-à-dire d'hommes en général, selon la façon de parler usitée dans toutes les langues, et en particulier dans la langue sainte, *Gen.,* xlvi, 26. Mais ici, comme saint Jean oppose les hommes aux esclaves, il faut entendre par hommes les hommes libres, car on vend tout, esclaves et libres dans une ville d'un si grand abord. D'autres au contraire veulent par les *ames* entendre les esclaves qui n'ont que leur ame en leur puissance, Grot. *sur ce verset ;* mais le premier sens paroît meilleur.

18. *Le lieu de son embrasement :* grec. *La fumée de son embrasement ;* ce qui convient mieux à ce qui est dit, xix, 3. *Et la fumée s'élève aux siècles des siècles.*

20. *Réjouissez-vous sur elle.* La voix dont il est parlé, *sup.* 4, est ici adressée aux apôtres et aux prophètes ; et Dieu montre par là qu'il découvre aux ames saintes les jugemens qu'il exerce sur la terre. D'où vient qu'il en est loué par ces ames bienheureuses, xix, 1, 2.

21. *Un ange fort leva,* imité de Jérémie, LI, 63, 64.

22. *Et la voix... des musiciens... et le bruit de la meule... Et la lumière...* Imité de Jérémie, XXV, 10. Tout est triste, tout est ténébreux, tout est mort dans une ville saccagée. *Tes marchands étoient des princes de la terre :* imité d'Ezéchiel, XXVII, 25, au sujet de la ruine de Tyr. En général, il faut conférer tout ce chapitre avec le chapitre XXVII d'Ezéchiel.

24. *Et on a trouvé dans cette ville le sang des prophètes, et le sang des Saints, et le sang de tous ceux qui ont été tués sur la terre.* Tout ce qu'il y a eu de martyrs dans les provinces ont péri par les décrets et par les exemples de Rome ; et pour étendre encore plus loin cette pensée, ceux qui répandent le sang innocent portent la peine de tout le sang innocent répandu depuis le sang d'Abel, *Matth.*, XXIII, 35.

## CHAPITRE XIX.

*Les Saints louent Dieu et se réjouissent de la condamnation de Babylone. Le Verbe paroît avec ses Saints. Avec eux il défait les impies. La bête, le faux prophète et tous les méchans sont éternellement punis.*

1. Après cela j'entendis dans le ciel un bruit (a) comme d'une grande troupe, qui disoit : *Alleluia :* Salut, gloire et puissance à notre Dieu (b) !

2. Parce que ses jugemens sont véritables et justes ; parce qu'il a condamné la grande prostituée qui a corrompu la terre par sa prostitution, et qu'il a vengé le sang de ses serviteurs que ses mains ont répandu.

3. Et ils dirent une seconde fois : *Alleluia.* Et la fumée de son embrasement s'élève dans les siècles des siècles.

4. Alors les vingt-quatre vieillards et les quatre animaux se prosternèrent, et adorèrent Dieu qui étoit assis sur le trône, en disant : *Amen, Alleluia.*

5. Et il sortit du trône une voix qui dit : Louez notre Dieu, vous tous qui êtes ses serviteurs et qui le craignez, petits et grands.

(a) *Grec :* Un grand bruit.— (b) Honneur et puissance au Seigneur notre Dieu.

6. Et j'entendis un bruit comme d'une grande troupe, comme le bruit de grandes eaux, et comme de grands coups de tonnerre, qui disoient : *Alleluia*, parce que le Seigneur notre Dieu, le Tout-Puissant règne.

7. Réjouissons-nous, soyons dans la joie, et donnons-lui gloire, parce que les noces de l'Agneau sont venues, et que son épouse s'y est préparée.

8. Et il lui a été donné de se vêtir d'un fin lin net et blanc (*a*); et ce fin lin est la justice des Saints.

9. L'ange me dit alors : Ecrivez : Heureux ceux qui ont été appelés au souper des noces de l'Agneau ! Et il ajouta : Ces paroles de Dieu sont véritables.

10. Aussitôt je me jetai à ses pieds pour l'adorer; mais il me dit : Gardez-vous bien de le faire : je suis serviteur comme vous et comme vos frères, qui ont rendu témoignage à Jésus : adorez Dieu, car l'esprit de prophétie est le témoignage de Jésus.

11. Je vis alors le ciel ouvert, et il parut un cheval blanc : celui qui étoit dessus s'appeloit le *Fidèle et le Véritable*, qui juge et qui combat justement.

12. Ses yeux étoient comme une flamme de feu : il avoit plusieurs diadèmes sur sa tête, et un nom écrit que nul ne connoît que lui.

13. Il étoit vêtu d'une robe teinte de sang, et il s'appelle le *Verbe de Dieu*.

14. Les armées qui sont dans le ciel le suivoient sur des chevaux blancs, vêtues d'un lin blanc et pur.

15. Et il sort de sa bouche une épée à deux tranchans pour en frapper les nations; car il les gouvernera avec un sceptre de fer : et c'est lui qui foule la cuve du vin de la fureur et de la colère de Dieu tout-puissant.

16. Et il porte (*b*) écrit sur son vêtement et sur sa cuisse : Le Roi des rois et le Seigneur des seigneurs.

17. Et je vis un ange debout dans le soleil, qui cria à haute voix, en disant à tous les oiseaux qui voloient par le milieu de l'air : Venez, et assemblez-vous au grand souper de Dieu,

(*a*) *Grec :* Net et éclatant. — (*b*) Ce nom écrit.

18. Pour manger la chair des rois, la chair des officiers de guerre, la chair des forts, la chair des chevaux et des cavaliers, la chair de tous les hommes libres et esclaves, petits et grands.

19. Et je vis la bête et les rois de la terre, et leurs armées assemblées pour faire la guerre à celui qui étoit monté sur le cheval et à son armée.

20. Mais la bête fut prise, et avec elle le faux prophète qui avoit fait les prodiges en sa présence, par lesquels il avoit séduit ceux qui avoient reçu le caractère de la bête et qui avoient adoré son image : et les deux furent jetés vifs dans l'étang brûlant de feu et soufre.

21. Les autres furent tués par l'épée qui sortoit de la bouche de celui qui étoit monté sur le cheval ; et tous les oiseaux se soûlèrent de leurs chairs.

### EXPLICATION DU CHAPITRE XIX.

*Les jugemens de Dieu connus aux Saints ; l'adoration refusée par l'ange.*

1. *Après cela j'entendis...* Les Saints invités à louer Dieu, xviii, 20, le font ici avec un grand éclat ; et saint Jean selon sa coutume, après les spectacles les plus affreux, en représente de plus doux.

7. *Réjouissons-nous!... les noces de l'Agneau sont venues.* A l'occasion de la ruine de l'idolâtrie et de la gloire de l'Eglise, il parle de la gloire éternelle, et ensuite dans le verset 17 du jugement et du supplice éternel.

10. *Je me jetai à ses pieds.* Ou il prit cet ange pour Jésus-Christ même, et il lui voulut rendre un honneur divin ; ou bien s'il lui voulut rendre un honneur convenable à la nature angélique, et tel que les Saints de l'Ancien Testament le rendoient aux anges qui leur apparoissoient, l'ange refuse de le recevoir d'un apôtre. Aussi saint Jean crut si peu avoir manqué, qu'après l'avertissement de l'ange, il lui rend encore le même honneur, que l'ange refuse de nouveau, xxii, 8, pour égaler le ministère apostolique et prophétique à l'état angélique, Greg., hom. viii, *in Evang.* (Edit. Benedict., lib. I *in Evang.*, hom. viii, n. 2, tom. I, p. 1462 et seq.)

11. *Je vis... le ciel ouvert.* On voit ici une peinture admirable de Jésus-Christ, pour montrer que c'est lui qui a fait tout ce qu'on vient de voir, et qui va achever de détruire les impies dans son dernier jugement.

12. *Un nom... que nul ne connoît que lui : son nom est* le Verbe de Dieu, 13. Nul autre que lui ne comprend la dignité de ce nom.

13. *D'une robe teinte de sang.* Il semble qu'il parle ici du sang de ses ennemis, comme en Isaïe, LXIII, 1, 2, 3, d'où est pris encore ce qui est dit ici verset 15 : *Il foule la cuve du vin,* quoiqu'on puisse dire aussi que la robe de Jésus-Christ, c'est-à-dire son humanité, est teinte de son sang.

17. *Et je vis un ange... dans le soleil.* C'est ici la grande et éclatante destruction de ceux qui ont fait la guerre à Dieu durant tout le cours des persécutions.

18. *Pour manger la chair des rois.* Ezéchiel, XXXIX, 17.

19. *Et je vis la bête...* C'est une récapitulation et répétition abrégée de ce qui a été représenté au long dans les visions précédentes.

20. *Ces deux furent jetés...* C'est après la vengeance sur la terre, le supplice éternel de l'autre vie. Remarquez ici l'effet le plus terrible du dernier Væ, ou par des malheurs extrêmes on est précipité dans l'enfer. Remarquez encore qu'il n'y a ici que la bête et le faux prophète qui y soient jetés : le dragon qui les animoit n'y est jeté qu'au chapitre XX, 9, dont nous dirons alors la raison.

21. *Tués par l'épée qui sortoit de sa bouche*, comme il a été dit ci-dessus, I, 16.

*Objections des protestans contre l'interprétation précédente.*

Nous avons avec la grace de Dieu conduit les prédictions de saint Jean, depuis les temps de Trajan et d'Adrien jusqu'à la destruction de Rome, qui étoit comme le terme de sa prophétie. Que si les protestans doutent encore que ce ne soit à ce grand événement qu'elle se termine, j'ai encore à leur opposer ce raisonnement tiré de leurs propres principes : car ils sont tous demeurés d'accord que le démembrement de l'Empire romain étoit marqué dans les dix rois du chapitre xvii : donc la ruine de Rome, qui suit incontinent après dans le chapitre xviii, est la ruine qui accompagne ce démembrement, c'est-à-dire la ruine causée par Alaric; autrement il n'y aura plus ni suite, ni enchaînement dans la prophétie; et pour en faire le commentaire, il n'y aura qu'à jeter en l'air tout ce qu'on voudra. Par conséquent il faut croire que saint Jean a eu en vue cet événement, et les protestans ne l'ont pu nier sans se démentir eux-mêmes. Mais parce qu'ils prétendent avoir des raisons pour montrer que cette prise de Rome par Alaric et les Goths ne répond pas suffisamment à ce que dit saint Jean de la chute de cette ville, les voici en peu de mots, comme on les trouve ramassées par ordre de tous les auteurs protestans dans la *Synopse* d'Angleterre [1].

1<sup>re</sup> *Objection.* La chute dont parle saint Jean est une chute dernière et irréparable.

Réponse. Au contraire nous avons fait voir que c'est une chute semblable à celle de Babylone, qui resta encore longtemps avec gloire. *Voyez* chapitre xviii, verset 2.

2<sup>e</sup> *Objection.* Saint Jean dénonce sa perte à une Rome idolâtre et prostituée, et non pas à une Rome devenue chrétienne.

Réponse. Nous avons fait voir comment Rome étoit encore la prostituée, *Hist. abr.*, n. 13, 14, et *sur le chapitre* xvii, verset 6. Il faut aussi se souvenir que pendant même que les empereurs étoient chrétiens, l'idolâtrie dominoit dans le sénat, et qu'on y regardoit la religion chrétienne comme la dévotion particulière des princes, mais l'idolâtrie comme la religion de l'Empire, *ibid.*

Je passe ici la troisième et la cinquième objection, que je mettrai à la fin comme les plus fortes, et que je détruirai, s'il plaît à Dieu, avec la dernière évidence.

Mais, dit-on pour quatrième raison, les Saints sont avertis de sortir de Babylone. Il est vrai : mais visiblement cet ordre du ciel ne signifie autre chose, sinon que Rome étoit une ville encore pleine d'impiété, et qu'elle alloit être saccagée; de sorte qu'il en

---

[1] In cap. XVIII *Apoc.*, vers. 16, p. 1960.

falloit sortir, pour éviter les malheurs qui accompagnent le sac d'une ville; et s'il y a quelque chose de plus à entendre dans cet ordre venu du ciel, nous l'avons suffisamment expliqué *sur le verset 4 du chapitre* xviii.

Pour sixième raison, l'on objecte que cette chute de Rome est une des plaies envoyées à la bête.

Réponse. Qui en doute? La question est de savoir ce que signifie cette bête : nous avons vu que c'est l'idolâtrie dans Rome maîtresse du monde; et pour la connoître tant dans sa première vigueur que depuis qu'elle est ressuscitée, il n'y a qu'à voir ce qui en est dit sur les chapitres xiii et xvii. Que si l'on veut que ce soit ici la victoire de Jésus-Christ sur l'Antechrist, je réponds « qu'il y a plusieurs Antechrists, » selon saint Jean, I *Joan.*, ii, 18; et pour ce qui regarde le dernier, savoir jusqu'à quel point on le peut trouver dans la bête à sept têtes, je le laisse à déterminer par les principes posés, *Préf.*, n. 16, et par les remarques sur le chapitre suivant.

Mais voici deux dernières raisons que nous avions réservées comme les plus apparentes. On dit donc que la chute de Rome dans l'*Apocalypse* est attribuée aux Saints, que ce sont eux qui la saccagent et se vengent des injures qu'ils en ont reçues : ce qu'on prouve par le verset 6 du chapitre xviii. Mais qu'on lise bien ce passage, on n'y trouvera pas un mot des Saints. « Rendez-lui, dit-on aux vengeurs, comme elle vous a rendu, et faites-lui le traitement qu'elle vous a fait. » Je reconnois ici des vainqueurs cruels, qui sont ravis de détruire celle qui les avoit détruits : mais jamais on ne verra dans l'*Apocalypse* qu'on ait donné aux Saints un tel caractère, ni qu'on leur donne contre Rome, leur persécutrice, d'autres armes que celles de la patience. « Je connois, dit-on, ton travail et ta patience, » ii, 2. Et ailleurs : « Tu as gardé la parole de ma patience, » iii, 10. Et enfin jusqu'à deux fois : « C'est ici la patience des Saints, » xiii, 10; xiv, 12.

Quand les protestans nous disent ici que les Goths n'avoient reçu des Romains aucun mauvais traitement, c'est que leurs fades allégories leur font oublier les faits historiques les plus constans que nous leur avons rapportés sur le verset 6 du xviiie chapitre.

Ils ajoutent que du moins les Saints se sont réjouis de la perte de Rome; ce qui ne convient pas aux Saints du temps d'Alaric, qui pleuroient avec tous les autres la perte de leur commune patrie. J'avoue que les chrétiens, qui étoient pour la plupart sujets de l'Empire, n'avoient garde de se réjouir de la victoire des Goths ni d'Alaric. Aussi ne vois-je dans saint Jean aucune marque de leur joie. Il est vrai que les Saints sont invités à se réjouir de la chute de leur persécutrice, mais ce sont les Saints qui sont dans le ciel : « O Ciel, dit-on [1], réjouissez-vous, et vous saints apôtres, et vous saints prophètes ! » C'est là manifestement une voix adressée aux ames saintes qui sont dans la gloire. Aussi entends-je dans la suite une grande joie, un *Amen*, un *Alleluia* [1], mais dans le ciel, où l'on se réjouit toujours des jugemens de Dieu. Pour les Saints qui sont sur la terre, ils en tremblent, ils les adorent; mais loin de s'en réjouir, ils ont souvent à les déplorer, parce qu'en un certain sens, et à ne regarder que le dehors, ils peuvent y être compris avec les impies. C'est ce que firent les Saints, comme on a pu voir dans la ruine de Rome; et saint Jean qui le prévoyoit, ne marquoit point de joie sur la terre.

C'est aussi ce qui fait voir dans ce saint apôtre des idées bien différentes de celles des protestans : car les protestans veulent voir une Rome détruite par les chrétiens, et les chrétiens ravis de sa perte : mais saint Jean a expressément évité cette idée, en ne nous montrant la joie que dans le ciel; ce qui seul pouvoit démontrer aux protestans la fausseté de leur système.

Mais sans rapporter ici toutes les raisons qui en montrent la vanité, n'est-ce pas assez que les protestans ne trouvent dans la ruine de Rome, que saint Jean explique avec tant de soin, aucune marque d'une église chrétienne qui doive être ruinée et abattue? Nous n'y voyons au contraire que ce qui peut faire sentir le débris d'une grande ville : ce n'est donc pas d'une église que saint Jean décrivoit la chute, comme le prétendent les protestans; mais d'une ville puissante, d'un empire purement temporel, comme aussi nous l'avons fait voir dans la *Préface*, n. 9.

Enfin qu'on jette les yeux sur la chute de la véritable Baby-

[1] *Apoc.*, XVIII, 20. — [2] *Apoc.*, XIX, 1, 2, 3.

lone, on n'y verra rien qui soit plus marqué dans les prophètes que la destruction de ses temples et le brisement de ses idoles. « Bel est brisé, Nabo est en pièces : leurs idoles ont été chargées sur des bêtes de somme, qu'elles ont accablées par leur pesanteur, et n'ont pu sauver ceux qui les portoient, » *Isa.*, XLVI, 1, 2. Saint Jean, qui a peint la chute de Rome sur ce divin original, s'il avoit voulu nous y représenter le débris d'une nouvelle idolâtrie, ne nous auroit-il pas fait voir les nouvelles idoles à bas, la sainte Eucharistie d'un côté, quelque saint de l'autre, la croix même de Jésus-Christ la plus exposée de toutes ces idoles prétendues, brisée la première de toutes et paroissant de tous côtés dans le débris ? Ainsi rien ne manqueroit au spectacle, et les protestans comme les païens auroient eu le plaisir de voir tant de monumens, et presque toutes les marques extérieures de la religion chrétienne méprisées par un apôtre.

On pourroit m'objecter ici que je suis pris dans mes propres paroles : car si c'est à l'ancienne Rome et à son idolâtrie que saint Jean en vouloit encore dans ce chapitre, pourquoi n'en fait-il pas voir les idoles abattues ? Mais c'est ici que me paroît une des merveilles de sa prédiction, en ce que du temps d'Alaric et de la destruction de Rome, les temples et les idoles étoient déjà renversés pour la plupart. Car, sans parler des grands coups que les fausses divinités avoient reçus sous Constantin, sous Gratien et sous Théodose le Grand, saint Augustin nous apprend un fait mémorable du règne d'Honorius. Les païens s'étoient vantés d'un oracle qui prédisoit la ruine du christianisme en l'an 366 depuis la mort de Jésus-Christ, qui est environ l'an 398 de notre ère. Que les protestans remarquent en passant dans quelle boutique sont forgées les prophéties qui prédisent la ruine de l'Eglise. Mais cette année 366, « qui devoit être fatale au christianisme, » le fut, dit saint Augustin, à l'idolâtrie, « puisque les temples y furent renversés et les idoles brisées l'année d'après [1]. » Saint Jérôme nous représente aussi « le Capitole abandonné et tout son or terni, tous les temples de Rome couverts d'ordures et de toiles d'araignées; et encore depuis peu d'années, un des Gracques, dont le nom seul

[1] *De Civit.*, lib. XVIII, cap. LIII, LIV.

faisoit entendre ce que Rome avoit de plus noble, renversant, brisant et brûlant l'antre de Mitras et toutes ses idoles avec leurs figures monstrueuses [1]. » Ainsi saint Jean n'a plus eu besoin en décrivant la chute de Rome de peindre celle des idoles, puisque le grand coup dont elles devoient être brisées avoit déjà été frappé ; et comme il a été dit sur le chapitre XVI, verset 16, la corruption subsistoit plus dans les désirs de la prostituée que dans l'effet.

*Récapitulation de ce qui a été dit depuis le chapitre IV jusqu'au chapitre XX, et notamment des trois Væ.*

On peut maintenant entendre toute la suite de la prédiction de saint Jean, depuis le chapitre IV jusqu'à la fin du XIXᵉ, et il est bon de se la remettre sous les yeux.

L'ouvrage de Dieu est accompli : Jésus-Christ est victorieux; l'Eglise est vengée; les Juifs qui, malgré leur chute, continuoient à la persécuter, ont reçu les derniers coups, et on voit que rien n'est capable d'abattre l'Eglise, quoique Satan emploie contre elle toute sa séduction et toute sa violence. Sa séduction paroît principalement dans les hérésies, et sa violence dans la cruauté qu'il inspire à l'Empire persécuteur. Ce mauvais esprit remue tout, et tous ses efforts sont inutiles, chapitres VII, VIII.

Là paroissent ces trois grands Væ[2], c'est-à-dire ces trois grands malheurs, qui font voir la liaison de tout cet ouvrage et la suite des attaques de Satan ; car il y est expressément marqué dans tous les trois; dans tous les trois il travaille à perdre entièrement les hommes. Tout aboutit à ôter l'Eglise de dessus la terre, parce que c'est elle seule qui empêche que tout le monde ne l'adore, et que Dieu ne lui abandonne tout le genre humain; mais il est vaincu partout, et l'Agneau triomphe de lui. Par un premier Væ[3], ce mauvais esprit soulève les hérésiarques; et il tâche en éteignant la lumière de l'Evangile, d'envelopper tout l'univers dans une éternelle nuit; car c'étoit là, comme disoit le saint vieillard Siméon, « la lumière pour éclairer les nations, » *Luc.*, II, 32.

---

[1] *Epist.* VII, nunc *Epist.* LXII. — [2] Chap. VIII, 13. — [3] Chap. IX, 1, 12.

Et les enfans de l'Eglise « luisent comme des luminaires dans le monde, » *Phil.*, II, 15; de sorte qu'obscurcir l'Eglise, c'étoit cacher la lumière de tout l'univers dans les ténèbres. La vérité les dissipe. Par un second V*æ*, le malin esprit suscite de grandes guerres, où ses devins promettent la victoire à ceux qui répandront le plus de sang chrétien [1]. En même temps il anime les persécuteurs, et on diroit que par leur moyen il aille engloutir l'Eglise [2]. L'Empire persécuteur n'agit que par lui : « le dragon donne à cet empire sa grande puissance [3]; » mais plus il redouble ses efforts, plus sa défaite est manifeste. L'Eglise triomphe sous Constantin, l'idolâtrie reçoit le coup mortel. Cette puissance malfaisante que Satan avoit donnée aux persécuteurs leur est funeste, puisqu'elle avance leur supplice en augmentant leur crime. Enfin par un troisième V*æ*, il ressuscite l'idolâtrie, qui avoit reçu une blessure mortelle, et il lui donne de nouveau sa puissance [4]. On l'adore comme l'auteur de cette résurrection de l'idolâtrie qui paroît miraculeuse. Par les prestiges et les faux miracles de ses devins et de ses enchanteurs, il aveugle Julien l'Apostat, qui devoit être l'instrument de sa malice, et il éblouit les peuples. Le monde est replongé dans l'idolâtrie avec un aveuglement d'autant plus criminel, qu'il est sans comparaison plus mauvais de la relever de sa chute que de la conserver dans sa puissance. Malgré les empereurs chrétiens qui vinrent après Julien, Satan règne dans le cœur de la prostituée, qui ne cesse d'aimer ses idoles, quoiqu'abattues et brisées; et après le comble du crime où il la jette, il lui attire aussi le comble de la peine et le dernier coup de foudre par lequel son empire, qui étoit aussi celui de l'idolâtrie et du démon, étant renversé sur la terre, elle est encore précipitée dans les enfers.

Voilà l'histoire des trois V*æ*. Si le premier est différent des deux qui le suivent, en ce qu'il représente, à l'égard de l'Eglise, une persécution spirituelle, et même à l'égard du siècle une plaie qu'on n'y sent pas, c'est-à-dire la diminution de la lumière dont il devoit être éclairé, c'est que le Saint-Esprit a voulu montrer à saint Jean toutes les sortes de jugemens que Dieu avoit résolu

---

[1] Chap. IX., 13 et seqq.; XVI, 13, 14, 16. — [2] Chap. XII, 4, 13, 15. — [3] Chap. XIII, 3. — [4] *Ibid.*, 4, 11.

d'exercer sur les infidèles, et ensemble toutes les sortes de victoires que l'Agneau devoit remporter sur le démon et le monde. Les deux autres *Væ* font voir le crime plus sensiblement puni, et tout enfin se termine au feu éternel.

Le dernier *Væ* ne paroît clairement marqué qu'à la chute de Rome, comme on a vu [1]; mais il faut rapporter tout ce qui suit après le second. Or le second se termine à l'endroit où les deux témoins montent au ciel [2]; où la persécution cesse, où l'Eglise paroît en grande gloire, où enfin le règne des impies est ébranlé, et ensemble Dieu glorifié par le nombre infini des conversions [3]. Ce temps concourt manifestement avec celui où le dragon est vaincu, où l'idolâtrie est abattue, où la bête reçoit la plaie mortelle et paroît tout à fait morte [4]. Là se termine le second *Væ*; et par conséquent le troisième commence à l'endroit où la bête est ressuscitée et où l'idolâtrie revient en triomphe sous Julien l'Apostat [5]. A ce *Væ* appartient donc tout ce qui suit jusqu'à la chute de Rome; et si saint Jean ne marque pas le commencement ni la fin de ce *Væ* aussi clairement que des autres, outre la raison commune de diversifier le style, c'est qu'il doit être aisé à un lecteur déjà instruit de trouver ce qui regarde le troisième *Væ* par l'analogie des deux autres qu'il vient de voir.

Le temps des trois *Væ* est maintenant aisé à déterminer. Le premier commence à Sévère, et finit au commencement des malheurs de Valérien. Le second, qui commence là, est poussé jusqu'à la défaite de Maxence et des autres persécuteurs, par où l'idolâtrie est abattue et le règne de l'Eglise établi. Le dernier comprend tous les attentats depuis l'idolâtrie ressuscitée par Julien l'Apostat, avec tout ce qui est arrivé jusqu'à la fin pour les punir.

Il ne faut pas oublier ici qu'une vision répète souvent sous une figure ce qu'on aura déjà vu représenter sous une autre : car le lecteur seroit accablé des merveilles d'une vision, si on lui représentoit tout en même temps. On soulage donc son attention, et on lui inculque davantage une vérité en la lui proposant sous diverses

---

[1] Chap. XVIII, 10, 16, 19. — [2] Chap. XI, 12, 13. — [3] Chap. XII, 9 et suiv. — [4] Chap. XIII, 3 et suiv. — [5] *Ibid.*

formes : en même temps il est consolé, parce qu'un endroit lui explique l'autre, et qu'on ne cesse de lui découvrir toujours de nouveaux caractères de la chose qu'on avoit dessein de lui montrer : comme il paroît à l'égard de la persécution de Dioclétien, dans les chapitres xi, xii, xiii, xviii, et par la chute de Rome dans les chapitres xiv, xvii et xviii.

Il arrive aussi quelquefois, notamment au chapitre xvi, que saint Jean reprend les choses de plus haut que dans les derniers chapitres précédens, pour faire mieux voir la liaison des causes préparatoires avec les effets, ainsi qu'il a été remarqué sur ce chapitre : mais après tout dans le fond, la suite de la prophétie est manifeste. Les sept sceaux sont engagés dans les sept trompettes; les trois *Væ*, qui lient les trompettes entre elles, les unissent aussi avec ce qui suit, où sont comprises les sept coupes avec la ruine de Rome. Tous les temps marqués dans la prophétie se touchent, et vont pour ainsi dire de proche en proche. C'est pourquoi saint Jean dit toujours que tout doit venir bientôt, parce que lorsqu'il écrivoit sa prophétie, tout ce qu'il devoit prédire dans un ordre si bien lié, alloit commencer. Ainsi en lisant cette prophétie, quand on en tient la clef, on croit lire une histoire. Cependant à Dieu ne plaise qu'on s'imagine que par cette explication, quelque suivie qu'elle paroisse, on ait épuisé tout le sens d'un livre si profond! Nous ne doutons pas que l'esprit de Dieu n'ait pu tracer dans une histoire admirable une autre histoire encore plus surprenante, et dans une prédiction une autre prédiction encore plus profonde : mais j'en laisse l'explication à ceux qui verront venir de plus près le règne de Dieu, ou à ceux à qui Dieu fera la grace d'en découvrir le mystère. Cependant l'humble chrétien adorera ce secret divin et se soumettra par avance aux jugemens de Dieu, quels qu'ils doivent être et dans quelque ordre qu'il lui plaise de les développer : seulement il demeurera aisément persuadé qu'il y aura quelque chose qui n'est point encore entré dans le cœur de l'homme. Quoi qu'il en soit, il désirera en tremblant de voir arriver bientôt le règne parfait de Jésus-Christ, et il vivra dans cette attente.

SUITE DE LA PRÉDICTION DE SAINT JEAN.

## CHAPITRE XX.

*Le dragon lié et délié : les mille ans : la première et la seconde résurrection : le dragon jeté dans l'étang de feu : le Juge sur son trône : le jugement des morts : le livre de vie.*

1. Je vis descendre du ciel un ange qui avoit la clef de l'abîme, et une grande chaîne en sa main.

2. Il prit le dragon, l'ancien serpent, qui est le diable et Satan; et il le lia pour mille ans.

3. Il le précipita dans l'abîme, l'y enferma et mit un sceau sur lui, afin qu'il ne séduisît plus les nations, jusqu'à ce que les mille ans fussent accomplis, après lesquels il doit être délié pour un peu de temps.

4. Je vis aussi des trônes et ceux qui s'assirent dessus, et la puissance de juger leur fut donnée : et les ames de ceux qui ont eu la tête coupée pour avoir rendu témoignage à Jésus et pour la parole de Dieu, et qui n'ont point adoré la bête ni son image, ni reçu son caractère sur leur front ou dans leurs mains; et ils ont vécu et régné mille ans avec Jésus-Christ.

5. Les autres morts ne sont pas revenus en vie jusqu'à ce que mille ans soient accomplis. C'est ici la première résurrection.

6. Heureux et saint est celui qui a part à la première résurrection : la seconde mort n'aura point de pouvoir sur eux; mais ils seront sacrificateurs de Dieu et de Jésus-Christ, et ils régneront avec lui pendant mille ans.

7. Et après que mille ans seront accomplis, Satan sera délié; il sortira de sa prison, et il séduira les nations qui sont aux quatre coins du monde, Gog et Magog; et il les assemblera au combat et leur nombre égalera celui du sable de la mer.

8. Ils se répandirent sur la face de la terre, et ils environnèrent le camp des Saints et la ville bien-aimée.

9. Mais Dieu fit descendre du ciel un feu qui les dévora; et le diable qui les séduisoit, fut précipité dans l'étang de feu et de soufre où la bête (*a*)

(*a*) **Grec :** Où est la bête et le faux prophète.

10. Et le faux prophète (*a*) seront tourmentés jour et nuit, dans les siècles des siècles.

11. Je vis aussi un grand trône blanc, et quelqu'un assis dessus, devant la face duquel la terre et le ciel s'enfuirent; et leur place même ne se trouva plus.

12. Et je vis les morts, grands et petits, debout devant le trône (*b*) : les livres furent ouverts, et un autre livre, qui est le livre de vie, fut encore ouvert; et les morts furent jugés, sur ce qui étoit écrit dans ces livres, selon leurs œuvres.

13. La mer rendit ceux qui étoient morts dans ses eaux : la mort et l'enfer rendirent aussi les morts qu'ils avoient; et chacun fut jugé selon ses œuvres.

14. L'enfer et la mort furent précipités dans l'étang de feu : celle-ci est la seconde mort.

15. Et quiconque ne se trouva pas écrit dans le livre de vie, fut jeté dans l'étang de feu.

EXPLICATION DU CHAPITRE XX.

*Déchaînement de Satan à la fin des siècles : diverses figures de ce grand déchaînement, après l'an mil de Notre-Seigneur.*

1. *Je vis descendre...* Cette dernière vision est la plus obscure de toutes celles de saint Jean. Il semble que l'ange, après lui avoir représenté par des images plus vives et plus expresses ce qui étoit plus près de son temps, et ce qui devoit commencer incontinent après la révélation, lui montre de loin et comme en confusion les choses plus éloignées, à la manière d'un peintre qui, après avoir peint avec de vives couleurs ce qui fait le principal sujet de son tableau, trace encore dans un lointain obscur et confus d'autres choses plus éloignées de cet objet.

*Qui avoit la clef de l'abîme :* l'abîme, c'est l'enfer, ainsi qu'il a paru ch. IX, 1. Les saints anges, comme ministres de la justice divine, ont la clef de l'abîme, pour renfermer ou lâcher les mauvais esprits selon les ordres d'en haut.

*Et une grande chaîne en sa main :* voilà une peinture aussi

(*a*) *Grec :* Et ils seront. — (*b*) Devant Dieu.

grande et aussi magnifique qu'elle est simple; elle promet quelque chose de grand.

2. *L'ancien serpent*, dont il est parlé, xii, 9, le chef des anges rebelles. Le prince enchaîné marque la puissance restreinte dans tout le royaume de Satan.

*Le lia.* Ainsi dans le livre de Tobie, un démon « est saisi par l'ange et enchaîné, » *Tob.*, viii, 3. Mais ce démon de *Tobie* est lié dans les déserts de l'Egypte, et Satan dans l'enfer même; ce qui marque les différentes manières de restreindre sa puissance. Il n'y a rien de plus affreux que cette peinture : le diable qui triomphoit des nations est enchaîné d'une grande chaîne, afin qu'on en puisse faire sur lui plusieurs tours. En cet état, comme on voit au verset suivant, il est jeté au fond de l'abîme; une porte impénétrable fermée sur lui, et encore le sceau mis dessus : sceau que nul ni ne peut, ni n'ose rompre, puisque ce n'est autre chose que les ordres inviolables de Dieu, dont l'ange étoit le porteur, et la marque de son éternelle volonté : tel est le sceau sous lequel Satan est enfermé, et telle est encore la chaîne de fer qui le lie. Il semble que les démons sentoient approcher le temps où ils devoient être renfermés avec leur prince, quand ils demandoient à Jésus-Christ « qu'il ne leur commandât pas d'aller dans l'abîme, » *Luc*, viii, 31. Ce qui confirme que la volonté suprême de Dieu est après tout la force invincible qui les y renferme.

*Pour mille ans :* durant lesquels il est dit, verset 4, que Jésus-Christ doit régner avec ses Saints. C'est ce qui a donné lieu à l'opinion de quelques anciens, qui prenant trop à la lettre cet endroit de l'*Apocalypse*, mettoient avant la dernière et universelle résurrection une résurrection anticipée pour les martyrs, et un règne visible de Jésus-Christ avec eux durant mille ans sur la terre, dans une Jérusalem rebâtie avec un nouvel éclat, qu'ils croyoient être la Jérusalem dont il est parlé dans le chapitre suivant. Nous verrons en expliquant le texte de saint Jean, que cette opinion est insoutenable selon les termes de cet apôtre; et pour ce qui regarde l'autorité des anciens docteurs, nous en parlerons à la fin de ce chapitre.

## CHAPITRE XX.

Saint Augustin nous apprend [1] que les mille ans de saint Jean ne sont pas un nombre préfix, mais un nombre où il faut entendre tout le temps qui s'écoulera jusqu'à la fin des siècles, conformément à cette parole du Psalmiste : « La parole qu'il a commandée jusqu'à mille générations [2] ; » ce qui ne veut dire autre chose que toutes les générations qui seront jamais. A quoi il faut ajouter la perfection du nombre de mille, très-propre à nous faire entendre tout ce long temps que Dieu emploiera à former le corps entier de ses élus jusqu'au dernier jour, à commencer depuis le temps de la prédication et de la passion de Notre-Seigneur ; car ce fut alors que « le fort armé, » qui est le diable, « fut lié et désarmé par un plus fort, » qui est Jésus-Christ, *Matth.*, XII, 29 ; *Luc.*, XI, 21, « et que les puissances de l'enfer furent désarmées et menées en triomphe, » *Coloss.*, II, 15.

C'est donc alors que saint Jean voit le démon enchaîné : c'est de là qu'il faut compter les mille ans mystiques de la prison de Satan, jusqu'à ce qu'aux approches du dernier jour, sa puissance, qui est restreinte en tant de manières par la prédication de l'Evangile, se déchaînera de nouveau pour un peu de temps, et que l'Eglise souffrira sous la redoutable, mais courte tyrannie de l'Antechrist, la plus terrible tentation où elle ait jamais été exposée. C'est là sans doute le sens véritable, comme on verra par la suite : de sorte qu'il ne faut pas croire que l'enchaînement de Satan soit quelque chose qui doive arriver après le temps de saint Jean, mais plutôt que ce grand apôtre retourne les yeux vers ce qui étoit déjà accompli par Jésus-Christ, parce que c'est le fondement de ce qui devoit arriver dans la suite et dont ce saint apôtre alloit nous donner une image.

Quelques interprètes modernes, même catholiques, mettent avant la fin des siècles le déchaînement de Satan et les mille ans accomplis : à quoi je ne veux pas m'opposer, pourvu qu'on regarde cette sorte d'accomplissement et le déchaînement de Satan qu'on lui attribue, comme une espèce de figure du grand et final déchaînement dont nous venons de parler.

3. *Afin qu'il ne séduisît plus les nations :* il ne faut pas en-

---

[1] Aug. *De Civ.*, XX, VII et seq. — [2] *Psal.* CIV, 8.

tendre qu'il n'y ait plus du tout de séduction ni de tentation, puisque tant que le siècle subsistera, les hommes auront toujours à combattre Satan et ses anges; et c'est ce qui paroîtra clairement sur les versets 7 et 8 ; mais il faut entendre que la séduction ne sera pas si puissante, si dangereuse, si universelle, comme l'explique saint Augustin *de Civit.*, XX, vii, viii (ed. Ben., tom. VII.)

*Il doit être délié pour un peu de temps :* parce qu'ainsi qu'il a été dit, la grande persécution de l'Antechrist sera courte, comme celle d'Antiochus, qui en a été la figure.

4. *Je vis... des trônes...* La suite va faire paroître que ces trônes sont préparés pour les ames des martyrs. *Et les ames de ceux qui avoient eu la tête coupée :* voilà donc ceux à qui étoient préparés les trônes. Il exprime les martyrs par le plus grand nombre, qui sont les décapités. Le grec dit πεπελεκισμένων, *qui avoient eu la tête coupée avec une hache, qui avoient été frappés de la hache,* comme on parloit, *securi percussi;* c'étoit un supplice des Romains. Par où l'on voit que les martyrs dont il veut représenter la gloire et la puissance, sont ceux qui avoient souffert durant la persécution de cet empire. Saint Jean ne leur donne pas en vain ce caractère; et pour confirmer qu'il veut parler des saints martyrisés dans la persécution romaine, qui est celle qu'il a prophétisée dans les chapitres précédens, il ajoute dans ce même verset 4 que ces *décapités par un coup de hache, n'avoient point adoré la bête ni son image, et n'en avoient point reçu le caractère;* toutes choses que nous avons vues être des marques de l'idolâtrie romaine, xiii, 14, 16, 17. Il paroît donc par toutes ces raisons que ces martyrs assis sur le trône, sont ceux qui ont souffert durant les persécutions de l'Empire romain ; et le verset 9 le fera encore mieux connoître. Il faut aussi remarquer dans ce passage que la persécution de la bête est distinguée de celle de Gog et de Magog, qu'on verra au verset 7, puisque l'une est avant les mille ans, et l'autre après.

*Les ames de ceux....* Que le lecteur attentif remarque qu'on ne voit ici sur le trône pour vivre et pour juger avec Jésus-Christ, que des ames seulement ; ce qui paroîtra plus clairement dans la suite, contre ceux qui reconnoissoient pour les martyrs une résurrection anticipée avant la résurrection générale.

## CHAPITRE XX.

*Et ils ont vécu et régné avec Jésus-Christ.* C'est pour cela qu'on leur avoit préparé des trônes. Il y a eu des martyrs incontinent après la résurrection de Jésus-Christ ; et dès lors nous les avons vus assis dans son trône et associés à son règne, *Apoc.*, II, 26 ; III, 21, avant la résurrection de leurs corps et en état d'ames bienheureuses, comme on vient de dire ; ce qui a aussi été expliqué, *Refl.* après la *Préf.*, n. 29.

Ce règne des martyrs avec Jésus-Christ consiste en deux choses : premièrement, dans la gloire qu'ils ont au ciel avec Jésus-Christ, qui les y fait ses assesseurs ; et secondement, dans la manifestation de cette gloire sur la terre par les grands et justes honneurs qu'on leur a rendus dans l'Eglise, et par les miracles infinis dont Dieu les a honorés, même à la vue de leurs ennemis, c'est-à-dire des infidèles qui les avoient méprisés.

Quant à ce que quelques anciens concluoient de ce passage, qu'incontinent après les persécutions et la chute de l'Empire romain arrivée pour en punir les auteurs, Jésus-Christ ressusciteroit ses martyrs et viendroit régner avec eux sur la terre, outre les autres raisons qu'on a vues et qu'on verra dans la suite, on voit encore cette opinion réfutée par l'expérience, puisque ce qui étoit prédit par saint Jean sur la destinée de l'ancien Empire romain, a eu sa fin, comme on a vu, il y a plus de treize cents ans, sans que ce règne de Jésus-Christ ait paru.

De s'imaginer maintenant ici avec les protestans d'autres martyrs que ceux qui ont souffert sous Rome païenne, c'est leur donner un autre caractère que celui que leur a donné saint Jean, comme on a vu : de sorte que ces faux martyrs dont on nous raconte les souffrances sous la prétendue tyrannie de la papauté, ne trouvent point ici de place, et nous verrons ailleurs que les ministres qui nous les vantent, les ont eux-mêmes à la fin ôtés de ce rang.

Je reconnois donc dans saint Jean les vrais martyrs que Rome païenne a persécutés, que Jésus-Christ a reçus incontinent après dans le ciel pour les y faire régner avec lui, et dont il nous a manifesté la gloire avec tant d'éclat sur la terre, afin d'honorer la cause pour laquelle ils avoient donné leur vie.

*Ils ont vécu et régné mille ans;* durant toute l'étendue des siècles jusqu'au jour du jugement, ce qui se doit entendre de leur glorification sur la terre et dans l'Eglise; car pour ce qui est du règne de Jésus-Christ et de ses Saints dans le ciel, on sait qu'il n'a point de fin.

5. *Les autres morts ne sont pas revenus en vie.... C'est ici la première résurrection.* 6. *Heureux et saint est celui qui a part à la première résurrection.* Cette première résurrection se commence à la justification, conformément à cette sentence : « Celui qui écoute ma parole, est déjà passé de la mort à la vie, » *Joan.*, v, 24 ; et à cette autre : « Levez-vous, vous qui dormez » dans vos péchés, « et ressuscitez d'entre les morts, et Jésus-Christ vous éclairera, » *Ephes.*, v, 14. C'est donc alors que l'ame commence à ressusciter ; et cette résurrection se consomme, lorsque sortie de cette vie qui n'est qu'une mort, elle vit de la vraie vie avec Jésus-Christ : c'est la première résurrection qui convient aux ames bienheureuses, comme on a vu ; car pour ce qui est de celle des corps, il n'en sera parlé qu'aux versets 12 et 13, et jusqu'ici on n'en a vu nulle mention. Cette première résurrection est manifestée par les miracles des Saints ; car on voit qu'ils sont vivans par la vertu que Dieu fait sortir de leur tombeau, ainsi que tous les Pères l'ont observé et que Grotius l'a reconnu ; et tout cela est attribué particulièrement aux martyrs, qui sont les seuls des adultes dont on est certain qu'ils entrent d'abord dans la gloire ; les seuls pour lesquels on ne fait aucunes prières, et qu'au contraire on range d'abord parmi les intercesseurs, Aug., serm. xvii, *de Verb. Apost.* Il n'y avoit d'ordinaire que les martyrs dont on fît la fête dans les églises et qui fussent nommés dans le canon ; c'étoit principalement aux tombeaux des martyrs que se faisoient les miracles. Tertullien [1] a remarqué dans les *Actes* de sainte Perpétue, « qu'elle ne vit dans le paradis que les saints martyrs, ses compagnons [2] ; » et c'est en effet ce qu'on voit encore dans les mêmes *Actes ;* mais c'est que dans ces célestes visions, l'universalité des Saints est désignée par la partie la plus excellente et la plus reconnue, qui est celle des martyrs. Saint Jean a suivi la

---

[1] *De Animâ,* cap. lv. — [2] *Act. S. Perp.*

## CHAPITRE XX.

même idée dans les chapitres vii, xiv, et encore dans celui-ci, comme on a vu.

*Les autres morts.* Saint Jean marque que les ames justes n'entrent pas toutes d'abord dans cette vie bienheureuse, mais seulement celles qui sont parvenues à un certain degré de perfection, et que saint Paul appelle pour cette raison, « les esprits des justes parfaits[1]; » ce que les saints Pères et toute la tradition nous apprend aussi.

*La seconde mort n'aura point de pouvoir sur eux.* La première mort est celle où les ames sont ensevelies dans l'enfer avec le mauvais riche. La seconde mort est celle qui suit la résurrection, comme on verra au verset 13, et où l'homme entier est précipité en corps et en ame dans l'étang de feu et de soufre : « Celle-ci, dit-il, est la seconde mort, » verset 14. Ainsi « la première résurrection, » 5, 6, est celle, comme on a vu, où les Saints mourans sur la terre revivent en quelque façon et vont commencer une nouvelle vie dans le ciel; et la seconde résurrection est celle où ils seront glorifiés dans le corps comme dans l'ame.

*Ils régneront avec lui pendant mille ans :* ils seront glorifiés sur la terre pendant toute l'étendue du siècle présent; mais les années ne suffiront pas pour mesurer leur règne au siècle futur.

7. *Après que mille ans seront accomplis, Satan sera délié; il séduira les nations qui sont aux quatre coins de la terre, Gog et Magog, dont le nombre est comme le sable de la mer.* 8. *Ils se répandront sur la surface de la terre.* Il ne faut pas s'imaginer que Satan séduise tout d'un coup ces vastes nations et ces troupes dont toute la terre est couverte; il y travailloit depuis longtemps, puisqu'il les trouve toutes disposées à servir à ses desseins : ce qui fait voir que la séduction n'étoit pas tout à fait éteinte, mais seulement liée et bridée, principalement par rapport à l'Eglise, selon la remarque de saint Augustin [2], et la doctrine exposée sur le verset 3. Ce frein imposé à la malice de Satan doit durer jusqu'au temps de l'Antechrist, vers la fin des siècles; et alors plus déchaîné que jamais, il exercera sans bornes sa séduction par des moyens inouïs jusqu'alors.

[1] *Hebr.*, xii, 23. — [2] *Aug.*, *De Civ.*, XX, viii.

*Gog et Magog*, dans Ezéchiel, sont des nations ennemies du peuple de Dieu qui « couvriront la terre, sur lesquelles Dieu fera pleuvoir du feu et du soufre, et les consumera par ce feu dévorant, » *Ezéchiel*, xxxviii, 14, et xxxix, 1, 6. Ces noms déjà fameux par cette prophétie sont ici rappelés par saint Jean, pour représenter ces nations séduites et séductrices dont Satan se servira contre l'Eglise à la fin des siècles. On croit que sous le nom de *Gog* et de *Magog*[1], Ezéchiel a décrit la persécution d'Antiochus, dont nous avons vu que le Saint-Esprit a choisi le temps pour être l'image des souffrances de l'Eglise, parce que ce prince fut le premier qui employa non-seulement la force, mais encore la séduction et l'artifice pour obliger les fidèles à renoncer à la loi de Dieu, I *Machab.*, i, 14, 15, 16, 31, 41, 45, etc.; II *Machab.*, iii, iv. C'est aussi pour cette raison que ce tyran est regardé par tous les Pères comme la figure la plus expresse de l'Antechrist.

*Il les assemblera au combat.* — 8. *Ils environneront le camp des Saints et la ville bien-aimée.* S'il falloit prendre ici au pied de la lettre une ville où Jésus-Christ viendroit régner avec ses martyrs ressuscités et glorieux en corps et en ame, on ne sauroit plus ce que voudroient dire ces nations qui viendroient assiéger la ville où il y auroit un peuple immortel, et un Dieu qui régneroit visiblement au milieu d'eux. Il faut donc entendre ici une ville spirituelle, telle qu'est l'Eglise; un camp spirituel, qui est la société des enfans de Dieu encore revêtus d'une chair mortelle et dans le lieu de tentation; par conséquent aussi une guerre et un combat spirituel, tel qu'est celui que les hérétiques ne cessent de nous livrer, et qui se redoublera à la fin des siècles avec un nouvel acharnement. Je ne veux pas assurer qu'il n'y aura point de combats des rois chrétiens contre l'Antechrist : ce que je veux remarquer, c'est que saint Jean rapporte tout à la séduction, versets 3, 7, 9, et pour le surplus c'est un secret de l'avenir, où j'avoue que je ne vois rien.

*Ils se répandirent sur la face de la terre.* Ce mot signifie toute la terre habitable, comme le remarque saint Augustin *de Civit.*, XX, ii. *Et ils environnèrent le camp des Saints et la ville bien-*

---

[1] *Ezech.*, XXXIX, 1, 6, etc.

*aimée ;* c'est l'Eglise chérie de Dieu. Il ne faut pas ici s'imaginer, dit saint Augustin, que l'Eglise, comme une ville, soit réduite à un seul lieu où elle soit assiégée : « Elle sera, poursuit-il, toujours répandue par toute la terre : ses ennemis se trouveront aussi partout ; mais partout où seront les ennemis, là sera aussi le camp des Saints et la ville chérie de Dieu, » *De Civ.,* XX, 11.

9. *Dieu fit descendre du ciel un feu qui les dévora,* comme nous l'avons remarqué de *Gog* et de *Magog* sur le verset 7, conformément à *Ezéchiel,* XXXVIII, 22 et XXXIX, 6. Ici je l'entends à la lettre du feu du dernier jour : car « les cieux et la terre sont réservés pour être brûlés par le feu au jour du jugement, lorsque les impies périront, » II *Petr.,* III, 7 ; ce qui semble fait pour expliquer ce passage de saint Jean, et revient parfaitement à ce que dit saint Paul de la perdition soudaine « du méchant que Jésus-Christ détruira, » II *Thess.,* II, 8, comme nous verrons dans le discours qui sera mis à la fin de ce commentaire.

*Le diable qui les séduisoit.* Il n'est plus dit qu'ils fussent séduits par la bête ni par le faux prophète : l'idolâtrie de Rome païenne étoit éteinte, et on ne voit plus ici aucun des caractères qu'on a vus dans les chapitres précédens. C'est donc une tentation différente de celle de la bête ; c'est une autre sorte de séduction ; et le diable qui en est l'auteur, à la fin est jeté dans le même *étang de feu et de soufre* où étoient déjà la bête et le faux prophète, ici, versets 9, 10, et ci-dessus, XIX, 19, 20.

*Dans l'étang de feu et de soufre.* C'est ici la dernière marque de l'éternel emprisonnement de Satan : auparavant il est jeté dans l'abîme pour en être lâché après mille ans, *sup.,* versets 2, 3. Ici il n'y a plus pour lui qu'un éternel tourment dans *l'étang de feu et de soufre,* d'où il ne sortira jamais, parce qu'il n'y aura plus de séduction, l'ouvrage de la justice, aussi bien que celui de la miséricorde de Dieu, étant entièrement consommé avec le recueillement de tous ses élus. Par ces divers lieux où Satan est mis, saint Jean nous désigne les divers états de ce malin et de ses anges, tantôt resserrés, tantôt relâchés, selon les ordres de Dieu, et à la fin plongés dans un état où il ne leur restera plus que leur supplice. Cet état, le plus funeste de tous, sera l'effet de la dernière condamnation qui sera prononcée contre eux au dernier jour, où la liberté de tenter et la triste consolation de perdre les hommes leur étant ôtée, ils ne seront occupés que de leur tourment et de celui des malheureux qui les auront suivis; ce que saint Jean explique par ces paroles : *Et ils seront tourmentés nuit et jour aux siècles des siècles ;* non qu'ils ne le soient auparavant, mais parce qu'alors il ne leur restera que cela.

11. *Je vis aussi un grand trône...* Voici donc enfin, après tant de visions mémorables, celle du grand et dernier jugement, comme la suite le fera paroître. *Un grand trône blanc, semblable à la nuée blanche* qui paroît, *Apoc.*, xiv, 14. La blancheur signifie l'éclat et la majesté.

12. *Et je vis les morts, grands et petits, debout devant le trône :...* comparoissant, les uns avec grande crainte, et les autres avec confiance, devant le Juge.

13. *La mer rendit ceux.....* On exprime ici distinctement la résurrection des corps, preuve nouvelle que la première résurrection dont il est parlé au verset 5, ne regardoit que les ames. *La mort et l'enfer,* c'est-à-dire la mort et le sépulcre *rendirent aussi les morts qu'ils avoient.* Si la résurrection des martyrs, dont il est parlé versets 4 et 5, se devoit entendre des corps comme des ames, il y auroit déjà eu longtemps que les eaux et les sépulcres auroient rendu une grande partie de leurs morts, puisque tant de martyrs avoient été noyés, et les autres presque tous ensevelis par la piété des fidèles.

14. *L'enfer et la mort furent précipités dans l'étang de feu.* « Lorsque la mort, qui étoit la dernière ennemie, sera détruite, » I *Cor.*, xv, 26, 54; et qu'afin qu'elle ne paroisse jamais, elle sera précipitée dans l'abîme avec les démons et les damnés, selon qu'Isaïe l'avoit prédit : « Il précipitera la mort pour jamais, » xxv, 8. *Celle-ci est la seconde mort :* la mort en corps et en ame, qui doit suivre la dernière résurrection, comme ci-dessus, versets 5, 6.

Voilà ce que j'avois à dire sur le déchaînement de Satan et sur le règne de mille ans que saint Jean attribue ici à Jésus-Christ avec ses martyrs. Quant à l'Antechrist et à la dernière persécution, je n'en dirai rien davantage ; et s'il reste quelque chose de plus à en expliquer, je le laisse à ceux qui en savent plus que moi ; car je tremble en mettant les mains sur l'avenir. Tout ce que je crois pouvoir dire avec certitude, c'est que cette dernière persécution, quelle qu'en soit la violence, aura encore plus de séduction ; car c'est aussi ce que saint Paul y remarque, II *Thess.*, II, 9, 10, « des prodiges, des signes trompeurs, des illusions, » sans y parler d'autre chose. Saint Jean y remarque aussi la séduction, comme devant prévaloir, versets 3, 7, 9, sans parler de sang répandu, ainsi qu'il a fait dans tout le reste du livre ; et Jésus-Christ même : « Il y aura de grands prodiges et des miracles trompeurs, en sorte, s'il est possible, que les élus mêmes soient trompés. » *Matth.*, XXIV, 24.

Je regarde donc dans l'Eglise deux sortes de persécutions, la première en son commencement et sous l'Empire romain, où la violence devoit prévaloir ; la seconde, à la fin des siècles, où sera le règne de la séduction[1] ; non pas que je veuille dire qu'elle soit sans violence, non plus que celle de Rome païenne, où la violence dominoit, n'a pas été sans séduction : mais l'une et l'autre doit être définie par ce qui y doit prédominer : et on doit attendre sous l'Antechrist les signes les plus trompeurs qu'on ait jamais vus, avec la malice la plus cachée, l'hypocrisie la plus fine et la peau de loup la mieux couverte de celle des brebis. Ceux qui se sont dits réformés, doivent prendre garde qu'avec la feinte douceur et les prétextes spécieux dont ils ont tâché au commencement de colorer leur violence et leur schisme, ils n'aient été les avant-coureurs de cette séduction.

Je crois encore savoir que cette dernière tentation de l'Eglise sera courte, et que Dieu y donnera des bornes, comme nous avons remarqué qu'il a fait à toutes les autres[2] : ce que saint Jean a voulu nous expliquer, en disant que Satan seroit délié « pour un peu de temps, » verset 3 ; mais que cette persécution soit de trois ans et demi précisément, je n'ose ni le nier, puisque plusieurs Pères l'ont conjecturé ainsi, ni faire aussi un dogme certain de leurs conjectures. J'en reviens donc à laisser l'avenir entre les mains de Dieu

[1] *Apoc.*, XIII. — [2] *Réflex. sur les persec.*, n. 2.

et me contenter de ce que dit saint Jean, que cette tentation sera courte; et quand même il la faudroit réduire précisément aux termes de celle d'Antiochus, peut-être faudroit-il penser encore que les trois ans et demi destinés à la persécution de ce prince, n'en regardent que le grand effort durant la profanation du temple, étant certain par les Machabées et par Josèphe, comme saint Jérôme le prouve [1], et plus encore par Daniel [2], qui le prophétise, que dans le fond il a tourmenté les Juifs bien plus longtemps. Peut-être donc en faudroit-il à peu près dire autant de l'Antechrist : mais qu'il en soit ce que Dieu sait. Que si je distingue sa persécution de celle de la bête, et sa séduction de celle du faux prophète, je ne fais que suivre saint Jean [3], comme on a pu voir sur les versets 4 et 9; et attribuer à chacune des persécutions le caractère qui lui est propre, c'est-à-dire la violence à celle de la bête, comme il paroît dans tout le cours de l'*Apocalypse* [4], et la séduction à celle de l'Antechrist.

Je n'en sais pas davantage; et sans aussi pénétrer plus avant, j'avertis ceux qui veulent trouver la persécution de l'Antechrist dans celle de la bête de l'*Apocalypse*, que pour parler conséquemment, ils sont obligés de dire que la persécution de l'Antechrist ne sera pas la dernière, puisqu'elle devance de mille ans, en quelque sorte qu'on les entende, celle de Gog et de Magog, comme on a vu : ce qu'ils ont aussi à ajuster avec les autres parties de la doctrine de l'Antechrist, et surtout avec ce que saint Paul nous a dit, que ce méchant seroit détruit par l'avénement glorieux de Jésus-Christ.

Pour ne laisser au pieux lecteur, autant qu'il sera possible, aucune difficulté sur ce chapitre, je l'avertirai encore que le règne de Jésus-Christ dont il y est parlé, se prend en diverses manières dans ce divin livre : quelquefois en un sens moins étendu pour le temps du triomphe de l'Eglise après les persécutions de Rome lorsque les royaumes de la terre sont soumis à Jésus-Christ par les empereurs chrétiens, xi, 15; xii, 10; et quelquefois absolument, lorsque Jésus-Christ ressuscité entre en sa gloire, où il

---

[1] Hier., VIII, xiv. — [2] *Dan.*, viii, 14. — [3] *Apoc.*, xiii, 1, 11. — — [4] *Apoc.*, xi, 2 ; xii, 4 et suiv.; xiii, etc.

règne avec ses Saints, comme il est porté, *Apoc.*, ii, 26; iii, 21; vii, 15, 16, 17; xiv, 4, 5. Et c'est manifestement, comme on a vu, du règne pris en ce sens que se doit entendre le chapitre xx, en y joignant, comme il a aussi été remarqué, la manifestation de la gloire de Jésus-Christ et de ses Saints sur la terre, et la dernière consommation du règne de Dieu à la fin des siècles, lorsque tous ses ennemis seront à ses pieds et tous ses élus recueillis.

Quant à l'opinion de ceux qui veulent que les mille ans s'accomplissent longtemps avant la fin des siècles, et qu'ils soient même déjà accomplis, j'y ai consenti à condition que ce seroit sans préjudicier au dernier et parfait accomplissement, qui est celui qu'on vient de voir : ce qui peut-être n'empêche pas qu'il n'y ait encore d'autres termes prévus par le Saint-Esprit, où cette prédiction recevra quelque sorte d'accomplissement.

Grotius et quelques autres font commencer les mille ans du règne de Jésus-Christ avec ses martyrs en l'an 313, lorsque Constantin fit cesser les persécutions et qu'il établit la paix de l'Eglise par cent glorieux édits. Ils remarquent que depuis ce temps le diable a eu moins de puissance pour tromper les hommes; mais que mille ans après, le treizième siècle étant écoulé, la puissance Ottomane commença à se déclarer sous Orcam, fils d'Ottoman, et à peu près dans le même temps, les erreurs de Viclef suivies de celles de Jean Hus, des hussites et des luthériens, ravagèrent l'Eglise.

Alors le règne des Saints jusqu'alors si respecté par tous les fidèles, qui reconnoissoient les miracles que Dieu faisoit pour les honorer, fut attaqué par ces hérétiques qui se moquèrent de ces miracles et de la vertu qu'on attribuoit à l'intercession des Saints; et c'est là qu'ils mettent le déchaînement de Satan. Ils y rapportent aussi le grand schisme de l'Occident dans le quatorzième siècle, avec les malheurs dont il fut suivi : mais je trouve des événemens plus marqués longtemps avant cette date. La puissance des successeurs de Mahomet est bien plus considérable en toutes manières que ne le fut alors celle des Turcs; et les hérésies des Albigeois et des Vaudois furent bien plus funestes à l'Eglise que celle de Viclef renfermée en Angleterre et en Bohême. Au surplus, quoiqu'il soit vrai que ses disciples aient attaqué le règne des Saints, au sens que Grotius remarque très-bien, nous avons vu ailleurs [1] que Viclef et Hus en conservèrent l'invocation et les reliques : mais les Albigeois les rejetèrent à l'exemple des manichéens, leurs prédécesseurs; et en cela ils furent imités par les Vaudois. Qu'il nous soit donc permis de reprendre de plus haut avec saint Jean le règne de Jésus-Christ, qui, à vrai dire, commence à sa mort et à sa résurrection. Dès lors Satan est lié, vaincu, désarmé, mené en triomphe, comme on vient de le marquer par l'Evangile et par saint Paul. Depuis ce temps la séduction de Satan est allée toujours en diminuant par la prédication de l'Evangile : ainsi Jésus-Christ régnoit et conquéroit les nations. Les martyrs régnoient avec lui en triomphant du monde, en convertissant les peuples, en faisant des miracles inouïs jusqu'alors, et pendant leur vie et après leur mort. Mille ans durant l'Eglise n'a souffert aucune diminution sensible; le nom chrétien et la communion catholique subsistoient toujours partout où l'Evangile avoit été prêché. L'Afrique avoit encore des églises chrétiennes. L'Orient n'avoit pas encore rompu avec l'Occident, et cependant les pays du Nord venoient en foule. La discipline se soutenoit, quoiqu'elle souffrît quelque affoiblissement, et on travailloit perpétuellement à lui rendre toute sa vigueur par les canons. Les maximes du moins étoient en leur entier, comme on le pourroit montrer par les conciles qui se tenoient alors, où l'on trouve dans le gouvernement ecclésiastique cette ancienne séve et cette ancienne vigueur du christianisme; et les règles n'avoient point encore été affoiblies par tant de dispenses et par tant d'interprétations relâchées : témoin les collections de Réginon, d'Atton de Verceil, de Burchard et les autres. Sur la fin, et dans le dixième siècle, l'Eglise romaine souffrit un grand obscurcissement par la tyrannie des seigneurs romains, qui mettoient par force leurs enfans et leurs créatures dans la chaire de saint Pierre : mais tout cela étoit un effet de la violence plutôt que de la séduction; et Dieu, pour montrer qu'il tenoit encore Satan enchaîné, ne lui permit pas alors de séduire les peuples, ni de faire naître en ce siècle aucune hérésie.

---

[1] *Variations,* liv. XI.

## CHAPITRE XX.

Après l'an mil de Notre-Seigneur, tout alla manifestement en diminuant, et les scandales se multiplièrent : la discipline se relâchoit visiblement : on en voyoit l'affoiblissement dans celui de la pénitence canonique. Le refroidissement de la charité prédit par Notre-Seigneur, *Matth.*, xxiv, 11, 12, parut dans le schisme des Grecs, qui rompirent ouvertement avec l'Eglise romaine en l'an 1050, sous le pape saint Léon IX et le patriarche Michel Cérularius ; dans les guerres entre les Papes et les empereurs ; dans les jalousies des deux puissances, et les entreprises des uns sur les autres ; dans les oppositions entre le clergé et les religieux ; dans les schismes fréquens de l'Eglise romaine ; et enfin dans le grand schisme arrivé après Grégoire XI, qui acheva de ruiner la discipline et d'introduire la licence et la corruption dans le clergé : la foi même fut attaquée d'une manière plus couverte, et en cela plus pernicieuse que jamais, par les manichéens qui vinrent de Bulgarie. Nous en avons fait l'histoire dans le livre XI *des Variations,* où l'on peut voir la multitude effroyable, les artifices et la séduction de ces hérétiques, qui réprimés souvent par saint Augustin, par saint Léon, par saint Gélase et les autres Papes, se cantonnèrent dans quelques provinces d'Orient, d'où ils se répandirent en Occident après l'an mil : car on les voit paroître la première fois en 1017, sous le roi Robert et au concile d'Orléans, où ils furent condamnés au feu par ce prince, autant pour leurs maléfices et leurs sacriléges que pour leurs erreurs. En même temps il s'en trouve une infinité en Italie, en France et en Allemagne. Le caractère particulier de ces hérétiques étoit d'inspirer la haine contre l'Eglise romaine. Cependant les manichéens, sous mille noms différens de *Pétrobusiens*, d'*Henriciens*, d'*Albigeois*, de *Patariens*, de *Poplicains* et de tant d'autres, gagnoient insensiblement. Le mariage étoit défendu ; « les viandes que Dieu avoit créées étoient déclarées immondes » par les maximes de ces hérétiques ; et on y voyoit tous les caractères de cette hérésie des derniers temps, marquée si expressément dans saint Paul, I *Tim.,* iv, 1. Cette peste de manichéens étoit d'autant plus dangereuse, qu'elle étoit cachée ; ces hérétiques se mêlant parmi les fidèles et y répandant leur poison, non-seulement sous l'apparence du culte catholique, mais encore sous l'extérieur de la piété et sous le masque de la plus fine hypocrisie, comme on le peut voir amplement dans le lieu déjà allégué *des Variations* et par les sermons 65 et 66 de saint Bernard *sur les Cantiques.* Il n'est donc pas ici question de chercher des violences exercées par ces nouveaux persécuteurs; c'est une affaire de séduction et d'artifice. Ces nouveaux Gog et Magog, cette nation ennemie du peuple de Dieu couvrit toute la face de la terre. Pour mieux porter le caractère de Gog, ils étoient originaires de la Gogarenne, province d'Arménie où ils s'étoient cantonnés; et ils venoient des Bulgares, nation scythique, dont on sait que Magog a été la source. Partout les églises et le camp des Saints étoient assiégés et environnés par ces hérétiques; et s'il faut de véritables combats, les guerres sanglantes des Albigeois nous en fourniront assez. Ç'a donc été un prodigieux déchaînement de Satan. Rien n'empêche qu'il n'en arrive beaucoup de semblables qui nous préparent au dernier. L'apostasie de Luther tient beaucoup de ce caractère, comme nous l'avons démontré ailleurs. Au reste nous avons aussi remarqué qu'un des caractères des hérésies est de n'avoir pas un temps complet [1], c'est-à-dire de durer peu à comparaison de l'Eglise, qui est éternelle et dont la perpétuelle stabilité est figurée par le nombre parfait de mille ans. Le feu du ciel sera ici, après les anathèmes de l'Eglise, la vengeance céleste sur ces hérétiques factieux : mais tout cela au fond n'est qu'une figure, dont le parfait et véritable accomplissement est réservé à la fin des siècles, où le feu du ciel paroîtra visiblement, et où le déchaînement en effet sera très-court, parce que Dieu, qui aura pitié de ses élus, abrégera pour l'amour d'eux le temps d'une tentation si dangereuse, *Matth.,* XXIV, 22.

*Réflexions sur l'opinion des millénaires : Passage de saint Justin falsifié par les protestans.*

Papias, très-ancien auteur, mais « d'un très-petit esprit [2], » ayant pris trop grossièrement certains discours des apôtres, que leurs disciples lui avoient rapportés, introduisit dans l'Eglise ce

---

[1] *Apoc.,* IX, 5, 10. — [2] Euseb., III, XXXIX; Hieron., *in Pap.*

règne de Jésus-Christ, dont il a été parlé, durant mille ans dans une terrestre Jérusalem magnifiquement rebâtie, où la gloire de Dieu éclateroit d'une manière admirable, où Jésus-Christ régneroit visiblement avec ses martyrs ressuscités, où à la fin néanmoins les Saints seroient attaqués et leurs ennemis consumés par le feu du ciel, après quoi se feroit la résurrection générale et le jugement dernier. Cette opinion disparut dans la grande lumière du quatrième siècle, en sorte qu'on n'en voit presque plus aucun vestige : mais comme quelques protestans, qui tâchent de la relever, veulent persuader au monde qu'elle est établie par une tradition constante des trois premiers siècles, je crois devoir dire un mot sur un passage de saint Justin dont ils abusent. Joseph Mède, qui nous oppose ce passage [1], a fait deux grandes fautes : l'une de suivre, comme nous verrons, une version infidèle ; et l'autre, d'y ajouter une insigne falsification.

Le passage dont il s'agit est tiré du *Dialogue avec Tryphon*, et le voici traduit de mot à mot sur le grec. Tryphon demande à saint Justin s'il est vrai que les chrétiens reconnoissent que la ville de Jérusalem sera rebâtie, et que Jésus-Christ y régnera avec les patriarches et les prophètes, et avec les autres justes de la nation judaïque. Sur quoi saint Justin lui répond ainsi : « Je vous ai déjà déclaré que je croyois avec PLUSIEURS AUTRES que la chose arriveroit en cette manière qui est connue parmi vous : mais qu'il y en avoit PLUSIEURS DE LA PURE ET RELIGIEUSE DOCTRINE DES CHRÉTIENS, qui n'étoient pas de ce sentiment [2]. » Voilà d'abord ce sentiment du règne de Jésus-Christ sur la terre rapporté, non pas comme un sentiment universel, mais comme le sentiment de saint Justin *et de plusieurs autres*. Non content de parler ainsi, il ajoute en termes formels, qu'il y a des chrétiens *de pure et religieuse doctrine*, c'est-à-dire *de bonne et saine croyance* qui n'étoient pas de cette opinion, et par conséquent on voit par lui-même que le sentiment qu'il suit avec plusieurs autres chrétiens, étoit tenu pour indifférent dans l'Eglise. Joseph Mède, qui a prétendu le contraire, n'a trouvé d'autre moyen d'éluder ce passage qu'en y ajoutant une négative ; et au lieu que saint Justin a dit que plusieurs *qui*

---

[1] Joseph. Med., *Comm. in Apoc.*, p. 533. — [2] *Dial. cum. Tryph.*, p. 306, n. 80

*sont de la pure et religieuse doctrine des chrétiens* ne sont pas de ce sentiment, il a mis du sien *plusieurs qui ne sont pas de cette pure et saine doctrine;* ce qui, non-seulement n'est pas dans le texte, mais encore n'y peut pas être, comme ceux qui le liront dans l'original et qui le compareront au passage, comme il est cité par Joseph Mède, le reconnoîtront aisément. L'autre faute qu'il a commise est d'avoir suivi une mauvaise version : mais voici la suite du texte fidèlement traduit sur le grec. Après que saint Justin a déclaré qu'il y avoit des chrétiens purs et orthodoxes qui n'étoient pas de son sentiment sur le règne de mille ans, il continue son discours en cette sorte : « Je vous ai dit outre cela, qu'il y en a qu'on appelle chrétiens, mais qui en effet sont des hérétiques sans religion et sans piété, qui enseignent des choses pleines de blasphèmes. Or, afin que vous sachiez que je ne veux pas dire cela seul, je ramasserai, autant qu'il sera possible, tout ce qu'on dit parmi nous sur ces matières, et j'écrirai ce que je vous ai déclaré que je reconnois. Car encore que vous ayez rencontré des hommes, qui non-seulement ne confessent pas ces choses, mais encore qui blasphèment contre le Dieu d'Abraham, d'Israël ou de Jacob, et qui disent qu'il n'y a point de résurrection des morts, mais qu'incontinent après la mort les ames sont reçues dans le ciel (sans en sortir jamais pour venir reprendre leurs corps), ne les prenez pas pour des chrétiens, comme vous ne prenez pas pour Juifs les sadducéens et les autres sectes semblables. Pour moi et tous ceux qui ont des sentimens droits, et sont chrétiens en tout et partout (outre les choses que nous venons de dire du Dieu d'Abraham), nous croyons encore la résurrection de la chair; et les prophètes Ezéchiel, Isaïe et les autres reconnoissent qu'on doit passer ces mille ans dans Jérusalem, après qu'elle aura été rebâtie et augmentée. » On voit ici la différence qu'il y a entre ce que croyoient tous les véritables chrétiens, c'est-à-dire la divinité du Dieu d'Abraham et la résurrection, et ce que saint Justin et quelques autres croyoient devoir ajouter à cette foi selon les témoignages des prophètes, c'est-à-dire le règne de mille ans. Mais Joseph Mède pour confondre cette opinion dont saint Justin avoit reconnu que tous les vrais chrétiens n'étoient pas d'accord avec ce qu'ils croient tous unanimement, a suivi l'interprète qui a mal traduit : *Pour moi et tous les chrétiens, nous croyons et la résurrection générale, et le règne de mille ans, selon que les prophètes le reconnoissent ;* ce qui fait tomber la foi également sur le règne de mille ans et sur la résurrection, contre la vérité de l'original. C'est donc en particulier le sentiment de saint Justin et de plusieurs autres, que les prophètes ont prédit ce règne de Jésus-Christ sur la terre : mais il paroît clairement que les autres orthodoxes n'en étoient pas d'accord. Et en effet outre que ce sentiment ne se trouve ni dans saint Clément d'Alexandrie, ni dans saint Cyprien, ni dans Origène, et qu'au contraire les principes que ces Pères posent sont contraires à ce système, on sait d'ailleurs qu'il a été expressément combattu par Caïus et par saint Denys d'Alexandrie, une des plus vives lumières du troisième siècle, comme il paroît par Eusèbe et par saint Jérôme [1].

Au reste il est aisé de voir que le xx⁰ chapitre de l'*Apocalypse*, qui a donné lieu à l'erreur, doit être pris en un sens spirituel. Cette première résurrection que saint Jean y attribue aux martyrs, ne regarde visiblement que les ames seules qui vont commencer avec Jésus-Christ une vie nouvelle incontinent après la mort corporelle, comme il résulte de nos remarques sur les versets 4, 5, 6, 12, 13. Et du reste les ministres mêmes, qui après tant d'éclaircissemens de la doctrine de ce chapitre donnés par saint Augustin et les autres Pères, ne rougissent pas d'en revenir à ces restes du judaïsme, ont si bien senti l'absurdité de faire attaquer par des nations assemblées un peuple ressuscité, et une ville où Jésus-Christ régneroit avec une si claire manifestation de sa gloire, qu'ils ont été contraints d'abandonner en ce point la lettre qui les a trompés : car au lieu que s'il falloit entendre à la lettre ce règne de Jésus-Christ sur la terre avec ses martyrs, il faudroit dire que tous les martyrs, « du moins les anciens, » comme parle M. Jurieu [2], ressusciteront avant tous les autres morts : ce ministre, qui a rougi de faire attaquer par des mains mortelles tant de Saints ressuscités et glorieux, laisse en doute

---

[1] Euseb., III, xxviii, xxix ; VII, xxiv ; Hier., *De Scrip. Ecc.*, in Dionys. Alex., et Præf. in lib. XVIII, *in Esa.*— [2] Jur. *Acc. des Proph.*, p. II, chap. xxii et xxiii.

s'il ne faut pas se réduire à ressusciter les apôtres, quoique saint Jean n'en parle pas plus que des autres, et qu'au contraire il fasse revivre en même temps tous les décollés, c'est-à-dire, comme on a vu, tous les martyrs : et au lieu qu'il faudroit aussi, pour suivre la lettre, faire demeurer Jésus-Christ avec ses martyrs, puisque c'étoit avec eux qu'il devoit régner sur la terre; ce ministre, qui n'a pas osé soutenir qu'on pût attaquer Jésus-Christ dans sa majesté et dans sa gloire, trouve bon qu'après une apparition éclatante, il se retire dans les cieux, après néanmoins en avoir ôté avec les apôtres un des plus beaux ornemens et les chefs du troupeau racheté. Mais où prend-il ces distinctions ? Dans le sens spirituel qu'il rejette ou dans le sens littéral, où il n'y en a aucun vestige ? Il n'y a que ces interprètes licencieux qui en nous vantant l'Ecriture, se donnent la liberté d'en prendre et d'en laisser ce qu'il leur plaît, et de tourner le reste à leur fantaisie. Mais où est-ce que ce ministre a trouvé qu'il y ait trois avénemens de Jésus-Christ, et plus d'un avénement glorieux ? Les anciens millénaires du moins n'en reconnoissoient qu'un seul avec l'Ecriture; et après être descendu en sa gloire, Jésus-Christ demeuroit mille ans sur la terre, d'où il ne retournoit au ciel qu'après avoir jugé les vivans et les morts. Mais le ministre sans se soucier ni des Ecritures, ni des Pères, qu'il fait semblant de vouloir suivre, fait aller et venir Jésus-Christ comme il lui plaît : et que devient donc ce passage qui nous est tant objecté par les ministres, que « il faut que le ciel contienne Jésus-Christ, jusqu'à ce que toutes choses soient rétablies ? » *Act.*, III, 21. Le ministre en a trouvé le dénouement : c'est qu'il n'y aura qu'une *petite interruption* qui ne méritoit pas d'être comptée, quelque extraordinaire et quelque éclatante qu'on la figure d'ailleurs[1]. Mais après tout que gagne-t-on en se jouant ainsi de l'Ecriture ? Il en faut toujours venir à la question : Si l'on peut trouver vraisemblable que des mortels viennent attaquer une ville que Jésus-Christ protégera si visiblement, où après avoir paru de la manière du monde la plus éclatante, il laissera pour la gouverner douze hommes ressuscités, immortels, invulnérables, et en un mot af-

---

[1] Jur., *Acc. des Proph.*, p. II, chap. XXIII.

franchis de toutes les infirmités humaines? Que dirai-je de la nouvelle doctrine de ce hardi théologien qui hasarde tout ; qui pour soutenir son système, ose dire que Jésus-Christ ne règne pas à présent [1] ; que l'Eglise n'est pas le royaume des cieux ; que nous-mêmes nous ne sommes pas le royaume de Jésus-Christ ; que Jésus-Christ ne régnera plus après le dernier jugement, et ses élus encore moins, malgré ce qu'il leur dira en les jugeant : « Venez posséder le royaume qui vous a été préparé, » *Matth.*, xxv, 34, et en un mot, qu'il n'est roi que durant ces mille ans imaginaires? Dans quelles erreurs faut-il être pour enseigner de tels prodiges à des chrétiens, et combien sont à plaindre ceux qui écoutent un tel homme comme un prophète! Concluons donc que tout ce qu'on dit de ce règne de mille ans, pris à la lettre, engage en des absurdités inexplicables; que le Fils de l'homme ne viendra plus visiblement qu'une fois, lorsqu'il paroîtra en sa gloire sur une nuée, et que ceux qui l'auront percé le verront prêt à les juger; que lorsqu'il viendra en cette sorte, il ne sera pas mille ans à tenir ses saints sur la terre; qu'il prononcera aussitôt son irrévocable jugement et ira régner avec eux éternellement dans le ciel. Croyons, dis-je, toutes ces choses, et laissons aux interprètes protestans ces restes des opinions judaïques, que la lumière de l'Eglise a entièrement dissipées depuis treize cents ans.

## TROISIÈME PARTIE DE LA PROPHÉTIE.
# LES PROMESSES.

### CHAPITRE XXI.
*La nouvelle Jérusalem, ou la demeure des Bienheureux.*

1. Je vis alors un ciel nouveau et une terre nouvelle ; car le premier ciel et la première terre avoient disparu, et la mer n'étoit plus.

---

[1] Jur., *Acc. des Proph.*, p. II, chap. XXIII et suiv.

2. Et moi, Jean, je vis descendre du ciel la sainte cité, la nouvelle Jérusalem qui venoit de Dieu, parée comme l'est une épouse pour son époux.

3. Et j'entendis une voix forte sortie du trône, qui disoit : Voici le tabernacle de Dieu avec les hommes, et il demeurera avec eux. Ils seront son peuple, et Dieu au milieu d'eux sera leur Dieu.

4. Dieu essuiera toutes larmes de leurs yeux ; et il n'y aura plus ni mort, ni cris, ni douleur, parce que les premières choses sont passées.

5. Alors celui qui étoit assis sur le trône, dit : Je vais faire toutes choses nouvelles. Et il me dit : Ecris, car ces paroles sont très-certaines et très-véritables.

6. Il me dit encore : C'en est fait, je suis l'alpha et l'oméga, le commencement et la fin. Je donnerai gratuitement à boire de la fontaine d'eau vive à celui qui a soif.

7. Celui qui vaincra, possédera ces choses (*a*), et je serai son Dieu, et il sera mon fils.

8. Mais pour les timides, les incrédules, les exécrables, les homicides, les fornicateurs, les empoisonneurs, les idolâtres, et tous les menteurs, ils auront leur part dans l'étang brûlant de feu et de soufre, qui est la seconde mort.

9. Il vint alors un des sept anges qui tenoient les sept coupes pleines des sept dernières plaies ; il me parla et il me dit : Venez, et je vous montrerai l'Epouse, qui est la femme de l'Agneau.

10. Il me transporta en esprit sur une grande et haute montagne ; et il me montra la sainte cité de Jérusalem (*b*) qui descendoit du ciel d'auprès de Dieu.

11. Illuminée de la clarté de Dieu (*c*) : sa lumière étoit semblable à une pierre précieuse, telle qu'une pierre de jaspe transparente comme du cristal.

12. Elle avoit une grande et haute muraille et douze portes, et douze anges aux portes, et des noms écrits, qui étoient les noms des douze tribus des enfans d'Israël.

(*a*) *Grec* : Héritera de toutes ces choses. — (*b*) La grande Cité, la sainte Jérusalem. — (*c*) Revêtue de la gloire de Dieu.

13. Il y avoit trois de ces portes à l'Orient, trois au Septentrion, trois au Midi et trois à l'Occident.

14. La muraille de la ville avoit douze fondemens, où étoient les douze noms des douze apôtres de l'Agneau (a).

15. Celui qui me parloit, avoit une canne d'or pour mesurer la ville, les portes et la muraille.

16. La ville étoit bâtie en carré, aussi longue que large. Il mesura la ville avec sa canne d'or, jusqu'à l'étendue de douze mille stades ; et sa longueur, sa largeur et sa hauteur sont égales.

17. Il en mesura aussi la muraille, qui étoit de cent quarante-quatre coudées de mesure d'homme, qui étoit celle de l'ange.

18. La muraille étoit bâtie de pierre de jaspe ; mais la ville étoit d'un or pur, semblable à du verre très-clair.

19. Les fondemens de la muraille de la ville étoient ornés de toutes sortes de pierres précieuses. Le premier fondement étoit de jaspe, le second de saphir, le troisième de calcédoine, le quatrième d'émeraude.

20. Le cinquième de sardonix, le sixième de sardoine, le septième de chrysolite, le huitième de béril, le neuvième de topaze, le dixième de chrysoprase, l'onzième d'hyacinthe, le douzième d'améthyste.

21. Les douze portes étoient de douze perles ; et chaque porte étoit faite de chaque perle ; et la place de la ville étoit d'un or pur comme du verre transparent.

22. Je ne vis point de temple dans la ville, parce que le Seigneur Dieu tout-puissant et l'Agneau en est le temple.

23. Et la ville n'a pas besoin du soleil ni de la lune pour l'éclairer, parce que la gloire de Dieu l'éclaire et que l'Agneau en est la lampe.

24. Les nations marcheront à sa lumière, et les rois de la terre y apporteront leur gloire et leur honneur.

25. Ses portes ne se fermeront point de jour : car de nuit, il n'y en aura point dans ce lieu.

26. On y apportera la gloire et l'honneur des nations.

27. Il n'y entrera rien de souillé, ni aucun de ceux qui com-

(a) *Grec* : Les noms des douze apôtres.

mettent l'abomination et le mensonge ; mais ceux-là seulement qui sont écrits dans le livre de vie de l'Agneau.

### EXPLICATION DU CHAPITRE XXI.

1. *Je vis..... un ciel nouveau.* Après toutes les choses qu'on vient de voir, qui contiennent l'histoire de l'Eglise autant qu'il a plu à Dieu de nous la révéler, il ne reste plus à parler que des promesses de la béatitude céleste : et c'est ce que saint Jean va faire d'une manière admirable dans ces deux derniers chapitres.

*Car le premier ciel et la première terre avoient disparu,* par un changement en mieux et une perfection toute nouvelle, comme l'entendent tous les interprètes. *Et la mer n'étoit plus :* et il n'y avoit plus d'agitation ni de tempête. Saint Pierre nous fait bien entendre que ce n'est pas une destruction totale, mais un changement, lorsqu'il dit que comme « l'ancien monde a péri par l'eau, » ainsi « celui qui est à présent est réservé au feu, » II *Petr.,* III, 6, 7.

2. *Je vis descendre du ciel.* Saint Jean nous marque la chose comme il la vit en esprit : et c'étoit une ville qui venoit d'en haut, portée en l'air, et apparemment s'approchoit de lui peu à peu ; ce qui dans le sens mystique veut dire que l'Eglise qui est dans le ciel, est la même que celle qui est sur la terre ; que c'est du ciel en effet que nous sommes citoyens ; et que c'est de là que descendent toutes nos lumières et nos graces, comme il paroîtra encore XXII, 2.

*Comme une épouse pour son époux.* Beau caractère d'épouse, et belle instruction pour les femmes chrétiennes, de ne se parer que pour leurs époux : la parure en ce cas sera modeste.

3. *Voici le tabernacle de Dieu avec les hommes.* C'est l'accomplissement de la promesse du *Lévitique,* XXVI, 11, 12 : « Je mettrai mon tabernacle au milieu de vous, » etc.

6. *C'en est fait;* tout l'ouvrage de Dieu est accompli ; la mort, qui étoit « la dernière ennemie, » I *Cor.,* XV, 26, est détruite, et il n'y a plus rien à désirer pour les Saints.

7. *Il sera mon Fils :* comme il est dit de Salomon, II *Reg.,* VII, 14. La filiation de Jésus-Christ sera étendue à tous les élus

qui auront part à son héritage. C'est pourquoi dans ce verset même et dans les paroles qui précèdent celles-ci, au lieu de *possédera ces choses*, le grec lit : *Héritera de toutes ces choses*.

8. *Mais les timides et les incrédules :* la crainte est la mère de la défiance et de l'incrédulité. *La mort seconde*, ci-dessus, xx, 5, 6, 14.

9. *Il vint un des sept anges :* c'est encore un de ces sept anges qui lui fait voir la grande prostituée, xvii, 1, 2, 3.

10. *Il me transporta en esprit sur une grande et haute montagne*. Il voit la prostituée « dans le désert, » xvii, 3, dans un lieu affreux et dans une terre inculte ; et pour l'Epouse, il la voit étant élevée sur une haute montagne par la contemplation.

12. *Douze portes*.—13. *Trois portes à l'Orient :*... de même dans Ezéchiel, xlviii, 31, etc.

15. *Celui qui me parloit avoit une canne d'or*, Ezéchiel, xl, 3 ; *sup*. xi, 1. Tout est mesuré, tout est compté dans la Jérusalem céleste.

16. *La ville en carré* signifie la stabilité et la consistance parfaite. *Douze mille stades :* on a vu pourquoi ce nombre est sacré dans l'Ancien et dans le Nouveau Testament, iv, 4 ; vii, 4, 5, etc. Et la même chose paroîtra dans le verset suivant.

17. *Il mesura la muraille... cent quarante-quatre coudées*. C'est l'épaisseur de la muraille qui en marque la solidité, et partout une fermeté imperturbable. On voit toujours que ce sont ici des nombres mystiques. Ce qu'il faut observer en celui-ci, c'est que la racine est douze, à cause des douze tribus et des douze apôtres, comme on a dit souvent. Au reste tout y est carré et compose un cube parfait ; ce qui marque la parfaite stabilité ; et toutes ces grandes mesures marquent le nombre des élus, grand en soi, quoique petit à comparaison du nombre des réprouvés. *De mesure d'homme, qui est celle de l'ange :* selon cette parole de Notre-Seigneur : « Ils seront égaux aux anges, » *Luc*, xx, 36, outre que l'ange paroissoit en figure d'homme ; et saint Jean a peut-être aussi voulu marquer qu'il ne lui avoit rien paru d'extraordinaire dans sa taille.

19, 20. *De toutes sortes de pierres précieuses*, dont les diverses beautés représentent très-bien les dons divers que Dieu a mis dans ses élus, et les divers degrés de gloire que saint Paul explique d'une autre façon par la comparaison des étoiles. « Une étoile diffère en clarté d'une autre étoile, » I *Cor.*, xv, 41. Remarquez aussi que les pierres précieuses sont ici presque les mêmes qui composent le Rational du souverain Pontife, *Exod.*, xxviii. Voyez aussi *Tob.*, xiii, 21 et suiv.

22. *Je ne vis point de temple :* pour nous faire voir que ce qu'avoit vu Ezéchiel du nouveau temple et de la nouvelle Jérusalem, xli et suiv., n'auroit qu'un accomplissement spirituel, dont nous verrons quelque chose dans la suite.

24. *Les nations marcheront à sa lumière...* Voyez ci-dessous, xxii, 2.

25. *Et ses portes ne se fermeront point de jour.* Isaïe avoit dit : « Ses portes ne se fermeront ni jour ni nuit, lx, 11. Saint Jean ajoute *qu'il n'y aura point de nuit* dans cette cité bienheureuse.

## CHAPITRE XXII.

*Gloire éternelle. Quels sont ceux qui en jouiront, et ceux qui en seront exclus. Le jugement est proche. Jésus viendra bientôt, et toute ame sainte le désire. Menaces contre celui qui ajoutera à ce livre ou en retranchera quelque chose. Jésus lui-même est auteur de cette prophétie.*

1. Il me montra aussi un fleuve (*a*) d'eau vive, clair comme du cristal, qui sortoit du trône de Dieu et de l'Agneau.

2. Au milieu de la place de la ville, sur les deux rivages du fleuve, étoit l'arbre de vie, qui porte douze fruits et rend son fruit chaque mois, et les feuilles de l'arbre sont pour guérir les nations.

3. Il n'y aura plus là aucune malédiction; mais le trône de Dieu et de l'Agneau y sera, et ses serviteurs le serviront.

4. Ils verront sa face, et ils auront son nom écrit sur le front.

5. Il n'y aura plus là de nuit; et ils n'auront pas besoin de lampes ni de la lumière du soleil, parce que le Seigneur Dieu les éclairera; et ils régneront dans les siècles des siècles.

(*a*) *Grec :* Fleuve pur.

## CHAPITRE XXII.

6. Et il me dit : Ces paroles sont très-certaines et très-véritables : et le Seigneur Dieu des esprits des prophètes (a) a envoyé son ange pour découvrir à ses serviteurs ce qui doit arriver bientôt.

7. Je viendrai bientôt. Heureux celui qui garde les paroles de la prophétie de ce Livre.

8. C'est moi Jean qui ai entendu et qui ai vu ces choses. Et après les avoir entendues et les avoir vues, je me jetai aux pieds de l'ange qui me les montroit, pour l'adorer.

9. Mais il me dit : Gardez-vous bien de le faire : car je suis serviteur comme vous, et comme vos frères les prophètes, et comme ceux qui gardent les paroles de ce Livre : adorez Dieu.

10. Il me dit ensuite : Ne scellez point les paroles de la prophétie de ce Livre; car le temps est proche.

11. Que celui qui fait l'injustice, la fasse encore : que celui qui est souillé, se souille encore : que celui qui est juste, devienne encore plus juste; et que celui qui est saint, se sanctifie encore.

12. Je viendrai bientôt, et j'aurai ma récompense avec moi, pour rendre à chacun selon ses œuvres.

13. Je suis l'alpha et l'oméga, le premier et le dernier, le commencement et la fin.

14. Heureux ceux qui lavent leurs vêtemens dans le sang de l'Agneau (b), afin qu'ils aient droit à l'arbre de vie, et qu'ils entrent dans la ville par les portes!

15. Loin d'ici les chiens, les empoisonneurs, les impudiques, les homicides, les idolâtres et quiconque aime et fait le mensonge.

16. Moi Jésus, j'ai envoyé mon ange pour vous rendre témoignage de ces choses dans les églises. Je suis le rejeton et le fils de David, l'étoile brillante, l'étoile du matin.

17. L'Esprit et l'Epouse disent : venez... Que celui qui écoute, dise : Venez. Que celui qui a soif, vienne; et que celui qui le désire, reçoive gratuitement l'eau de la vie.

18. Mais je proteste à tous ceux qui entendent les paroles de

---

(a) *Grec :* Le Seigneur Dieu des saints prophètes. — (b) Qui font les commandements, *c'est-à-dire de Dieu ou de l'Agneau.*

la prophétie de ce Livre, que si quelqu'un y ajoute, Dieu le frappera des plaies qui sont écrites dans ce Livre.

19. Et que si quelqu'un retranche quelque parole du Livre de cette prophétie, Dieu l'effacera du livre de vie, et l'exclura de la sainte cité, et lui ôtera sa part des promesses qui sont écrites dans ce Livre.

20. Celui qui rend témoignage de ces choses, dit : Oui, je viendrai bientôt. *Amen.* Venez, Seigneur Jésus.

21. Que la grace de Notre-Seigneur Jésus-Christ soit avec tous. *Amen.*

**EXPLICATION DU CHAPITRE XXII ET DERNIER.**

1. *Il me montra un fleuve d'eau vive.* Le grec ajoute, *pur.* C'est la félicité éternelle, figurée par les eaux du temple d'Ezéchiel, XLVII, 1. Et le Saint-Esprit continue à nous faire voir qu'il n'y a point d'autre accomplissement de ce temple du prophète, que celui qui nous est ici montré par saint Jean.

2. *Sur les deux rivages du fleuve, l'arbre de vie...* Imité d'Ezéchiel, XLVII, 12. L'arbre de vie nous fait voir que l'immortalité nous sera rendue, comme ci-dessus, II, 7. *Pour guérir les nations;* cette parole et celle du verset 24, *sup.,* XXI : *Les nations marcheront à sa lumière,* semblent marquer l'Eglise présente ; mais c'est que c'est la même. Les remèdes dont se sert l'Eglise qui est sur la terre, viennent d'en haut, et toute la gloire que les gentils convertis y apportent est transportée dans le ciel. Voyez XXI, 2.

5. *Ni de la lumière du soleil.* Isaïe avoit dit, LX, 20 : « Ton soleil ne se couchera pas, et ta lune ne sera pas diminuée. » Ici Dieu est lui-même le soleil ; et il n'y a point de lune, plus rien qui diminue, plus de changement : c'est pourquoi la femme, qui signifie l'Eglise, avoit la lune sous ses pieds, *sup.,* XII, 1.

8. *Aux pieds de l'ange pour l'adorer.* Voyez XIX, 10.

10. *Ne scellez pas...* Voyez Apoc., I, 1, 3 ; V, 1.

11. *Que celui qui fait l'injustice, la fasse encore...* Dieu souffre encore le mal durant quelque temps ; mais alors il n'y aura aucun mal, et tout le bien sera consommé.

12. *Je viendrai bientôt.* C'est Jésus-Christ qui parle, comme il paroît, verset 16.

**13.** *Je suis l'alpha et l'oméga.* Cette parole est attribuée à Dieu, *Apoc.*, I, 8, et à celui qui est sur le trône, XXI, 6, qui peut être, ou Dieu même, comme aux chapitres IV, 2; XX, 11; ou Jésus-Christ qui vient juger les vivans et les morts. Ici, constamment c'est Jésus-Christ, comme il paroît au verset 16, ce qui montre en tout et partout l'égalité du Père et du Fils.

**15.** *Loin d'ici les chiens, les impudiques*, etc. C'est ici comme un anathème divin pour exclure à jamais tous les pécheurs de cette sainte cité. Saint Jean avoit déjà dit qu'il *n'y entroit rien de souillé;* que *les incrédules* et les autres n'y avoient point de part, XXI, 8, 27. C'est ce qu'il répète en ce lieu d'une manière plus vive; et on diroit qu'il sort une voix du milieu de la cité sainte qui leur crie à tous : *Loin d'ici !* C'est aussi ce que sembloit imiter l'Eglise, lorsqu'à l'approche des mystères et dans le silence qui régnoit partout, la voix du diacre s'élevoit : « Que les catéchumènes se retirent; que les pénitens se retirent! » il faut être purifié pour demeurer ici. Je ne sais au reste s'il se trouvera aucun endroit de l'Ecriture où les terreurs soient mieux mêlées avec les consolations, qu'on les y voit dans ces deux derniers chapitres. Tout attire dans cette cité bienheureuse : tout y est riche et éclatant; mais aussi tout y inspire de la frayeur, car on nous y marque encore plus de pureté que de richesse. On ne sait comment on osera marcher dans ces places d'un or si pur, transparent comme du cristal; entrer dans ce lieu où tout brille de pierres précieuses, et seulement aborder de ces portes dont chacune est une perle : on tremble à cet aspect, et on ne voit que trop que tout ce qui est souillé n'en peut approcher. Mais d'autre côté on voit découler une fontaine qui nous purifie : c'est la grace et la pénitence, XXII, 1. On a le sang de Jésus-Christ, dont saint Jean venoit de dire : « Heureux celui qui lave son vêtement au sang de l'Agneau, afin qu'il ait droit à l'arbre de vie, et qu'il entre dans la ville par les portes! » XXII, 14.

**16.** *L'étoile brillante, l'étoile du matin*, comme ci-dessus, II, 28. C'est Jésus-Christ, « dont le nom est Orient, » *Zach.*, VI, 12, et dont il est écrit : « Il sortira une étoile de Jacob, » *Numer.*, XXIV, 17.

17. *Et l'Esprit et l'Epouse disent : Venez*. C'est l'esprit qui prie en nous, selon saint Paul, *Rom.*, VIII, 26, 27 ; et l'esprit de la prophétie qni parle à saint Jean dans tout ce Livre, c'est cet esprit qui dit : Venez, et qui nous fait désirer avec une ardeur immense le règne de Jésus-Christ. L'*Epouse :* L'Eglise ne cesse d'appeler l'Epoux par ses gémissemens ; comme l'Epouse dans le *Cantique* dit sans cesse : « Venez, mon bien-aimé. » *Que celui qui écoute, dise : Venez.* Que le fidèle imite le langage de la prophétie et de l'Epouse.

18. *Je proteste à tous ceux qui entendent...* C'est un avertissement à celui qui copiera cette prophétie, de le faire soigneusement et religieusement, à cause de l'importance des prédictions et de la curiosité de l'esprit humain, qui le porte à trop vouloir pénétrer dans l'avenir.

20. *Celui qui rend témoignage de ces choses, dit :* c'est Jésus-Christ qui a envoyé son ange, comme il le dit ci-dessus, verset 16, « pour rendre ce témoignage aux églises. » *Oui, je viendrai bientôt*. Jésus-Christ répond au désir de l'Esprit et de l'Epouse qui l'avoient appelé.

*Amen : venez, Seigneur Jésus.* L'ame fidèle ne cesse de l'inviter et de désirer son royaume. Admirable conclusion de l'Ecriture, qui commence à la création du monde, et finit à la consommation du règne de Dieu, qui est aussi appelé *la nouvelle création.*

Dieu fasse la grace à ceux qui liront cette prophétie, d'en répéter en silence les derniers versets et de goûter en leur cœur le plaisir d'être appelés de Jésus et de l'appeler en secret.

# ABRÉGÉ
# DE L'APOCALYPSE.

I. — Pourquoi cet abrégé : l'*Apocalypse* est une espèce d'histoire de l'Eglise, divisée en trois temps.

Comme nous nous sommes arrêtés à chaque partie de l'*Apocalypse*, ou pour prendre de temps en temps quelque repos dans cette espèce de voyage, ou plutôt pour considérer, à mesure que nous avancions, le progrès que nous avions fait, il faut encore nous arrêter à la fin de toute la course, puisque c'est après avoir vu tout ce divin Livre que nous pouvons nous en former une idée plus juste par une pleine compréhension de tout l'ouvrage de Dieu qui nous y est représenté.

En voici donc l'abrégé. Jésus-Christ paroît : les églises sont averties : c'est Jésus lui-même qui leur parle par saint Jean pour leur apprendre leur devoir, et en même temps son Saint-Esprit leur fait des promesses magnifiques. Jésus-Christ appelle saint Jean pour lui découvrir les secrets de l'avenir, et ce qui devoit arriver à son Eglise, depuis le temps où il lui parloit jusqu'à la fin des siècles et à l'entier accomplissement de tout le dessein de Dieu [1]. Il y a trois temps de l'Eglise bien marqués : celui de son commencement et de ses premières souffrances, celui de son règne sur la terre, celui de sa dernière tentation [2], lorsque Satan déchaîné pour la dernière fois, fera un dernier effort pour la détruire [3]; ce qui est suivi aussitôt par la résurrection générale et le jugement dernier [4]. Après quoi il ne reste plus qu'à nous faire voir l'Eglise toute belle et toute parfaite dans le recueillement de tous les Saints et le parfait assemblage de tout le corps dont Jésus-Christ est le chef [5].

[1] *Apoc.*, I, II, III. — [2] Chap. IV, jusqu'au XX. — [3] Chap. XX. — [4] Chap. XX, II, 12. — [5] Chap. XXI, XXII.

II. — **Premier temps. Les commencemens de l'Eglise. Deux ennemis abattus au milieu de ses souffrances, les Juifs et les gentils : ces deux ennemis marqués très-distinctement par saint Jean.**

Dans le premier temps, qui est celui du commencement de l'Eglise et de ses premières souffrances, toute foible qu'elle paroît dans une si longue et si cruelle oppression, saint Jean nous en découvre la puissance en ce que tous ses ennemis sont abattus, c'est-à-dire les Juifs et les gentils : les Juifs au commencement, et les gentils dans la suite de cette prédiction jusqu'au chapitre xx [1].

Ces deux ennemis sont marqués très-distinctement par saint Jean : les Juifs, lorsqu'il nous fait voir le salut des douze mille de chaque tribu d'Israël, pour l'amour desquels on épargnoit tout le reste de la nation; d'où vient aussi qu'en tous ces endroits il n'est nulle mention d'idoles, parce que les Juifs n'en connoissoient pas et ne péchoient en aucune sorte de ce côté-là; et les gentils aussitôt après, à l'endroit où il fait venir avec des armées immenses les rois d'Orient et les peuples d'au delà de l'Euphrate [2], qui est aussi celui où pour la première fois il est parlé « d'idoles d'or et d'argent [3], » et où les gentils sont repris, parmi les plaies que Dieu leur envoie, de ne s'être pas corrigés d'adorer les œuvres de leurs mains et les démons, non plus que des autres crimes que le Saint-Esprit nous représente partout comme des suites inséparables de l'idolâtrie [4].

Voilà donc les deux sortes d'ennemis dont l'Eglise avoit encore à souffrir, bien distinctement marqués. Les Juifs, qui ne cessoient par leurs calomnies d'irriter les persécuteurs, comme saint Jean l'avoit remarqué dès le commencement de son Livre, lorsqu'il écrivoit aux Eglises [5], et les gentils ou les Romains, qui, ne songeant qu'à accabler l'Eglise naissante, alloient plus que jamais l'opprimer « par toute la terre [6] » qui étoit soumise à son empire, comme le même saint Jean l'avoit dit aussi au même endroit.

---

[1] Chap. VII, VIII; chap. IX, 14, jusqu'au chapitre xx. — [2] Chap. IX, 14 et suiv. — [3] Chap. IX, 20, 21. — [4] *Rom.*, I, 21, etc. — [5] *Apoc.*, II, 9. — [6] *Apoc.*, III, 10.

III. — Les sauterelles, ou les hérésies entre ce qui regarde les Juifs et ce qui regarde des gentils.

Entre ces deux ennemis, incontinent après les Juifs et avant que d'avoir nommé les gentils et les idoles, nous trouvons dans les sauterelles mystiques [1] une autre sorte d'ennemis d'une espèce particulière, où nous avons entendu les hérésiarques placés à la suite des Juifs dont ils ont imité les erreurs, et devant les gentils qu'à la vérité ils ne sembloient pas attaquer directement, comme devoient faire ces rois d'Orient qu'on voit paroître au même chapitre, mais qui ne laissoient pas de leur nuire beaucoup en obscurcissant le soleil, c'est-à-dire avec la gloire de Jésus-Christ, les lumières de son Evangile et de son Eglise ; par où s'augmentoit l'endurcissement des gentils, qui, selon que l'a remarqué saint Clément d'Alexandrie, disoient en parlant des chrétiens : « Il ne faut pas les en croire, puisqu'ils s'accordent si mal entre eux, et qu'ils sont partagés en tant d'hérésies ; ce qui retarde, » poursuit ce grand homme, « les progrès de la vérité, à cause des dogmes contraires que les uns produisent à l'envi des autres [2]. »

IV. — Saint Jean passe aux violences et aux punitions de l'empire persécuteur : les Perses montrés comme ceux d'où devoit venir le premier coup.

Il étoit bon une fois de faire voir que l'Eglise triomphoit de cet obstacle, comme de tous les autres. Saint Jean après l'avoir fait d'une manière aussi vive que courte et tranchante, s'attache ensuite à représenter les persécutions romaines comme l'objet dont les hommes étoient le plus frappés, pour faire éclater davantage la force de l'Eglise en montrant la violence de l'attaque, et afin aussi de faire admirer les sévères jugemens de Dieu sur Rome persécutrice, avec l'invincible puissance de sa main qui abattoit aux pieds de son Eglise victorieuse une puissance redoutée de tout l'univers.

Tout le chapitre IX, depuis le verset 14 jusqu'au chapitre XX, est donné à ce dessein. Pour préparer les esprits à la chute de ce grand Empire, saint Jean nous montre de loin les Perses, d'où lui devoit venir le premier coup. Le caractère dont il se sert pour les

---

[1] Chap. IX, depuis le vers. 1 jusqu'au vers. 14. — [2] *Strom.*, lib. VII.

désigner n'est pas obscur, puisqu'il les appelle les rois d'Orient et leur fait passer l'Euphrate [1], qui sembloit fait pour séparer l'Empire romain d'avec eux. C'est là que le saint apôtre commence à montrer combien les Romains furent rebelles contre Dieu, qui les frappoit pour les corriger de leur idolâtrie; ce qu'il continue à faire voir en récitant les opiniâtres persécutions dont ils ne cessèrent d'affliger l'Eglise.

V. — La persécution commence à paroître au chapitre xi avec la bête : la bête représentée aux chapitres xiii et xvii, montre la persécution en général, et plus particulièrement la persécution de Dioclétien.

Elles commencent à paroître au chapitre xi ; et comme jusqu'ici on nous a donné des caractères bien marqués et bien sensibles des Juifs et des gentils, on ne nous en a pas donné de moins clairs pour désigner la persécution romaine. Le plus marqué de ces caractères a été celui de la bête, qu'on ne nous représente parfaitement que dans les chapitres xiii et xvii, mais que néanmoins on a commencé à nous faire voir dès le chapitre xi comme celle qui mettoit à mort les élus de Dieu et les fidèles témoins de sa vérité. Il nous faut donc ici arrêter les yeux sur les caractères de cette bête, que nous voyons beaucoup plus clairs et mieux particularisés que tous les autres.

On est accoutumé par la prophétie de Daniel à reconnoître les grands empires sous la figure de quelques fiers animaux : il ne faut donc pas s'étonner si on nous représente l'Empire romain sous cette figure, qui n'a plus rien d'étrange ni de surprenant pour ceux qui sont versés dans les Ecritures. Mais le dessein de saint Jean n'est pas de nous marquer seulement un grand et redoutable empire : c'étoit aux saints principalement et aux fidèles de Jésus-Christ qu'il étoit redoutable. Saint Jean nous le montre donc comme persécuteur et avec son idolâtrie, parce que c'étoit pour l'amour d'elle qu'il tourmentoit les enfans de Dieu.

Pour mieux entendre ce caractère d'idolâtrie et de persécution que saint Jean a donné à la bête, il la faut considérer avec la prostituée qu'elle porte sur son dos, au chapitre xvii, car la prostitution est dans l'Ecriture le caractère de l'idolâtrie et le sym-

---

[1] Chap. ix, 14 ; xvi, 12.

bole d'une abandonnée à l'amour de plusieurs faux dieux, comme d'autant d'amans impurs qui la corrompent. L'apôtre joint à ce caractère celui de la cruauté et de la persécution, en faisant « la femme enivrée du sang des Saints et des martyrs de Jésus[1] ; » en sorte qu'on ne peut douter que ce qu'il veut nous représenter sous la figure de la bête, ne soit d'abord et en général la puissance romaine idolâtre, ennemie et persécutrice ; à quoi aussi convenoient parfaitement les noms de blasphème sur les sept têtes de la bête, c'est-à-dire, comme saint Jean l'explique lui-même, sur les sept montagnes de Rome[2] ; et ses fureurs contre les Saints, et sa couleur de sang, et tout son air cruel et sanguinaire. C'est aussi pour cela « que le dragon roux, » c'est-à-dire le diable, « qui vouloit engloutir l'Eglise[3], avoit donné à la bête sa grande puissance[4], » et lui avoit inspiré sa haine contre les fidèles. On avouera qu'il n'étoit pas possible de nous peindre la persécution avec de plus vives couleurs. Mais outre la persécution en général, que l'apôtre nous rend si sensible, nous avons vu qu'il se réduit à des idées encore plus particulières, en s'attachant spécialement à représenter la persécution de Dioclétien, qu'il a choisie entre toutes les autres pour la décrire avec un soin si particulier, parce qu'elle devoit être la plus violente comme la dernière, et que c'étoit au milieu de ses violences que l'Eglise devoit commencer à être élevée par Constantin au comble de la gloire.

Le caractère le plus spécifique de cette cruelle et dernière persécution est d'avoir été exercée au nom de sept empereurs : c'est aussi pour cette raison que saint Jean lui donne sept têtes, qui sont bien à la vérité, comme on a vu qu'il l'explique, les sept montagnes de Rome; mais qui sont aussi, comme il ajoute, sept de ses rois. C'étoit la seule persécution qui eût cette marque : les caractères particuliers des trois empereurs qui furent les principaux auteurs de la persécution, nous ont aussi été marqués fort historiquement, comme on a vu ; et parce qu'il y en avoit un des sept qui étoit aussi un de ces trois qui devoit prendre l'empire par deux fois, c'est-à-dire Maximien, surnommé Herculius; il y a

---

[1] *Apoc.*, XVII, 6. — [2] *Apoc.*, XIII, 1 ; XVII, 3, 9. — [3] *Apoc.*, XII, 3, 4. — [4] *Apoc.*, XIII, 1, 2 ; XVII, 3.

aussi un des sept rois qui nous est montré en même temps comme étant tout ensemble un huitième roi et un des sept [1] : ce qui étoit précisément choisir dans l'histoire ce qu'il y avoit de plus précis, n'y ayant point dans toute la suite de l'Empire romain un caractère semblable.

On voit donc ce que c'est que la bête : Rome comme persécutrice en général et avec une désignation plus particulière, Rome exerçant la dernière et la plus impitoyable persécution.

VI. — Désignation particulière de Dioclétien, et son nom dans l'*Apocalypse* : que ce n'est point par une rencontre fortuite qu'il s'y trouve : caractère de son premier collègue, Maximien Herculius.

On y a vu d'autres caractères de cette persécution que je ne répète pas; mais je ne puis oublier qu'elle portoit le nom de Dioclétien, qui, comme premier empereur, étoit aussi le premier en tête dans l'édit des persécuteurs; ce qui fait aussi que saint Jean en nous voulant marquer le nom de la bête par ses lettres numérales, a marqué celui de Dioclétien dans le nombre de 666, comme on a vu [2].

Saint Jean a tout ici caractérisé d'une manière admirable. Car il nous a dit, non-seulement qu'il nous vouloit donner le nom d'un homme, mais aussi le nom d'une de ces bêtes mystiques, c'est-à-dire le nom d'un empereur; ce qui nous a conduit à un nom où nous est marqué Dioclétien, et où le nom qu'il avoit porté lorsqu'il étoit particulier, joint à celui d'Auguste qui le faisoit empereur, nous en donnoit un caractère incommunicable, non-seulement à tout autre prince, mais encore à tout autre homme.

Mais parce que le nombre mystique de 666 que saint Jean attribue ici au nom de la bête peut convenir à plusieurs noms, et qu'on en compte huit ou dix peut-être où il se trouve, pour ne donner aucun lieu à ce jeu frivole des esprits, nous avons vu qu'au même passage où saint Jean a marqué le nom de Dioclétien [3], il y a joint d'autres caractères qui sont aussi particuliers à ce prince que son nom même; de sorte que non-seulement on trouve dans l'*Apocalypse* le nom de Dioclétien, mais on y trouve

---
[1] Chap. XVII, 11. — [2] Chap. XIII, 18. — [3] *Ibid.*, 16.

que c'étoit le nom de cet empereur qu'il y falloit trouver, et que ce ne peut être un autre nom que saint Jean ait voulu désigner, parce que ce devoit être le nom de celui dont la dernière persécution est intitulée, et de celui qui auroit fait l'action unique à laquelle le saint apôtre fait une allusion manifeste dans ce passage [1]; ce qu'on peut voir aisément dans le commentaire. D'où aussi l'on peut conclure que si l'on a trouvé en ce lieu le nom de Dioclétien, ce n'est pas l'effet d'une rencontre fortuite, mais une chose qui devoit être et qui étoit entrée nécessairement dans le dessein de notre apôtre; par où aussi les protestans, qui ne veulent jamais rien voir que de confus et de vague, se trouveront confondus.

Le premier collègue de Dioclétien et le second empereur, qui étoit Maximien Herculius, ne nous a pas été moins bien désigné, puisqu'on lui a donné le caractère qui lui étoit le plus propre, c'étoit-à-dire celui de venir deux fois [2] : et c'est avec raison que ce prince a été appelé la bête selon cette mystique signification, ce titre lui convenant plus particulièrement qu'aux cinq autres empereurs sous qui la persécution s'est exercée, parce que dans le caractère que saint Jean lui avoit donné, non-seulement il étoit une des sept têtes, c'est-à-dire un de ces sept princes, mais encore le corps de la bête, comme on a vu [3].

VII. — La bête de saint Jean étoit une chose qui devoit venir après lui : ce qu'elle devoit faire et ce qui lui devoit arriver.

Nous avons déjà observé que cette bête mystique étoit marquée par saint Jean, non pas comme étant déjà de son temps, mais comme « devant » dans la suite « s'élever de l'abîme [4]; » ce qui maintenant s'entendra mieux, et sur quoi il sera utile d'appuyer un peu. Car encore que l'Empire romain idolâtre et persécuteur fût déjà au monde lorsque saint Jean écrivoit son *Apocalypse*, dans l'application particulière qu'il faisoit de la bête à la persécution de Dioclétien, elle n'étoit pas encore. Les sept têtes, c'étoit-à-dire les sept empereurs et tout le reste que saint Jean nous y a marqué avec une désignation particulière, étoient encore à venir; et même la persécution, quoique déjà commencée quelques an-

[1] Chap. XIII, 16, 17. — [2] *Ibid.* — [3] Chap. XVII. — [4] Chap. XI; XIII, 1; XVII, 8.

nées auparavant sous Néron et sous Domitien, étoit encore future dans sa plus longue durée et dans ses plus grandes fureurs ; ce qui donne lieu à saint Jean de nous parler de la bête, comme « devant encore s'élever. » Il la voit « sortir de l'abîme : » il assiste à sa naissance et ne la fait paroître au monde que pour donner la mort aux Saints[1] ; ce qu'on ne peut trop observer, parce qu'outre que ces caractères particuliers sont la vraie clef de la prophétie, c'est aussi un des passages qui doit porter un coup mortel au système des protestans[2], qui n'ont rien voulu voir de particulier, parce que leurs fausses idées du Pape antechrist ne subsistent que dans la confusion.

Après avoir observé le fond et les caractères de la bête, tels que saint Jean nous les a donnés, il faut voir encore ce qu'elle fera et ce qui lui doit arriver. Ce qu'elle fera, c'est de tourmenter l'Eglise ; et ce qui lui doit arriver, c'est après divers châtimens de périr à la fin à cause de son idolâtrie et du sang qu'elle avoit répandu : c'est ce que saint Jean nous a déclaré par des marques aussi sensibles que toutes les autres que nous avons vues.

VIII. — La persécution, comment décrite aux chapitres XI et XII de l'*Apocalypse*.

La persécution en général est exercée par la bête, lorsqu'elle donne la mort aux Saints et qu'elle tient dans l'oppression la sainte cité, qui est l'Eglise, avec toutes les circonstances qu'on en a marquées[3]. Mais au milieu de ces caractères généraux, saint Jean a toujours mêlé les caractères particuliers de la persécution de Dioclétien, à laquelle le Saint-Esprit l'avoit davantage attaché. C'est pourquoi dans le chapitre XI, on voit les gentils se flatter de la pensée d'avoir éteint le christianisme[4], comme on en flatta Dioclétien : on voit dans ce même temps le christianisme élevé au comble de la gloire[5], comme il arriva au milieu de cette sanglante persécution, par les ordres de Constantin et par ses victoires.

Au chapitre XII paroît le dragon qui donne sa force à la bête, et la femme en travail, [6] c'est-à-dire l'Eglise souffrante. C'est la per-

---

[1] Chap. XI ; XIII, 1 ; XVII, 8. — [2] Voyez ci-dessous dans l'*Avertissement sur l'Accompl. des proph.*, n. 20 et 21. — [3] Chap. XI, 2, 7. — [4] *Ibid.*, 9. — [5] *Ibid.*, II, 12, etc. — [6] Chap. XII, 2, 3 ; XIII, 2.

sécution en général. Mais nous sommes bientôt conduits au particulier de Dioclétien, lorsque la femme étant prête de mettre au monde un enfant mâle et dominant [1], c'est-à-dire le christianisme vigoureux et vainqueur sous Constantin, le diable redouble ses efforts pour le détruire ; et comme là on voit le dragon faire trois divers efforts, on voit aussi la persécution s'élever à trois reprises plus marquées sous trois princes, plus frémissante sous Dioclétien et sous Maximin, plus languissante sous Licinius, et en état de tomber bientôt après.

### IX. — La bête blessée à mort, ressuscite sous Julien l'Apostat.

Voilà ce que fait la bête : tant qu'il lui reste quelque force. Mais saint Jean nous la représente en un autre état où elle avoit reçu un coup mortel [2], où elle étoit morte, où pour vivre elle avoit besoin d'être ressuscitée : c'est ce qui est aussi arrivé à l'idolâtrie détruite dans les sept têtes. Tous les persécuteurs étant à bas, et de tous les empereurs, Constantin, un si zélé enfant de l'Église restant seul, l'idolâtrie étoit morte par la défense de ses sacrifices et de son culte ; et il n'y avoit plus pour elle de ressource, si Julien l'Apostat ne l'eût fait revivre. Saint Jean, comme on voit, continue toujours à s'attacher aux grands événemens. Il n'y a rien de plus marqué que la mort de l'idolâtrie sous un prince qui l'abolit par ses édits, ni rien aussi de plus sensible que d'appeler résurrection la force et l'autorité que lui rend un autre prince. Voilà qui est grand en général, mais le particulier est encore plus surprenant. Car on voit la bête aux abois, comme saint Jean l'avoit marqué par la blessure d'une de ses têtes [3], qui étoit Maximin, le sixième persécuteur, et parce que la septième tête, qui ne paroissoit pas encore, devoit périr sitôt après, comme il arriva à Licinius. C'est ainsi que la bête mourut ; c'est ainsi que l'idolâtrie fut abattue, et l'image est toute semblable à l'original.

Pour la bête ressuscitée [4], c'est-à-dire l'idolâtrie reprenant l'autorité sous Julien, elle nous est clairement marquée par l'orgueil de ce prince, par ses blasphèmes étudiés contre Jésus-Christ et

[1] Chap. XII, 4, 13, 17. — [2] Chap. XIII, 3. — [3] Ibid. — [4] Chap. XIII, 3, 5, 7, 8.

ses Saints; par le concours de tout l'Empire réuni sous cet empereur contre l'Eglise; par la haine du christianisme qui le fit rentrer dans les desseins de Dioclétien pour l'opprimer; par l'imitation de l'Agneau et de quelques vertus chrétiennes que ce faux sage affecta; par les prestiges de ces philosophes magiciens qui le gouvernoient absolument; par les illusions de sa fausse philosophie, et par la courte durée de cette nouvelle vie de l'idolâtrie, où la femme ne se cacha point, comme elle avoit fait dans les autres persécutions, et où l'Eglise retint tout son culte. Qu'on me donne d'autres caractères du règne de Julien l'Apostat, et qu'on m'en fasse un tableau plus au naturel et plus vif.

X. — La seconde bête et l'esprit de séduction dans l'idolâtrie persécutrice : le caractère particulier que saint Jean donne à la seconde bête, directement opposé à celui de l'homme de péché de saint Paul, avec lequel les protestans le veulent confondre.

Ce n'étoit pas assez de marquer la violence de la bête, c'est-à-dire de l'idolâtrie persécutrice : nous n'en eussions pas vu la séduction et les artifices, si saint Jean ne nous eût décrit la seconde bête mystique [1], c'est-à-dire la philosophie pythagoricienne, qui soutenue de la magie, faisoit concourir à la défense de l'idolâtrie ses raisonnemens les plus spécieux avec ses prodiges les plus étonnans. C'est ce que nous avons remarqué dans les figures de saint Jean : c'est ce que nous avons vu accompli dans l'idolâtrie, en la regardant tant dans sa première vigueur sous Dioclétien que dans sa vie réparée par Julien l'Apostat.

On entendra mieux encore la seconde bête, en comprenant le caractère qu'elle a dans saint Jean [2], qui est de faire adorer la première, c'est-à-dire d'attacher les hommes à l'ancienne idolâtrie : de sorte que la première bête paroît dans l'*Apocalypse* comme le Dieu qu'on adoroit, et la seconde comme son prophète qui la faisoit adorer; d'où vient aussi qu'elle est appelée le *faux prophète*. En quoi saint Jean nous a fait voir le vrai caractère de cette philosophie magicienne, dont tous les raisonnemens et tous les prestiges aboutissoient à faire adorer les dieux que l'ancienne idolâtrie avoit inventés.

[1] Chap. XIII, 11 et suiv. — [2] *Ibid.*, 12.

Telle est donc la seconde bête; et c'est faute d'avoir bien compris ce caractère que saint Jean lui donne, qu'on a voulu la confondre avec l'homme de péché de saint Paul [1], encore que son caractère d'être le prophète d'une divinité qu'elle annonçoit, soit directement opposé à celui qu'attribue saint Paul à son homme de péché, qui s'élève au-dessus de tout ce qu'on nomme Dieu et qu'on adore.

On peut encore remarquer ici un caractère particulier de l'idolâtrie romaine. C'est que partout elle fait adorer la bête et son image, c'est-à-dire Rome et ses empereurs, dont les images, comme on a vu, étoient proposées aux martyrs pour être l'objet de leur culte, autant ou plus que celles des dieux immortels : caractère d'idolâtrie qu'on voit répandu partout dans l'*Apocalypse* [2], et que Julien y fait revivre avec tous les autres.

XI. — La durée des persécutions, et ses trois ans et demi, que saint Jean dit expressément que ce temps est court : les deux marques, celle de Dieu et celle de la bête.

Ainsi la persécution a été caractérisée en toutes manières, par la qualité de ses auteurs, par sa violence, par ses artifices, par la nature du culte auquel on vouloit forcer le genre humain. Mais un des plus beaux et des plus particuliers caractères que nous en ayons dans saint Jean [3], est celui qui marque les bornes que Dieu lui donnoit par une providence particulière et un secret ménagement de ses élus, comme il avoit fait autrefois à celle d'Antiochus. Nous avons vu en effet que malgré la haine immortelle de Rome contre l'Eglise, il étoit ordonné de Dieu que ses violences se relâcheroient de temps en temps et reviendroient aussi à diverses reprises toutes courtes; ce que saint Jean a marqué dans ce temps mystique de trois ans et demi pour les raisons et à la manière que nous avons vu.

Que dans ce temps toujours consacré aux persécutions et toujours le même en quelque sorte qu'il soit expliqué, par jour, par mois ou par années, le dessein du saint apôtre fut de nous marquer un temps court; il le déclare en termes formels, lorsque représentant le dragon irrité de n'avoir plus « que peu de temps »

[1] II *Thess.*, II. — [2] *Apoc.*, XIII, 4, 12, 14. — [3] *Apoc.*, X, 2, 3; XII, 6; XIII, 5.

à tyranniser les fidèles, il détermine aussitôt après, et dans le verset suivant, ce « peu de temps » à ces « trois ans et demi [1], » qu'on voit revenir si souvent : ce qui dans la suite nous découvrira la prodigieuse illusion des protestans, qui veulent que ce peu de temps soit 1260 ans entiers : et non-seulement un petit reste de temps que le démon déjà terrassé voyoit devant lui, mais encore son temps tout entier et toute la durée de son empire.

Saint Jean nous fait voir encore que ce temps revenoit souvent, comme étant le commun caractère de toutes les reprises de persécution. C'est pourquoi nous avons vu qu'il revient deux fois dans la persécution qui précède la mort de la bête, et une troisième fois sous la bête ressuscitée [2] ; ce qui montre plus clair que le jour que ce temps n'est pas la mesure d'une seule et longue persécution qui dure près de treize siècles, comme l'ont songé les protestans, mais la marque des différentes reprises des persécutions romaines toutes courtes, et bientôt suivies d'un adoucissement que Dieu procuroit.

Durant ce temps, c'est un beau contraste et quelque chose de ravissant dans le tableau de saint Jean, de voir d'un côté les fidèles, et de l'autre les idolâtres, avec une double marque pour les distinguer les uns des autres : d'un côté, la marque de Dieu sur les élus; et de l'autre, le caractère de la bête sur les impies; c'est-à-dire pour les fidèles, avec la foi au dedans, la profession du christianisme, et pour les autres, l'attachement déclaré à l'idolâtrie : ceux qui portent la marque de Dieu, ornés de toutes sortes de vertus et de graces; et ceux qui portent celle de la bête, se plongeant eux-mêmes dans l'aveuglement et dans le blasphème, pour ensuite être abandonnés à la justice divine.

XII. — La bête punie, et l'empire persécuteur démembré : la domination et la chute de Rome, dans une même vision de saint Jean comme dans un même tableau.

Ainsi nous avons l'idée des persécutions de la bête, c'est-à-dire de Rome l'ancienne, par tous les moyens qu'on peut souhaiter. Mais pour ne rien oublier de ce qui devoit lui arriver, après nous l'avoir montrée comme dominante et persécutrice, il falloit en-

---

[1] Chap. XII, 13, 14. — [2] Chap. XII, 6, 14; XIII, 5.

core la faire voir abattue et punie de ses attentats. Saint Jean ne pouvoit le faire d'une manière plus sensible, qu'en rappelant comme il fait à notre mémoire dans le chapitre XVI le premier coup qu'elle reçut du côté de l'Orient sous Valérien [1], et nous la montrant aussitôt après dans le chapitre XVII, entre les mains des dix rois qui la pillent, qui la désolent, qui la rongent, qui la consument, qui l'abattent avec son empire, que nous voyons tomber dans saint Jean [2], comme il est tombé en effet par une dissipation et par un démembrement entre plusieurs rois; en sorte qu'il ne reste plus qu'à déplorer sur la terre son malheur [3], et à louer Dieu dans le ciel de la justice qu'il a exercée sur elle [4] : ce que saint Jean a fait d'une manière si claire et avec des caractères si précis des rois qui l'ont dépouillée, qu'après avoir un peu démêlé les figures de son style mystique, c'est-à-dire avoir entendu la langue que parlent les prophètes, nous avons cru lire une histoire.

Dans ce grand tableau de saint Jean, la figure de la prostituée est une des plus merveilleuses, puisqu'avec toute la parure et tous les autres caractères qui lui sont donnés, elle marque aussi clairement qu'on le pouvoit souhaiter, une ville redoutée de tout l'univers, abandonnée à l'idolâtrie, persécutrice des Saints [5]; en sorte qu'il ne restoit plus qu'à nommer Rome. Afin de mieux ramasser toutes les idées, le saint apôtre nous la montre dans une même vision comme dominante et comme abattue, comme criminelle et comme punie, faisant éclater sa cruelle domination dans les sept têtes de la bête qui la porte, et dans les dix cornes de la même bête la cause de sa chute inévitable [6].

XIII. — Le règne de l'Eglise, combien vivement marqué : la dernière tentation de l'Eglise et le temps de l'Antechrist : comparaison du XX<sup>e</sup> chapitre de l'*Apocalypse* avec celui de saint Paul, II *Thes.*, II.

Voilà donc le premier temps de l'*Apocalypse* qui exprime le commencement de l'Eglise et ses premières souffrances. C'étoit là le grand objet de saint Jean, qui occupe aussi seize chapitres : les deux autres temps, c'est-à-dire celui du règne de l'Eglise et

[1] Chap. XVI, 12. — [2] Chap. XVII, 7 et suiv. — [3] Chap. XVIII. — [4] *Ibid.*, 19. — [5] Chap. XVII. — [6] *Ibid.*, vers. 1 et suiv.; vers. 12 et suiv.

celui de sa dernière persécution, sont tracés en deux ou trois coups de pinceau, mais les plus vifs qu'on pût souhaiter et les plus significatifs. Car déjà, pour ce qui regarde le règne de l'Eglise, elle reçoit une assurance certaine qu'il sera long, ce qu'on nous figure par les mille ans[1] ; qu'il sera tranquille, ce qu'on nous montre par l'enchaînement de Satan, qui n'aura plus la liberté comme auparavant de susciter des persécutions universelles; enfin qu'il sera le règne de Jésus-Christ et de ses martyrs, dont la gloire seroit si grande par tout l'univers, et la puissance si reconnue, à cause qu'ils auront vaincu la bête et son caractère, Rome et son idolâtrie; avec même une désignation particulière du supplice usité parmi les Romains[2], afin que tout fût marqué par les caractères des temps et par les circonstances les plus précises.

La dernière tentation de l'Eglise n'est pas moins marquée, quoiqu'en très-peu de paroles. Car saint Jean, qui n'ignoroit pas ce qu'en avoit dit saint Paul plus expressément, s'est contenté d'en marquer en gros les caractères, en nous faisant voir Satan déchaîné[3], comme saint Paul nous avoit montré toute sa puissance déployée; en caractérisant cette tentation par la séduction plutôt que par la violence, comme saint Paul avoit fait[4]; en nous marquant comme lui la courte durée de cette séduction; et comme lui, qu'elle finiroit par le dernier jugement et l'éclatante arrivée de Jésus-Christ dans sa gloire : de sorte que ce sera la fin de l'Eglise sur la terre et sa dernière tentation; ce qui suffit pour nous faire entendre qu'elle sera en même temps la plus terrible, comme celle où le diable déchaîné fera son dernier effort, et que Jésus-Christ aussi viendra détruire en personne par la plus grande manifestation de sa puissance.

XIV. — *Pourquoi des trois temps de l'Eglise, le premier dépeint plus au long, et les deux autres tracés si rapidement.*

Voilà les trois temps de l'Eglise : le premier, qui est celui des commencemens représenté très-au long et sous une grande multiplicité de belles images, comme celui qui alloit venir et contre

---

[1] Chap. XX, vers. 1, jusqu'au 7. — [2] *Ibid.*, 4, et la note dess. — [3] *Apoc.*, XX, 7. — [4] II *Thess.*, II.

lequel par conséquent les fidèles avoient besoin d'être le plus prémunis; et les deux autres tracés en deux mots, mais très-vivement et pour ainsi dire de main de maître. C'étoit aussi la main d'un apôtre, ou plutôt la divine main, dont il est dit « qu'elle écrivit vite [1], » dont les traits ne sont pas moins forts ni moins marqués pour être tirés rapidement; qui sait donner toute la force qu'il faut à ses expressions, en sorte que très-peu de mots ramassent, quand il lui plaît, le plus de choses.

XV. — Satan vaincu et par quel degrés; c'est le sujet de l'*Apocalypse*.

Au reste, je n'ai pas besoin de répéter que la défaite entière de Satan est au fond le grand ouvrage que saint Jean célèbre. Ce vieux serpent nous est montré dans l'*Apocalypse* comme celui qu'il falloit abattre avec son empire, et tout le progrès de sa défaite nous est marqué dans ces trois temps qu'on vient de voir. Car à la fin du premier temps, qui étoit celui de la première persécution, ses deux grands organes, la bête et le faux prophète, sont jetés dans l'étang de feu et de soufre [2] : là il paroît enchaîné, afin que l'Eglise règne plus tranquillement à couvert des persécutions universelles, jusqu'aux environs des derniers temps. A la fin de ce second temps Satan sera déchaîné et plus furieux que jamais; ce qui fera le troisième temps, court dans sa durée, mais terrible par la profondeur de ses illusions : lequel étant écoulé, Satan ne sera plus enchaîné comme auparavant pour un certain temps, mais à jamais et sans rien avoir à entreprendre de nouveau, plongé dans l'abîme où étoient déjà la bête et le faux prophète, autrefois ses deux suppôts principaux et les deux premiers instrumens des persécutions universelles.

Que si l'on veut commencer l'enchaînement de Satan au temps où nous avons vu que saint Jean nous a marqué en un certain sens le règne de Jésus-Christ et celui de ses martyrs sur la terre, par la gloire qu'ils y ont reçue dans toute l'Eglise, on le peut, et les temps peut-être seront plus distinctement marqués : ce qui n'empêchera pas qu'en un autre sens l'enchaînement de Satan ne

[1] *Psal.* XLIV, 2. — [2] Chap. XIX, 20.

commence, selon la remarque de saint Augustin que j'ai suivie [1], dès la prédication et dès la mort de Jésus-Christ, qui en effet est le moment fatal à l'enfer, encore que toute la suite de ce premier coup ne paroisse que longtemps après.

XVI. — La suite toujours visible de l'Eglise, très-clairement marquée dans l'*Apocalypse*.

Voilà donc toute l'histoire de l'Eglise tracée dans l'*Apocalypse*, avec ses trois temps ou ses trois états; et ce que je trouve de plus instructif, c'est que saint Jean a été soigneux de nous marquer la suite toujours visible de l'Eglise. Dans la première persécution, rien ne peut faire taire ses deux témoins, c'est-à-dire ou son clergé et son peuple, ou en quelque sorte qu'on le veuille entendre, le témoignage éclatant qu'elle rend à la vérité : et lorsque le monde pense l'avoir fait périr entièrement, loin d'avoir été détruite par les tourmens, comme on pensoit, elle paroît un moment après plus forte et plus glorieuse que jamais. Que si elle étoit contrainte de cacher son culte, ce qui quelquefois la faisoit paroître au monde qui la haïssoit comme entièrement opprimée, elle y avoit ses pasteurs, comme autrefois les Israélites durant leur pèlerinage avoient Moïse et Aaron, et comme sous Antiochus les Juifs avoient Mathathias et ses enfans. Elle y alloit comme à un lieu préparé de Dieu pour sa retraite, qui lui étoit bien connu et où les persécuteurs savoient bien eux-mêmes qu'elle étoit, puisqu'ils l'y alloient chercher pour la tourmenter davantage [2]. Après cet état elle règne [3], et sa gloire est portée jusqu'au ciel durant mille ans, c'est-à-dire durant tout le temps que le monde dure; et si elle est à la fin encore opprimée, elle n'en est pas moins visible, puisque toujours attaquée, elle soutient toutes les attaques [4]. Ce n'est pas une troupe d'invisibles dissipés deçà et delà sans se connoître; c'est une *cité bien-aimée* qui a son gouvernement, c'est un camp bien ordonné qui a ses chefs [5]; et lorsque ses ennemis paroissent en état de l'anéantir par leur grande et redoutable puissance, ils sont eux-mêmes consumés par le feu venu du ciel, où la

[1] Voyez chap. xx, vers. 2. — [2] Chap. xi. — [3] Chap. xii. — [4] Chap. xx, 2, 7. — [5] *Ibid.*, 8.

cité enfin est transportée pour être éternellement hors de toute atteinte.

XVII. — La Trinité annoncée dans l'*Apocalypse*.

J'ajouterai en finissant que le perpétuel objet de l'amour et de l'adoration de l'Eglise, un seul Dieu en trois personnes, est célébré dans l'*Apocalypse*. Le Père, qui est assis dans le trône, y reçoit les hommages de toutes les créatures : le Fils, qui y porte aussi le nom du *Verbe*[1], sous lequel saint Jean a marqué sa divinité, reçoit les mêmes honneurs, et il est, comme on a vu, traité d'égal avec le Père : le Saint-Esprit est montré comme celui qui est l'auteur des sacrés oracles, et qui parle dans tous les cœurs avec une autorité souveraine : les Eglises sont invitées par sept fois à entendre ce que dit l'Esprit[2]; l'Esprit prononce souverainement que les travaux de ceux qui meurent au Seigneur sont finis[3]; l'Esprit parle dans tous les cœurs pour appeler Jésus-Christ[4]; cet Esprit qui parle est toujours unique en son rang et toujours incomparable; un comme le Père et le Fils, intime coopérateur de l'un et de l'autre, et consommateur de leur ouvrage : ce qui confirme en passant que les sept Esprits au nom desquels les églises sont saluées[5], ne sont pas cet Esprit égal au Père et au Fils, à qui le caractère de l'unité est attribué partout, mais des anges, à qui aussi le nombre de sept est attribué dans tout le livre.

XVIII. — Economie de l'*Apocalypse*. Conclusion de l'explication. Passage à la suite.

On peut entendre maintenant toute l'économie de l'*Apocalypse*. Saint Jean va d'abord à ce qui étoit le plus proche et le plus pressant, qui étoit le commencement de l'Eglise et ses premières souffrances. Il s'y attache partout aux événemens les plus grands, aux caractères les plus marqués, aux circonstances les plus importantes et les plus particulières. Chaque chose a son caractère : ce qui est long est marqué par un grand nombre ; ce qui est court est marqué comme court, et la brièveté dans cet ouvrage se prend toujours à la lettre. Ce qui est marqué comme devant arriver

[1] Chap. XIX, 13. — [2] Chap. II, III. — [3] Chap. XIV, 13. — [4] Chap. XXII, 17. — [5] Chap. I, 4.

bientôt, commence en effet à se déployer incontinent après le temps de saint Jean. Le livre n'est pas scellé, comme s'il devoit demeurer longtemps fermé, parce que l'accomplissement de ses prédictions devoit éclater bientôt. C'est ce que j'ai cru devoir ajouter à cette explication de l'*Apocalypse* pour la remettre tout entière, comme en un moment, sous les yeux, et afin que le lecteur attentif en imprimant dans sa mémoire tous les caractères marqués par saint Jean, commence à y reconnoître les principes dont nous allons nous servir pour la conviction des protestans.

FIN DE L'EXPLICATION DE L'APOCALYPSE.

# TABLE DU SECOND VOLUME.

Remarques historiques. . . . . . . . . . . . . . . . . . . . . . 1
PRÆFATIO IN LIBRUM SAPIENTIÆ. I. Quatenùs liber iste Salomonis habeatur. 1
   II. De auctore et ætate libri incompertum. . . . . . . . . . 1
   III. Libri divisio in duas partes; primæ partis documenta. . . . 2
   IV. Documenta secundæ partis. . . . . . . . . . . . . . . 3
   V. Divina libri auctoritas. . . . . . . . . . . . . . . . . . 3
LIBER SAPIENTIÆ. . . . . . . . . . . . . . . . . . . . . . . . 7
PRÆFATIO IN ECCLESIASTICUM. I. De inscriptione libri inter Græcos et Latinos. 44
   II. De auctore libri : Grotii sententia de fine capitis L, et de capite LI, deque aliis locis huic et libro *Sapientiæ* additis. . . . . . . 44
   III. De ætate libri : duæ ejus notæ ex ipso libro repetendæ. . . . . 45
   IV. Quis fuerit ille Simon Oniæ filius ab *Ecclesiastico* celebratus? . . 46
   V. Simonis primi ac successorum pacatissima tempora. . . . . . 46
   VI. Gravis persecutio tempore *Ecclesiastici*. . . . . . . . . . . 46
   VII. Liber *Ecclesiasticus* circa Simonis II tempora. . . . . . . . 47
   VIII. Nec tamen eo vivo. Primùm, quòd *Ecclesiasticus* mortuos tantùm laudaverit. . . . . . . . . . . . . . . . . . . . . . . 47
   IX. Alterum : quòd ejus quoque tempore pacatissimæ res fuerint. . . 48
   X. Oniâ III, Simonis II filio, pontifice, pax primùm; deindè vexatio à Seleuco; tùm vel maximè ab Antiocho Epiphane. . . . . . 48
   XI. Sub Antiocho scriptus liber, in ipsis persecutionis initiis, Oniâ adhuc superstite. . . . . . . . . . . . . . . . . . . . . . 49
   XII. De Oniâ III objectio ex Josepho; ex libris Machabaicis atque ipso Josepho soluta. . . . . . . . . . . . . . . . . . . . 49
   XIII. De tempore interpretationis græcæ. . . . . . . . . . . . 50
   XIV. De auctore et interprete S. Epiphanii et S. Joannis Damasceni loci. 50
   XV. De latinâ interpretatione. . . . . . . . . . . . . . . . . 51
   XVI. Vulgatæ hîc additur versio ex græco hodierno Sixti V jussu edita. 51
   XVII. De libri instituto; et ut à Salomonicis *Parabolis* differat, et à libro *Sapientiæ*. . . . . . . . . . . . . . . . . . . . . . 52
   XVIII. Distributio operis. . . . . . . . . . . . . . . . . . . 52
   XIX. De canonicâ et antiquâ libri auctoritate ad disceptandas fidei quæstiones. . . . . . . . . . . . . . . . . . . . . . . . 53
   XX. Cur Salomonis sit dictus : Isidori Hispalensis locus. . . . . . 54
   XXI. Ipse auctor prophetici instinctûs sibi conscius. . . . . . . . 54
LIBER ECCLESIASTICI. . . . . . . . . . . . . . . . . . . . . . 55

Lettre de M. de Valincour à Bossuet. . . . . . . . . . . . . . 235
Lettre de M. de Valincour à l'abbé Ledieu. . . . . . . . . . 241
EXPLICATION DE LA PROPHÉTIE D'ISAÏE. — Difficulté. . . . . . . . 243
Réponse. — Première lettre. . . . . . . . . . . . . . . . . 244
Deuxième lettre. . . . . . . . . . . . . . . . . . . . . . 246
Troisième lettre. . . . . . . . . . . . . . . . . . . . . . 255

### EXPLICATION LITTÉRALE DU PSAUME XXI,

#### SUR LA PASSION ET LE DÉLAISSEMENT DE NOTRE-SEIGNEUR.

§ I. Remarques préliminaires, où l'on présuppose quelques vérités constantes. . . . . . . . . . . . . . . . . . . . . . . . . . . 264
§ II. On met aux fidèles la clef de la prophétie à la main. . . . . . 265
§ III. On va au-devant de quelques objections. . . . . . . . . . 266
§ IV. Traduction du psaume XXI, selon l'hébreu et les Septante. . . . 269
§ V. Observations sur les textes. . . . . . . . . . . . . . . . . 273
§ VI. Explication du psaume XXI, selon saint Jérôme, et sa division en deux parties. . . . . . . . . . . . . . . . . . . . . . . . 274
§ VII. Première partie du psaume, où est exprimé le délaissement de Jésus-Christ. . . . . . . . . . . . . . . . . . . . . . . . 276
§ VIII. Seconde partie du psaume. Jésus-Christ invoque Dieu de nouveau : à ce coup il est écouté; il ressuscite et convertit les Gentils. . . . 284
§ IX. Différences des Septante d'avec l'hébreu. . . . . . . . . . . 293
§ X. Réflexion sur le délaissement de Jésus-Christ. . . . . . . . . 295

### L'APOCALYPSE, AVEC UNE EXPLICATION.

Préface où sont proposés les moyens de profiter de la lecture de l'*Apocalypse*, et les principes pour en découvrir le sens. . . . . . . . . 300
  I. Les merveilles de l'*Apocalypse*. . . . . . . . . . . . . . 300
  II. L'*Apocalypse* est remplie des merveilles de tous les prophètes, et pourquoi? . . . . . . . . . . . . . . . . . . . . . . . 301
  III. Jésus-Christ vu et écouté dans sa gloire. . . . . . . . . . 303
  IV. Explication morale de l'*Apocalypse*, selon les idées de saint Augustin. 303
  V. Qu'il y a eu un autre sens dans l'*Apocalypse*; et que saint Jean y a renfermé ce qui alloit arriver bientôt. . . . . . . . . . . . 305
  VI. Passage de saint Denys d'Alexandrie. Preuve que l'ancienne Eglise cherchoit dans l'*Apocalypse* les persécutions et les autres choses qui la regardoient. . . . . . . . . . . . . . . . . . . . . . 306
  VII. Rome conquérante et idolâtre, figurée dans l'*Apocalypse* sous le nom de Babylone. La chute de son empire prédite. Tradition des Pères. Cette chute arrivée sous Alaric. . . . . . . . . . . . . . . 307

VIII. Que le système des protestans est renversé de fond en comble par les choses qu'on vient de dire. . . . . . . . . . . . . . . . 312
IX. Que la prostituée de l'*Apocalypse* n'est pas une épouse infidèle, ni une église corrompue, comme les ministres le prétendent. . . . 314
X. Que la chute de Rome arrivée sous Alaric est un dénoûment de la prophétie de saint Jean. . . . . . . . . . . . . . . . 315
XI. Docteurs catholiques et protestans qui regardent l'*Apocalypse* comme accomplie. . . . . . . . . . . . . . . . . . . . 316
XII. Deux raisons de douter. La première. . . . . . . . . . . 317
XIII. Résolution du premier doute. Sentiment des docteurs anciens et modernes. . . . . . . . . . . . . . . . . . . . . 317
XIV. Qu'il ne faut pas prendre pour dogmes certains les conjectures et les opinions des SS. Pères sur la fin du monde. . . . . . . 318
XV. Qu'il peut y avoir plusieurs sens dans l'Ecriture, et en particulier dans l'*Apocalypse*. . . . . . . . . . . . . . . . . . 319
XVI. Résolution du second doute. Question : s'il est nécessaire que les prophéties soient entendues lorsqu'elles s'accomplissent. . . . . 322
XVII. Quelques vérités expliquées sur les nouvelles interprétations qu'on peut donner aux prophéties. . . . . . . . . . . . . . 323
XVIII. Secrète dispensation du Saint-Esprit dans l'intelligence, aussi bien que dans la première inspiration des prophéties. . . . . . . 324
XIX. Profonde sagesse de Dieu dans cette dispensation. . . . . . 325
XX. Suite de la même matière. . . . . . . . . . . . . . . 327
XXI. Application de ces vérités à l'*Apocalypse*, et à la chute de Rome. 328
XXII. Conduite des SS. Pères dans l'interprétation des Ecritures, et en particulier de l'*Apocalypse*. . . . . . . . . . . . . . 328
XXIII. Qu'on a toujours assez entendu de l'*Apocalypse* pour en tirer de grandes utilités. . . . . . . . . . . . . . . . . . . 331
XXIV. Autres endroits prophétiques de l'Ecriture, dont il ne s'est conservé aucune tradition. . . . . . . . . . . . . . . . . . 332
XXV. Que ce que dit saint Irénée sur certains mystères de l'*Apocalypse*, ne lui est venu par aucune tradition. . . . . . . . . . . 333
XXVI. Raisons qui font espérer plus que jamais d'avancer dans l'intelligence de l'*Apocalypse*. Abus que les hérétiques font de ce saint livre, reconnu dans la secte même. . . . . . . . . . . . . 334
XXVII. Quelques remarques sur la doctrine de l'*Apocalypse*, et premièrement sur le ministère des anges. Passage d'Origène. . . . . 337
XXVIII. Grande puissance des saintes ames associées à Jésus-Christ. Passage de saint Denys d'Alexandrie. . . . . . . . . . . . 340
XXIX. Puissance des saints martyrs. Passage d'Origène. . . . . . 341
XXX. Efficace de la prière des Saints. . . . . . . . . . . . . 341
XXXI. Que Dieu fait connoître aux ames saintes la conduite qu'il tient sur son Eglise. . . . . . . . . . . . . . . . . . . 342

XXXII. Que ce qui arrive dans l'Eglise est la matière des cantiques des ames bienheureuses. . . . . . . . . . . . . . . . . . 342
XXXIII. Continuation de cette matière. Passage de saint Hippolyte. . . 343
XXXIV. De la nature des visions envoyées à saint Jean. Qu'il ne faut pas être curieux en cette matière. — Conclusion de cette préface. . . 345

## L'APOCALYPSE.

CHAP. I. Le titre de ce divin livre : le salut et l'adresse de la prophétie aux sept Eglises d'Asie : l'apparition de Jésus-Christ, auteur de la prophétie, et ses paroles à saint Jean. . . . . . . . . . . . . 348
Remarques générales sur tout le livre : les fonctions prophétiques divisées en trois : les parties de ce livre : les Avertissemens : les Prédictions : les Promesses. . . . . . . . . . . . . . . . . . . . . 350
Explication du chap. I. . . . . . . . . . . . . . . . . . . 350

## PREMIÈRE PARTIE DE LA PROPHÉTIE.

### LES AVERTISSEMENS.

CHAP. II. Saint Jean reçoit ordre d'écrire aux évêques d'Ephèse, de Smyrne, de Pergame et de Thyatire, les raisons du blâme ou des louanges que méritent leurs églises. . . . . . . . . . . . . . . . . 358
Explication du chap. II. . . . . . . . . . . . . . . . . . . 360
CHAP. III. Saint Jean écrit aux évêques de Sardes, de Philadelphie et de Laodicée, comme il avoit fait aux autres. . . . . . . . . . . 365
Explication du chap. III. . . . . . . . . . . . . . . . . . 367

## SECONDE PARTIE.

### LES PRÉDICTIONS.

REMARQUE GÉNÉRALE. . . . . . . . . . . . . . . . . . . 370
DESSEIN de la prédiction de saint Jean. . . . . . . . . . . . . 371
  I. Dessein de Dieu sur son Eglise : l'Eglise avoit deux sortes d'ennemis, les Juifs et les Romains : les Juifs châtiés les premiers. . . . . 371
  II. Pourquoi Rome persécuta l'Eglise. . . . . . . . . . . . . 372
  III. La chute de Rome et de son empire avec celle de l'idolâtrie, résolues dans les conseils éternels de Dieu : prédites par les prophètes et plus particulièrement par saint Jean. . . . . . . . . . . . . 373
  IV. Pourquoi Rome marquée sous la figure de Babylone : l'empire de Satan détruit, vrai sujet de l'*Apocalypse*. . . . . . . . . . 375
HISTOIRE ABRÉGÉE DES ÉVÉNEMENS depuis la mort de saint Jean sous Trajan,

en l'an 101, jusqu'à l'an 410, où Rome fut prise par Alaric. 377
1. État des Juifs depuis la ruine de Jérusalem et du temple sous Vespasien : leur désastre sous Trajan et leur désolation sous Adrien. . . 377
ii. Cette révolte excitée par le faux Messie Barcochébas : horrible désolation des Juifs : leur défaite coûta beaucoup de sang aux Romains. . 378
iii. Les prophéties obscurcies par les interprétations et les traditions des Juifs : leurs opinions se répandent dans l'Eglise. . . . . . . 380
iv. Le règne de Valérien : malheur de ce prince, et dispositions à la chute de l'Empire romain. . . . . . . . . . . . . . 383
v. La dernière persécution sous Dioclétien, et la paix de l'Eglise. . . 385
vi. L'idolâtrie ressuscitée par Julien l'Apostat : Rome attachée à l'idolâtrie sous les princes chrétiens. . . . . . . . . . . . . 385
vii. Rome prise par Alaric avec une marque visible de la vengeance divine sur le paganisme. . . . . . . . . . . . . . 387
viii. Tous les chrétiens reconnoissent le doigt de Dieu dans cet événement. . . . . . . . . . . . . . . . . . . 389
ix. Suite de la prise de Rome. Le paganisme entièrement ruiné avec l'Empire romain. . . . . . . . . . . . . . . 390
Chap. IV. La porte du ciel ouverte : la séance du juge et de ses assesseurs : les quatre animaux, leur cantique : le cantique et les adorations des vieillards. . . . . . . . . . . . . . . . . 391
Explication du chap. IV. La révélation des secrets de Dieu : l'éclat et la douceur de sa majesté sainte : l'union des Saints de l'Ancien et du Nouveau Testament : les quatre Evangélistes et les écrivains sacrés. . . . 392
Chap. V. Le livre fermé de sept sceaux : l'Agneau devant le trône : lui seul peut ouvrir le livre : les louanges qui lui sont données par toutes les créatures. . . . . . . . . . . . . . . . . 396
Explication du chap. V. Le livre scellé, ce que c'est : le mystère du nombre de *sept* dans l'*Apocalypse*. . . . . . . . . . . . . 397
Chap. VI. Les six premiers sceaux ouverts : le juge avec ses trois fléaux, la guerre, la famine et la peste : le cri des martyrs : le délai, la vengeance enfin venue, et représentée en général. . . . . . . . . 400
Explication du chap. VI. Le cri des Saints dans le ciel, ce que c'est : la volonté de Dieu leur est révélée. . . . . . . . . . . . . 402
Chap. VII. La vengeance suspendue : les élus marqués avant qu'elle arrive, et tirés des douze tribus d'Israël : la troupe innombrable des autres martyrs tirés de la gentilité : la félicité et la gloire des Saints. . . . 405
Explication du chap. VII. Que la dernière désolation qui devoit tomber sur les Juifs est différée jusqu'à ce que le nombre des élus qui en devoient être tirés, fût accompli : le nombre des autres martyrs innombrable et infini : mystère du nombre de *douze*. . . . . . . . . . . 406
Chap. VIII. L'ouverture du septième sceau : les quatre premières trompettes. . . . . . . . . . . . . . . . . . . 412

Explication du chap. VIII. Désastre des Juifs sous Trajan : leur dernière désolation sous Adrien : révolte du faux messie Barcochébas : obscurcissement de la loi et des prophéties, par les fausses traditions et interprétations des Juifs. . . . . . . . . . . . . . . . . . . . . 413

Chap. IX. Une autre étoile tombée du ciel : le puits de l'abîme ouvert : les sauterelles : l'Euphrate ouvert, et les rois d'Orient lâchés. . . . . 419

Explication du chap. IX. Les hérésies judaïques qui s'élèvent contre la sainte Trinité, et contre la divinité de Jésus-Christ : le caractère de ces hérésies et de l'hérésie en général : les Perses : l'Empire romain ébranlé, et le commencement de sa chute du côté de l'Orient. . . . . . . . 421

Chap. X. L'ange menaçant : le livre ouvert : les sept tonnerres : le livre mangé. . . . . . . . . . . . . . . . . . . . . . . . . . . 436

Explication du chap. X. Les jugemens cachés, et les jugemens découverts : la douceur et l'amertume du livre. . . . . . . . . . . . . 437

Réflexions sur les persécutions, où l'on en voit l'idée générale, et quatre de leurs caractères marqués par saint Jean. . . . . . . . . . . . 438

I. Quatre caractères des persécutions marqués par saint Jean, au chap. XI de l'*Apocalypse*. . . . . . . . . . . . . . . . . . . . . 438

II. Histoire abrégée des persécutions de l'Eglise, qui fait voir que Dieu y mettoit des bornes. . . . . . . . . . . . . . . . . . . . . 440

III. La persécution de Dioclétien. . . . . . . . . . . . . . . . 442

IV. Seconde circonstance des persécutions : qu'elles finissoient ordinairement par un châtiment exemplaire des persécuteurs, comme celle d'Antiochus. . . . . . . . . . . . . . . . . . . . . . . . 443

V. Une autre circonstance des persécutions : l'Eglise plus glorieuse, après les avoir souffertes ; et la même chose arrivée après la persécution d'Antiochus. . . . . . . . . . . . . . . . . . . . . . . 444

Chap. XI. Le temple mesuré : le parvis abandonné aux Gentils : les deux témoins : leur mort : leur résurrection et leur gloire : la septième trompette : le règne de Jésus-Christ et ses jugemens. . . . . . . . 445

Explication du chap. XI. Les caractères des persécutions en général. Ils sont appliqués en particulier à celle de Dioclétien. Saint Jean nous en donne un premier crayon, qui sera perfectionné dans le chapitre suivant. . . 447

Abrégé des prédictions, depuis le chapitre IV jusqu'au XII, et la liaison de ce qui précède avec ce qui suit, depuis le XII jusqu'au XIX. . . . 457

Chap. XII. La femme en travail, et la fureur du dragon : la femme en fuite dans la solitude : le grand combat dans le ciel : second effort du dragon et seconde retraite de la femme : troisième effort du dragon : son effet. . . . . . . . . . . . . . . . . . . . . . . . . . . 461

Explication du chap. XII. Autres caractères de la persécution de Dioclétien : son triple renouvellement. . . . . . . . . . . . . . . . . 462

Chap. XIII. La bête qui s'élève de la mer : ses sept têtes, et ses dix cornes : sa blessure mortelle : sa guérison surprenante. Seconde bête avec ses prestiges et ses faux miracles : l'image de la bête : le caractère et le nombre de la bête. . . . . . . . . . . . . . . . . . . . 468

Explication du chap. XIII. Suites des caractères de la persécution de Dioclétien. Sept empereurs idolâtres, sous l'empire desquels elle a été exercée. La plaie mortelle de l'idolâtrie par la mort de Maximin. Elle revit sous Julien l'Apostat, qui rentre dans le dessein conçu par Dioclétien, de détruire entièrement l'Eglise. La philosophie pythagoricienne au secours de l'idolâtrie dès le temps de Dioclétien, et de nouveau sous Julien; cruelle défense de Dioclétien, imitée par Julien. Le nombre fatal de la bête dans le nom de Dioclétien. . . . . . . . . . . . . . 469

Chap. XIV. L'Agneau sur la montagne de Sion : les Saints l'accompagnent en le louant : le Fils de l'homme paroît sur une nuée : la moisson et la vendange. . . . . . . . . . . . . . . . . . . . . 494

Explication du chap. XIV. La vengeance après la prédication longtemps méprisée : la moisson et la vendange : deux coups sur Rome : Alaric et Attila. . . . . . . . . . . . . . . . . . . . . . 496

Chap. XV. Le séjour des bienheureux, d'où sortent sept anges portant les sept dernières plaies, et les sept coupes pleines de la colère de Dieu. . 501

Explication du chap. XV. Terrible préparation de la vengeance divine. . 502

Chap. XVI. Les sept coupes versées, et les sept plaies. . . . . . . 504

Explication du chap. XVI. Les calamités de l'empire de Valérien. Les rois d'Orient vainqueurs, et les batailles funestes des empereurs romains. La chute de Rome proposée en gros. Economie de ce chapitre : son rapport avec le chapitre IX depuis le verset 14. . . . . . . . . . . 505

Chap. XVII. Divisé en deux parties. — Première partie. — La bête aux sept têtes et aux dix cornes : la prostituée qu'elle porte : sa parure : son mystère. . . . . . . . . . . . . . . . . . . . . . 518

Explication de la première partie du chap. XVII. Sept empereurs idolâtres, sous qui la dernière persécution est exercée : Maximien Herculius est un des sept : pourquoi il est en quelque façon le huitième ? . . . . . 519

Seconde partie du chap. XVII. . . . . . . . . . . . . . . . 525

Explication de la seconde partie du chap. XVII. Les dix rois qui détruisent Rome : quatre caractères de ces rois. . . . . . . . . . . . 526

Chap. XVIII. Chute de la grande Babylone : toute la terre dans l'effroi à la vue de sa désolation. . . . . . . . . . . . . . . . . 535

Explication du chap. XVIII. Chute et désolation de Rome sous Alaric. . 537

Chap. XIX. Les Saints louent Dieu, et se réjouissent de la condamnation de Babylone. Le Verbe paroît avec ses Saints; avec eux il défait les impies. La bête, le faux prophète, et tous les méchans sont éternellement punis. . . . . . . . . . . . . . . . . . . . . . 542

Explication du chap. XIX. Les jugemens de Dieu connus aux Saints : l'adoration refusée par l'ange. . . . . . . . . . . . . . . . 544

Objections des protestans contre l'interprétation précédente. . . . . 545

610    TABLE.

Récapitulation de ce qui a été dit depuis le chap. IV, jusqu'au chap. XX, et notamment des trois *Væ*. . . . . . . . . . . . . . . 550
Chap. XX. Le dragon lié et délié : les mille ans : la première et la seconde résurrection : le dragon jeté dans l'étang de feu : le juge sur son trône : le jugement des morts : le livre de vie. . . . . . . . . . 554
Explication du chap. XX. Déchaînement de Satan à la fin des siècles : diverses figures de ce grand déchaînement, après l'an mille de Notre-Seigneur. . . . . . . . . . . . . . . . . . . . . 555
Réflexion sur l'opinion des millénaires. Passage de saint Justin falsifié par les protestans. . . . . . . . . . . . . . . . . . . 570

## TROISIÈME PARTIE DE LA PROPHÉTIE.

### LES PROMESSES.

Chap. XXI. La nouvelle Jérusalem, ou la demeure des bienheureux. . . 575
Explication du chap. XXI. . . . . . . . . . . . . . . 578
Chap. XXII. Gloire éternelle. Quels sont ceux qui en jouiront, et ceux qui en seront exclus. Le jugement est proche. Jésus viendra bientôt, et toute ame sainte le désire. Menaces contre celui qui ajoutera à ce livre, ou en retranchera quelque chose. Jésus lui-même est auteur de cette prophétie. . . . . . . . . . . . . . . . . . . . . 580
Explication du chap. XXII et dernier. . . . . . . . . . . 582

### ABRÉGÉ DE L'APOCALYPSE.

I. Pourquoi cet abrégé : l'*Apocalypse* est une espèce d'histoire de l'Eglise divisée en trois temps. . . . . . . . . . . . . . 585
II. Premier temps. Les commencemens de l'Eglise. Deux ennemis abattus au milieu de ses souffrances, les Juifs et les Gentils : ces deux ennemis marqués très-distinctement par saint Jean. . . . . . . . 586
III. Les sauterelles, ou les hérésies entre ce qui regarde les Juifs, et ce qui regarde les gentils.. . . . . . . . . . . . . . . 587
IV. Saint Jean passe aux violences et aux punitions de l'empire persécuteur : les Perses montrés comme ceux d'où devoit venir le premier coup. . . . . . . . . . . . . . . . . . . . 587
V. La persécution commence à paroître au chap. XI, avec la bête : la bête représentée aux chap. XIII et XVII, montre la persécution en général, et plus en particulier, la persécution de Dioclétien. . . . . 588
VI. Désignation particulière de Dioclétien, et son nom dans l'*Apocalypse* : que ce n'est point par une rencontre fortuite qu'il s'y trouve : caractère de son premier collègue, Maximien Herculius. . . . . 590

vii. La bête de saint Jean étoit une chose qui devoit venir après lui : ce qu'elle devoit faire et ce qui lui devoit arriver. . . . . . . 590
viii. La persécution, comment décrite aux chapitres xi et xii de l'*Apocalypse*. . . . . . . . . . . . . . . . . . 592
ix. La bête blessée à mort, ressuscitée sous Julien l'Apostat. . . . . 593
x. La seconde bête et l'esprit de séduction dans l'idolâtrie persécutrice : le caractère particulier que saint Jean donne à la seconde bête, directement opposé à celui de l'homme de péché de saint Paul, avec lequel les protestans la veulent confondre. . . . . . . . . . 594
xi. La durée des persécutions, et ses trois ans et demi, que saint Jean dit expressément que ce temps est court : les deux marques, celle de Dieu, et celle de la bête. . . . . . . . . . . . . . 595
xii. La bête punie, et l'empire persécuteur démembré : la domination et la chute de Rome, dans une même vision de saint Jean comme dans un même tableau. . . . . . . . . . . . . . . . 596
xiii. Le règne de l'Eglise, combien vivement marqué : la dernière tentation de l'Eglise et le temps de l'Antechrist. Comparaison du xx$^e$ chapitre de l'*Apocalypse*, avec celui de saint Paul. II *Thess.*, ii. . . 597
xiv. Pourquoi des trois temps de l'Eglise, le premier dépeint plus au long, et les deux autres tracés si rapidement. . . . . . . . 598
xv. Satan vaincu, et par quel progrès : c'est le sujet de l'*Apocalypse*. 599
xvi. La suite toujours visible de l'Eglise, très-clairement marquée dans l'*Apocalypse*. . . . . . . . . . . . . . . . . . 600
xvii. La Trinité annoncée dans l'*Apocalypse*. . . . . . . . . 601
xviii. Economie de ce divin Livre. Conclusion de l'explication. Passage à la suite. . . . . . . . . . . . . . . . . . 601

FIN DE LA TABLE DU DEUXIÈME VOLUME.

BESANÇON. — IMPRIMERIE D'OUTHENIN CHALANDRE FILS.

# ŒUVRES COMPLÈTES
## DE
# LOUIS DE GRENADE

TRADUITES INTÉGRALEMENT POUR LA PREMIÈRE FOIS EN FRANÇAIS

### PAR M. L'ABBÉ BAREILLE
Auteur d'*Emilia Paula*, de l'*Histoire de saint Thomas d'Aquin*, etc.

ENVIRON 20 VOL. IN-8° DE 550 A 600 PAGES.

**Papier vergé anglais à la colle animale. — Prix net : 140 fr.**
**Papier vélin satiné. . . . . . . . — Prix net : 100 fr.**

---

En publiant les Œuvres du P. de Grenade, nous sommes doublement heureux de pouvoir donner la collection entière de ses Sermons : ils sont aussi remarquables, plus remarquables à certains égards, que les grands Traités du célèbre Dominicain. Ces sermons ont été traduits en plus de neuf langues, et cependant ils sont à peu près inconnus en France. Nous espérons que le Clergé nous saura gré de l'avoir mis en possession de ce riche trésor.

C'est ici un recueil d'une importance et d'une étendue peu ordinaire, puisqu'il ne forme pas moins de dix volumes in-8°. Nous ne sachons pas qu'il existe un sermonnaire aussi complet, ni mieux coordonné, ni plus éminemment utile. On en jugera par le simple exposé de la marche suivie dans l'édition originale, la même absolument que nous suivons dans celle-ci.

Le P. de Grenade a d'abord trois Avents et trois Carêmes, c'est-à-dire trois sermons différents pour chacun des jours que l'Eglise catholique consacre à la prédication pendant ces temps de grâce et de salut. Il en a quatre pour les fêtes qui terminent ces deux stations : quatre sermons pour le jour de Noël, autant pour la Circoncision et l'Epiphanie ; quatre Passions, comme Bossuet, quatre discours pour la solennité de Pâques.

Puis viennent les Dominicales pour toute l'année, également en triple ; tous les Mystères sans exception, tels que l'Incarnation, l'Ascension, la Pentecôte, la Trinité ; une station complète pour l'octave du Saint-Sacrement ; les fêtes de la sainte Vierge et les panégyriques des principaux saints. On remarquera parmi ces derniers ceux de saint Jean-Baptiste, de saint Pierre et de saint Paul, de saint Jérôme, de saint Thomas d'Aquin. Il y a là des panégyriques pour le commun des Martyrs, des Vierges et des Confesseurs. Comme on le voit, c'est le cercle entier de la prédication chrétienne.

Un mot maintenant sur la substance et la forme des Sermons de Grenade. Le nom de l'auteur nous dispense assurément de dire qu'ils sont pleins de doctrine et de piété. L'Ecriture sainte s'y trouve constamment fondue avec un art d'autant plus admirable qu'il ne s'y fait jamais sentir. Grenade ne se contente pas de citer les livres inspirés, il s'en est fait une langue, à l'exemple de saint Bernard, quoique d'une manière différente. Les plus beaux passages des Pères et des Docteurs, et parfois les plus heureuses réminiscences des auteurs profanes donnent à ses discours cette grâce et cette énergie que la vraie science peut seule communiquer aux inspirations mêmes du génie. Des traits historiques, habilement choisis, sagement ménagés, délassent les âmes sans jamais les détourner de l'objet qui doit les captiver.

En ce qui concerne la structure des Sermons, on est étonné des rapports qu'elle présente avec les usages actuels de la chaire. Dès le seizième siècle, dans un temps où les prédicateurs italiens et français s'épuisaient encore en vaines subtilités et se perdaient dans des divisions non moins stériles qu'arbitraires, le P. de Grenade était admirablement simple dans ses raisonnements, clair et vigoureux dans son langage, fécond et naturel dans ses divisions. Il est vrai que ce fut là le grand siècle de la littérature espagnole, et que Grenade est resté le plus grand des orateurs sacrés de sa nation.

Après un exorde ordinairement assez court, il commence par expliquer l'Evangile. Cette première partie de son sermon est la meilleure homélie que puissent consulter les prêtres de paroisse. Il reprend ensuite le texte qu'il a posé, et le discours devient alors, par son ampleur et sa solidité, un modèle qu'on serait heureux de voir imiter par nos prédicateurs de stations. Nulle part on ne sent couler avec plus d'abondance l'antique sève de l'esprit chrétien, la lumière et la chaleur de la vérité divine. Le surnaturel y coule à pleins bords, parmi les flots de la véritable éloquence. Aucune prédication dès lors ne saurait mieux convenir aux besoins d'une époque comme la nôtre, où les pâles clartés de la raison tendent à remplacer les sublimes illuminations de la foi, où le naturalisme s'efforce d'envahir la religion, aussi bien que les idées et les mœurs. C'est un motif de plus pour nous de penser que, dans toutes les bibliothèques ecclésiastiques, à côté de nos grands orateurs sacrés, il y aura une place pour celui qu'on a nommé le Bossuet espagnol.

Nous jouirons de ce riche trésor de science et de piété, dû à la persévérance du nouveau traducteur. La belle édition que donne M. Vivès contribuera beaucoup à la rapide propagation d'écrits si précieux et si utiles. — Ces qualités ressortent du témoignage de l'homme le plus compétent en cette matière : « Ayez, je vous prie, écrit saint François de Sales à un évêque, ayez Grenade tout entier, et que ce soit votre second bréviaire. Le cardinal Borromée n'avait pas d'autre théologie pour prêcher que celle-là, et néanmoins il prêchait très-bien. Mais ce n'est pas là son principal usage ; c'est qu'il dressera votre esprit à l'amour de la vraie dévotion et à tous les exercices spirituels qui vous sont nécessaires. Mon opinion serait que vous commençassiez à le lire par la *Guide des pécheurs*, puis que vous passassiez au *Mémorial*, et enfin que vous le lussiez tout. Mais pour le lire fructueusement, il ne faut pas le parcourir à la hâte : il faut le peser et le priser, et chapitre par chapitre, le ruminer et appliquer à l'âme avec beaucoup de considération et de prières à Dieu. Il faut le lire avec révérence et dévotion comme un livre qui contient les plus utiles inspirations que l'homme peut recevoir d'en haut, et par là réformer toutes les puissances de l'âme. » — Louis de Grenade n'est pas seulement théologien grave et sérieux, orateur du plus grand mérite surnommé le Cicéron espagnol, son titre le plus connu, le titre véritablement mérité est celui d'auteur ascétique.

(*Revue des Sciences ecclésiastiques*, juillet 1862.)

BESANÇON. — IMPRIMERIE D'OUTHENIN CHALANDRE FILS.